KB002583

‒ 하 ‒

중국공산당역사

1937년 7월~1949년 9월

중국공산당 역사 제1권 하
(1921~1949)

1판 1쇄 인쇄일 _ 2016년 6월 10일
1판 1쇄 발행일 _ 2016년 6월 20일
지은이 _ 중국공산당중앙당사연구실
옮긴이 _ 홍순도 홍광훈
펴낸이 _ 김정동
펴낸곳 _ 서교출판사

주소 _ 서울특별시 마포구 합정동 371-4 (덕준빌딩 2층)
전화 _ 02 3142 1471
팩스 _ 02 6499 1471
등록번호 _ 제2-1260
등록일 _ 1991. 9. 11

이메일 _ seokyodong1@naver.com
홈페이지 _ http://blog.naver.com/sk1book

ISBN _ 979-11-85889-22-1 04900
          979-11-85889-20-7 04900(세트)

이 책의 한국어판 저작권은 중국의 民族出版社, 中共党史出版社와의 독점 계약으로
서교출판사에 있습니다. 저작권법에 따라 한국 내에서 보호를 받는 저작물이므로
무단전재와 무단복제를 금합니다.

잘못된 책은 구입처에서 교환해 드립니다.

- 하 -

중국공산당역사

서교출판사

목 차

제5편 전국 해방전쟁 시기의 당(1945년 8월~1949년 9월)

제18장 국내 평화와 민주의 실현·387

일러두기

- 이 책의 인명·지명 중국어 표기는 독자 여러분의 가독성을 고려하여 한자를 병기하였다.
- 1911년 신해혁명 이후 활동한 인물과 지명은 중국어 현지 발음으로 표기하였다.
- 중국의 행정단위인 성(省)·지구(地区)·현(縣)은 지명과 붙여씀을 원칙으로 하였다.
- 학교명·단체명·회사명·시설명 등은 붙여씀을 원칙으로 하였다.

편집자의 글

2010년 말부터 추진했던 《중국공산당역사》(1921~1949)가 출간되니 감회가 남다르다. 이 책을 출간하기 위해 중국으로 여러 번 출장을 다녀오기도 했고 담당 주임과 여러 차례 이메일을 주고 받았다. 중국은 우리나라와 이념은 달라도 미국이나 일본을 제치고 교역량 1위를 차지할 정도로 중요한 나라이다. 그뿐만 아니라 세계 최고 수준의 역사, 그리고 문화의 깊이와 다양성은 그 어떤 나라와도 비교할 수 없을 만큼 유구하다. 이제 중국에서 가장 권위 있는 〈중국공산당중앙당사연구실〉에서 펴낸 중국의 정치, 경제, 문화, 사상 등을 망라한 장대한 《중국공산당역사》를 야사나 서방의 시각이 아닌 정사로 기술한, 중국 근현대 공산당역사를 한눈에 볼 수 있게 되었다. 신중국을 창건한 중국 지도자들의 성공과 고민 그리고 투쟁과 오류 등 그 궤적을 한눈에 볼 수 있게 된 것이다. 서교출판사는 중국 관련 도서를 출판한 지 이제 6년, 짧은 연도이기는 하지만 우리 사회에 중국과 관련된 도서를 쉬지 않고 출간할 것을 다짐한다. 《중국공산당역사》(1948~1978)에 이어 《중국공산당역사》(1921~1949)를 출간하게 되었다. 다소 늦은 감이 있으나 초심의 마음으로 《중국산당역사》(1979~2011)의 출간에도 온 힘을 기울일 것을 약속한다.

제4편

전 민족 항일전쟁 시기의 당

1937년 7월~1945년 8월

제14장
전면적인 항전 노선의 실현을 쟁취

1. 일본의 전면적인 대중국 침략전쟁과 항일민족 통일전선의 결성

루거우차오사변과 전국적인 항전의 개시

1937년 7월 7일, 일본 제국주의자들은 루거우차오(盧溝橋·노구교) 사변을 조작한 것을 기점으로 전면적인 대중국 침략전쟁을 도발했다.

일본 제국주의자들이 전면적인 대중국 침략전쟁을 도발한 데는 복잡한 국제 정세와 밀접한 연관이 있었다. 제1차 세계대전 이후 급속도로 발전한 독일, 이탈리아, 일본 등 열강들은 세력권을 다시 분할할 것을 요구했다. 이런 원인으로 제국주의 국가들 간의 갈등이 다시 첨예화됐다. 대외 팽창과 패권 쟁탈의 수요에 부응하기 위해 독일, 이탈리아, 일본은 파시즘 정책과 전쟁에 대비한 광적인 군비 확장 정책을 신봉했다. 그리고 전쟁으로 세계 구도를 개조하여 세계에서 저들이 주재하는 새로운 질서를 확립하려고 했다. 그리하여 상기 세 나라는 유럽과 아시아의 전쟁 발원지가 됐다. 1936년 11월, 독일과 일본은 〈반국제공산당 협정〉을 체결했다. 얼마 후 이탈리아도 이 협정에 가담했다. 이 협정은 주로 소련을 겨냥한 것이었지만 또 영국, 프랑스, 미국 등에 대해 시위한 것이기도 했다. 〈반국제공산당 협정〉의 체결은 동방, 서방의 세 파시스트국가들이 소련과 공산당을 반대하는 것을 유대로 했다. 이는 세계를 분할하고 세력권을 분할하는 면에서 일종의 묵계가 이루어졌으며 세계평화 전반을 위협하는 침략그룹을 결성했다는 것을 보여 준다. 일본은 소련과 공산당을 반대하는 구호를 이용하는 한편 또 영국, 미국에 대해 어르고 위협하는 등 수단으로 중국에서 영국, 미국의 세력을 배제하려 시도했다. 그리고 한걸음 더 나아가 영국, 미국, 프랑스 네덜란드 등의 통치 아래 있는 동남아시아를 자기 세력권으로 만들려고 추진했다. 따라서 영국, 미국 등과 일본 사이에는 첨예한 갈등이 존재하고 있었다. 하지만 이런 나라들은 여전히 타협을 시도할 수밖에 없었다. 왜냐하면 독일, 이탈리아에 의해 촉발된 유럽의 긴장정세와 자국의 문제들에 보다 더 신경 써야 했기 때문이다. 이런 나라들은 일본이 독일, 이탈리아와 연합하여 동방에서 자기들을 공격할까 두려워했으며 동시에 사회주의 국가 소련도 적대시했다. 또한 이런 나라들은 중국에서 인민 혁명이 일어나 저들의 식민지 이익에 위험을 안겨 주는 것을 두려워하고 파시스트 국가들의 침략팽창을 통제하지 않았다. 그뿐만 아니라 오히려 일본에 대해 '유화종용정책'을 실시했다. 심지어 중국의 일부 영토를 희생시키는 대가로 일본과의 갈등을 완화하려는 음모를 꾸미기도 했다. 또 일본 군국주의라는 화근의 세력이 소련으로 방향을 돌리기를 기대했다. 소련 정부는 중국의 항일전쟁을 동정하고 지지하기는 했지만 일본과 독일이 동서 양쪽으로 협공하는 것이 두려워 무엇보다 일본과의 직접적인 충돌을 원하지 않았다. 바로 이런 배경에서 일본은 루거우차오사변을 일으켰던 것이다.

일본은 만반의 준비를 마친 후 대중국 침략전쟁을 개시했다. 20세기 30년대에 들어서자 일본의 우익세력은 연속적 병변과 정변을 책동했다. 따라서 일본 내각이 빈번하게 교체됐고 파시스트 세력은 점점 더 그 힘이 커졌다. 1936년 2월 26일 정변에서 정권을 장악한 히로타 내각(廣田內閣)은 정부에 대한 군부파시스트 세력의 통제를 한층 더 강화했다. 동시에 중국을 정복하고 아시아를 제패하는 것을 주요 목표로 하는 군비확장과 전쟁준비에 박차를 가했다. 그리하여 국민경제의 군사화를 추진하고 중국을 전면적으로 침략하는 행보를 재촉했다. 1936년 4월, 천황의 동의를 거쳐 일본의 중국 주둔군은 편제를 확대하고 병력을 세 배나 늘려 5,700여 명의 다병종의 군사집단을 형성했다.

9월에 일본군은 베이핑(北平)의 서남문호인 펑타이(豐台·베이징시 도심을 둘러싼 4개 구 중 하나)를 강제로 점령해 당지의 중국 수비대를 크게 위협했고 화베이(華北)의 긴장국면을 격화시켰다. 동시에 일본 군부는 1937년, 대규모로 중국을 침략하기 위해 아래와 같은 작전계획을 작성했다. 화베이에서 8개 사단을 동원하여 베이핑과 톈진(天津)을 중심으로 한 화베이 5개 성을 점령한다. 화중(華中)에서 5개 사단을 동원하여 일부는 상하이(上海)로 진격하고 일부는 항저우(杭州)만에 상륙한 다음 두 갈래 군사가 협동하여 난징(南京)으로 공격한다. 화난(華南)에서 한 개 사단으로 광저우(廣州) 지역을 점령한다. 동시에 해군으로 중국의 연해 및 장강(長江·양쯔강) 수역을 통제하고 육군을 도와 각 전략 요충지를 점령한다. 이 작전에 따라 일본군은 대중국 침략전쟁에 동원할 병력을 집결했는데 1936년의 9개 사단에서 14개 사단으로 증가했다.

이 침략계획을 순조롭게 집행하기 위해 일본은 1937년의 국가예산 지출을 그 전해에 비해 30%를 늘렸는데 총액이 무려 30억 4,000만 엔에 달했다. 그중 군비예산은 전반기 예산의 거의 절반을 차지했다. 이런 거액의 지출을 담보하는 주요 수단은 공채(公債)를 대량으로 발행하고 세금수입을 늘리는 것이었다. 그리하여 통화팽창과 물가폭등이 초래됐다. 거기에다 1937년에 자본주의 세계에서 발발한 또 한 차례의 세계 경제공황의 영향으로 말미암아 일본의 이른바 준전시 경제체제는 곤경에 처하게 됐다. 군비확충이 안겨 주는 고통으로 인해 일본 국민들은 군부가 좌우지하는 정부에 대해 불만을 표시했다. 이런 불만은 통치 집단 내부에서도 반영됐다. 1937년 1월, 히로타 내각은 군부와 정당 관료들 간의 갈등이 격화됨에 따라 하는 수 없이 집단 사퇴했다. 이때, 일본의 통치 집단은 국내의 정치, 경제 정세가 불안정하다는 것을 느꼈다. 그리고 또 시안(西安)사변이 평화적으로 해결된 후 국공(國共) 양당이 연합으로 나아가고 있기는 하지만 연합세력이 아직 탄탄하지 못하다는 것을 인식했다.

또, 영국, 프랑스, 미국이 장제스(蔣介石)정부한테 일정한 원조를 주기는 하지만 그리 적극적이 아니라는 점도 발견했다. 그리하여 일본은 이 기회에 전면적인 대중국 침략전쟁을 시급히 발동하기로 했다. 그래서 국내 갈등을 완화시킴과 동시에 중국 대륙에서 저들의 식민지 통치를 확대함으로써, 영국, 프랑스, 미국 등과 소련과 맞서는 데 우위를 점하려고 했다.

1937년 5월부터 일본군은 북녕(北寧)철도연선 그리고 펑타이, 루거우차오 일대에서 사격훈련을 빈번하게 실시했다. 5월과 6월 사이에 일본 관동군 사령부와 톈진에 주재한 중국 주둔군 사령부에서는 회의를 빈번하게 열었다. 그러고는 대규모 대중국 침략전쟁을 발동할 책동과 모략을 꾸미기 시작했다. 관동군 수뇌부는 우선 중국과 싸워 이기는 것으로 소련에 대한 전쟁준비를 강화해야 한다며 강하게 밀어붙였다. 6월 초에 몇 차례의 내각 위기를 겪은 후 고노에 후미마로(近衛文麿)가 명을 받고 내각을 조직하여 통치그룹 내의 군부, 재벌, 정당 관료 간의 갈등을 잠시나마 완화했다. 이로써 이른바 '온 나라의 만장일치' 지지를 받았다. 고노에는 내각을 장악한 후 전쟁 체제를 계속 강화했다. 이때, 일본 통치 집단 내부에서는 '대중국 일격론(對華一擊論)'이 우세를 차지했다. 그들은 일단 대중국 침략전쟁을 일으킬 경우 자기들의 강대한 군사력에 의지하고 국민당정부의 연약성과 동요성을 이용한다면, 짧은 시간에 중국을 항복시키려는 목적을 이룰 수 있을 것이라고 보았다. 이런 관점은 외부 침략을 반대하는 중국인민의 위대한 혁명적 잠재력을 전혀 예측하지 못한 것이다.

1937년 7월 7일 밤, 일본군 한 개 부대는 루거우차오 부근에서 '군사연습'을 구실로 중국 주둔군에 도발을 걸었다. 또 한 병사가 실종됐다는 것을 빌미로 완핑(宛平)현성에 들어가 수색할 것을 요구한 것이다. 일본의 무리한 요구에 중국은 즉각 거절했다. 교섭이 한창 벌어지고 있을 때, 일본군은 루거우차오 일대의 중국 주둔군에 수차례 공격을 가했으며 완핑(宛平)현성을 포격했다. 중국 주둔군 제29군의 한 개 부대는 한마음으로 저항했다. 루거우차오사변(일명 7·7사변이라고도 함)은 전국적 항전이 개시됐음을 보여 준다.

7월 8일, 중국공산당은 전국에 통전을 내고 오직 전 민족이 항전하는 것이야말로 중국이 할 수 있는 유일한 일이라고 지적했다. 그러고 나서 전국 인민, 군대와 정부에 일치단결하여 튼실한 민족통일전선을 조직해 일본의 침략에 저항할 것을 호소했다. 베이핑, 톈진, 바오딩(保定) 등지의 인민대중들과 공산당이 영도하는 대중단체들도 모두 한마음으로 제29군의 항전을 지원했다. 중화민족해방선봉대, 베이핑각계구국연합회, 베이핑시학생연합회 등 항일단체와 전국의 노동자, 농민 대중은 의연, 구호, 운수 등 여러 가지 봉사활동에 적극 참여했다. 전국 인민들도 항일구국, 전선지원에 열렬히 나서 전국의 장병들에게 커다란 힘이 되었다. 7월 14일, 중공중앙 군사위원회는 홍군 전선에 출전할 만반의 준비를 갖추라고 명령했다.

민족통일전선(民族統一前線)

노동 계급의 당이 모든 정당, 사회단체 및 개별적 인사들을 전 민족적인 범위에서 하나로 결집하는 정치적 연합. 또는 그런 조직

루거우차오사변이 발발한 후, 일본정부는 화베이에 병력을 더 파견하여 침략전쟁을 확대하기로 결정했다. 이런 정세는 국민당정부에 일

본에 대한 태도와 입장을 어느 정도 바꾸도록 했다. 7월 17일, 장제스는 루산(廬山)에서 담화를 발표하여 사변을 해결함에 있어 최저한도의 조건을 제시하고 중국정부의 항전 결심을 나타냈다.

그러나 일본정부의 소위 '불확대방침(不擴大方針)'과 '현지에서의 해결'의 연막탄의 영향 아래 중국정부는 여전히 루거우차오사변을 '국부적 사건'으로 삼아 외교적 차원에서 평화적으로 해결할 것을 기대했다.

중국정부 외교부와 일본 주재 중국대사인 쉬스잉(許世英)은 일본 측과 협상에 나섰다. 그리고 제29군 군장이자 지차(冀察·차하얼)정무위원회 위원장인 쑹저위안(宋哲元)이 화베이 일본군과 협상을 했다. 7월 하순에 일본군의 수많은 증원부대가 중국에 도착한 후 일본은 베이핑, 톈진에 대규모 공격을 가했다. 제29군 장병들이 용감하게 나섰지만 일본군의 맹렬한 공세를 막아내지 못했다. 부군장 퉁린거(佟麟閣)와 사장 자오덩위(趙登禹)가 난위안(南苑)전장에서 희생됐다. 7월 28일 밤, 쑹저위안 등은 장제스의 명령에 따라 부대를 거느리고 베이핑에서 바오딩(保定)으로 철수했고 7월 29일, 베이핑이 함락됐다. 7월 30일, 일본군은 톈진마저 점령했다. 8월 초 일본군은 30만 명의 병력으로 평수(平綏), 평한(平漢), 진포(津浦) 철도를 따라 화베이 내지로 대거 진격했다.

쑹저위안(宋哲元, 송철원·1885~1940)

중국의 군인이자 정치가. 북벌에 참가했고 장제스 군과 싸워 패배했다. 이후 만주군벌 장쉐량의 휘하에 들어가 일본군과 자주 접전을 벌여 항일영웅 칭호를 받았다. 차하얼성 주석 등 여러 관직을 지내고 허베이성 주석을 겸했다. 1937년 7월 그가 지휘하던 제29군과 일본군이 충돌한 루거우차오 사건이 일어나자 항일전을 전개했으나, 일본군의 화북 침입을 막지 못했다. 그 후 쓰촨성으로 피신하였다가 병사했다.

상하이는 중국의 상공업과 금융업의 중심이자 영국, 미국, 프랑스 등 열강들에 있어 서로 간의 이해관계가 집중되어 있는 지역이었다. 일본정부는 중국정부를 직접 타격하고 또 서방 여러 나라들에 압력을 가하기 위해 전쟁을 상하이까지 확대하기로 결정했다. 일본군은 이미 오래전부터 상하이에 정예 장비를 갖춘 해군육전대를 주둔시키고 있었다. 루거우차오사변 이후, 일본정부는 상하이에 군함과 특수육전대를 증파하는 한편 쑹후(淞滬)에 주둔하고 있는 자국의 해군 제3함대를 증파하기로 결의했다. 상하이에 주둔한 일본군은 중국 군대에 거듭 도발을 걸어왔다. 8월 9일, 일본 해군육전대의 오오야마 이사오(大山勇夫) 중위와 한 병사가 자동차를 몰고 훙차오(虹橋)비행장에 들어와 무장도발을 감행했으나 중국 초병에 의해 사살됐다. 일본군은 이를 구실로 중국정부한테 상하이보안대를 철수하고 방어공사를 허물어 버리라고 협박했다. 동시에 상하이로 군대를 더 증파했다. 8월 11일, 중국정부는 징후(京滬)경비사령관 장즈중(張治中)에게 제87사, 제88사 등 부대를 거느리고 상하이시 구역에 들어가 방어를 하라고 명령했다.

8월 13일, 일본군은 훙차오, 양수푸(陽樹浦) 일대에서 유리한 거점을 차지하고는 중국군대를 향해 진격했다. 이것이 바로 8·13사변이다. 장즈중은 부대를 거느리고 기세 높게 반격했으며 중국공군도 즉각 출동하여 참전했다. 이로부터 쑹후전역(松滬戰役)이 발동됐다. 8월 14일, 국민정부 외교부는 성명을 발표하여 중국의 영토주권을 침범한 일본을 규탄했으며 "중국은 영토의 그 어느 부분도 포기하지 않을 것이며 침략을 당하는 경우 천부적인 자위권을 행사하여 대처할 수밖에 없다"고 공표했다. 8월 20일, 국민정부는 전쟁지도방안을 발표하여 전국을 5개 작전구역으로 나눴다. 제1작전구역은 허베이성(河北省) 및 산둥성(山東省) 북부 지역이었고 제2작전구역은 산시(山西), 차하얼(察哈爾), 쑤이위안(綏遠)이었으며 제3작전구역은 장쑤 남부, 저장(浙江), 제4작전구역은 푸젠(福建), 광둥(廣東)이었으며 제5작전구역은 장쑤 북부, 산둥이었다.

제2차 국공합작이 정식으로 형성

중국공산당은 민족혁명전쟁과 항일민족통일전선의 주동적인 발기기구이자 조직이었다. 1937년 7월 중순에 중공중앙은 국공 양당이 하루빨리 합작하여 항일하도록 하고 전국적인 항전을 한층 더 강화하기 위해 저우언라이, 친방셴(秦邦憲), 린보취(林伯渠)를 다시 루산에 파견하였다. 그리하여 국공합작 선언, 홍군에 대한 개편, 소비에트구역의 개조 등 문제점을 협상하도록 했다. 그러고는 '국공합작을 공포하기 위한 중공중앙의 선언'을 장제스에게 교부했다. 선언은 신속히 전 민족적인 항전을 발동하고 민권정치를 실시하며, 인민들의 생활을 개선하는 등 기본적인 투쟁방향에 대한 뜻을 밝혔다. 그리고 국민당이 이를 받아들이고 실행하기를 기대했다. 동시에 중국공산당은 쑨중산(孫中山) 선생의 삼민주의를 실현하기 위해 싸워 나가려 하며 국민당정권을 뒤엎을 뜻을 밝혔다. 연이어 지주계급의 토지를 몰수하는 정책 실시를 중지하며 소비에트정부를 취소하겠다는 뜻도 밝혔다. 또, 홍군의 명의와 번호를 취소하고 국민혁명군으로 개편하겠다는 입장도 발표했다. 중공중앙은 국공 양당이 합작함에 있어서 이 선언을 정치적 토대로 삼을 것을 기대했다.

국민당은 국공합작에 동의한다고 했지만 루산에서의 중공대표 활동에 대해서는 여전히 그 활동 폭을 제한했다. 그 시간에 장제스와 왕징웨이는 한창 전국 각 측의 인사들을 초청하여 루산에서 간담회를 열고 있었다. 그러나 중공대표는 간담회에 배제돼 있었으며 다만 비밀리에 장제스, 사오리쯔(邵力子), 장충(張沖) 등과 국공 양당 간의 미해결 문제를 가지고 협상할 따름이었다. 장제스는 공산당이 제출한 선언에 대해 냉담한 태도를 보이면서 다른 방안을 제출했다. 홍군의 개편 문제에 대하여 장제스는 홍군은 개편 후 통일적인 군사지휘기관을 둘 수 없으며, 개편 후 세 개 사에 대한 관리와 교육은 시안행영(西安行營)에 속한다고 말했다. 그리고 각 사의 참모장은 난징에서 파견하며, '정치훈련처'는 연락에만 관여할 뿐 지휘를 할 수 없다는 무리한 주장까지 펼쳤다. 이렇듯 장제스는 공산당의 평등한 지위를 인정하려 하지 않았다. 그뿐만 아니라 홍군에 대한 개편을 통해 주더와 마오쩌둥을 '외국에 보내' 버림으로써 이 혁명군대를 통제하고 삼켜버리려고 했다. 그러나 저우언라이는 중공중앙은 홍군을 개편한 후의 지휘권 및 인사권에 대한 국민당 당국의 의견을 받아들일 수 없다고 밝혔다. 제2차 루산협상은 아무런 결과도 얻지 못했다.

8월 상순, 국민당의 초청에 의해 중공중앙은 저우언라이, 주더, 예젠잉을 난징에 파견하여 국방회의에 참가하게 함과 동시에 계속 국민당과 협상하도록 했다.

이때 베이핑과 톈진은 이미 일본군에 의해 함락되었으며 상하이의 정세도 날로 팽팽해지고 있었다. 장제스는 시급히 홍군을 항일전선에 내보내야 했기 때문에 홍군 개편 문제 등에 얼마간 느슨해졌다. 쌍방은 홍군주력을 국민혁명군 제8로군(팔로군이라 약칭함)으로 개편했다. 동시에 총지휘부를 두며, 국민당 통치구역의 약간의 도시들에 팔로군판사처를 설치하기로 하고 〈신화일보〉를 창간하기로 합의했다. 8월 22일, 국민정부 군사위원회는 홍군을 8로군으로 개편하며 주더를 총지휘로, 펑더화이를 부총지휘로 임명한다는 명령을 발부했다. 공산당도 홍군에 대한 영도를 견지하고 독립자주를 실시하는 원칙 아래 약간의 양보를 했다. 예를 들면 정치위원을 두지 않고 '정치부'를 '정훈처'로 고친다는 등과 같은 것이었다.

8월 25일, 중공중앙 군사위원회는 홍군을 팔로군으로 개편하며, 주더를 총지휘로, 펑더화이를 부총지휘로 임명했다. 연이어서 예젠잉을 참모장으로, 쥐취안(左權)을 부참모장으로 임명하며, 런비스를 정치부 주임으로, 덩샤오핑을 정치부 부주임으로 임명한다는 명령을 발부했다. 팔로군은 전군이 약 4만 6,000명이었는데 산하에 세 개 사를 두었다. 제115사는 원 홍군 제1방면군을 위주로 편성됐는데, 사장은 린뱌오이었고 부사장은 녜룽전이었으며 정훈처 주임은 뤄룽환(羅榮桓)이었다. 그리고 산하에 제343여[여장(旅長)은 천광(陳光)], 제344여[여장은 쉬하이둥(徐海東)]를 두었다.

팔로군

1937년 9월 11일, 국민정부 군사위원회는 전국의 해육공군 전투서열에 따라 제8로군을 제18집단군(그 후에도 여전히 팔로군이라고 불렀으며 그 지휘기관도 여전히 총부라고 불렀음)이라고 개칭했으며 주더를 총사령관으로, 펑더화이를 부총사령관으로 임명했다.

제120사는 원 홍군 제2방면군을 위주로 편성됐는데, 사장은 허룽(賀龍), 부사장은 쑤커(蕭克)였으며 정훈처 주임은 관샹잉(關向應)이었다. 그리고 산하에 제358여(여장은 장쭝쉰), 제359여(여장은 천보쥔)를 두었다. 제129사는 원 홍군 제4방면군을 위주로 편성됐는데, 사장은 류보청이었고 부사장은 쉬샹첸(徐向前)이었으며 정훈처 주임은 장하오(張浩)였다. 그리고 산하에 제385여(여장은 왕훙쿤), 제386여(여장은 천경)를 두었다. 중공중앙 서기처는 팔로군에 대한 당의 절대적인 영도를 담보하기 위해 8월 29일에 주더, 펑더화이, 런비스, 장하오, 린뱌오, 녜룽전, 허룽, 류보청, 관샹잉으로 전방군사위원회 분회(後에 화베이군군사위원회 분회로 불렀음)를 설립하기로 결정했다. 이에 주더가 서기직을, 펑더화이가 부서기직을 맡도록 했다. 더불어 각 사에 군사정치위원회를 설립하기로 결정했다. 10월, 중공중앙은 팔로군의 정치위원제도 및 정치기관을 회복하기로 했으며 정훈처를 정치부(처)로 바꿨다. 중공중앙의 동의를 거쳐 녜룽전이 제115사 정치위원직을, 관샹잉이 제120사 정치위원직을, 장하오가 제129사 정치위원직[후에 덩샤오핑이 물려받았음]을 맡음으로써 군대 내의 정치업무 및 군대에 대한 당의 영도를 한층 더 강화했다. 중공중앙과 산간닝변구(陝甘寧邊區, 산시, 간쑤, 닝샤 변구)를 보위하기 위해 중앙군사위원회는 팔로군 주력이 항일에 나선 후 편성에 박차를 가했다. 그들은 제129사 제385여 직속부대 및 제770퇀, 제115사, 제120사의 부분적 직속부대 등 도합 9,000여 명으로 유수(留守)부대를, 무어 연안에서 쇼징광(蕭勁光)을 주임으로 하는 팔로군 후방 유수처를 설립했다. 산간닝변구의 지방부대는 각각 10개 보안대대와 각 현의 보안대로 편성했다.

남방홍군유격대는 중국공산당이 영도하는 중요한 혁명무장이었다. 중공중앙은 전국의 정치국면의 변화에 근거하여 1937년 8월 1일에 혁명무장을 보존하고 공고히 하며 당의 절대적 영도를 보장하는 원칙 아래 국민당 지방당국과 협상을 시도했다. 그리하여 "(부대)번호와 편제를 고치는 것으로 합법적 지위를 취득할 수 있다"고 남방의 각 홍군유격대에 협상 안을 지시했다. 8월부터 12월까지 국공 쌍방은 남방 각 성의 홍군유격대를 개편함에 있어서 건제(建制), 편제(編制), 간부, 장비 등 구체적인 문제를 난징(南京), 난창(南昌), 우한(武漢) 등지에서 여러 차례 토의했다. 남방 각 홍군유격대도 연속하여 국민당지방당국과 정전하고 합작하여 항일할 것에 관한 협의를 시도했다. 협의에서 홍군유격대는 다음과 같은 사항들을 요구했다.

첫째, 공산당 조직과 홍군유격대의 독립성을 유지한다. 또한 개편 후 홍군유격대에 대한 공산당의 절대적 영도를 유지하며 국민당은 사람을 파견하여 간섭하지 못한다.

둘째, 쌍방이 정전한 후, 국민당군대는 유격구에서 철수하여 유격구 대중이 토지혁명에서 취득한 이익을 지속시킨다.

셋째, 홍군유격대의 집중적인 정비와 훈련은 독립적, 자주적으로 시행하며 산을 끼거나 물과 가까운 곳에 주둔하는 등 방법으로 진행한다. 9월 28일, 장제스는 예팅(葉挺)을 국민혁명군 육군 신편 제4군[약칭: 신4군(新四軍)] 군장[1]으로 임명했다. 10월 12일, 국민당 장시성(江西省) 주석 숭스후이(熊式輝)는 장제스가 10월 6일에 전보로 다음과 같은 명령을 적시했다. 어위완변구(鄂豫皖邊), 샹어간변구(湘鄂贛邊), 간웨변구(贛粵邊), 저민변구(浙閩邊)와 푸젠성 서부 등지의 홍군유격대는 국민혁명군 신편 제4군 군장 예팅이 개편하고 지휘하도록 한다. 이것은 신사군의 번호와 군장[2]을 처음 공개적으로 반포한 것이었다.

그리하여 후난(湖南), 장쑤(江蘇), 푸젠(福建), 광둥(廣東), 저장(浙江), 후베이(湖北), 허난(河南), 안후이(安徽) 등 8개 성에 흩어져 있던 홍군유격대(광둥 충야지역 유격대 제외)가 잇달아 신사군으로 정비, 편성됐다. 신사군은 4개 지대, 1개 특무영에 도합 1만 300여 명이었다. 군장은 예팅이고 부군장은 샹잉(項英)이었으며, 참모장은 장윈이(張雲逸)

---

1 1937년 7월, 저우언라이는 국공 양당 제2차 루산협상에 참가한 후 상하이에서 방금 국외로부터 귀국한 예팅을 회견했는데, 그가 남방 각 성의 홍군유격대를 집합하여 항일할 것을 바랐다. 예팅은 중국공산당의 영도를 전적으로 접수한다고 명확하게 밝혔다.

2 1937년 11월 12일, 중공중앙의 동의를 거쳐 예팅은 우한(武漢)에서 정식으로 신사군 군부를 조직하기 시작했다. 12월 25일, 신사군 군부가 한커우(漢口)에서 창립됐다. 1939년부터 신사군 군부는 10월 12일을 신사군 창립 기념일로 확정했다.

이었다. 부참모장은 저우쯔쿤(周子昆)이었으며, 정치부 주임은 위안궈핑(袁國平)이었고 부주임은 덩쯔후이(鄧子恢)였다. 창장 이남 각 성의 홍군유격대들은 제1지대, 제2지대, 제3지대로 편성됐다. 제1지대 사령원은 천이(陳毅)였고 부사령원은 푸츄타오(傅秋濤)였다. 제2지대 사령원은 장딩청(張鼎丞)이었고 부사령원은 쑤위(粟裕)였으며, 제3지대 사령원은 장윈이(겸직)이었고 부사령원은 탄전린(譚震林)이었다. 창장(長江) 이북 어위완(鄂豫皖)지역의 홍군 제28군과 허난 남부, 후베이 북부 등 지역의 홍군유격대는 제4지대로 편성됐는데 가오징팅(高敬亭)이 사령원을 맡았다.

신사군에 대한 당의 영도를 강화하기 위해 12월 14일에 중공중앙은 중공중앙 동남(東南)분국과 중공중앙 군사위원회 신사군 분회를 설립하기로 결정했다. 동남분국은 샹잉, 쩡산(曾山), 천이 등으로 구성됐는데 샹잉이 서기였고 쩡산이 부서기였다. 신사군 분회는 샹잉이 서기였고 천이가 부서기였다.

홍군을 개편함과 동시에 중국공산당은 시안(西安)의 홍군서북(西北) 판사처를 팔로군판사처로 고치는 것 외에 난징, 상하이, 타이위안[太原·후에 린펀(林汾), 츄린(秋林)], 란저우(蘭州), 디화(迪化, 지금의 우루무치), 우한(武漢), 충칭(重慶), 창사(長沙), 헝양(衡陽), 광저우(廣州), 홍콩, 구이린(桂林), 뤄양(洛陽) 등 도시들에 팔로군, 신사군 판사처 또는 통신처를 설립했다. 홍군을 국민혁명군으로 개편한 것은 국공합작을 실시하고 강력히 항전하려는 중국공산당의 결의를 보여 준 것이었다. 팔로군, 신사군이 공산당의 영도 아래 국민당군대와 합작하여 함께 항일전쟁을 펼쳤는데, 이는 항전 시기 국공 양당 합작의 중요한 사항이었다.

국공 양당은 우선 군사 측면에서 연합으로 행동할 것에 관한 협의를 도출했는데 이는 국공합작이 한층 더 발전하고 전국적으로 항일전쟁을 전개하는 데 큰 도움을 주었다. 합작선언을 발표할 것에 관한 국공 양당의 협상에서 국민당대표는 일부 문제에서 트집을 잡았다. 9월 초에 팔로군 주력부대가 부분적으로 항일전선에 진출한 상황에서, 국민당은 팔로군이 집중적으로 행동을 취한 후에야 선언을 발표했다. 그리고 산간닝변구정부 주석은 딩워이펀(丁惟汾)으로 하고, 린보취를 부주석으로 해야 한다고 우겼다. 저우언라이는 국민당 측에 전보를 보내 국공합작선언에 대한 자신의 견해를 피력했다.

그는 산간닝변구 정부 주석은 공산당 측에서 추천한 인선에 따라 린보취를 정주석으로 하고 장궈타오를 부주석으로 할 것을 요구했다. 중공협상 대표는 선언에서 언급한 기본적인 정치주장을 여전히 이어갔고 선언에서의 일부 단어를 수정할 것에 대해서는 통 큰 양보를 했다. 9월 22일, 국민당 중앙통신사는 '국공합작을 공포하기 위한 중국공산당 중앙의 입장'을 발표했다. 이튿날, 장제스는 담화를 발표하여, 일치단결하여 외세에 저항할 필요성을 지적했다. 사실상 이는 전국에서의 중국공산당의 합법적 지위를 승인한 것이었다. 국공합작 선언과 장제스 담화문은 국공 양당의 제2차 합작이 정식으로 합의됐음을 드러낸다.

중화민족의 항전열조

국공합작은 전국 여러 민족과 인민, 각 민주당파와 애국적 민주인사들의 커다란 환영을 받았으며 전 민족 항일통일전선의 발전을 이끌었다. 저명한 국민당 좌파 지도자인 쑹칭링은 더없이 흥분된 모습으로 "중공의 선언과 장 위원장의 담화는 양당 거의가 진심으로 일치단결할 필요성을 적절하게 지적했다. 나는 이 소식을 듣고 감동의 눈물을 흘릴 뻔했다"[3]고 말했다. 11월, 쑹은 다음과 같이 성명을 발표했다. "공산당은 노농(工農) 근로자 계급의 이익을 대표하는 정당이다. 쑨중산(孫中山)은 이런 노동계급의 열정적인 지지와 협력 없이는 국민혁명을 완성하는 사명을 순조롭게 실현할 수 없다는 점을 알고 있었다. ……국난이 닥친 지금, 지난날의 원한은 깨끗이 정리해야 할 것이다. 반드시 전 인민 모두 일치단결하여 일본에 저항하고 최후의 승리를 쟁취해야 한다"[4]

1937년 7월 31일, 구국회의 대표 선쥔루(沈鈞儒), 쩌우타오펀(鄒韜奮) 등 7명은 출옥했다. 그들은 중국공산당의 항일민족통일전선정책을 찬성하고 국·공합작을 기반으로 하는 전국의 항전과 단합을 적극 지지하고 옹호했다. 중화민족해방행동위원회는 루거우차오사변 후 국민정부에 민중을 대거 동원하고 무장시킬 것을 제안했다. 그리고 민주정치를 실시해야 한다는 등 여러 가지 정치적 주장을 펼쳤다. 10월, 이 기구의 지도자 장보쥔(章伯鈞)은 홍콩에서 난징으로 돌아와 항전사업에 적극 뛰어들었다. 국민당 내의 리지선(李濟深), 천밍수(陳銘樞) 등이 영도하는 중화민족혁명동맹은 1936년 양광사변(兩廣事變) 때 반장항일(장제스를 반대하면서 항일하다)에서 옹장항일(장제스를 옹호하면서 항일하다) 입장으로 넘어갔다.

국가사회당, 중국청년당, 중화직업교육사, 향촌(響村)건설파 등 단체들도 모두 정부의 항전을 옹호하며 국공 양당의 합작항일을 지지한다는 입장을 밝혔다. 전국의 항일구국고조는 도시와 농촌의 각계각층으로 널리 퍼졌다. 1937년 7월, 상하이의 많은 유명 인사들은 상하이

---

3 쑹칭링, '국공통일운동에 관한 소감', 〈저항〉 삼일간 제12호, 1937년 9월 26일.
4 쑹칭링, '국공합작에 관한 성명', 〈신중국을 위해 분투하자〉, 인민출판사 한문판, 1952년, 109쪽.

항적후원회(上海抗敵後援會)를 결성했으며 차이위안페이 등은 상하이 문화계구국회를 발기했다.

9월, 사첸리(沙千裏) 등은 상하이직업계구국협회를 조직했다. 이런 항일단체들은 숭후전역(淞滬戰役)에서 중요한 역할을 맡았다. 학생들과 교육계, 종교계, 여성계에서도 여러 가지 형식의 항일구국조직을 설립했다. 중국부녀항적후원회는 허샹닝(何香凝)과 쑹칭링의 제안으로 1937년 7월에 상하이에서 설립됐다. 8월에 쑹칭링은 난징에서 중국부녀자위항전장병위로총부를 설립했다. 상하이, 베이핑, 톈진 등 대중도시의 노동자대중은 앞 다퉈 항일 의용대, 선전대를 조직하여 전선을 지원하고 참전했다.

차이위안페이(蔡元培·1868~1940)

청나라 말기 저장성 소싱 사람으로 상인의 가정에서 태어났다. 1892년 진사 시험에 합격하고 한림원 관위로 부임했다. 이후 청나라 말기의 민족적 위기에 이르러 민족교육을 위해 관계 진출을 포기하고 중국 교육회와 급진적인 혁명결사 광복회(光復會)를 조직했고, 『소보』발간에 참여했다. 1912년 중화민국 초대 교육청장이 되어 근대 중국 학제(學制)의 기초를 세우고 베이징대학(北京大學) 총장(1916-1926)을 역임하면서 5·4운동의 아버지라고 불렸다.

중국을 멸망시키려는 일본의 침략전쟁에 직면하자 중국의 민족상공업계인사들도 고양된 애국정신을 보여 주었다. 그들은 용약 구국공채를 구매하고 전선의 장병들을 위해 물자를 기부했다. 화중(華中), 화베이(華北) 지역의 많은 상공업계 인사들은 적들과 끝까지 싸우자는 결심을 다졌다. 그래서 본인 기업을 서남과 서북의 후방 성, 자치구로 옮겨 계속 생산을 하는 것으로 장기적 항전 의지를 드러냈다. 상하이의 저명한 실업가인 후쮀원(胡厥文) 등은 수많은 곤경을 극복하면서 민영공장과 상가의 내지 이전을 적극 조직하고 추진했다. 상하이의 진보

실업가 선훙(沈鴻)은 팔로군판사처의 협조 아래 자기가 운영하는 철물 공장의 기계와 설비를 시안(西安)을 거쳐 옌안(延安)으로 옮겨갔다. 이 설비들은 나중에 산간닝변구의 공업생산에 중요한 역할을 하게 됐다.

조국의 신성한 항전은 중국 해외 화교들의 마음을 움직였다. 애국주의 전통을 가지고 있는 수천수만의 교포들은 중화민족의 독립과 해방을 위해 세계 각지에서 항일구국운동을 적극적으로 전개해 나갔다. 그들은 돈이 있는 사람은 돈을 내고 힘이 있는 사람을 힘을 기울이는 등 여러 가지 방식으로 조국의 항전을 적극 지원했다. 상하이 8·13사변이 발발한 이튿날, 동남아시아의 저명한 화교 대표 천자경(陳嘉庚)은 즉각 말레이시아, 싱가포르 화교들과 접촉해 조국의 부상병, 난민 구조대회 위원회를 발족했다.

천자경(陳嘉庚·1874~1961)

싱가포르의 화교 사업가로 푸젠성(福建省) 출생. 싱가포르에서 고무나무 사업으로 크게 성공했다. 1913년 고향에 자메이사범학교(集美師範學校) 등을 설립했다. 마을 도서관에는 천자경의 뜻을 기리는 기념비가 별도로 설치돼 있다. 1940년 옌안을 방문하고 마오쩌둥과 주더를 만나 그들의 지지자가 되었다. 중공정부 수립 후 요직을 맡았다.

1938년 10월, 동남아시아 각국의 40여 개 화교구국단체 대표들은 싱가포르에서 집회를 열었다. 그들은 만장일치로 남양화교조국난민구조총회를 설립하기로 결의했으며 천자경을 의장으로, 쫭시옌(莊西言), 리칭취안(李清泉)을 부의장으로 선출했는데 그 분회들은 남양 각국에 널리 분포해 있었다. 미국에서 살고 있는 치공당(致公黨) 창시자 스투메이탕(司徒美堂)은 아메리카 대륙 교포들을 동원하여 조국의 항전에 물심양면으로 장기 지원을 했다.

그는 1937년 10월에 미국 뉴욕의 54개 화교단체를 동원하여 뉴욕

화교 항일구국 자금조달 총회를 창설했다. 보스턴과 샌프란시스코 그리고 남아메리카 일부 국가들의 화교들도 차례로 조국의 항전을 지원하는 단체들을 조직했다. 유럽, 호주(대양주) 등지의 화교들도 앞 다투어 여러 가지 항일구국단체들을 조직하고, 현금과 물자를 적극 모금했다. 또한 항일을 선전하고 일본상품 구매와 운수를 배격했다. 귀국한 뒤에는 참군, 참전하도록 화교청년들을 조직함으로써 조국의 항전역량을 키우는 데 커다란 기여를 했다.

중국공산당의 적극적인 노력과 추동 아래, 국공 양당 합작을 중심으로 하며 중국 여러 민족 인민, 여러 민주당파, 여러 애국군대, 각 계층 애국인사 및 해외 화교로 이루어진 항일민족통일전선이 마침내 발기하기 시작했다. 항일민족통일전선의 기치 아래 전국 인민들은 일치단결하여 중국 근대 이후 전례 없는 규모의 민족혁명전쟁을 개시했다. 마오쩌둥은 이 통일전선의 의의에 관하여 다음과 같이 발언했다. "이는 중국 혁명사에 신기원을 열어 놓았다. 이는 중국 혁명에 넓고도 깊이 있는 영향을 줄 것이며 일본제국주의를 타도함에 있어 결정적인 역할을 할 것이다" "역사의 수레바퀴는 이 통일전선을 통하여 중국 혁명을 새로운 단계로 이끌고 갈 것이다. 중국이 이처럼 심각한 민족적 위기와 사회적 위기에서 벗어날 수 있느냐 없느냐 하는 것은 이 통일전선의 발전 여부에 의하여 결정될 것이다"[5]

전국적 항전 발발 이후 국제정세의 변화

일본이 도발한 대중국 침략전쟁은 국제정세의 변화를 불러왔다. 중국이 반식민지 대국이었기 때문에 세계 주요 제국주의 나라들은 중국

---

5 마오쩌둥, '국공합작성립 후의 절박한 임무' (1937년 9월 29일), 〈마오쩌둥 선집〉 제2권, 인민출판사 한문판, 1991년, 346쪽.

에서 거의가 어느 정도 이익을 취하고 있었다. 일본이 중국의 동북지역을 점령한 후 중국에서 제국주의 나라들의 세력균형이 깨졌다. 일본의 전면적인 대중국 침략은 중국에서의 서방 각국의 이익을 한층 더 약화시켰다. 또 중국에서 그리고 극동에서 서방 각 국의 지위를 약화시켜버렸다. 이런 상황은 불가피하게 위 같은 나라들의 주목을 끌었고 불안감을 자아냈다. 전국적 항전이 발발한 후 중국정부는 끊임없이 국제사회에 호소하여 중국의 평화적 입장을 표명했다. 그뿐만 아니라 서방 각 주요 국가에 중재에 나설 것을 요구했다. 그러나 영국, 프랑스, 미국 등 나라들은 자국의 이익을 저울질하기 바빴다. 그리하여 오랜 시간 '중립'과 '불간섭'을 구실로 일본과 중국의 항전에 대해 양면적인 정책을 폈다. 이런 나라들은 중국의 항전을 동정하고 지지한다면서 중국에 일부 물자원조를 하는 것으로 일본을 견제했다. 한편, 이 나라들은 자국의 이익에 손해를 주지 않는 조건에서 중국의 부분적 권익을 희생하는 것으로 일본과 타협했다. 그럼으로써 극동에서 저들의 식민지 통치 기득권을 유지하려 했다.

영국은 중국에 거액을 투자하기는 했지만, 그들의 전략 중점은 유럽에 있었다. 독일, 이탈리아의 팽창 전략 때문에 유럽의 정세는 불안정했다. 그러므로 영국은 극동 정세에 대해 도저히 중재에 나설 여력이 없었다. 그리하여 영국은 일본의 전면적인 대중국 침략전쟁을 관망하는 태도를 취함과 동시에 극동에서 일본과의 적대행위를 피하는 것을 외교정책의 주요 목표로 삼았다. 그러면서 영국은 일본이 대중국 침략을 취하면서 중국에서 자국의 이익이 줄어들까 우려했지만 한편으로는 중일전쟁에 개입하여 자국이 불리해질 사태까지 저울질했다. 이런 원인으로 영국은 그저 중일 쌍방에 '자제'하라고만 요구했으며 또 이른바 '조정자' 역할을 자청하기도 했다. 결국 영국은 기타 국가들과 연합하여 일본의 침략행위를 제재할 엄두조차 내지 못했다. 1937년 12월, 일본군은 창장(양쯔강)에서 영국과 미국의 선박 여러 척을 공격하고 전함 '파나이호'를 침몰시켰다. 그리하여 수십 명의 사상자가 났다. 사건이 발생한 후, 영국은 한때 미국과 연합하여 일본에 대해 강경책을 취할 것을 제안하기도 했다. 그렇지만 미국 역시 일본과 직접적인 충돌에 말려들려고 하지 않았기에 영국의 계획은 결국 물거품이 되고 말았다. 그 이후 일본에 대한 영국의 태도는 갈수록 소극적이었다.

1938년 5월, 오랫동안 중국 해관을 통치하고 있던 영국은 도쿄(東京)에서 일본과 중국 해관에 대한 협정을 불법적으로 체결했다. 협정은 일본이 점령하고 있는 지역에서 이전에 저축해 두었던 세금 그리고 이후에 받아들이는 세금은 일률적으로 일본 정금은행(正金銀行)에 입금하고 관리한다고 규정했다. 아울러 중국정부가 1937년 9월부터 일본에 지불을 중지했던 경자년배상금을 지불하는 데도 동의했다. 영국이 극동지역에서 일본에게 이러한 중대차한 양보를 한 탓에 중국정부는 대부분의 해관수입을 잃을 수밖에 없었다. 이때부터 중국정부의 강력한 저항이 시작됐다.

프랑스도 일본의 전면적인 대중국 침략전쟁에 대해 중립적인 태도를 유지했다. 중국정부는 군수물자를 구매하려는 요구를 거듭 제기했지만 프랑스정부는 언제나 이를 가급적으로 회피하기만 했다. 일본의 압력으로 1937년 10월 18일 프랑스내각은 군수물자가 인도네시아를 거쳐 중국으로 들어가는 것을 금지한다고 결정했다. 프랑스의 이러한 태도에 중국정부는 몹시 불만스러워했으며 적극적인 조정활동을 펼쳤다. 중국정부의 끊임없는 항의와 여러 차례의 교섭을 거쳐 중국과 프랑스는 부분적인 협력을 체결했다. 프랑스는 또 군수물자가 인도네시아를 거쳐 중국에 중계되고 수송되는 것도 허용했다. 그렇지만 그

양은 제한되어 있었고 규제가 아주 많았다.

미국은 장기간 "문호개방" "기회균등"의 대중국 정책을 실시했다. 그렇지만 일본이 미국의 이러한 정책을 용납할 리 만무했다. 미국정부는 여러 번 성명을 발표하여 일본의 중국 침략에 대해 불만을 표시했다. 1937년 10월 5일, 미국 대통령 루스벨트는 유명한 "방역" 연설을 발표하였다. 그는 평화를 사랑하는 나라들은 전염병을 격리하듯 전쟁을 배제하는 행동을 해야 한다고 발언했다. 그는 고립주의나 중립주의에 의지해서는 결코 전쟁에서 벗어날 수 없음을 강조했다. 그렇지만 미국정부는 국내 각 대재벌들의 압력과 강력한 고립주의 사조의 영향 때문에 일본을 구속하는 실제적인 행동을 취하지는 않았다. 중국정부 및 국제상의 정의의 여론들은 일본에 경제적 제재를 가하여 일본의 침략을 제지할 것을 미국에 요구했다.

하지만, 미국의 많은 회사와 기업들은 여전히 일본과 원래의 무역 관계를 유지하면서 계속 일본이 전쟁에서 사용할 수 있는 물자들을 수출했다. 중국 창장(長江)에서 일본이 영국과 미국의 선박들을 공격한 사건이 발생하자, 미국의 고립주의 세력은 미국이 충돌에 말려드는 것을 우려했다.

그래서 미국정부한테 중일전쟁에 중립전략을 실시할 것을 요구했다. 일본의 침략이 한층 확대되는 동시에 극동에서 미국의 이익이 줄어들고 또 그 위협이 날로 커져갔다. 따라서 미국정부는 중국군과 인민들의 피어린 싸움으로 일본을 지구적, 소모전에 끌어넣었다는 입장에서 점차적으로 바뀌었다. 미국은 세계에서의 중국 항일전쟁의 전략적 위치에 대해 인식하게 됐고 중국을 도와 일본과 싸우려는 생각을 하게 됐다. 잇달아 미국정부의 대중국 정책에는 약간의 긍정적인 변화가 일어났다. 1938년 7월, 미국정부는 다음과 같이 발표했다. 일본이 중국군민들에게 야만적으로 폭격했기 때문에 미국정부는 무차별 폭격을 감행하는 나라에 전투기와 항공설비들을 판매하는 것을 강력하게 반대한다. 미국 국무원은 이런 부류의 허가증을 발부하는 것을 달가워하지 않는다. 미국정부의 이 같은 행동은 '도의적인 운수금지'라고 불렸다. 미국의 대다수 기업들은 이에 협력하는 태도를 취했다.

국민당정부는 줄곧 영국, 미국 등이 일본에 제재를 가하고 중일전쟁을 조정하기를 바랐다. 그리하여 국민당정부는 9개국(중국, 미국, 영국, 프랑스, 일본, 이탈리아, 네덜란드, 벨기에, 포르투갈) 공약 체결국을 토대로 한 국제회의의 소집을 적극적으로 추진했다. 1937년 11월 3일부터 브뤼셀에서 열린 9개국 공약회의(일본은 출석을 거절하였음)에서 중국대표는 여러 차례 발언하여, 회의에 참석한 나라들에 일본에 대해 적극적이고 구체적인 제재방법을 요구했다. 그리고 일본에 대한 차관과 군수물자의 제공을 즉각 중지하고 중국에 군사원조를 해줄 것을 요청했다. 그러나 영국, 미국, 프랑스 등은 각자의 전략적 타산과 이해관계에 얽매여 애매모호한 태도를 취했다.

이런 나라들은 가끔씩 규탄적인 말을 하고 중일 쌍방에 무장충돌을 중지할 것을 건의하는 것 외에는 전혀 일본을 제재하려 하지 않았다. 회유주의 입장을 여지없이 드러냈다. 브뤼셀회의에 참가했던 중국 수석대표 구워이쥔(顧維鈞)은 이 일에 대해 훗날 다음과 같이 평가했다. "극동정세에 대처하기 위해 소집된 이번 회의는 애초부터 중국에 유효한 원조를 제공하거나 중일 간의 충돌을 해결하기 위한 수단이 아니었다. 단지 영국, 프랑스가 곤경에서 탈출하는 방법을 제공했을 뿐이었고, 한 차례의 유산된 국제회의였다"[6]

6 〈구워이쥔 회고록〉 제2권, 중화서국 한문판, 1985년, 693쪽, 696쪽.

독일은 일본의 파시즘 동맹국이었다. 그러나 역사적인 원인으로 말미암아 20세기 30년대 초부터 중국의 전면적인 항전 초기까지 중국과 독일 간의 관계는 보다 가까웠다. 두 나라 정부는 상당히 많은 경제 협력 및 군사 협력 관계를 유지하고 있었다. 일본이 중국에 대한 군사적 침략을 끊임없이 자행하는 정국에서, 중국정부는 일찍이 독일에 군사원조를 받을 수 있는 가능성을 기대하기도 했다. 독일정부 역시 중국과의 무역을 강화하고 군수물자를 팔고 아울러 군수물자 생산에 필요한 원료를 수입할 것을 기대하고 있었다. 중국의 항전이 전면적으로 치닫자 독일정부는 중일 간의 충돌에 대해 중립적 태도를 취했다. 그러면서도 중국에 군수물자 공급을 계속 유지하고 있었으며 중국 주재 독일 군사고문도 대일작전 지휘에 가담했다. 1937년 11월 상순과 12월 하순에 중국 주재 독일대사 트라우트만은 두 번이나 일본의 '세객'(대변인)으로 나서서 중일관계를 조정했다.

그는 일본이 제출한 "강화" 조건을 받아들일 것을 중국정부한테 요구했다. 그러나 중국 전국 인민들은 일본 측과 타협이나 항복을 강력하게 반대했다. 때문에 "여론의 물결 속에 꺼꾸러지는 것"을 두려워한 장제스는 일본의 요구를 거절했다. 독일은 그 전략적 이익을 고려하여 일본과 군사동맹을 맺기 위해 1937년 11월에 일본과 이탈리아와 반공공약을 체결했다. 1938년 이후, 파시즘분자들이 독일정부를 전면적으로 통제했다. 이에 따라 독일정부는 지속적으로 〈만주국〉을 승인하고, 중국에서의 군사고문단을 철수하며, 군사물자가 중국에 수입되는 것을 금지한다고 발표했다.

그러나 중국정부의 각고 노력으로 중국과 독일은 여전히 상당한 양의 구상무역을 하고 있었다. 대량의 독일 군수물자는 소련과 인도네시아, 미얀마를 거쳐 중국으로 수입됐다.

전국적인 항전 초기에 소련은 중국 항일전쟁의 중요한 지지자였다. 일본이 전면적인 대중국 침략전쟁을 도발했다는 것은 소련에 대한 커다란 위협이었다. 특히 일본, 독일 간의 반국제공산당협정이 체결된 후 공격예봉이 직접 소련으로 돌려진 상황은 1929년 이래 중국과 소련 간의 대립관계가 개선되도록 만들었다. 1937년 8월 21일, 중국과 소련은 〈중소 상호 불가침조약〉을 체결했다. 중국은 이 조약을 통해 소련으로부터 정치적 지지를 받았을 뿐만 아니라 대량의 군사 원조와 기술 원조까지 받았다.

1937년부터 1940년까지 소련이 군수물자 구매에 사용하도록 중국에 준 차관은 도합 4억 5,000만 달러였는데 이는 당시 중국에 대한 각국의 원조 중에서 가장 큰 금액이었다. 소련은 또 3,000여 명의 군사고문, 군사공정 기술자와 2,000여 명의 자원봉사 조종사들을 중국에 파견하였다. 그리하여 중국을 도와 작전계획을 세우고 조종사들을 훈련시켰다. 특히 소련의 항공 자원 봉사 팀은 중국에 와서 직접 대일 작전에 참가하기도 했다. 폭격기 대대장 클리센코(庫裏申科)와 전투기 대대장 라흐마노프(拉赫曼諾夫)를 망라한 200여 명의 조종사들은 중국인민의 민족해방사업을 위해 소중한 목숨까지 바쳤다. 소련의 이러한 원조는 중국의 항일전쟁에 적극적인 후원자 역할을 했다.

세계 각국의 공산당과 평화를 사랑하는 사람들도 중국의 항일전쟁에 사심 없는 지지와 원조의 손길을 보냈다. 소련, 미국, 조선, 베트남, 라오스, 캄보디아, 인도, 미얀마, 타이, 말레이시아, 인도네시아, 필리핀, 영국, 캐나다, 호주, 뉴질랜드, 오스트리아, 체코슬로바키아 등 나라의 친중 인사들과 전쟁을 반대하는 일본 내 친중 인사들, 독일 내 친중 인사들은 중국인민의 반침략전쟁을 지지하거나 이 전쟁에 적극 참여했다. 그리고 이중 많은 사람들은 이를 위해 목숨까지 바쳤다. 캐나

다와 미국의 중국지원의료팀의 베쑨, 인도의 중국지원의료팀의 코트니스, 미국의 저명한 진보작가이며 기자인 스메들리, 스트롱과 스노, 미국의 의사 해텀, 중국공업합작촉진회[공합(工合)이라고 약칭함]의 설립을 발기한 뉴질랜드의 루이 앨리 등이 전심전력으로 중국인민의 민족해방투쟁을 후원했다. 그들의 업적과 헌신 정신은 중국대중에게 더없는 존경심을 불러일으켰고 영원한 추억으로 남았다. 중국항일전쟁에 대한 국제사회의 원조는 중국인민의 투쟁정신을 고무시켰다. 반면 중국인민이 맨 먼저 동방에서 반파시즘 투쟁의 기치를 든 것은 반대로 전 세계 인민들의 반파시즘 투쟁의 발전을 이끌었다.

중국공산당은 민족적 압박과 침략전쟁을 반대하며 평화를 사랑하고 파시즘의 침략을 반대하는 세계의 모든 민족과 국가와 단합하여 국제반파시즘통일전선을 결성할 것을 거듭 주장했다. 항일전쟁에서 중국인민은 역량을 집중하여 일본 제국주의를 반대해야 했다. 이런 연유로 모든 제국주의를 반대하지는 않았다. 중국은 무엇보다 먼저 소련과 연합해야 했다. 그와 동시에 영국, 미국 및 파시즘의 침략을 반대하는 전 세계의 모든 민족 및 국가들을 모아 국제반파시즘통일전선을 결성해야 했다. 물론 영국, 미국과 같은 나라들에 대해서는 중국 인민들에 해를 줄 수도 있는 가능성을 상정하여 경각심을 높였다. 중국은 그런 음모에 맞서는 한편 그들과 일본사이의 갈등을 간파하고 가능한 한 그들과 연합하여 일본침략자들과 맞섰다.

2. 전면적인 항전노선의 제정

뤄촨회의(洛川會議)의 소집

전국적인 항일 전쟁이 시작되자마자 중국공산당은 전국 인민에게 총동원할 것을 호소했다. 그리고 민주를 개방하고 민생을 개선하며 대중을 광범위하게 움직이고 무장할 것을 요구했다. 또한 전체 인민이 전쟁에 참여하고 전쟁을 지원하는 전면적인 항전 노선 즉, 인민전쟁노선을 실시할 것을 주장했다. 오직 이런 노선을 실시해야만 중국의 항전을 종국적 승리로 이끌 수 있으며 이 승리를 인민들의 승리로 갈무리 할 수 있었기 때문이다. 1937년 7월 23일, 마오쩌둥은 '일본의 진격에 맞서는 방침, 방책 및 그 전망'이라는 글을 발표했다. 그는 일본의 진격에 대처함에 있어서 다음과 같은 두 가지 방책이 있으며 또한 두 가지 길이 있다고 지적했다.

첫째는, 강력하게 항전하는 방침이고 둘째는 타협하고 양보하는 방침이다. 강하게 받아쳐 항전하는 방침은 전국의 군대는 물론 인민도 총동원하고 정치를 혁신하는 등의 방책을 실시해야 한다. 타협, 양보하는 방침은 상반되는 방책을 실시해야 한다. 즉, 군대와 인민대중을 동원하지 않고 인민들에게 민주와 자유는 찾아오지 않는다. 그리고 인민의 생활을 개선할 수 있게 돕지 않고 관료, 매판, 토호열신과 지주와의 관계를 유지하는 행위는 항일민족통일전선을 파괴하는 행위이다.

첫째 방책을 실시하면, 일본 제국주의를 몰아내고 중화민족은 자유와 해방을 맞이하게 될 것이다. 둘째 방책을 실시하면, 항전을 이어가지 못할 것인바, 그 결과 일본 제국주의가 전 중국을 점령하고 중국 인민은 우마와 같은 노예 생활을 할 수밖에 없을 것이다. 중국공산주의자들은 국민당원과 전국 동포들과 함께 국토를 보위하고자 한다. 이를 위해 최후의 피 한 방울까지 흘리고 모든 유이(遊移)·동요·타협·양보를 반대하며 강력한 항전을 실시하고자 한다.

8월 22일부터 25일까지 중공중앙은 산시 북부의 뤄촨 펑자촌에서 정치국 확대회의(뤄촨회의)를 소집했다. 회의는 전국 군대와 인민들을 동원하여 민족해방전쟁을 벌이고 전면적이고 지구적인 항전을 실시함에 관한 방침을 토론하고 제정했다. 그리하여 항일전쟁 시기 당의 과업 및 제반 정책들을 훨씬 더 구체적으로 확정했다. 회의는 장원톈(張聞天)이 사회를 보았다. 마오쩌둥은 군사문제와 국공 양당 간의 관계문제에 관한 보고를 했다. 군사문제에 관하여 마오쩌둥은 다음과 같이 지적했다. 중일전쟁에서 적은 강하고 우리는 약하다. 이러한 정세와 적들의 용병 전략방향(화베이 탈취를 위주로 함)에 근거하면, 항일전쟁은 한바탕 고난의 지구전이 될 것이다.

> **장원톈(張聞天, 장문천·1900~1976)**
>
> 중국 공산당 지도자 중 한 사람으로 1935년부터 1943년까지 중국공산당 총서기를 역임했다. 1900년 강소 성에서 부유한 상인의 아들로 태어났다. 난징의 공업학교를 마치고, 1922년 미국으로 건너가 캘리포니아대학에서 1년간 수학했다. 귀국 후 제자들을 가르쳤고 좌익 인사들과 교류하면서 뤄푸(洛甫)라는 필명으로 서양의 책들을 번역했다. 진운의 추천으로 중국 공산당에 입당한 뒤 1926년부터 1930년까지 모스크바 손중산대학에서 유학했으며 당시 그 대학의 교장이자 코민테른의 중국 담당관이던 파벨 미프의 영향을 받았다. 1959년 마오의 대약진 운동을 비판했다가 큰 비난을 받았으며, 1966년 정치국원에서 해임되었다. 연이어 문화대혁명의 광풍 속에서 펑더화이, 류사오치의 일당으로 지목되어 시골로 추방당했다. 1978년에 사후 복권됐다.

홍군은 국내 혁명전쟁에서 이미 전쟁을 치를 수 있는 정규군으로 발전했다. 홍군의 기본 과업은 다음과 같다. 근거지를 마련하여 적들을 견제하고 소멸시켜 우군과 연합작전(주로 전략적 연합임)을 펼친다. 그리하여 홍군을 보존하고 확대하며 민족혁명전쟁에서 공산당의 지도권을 쟁취한다. 홍군의 작전방침은 다음과 같다. 독립자주의 산지(山地) 유격전쟁을 발전시킨다. 이런 전쟁에는 유리한 조건에서 병력을 집중하여 적의 병퇀(兵團)을 소멸하는 것과 평원에서 유격전쟁을 발전시키는 것이 망라된다. 그렇지만 산지에 치중하고 집중해야 한다. 독립자주는 상대적인 것으로서 공동 항일의 통일적인 전략 목표 아래에서의 독립자주적인 지휘이다. 그러므로 유격전의 작전원칙은 이동(遊)과 공격(擊)을 결합하는 것이다. 즉 싸워 이길 수 있으면 싸우고, 싸워 이길 수 없으면 이동하고, 또 흩어져서 적을 집중적으로 타격하고 소멸하는 것이다. 산지에 치우치는 것은 근거지를 마련하여 장기적인 작전을 지지할 수 있는 전략적 요충지를 만들기 위함이다. 국공 양당 간의 관계와 그 문제점에 대해 마오쩌둥은 다음과 같이 지적했다. 통일전선을 견지하고 공고히 하며 확대해야 한다. 동시에 정치, 조직 측면에서 공산당의 독립성을 유지해야 한다. 반드시 1927년에 대혁명이 실패한 교훈을 명심하면서 국민당의 반공(反共) 경향에 대해 고도의 경각성을 확보해야 한다. 예컨대 반드시 통일전선에서 무산계급의 지도권을 견지해야 한다.

무산계급에 대한 마오쩌둥의 생각

1937년 8월 27일, 마오쩌둥은 중앙정치국 상무위원회에서 소집한 좌담회에서 재차 다음과 같이 강조했다. 통일전선에는 공산당이 국민당을 흡수하느냐 아니면 국민당이 공산당을 흡수하느냐 하는 문제가 있다. 다시 말해 국민당을 공산당이 주장하는 전면적 항전의 높이에로 제고시키느냐 아니면 공산당을 국민당의 일면적 항전의 높이에로 강등시키느냐 하는 문제이며, 양당 간의 상호 흡수에 관한 문제는 투쟁 속에서 해결해야 한다.

회의는 국민당과 공산당 간의 관계, 전략방침과 출병 등 문제들에 대해 토론했다. 장원톈, 저우언라이, 주더 등이 해당 문제점을 가지고 보고를 하거나 발언을 했다. 회의는 팔로군의 전략방침이 독립자주적인 산지(山地) 유격전이라고 확정했다. 그렇지만 시간이 촉박했기에 유격전과 정규전 간의 주객 관계에 대해서는 충분히 토론하지 못했다. 그때까지 국민당은 국·공 합작에 대한 중공중앙의 선언을 발표하지 않았다. 또 공산당과 산간닝변구의 합법적 지위에 대해 공식적으로 승인하지 않았다. 그렇지만 화베이 지역이 위급한 상황에 비추어 회의는 즉각 홍군주력을 산시(山西)의 항전전선에 출동시키기로 결정했다.

회의는 '현 정세와 당의 과업에 대한 중앙의 결정'을 채택했다. 결정 사항은 다음과 같았다. 중국의 항전은 고난의 지구전이다. 항전의 승리를 쟁취하는 관건은 이미 발동된 항전을 전면적이고 전 민족적인 항전으로 발전시키는 데 있다. 그러나 국민당이 실시하려는 것은 단면적인 항전노선이다. 즉, 국민당의 일당 독재를 견지하며 단순하게 정부와 군대만의 항전을 실시하는 것이다. 또 항일에 유리한 모든 근본적인 개혁을 배제하며, 인민에게 항일에 필수적인 민주와 자유의 권리를 주지 않는 것이다. 그리고 노동자, 농민 대중의 생활을 개선하지 않고 항전에서 인민들의 역량이 커지는 것을 방지하며, 항일 전쟁이 인민 대중의 항전으로 되는 것을 반대하는 것이다. 이 노선에는 지대한 위험성이 들어있는바 막대한 실패를 초래하게 될 것이다. 그러므로 앞으로의 항전과정에 많은 불리한 상황이 발생할 수도 있다. 공산당 및 공산당이 영도하는 민중과 무장 세력은 투쟁의 최전선을 차지함으로써 전국 항전의 핵심이 되도록 해야 한다.

회의는 '중국공산당 항일구국 10대 강령'과 마오쩌둥이 기초한 선전고동테제를 채택했다. 10대 강령은 다음과 같다.

(1) 일본 제국주의를 타도

(2) 전국의 군사 총동원

(3) 전국 인민의 총동원

(4) 정치기구의 개조

(5) 항일을 위한 외교정책

(6) 전시의 재정, 경제 정책

(7) 인민생활의 개선

(8) 항일을 위한 교육정책

(9) 민족반역자, 매국역적, 친일파를 숙청하고 후방을 공고히 함

(10) 항일을 위한 민족단결. 10대 강령은 전면적 항전노선을 실시하는 강령이었다. 이 강령을 실시하면 항일민족해방투쟁이 인민의 승리로 발전하는 데 유리했다.

회의는 전국적 항전이 다가온 새로운 시기에 당의 기본적인 행동노선과 업무방침을 토론하고 결정했다. 그 주요 내용은 다음과 같다. 적들의 후방에서 대담하게 대중을 움직여 독립자주의 유격전쟁을 벌여나간다. 그리하여 정면 전장을 벌이는 데다 적후 전장을 개척하고 항일근거지를 창설한다. 국민당 통치구역에서 대중적인 항일구국운동을 크게 벌여 계계(桂系)와 천군(川軍) 등 지방 실력파들이 장제스를 지지하고 항일하도록 이끈다. 전국 인민이 항전에 참가할 수 있게 하기 위해서 인민들이 보유해야 할 정치적 권리와 경제적 권리를 쟁취한다. 소작료와 이자를 낮추는 것을 항전 시기 농민문제를 해결함에 있어서 기본정책으로 한다. 산간닝변구를 단단히 하고 건설함으로써 산간닝변구가 항일민주의 모범구역이 되도록 한다.

회의는 중공중앙 혁명군사위원회[중앙군위(中央軍委)라고 약칭함]를 설립하여 군사업무에 대한 당의 영도를 강화하기로 결의했다. 중앙군사위원회는 마오쩌둥, 주더, 저우언라이, 펑더화이, 런비스, 장하오, 예젠잉, 린뱌오, 허룽, 류보청, 쉬샹첸(徐向前) 등 11명으로 구성됐다. 마오쩌둥이 서기(書記·주석이라고 부르기도 했음)였고 주더, 저우언라이가 부서기(副書記·부주석이라고 부르기도 했음)였다. 회의기간에 중앙정치국 상무위원회는 중앙군사위원회 전선 군분회(軍分

會)를 설립하기로 결정했다. 이와 동시에 창장(長江) 연안위원회를 설치하기로 했다. 그리고 저우언라이, 친방셴(秦邦憲), 예젠잉, 둥비우, 린보취를 위원으로, 저우언라이를 서기로 했다.

예젠잉(葉劍英, 섭검영·1897~1986)

광둥성 북부에서 태어났다. 황푸군관학교 교관으로 재직 중 저우언라이를 만난 이후 평생 저우와 가까운 사이였다. 1924년 홍콩을 거쳐 독일과 소련에 유학했다. 1931년 귀국해 홍군 제1방면군 참모장, 홍군학교 교장을 역임했다. 1936년 시안 사건 후에는 홍군 시안 판사처 주임을 지냈으며, 항일전쟁 중에는 팔로군 참모장으로서 린뱌오(林彪)를 도왔다. 신중국 건국 후에는 베이징 시장, 광저우 시장, 중공 당 중앙 서기, 문화대혁명 후에도 전인대 상임위원회 위원, 국방위원회 부주석 등 당·군·정부의 요직에 있었다. 린뱌오 실각 후 군의 제1인자가 되었고, 1978년 제5차 전인민대에서는 위원장에 선출됐다. 1982년 당 정치국 상무위원, 1983년 국가중앙군사위원회 부주석을 지냈다. 문화대혁명 당시 장칭을 포함한 4인방을 몰아내고 덩샤오핑을 복권시키는데 주도적 역할을 했다.

뤄촨회의는 전국적인 항전이 역사적 전환의 고비에 있을 때 소집된 중요한 회의였다. 회의에서 제정한, 당의 전면적 항전노선은 전 민족적 항전을 실시하는 것과 인민민주를 확보하고 인민생활을 개선하는 것을 결의했다. 그리고 외적의 침입에 맞서고 사회진보를 추진하는 것을 합의했으며 민족갈등과 계급갈등의 관계를 올바르게 정립했다. 회의에서 채택한 '중국공산당 항일구국 10대 강령'은 항일전쟁 시기의 당의 기본적인 정치주장을 설명했다. 또 장기적 항전을 이어가며 최후의 승리를 취득하기 위한 구체적인 길을 밝혔다. 이 길은 국민당 지도집단이 실시하는 단편적 항전노선과 다른 정확한 항전노선이었다.

독립자주의 유격전쟁방침

인민군대는 중국공산당이 자기의 정치적 노선을 실현하기 위해 필요한 기본적인 세력이다. 전국적 항전의 새로운 정세에서, 인민군대는 당의 전면적 항전노선을 관철하고 집행하는 과업을 짊어져야 했다. 그 성공여부의 관건은 당의 군사전략을 전환하는 데 있었다. 즉, 국내의 정규 전쟁을 항일유격전쟁으로 전환시켜야 했다. 항일전쟁에서 적군, 우군, 아군의 구체적 정황을 살펴보면 이런 전환은 필요한 것이었다. 이때의 적군은 군국주의를 실시하고 있는 일본이었다. 일본은 자원이 부족한 소국이지만 군사강국이었다. 이들은 오랫동안 '무사도'의 교육을 받아 왔고 현대화된 무기를 갖추고 있었다. 더불어 다병종으로 이루어진 수십만 명의 상비군을 두고 있었다. 일본은 또 100만, 200만 명의 훈련을 거친 예비군을 보유하고 있었으므로 짧은 시간 내에 강대한 공격세력을 동원할 수 있었다. 우군은 지난날의 원수였던 국민당군대였다. 국민당군대는 200만 명의 정규군을 보유하고 있었고 대다수 장병들도 항전의 열정과 애국의 열정을 지니고 있었다. 하지만 훈련 강도가 약했고 장비가 뒤떨어졌으며 내부도 통일되지 않았었다. 그 상층지도집단은 항일에 대해 동요하면서도 단편적인 항전방침과 소극적 방어방침을 실시하고 있었다. 그리고 그들은 될 수 있는 한 공산당의 세력을 제한하고 약화시키려고 했다.

공산당이 영도하는 인민군대는 정치적 자질이 훌륭하기는 했지만 수가 너무 적고 무기장비는 더욱 낙후하였던바, 모두를 소집해 정규전을 벌인다고 해도 일본 침략군에 큰 위협을 줄 수 없었다. 그러나 인민군대는 장기간의 혁명전쟁 속에서 연마해 낸 몇 가지 특장이 있었다.

즉, 유격전을 벌여 나가는 한편 대중을 움직이는 특기이다. 인민군대가 이런 특기를 발휘하여 정규군을 유격군으로 전환시키며, 몇 갈래로 대중을 발동하며, 작전구역과 적들의 후방의 광범위한 인민대중과 밀접히 결합하여 유격전쟁을 벌여 나가고, 신속하면서도 보편적으로 민중운동을 일으키며, 인민무장을 확대하며, 민주정권을 건립하고, 적후 항일근거지를 창설한다면 인민전쟁의 위대함을 남김없이 발휘할 수 있을 것이다. 이렇게 되면 일본군에 심각한 위협을 주게 되고 훗날에는 일본 제국주의와 싸워 이길 수 있는 결정적 세력으로 발전 할 수 있을 것이다. 그러므로 인민군대가 정규전에서 유격전으로 전략적 전환을 실행한 것은 자기의 우세를 남김없이 발휘하는 일종의 최적화된 선택이었다. 또한 당의 전면적 항전노선을 관철, 집행함에 있어서 기본적인 경로이기도 했다.

전국적 항전의 발발을 전후하여 중공중앙은 홍군의 작전 방침과 전략을 전환하는 문제를 미리 토의하기 시작했다. 1937년 8월 1일, 장원톈과 마오쩌둥은 저우언라이에게 보낸 서헌에서 다음과 같이 지적했다. 홍군의 작전원칙은 "전반적인 전략방침 아래 독립 자주적이고 분산적으로 작전하는 유격전을 진행하는 것이지 진지전이 아니며 집중적인 작전도 아니다. 그러므로 전략, 전술 측면에서 속박을 받아서는 안 된다. 이렇게 해야만 홍군의 특기를 발휘할 수 있고 왜놈들에게 상당한 타격을 줄 수 있다"

홍군을 정식으로 개편한 후 장제스, 옌시산(閻錫山)과의 토론을 거쳐 팔로군은 대일작전에서 전략유격지대(戰略遊擊支隊)가 되어 측면전(側面戰)을 하기로 합의했다. 그리고 우군을 도와 일본군의 대부분을 교란하고 견제하며 일부 일본군을 소멸하는 작전을 수행했다. 총전략에 비추어 팔로군은 독립자주의 유격전을 진행했는데 그 원칙은 다음과 같았다.

(1) 상황에 따라 병력을 사용할 자유가 있다.

(2) 대중을 발동하고 근거지를 창설하며 의용군을 조직할 자유가 있다. 지방정부와 부근의 우군이 간섭해서는 안 된다.

(3) 국민정부는 전략 측면의 규정만 지으며 팔로군은 그 전략을 집행함에 있어서 모든 자유가 있다.

(4) 산지에 의지하고 승산 없는 전투를 하지 않는다.

뤄촨회의 후 8월 하순부터 9월 초까지 팔로군 제115사와 제120사는 산시(陝西) 한청(韓城) 즈촨진(芝川鎭)에서 황허(黃河)를 건너 산시(山西)전선으로 나아갔다. 뒤이어 제129사도 이 노선을 따라 산시에 들어섰다. 제반 논의에 따른 결정에 근거하여 팔로군은 헝산(恒山)지역에 들어가 우군과 연합하여 산시를 보위하고 화베이를 방어할 준비를 했다. 그렇지만 8월 하순부터 일본군은 난커우(南口), 장자커우(張家口)를 신속하게 점령했다. 그리고 부대를 여럿으로 나누어 화베이의 광대한 지역을 진격했다. 한 부대는 평수철도(平綏路)를 따라 서쪽으로 진격했고, 다른 부대는 평한철도(平漢線)를 따라 남하했으며, 또 다른 부대는 진포철도(津浦路)를 따라 산둥성으로 진격했다. 일본군의 작전주력은 평한 철도에 있었다. 일본군은 병력의 일부를 오른쪽으로 돌려 타이위안(太原)을 탈취하고자 했다. 그리하여 중요한 전략적 지위를 가지고 있는 산시(山西)를 점령하고 평한철도 부근의 국민당 군대와 허난(河南), 산둥의 측면과 배후를 타격하고자 했다. 그래서 훗날 화베이 전역에 대한 점령을 완성하려고 했던 것이다.

정세의 변화에 근거하여 중공중앙은 적시에 팔로군에 대한 배치를 조정하기로 결정했다. 9월 16일, 17일에 마오쩌둥은 팔로군 본부에 보내는 전보에서 다음과 같이 지적했다. 홍군의 전부를 집중하여 헝산산맥에 유격근거지를 마련하려고 결정했던 이전의 계획을 반드시 바꿔야 한다.

그렇지 않으면 적들이 오른쪽으로 우회하여 포위할 경우 수세에 몰리게 된다. 팔로군의 세 개 사는 차례로 각각 산시(山西) 동북의 헝산,

우타이산(五臺山), 산시(山西) 서북의 관천산(管涔山), 산시(山西) 남부의 뤼량산(呂粱山)과 산시(山西) 동남의 타이항산(太行山), 타이웨산(太嶽山)에 배치해야 한다. 이런 배치는 팔로군이 일본군 측익에서 전략적 전개를 실시하면서 공세적 위치를 차지하기 위함이다.

그뿐만 아니라 중심도시와 교통요로를 차지한 적들에 대해 사면포위의 태세를 갖추려는 데 있다. 이렇게 되면 일본군이 진격할 경우, 우군과 연합하여 작전을 펼칠 수 있다. 그리고 측면과 배후로부터 적들을 견제하고 타격을 가할 수 있고 정면의 우군이 남쪽으로 철퇴할 경우에는 유리한 지세에 의지하여 독립자주적인 산지 유격전을 진행할 수 있다. 또 대중을 넓게 움직이면서 적후 근거지를 마련하여 장기적인 항전을 견지해 나갈 수 있다. 마오쩌둥은 9월 21일에 펑더화이에게 보낸 전보에서 다음과 같이 지적했다. "오늘 홍군은 결전 문제에서 결정적 역할을 하지는 못했으나 후에 자기의 훌륭한 장점을 발휘할 수 있다. 자기의 장점을 발휘하게 되면 결정적 역할을 일으킬 수도 있는 것이다. 그 장점이란 바로 정규전이 아니라 제대로 된 독립자주적 산지 유격전이다"[7] 9월 25일, 마오쩌둥은 저우언라이와 북방국에 보낸 전보에서 다음과 같이 강조했다. "화베이에서의 모든 사업은 유격전쟁을 유일한 방향으로 잡아야 한다" "적들이 화베이 전체를 점령한 후, 우리는 크고도 유력한 유격전쟁을 할 수 있을 것이라고 가설해 보아야 한다"[8]

류사오치를 서기로 하고 양상쿤을 부서기로 하는 중공중앙 북방국은 중앙의 전략방침을 확실하게 집행했다. 그들은 팔로군에 적극 연합하며 수많은 민중을 동원하고 조직하여 전면적인 항전을 실시했다.

7 〈마오쩌둥 군사 문집〉 제2권, 군사과학출판사, 중앙문헌출판사 한문판, 1993년, 53쪽.
8 중앙당안관 편, 〈중공중앙 문건 선집〉 제11책, 중공중앙당학교출판사 한문판, 1991년, 53쪽.

1937년 9월 21일, 주더, 런비스, 덩샤오핑, 쭤취안 등이 팔로군 본부를 거느리고 타이위안에 도착했다. 이때 북방국은 즉각 본부의 주요 지도자들과 함께 화베이의 항전 정세와 팔로군의 행동방침에 대해 토론했다. 류사오치는 회의에서 다음과 같이 지적했다. 화베이가 모두 점령당할 위험이 있다. 우리 당과 우리 군은 유격전쟁을 대규모로 벌일 준비를 해야 한다. 팔로군을 수십만 명에 수십만 자루의 총을 가진 강대한 집단군으로 확대해야 하며 보다 많은 근거지를 마련해야 한다. 이렇게 해야 독립적으로 화베이의 항전을 이어갈 수 있고 막중한 과업을 짊어질 수 있다. 그는 또 즉각 산시(山西), 허베이, 산둥 등지 인민들의 항일무장투쟁을 배치해야 한다고 강조했다. 10월 16일, 류사오치는 '항일유격전쟁에서의 약간의 기본문제'라는 글을 발표했다. 그는, 유격전쟁은 금후 화베이인민들이 항일을 하는 데 있어서의 주요한 투쟁 형태라고 지적했다. 그리고 근거지를 창설하고 항일민주정권을 건립하는 게 중요하다고 강조했다. 통일된 전략 아래에서 독립자주적인 유격전쟁은 항일전쟁의 조건 중 인민군대의 정치적 우세와 군사적 우세를 발휘하는 가장 좋은 작전 형태였다.

　첫째, 독립자주적인 유격전쟁은 항일민족통일전선이라는 이 원칙적인 규정 아래에서 민족혁명전쟁에 복종하는 총전략이다. 이른바 독립자주란 정치적으로 군대에 대한 당의 절대적 영도를 견지하고, 인민군대가 작전에서 신속하게 행동하고 자주적으로 지휘한다는 것이 망라된다.

　둘째, 항일유격전쟁은 수많은 민중의 혁명전쟁이다. 분산적인 작전형태는, 대중을 널리 움직이고 대중이 전쟁에 참가하도록 동원하는 데 편리하다. 이는 그 어떤 집중적인 작전으로도 이루어낼 수 없는 것이다.

셋째, 항일유격전쟁은 당의 통일적인 영도 아래 군과 민의 결합, 군정의 통일을 실현하는 것이다. 그리하면 근거지를 창설하고 혁명세력을 양성하며 후방이 있어 지구전을 벌여 나가는 데 매우 유리하다. 항일전쟁의 실천은, 독립자주의 유격 전쟁이 항일민족통일전선을 이어가고 지구전을 계속해나가는데 있어 유일하고도 정확한 방침이었다는 것을 입증했다.

3. 전면적 항전을 실현하기 위한 노력 및 국공 군대의 배합작전

화베이 전장에서의 대일작전과 산시(山西)에서의 통일전선사업의 전개

전쟁 초기에 일본침략자들은 군사 측면에서 자신들의 우세를 믿고 화베이와 화중(華中) 등지에서 대규모의 공격을 전개했다. 전국 인민들의 항일 열기가 고조된 가운데 국민정부 통수부(統帥部)는 전국의 군대를 동원하여 북로전장과 동로전장에서 방어 전략을 펼쳤다. 이것으로 일본군의 진격에 대항했다. 팔로군과 신사군은 각각 제2작전구역, 제3작전구역, 제5작전구역의 전투서열에 소속되어 각 작전구역으로 나눠 방어 작전에 참가했다. 그러나 국민당정부가 단편적인 항전노선을 실시하고 있는 상황에서, 어떻게 해야 중국공산당의 전면적 항전노선을 설정할 수 있는가 하는 것은 아주 복잡하고 쉽지 않은 문제였다. 중국공산당은 군사, 정치 측면에서 전면적 항전을 구현할 수 있는 여건을 마련하는 데 집중했다. 한편 팔로군이 전략의 통일 아래에서 독립자주의 산지 유격전쟁(유리한 조건 아래에서 병력을 집중하여 적들의 부대를 소멸하는 것까지 이름)을 성공시키도록 배치에 신경 써야 했다. 그리하여 팔로군이 국내 정규전쟁에서 항일유격전쟁으로 전환하는 것을 지도했다. 또 다른 한편으로는 국민당군대와 적극 연합하여 작전을 수행했으며 국민당의 그릇된 정책을 바꿀 수 있도록 노력했다. 그리고 전국 민중을 조직, 동원했으며 항일민족통일전선을 공고히 하고 정확한 대일본 작전방침을 수립했다.

1937년 9월 중하순에 진포철도와 평한철도를 따라 남하한 일본군은 허베이, 창저우, 바오딩 등지를 점령했다. 평수(平綏)철도를 따라 전진하던 일본군은 산시 북부에 진입하여 톈진 광링, 다퉁을 점령했다. 옌시산이 지휘하는 진쑤이군은 부랴부랴 옌먼관 방향으로 철수했다. 우타이에 진주한 팔로군 본부는 제120사에 서쪽 방향으로 가 시급히 옌먼관을 지원할 것을 지시했다. 그리고 제115사에 동쪽 방향으로 가서 우군의 작전에 연합하며, 링추(靈丘)에서 핑싱관(平型關)으로 증원하러 오는 적들을 공격하라고 지시했다. 9월 22일, 일본군 제5사단(사장은 이타가키 세이시로였음) 일부가 먼저 링추에서 핑싱관 방향으로 쳐들어왔다. 그래서 23일과 24일에 핑싱관(平型關) 정면 및 퇀청커우(團城口)에서 중국 수비군과 격전을 벌이게 되었다. 9월 24일 제115사 주력은 폭우를 무릅쓰고 란좡(冉莊)에서 핑싱관 동북쪽에 있는 바이야타이(白崖臺)로 전진했다. 그리하여 쇼자이(小寨)촌에서부터 라오예묘(老爺廟)까지 도로 부근의 산지에 매복했다.

옌시산(閻錫山, 염석산·1883~1960)

중화민국의 군벌이자 정치가로 산시성 우타이현 출신이다. 일본으로 건너가 1909년에 일본 육군사관학교를 졸업했다. 신해혁명 이후 산시성에서 머물다가 베이징 정변에 협조하고 탕성즈 토벌에 참가했으며 1929년에는 장제스의 부하가 됐으나 1930년 펑위샹(馮玉祥), 리쭝런(李宗仁)과 함께 국민당에 반대해 중원 대전을 일으켰다가 참패했다. 이후 중일 전쟁 기간에 일본에 맞서다가 중일 전쟁 종전 후 국공 내전 때인 1949년 3월 공산당한테 산시성이 점령당하자 6월에 광저우 국민정부 행정원장이 되었으며 1960년 타이베이에서 사망했다.

9월 25일 새벽 일본군 제5사단 제21여단 가운데 일부가 팔로군의 매복 구역에 나타났다. 팔로군은 높은 곳에서 낮은 곳으로 공격하는 유리한 지세를 이용하여 맹공격을 퍼부었다. 팔로군은 근접전과 산지전의 특기를 남김없이 발휘하여 혼란에 빠진 일본군을 제각기 갈라서 포위한 다음과 백병전을 벌였다. 팔로군은 적 1,000여 명을 섬멸하고 자동차 100여 대를 부셨으며 적지 않은 군수물자와 무기들을 노획했다. 9월 24일부터 25일까지 견제와 저격 임무를 맡은 제115사 독립톼은 라이위안(淶源), 링추 간의 수송선을 차단하고 야오잔(腰站)지역에서 일본군 증원부대의 진격을 격퇴했다. 그들은 300여 명을 섬멸했다. 핑싱관전투는 화베이전장에서 중국군이 주동적으로 적들을 찾아 섬멸한 첫번째 승리였으며 정면전의 방어 작전에 유력하게 연합했다. 이 전투는 일본군은 천하무적이라는 신화를 깨뜨렸고 공산당과 팔로군의 사기를 드높여 주었다.

핑싱관전투에서 정면에서 방어하고 있는 아군이 계획대로 출격하지 않았기에 보다 많은 적을 소멸할 수 있는 기회를 놓치고 말았다. 핑싱관 정면의 일본군은 훈위안(渾源)에서부터 남하하여 전 일본군의 증원을 받아 전열을 가다듬었다. 내장성선(內長城線)에 있던 일본군은 갑자기 루웨커우(茹越口)와 양팡커우(陽方口)를 돌파하고 동서 양측으로 옌먼관으로 우회하여 왔다. 10월 2일 옌먼관이 함락됐다. 옌시산은 산시 전쟁국면의 위기를 만회하고 타이위안(太原)을 보위하기 위해 신커우(忻口) 요새를 이용했다. 그래서 정면 방어로 적들의 남하를 막기로 결정했다. 장제스는 화급히 제14집단군 총사령관 워이리황(衛立煌)에게 부대를 거느리고 조속히 지원할 것을 지시했다.

10월 6일, 마오쩌둥은 타이위안에 있는 저우언라이에게 전보를 보냈다. 전보에서 마오쩌둥은 저우에게 국민당 군사당국에 적들이 스자좡

(石家莊)을 점령한 후, 반드시 서쪽으로 진격할 것이라고 했다. 그러므로 냥쯔관(娘子關), 룽취안관(龍泉關)에 대군을 집결시키고 그곳을 단단히 지켜 타이위안 이북 작전의 승리에 기여해야 한다는 내용을 전하라고 했다. 옌시산 등은 일본군이 세 부대로 나뉘어 남쪽으로 쳐들어올 것을 염두에 두고 작전구역을 좌, 중, 우 세 개 지역으로 나누었다. 그리고 주력을 중로의 정면방어에 배치했다. 또한 자세한 논의를 거쳐, 중로(中路)는 워이리황이, 우익의 우군(일부분의 국민당 군대를 포함함)은 주더와 펑더화이가 지휘하기로 했다. 좌익은 양아이위안(楊愛源)이, 스링관(石嶺關)과 타이위안을 책임지고 수비하는 예비군은 푸쭤이(傅作義)가 지휘하기로 결정했다. 저우언라이는 신커우 전역의 작전연구에 가담했다. 그는 이 지역의 상황을 고찰한 후, 정면으로 방어하면 기필코 큰 손실을 보고 승산이 낮을 것을 예상했다. 그리하여 중로 지역에서 일부 병력으로 적군을 견제하도록 했다. 그리고 측면에 대한 배치를 강화하며, 주력이 동북쪽의 다이(代)현 방향으로 출격한다면 적들이 남쪽으로 진격해 오는 것을 막을 수 있을 거라고 보았다. 그러나 옌시산은 저우언라이의 이런 의견을 수용하지 않았다.

10월 13일, 일본군은 비행기와 대포 그리고 전차의 엄호 아래 윈중하(雲中河)를 강행 도하한 다음 신커우 서북쪽의 주진지인 난화이화(南懷化)에 맹공격을 퍼부었다. 중국 수비군의 진지 공사는 파괴되고 부대의 사상도 매우 컸다. 전투는 진지를 뺏겼다가 되찾기를 반복하면서 매우 치열했다. 연일 계속되는 치열한 싸움에서 중국군은 일본군에 커다란 살상을 안겨 주었지만 중국군도 큰 손실을 보았다. 제9군 군장 하오멍링(郝夢齡), 제54사 사장 류자치(劉家騏), 독립 제5여 여장 정팅전(鄭廷珍) 등이 전선에서 싸우던 중 연속 희생됐다.

우군의 정면방어 작전에 연합하고 작전을 지원하기 위해 팔로군 제

115사 주력은 산시(山西) 동북에서 장자커우(張家口)로 부터 광링(廣靈), 다이현까지의 수송선을 습격했다. 그리고 독립퇀과 기병영을 파견하여 차하얼 남부와 허베이 서부에서 출격하도록 했다. 제120사 주력은 산시(山西) 서북에서 신커우로부터 옌먼관까지, 닝우(寧武)에서 다퉁까지의 수송선로를 공격했다. 동시에 앤베이(雁北)지대를 파견하여 장성(長城) 이북으로 출격하도록 했다. 신커우 정면에서 격전이 벌어지고 있을 때 제115사와 제120사의 각 부는 적극 연합하여 적들의 측면과 후방에서 자주 출동했다. 이들은 여러 차례 적후의 주요 수송선을 차단하고 일본군의 대량의 운수자동차들을 파괴했으며 적의 증원부대를 습격했다. 그리고 일부 현과 성들을 다시 되찾음으로써 일본군이 적시에 식량, 탄약을 보급받지 못하도록 했다. 10월 17일 장제스는 주더와 펑더화이에게 다음과 같은 내용의 전보를 보냈다. "귀부의 린스(林師) 및 장뤼(張旅)는 수차례 막강한 왜놈들에게 호된 타격을 안기는 특출한 공로를 세웠다. 이를 널리 표창하며 위로한다"[9] 팔로군 제129사 제385여 제769퇀은 궈(崞)현, 다이현 사이를 파고들어 적군을 습격하고 교란시켰다. 이 퇀은 제3영을 주력으로 하여 10월 19일 이른 새벽에 다이현의 양밍바오(陽明堡)에 있는 일본군 비행장을 기습, 공격하여 적의 전투기 20여 대를 파괴했고 적의 수비대 100여 명을 전멸시켰다. 팔로군 각 부대들에서는 적극적으로 작전하여 일본군의 유생세력을 약화시켰다. 그리고 적들로 하여금 상당한 병력으로 후방을 수비하지 않으면 안 되게끔 압박했다. 또한 신커우 정면의 국민당수비군에 대한 압력을 크게 덜어 주었다.

신커우 전역의 진행과정에 평한 철도를 따라 남하하던 일본군은 10

---

9 전보문에서의 '린스(林師)'는 린뱌오를 사장으로 하는 팔로군 제115사를 말하고 '장뤼(張旅)'는 장쭝쉰(張宗遜)을 여장으로 하는 팔로군 제120사 제358여를 말한다.

월 10일에 스자좡(石家莊)을 점령한 후, 즉각 정태(正太)철도를 따라 서쪽으로 진군하면서 동쪽의 타이위안을 위협했다. 제2작전구역 부사령장관 황사오훙(黃紹竑)은 3개 군을 거느리고 냥쯔관(娘子關) 남북 일선에다 방어진을 쳤다. 10월 18일 팔로군 제129사 사부는 제386여를 거느리고 정태철도 남쪽의 핑딩(平定)지역에 들어갔다. 그들은 우군 측면의 적들을 공격하는 임무를 수행했다. 국민당군대는 적들의 진격을 효과적으로 저지하지 못하게 되자 10월 26일에 할 수 없이 냥쯔관을 포기하고 전선에서 철수했다. 일본군은 신속하게 핑딩(平定), 양취안, 시양(昔陽) 등지를 점령했다.

전투 형세의 변화에 근거하여 10월 하순 팔로군 본부는 제115사 사부 및 제343여를 거느리고 우타이 남쪽으로 이동했다. 그들은 멍(孟)현, 서우양(壽陽)을 지나 정태철도를 거쳐 순(順)현에 도착했다. 10월 22일부터 11월 초까지 팔로군 제129사는 핑딩현과 시양현에서 치건(七亘)촌, 광양(廣陽), 황야디(黃崖底) 등지에서 전투를 벌여 승리를 거뒀다. 우타이산 지역에서 남으로 이동한 팔로군 제115사 주력은 시양 서부, 광양 지역에서 위츠(楡次)로 이동하고 있는 일본군을 습격했다. 이 전투에서 도합 적 2,000여 명을 섬멸하고 약간의 무기와 말들과 물자들을 얻었다. 그리고 일본군의 전진을 가로막았다. 또한 그들은 국민당군 쩡완중(曾萬種)부대, 덩시허우(鄧錫候)부대와 왕치펑(王奇峰)기병 제4사 등 부대들이 일본군의 포위를 뚫고 위험한 지역에서 빠져나올 수 있게 도와주었다.

그러나 냥쯔관에서 퇴각하여 수비하고 있는 우군에는 통일적인 지휘가 부족했다. 때문에 새롭고도 효과적인 방어를 조직하지 못했다. 그리하여 일본군은 타이위안과 신커우에 대한 대포위를 끝마쳤다. 11월 2일, 워이리황은 신커우 진지에서 철수할 것을 명령했다. 11월 8

일 타이위안이 함락됐다. 신커우 전역은 거의 1개월 남짓 진행됐고 적 2만여 명을 섬멸했다. 신커우 전역은 항전 초기 화베이전장에서 제일 크고 치열했던 지역이었다. 또한 국공 양당 군대가 합작하여 항일하면서 협조가 잘 이뤄졌던 지역이기도 했다.

화베이전장의 전략적 방어 작전은 군사 측면에서의 국공 양당의 합작을 보다 훌륭하게 실현했다. 공산당은 작전방침에 대하여 정확한 건의와 의견을 제출했다. 그뿐만 아니라 팔로군은 적극적이고 유력하며 실제적인 작전행동으로 정면 진지에서 우군의 방어를 연합하고 지지했다. 국민당 통치 집단은 공산당 및 기타 견식 있는 지사들의 정확한 의견들을 어느 정도 받아들였다. 그러나 여전히 기본적인 노선과 방침은 변경하지 않았다. 국민당 통치 집단은 정치 측면에서 단순하게 정부와 군대에만 의지하는 단편적인 항전노선을 실시했다. 군사 측면에서는 단순방어의 전략방침을 수행했다. 그러나 정면으로 진격하는 적들에 대해 대병력을 동원하는 정규전을 별로 벌이지 않고 소극적인 진지방어전만 펼쳤다.

이런 원인 때문에 주동적으로 적들을 섬멸하지는 못했다. 정면방어 부대의 많은 장병들은 뜨거운 애국열정으로 용감하게 일본군의 공격에 저항했다. 하지만 단편적인 항전노선과 단순방어의 작전 아래 전투력을 남김없이 발휘할 수 없었다. 국민당군은 끊임없이 수세에 빠졌고 싸움에서마다 패배했다. 타이위안이 함락되기 전에 평수철도 측의 일본군은 구이쑤이(歸綏), 바오터우(包頭)를 점령했다. 평한 철도 측의 일본군은 벌써 순더(順德), 한단(邯鄲)을 점령하고 장허(漳河) 일대에 이르렀다. 진포(津浦)철도 측의 일본군은 더저우(德州)의 방어진지를 돌파하고 후이민(惠民), 린이(臨邑), 가오탕(高唐) 등 일선에 이르러 지난과 칭다오를 진공할 준비를 하고 있었다. 일본군은 타이위안—스자쨩(石家莊)—더저우(德州) 일선의 화베이의 광대한 지역을 통제한 후 작전 중심을 점차 화중(華中)전장으로 옮기기 시작했다.

타이위안이 함락되기를 전후해서 일본군은 화중, 화베이 등 내지를 계속 공격했다. 화베이에서 지구적인 항전을 이어가고 팔로군을 지지하기 위해 1937년 11월 13일에 마오쩌둥은 주더, 펑더화이, 저우언라이, 류사오치 등에게 전보를 보냈다. 그는 팔로군에 독립자주 정신을 한층 더 발휘하고 화베이에서의 유격전쟁을 계속하며 산시(山西)성의 대다수 향과 촌들을 가능한 쟁취하여 유격근거지로 만들 것을 지시했다.

그리고 대중을 발동하고 작은 승전을 많이 도출해 사기를 올리며 "이로써 전국에 영향을 주어 국민당과 정부와 군대를 개조하며 위기를 이겨 나가도록 박차를 가해야 한다. 그리하여 전면적 항전의 새로운 국면을 이루어 낼 것"을 요구했다. 기존 배치에 따라 팔로군은 적극적으로 우군과 연합하여 작전을 실시함과 동시에 자기 전략을 집행하면서 과업을 벌여 나가기 시작했다. 제115사의 일부는 우타이산에 의지하여 산시(山西) 동북의 전략적 근거지를 창설했다. 제120사는 관링산에 의지하여 산시 서북의 전략적 근거지를 창설했다. 제129사는 타이항산에 의지하여 산시 동남의 전략적 근거지를 창설했다. 1938년 봄에 이르러 제115사의 다른 한 부대는 뤼량산에 의지하여 산시 서남의 전략적 근거지를 창설했다. 이런 전략적 근거지들은 화베이에서 적후 유격전쟁을 벌여 나가고, 항일 근거지를 창설, 확대하는 것에 전략적 기지를 마련했다.

민중을 충분하게 동원하고 조직하여 산시의 항전을 지원하기 위해 중공중앙과 북방국과 팔로군 본부는 국민당 지방 실력파인 옌시산과의 통일전선을 발전시켜 나가는 데 깊은 관심을 돌렸다. 일본군이 진격하는 위협 앞에서 옌시산은 합작하여 항일할 것에 관한 중국공산당의 주장을 받아들였다. 그뿐만 아니라 공산당이 제출한 일부분의 진보적 조치와 구호들도 받아들였다. 더불어 항일청년들과 정치적으로 비교적 깨어난 진보인사들을 채용하여 위급한 정세를 만회했으며, 자기의 통치를 수호했다. 이런 상황에 비추어 팔로군은 타이위안에 펑쉐펑(彭雪楓)을 처장(處長)으로 하는 산시 주재 사무처를 두었다. 그리고 팔로군 본부와 옌시산 간의 연계를 책임지고 진쑤이군에 대한 통일전선사업을 벌여 나가도록 했다. 1937년 9월 초에 중공중앙 대표인 저우언라이와 팔로군 지도자들인 펑더화이, 린뱌오, 녜룽전, 쉬샹첸, 쇼커 등이 산시(山西)에 도착했다. 저우언라이, 펑더화이는 옌시산에게 각 측 대표들이 참가한 전지(戰地)동원위원회를 설립할 것에 관한 건의서를 제출했다.

9월 20일, 타이위안에서 정식으로 제2작전구역 민족혁명전쟁 전지 총동원위원회(동원위원회라고 약칭함)를 발족했다. 이에 제2작전구역 고급 참의(高級參議)이며 국민당 좌파 애국장령인 쉬판팅(續範亭)이 주임위원직을 맡았다. 공산당 측의 위원은 덩샤오핑, 펑쉐펑, 청쯔화(程子華), 난한천(南漢宸·뒤의 두 사람은 상주위원이었는데 청쯔화는 무장부 부장이었고, 난한천은 조직부 부부장이었음)이었으며 그 동원구역은 주로 쑤이위안(綏遠), 차하얼(察哈爾)과 산시 서북, 앤베이, 산시 동북(후에 진차지 변구) 지역이었다. 각 급(현, 구, 촌을 망라함) 동원위원회는 항전을 지원하고 항전에 참가하도록 대중을 움직이는 영도기관이었다.

동원위원회는 정부와 민중 간의 교량역할을 했다. 그러나 일부 지방(주로 낡은 정권이 와해된 지역)에서는 총동원위원회가 반정권 성격을 띠고 있었다. 각급 총동원위원회는 항일 선전, 대중 조직, 대중

무장, 간부 양성, 유격전쟁 지원 등의 활동을 펼쳤다. 이어 근거지를 창설하고 항일정권을 공고히 하는 측면에서 많은 업무들을 벌여 나갔다.

린뱌오(林彪, 임표·1907~1971)

후베이성 출신으로 1925년 중국공산당에 입당. 황푸군관학교 재학 중 당시 교관이었던 저우언라이의 지도를 받았다.

린뱌오가 중국 정치의 전면에 등장한 것은 1959년 루산에서 열린 공산당 정치국 중앙위원회 총회부터이다. 당시 마오의 대약진정책을 비판하다가 실각한 펑더화이와 달리 린뱌오는 마오를 적극 지지하면서 중국 공산당 정치국 2인자로 급부상하게 됐다. 그는 국무원 부총리, 국방위원회 부주석을 연임하고 펑더화이의 뒤를 이어 국방부장이 되었다. 그는 군 내부에서 마오쩌둥 사상 학습 운동을 전개했다. 1967년에는 마오·장칭(江靑)과 함께 중국의 문화대혁명을 주도했다. 그러고는 군부를 이용하여 국가주석이었던 류사오치를 실각시키는데 앞장섰다. 1969년 중국공산당 제9기 전국대표대회에서 마오쩌둥의 천재론을 주장하며 개인숭배를 찬양했고, 자신이 마오의 후계자임을 당규약으로 명기하기도 했다. 린뱌오는 이 회의로 장칭을 견제하고 자신의 입지를 확고히 하려는 의도였으나, 오히려 마오의 견제로 린뱌오는 오히려 비판의 대상이 되고 말았다. 1971년 8월 린뱌오에 대한 비판을 가속화되자 그는 공군에 복무 중인 아들 린위궈(林立果)와 함께 마오쩌둥 암살 계획을 세웠으나 사전에 발각되어 실패로 돌아갔다. 이후 그는 가족과 함께 비행기로 탈출하여 소련으로 망명하려했으나 도중에 몽골 지역에서 비행기가 추락하여 사망한 것으로 알려져 있다. 그의 비행기 추락사를 두고 미사일 공격으로 격추되었다는 설이 있으나 현재까지는 연료 부족으로 추락했다는 것이 중국 정부의 공식적인 발표이다.

옌시산과의 통일전선을 결성하는 것을 통하여 산시(山西)에서 대중적인 항일구국운동과 항일유격전이 줄기차게 발전하기 시작했다. 보이보를 서기로 하는 중공 산시(山西)공개사업위원회는 상층 통일전선 업무를 적극 밀고 나갔다. 그러는 한편 산시희생구국동맹회(희맹회·犧盟會로 약칭)를 핵심으로 대담하게 대중을 움직이고 조직했다. 그리고 노동자, 농민, 청년, 여성 등 구국단체를 세우며, 간부를 양성하

고 훈련했다. 그들은 이렇듯 여러 가지 항일구국활동을 벌여 나갔다. 1937년 9월 하순에 희맹회는 300여 명이 참가한 제1차 대표대회를 소집했다. 이 시기 희맹회 회원은 벌써 몇 십만 명으로 늘어났고, 105 개 현 분회와 얼마간의 중심구역을 창설했으며, 2만여 명의 정치공작 간부와 군사간부들을 양성했다. 일본군이 진격할 때, 산시(山西)의 대부분의 낡은 정권은 마비상태에 빠지거나 무너졌는데 희맹회는 이 시기를 잘 넘겨 부분적 지방정권을 장악했다. 1938년 봄에 이르러 희맹회는 전 성의 105개 현에서 70여 개 현의 정권을 통제했다.

산시의 통일전선사업 중 무장력을 발전시키는 측면에서 당의 뚜렷한 공과는 산시(山西) 신군(新軍)을 창설한 것이다. 전국적 항전이 개시된 후 산시(山西)의 구군(舊軍)이 일본군의 공격 앞에서 전투력이 보잘것없다는 것을 알게 된 옌시산은 시급히 군대를 늘려 실력을 키우려고 했다. 보이보가 산시 신군을 설립하자고 건의하자 옌시산은 먼저 총대(隊)를 설립하는 것에 동의했으며, 아울러 이 총대를 산시청년항적결사대(결사대라고 약칭)라고 명명하기로 결정했다.

결사대는 1937년 8월 1일에 정식으로 창설됐다. 각급 군사간부는 옌시산이 지명하거나 파견한 구군관이 담당하고 정치위원과 정치공작간부는 대부분 공산당원들이었다. 9월에 결사대는 네 개 총대로 발전했으며 후에는 4개 종대(縱隊·여급)로 발전했다. 결사대를 제외하고 산시에서는 노동자무장자위종대, 정치보위여와 잠편(暫編) 제1사 등 신군 무장을 연속 설립했다.

1939년 말에 이르러 산시 신군은 도합 50개 퇀(團·그중 46개는 정규 퇀이었음)이었고, 총병력은 5만여 명이었다. 신군에는 보편적으로 공산당조직이 설립되어 있었다. 신군은 중국공산당이 영도하는, 통일전선형식으로 나타난 인민항일무장력이었다. 신군은 부대편제에서 옌시산 부대 계통이었다. 이는 특수한 통일전선형태였다. 산시 신군은 팔로군과 상호 지원하고 협력하면서 산시 및 전반 화베이의 항일유격전쟁에서 중요한 역할을 담당했다.

중국공산당은 옌시산과 통일전선을 결성하는 과정에서 폐쇄주의를 반대하고 독립자주 원칙을 이어갔다. 당조직은 상층 통일전선사업에 눈길을 돌렸을 뿐만 아니라 대담하게 대중을 움직였다. 그리하여 대중에 대한 사업을 장악함과 동시에 정권사업과 무장사업도 장악했고 옌시산이 항일을 견지하도록힘껏 지원했다. 또 그의 동요성과 반동경향에 대해 고도의 경각심을 보였다. 산시에서의 당의 통일전선사업은 거대한 성공을 거두었는바 팔로군이 산시에서 항일유격전쟁을 벌여 나가고 항일민주근거지를 창설하는 데 아주 유리한 조건을 마련해 주었다.

상하이, 남닝(滬寧) 지역에서의 대일작전과 난징에서의 일본군의 대학살

일본군이 작전중심을 아직 화베이 전장에 두고 있을 때, 국민당 군사당국은 벌써 상하이를 대일작전의 주전장(主戰場)으로 삼기로 결정했다. 장제스는 차례로 70만 명의 병력을 집결, 지휘해 직접 쑹후(松滬)회전을 벌였다. 중국군의 많은 장병들은 어떤 강적도 두려워하지 않고 피 흘리며 용감무쌍하게 싸웠다.

상하이시 구역의 화더로(華德路) 어구에서 중국군 제36사 제215퇀 제2영의 300여 명의 장병들은 적들과 백병전을 벌였다. 그들은 나중에 전부 장렬하게 희생됐다. 1937년 8월 14일부터 16일까지의 상하이 공중전에서 중국 공군은 용감하게 싸웠는데 적기 45대를 격추하는 전과를 거두었다. 상하이 구역에서의 중국공산당 조직과 팔로군 판사처에서는 중공중앙의 지시에 따라 통일전선사업을 크게 벌였다.

1937년 6월, 중공중앙은 류샤오(劉曉)를 상하이에 파견하여 당조직을 회복, 재건하고 중공 상하이 3인단(류샤오, 펑쉐펑, 왕야오산)을 내오도록 했다. 11월에 중공중앙의 비준을 거쳐 중공 장쑤(江蘇)성위원회(류샤오가 서기)를 설립했다.

그들은 상하이 각계, 각 계층 민중이 항일구국단체와 전선봉사단을 조직하고 기세 드높은 항일구국운동을 일으키도록 적극 추진해 갔다. 그래서 국민당군대의 작전을 힘차게 지원했다. 8월 23일, 일본군은 촨사허(川沙河) 어구, 스쯔린(獅子林), 우숭(吳淞) 일대에서 강행, 상륙했다. 중국 수비대는 필사적으로 저항했다. 9월 4일부터 7일까지 바오산(寶山)을 수비하던 요쯔칭(姚子靑)영의 500여 명 장병들은 몇 번이나 일본군의 공격을 물리쳤으며 나중에 대다수가 장렬하게 희생됐다. 10월 하순, 쑤저우허(蘇州河) 북쪽 기슭의 쓰싱(四行)창고를 수비하고 있던 셰진위안(謝晉元) 등 800여 명의 장병들은 4주야 동안 고군분전하면서 수백 명의 적군을 섬멸했다.

그러고는 적들의 겹겹이 둘러싸인 포위망을 뚫고 영국 조계지로 퇴각해 버렸다. 일본군 참모본부는 전세의 진척이 완만한 데 비추어 상하이 구역에 끊임없이 병력을 증파했는데 차례로 20만 명의 병력을 투입했다. 11월 5일, 일본군 제10군은 틈을 타서 항저우만 북부의 진산웨이(金山衛)로 상륙하고 서남쪽으로 우회하여 상하이를 포위했다. 시구역 쑤저우하 남쪽 대안의 진지 역시 일본군에 의해 돌파됐다. 11월 8일, 장제스는 수비군이 앞뒤로 적들의 공격을 받고 있는데 비추어 전반 전선에서 철수하며 남쪽, 서쪽으로 이동하라고 명령했다. 11월 12일, 일본군은 상하이를 죄다 점령했다. 쑹후(松滬)회전은 장장 3개월 동안 지속됐는데 중국군은 적 4만여 명을 살상하여 일본 침략자의

"속전속결" 계획을 무산시켜 버렸다.

상하이를 점령한 후 일본군은 즉각 군사를 돌려 중국의 수도 난징으로 쳐들어갔다. 국민당군은 난징 외곽에서 일본군과 크고 작은 전투를 벌여 적들에게 타격을 입히기는 했지만 결론적으로 일본군의 맹공격을 막아 내지는 못했다. 12월 13일, 난징(南京)은 일대 혼란 속에서 일본군에게 점령당했다. 일본 화중(華中)방면군 사령관 마쓰이 이와네 대장, 상하이파견군 사령관 아사카노미야 야스히코 중장과 제6사단 사장 다타니히사오 중장 등 장군들의 종용과 지휘 아래 일본군은 난징에서 6주 동안이나 방화, 살인, 강간, 약탈을 무자비하게 감행했다.

일본은 중국의 평민과 포로로 잡힌 병사들을 집단적으로 총살하고 불태웠다. 아니면 생매장하였거나 기타 방법으로 살해했는데 이렇게 학살당한 사람은 무려 30만 명이 넘었다. 동시에 난징시의 3분의 1이 넘는 주택들이 불에 타 버렸고 거의 모든 상점들이 약탈당하고 말았다. 일본군이 난징시에 들어선 후 1개월 동안 2만여 건의 강간과 윤간 사건이 발생했다.

이에 열 살 난 소녀와 60, 70살 난 노부인도 재앙을 면치 못했다. 많은 여성들은 강간당한 후 학살당했는데 그 광경은 차마 눈을 뜨고 볼 수 없을 만큼 처참했다. 난징은 도처에서 시체가 나뒹구는 도시이자 처참하기 그지없는 죽음의 도시가 되고 말았다. 일본군은 악행을 덮고 감추기 위해 뉴스를 완전히 봉쇄했으며 시체를 불태워 흔적을 지워버렸다. 그들은 죄에 대한 증거까지 말살해 버렸다. 그럼에도 불구하고 적지 않은 정의의 인사들과 국제 벗들과 외국기자들은 생명의 위험도 아랑곳하지 않고 국제안전구역과 난민수용소를 세웠다.

그리하여 백방으로 중국 여성들과 아동들을 보호하는 데 나섰으며 피해자들에게 원조를 주었다. 그들은 직접 목격한 일본군의 만행들을 일기·서신·뉴스사진 등 형식으로 기록했으며 세상에 알렸다. 〈뉴욕타임스〉, 〈시카고데일리뉴스〉 등 신문들은 적시에 난징에서의 일본군의 야만적인 악행을 폭로함으로써 전 세계가 충격을 받고 규탄하도록 했다. 1938년 3월, 호주인 팀펄리(HJ Timperley)가 펴낸 ≪외국인이 목도한 일본군의 폭행≫이란 책은 난징대학살을 보다 일찍 총체적으로 기록한 역사문헌이다.

　제2차 세계대전 후, 극동국제군사법정 및 중국정부 국방부 전범심판군사법정의 자세한 조사실증과 확인을 거친 자료들, 그리고 대량의 문헌서류, 목격자, 피해자가 제공한 인증과 물증들은 난징학살을 폭로했다. 상기 자료들은 모두 일본군이 난징에서 계획적 대규모 집단학살을 감행했으며, 무참하게 살해당한 사람이 무려 수백 명, 수천 명 심지어 수만 명에 이른다는 점을 남김없이 증명했다. 난징군사법정은 난징대학살의 주범의 한 사람인 다니히사오에 대한 판결문에서 다음과 같이 확인했다. "1926년 12월 12일부터 같은 달 21일까지는 다니히사오 부대가 난징에 주둔한 기간이었다.

　중화문 밖의 화선(華神)묘, 바오타(寶塔)교, 스관인(石觀音), 샤관차오셰샤(下關草鞋峽) 등에서 포로로 사로잡힌 산야오팅(單耀庭)을 포함한 도합 19만여 명의 우리 군민들은 일본군의 집단적인 기관총 세례를 당한 후 불에 태워졌다. 이 밖에 산발적으로 학살하기도 했는데 난민기구에서는 이렇게 학살당한 사람들의 시체 도합 15만여 구를 염습했다. 피해를 받은 총인원은 무려 30만 명이 넘는다"[10] 이렇게 완전한 증거가 있는 난징대학살은 중국 인민들에게 지은 일본 제국주의의 천인공노할 만행이다.

10　중앙당안관, 중국 제2역사당안, 지린(吉林)성 사회과학원 공동편찬, 〈난징대학살〉, 중화서국 한문판, 1995년, 745쪽.

항구 도시 상하이를 함락시킨 마쓰이 이와네 휘하 일본군은 장제스의 국민당 정부 수도였던 난징으로 진군했다. 장제스는 후퇴하면서 시가지를 초토화할 것을 명했다. 이에 대해 일본군은 양쯔 강 계곡에서 중국인을 대량으로 학살하는 것으로 응수했고, 12월 13일, 난징 시가 저항 없이 투항하자 전례가 없는 대학살이 시작되었다. 처음에는 중국군 병사들이 목표였지만, 곧 민간인들까지 닥치는 대로 죽이기 시작했다. 특히 여성들을 어린아이건 노인이건 가리지 않고 강간해 2만~8만 명의 여성이 희생된 것으로 추정된다. 처형 방법도 집단 총살, 참수, 생매장, 십자가에 매달기, 혀에 매달기 등 다양했다. 갓난아기를 공중에 던진 뒤 총검으로 찔러 꿰어 죽이는가 하면 가족을 죽이기 전에 근친상간을 강요했다. 서방의 선교사들과 언론인들이 이 끔찍한 만행의 증인이었다. 독일 지멘스사(社) 상하이 지사장이었던 욘 라베는 난징 시 서쪽 외곽에 안전구역을 설정하여 서양인은 물론 수많은 중국인의 목숨을 구했다. 학살과 집단 강간은 1938년 2월까지 6주 넘게 계속되었으며, 약 30만 명이 살해당한 것으로 알려져 있다. 종전 후 마쓰이와 두 명의 중장이 전범으로 교수형을 당했지만, 그 밖에는 거의 책임 추궁이 이루어지지 않았다.

일본의 침략전쟁을 미화하려는 일본 국내의 일부 우익세력들은 난징대학살의 사실을 극력 부인하고 있다. 이는 역사에 대한 제멋대로의 왜곡이거니와 인류의 양심에 대한 기만이다. 사실상 일본침략자들의 방화, 살인, 강간, 약탈은 절대 난징이라는 한 곳과 한 시기에만 이루어진 것이 아니다. 루거우차오사변 후 일본군은 대량의 학살사건을 조작했는데 1937년부터 1940년까지만 해도 100명 이상의 대학살이 무려 500여 번이나 됐다. 예를 들면 산시(山西)성 북부에서 일본군은 30일 동안 연속 톈진(天鎭), 양가오(陽高), 쭤윈(左雲), 링추, 쉬(朔)현, 닝우, 궈현 등 현의 현성에서 1만 6000여 명의 무고한 백성들을 무참하게 학살했다. 항저우만에 상륙한 후 일본군은 도중에 줄곧 방화와 살인을 일삼았다. 그리하여 우시, 쑤저우 등 아무런 방어시설도 없고 풍경이 뛰어난 명승고성은 전에 없이 파괴되고 말았다. 전쟁기간에 일본 침략자들은 정신적 공포심을 조작하여 중국 인민을 굴복시키기 위해 국제법을 무시하고 많은 도시와 농촌의 비군사 목표(상업 지역, 주민 지역, 문화 지역)들까지 무차별 폭격했다. 1938년 5월 28일부터 6월 9일까지 일본 전투기가 광저우를 연속 폭격했다. 이에 거의 1만여 명의 시민들이 폭사했고 부상자는 부지기수였다. 많은 상점, 공장, 학교, 병원 그리고 유명한 중산(中山)기념관마저 폭파됐다. 일본군은 난징을 점령한 후 보다 많은 중국 여성들을 '위안부'로 삼았다. 이런 야만적인 행태로 인해 수많은 중국 여성들이 능욕과 유린을 당했다. 그리고 많은 사람들이 학살과 질병에 의해 죽어갔다. 일본군은 또 많은 지역에서 독가스와 세균무기를 사용하여 중국 군인과 무고한 인민들을 잔혹하게 살해했다. 대중국 전반적인 침략전쟁에서 일본군의 상술한 폭행은 여태껏 한 번도 중단된 적이 없었다.

항일민족통일전선의 발전을 추동

전국적인 항전 초기에 국민당은 항전에 비교적 힘을 기울였다. 정치 측면에서도 얼마 동안 진보적인 표현이 있었다. 공산당과의 관계도 약간은 개선됐고 대중의 항일운동에 대해서도 어느 정도 개방했는데, 전국적으로 사람들을 고무하는 기상들이 출현했다. 그러나 대지주, 대자산계급의 이익으로부터 출발한 국민당은 일당 독재의 기본적인 입장을 근본적으로 바꾸지 않았다. 그들은 아직도 공산당과 인민대중의 항일세력의 발전에 대해 여러 가지 의구심을 가지고 있었고 그들을 시기하고 있었다. 국민당 통치 집단은 대중적인 항일구국운동의 줄기찬 발전이 저들의 통제에서 벗어날까봐 두려워했다. 특히 공산당이 영도하는 인민항일세력이 발전하고 장성해지는 경우, 저들의 통치기반에 위험을 줄까 두려워했다. 국민당은 단순하게 정부와 군대에만 의지하여 항전하는 단편적인 노선을 견지했다. 이 노선은 불가피하게 항전에 많은 어려움과 장애를 안겨 주기 마련이었다. 항전의 승리를 쟁취하기 위해 중국공산당은 여러 가지 방식으로 국민당 당국에 건의와 방안을 제출했다. 공산당은 이런 건의와 방안들로 하여금 국민당이 정책을 바꾸도록 그들을 추동하고 독촉했다. 그리고 그들이 쑨중산의 혁명적 삼민주의와 공산당이 제출한 항일구국 10대 강령을 진정으로 실시하고 전국 민중을 조직, 동원하여 전면적 항전을 실현할 수 있기를 기대했다.

난징이 함락되기 전날 밤 국민정부와 국민당 중앙기관 대부분이 서쪽의 우한으로 옮겨갔다. 그리하여 우한이 전국항일운동의 중심지가 된다. 1937년 12월, 중공중앙은 우한에 창장국(長江局)을 설치하고 남방 각 성의 당 사업을 통일적으로 영도하기로 했다. 그뿐만 아니라 창장 유역과 남방 각 성의 항일운동 역시 발전시키기로 결정했다. 동시에 중공대표단을 구성해 국민당과의 연계와 협상을 책임지며 계속 국민당의 개혁과 진보를 추동했다. 얼마 후 위의 두 개 조직은 한 개 조직으로 개편됐는데 안으로는 중공중앙 창장국이었고, 밖으로는 중공대표단이라고 불렀다. 왕밍, 저우언라이, 샹잉, 친방셴, 둥비우, 예젠잉, 린보취가 구성원이었고, 왕밍이 서기였으며 저우언라이가 부서기였다.

창장국은 윈난, 구이저우, 쓰촨, 후난, 후베이, 안후이, 장시, 장쑤, 저장, 푸젠, 광둥, 광시, 허난 등 성 및 동남분국(東南分局)과 신사군의 당 사업을 이끌었다. 창장국(長江局)은 설립된 후 각지의 당 조직을 신속하게 복구하고 건립했다. 그리고 당원을 대량으로 발전시키고 우한을 중심으로 하는 항일구국운동을 적극적으로 지도했다. 창장국은 조직부, 선전부와 당보(黨報)위원회를 설치하는 것 외에도 민주운동부도 뒀다. 아울러 종업원운동위원회, 청년운동위원회, 부녀운동위원회 등 위원회들을 설립하여 각 방면의 대중사업과 구국사업을 책임지고 지도했다.

우한에서는 공개적인 당의 신문, 당의 잡지인 〈신화일보〉와 〈대중〉 주간 및 기타 항일서적들을 출판하면서 광범위한 선전활동을 벌여 나갔다. 동시에 신사군에 대한 조직 건설 사업을 완성했다. 그리고 신사군이 안후이 남부(皖南), 장쑤 남부(蘇南)와 안후이 서부(皖西) 항일전선으로 달려 나가도록 지도했다. 이어 후베이의 치리핑(七裏坪), 탕츠(湯池)와 허난의 주거우(竹溝)에서 강습반을 꾸려 적후유격전쟁을 벌여 나가기 위한 간부들을 양성했다. 또 적후지역에서 몇 갈래의 항일유격대들을 설립하기 시작했다.

창장국의 조직과 동원 아래 많은 청년들이 항일투쟁에 적극적으로 참가했다. 허난에서만 해도 1만여 명의 도시 노동자, 학생, 혁명지식인들이 농촌에 내려가 구국사업을 벌여 나갔으며 항일유격전쟁에 참가했다. 창장국은 또 옌안에 많은 지식청년들을 보냈다. 요컨대 창장국은 대중적인 항일구국운동을 벌여 나감에 있어서 큼지막한 사업들을 했을 뿐만 아니라 화중(華中)의 적후유격전쟁을 발전시키는 데 많은 준비를 했다.

창상국은 또 중공중앙을 대표하여 국민당과 기타 항일당파들에 대한 통일전선사업을 벌여 나갔다. 그리고 계속 양당관계를 강화할 것에 대한 문제를 둘러싸고 국민당당국과 협상을 벌이는 업무를 책임졌다. 중공중앙은 국공 합작에는 고정적인 조직 형태가 있어야 하며 국공 양당은 당연히 협상을 거쳐 공동강령을 공식적으로 공포해야 한다고 했다. 아울러 합작을 강화할 것에 관한 구체적인 건의들을 제기해야 한다고 여러 차례 그 뜻을 밝혔다. 애초에 장제스는 양당관계위원회를 설립할 것에 대해 동의했으며 아울러 공동강령을 기초하기도 했다. 그러나 국민당 통치 집단은 일당 독재를 포기하려 들지 않았다. 그들은 최대한 합작을 통하여 중국공산당을 "용화"시키고 없애려고 했다. 따라서 국공 쌍방이 협상과정에 기초한 공동강령초안은 1938년 봄에 완성되기는 했지만 장기적으로 국민당중앙에 내버려진 채로 있었다. 양당관계위원회의 사업도 정체에 빠졌으며 상기의 두 가지 문제는 시종 해결을 보지 못했다.

그러나 전국적 항일고조의 영향과 공산당의 추동 아래, 전국 인민 및 민주당파와 민주인사들의 호소 아래 국민당 당국은 어느 정도 체결한 방침을 이행했다.

1938년 1월, 국민정부는 군사위원회를 개편하기로 결정했는데, 제1차 국공합작 시기 북벌군의 경험에 따라 정치부를 설립했다. 정치부의 영도 대권은 두말할 나위 없이 장제스 직계의 유력인물[11]이 장악했다. 그러나 그 밖에 저우언라이, 황치샹(黃琪翔·중화민족해방행동위원회의 주요 지도자의 한 사람이었음)을 부부장으로 임명하고 궈모뤄(郭沫若)를 선전업무를 장악하고 관리하는 제3청 청장(庭長)으로 임명했다. 중공중앙은 저우언라이가 국민정부 군사위원회 정치부 부부장으로 부임하는 것을 동의했다. 그것은 군사·정치 측면에서 국공 양당의 연합을 공고히 하고 국민당 군대에 대한 개혁을 추동하기 위한 것이었다. 또한 국민당의 각개 파벌에 대한 통일전선사업을 벌여 나가는 일을 쉽게 하기 위한 것이었다.

4월 1일, 제3청이 정식으로 설립됐다. 저우언라이와 궈모뤄의 영도 아래 제3청은 항일민주운동에 진력하는 많은 진보적인 문화일꾼들을

---

11 정치부 부장은 천청(陳誠), 제1청(第1廳, 군대의 정치훈련 및 군대 내의 당 사무를 담당하였음) 청장(廳長)은 허중한(賀衷寒), 제2청(민중운동을 담당하였음) 청장은 캉쩌(康澤), 총무청(總務廳) 청장은 조우즈야오(趙志堯), 비서장은 장리성(張歷生)이었다.

결집했다. 그들은 구국선전을 벌여 나가면서 항전문화사업의 발전을 영도했으며 아울러 적들에 대한 선전과 국외에 대한 선전을 벌여 나갔다. 이 시기, 우한에서 창립된 중화전국연극계항적(抗敵)협회, 중화전국영화계항적협회, 중화전국문예계항적협회, 전국가요협회와 전국전시교육협회는 전부 공산당원을 지도핵심으로 하는 항일통일전선조직이었다. 이런 협회의 부분적 지도자는 동시에 제3청 소속기구의 지도직무를 맡고 있었다. 제3청은 정부의 명의로 각 협회들이 민중운동에 대한 국민당의 통제정책을 뚫고 기세 드높은 항일구국운동을 벌여 나가는 일에 힘써 협조했다. 제3청은 국민당 통치구역에서 항일통일전선활동을 펼쳐 나감에 있어서 중국공산당의 중요한 진지였다.

1938년 3월 말부터 4월 초까지 국민당은 임시전국대표대회를 소집했다. 3월 25일에 중공중앙은 국민당 임시전국대표대회에 전보를 보냈다. 전보는 국공 합작을 강화하며 항일민족통일전선을 계속 확대하고 공고히 함에 있어서는 먼저 쑨중산 선생의 삼민주의를 기본 원칙으로 삼아야 한다고 했다.

이를 토대로 항일민족통일전선의 공동강령을 반포하며, 이 강령을 전국 인민들을 공동분투로 동원하는 목표로 삼아야 한다고 주장했다. 그리고 이 강령 아래서 공산당과 연합한다는 쑨중산 선생의 정신에 따라 각 당파가 공동으로 참여한 형태의 민족해방동맹을 결성해야 한다고 제기했다. 중공중앙은 국민당에 계속 정치기구를 개선하며 지방정부를 정비하며 탐관오리들을 척결할 것도 요구했다.

이번 회의에서 채택한 '중국국민당 항전건국강령'은 항전을 이어가고 민주를 개방하는 측면에서 공산당과 수많은 인민대중의 일부 합리적인 요구를 반영했다. 하지만 공산당과 기타 항일 당파들의 민주를 실시하고 민생을 개선할 것에 관한 많은 주장들을 포함하지 않았다.

그뿐만 아니라 어떤 내용들은 단지 듣기 좋은 말로서 전혀 유익하지 못한 것들이었다. 오히려 정반대로 행동하기까지 했다. 예를 들면 강령에서는 전국의 민중을 발동하며 농공상학(農工商學) 각 직업단체들을 결성한다고 썼지만, 사실은 민중운동을 통제하고 도맡으려는 것이었다. 사실상 이 강령을 채택하는 전반 과정에 국민당 당국은 상하이, 시안(西安), 우한 등지에서 대중의 항일활동을 억제하고 많은 대중이 조직한 영향력이 큰 항일단체들을 해산시켜 버렸다.

국민당 임시전국대표대회는 국민참정회(國民參政會)를 설립하기로 결정했다. 국민참정회는 각 당파의 성원들이 참가했지만 국민당이 대다수를 차지했다. 국민참정회는 각 당파 통일전선의 조직형태도 진정한 민의기관도 아니었다. 이것은 다만 건의, 자문 성격의 기구에 지나지 않았다. 국민정부는 '문화단체대표'의 명의로 공산당원들인 마오쩌둥, 천사오위, 친방셴, 둥비우, 린보취, 우위장, 덩잉차오 등 7명을 참정회 참정원으로 기용했다.

국민당항전건국강령의 반포와 국민참정회의 설립은 항전 초기 중국 정치의 진보를 보여준다. 그리고 국공합작을 중심으로 하는 항일민족 통일전선의 발전도 보여주었다. 국민당 및 국민당이 영도하는 국민정부는 조건적으로 공산당과 각 항일당파들의 일부 주장들을 받아들였다. 이런 원인으로 이 시기의 국민당의 정책은 기본적으로 전국 인민들의 항일구국의 요구를 반영했다. 이런 진보적인 면은 공산당 및 기타 항일당파들의 찬동과 지지를 얻었다. 그렇지만 국민당의 정책 전환은 철저하지 못했다. 국민당은 시종 대등한 자세로 공산당과 기타 항일당파들을 상대하지 않았다. 그뿐만 아니라 국공합작의 공동강령, 조직형태 등 커다란 문제점도 정확하게 해결하지 못했다. 이는 항일민족 통일전선의 발전에 있어서 심각한 장애물이 되고 말았다.

항전에서 전략적 방어단계의 결과

난징의 함락은 중국 전체를 충격 속에 빠뜨렸다. 1938년 1월, 장제스는 카이펑에서 군사회의를 소집했다. 팔로군의 주요 장군들인 주더, 펑더화이, 린뱌오, 허룽, 류보청 등이 이 회의에 참석했다. 회의에서 장제스는 수도 난징이 함락됐지만 중국정부는 계속 항전해야 한다고 주장했다. 그는 특히 고위급 장령들은 항전을 견지하고 나라를 위해 희생할 결심을 해야 한다고 강조했다. 그러면서 그는 자의로 퇴각한 산둥성 정부 주석 겸 제3집단군 총사령관인 한푸쥐(韓復榘)를 체포하고 처벌할 것에 관한 명령을 내렸다.국민정부 통수부는 작전구역과 전략배치를 조정했는데 주로 화중(華中)의 주요 도시인 우한을 병풍처럼 둘러막는 것을 핵심으로 했다. 그리하여 진포(津浦)철도를 따라 작전을 벌임으로써 산시(山西) 남부, 허난 북부를 확보하고, 적들이 남하하는 것을 저지하려고 했다. 그러고는 광둥, 푸젠 연해를 보위하는 것이었다.

> **우한(武漢)**
>
> 중국 후베이 성(湖北省)에 위치한 대도시로 성도는 우창. 면적 8,494㎢, 인구 1,022만 명(2013년)이다. 우한은 한수이 강(漢水)과 양쯔 강(揚子江)의 합류점에 있으며, 한커우·한양·우창이 합쳐져 이루어졌다. 우한은 지리적으로 중국의 구심점이고 상업적으로도 매우 중요하다. 우한은 20세기 중국사에서 중요한 역할을 했다. 1937년 일본의 난징 함락으로 국민정부가 한커우로 철수하자, 우한은 중국 저항운동의 근거지가 되었다. 한커우는 하항으로 발전했으며, 1890년대 한양에는 중국 최초의 근대식 제철소가 세워졌다. 우한의 강철공업은 1950년대 공산당 통치 이후 발전했다. 중국에서 5번째로 큰 도시이다

산시(山西) 방면에서 국민당 군사당국은 "타이위안을 반공격하자"는 구호를 적시했다. 실상 이는 주로 산시 남부, 허난 북부에 대한 일본군의 진격을 저지하려는 것이었다. 그래서 적들이 황허(黃河) 강을

건너 농해철도를 연결한 다음 우한을 공격하지 못하게 하려는 것이었다. 이런 목적을 위해 제2작전구역 사령부는 주더, 펑더화이를 정, 부총지휘로 한 동로군(東路軍)을 편성했다. 동로군은 제18집단군(120사가 없음)과 제3군, 제14군, 제17군, 제47군 등 부대 그리고 산시(山西)청년항적결사대 제1종대, 제3종대를 지휘했다.

일본군은 난징을 점령한 후 전력 배치를 조정했는데 작전 중심을 진포철도에 두었다. 일본군은 난징과 지난을 기지로 하여 남북 양쪽에서 진포철도를 따라 쉬저우를 협공하는 것으로 남북전장을 연결시키고자 했다. 이로써 중국을 신속하게 궤멸하려는 계획을 실현하려고 시도했다. 1938년 1월부터 5월까지, 제5작전구역 사령장관 리쭝런의 지휘 아래 중국 군대는 쉬저우를 중심으로 하여 장쑤, 산둥, 안후이 3성의 접경지역에서 일본군과 맞섰다. 저우언라이와 예젠잉 등은 제5작전구역에, 신사군과 팔로군의 일부가 연합작전을 하는 것 외에 다른 작전에 대해 건의했다. 건의 내용은 다음과 같다. 진포철도 남단에서는 정규전을 위주로 하고 유격전을 보충으로 하는 작전방침에 따라 화이허(淮河)유역에서 움직인다. 그리하여 일본군이 쉽게 북상하지 못하도록 한다. 쉬저우 이북에서는 진지전과 정규전을 결부하는 방침에 따라 산지의 유리한 지형을 이용하여 거점을 지키면서 지원하는 것으로 각개 격파를 하는 것이다. 리쭝런, 바이충시(白崇禧)는 상술한 건의를 받아들였다. 이 지역에서 작전 초기와 작전 중기에 중국 군대는 전략전술을 비교적 타당하게 적용하여 전문 수비, 방어만 하던 전법을 수정했는데, 어떤 전투는 전보다 더 훌륭하게 치르기까지 했다. 중국군 장병들은 쉬저우를 보위하기 위해 일본군과 목숨을 걸고 싸웠다. 3월 상순, 진포철도 요충지인 텅(騰)현(지금의 텅저우임)을 고수하는 제122사는 적들과 혈전을 벌였는데 사장 왕밍장(王銘章) 이하 대부분 장병들이 장렬히 희생됐다. 이 싸움은 타이얼좡(臺兒莊)전역의 서막을 열었다. 타이얼좡 진지를 확보하기 위해 중국군은 전력 배치를 조정했다. 3월 하순부터 4월 상순까지 중국 군대는 진지전과 정규전을 서로 결합하는 전술을 적용했다. 그래서 타이얼좡 지역에서 고군으로 아군의 후방에까지 깊이 쳐들어온 일본군 제10사단 세야지대와, 증원하러 온 제5사단 사카모토지대를 용감하고 완강하게 타격했다. 중국군은 외선에서 우회하여 일본군을 포위했다. 며칠 동안의 격전을 거쳐 최종적으로 진격하는 적들을 쳐부수고 일본군 1만여 명을 섬멸했다. 타이얼좡에서의 대첩은 항전 이래 국민당의 정면 전장에서 취득한 가장 중요한 승리였다. 중국공산당이 영도하는 팔로군 및 산둥과 허베이의 인민항일유격대와 노동자무장은 수많은 전투를 치러냈다. 이들은 진포철도 북쪽 구간, 교제(膠濟)철도 서쪽 구간과 타이안(泰安) 남북의 철도에서 파괴전과 습격전을 벌였다. 그래서 다리를 폭파하고 레일을 뜯어내어 일본군의 보급품 수송을 저지하고 지연시킴으로써 타이얼좡 전역을 지원할 수 있었다.

타이얼좡 지역에서 전패한 후 일본군은 쉬저우를 진격하려던 작전 계획을 일부 조정했다. 4월 중순 이후, 정면에서 방어하던 중국 군대는 점차 수세에 몰렸다. 5월 중순에 이르러서는 쉬저우를 포기하고 안후이 서부, 허난(河南) 남부 방향으로 이동하기로 결정했다. 5월 19일, 일본군은 쉬저우(徐州)를 점령했다. 잇달아 일본군은 농해철도를 따라 서쪽으로 전진했다. 1938년 5월 하순부터 6월 초까지 상추(商丘), 란펑(蘭封), 카이펑, 중머우(中牟)를 연속 함락한 일본군은 정저우를 탈취하여 우한을 진격할 수 있는 유리한 태세를 이루려고 했다. 6월 9일, 일본군의 전진을 저지하기 위해 장제스 등은 정저우 동북쪽 화위안커우(花園口)의 황허 제방을 폭파하라는 명령을 내렸다. 터

진 제방에서 흘러나온 홍수는 일본군의 작전계획을 헝클어 놓기는 했지만 허난, 안후이 북부, 장쑤 북부 40여 개 현의 수많은 토지를 매몰시켰다. 그래서 해마다 재해가 드는 황허 범람지대를 형성했으며 많은 인민들에게 극심한 재난을 안겨 주었다. 일본군 통수부는 재차 전략 배치를 조정하여 화중(華中)파견군의 편제를 확대했다. 아울러 해군 제3함대를 이동하여 창장(長江)강 항로 및 그 양안, 다볘산(大別山) 북쪽기슭 등 몇 방면으로 나누어 우한을 포위하고 공격하는 작전계획을 수립하고 집행했다.

국민정부 통수부는 우한을 보위하기 위해 6월 중순에 제9작전구역을 세우고 제5작전구역의 병력을 확충하기로 결정했다. "우한보위전"은 주로 이 두 개 작전구역이 연합하여 진행됐다. 제9작전구역은 창장(長江) 연안의 요새와 퍼양후(鄱陽湖) 이서, 창장강 남안 부근의 전략요지를 지켰다.제5작전구역 주력은 창장강 이북의 안후이(安徽) 서부로부터 후베이(湖北), 허난(河南) 접경지역 일선에 있는 다볘산(大別山)지역을 방어했다.

이때 중공중앙은 당이 당면한 긴급한 과업은 "우한을 보위하고 전국을 보위하며 모든 방법을 다하여 적들을 약화시키는 것이다. 그리고 우리 스스로를 강화하며 모든 곤란과 동요를 극복하고 지구전을 벌여 최종적으로 적들에 전승하는 것이다"[12]라고 제기했다. 6월 15일과 27일에 마오쩌둥은 팔로군과 신사군한테 적후 항일유격전쟁을 크게 벌여 우군의 작전에 연합하라고 지시했다. 일본군의 행동을 견제하고 우한에서의 작전을 지원하기 위해 팔로군은 폭 넓게 출격하여 계획적으로 수송선로를 파괴하고 적들을 습격했다. 이들은 대소규모의 전투

---

12 〈중국공산당 17주년을 기념할 데 관한 중공중앙의 선전요강〉 (1938년 6월 24일), 중앙당안관 편,〈중공중앙 문건 선집〉 제11책, 중공중앙당학교출판사 한문판, 1991년, 525쪽.

를 도합 1,000여 번이나 벌여 대량의 적군을 섬멸했으며 철도, 철도 역 등 여러 곳을 파괴했다. 중공중앙 창장국은 민중을 동원하여 우한을 보위하는 면에서 수많은 사업을 시도했다.우한회전은 무려 4개월 동안 진행됐는데 전장은 안후이, 허난, 장시, 후베이, 후난 등 성까지 파급됐다. 우한회전은 항전 이래 규모가 제일 큰 전역이었다. 6월 12일부터 7월 5일까지 일본군은 차례로 안칭(安慶), 마당(馬當), 펑쩌(彭澤), 후커우(湖口) 등 창장 연안의 요새들을 공략했다. 이는 일본군이 우한을 진격하는 서막 전역이었다.

7월 중순에 일본군 제11군 주력이 서서히 퍼양후(鄱陽湖) 동쪽기슭에 집결했고 제2군 주력이 점차 허페이(合肥) 부근에 집결했다. 우한 외곽에서의 작전은 창장 강 남북에서 동시에 벌어지고 교차적으로 진행됐다. 중국 수비군은 용감하게 저항했지만 일본군의 공세를 막아내지 못했다. 10월 중순, 일본군은 동쪽, 남쪽, 북쪽으로 우한을 포위했다. 우한에는 더 이상 지켜야 할 요새가 없어졌다. 장제스는 우한을 포기하기로 결정했다. 10월 25일, 중국 수비군은 명령에 의해 퇴각했다. 이번 회전에서는 적군 도합 4만여 명을 섬멸하여 일본군의 유생 역량을 크게 소모시켰다. 우한회전은 전쟁을 하루빨리 마무리 지으려던 일본정부의 의도를 분쇄함으로써 전쟁 형세에 큰 변화를 주었다. 이 회전은 중국의 항일전쟁이 전략적 방어로부터 전략적 대치단계에로 넘어가는 전환점이었다.

화난(華南)에서 일본군은 중국의 국제수송선로를 차단하고 또 우한에 대한 공세를 본격화하기 위해 10월 12일에 광둥 다야만(大亞灣)으로 상륙했다. 중국 수비군[위한머우(餘漢謀)의 제12집단군임]은 방어에도 소홀했을 뿐만 아니라 상륙한 적들을 향해 반격하지도 못했다. 10월 21일, 광저우가 함락됐다.

1937년 7월에 일어난 루거우차오사변으로부터 1938년 10월에 광저우, 우한을 잃기까지는 전국 항전의 전략적 방어단계였다. 국공 양당 및 양당이 영도하는 군대는 합작항일의 기치 아래 협력해서 작전하고 일본군에 대해 보다 효과적인 반격을 가함으로써 일본군의 전력을 크게 약화시켰다. 전쟁 규모가 확대되면서 일본이 투입한 수많은 병력과 커다란 손실은 일본 침략자들의 예상을 크게 벗어난 것이었다. 일본군은 전략 측면에서 크고 작은 갈등 속에 빠져들었으며 날이 감에 따라 수세적인 위치에 처하게 됐다.

무려 1년 3개월 동안 진행된 전략적 방어전에서 중국공산당이 영도하는 팔로군, 신사군 그리고 전국 각계 민중이 조직한 항일 자위무장대 등은 일본군의 침략에 맞서는 등 중요한 역할을 했다. 특히 공산당이 영도하는 적후항일 유격전쟁이 신속하게 전개되고, 항일민주근거지가 창설됨에 따라 일본군의 수많은 병력을 견제할 수 있었다. 이로써 우군의 정면방어 작전을 잘 배합할 수 있었으며 이 작전을 강도 높게 지원했다. 국민당 군대를 주체로 하는 전장에서는 작은 승리를 이룩했지만 제대로 싸움을 치르지도 못하고 손실만 보았는데 사상자는 약 80만 명이나 됐다. 베이핑, 톈진, 바오딩, 장자커우(張家口), 스자좡(石家莊), 바오터우(包頭), 타이위안, 상하이, 난징, 항저우, 지난, 칭다오, 쉬저우, 허페이(合肥), 광저우, 우한 등 중요 도시들 그리고 이런 도시 주변의 수많은 지역이 연속해서 함락됐다. 전쟁 초기에 군사 측면에서 적이 강하고 아군이 약한 상황에서 일부 지역을 잃는 것은 불가피한 일이었다. 그렇지만 일본군이 이렇게 신속하게 전진하고 중국 인민이 전에 없는 막대한 손실을 입은 것은 국민당 통치 집단이 단편적인 항전노선을 집행하고 단순방어의 전략방침을 실행했던 것에 따른 결과이다.

4. 적후 항일민주근거지의 창설

타이위안을 잃은 후, 화베이지구 정면 전장에서의 작전이 마무리되자 중국공산당이 영도하는 적후 유격 전쟁이 주요한 방침이 됐다. 정세의 이런 변화에 비추어 마오쩌둥은 옌안의 당 활동 열성자회의에서 다음과 같이 지적했다. "화베이에서는 국민당을 주축으로 한 정규전은 이미 끝났고 공산당을 주축으로 한 유격전이 그 지위를 차지하게 됐다" "지금은 단편적 항전에서 전면적 항전으로 나아가는 과도기에 처해 있다"[13] 화베이에서 팔로군의 전략은 대체로 3개 단계로 전개됐다. 타이위안을 빼앗기기 전에 팔로군은 주로 유격전과 유격운동전으로 전역에서 직접 우군의 작전에 동참했다. 그리고 소부분의 병력으로 대중을 움직여 대중무장을 조직하는 사업을 벌였다. 타이위안을 상실한 후 팔로군 각 사의 주력은 각각 진차지(晉察冀) 산시(山西) 동남, 산시 서북과 산시 서남에서 독립자주적인 산지 유격전을 벌이면서 산시(山西)에서 전략적 전개를 시작했다. 1938년 4월 이후, 팔로군은 병력을 나누어 허베이, 위베이(豫北)평원, 산둥, 지러변구(冀熱邊)와 쑤이위안(綏遠) 등 화베이의 광대한 적후지역에서 유격전을 실시하고 광활한 적후 전장을 개척했다.

타이위안(太原)

명·청 시대 이후 산시 성(山西省)의 성도(省都). '매우 큰 평야'라는 뜻으로 춘추 시대에는 진양이라고 불렸고, 전국시대에 조나라의 수도였다. 진(秦)나라 때에는 타이위안 군(太原郡)에, 당나라 이후에는 타이위안 부(太原府)에 속했다. 1929년 시로 승격되었다. 신해혁명 때에는 군벌 예시산(閻錫山)이 여기를 근거지로 '산시의 먼로주의'를 주창했다. 당시 군부의 재정 기반은 이곳에 있었던 17개 공장에 있었다. 타이위안은 산시 성 제1의 공업 도시로 예부터 각종 중화학 등 각종 기계 공업이 발달했으며 석탄과 석회암이 풍부하다. 펀수이 강(汾水) 동쪽은 구시가지이며 서쪽은 공업이 발달했다.

일본침략군은 중국 내지에 깊숙이 들어온 이후 병력이 부족한 탓에 후방에 광활한 지역을 남겨 놓았다. 이런 지역은 중국 항일군민들이 유격전을 발동하고 적들을 소모시키며 전투력을 키우는 공간이 됐다. 일본군도 될수록 이 지역에 대한 통치를 강화함으로써 이 지역을 완전하게 식민지화하려고 시도했다. 이러한 원인으로 상당히 오랫동안 이 지역은 기필코 피아 쌍방이 치열하게 쟁탈하는 전장으로 될 것이었다. 적후 항전을 견지하고 적후 전장을 개척하면 적들이 안정적으로 점령지를 확보하지 못하게 할 수 있었다. 그뿐만 아니라 정면 전장에 깊이 있게 연합할 수 있었다. 그러나 적후 지역에서의 작전은 정말 힘든 일이었다. 왜냐하면 적후에서의 작전은 자기의 후방과 동떨어져 있는 상황에서 진행되는 전장이고 또 작전형태가 주로 유격전이기 때문이었다. 적후에서 지구적이고 광범위한 유격전을 견지해 나가려면 반드시 확실한 근거지를 마련해야 했다. 그래서 자기를 보존하고 발전시키며 적들을 소멸할 수 있는 전략적 기지로 삼아야 했다. 그리고 근거지를 창설하려면 반드시 군대와 정권과 공산당 조직이 있어야 했다. 그뿐만 아니라 광범위한 대중의 지지가 필요했다. 이는 각 근거지 창설에 있어서의 공통적인 기본조건이었다. 지형 조건은 일반적인 상황에서 산지를 근거지로 하고 점차 평원으로 진출하는 것이었다. 팔로군, 신사군은 중공중앙과 마오쩌둥의 전략적 배치에 따라 여러 방면으로 나뉘어 대중을 움직이고 독립자주적인 적후 유격전을 벌였다. 그리하여 국민당 군대가 잃은 넓은 국토를 되찾았으며 사회질서를 정돈하고 당조직을 발전시켰다. 그리고 항일민주정권을 수립하고 면적이 보다 넓은 항일근거지를 여기저기에 창설했다.

---

13 마오쩌둥, 〈상하이, 타이위안을 잃은 후의 항일전쟁의 정세와 과업〉 (1937년 11월 12일), 〈마오쩌둥 선집〉 제2권, 인민출판사 한문판, 1991년, 388쪽, 389쪽.

진차지(晉察冀) 항일근거지

　1937년 10월, 팔로군 제115사 주력은 우타이산(五臺山)에서 남하했는데 정치위원 녜룽전이 일부 부대와 군정(軍政)간부 도합 3,000여 명을 거느리고 우타이산 지역에 주둔해 있었다. 그들은 사업단을 꾸려서 산시(山西) 동북, 차하르 남부, 허베이 서부 등 각지에서 전지동원위원회, 항일구국회 등 반(半) 정권 성격의 유격대를 창립했다. 그러고는 대중을 널리 움직이고 대중을 무장시켜 유격전을 벌이면서 많은 현성들을 되찾아왔다. 인민대중은 용감하게 참전했으며 부대는 신속하게 확대됐다. 11월 7일, 중공중앙의 결정에 따라 부핑(阜平), 우타이를 중심으로 하는 진차지군구가 설립되었다. 이에 녜룽전이 사령원 겸 정치위원을 맡고 산하에 4개 군분구(軍分區)를 두었다. 진차지군구가 설립된 지 겨우 2주가 지났을 때 일본군은 2만여 명의 병력을 집결시켰다. 그리하여 평수철도, 동포(同蒲)철도, 평한철도, 정태철도에서부터 여러 구역으로 나누어 중국공산당 근거지를 포위하고 압박했다. 일본군은 우선 진차지군구부터 압살하기 시작했다. 이렇듯 적후 근거지는 매우 힘든 위기에 직면했다. 거의 한 달간의 작전에서 일본군은 7개 현성(현 소재지)을 완전하게 점령했다. 그렇지만 팔로군은 많은 유격전에 주력군을 집중 투입하여 적을 섬멸하는 작전을 수행했다. 이에 팔로군은 수많은 매복습격, 습격작전을 거쳐 일본군과 괴뢰군 도합 1,000여 명을 살상했다. 이렇게 적들의 유생 역량을 타격하고 소모시킴으로써 일본군 주력이 철도연선으로 후퇴하게 했다. 진차지항일근거지는 30여 개 현으로 늘어났다. 1938년 1월 10일, 진차지변구 군정민(軍政民)대표대회가 허베이 서부 부핑에서 소집됐다. 이번 대회에 출석한 사람들로는 공산당원과 국민당 대표, 각 항일군대 대표, 항일대중단체 대표, 노동자·농민·개명신사와 자본가의 대표가 있었다. 그리고 몽골족·회족·장족 등 소수민족의 대표와 우타이산의 승려, 라마 대표 등이 있었다. 대표는 도합 140여 명이었다. 이들은 변구의 30여 개 현의 광범위한 민중을 대표했다.

회의는 민주선거를 거쳐 진차지변구 행정위원회[14]를 설립했는데 쑹사오원(宋劭文)이 주임위원, 후런쿠이(胡仁奎)가 부주임 위원이 됐다. 행정위원회는 적후에서 공산당이 영도하여 건립한 첫 통일전선성격의 항일민주정권이었다. 변구정부는 건립된 후 제 방면의 정책과 법령들을 반포하고 실시했다. 그리하여 원래의 국민당정권이 일본군의 진격 앞에서 차례로 무너지면서 촉발된 혼란한 국면을 근본적으로 바꿨으며 사회질서를 안정시켰다. 이렇게 되어 진차지변구의 항전세력이 신속하게 발전했다.

1938년 2월, 4월과 7월에 진차지군구는 항일근거지를 발전시키고 정면 전장의 작전에 연합하기 위해 평한철도, 평수철도, 정태철도에 대해 세 차례의 파괴습격작전을 벌였다. 그래서 일본군과 괴뢰군에게 커다란 살상을 안기고 항일무장력을 확대했다. 9월 하순에 일본군은 5만여 명의 병력을 출동시켜 우타이, 라이위안(淶源), 부핑 등 지역을 포위, 공격하려 했다. 이것으로 항일근거지를 분할하고 변구의 당, 정, 군 지도기관을 타격하여 군구주력을 찾아 섬멸하려고 했다. 진차지군구는 기본적인 유격전을 토대로 유리한 조건에서 공격전을 벌인다는 전략과 방침에 따라 인민대중에 의지하여 견벽청야(堅壁淸野·성에 들어가 지키며 적에게 식량을 주지 않기 위해 들판을 비우는 전술)를 실시했다. 그리고 소부대로 끊임없이 적들을 교란하고 기진맥진하게 하여 적들로 하여금 전력을 소모하게 하였다. 그러는 한편 주력부

---

14 처음에는 임시행정위원회라고 불렀는데 1938년 1월 하순에 차례로 옌시산과 국민정부 군사위원회 및 행정원의 정식 비준을 받았다. 즉 '임시'라는 글자를 삭제했다.

대는 재빠르게 이동하여 유리한 전투기회를 잡아 집중적으로 한 무리 또는 일부분씩 적들을 섬멸하곤 했다. 적들은 팔로군 주력과 고정적인 진지를 찾지 못하고 오히려 끊임없는 습격을 당하곤 했다. 한 달 남짓한 반포위 공격작전에서 진차지군구에서는 제120사의 연합 아래 일본군과 괴뢰군 도합 5,000여 명을 살상했다. 일본군은 6개의 현성을 차지했지만 팔로군은 여전히 광활한 농촌을 장악하고 있으면서 근거지를 보위했다.

허베이(河北)성 중부지역의 항일유격전쟁도 빠른 속도로 이뤄졌다. 전국적 항전이 개시된 후 중공중앙은 항일무장을 조직하여 유격전쟁을 벌이도록 허베이(河北)에 군사 고문을 파견했다. 1938년 10월 초, 국민당 동북군 제53군이 허베이 남부로 퇴각할 때 제691연대 연대장 뤼정차오(呂正操·공산당원)는 중공 지방조직과 연계를 했다. 그러면서 부대에 "북상항일하며 적들의 후방으로 가서 유격전을 하자"는 주장을 제기했다. 그는 퇀부 및 두 개 영을 거느리고 원 편제에서 벗어나 인민자위군으로 개편했다. 그러고는 당지 공산당이 영도하는 유격대와 상의하여 지중(冀中)항일 무장 및 근거지를 확대하고 공고히 할 수 있는 기반을 마련했다. 1938년 5월 초, 중공 지중(冀中)성위원회(그해 8월 후 지중구위원회라고 고쳐 불렀음)가 건립됐는데 황징(黃敬)이 서기가 됐다. 허베이 중부의 항일무장부대들은 전체적으로 팔로군 제3종대로 편성됐으며 아울러 지중군구를 설립했다. 뤼정차오가 종대사령원 겸 군구사령원을 맡았다. 동시에 지중구의 통일된 정권지도기관인 기중구 정치주임공서를 설립했는데 뤼정차오가 주임을 맡았다. 전국적 항전이 시작된 후 중공중앙은 허베이성 동부(冀東)의 전략적 위치에 대한 중요성에 주목하기 시작했다. 1937년 10월, 리윈창(李運昌)이 허베이성 동부에 파견되어 중공 경동특별위원회(京東

特委) 책임자 후시쿠이(胡錫奎) 등과 연대했다. 그러고는 중공중앙 북방국에서 파견한 홍군 간부의 협조 아래 유격전쟁 강습반을 꾸리고 군사간부들을 양성했다. 12월에 중공 허베이성위원회와 허베이성 동부 지방당조직의 영도 아래 화베이인민무장 항일자위위원회 기동분회를 설립했다. 또한 이들은 유격대를 꾸려 첸안(遷安), 쭌화(遵化) 등지에서 유격전을 벌여 나갔다.

1938년 2월 마오쩌둥은, 홍군 일부를 적후인 허베이성 동부에 출동시켜 적후인 허베이성 동부 우링산(霧靈山)을 근거지로 하고 유격전을 시도할 것을 지시했다. 뒤이어 진차지군구는 제1군 분구 덩화(鄧華)지대를 파견하여 베이핑 서쪽 지역에서 유격전을 발전시키고 항일정권을 창설하도록 했다. 5월, 산시 서북에서 활약하던 쑹스룬(宋時輪)지대가 방향을 돌려 베이핑 서쪽으로 가서 덩화지대와 연합했다. 연합 후, 팔로군 제4종대를 꾸렸는데 쑹스룬이 사령원이, 덩화가 정치위원이 됐다. 6월 초에 베이핑 서쪽에서 출발한 제4종대는 베이핑 북쪽을 거쳐 허베이성 동부로 진군했다. 7월, 중공 지러변구(冀熱邊) 특별위원회의 영도 아래 허베이성 동부인민들은 항일무장대봉기를 일으켰는데 각지의 농민들을 제외하고도 카이롼(開灤) 각 탄광의 광부 7,000여 명이 참가했다. 8월 중순에 이르러 각 현에서 봉기에 참가한 사람들은 무려 20만 명이나 됐으며 7만여 명에 달하는 무장부대를 꾸렸다. 제4종대와 봉기 가운데서 설립된 기동항일연군은 차례로 많은 중요한 소도시들과 약간의 현성들을 공략했다. 그리고 이들은 한때 북녕(北寧)철도를 차단하여 허베이성 동부의 일본 괴뢰정권에 호된 타격을 안겼다.

8월 중순, 팔로군 제4종대와 기동항일연군이 합류했다. 8월 27일, 제4종대, 중공 지러변구 특별위원회, 기동항일연군의 주요 지도자들이 쭌화현 톄창진(鐵廠鎭)에서 회의를 열었다. 이들은 기동대봉기의 승리를 확신했으며 동시에 봉기부대에 존재하는 문제점들을 지적했다. 회의는 통일적인 영도와 지휘 체계를 세우고 부대를 정비하며 지차러랴오(冀察熱遼)항일근거지를 창설해야 한다고 열변을 토했다. 이때, 일본군은 허베이성 동부(冀東)에 대한 '포위토벌작전'을 계획하고 있었다. 10월 8일, 제4종대 당위원회, 중공 허베이성위원회, 지러변구 특별위원회와 기동항일연군의 주요 지도자들이 펑룬(豊潤)현 주젠팡(九間房)에서 회의를 열었다.

회의에서는 제4종대와 기동항일연군을 베이핑 서쪽으로 이동시키기로 합의했다. 이 합의는 정확하지 못한 결정이었다. 이 결정은 지러차변구 항일근거지 창설을 계속해야 한다는 중공중앙과 팔로군 본부의 지시정신에 부합되지 않았다. 적들이 진격하는 정세에 대해 지나치게 과대 예측하고 자기의 유리한 조건을 홀시했기 때문에 봉기승리의 성과를 보다 훌륭하게 확보하지 못했다. 그 결과 부대는 서쪽으로 퇴각하는 적들의 포위, 추격, 저지, 차단을 받아 큰 타격과 손실을 입었다. 10월 하순에 리윈창은 기동항일연군의 잔여 부대 2,000여 명을 거느리고 펑룬, 롼(灤)현, 첸안 지역으로 되돌아왔다. 그리고 원래의 유수부대와 함께 허베이 동부에서의 유격전을 계속 이어가면서 지러랴오(冀熱遼)근거지 창설을 위한 기반을 마련할 수 있었다.

산시(山西)서북과 다칭산(大靑山) 항일근거지

동포철도 이서, 황허(黃河) 강 이동, 평수철도 이남, 펀리(汾離)도로 이북에 위치한 산시 서북 지역은 산간닝변구에서 화베이, 화중(華中)의 각 적후항일근거지로 통하는 무척 중요한 통로였다. 그뿐만 아니라 서쪽에서 진격해 오는 적의 공격을 저지하고 산간닝변구를 보위함에 있어 매우 중요한 방어선이었다. 산시 서북 항일근거지를 창설하는 것은 화베이의 적후항전을 견지함에 있어 중요한 전략적 의의를 가지고 있었다. 1937년 9월 중순, 마오쩌둥은 팔로군 120사한테 산시 서북의 관천산맥과 뤼량산맥 북부지역에서 움직일 것을 지시했다. 또 쑤이위안, 다퉁(大同)에서 유격전을 벌여 일본군을 공격하고 우군의 작전에 연합하고 참여해야 한다고 여러 차례 강조했다. 타이위안을 잃고 국민당 군대가 산시 서남(晉西南)으로 철수할 때 중공중앙은 120사에 독립자주의 작전능력을 한층 더 발휘하여 적의 측면 뒤쪽인 산시 서북의 광활한 산지대와 농촌에서 유격전쟁을 벌이라고 지시했다.

중앙의 지시에 따라 1937년 9월 하순에 허룽, 관샹잉은 제120사 사부와 제358여를 거느리고 산시성 선츠(神池)현 바자오바오(八角堡)지역으로 진입했다. 동포철도, 옌먼관으로 출격한 주력부대는 한때 옌먼관을 탈취하고 일본군의 후방교통을 차단하는 것으로 신커우전역에 연합했다. 10월 1일, 관샹잉은 정치기관 대부분과 교도퇀(敎導團) 도합 700여 명을 거느리고 커란(岢嵐)에 도착했다. 그러고는 곧바로 사업단을 꾸려 산시성 쉬(朔)현, 펜관(偏關), 린(臨)현 등 14개 현들에서 유격전과 대중사업을 시작했다. 쉬판팅(續範亭)이 거느린 총동원위원회와 신군부대 1만여 명도 산시 서북 지역에 들어섰다. 중공 산시 서북 임시구위원회 및 희생동맹회, 총동원위원회의 지도 아래 팔로군은 항일구국에 관한 10대 강령과 항일민족통일전선정책을 널리 선전했다. 그리고 흩어진 부대원들을 받아들여 개편하고 사회질서를 안정시켰으며 대중을 움직여 항일무장을 조직했다. 1938년 1월에 이르러 제120사는 두 개 여의 8,200여 명에서 6개 연대의 도합 2만 5,000여 명으로 발전했다. 산시 서북 각 현들에서는 모두 1,000~2,000명으로 꾸려진 자위군과 유격대를 창설했다.

1938년 2월 18일부터 팔로군 본부의 명령에 따라 제120사는 동포철도 북쪽구간 및 타이위안, 신현 사이의 도로에서 기습전을 벌였다. 이들은 28일까지 도합 500여 명의 적군을 섬멸했다. 2월 하순, 일본군은 1만여 명의 병력을 집결하고 다섯 부대로 나누어 산시 서북을 포위하고 공격했다. 일본군은 먼저 펜관, 바오더(保德), 닝우(寧武), 커란, 허취(河曲), 선츠(神池), 우자이(五寨) 등 7개 현성을 점령하고는 산시 서북 항일근거지를 궤멸시키려고 시도했다. 적들의 포위공격을 분쇄하기 위해 제120사는 제358여를 주력으로 하여 리스(離石), 쥔두(軍渡) 이북 지역으로 이동하여 측면 서쪽에서 쳐들어오는 적들을 타격했다. 제359여 주력은 커란지역으로 이동하여 남쪽으로 쳐들어오는 적들을 막았다. 3월 7일, 제359여는 우선 일본군 1,000여 명을 커란성 내에 포위해 놓고 적들이 현성을 버리고 북쪽으로 도주하도록 압박했다. 제120사는 일부분 병력으로 우자이성을 포위한 다음, 주력을 우자이로부터 선츠까지의 사이로 집결시켜 기회를 틈타 적들을 섬멸했다. 3월 20일, 일본군은 압박에 못 이겨 대부분 전선에서 퇴각했다. 이번 반포위 공격작전을 거쳐 일본군에 점령당했던 일곱 개의 현성을 되찾고 적 1,500여 명을 섬멸했다. 그리고 산시 서북근거지를 궤멸시키려던 일본군의 시도를 무산시킴으로써 산시 서북 근거지가 견고해지도록 했다. 산시 서북에서 팔로군과 함께 일본군과 작전한 무장에는 쉬판팅이 거느린 항일무장도 포함되어 있었다.

　평수철도 이북에서 다칭산맥을 따라 유격근거지를 창설하면 이는 진찰지변구의 보호벽이 될 수 있었다. 그뿐만 아니라 산간닝변구를 지키는 북쪽 대문이 될 수도 있었고 이곳은 일본군이 다시베이(大西北)를 공격하는 것을 견제함에 있어 매우 중요한 전략적 가치를 지니고 있었다. 1938년 5월 14일, 마오쩌둥은 주더, 펑더화이, 허룽 등에게 전보로 평수철도 이북에서 다칭산맥을 따라 항일유격근거지를 창설할 것을 지시했다. 7월에 제120사는 리징취안(李井泉) 등이 거느린 다칭산 지대를 파견하여 우자이에서 안북(雁北)지역으로 진입하도록 했다. 이들은 8월에 쑤이위안(綏遠)으로 진군했고 9월 초에 평수철도를 넘어 다칭산 지역에 진입했다. 그리하여 당지 당조직 책임자인 양즈린(楊植霖)이 영도하는 몽한(蒙漢·몽골족과 한족)유격대와 합류했다. 9월 하순에 다칭산(大靑山)지대는 병력 일부를 남겨 쑤이중(綏中)에서 활동하도록 했다. 그런 다음 주력은 우촨(武川), 바이링묘(白靈廟) 이서 지역으로 진입하여 유격전을 펼쳐 나갔다. 그들은 12월에 다칭산을 기반으로 하여 쑤이시(綏西), 쑤이난(綏南), 쑤이중(綏中) 유격근거지를 개척했으며 점차 산시 서북 근거지와 연결하게 되었다.

진지위항일근거지

타이항산은 산시, 허베이, 허난 지역 서쪽의 동포철도로부터 동쪽의 평한철도에 이르는 곳이다. 북쪽으로는 정태철도와 연결되며, 남쪽으로 황허 강 북안에 이르고, 동쪽으로 곧장 지루위(冀魯豫)평원으로 나아갈 수 있는 곳으로서, 화베이의 전략적 요충지 가운데 하나였다. 1937년 11월 13일에 팔로군 제129사는 타이위안을 잃은 후 산시(山西) 허순(和順)현 스과이진(石拐鎭)에서 간부회의를 열었다. 회의에서는 타이항, 타이웨(太嶽) 산맥을 의지한 진지위항일근거지를 창설할 것에 대한 중공중앙 및 마오쩌둥의 지시를 전달했다. 그러고는 광범위한 유격전을 벌여 나가는 과업을 위해 배치를 다듬었다. 회의 후 129사 참모장 니즈량(倪志亮)과 정치부 부주임인 쑹런충(宋任窮)은 사업단과 무장대 일부를 각기 거느리고 친(沁)현, 창즈(長治), 진청(晉城), 우샹(武鄉), 샹위안(襄垣), 핑순(平順), 친위안(沁源), 안쩌(安澤), 툰류(屯

留) 등지로 나갔다. 중공 지방조직 및 산시 희생동맹회, 결사대의 밀접한 연합 아래 그들은 중국공산당의 항일정책을 선전했다. 이를 통해 낡은 정권을 바꾸고 소작료와 이자를 낮추며 합리적으로 부담하게 하는 등 사업들을 벌였다. 이로써 인민대중의 항전열정을 불러일으켰다. 얼마 지나지 않아 산시 동남과 허베이 서부 지역에서 여러 형태의 항일무장대와 항일민주정권이 건립됐다.

1938년 1월, 덩샤오핑이 장하오 대신 제129사 정치위원으로 부임했다. 2월 초에 제129사는 랴오(遼)현에서 차례로 군정위원회와 퇀급 이상 간부회의를 열고 전략 측면의 전개, 유격전의 전개, 항일근거지 창설 등 사업에 박차를 가했다. 2월 하순에 제129사에서 파견한 일부 간부들은 중공 진위변구(晉豫邊) 특별위원회에 협조하여 항일유격무장을 발전시켰다. 이로써 진지위변구의 항일유격전이 전면적으로 전개됐다. 진지위항일근거지 창설은 일본군에 커다란 위협을 주었다. 일본군은 후방교통을 지키고 점령지역을 견고히 하기 위해 대량의 군대를 집결하여 근거지를 향해 진격했다. 1937년 12월 하순, 제129사는 서우양(壽陽)과 시양(昔陽) 지역에서 적 보병, 기병 7,000여 명을 여섯 부대로 나누어 포위공격 해오는 것을 격퇴했다. 1938년 1월 중순에 제129사 제386여 부여장 천짜이도(陳再道)는 동진(東進)종대를 거느리고 허베이 남부에 진출하여 허베이 남부 지역에서 항일유격전쟁을 벌였다. 1938년 2월, 산시 남부와 산시 서부 우군의 작전에 참가하기 위해 제129사와 제115사 제344여는 여러 번이나 정태철도의 일본군 거점을 공격했다. 3월 중하순에 제129사는 쉬샹첸의 지휘 아래 한단(邯鄲)—창즈(長治)도로 상에 있는 루청(潞城)현 선터우링(神頭嶺)과 서(涉)현 샹탕푸(響堂鋪)에서 벌인 두 차례의 매복전과 기습작전에서 커다란 승리를 거뒀다. 이들은 도합 1,500여 명의 적을 섬멸하고 적의 노새와 말 700여 필을 노획했으며 자동차를 180여 대 파괴했다.

4월 초 일본군은 3만여 명의 병력을 집결하고 아홉 부대로 나눠 진동산시 동남 항일근거지를 대거 포위하고 공격했다. 팔로군과 산시신군은 적극적으로 반포위 공격작전을 벌여 나갔다. 팔로군은 광범위한 유격전으로 적들의 공격을 지연시키고 적들을 지치게 했다. 그런다음 주력군을 집중하여 한 부대씩 격파하는 작전을 펼쳐서 일본군과 괴뢰군과 싸워나갔다. 4월 16일, 제129사 주력 등 부대는 일본군 일부를 우상(武鄕)현 창러(長樂)촌 지역에서 포위했는데, 이 포위에서 적 1,500여 명을 섬멸했다. 다른 갈래의 적군들은 할 수 없이 연속 퇴각했다. 4월 하순에 일본군 아홉개 부대의 포위와 공격이 격퇴됐다. 이번 반포위 공격작전에서는 적을 도합 4,000명 섬멸하고 18개의 현과 성을 되찾았다. 그리하여 타이항산을 기반으로 하는 진지위항일근거지가 한층 더 견고해지고 확대됐다.

4월 하순부터 제129사는 몇 갈래로 나뉘어 허베이 남부, 허난 북부 등 평원지구에 진입했으며 8월 초에 이르러서는 벌써 허베이 남부의 대부분 현에 진입했다. 8월 중순에는 지난구(冀南區) 군정민(軍政民) 대표대회를 소집하고 지난구(冀南區)행정주임공서(公署)를 설립했는데, 양슈펑(楊秀峰)이 주임직을, 쑹런충이 부주임직을 맡았다. 허난 북부에서 8월 하순부터 9월 상순까지 제129사 가운데 일부는 일본군이 퉁관(潼關), 뤄양(洛陽)을 진격하지 못하게 했다. 이를 위해 장허(漳河) 이남 지역을 개척한 후 장난(漳南) 전쟁을 벌였는데 이 전쟁에서 괴뢰군 7,800여 명을 섬멸하고 화(滑)현, 쥔(浚)현 등 소도시들을 되찾았다. 그리고 당지 당조직과 협력하여 안양(安陽), 네이황(內黃), 탕인(湯陰) 등 몇 개 현에 항일정권을 수립했다. 이로써 지루위(冀魯豫) 변구 항일근거지의 기반을 마련할 수 있었다.

진시난(晉西南)항일근거지

산시 서남지역은 황허 이동, 동포철도 이서, 펀리도로 이남에 위치해 있는데 뤼량산맥 남북을 가로지르고 있다. 산시 서남지역은 산간닝변구의 동쪽 방어선이었다. 일찍이 타이위안을 잃기 전, 마오쩌둥은 팔로군 본부에 팔로군을 뤼량산맥에 파견하여 활동을 벌이라고 지시했다. 타이위안을 잃은 날, 마오쩌둥은 한 발짝 더 나아가서 뤼량산맥이야말로 팔로군의 주요 근거지임을 애써 강조했다. 1937년 11월 9일, 팔로군 본부는 제115사 직속부대와 제343여에 정태철도에서 남쪽으로 전진할 것을 제기했다. 그리고 적절한 시기에 뤼량산맥으로 이동하여 진시난항일근거지를 창설할 것을 명령했다. 이 가운데는 원래 결사대 제2종대 등 산시 신군도 포함돼 있었다. 12월에 제115사는 자오청(趙城), 홍둥(洪洞)지역에 도착했다. 그러나 옌시산부대의 강력한 저지로 인해 뤼량산 진입을 멈출 수밖에 없었다.

1938년 2월 중하순에 일본군 제20사단은 치(祁)현으로부터 진시난을 향해 진격을 발동했는데, 제슈(介休), 쇼이(孝義), 시(隰)현 등지를 점령한 후 서남으로 침범했다. 2월 27일, 일본군 제109사단이 쥔두(軍渡)와 치커우(磧口)를 차지했다. 국민당군대는 앞 다퉈 산시 남부와 황허 서쪽 기슭으로 도주했으며 뤼량의 일부 지역은 적의 후방이 됐다. 이런 상황은 산간닝변구의 안전을 직접적으로 위협했다. 팔로군 제115사 직속부대 및 제343여는 즉각 링스(靈石)와 쇼이 이서 지역으로 들어가 황허 강 방어선을 보호했다. 그리고 산간닝변구에 방어선을 늘여 일본군의 행동을 견제했다. 그러는 한편 대중을 발동하고 산시 신군의 연합 아래 유격전을 벌이며 근거지를 창설했다.

3월 초 린뱌오가 시(隰)현 이북에서 국민당군 보초병의 과실로 부상당했기 때문에 천광(陳光)이 제115사 사장을 대리했다. 3월 14일부터

18일까지 제115사는 다닝(大寧)과 푸(蒲)현 사이의 우청(午城), 징거우(井溝) 지역에서 일본군과 연속 닷새 동안 싸웠다. 이들은 적 1,000여 명을 살상하거나 체포하고 자동차 60여 대를 파괴했으며 노새와 말 200여 필과 많은 군수물자를 가져왔다. 이번의 전투는 서쪽으로 황허강 방어선을 침범하려던 일본군의 공격을 막아내었고 적들을 동쪽으로 철수하게 했다. 이는 진시난근거지를 개척하고 산간닝변구의 황허 방어선을 공고히 하는 데 중요한 의의를 가지고 있었다. 그 후 한동안 제115사 주력은 분리(汾離)도로 연선 및 그 이남 지역에서 여러 차례 일본군과 적들의 후방운수부대들을 매복하고 습격했다. 그리하여 적들에게 소모와 살상을 안겼으며 진시난항일근거지를 보위했다. 그렇지만 진시난에서의 팔로군의 활동은 오랫동안 옌시산의 규제와 압박을 받았기 때문에 부대가 발전해 나가는 것은 생각만큼 쉽지 않았다. 1939년 초에 제115사 주력의 일부분은 산둥으로 이전하여 산둥항일근지를 확대했으며 진시난에 일부 병력을 남겨 두고 산시 신군과 함께 항일투쟁을 벌여 나갔다.

산둥항일근거지

1937년 10월, 일본군이 산둥을 공격했다. 중공 산둥성위원회[서기는 리위(黎玉)임]는 주력부대가 없는 상황에서 각 당조직에 대중을 널리 움직여 항일무장봉기를 일으키라고 지시했다. 1937년 11월부터 1938년 3월까지 산둥에서는 10여 개 지역에서 무장봉기가 일어났다. 자오둥(膠東)에서 봉기 대열은 괴뢰군 수중에서 펑라이(蓬來), 황(黃)현, 예(掖)현을 탈환한 후, 민주적 방법으로 현장을 선출했다. 이는 산둥에서 최초로 건립된 3개의 현급 항일민주정권이었다. 또 산둥성당위원회는 통일전선사업을 힘차게 벌였는데 그중 성과가 가장 큰 것은 원 국민당 산둥성 제6구 전원(專員) 겸 보안사령인 판주셴(範築先)과 합작항일의 친밀한 관계를 맺은 것이다. 공산당 측에서는 많은 당간부, 민족해방선봉대 대원과 애국적 청년들을 판주셴부대에 보내 사업하도록 지시했다. 파견된 이들은 판주셴을 도와 6만여 명이 되는 항일 무장조직을 건립했고 산둥 서북 30여 개 현이 항전하는 국면을 개척했다.

산둥의 항일유격전쟁에 깊은 관심을 가진 중공중앙과 중앙군사위원회는 계획적으로 근거지를 창설함으로써 산둥을 화베이에서 팔로군의 중요한 전략적 기지로 만들었다. 그리고 또 화중(華中)의 신사군과 연계함에 있어 산둥을 전략적 중추지대가 되도록 할 것을 요구했다. 1938년 5월, 중공중앙은 일부 군정간부들을 거느리고 산둥에 가서 사업하도록 귀홍타오(郭洪濤)를 파견했고 아울러 귀홍타오에게 성당위원회 서기직을 맡겼다. 7월에 중공중앙은 쉬저우를 상실한 후의 정세에 근거하여 중공 산둥성위원회를 중공 쑤루위완변구성위원회로 확대했다. 그리고 일부분의 팔로군 주력부대를 산둥에 파견하여 이 지역의 항일유격전쟁을 강화하고, 항일근거지를 공고히 하기로 결정했다.

1938년 6~7월 허베이 남부의 제115사 제5지대와 제129사 진푸(津浦)지대는 지루변구(冀魯邊)의 닝진(寧津), 웨링(樂陵) 지역으로 진격했다. 그들은 지방 당조직에서 영도하는 항일무장과 협동하여 유격전쟁을 벌여 근거지를 창설했다. 1938년 9월 하순에 제115사 정치부 부주임 샤오화(蕭華)가 제343여의 100여 명 간부들을 거느리고 웨링에 도착했다. 뒤이어 그들은 기로변구 군정위원회를 설립했다. 아울러 그들은 당이 영도하는 이 지역의 여러 무장세력을 팔로군 동진항일정진종대(東進抗日挺進縱隊)로 합병, 편성했다. 이 부대는 도합 1만여 명으로 이뤄졌는데 샤오화가 군정위원회 서기와 종대사령원 겸 정치위원직을 맡았다. 1938년 말에 이르러 닝진, 웨링을 중심으로 창현, 옌산, 칭윈, 둥광, 난피 등 현이 포함된 평원항일근거지를 개척했다.

산둥의 지방 부대들에서는 산둥 남부, 산둥 중부, 산둥 북부, 자오둥 등지에서 유격근거지를 창설했다. 1938년 12월, 중공중앙은 정세의 변화에 따라서 다시 쑤루위완(蘇魯豫皖)변구성당위원회를 중공중앙 산둥분국[궈훙타오(郭洪濤)가 여전히 서기였음]으로 고치기로 결정했다. 그리고 동시에 산둥 각지 무장봉기부대들한테 통일적인 영도를 강화하기 위해 팔로군 산둥종대를 창립하기로 결정했다. 이에 장징우(張經武)를 지휘로, 리위(黎玉)을 정치위원으로, 장화(江華)를 정치부 주임으로 임명했다. 이 부대는 도합 2만 5,000명이었다. 이로써 팔로군 산둥종대는 전략적으로 통일 지휘 아래에 있는 유격병퇀(兵団)이 됐다. 이 병퇀은 산둥근거지를 공고히 하고 발전시키며 장기적인 항전을 유지하는 데 커다란 역할을 했다.

화중항일근거지

신사군 군부는 화중(華中)에서 설립된 다음해인 1938년 1월에 한커우(漢口)에서 난창(南昌)으로 옮겨졌다. 각 부대들에서는 무기 등 정비를 신속하게 마쳤으며 잇달아 창장(長江) 강 남북 적후 지역에 들어가 유격전을 벌이고 항일근거지를 창설했다.

1938년 3~4월경 신사군 제1지대, 제2지대, 제3지대는 차례로 안후이 서부(皖南) 서(歙)현 암사에 집결했으며 제4지대는 동쪽으로 안후이 리황(立煌)현(지금의 진짜이(金寨)현임) 류보퇀(流波疃) 지역에 집결했다. 군부는 난창에서부터 옌쓰[岩寺·8월에는 징(涇)현 윈링(雲嶺)으로 이동했음]로 진격했다. 강남(창장 강 이남)에서 쑤위(粟裕)가 파견한 지대가 4월 하순에 맨 먼저 장쑤 남부 적후로 진군했다. 6~7월 사이에 천이(陳毅)와 장딩청(張鼎丞)은 각각 제1지대, 제2지대를 거느리고 장쑤 남부에 도착했다. 6월 17일, 선견지대는 전장(鎭江) 서남쪽의 웨이강(韋崗)에서 일본군 자동차대를 요격했다. 그리하여 한 무리의 적들을 섬멸하는 것으로 강남 신사군의 첫 승을 거두었다. 뒤이어 장쑤 남부 신사군은 신펑(新豊)역, 융안차오(永安橋), 쥐룽청(句容城) 등 전투에서 일부 일본군과 괴뢰군을 섬멸하는 기쁨을 맛보았다. 8월 하순에는 샤오단양(小丹陽)지역에 대한 일본군 4,000여 명의 소탕 작전을 실시하여 전멸시켰다. 그 후 제1지대와 제2지대는 적들의 여러 차례 소탕 작전을 막아내어 일본 침략자의 기를 꺾어 놓았다. 12월 말에 이르러 마오산(茅山)을 중심으로 하는 항일유격근거지를 창설했다. 탄전린(譚震林)이 거느린 제3지대는 제1지대와 제2지대가 장쑤 남부로 진군하는 작전에 협력했다. 그리고 그 후 안후이 남부에 들어가서 동쪽의 우후(蕪湖), 쉬안청(宣城)에서부터 서쪽의 퉁링(銅陵), 칭양(靑陽)에 이르기까지의 연강(沿江)지대에서 싸웠다.

4월에 창장 강 이북에서 신사군 제4지대는 가오징팅(高敬亭)의 인솔 아래 동쪽 수청(舒城), 퉁청(桐城), 루장(廬江), 우웨이(武爲) 지역으로 진군했다. 5월 12일, 안후이 중부의 차오(巢)현 동남쪽의 장자하(蔣家河)어구에서 일본군을 습격하여 일부 적을 섬멸했다. 이는 강북(江北·창장 강 이북)의 신사군이 거둔 첫 번째 승리였다. 6월 중순, 일본군은 서쪽으로 진격하기 위해 안칭(安慶)에서부터 허페이(合肥)까지의 도로를 열어 놓았다. 제4지대는 안합(安合·안칭~허페이)도로 양 편에서 연속 몇 십 여 차례의 크고 작은 매복전과 습격전을 벌였다. 결국 이들은 서쪽으로 진격하는 일본군을 호되게 타격하고 견제했다. 10월 하순에 제4지대는 차례로 루장, 우웨이(武爲) 현성을 공략했는데 일본군과 결탁한 반동 무장력 도합 2,800여 명을 섬멸하고 이 지역에서의 항전 국면을 새로 열어 놓았다.

산간닝변구의 공고

적후 항일근거지를 개척함과 동시에 산간닝변구도 한층 더 공고히 했다. 산간닝변구의 토대는 원 산간닝 혁명근거지였다. 루거우차오(盧溝橋)사변 이후 중국공산당은 국민당과 맺은 구두협의에 근거하고 단결 항일 원칙에 따라 명칭 변경, 편제 개편의 준비사업을 진행했다. 1937년 9월 6일, 원 산간닝혁명근거지 소비에트정부(중화소비에트공화국 임시중앙정부 서북판사처)는 정식으로 산간닝변구정부(1937년 11월부터 1938년 1월까지는 산간닝특구정부라고 불렀음)라고 명칭을 변경했다. 이에 린보취가 주석을, 장궈타오가 부주석을 맡았다. 국민정부는 산간닝변구정부의 관할범위를 23개 현으로 구분했다. 이 밖에 닝샤(寧夏)의 화마츠[花馬池, 옌츠(鹽池)현], 산시(陝西)의 일부 지역을 변구정부의 직접 관할에 귀속시켰으며 아울러 팔로군의 보급구역으로 정했다. 변구는 동쪽으로는 황허강에 잇닿았고 북쪽으로는 장성에 이르렀으며 서쪽으로는 류판산맥(六盤山脈)까지였다. 면적은 약 13만 평방킬로미터이고 인구는 약 150만 명이었다. 중공중앙 소재지인 산간닝변구는 인민항전의 정치 지도 중심이었고, 팔로군·신사군과 기타 인민항일무장의 전략적 총후방이었다. 변구의 공고화와 건설에 깊은 관심을 기울인 중공중앙은 변구를 전국 항일 민주의 모범구로 건설할 것을 제안했다.

민주정치의 실시는 산간닝변구 건설의 중요한 내용이었다. 당의 항일민족통일전선정책에 근거하여 1937년 5월부터 산간닝변구에서는 계급, 당파, 종교에 관계없이 남녀가 평등하고 민족이 평등한 민주선거를 진행했다. 10월에 이르러, 향, 구, 현의 선거를 끝마치고 각급 의회와 민주정부를 설립함으로써 항일민주정권의 토대를 마련했다. 의회민주제도의 실시는 항전 시기 산간닝변구 정권 건설에 있어 가장 중요한 민주제도였다. 변구는 향, 구, 현 각급의 선거에 기초를 두고 1937년 11월에 변구의회선거를 시작했다. 그리고 12월에 500여 명의 변구의회(1938년 11월에 '참의회'라고 고쳐 불렀음) 의원을 뽑았다. 그러나 전쟁환경과 기타의 원인으로 말미암아 변구의회는 적시에 소집되지 못했다.

산간닝변구는 항일민주정권을 수립한 것에 기초를 두고 일련의 민주개혁을 실시했다. 변구정부는 그곳 상황에 따라 경제, 문화교육 수준과 보건위생 업무를 크게 발전시켰다. 변구 경제건설에서의 근본적인 문제는 생산을 발전시키고 꾸준한 재정을 마련하는 것이었다. 또 군대와 당정기관에 대한 공급을 담보하고 인민들의 생활을 개선하며 장기적 항전을 지원하는 것이었다. 이렇게 하기 위해 변구정부는 많은 조치들을 강구하여 농업생산을 복구하고 발전시켰다. 그러면서 공업과 상업 그리고 운수업을 발전시켜 변구생산의 발전을 추진했다. 중공중앙과 변구정부는 차례로 중국인민 항일 군사정치대학[항대(抗大)라고 약칭함], 섬북공학(陝北公學), 청년간부강습반, 루쉰(魯迅)예술학원, 마르크스레닌학원, 중공중앙 당교, 종업원학교, 중국여자대학, 위생학교 등을 창설했다. 이것으로 군대와 지방을 위해 많은 간부들을 양성했으며 항전세력의 증강을 위해 아주 큰 역할을 했다. 전국 항전 초기에 전국 각지의 수천수만 애국청년들은 국민당 당국의 저지와 파괴에도 아랑곳하지 않았다. 그들은 극도의 고난도 두려워하지 않고 옌안으로 달려가 혁명진리를 추구했다. 그들은 학습과 양성을 거쳐 우수한 공산당원이자 항전을 견지하는 근간으로 성장했다. 변구정부는 중학교, 소학교 그리고 문맹퇴치학교, 식자반을 발전시켜 문맹을 퇴치하고 민중의 문화수준을 높였다.

산간닝변구의 무장력에는 팔로군 유수(留守)부대, 변구 보안대와 자위군이 망라됐다. 1937년 10월, 팔로군 유수부대는 정비와 개편을 거쳐 제770퇀을 보유한 각 부대들은 통일적으로 제1경비퇀에서 제8경비퇀으로 개편했고, 이 밖에도 독립영(獨立營)까지 설치했다.

중앙군사위원회는 12월, 후방 유수처를 팔로군 유수병퇀으로 고치기로 결의했다. 이에 샤오진광(蕭勁光)이 사령원으로, 차오리화이(曹裏懷)가 참모장으로, 모원화(莫文驊)가 정치 주임으로 임명됐다. 보안대는 원 산간닝변구의 지방홍군과 유격대로 편성됐는데 총 5,000여 명이었는데, 가오강이 보안사령부 사령관이었다. 자위군은 대중적이며 생산을 멈추지 않는 인민무장으로서, 인원은 20만여 명이었는데 변구를 보위하고 공고히 함에 있어 매우 중요한 세력이었다.

1938년 2월부터 3월까지 일본군은 산시 서북의 여러 중요한 도시들을 함락했다. 그리고 동포철도 남쪽구간을 열어 놓은 후 병력을 집결하여 몇 부대로 나누어 산간닝 변구 황허 강 방어선으로 쳐들어왔다. 팔로군 유수병퇀과 보안부대는 제120사 그리고 제115사의 연합 아래 적극 방어하는 방침을 취했다. 그러고 나서 쳐들어오는 적군을 격퇴해 버렸다. 3월부터 5월까지 산간닝변구의 부대들은 선푸(神府), 리스(離石) 등지에서 황허를 건너려는 일본군을 크게 타격했다. 그럼으로써 적들이 손쉽게 서쪽으로 전진하지 못하도록 압박하고 황허 방어선을 지켰다.

산간닝변구를 공고히 하기 위해 변구의 군민들은 토비(도둑의 무리)를 숙청하고 민족반역자와 앞잡이 그리고 반동지주를 타격하는 투쟁을 병행했다. 이때 일부 국민당 앞잡이와 기타 반공보수파들은 변구에서 공개적으로 반공선전을 감행하고 대중과 공산당 간의 관계를 이간질했다. 그리고 대중항일단체들을 파괴하거나 토종 봉건지주세력을 부추겨 이미 수립한 민주제도를 바꿀 것을 강권했다. 일부 지주들은 정부법령을 무시하고 배분받은 땅과 가옥들을 반환하라고 농민들을 압박했다. 그뿐만 아니라 이미 폐지한 낡은 채무를 억지로 거둬들였다. 변구 정부와 당조직은 얼마 후 이런 상황을 알게 되었다. 1938년 5월 15일, 마오쩌둥은 산간닝변구 정부와 팔로군 후방 유수처를 위한 포고를 기초했다. 그러고는 6월 9일, 산간닝변구정부 의장단은 변구의 토지, 가옥, 삼림, 농기구, 가축과 채무 분쟁을 처리할 것에 대한 결정을 내렸다. 그리고 변계분쟁을 처리하고 항일구국단체를 보호할 것에 관한 결정 역시 내렸다. 상술한 포고와 결정의 관철 집행은 국민당 반공분자들의 파괴 음모를 분쇄하고 변구의 제반 건설 사업을 보호했다. 또 시대의 흐름에 역행하는, 국민당 반공분자들의 행위에 과감히 투쟁하지 못하는 공산당 내부의 일부 동지들의 우경오류도 시정했다.

당 대열의 신속한 발전

전국적 항전이 폭발했을 때, 중국공산당은 주로 홍군과 산간닝변구 및 기타 일부 작은 근거지에 집중되어 있었을 뿐, 전국적 범위에서 당의 세력과 조직은 아주 작았다. 특히 국민당 통치구역에서는 당 조직이 거의 파괴되었고, 많은 지역에는 일부 당원들만이 남아 있을 뿐이었다. 이런 상황은 급변하는 정세와 항일투쟁의 수요에 거의 적응할 수 없었다. 중공중앙은 여러 번 지시를 내려 각지 당 조직에 정세의 변화에 근거하고 그곳 실제 상황과 결부하여 당의 지도방식과 사업방식을 바꿀 것을 요구했다. 그리고 당의 비밀조직을 공고히 하고 확대함과 동시에 모든 방법을 다해 당의 공개와 비공개를 확보하여 당 조직을 발전시킬 것을 요구했다.

1938년 3월 15일, 중공중앙이 발부한 〈당원들을 대량 발전시킬 것에 관한 결의〉에서는 항일민족통일전선을 확대하고 공고히 하여 일본 제국주의를 철저히 극복하자고 호소했다. 그러면서 이런 신성한 과업을 짊어지기 위해 대량의, 수십, 수백 배의 당원들을 교육하는 것은 당의 절박하면서도 막중한 과업이라고 지적했다. 결의는 또, 각지 당 조직에 적극적인 노동자, 부농, 도시와 농촌의 혁명적인 청년학생, 지식인 그리고 강력하고 용감한 하급 장병에게 문호를 활짝 열어 놓으라고 명령했다. 또한 당을 발전시키는 주의력을 항전 중의 새로운 열성분자를 받아들이는 것과 당의 무산계급토대를 확대하는 것에 둘 것도 요구했다. 더불어 작전구역과 전선에서 새 당원을 대량으로 받아들여 강대한 당 조직을 건립하는 데 큰 관심을 기울일 것을 요청했다. 마지막으로 당 조직이 없는 후방에서는 계획적이고 신속하게 당 조직을 건립하고 발전시켜야 함을 당부했다. 결의는 다음과 같이 지적했다. 당원들이 대거 발전시키기 위해서는 다음과 같은 두 가지 사항에 유의해야 한다. 첫째, 당원이 발전함에 있어서 폐쇄주의 경향을 타파하고 당의 집중력이 낡은 관계 또는 낡은 사상을 복구하고 심사하는 좁은 울타리에 국한되어 있는 것을 반대한다.

둘째, 통일전선에서 당의 발전을 소홀히 하면서 당의 확대는 그다지 중요한 것이 아니라는 경향을 타파하는 것이다. 심지어 당의 발전을 취소해야 한다는 경향 역시 바꿔야 한다. 당원이 대거 발전함과 동시에 당 조직이 견고하게 되기 위해서 당 중앙은 새 당원들에게 마르크스-레닌주의 교양과 당의 지식에 대한 교육을 받도록 했다. 이로써 그들이 공산주의와 기타 당파들 간의 사상이론에 대해 구별되도록 해야 한다고 교육했다. 중앙에서는 또 당원을 발전시키는 것을 모든 당원 및 각급 당부의 일상적인 중요한 업무의 하나로 삼고, 날마다 검사하고 이끌어야 한다고 요구했다.

당원들을 대거 발전 방안에 대한 중앙의 결의가 하달되자 각지의 당 조직들에서는 당원을 발전시키는 것을 중요 과업으로 삼았다. 그리하여 각급 당 조직과 당원 대열은 전례 없는 큰 발전을 이룩할 수 있었다. 전국의 항전이 시작될 무렵, 산시(山西)성에는 당원이 360여 명밖에 되지 않았다. 그러나 1939년 봄에는 산시 서북에만 해도 무려 1만여 명이 되었다. 1939년 9월에 산시 동남의 근거지 초창기 당원은 1,000여 명에서 3만여 명으로 늘어났고, 1938년 말에 산시 서남의 당원은 1만 1,000여 명으로 발전했다. 1937년 9월에 허난(河南)성당위원회가 재건될 때 허난성에는 당원이 150여 명밖에 없었다. 하지만 1938년 10월에 이르러서는 벌써 8,000명(허난 북부는 포함하지 않았음)으로 발전했다. 1938년 2월, 상해에는 당원이 300명밖에 없었지만 1939년 10월에는 이미 2,300명으로 늘어났다. 중공 광둥성위원회는 1938년에 4월에 설립된 후 당 조직을 힘써 발전시켰는데 1938년 10월까지 충야지역만 해도 당원 수가 항전 초기의 600여 명에서 5,000여 명으로 급증했다. 광저우와 홍콩 등지의 당원 수는 1937년 하반기의 350여 명에서 2,500명으로 발전했다. 쓰촨성에는 1937년 10월까지 당원이 300~400명 정도밖에 안 됐지만 1938년 11월에 이르러서는 3,250여 명으로 증가했다.

팔로군과 신사군은 당원을 대거 발전시킬 것에 관한 중앙의 결의를 적극 관철했다. 1938년 겨울까지의 당원 수는 20% 상회했는데, 연급(連級) 이상 간부들은 거의가 당원이었다. 1940년에 들어와서 팔로군 노부대의 당원 수는 해당 부대 총인원의 30~40%가량 됐고, 신부대도 25~30%가량 됐다. 신사군이 집결했을 때, 당원 수는 전군 총인원의 25% 정도였지만, 1939년 2월에 이르러서는 40%를 차지했다. 각급 당 조직도 모두 건립하기 시작했고 그 성격이 건전해졌다.

　당원을 대거 발전시킬 것에 관한 중앙의 결의가 하달된 이후, 중공 조직부와 중공 산간닝변구위원회는 즉각 중국인민항일군정대학교, 섬북공학 등 학교의 청년학생들 속에서 당원을 크게 발전시켰다. 항대 제4기는 1938년 4월에 개학하고 도합 5,562명의 학생을 모집했다. 그중 지식청년 당원은 530명으로 지식청년 총인원의 11%를 차지했다. 그러나 12월에 수료할 때 지식청년 당원은 이미 3,304명으로 늘어나 지식청년 총인원의 70%를 차지했다. 섬북공학에서는 1937년부터 1938년까지 도합 6,000여 명의 학생을 모집했는데, 늘어난 신당원은 3,000여 명이나 됐다. 옌안의 각 학교들에서 발전시킨 새 당원들은 학업을 수료한 후 대부분 전국 각지에 파견되어 각지 당 조직의 핵심세력이 됐다.

　각급 당 조직은 새 당원을 발전시키는 과정에서 엄격하게 당원을 대량 발전시킬 것에 대한 중앙의 지시에 따랐다. 그래서 노동자, 농민, 하급 장병과 지식인들 속에서 당원을 영입, 발전시키는 것에 유의했다. 또한 당원 표준에 따라 기타 사회 계층에서도 당원을 받아 당의 사회적 기반을 확대했다. 예를 들면 상하이에서 애국적 문화계, 상공계 상층인사들 가운데 일부 인사를 당이 영도하는 항일구국활동에 참여시켰다. 이를 통해, 그들은 점차 당의 위대성을 이해하게 됐으며, 중국 공산당에 가입하고자 하는 원의를 갖게 됐다. 이에 중공 장쑤(江蘇)성위원회는 통일전선 인사들을 당에 받아들일 것에 관한 구체적인 방안을 마련했다. 그리하여 당조직의 장기적인 고찰과 개인적인 관계, 학습을 거쳐, 영향력 있는 일부 진보적 인사들은 재빨리 애국주의자에서 무산계급의 엘리트 전사로 변화시켰다. 그들은 입당 후 사회 상류인사의 신분으로 보호받으면서 당 사업을 위해 특별한 기여를 하게 했다.

중공중앙의 정확한 지도 아래 당 조직과 당 대열은 신속한 발전을 이룩했다. 1938년 말에 와서 공산당원 인원수는 전국 항전이 시작할 때의 4만여 명에서 50만여 명으로 늘어났다. 그리고 당 조직도 이미 협소한 울타리에서 벗어나 광범위한 대중적 토대를 갖춘 거대한 당이 됐다.

중국공산당이 영도하는 팔로군, 신사군과 기타 인민무장은 적후에서 항일유격전쟁을 광범위하게 벌였다. 그러고는 항일민주근거지를 창설했으며 점차 광대한 적후 전장을 개척했다. 1937년 9월부터 1938년 10월까지 팔로군과 신사군은 일본군, 괴뢰군과 무려 1,600차례나 싸웠다. 그리하여 적 5만 4,000여 명을 살상, 포로로 사로잡았다. 팔로군은 15만 6,000명으로, 신사군도 2만 5,000명으로 늘어났으며 적후 항일근거지(유격구를 망라함) 총인구는 5,000만 명이 넘었다.

적후 유격전쟁은, 정면 전장에서 국민당군의 작전과 연대하여 일본 침략자들에게 직접 강력한 타격을 주었다. 이로써 일본군은 전략적 진격을 할 수가 없었다. 적후 유격전은 또 전국의 전쟁국면을 안정시킴으로써 항전이 전략적 방어단계에서 전략적 대치단계로 넘어가는 데 중요한 역할을 했다. 이렇듯 적후 전장 개척과 항일민주근거지의 창설은 장기적인 항전을 견지하는 데 있어서 튼실한 초석이 됐다.

5. 항일전쟁의 지구전 이론

중국의 항전은 지구전으로서 지구전을 해야만 일제 침략자를 타격하고 항일전쟁의 승리를 이룩할 수 있었다. 이렇듯 지구전은 중국 항전의 유일하고도 정확한 전략적 방침이었다.

일찍이 1936년 7월, 마오쩌둥은 미국기자 에드거 스노와의 대담에서 항일전쟁에 대해 예측한 바와, 지구전을 통해 승리를 이룩할 것에 대한 자신의 견해를 밝히기도 했다. 1937년 7월, 주더는 '대일항전의 실시'라는 글에서 중국의 항일전쟁은 "지구전이며 간고한 항전"이라고 지적했다. 루거우차오사변 이후, 중국공산당은 제때에 전국적 항전에 대한 전략적 방침과 작전원칙을 제기했다. 8월 11일에 거행된 국민정부군사위원회 군정부 간담회에서 중공대표 저우언라이와 주더는 다음과 같이 지적했다. "전국적 항전은 전략상 지구적인 방어를 실시하고 전술상 공세 즉, 적극적인 방어책을 전략으로 삼아야 한다. 화베이에서는 독립적이고 지구적인 작전능력을 키워야 하고, 진지전에서 운동전으로 넘어가야 한다. 동시에 적들의 측면과 후방에서 대중을 발동해서 유격전을 벌여야 한다. 정치 측면에서는 전국 군민들을 동원해서 싸워야만 최후의 승리를 담보할 수 있다"

뤄촨(洛川)회의 이후, 장원톈, 저우언라이, 류사오치, 펑더화이 등은 연속해서 글을 발표했다. 그들은 항일전쟁의 지구성과, 지구전을 실시하고 항전 승리를 쟁취할 수 있는 조건과 방법 등에 대해 논술했다. 이에 국민당 당국도 '지구전'을 전국적 항전의 기본적인 전략방침으로 받아들였다. 8월 20일, 국민정부가 총본부 명의로 발부한 〈국군작전지도계획〉에서 전국적 항전은 "이미 '지구전'을 작전지도의 토대로 한다는 생각을 피력했다"고 지적했다. 장제스 등도 차례로 "지구적 소모전" "공간으로 시간을 바꾼다" "작은 승리로부터 큰 승리를 이룩한다" 등 구호를 제출했다. 그렇지만 항일 전쟁은 과연 어떻게 발전하고 어떻게 지구전을 펼칠 것인가? 중국이 승리할 수 있는가 하는 문제는 많은 사람들이 아직 명확하게 해결하지 못하고 있는 문제였다.

그리하여 "망국론"과 "속승론(速勝論)"의 오류 관점들이 그때까지 널리 퍼져 있었다.

항전 전부터 국민당 진영에서는 줄곧 '망국론' 사조가 존재하고 있었다. 어떤 사람은 "중국은 무기가 일본보다 못하기 때문에 싸우면 반드시 패배한다"고 말했고, 또 전국적인 항전이 발동된 후에는 소위 "더 싸우면 기필코 멸망한다"는 논조들도 있었다. 국민당의 대표적 친일파인 왕징웨이 집단의 "망국론"이 대표적인 사조였다. 친영파, 친미파인 장제스 집단은 항전을 시작하기는 했지만 여전히 얼마 동안은 동요했다. 항전 초기 국민당 군대가 큰 패배를 당한 것도 중간 계층과 일부 노동인민들에게 슬픔과 실망감을 안겨 주었다. 다른 한 가지 오류적인 사조는 바로 '속승론'이었다. 송호(松滬)회전 때, 장제스 집단은 영국, 프랑스, 미국 등이 직접 나서서 간섭하기를 기대했고 소련에 출병할 것을 요청했다. 그러므로 어떤 사람은 중일전쟁이 석 달 동안 지속되기만 하면 국제정세는 반드시 변할 것이고 소련이 출병할 것이라고 굳게 믿었다. 그렇게 되면 전쟁의 끝을 볼 수 있을 거라고 보았다. 이런 논점은 외세에 의지하여 전쟁을 신속하게 마무리 지으려는 당시 사조와 사상을 대변했다. 타이얼좡(臺兒莊)전역에서 승리했을 때, 어떤 사람은 쉬저우회전은 응당 '준결전(準決戰)'이어야 하며 이를 '적들의 최후 발악'이라고 보았다. 공산당 내부에서는 '망국론'이 자리를 차지하지 못했지만, 일부 사람들한테는 적을 경시하는 분위기가 존재했다. 왜냐하면 국민당이 보유한 200만여 정규군의 역량을 높이 평가했기 때문이다. 그래서 항전에서 조속히 승리할 수 있을 거라고 보았던 것이다.

"망국론"과 "속승론"의 관점을 가지고 있는 사람들과 비교할 때, 전국의 항일 진영에서는 그래도 항전이 장기간 지속될 것이라고 생각하는 사람이 많았다. 그래서 그들은 최후 승리는 중국의 몫이라고 굳게 믿고 있었다. 그렇지만 지구전이라고 믿고 있는 사람들 가운데 지구전에 대한 이해는 서로 같지 않았다. 장제스의 "지구전"은 기본적으로 군사 측면의 지도방침으로만 국한되어 있는, 단순한 군대와 정부의 통치행위였다. 그들의 지구전에는 넓은 정치적 세력과 항전의 대중적 토대가 없었다. 일부 공산주의자들을 포함하여 몇몇은 지구전을 옹호하기는 했지만, 항일전쟁의 객관적 측면과 중일 양국의 실제 상황, 전쟁 수행능력 등에 대한 정확한 인식과 과학적인 분석이 부족했다. 그러므로 전쟁의 발전추세와 결말에 대한 냉정한 사고가 없었다. 지구전 이론에 대해 정확한 답변을 한 이들은 마오쩌둥을 대표로 하는 중국공산주의자들뿐이었다.

1938년 5월, 마오쩌둥은 전 당원의 지혜를 모아 〈지구전에 대해서〉와 〈항일유격전쟁의 전략문제〉라는 중요한 군사이론서를 출판했다. 그는 항전 이래의 경험을 총화하고 항전에 관한 오류적인 사상에 대해 비판했다. 그리고 항전의 전략적 방침을 실시하고 항전의 승리를 쟁취함에 있어 중국공산당이 나아가야 할 정확한 길에 대해 한층 더 깊이 논증했다.

〈지구전에 대해서〉에서 마오쩌둥은 중국이 지구전을 거쳐 승리를 쟁취할 수 있는, 또 지구전을 거쳐 승리를 쟁취해야 하는 객관적 근거에 대해 다음과 같이 논증했다. "중일전쟁은 20세기 30년대에 반식민지, 반봉건적 중국과 제국주의 일본 사이에서 진행된 결사적인 전쟁이다" 이 전쟁, 즉 중일 쌍방에는 상호 모순되는 네 가지 기본 특성이 있다. 즉 적이 강하고 우리가 약하며 적들은 퇴보적이고 우리는 진보적이다. 또 적은 작고 우리는 크다. 적은 도의를 잃고 원조자가 적으며 우리는 도의가 있고 원조자가 많다는 것이다. 전반 문제의 근거는 바로 여기에 있다. 구체적으로 말하면, 일본은 제국주의의 강국으로서 강한 전쟁역량을 보유하고 있으며 중국은 반식민지, 반봉건적인 약소국이다. 이런 특성은 일본의 진격을 더욱 거침없게 하고 중국이 즉시 이길 수 없게 만든다. 따라서 중국의 항전은 불가피하고, 한 시기 고난의 길을 걷을 수밖에 없다.

그러나 일본 제국주의가 발동한 침략전쟁은 정의롭지 못한 퇴행적인 전쟁이다. 일제가 진행하고 있는 발광적인 전쟁모험은 그 자체가 내외갈등을 격화시키고 멸망으로 이어질 것이다. 그뿐만 아니라 일본은 나라가 비교적 작고 그 인력과 물력이 모두 부족하므로 장기적인 전쟁에는 견뎌낼 수 없다. 물론 일제는 국제 파시즘국가의 원조를 얻을 수 있다. 하지만 일본은 침략팽창정책을 실시하고 기타 국가의 이익을 위협하며 타국에 손해를 주고 있기에 반드시 국제적 반대세력의 저항을 받게 될 것이다. 이런 것들은 모두 일본의 단점이며 이런 단점은 일제가 스스로 극복해 나갈 수 없다. 중국은 이와 달리, 앞으로 진보하는 역사 시기에 처해 있다. 중국은 "더 이상 봉건국가가 아니고 이미 자본주의에 들어서고 있다. 또한 자산계급과 무산계급이 있으며 이미 각성한 또는 각성하고 있는 광범위한 인민과 공산당이 있다. 그뿐만 아니라 정치적으로 진보한 군대 즉, 공산당이 영도하는 중국 홍군이 있으며 수십 년간 혁명을 해 온 전통적 경험, 특히 중국공산당 창건 이후 17년간의 경험이 있다. 진보하는 역사 시기에 진행 중인 중국의 항일전쟁은 정의적인 전쟁이기에 전국 인민의 항전열정과 공동의 적개심을 불러일으킬 수 있다. 또 땅이 넓고 사람이 많은 중국의 유리한 조건으로 장기적인 전쟁을 치를 수 있으므로 국제적으로 많은 원조를 쟁취할 수 있을 것이다. 그러므로 '망국론자'들과 항전의 전도에 대해 비관하는 사람들은 어리석다. 그들은 적들의 군사력이 강한 것만 보고 적들의 근본적인 약점과 중국의 힘을 보지 못하고 있다. "속승론" 자들도 오류를 범하고 있다. 그들은 적이 강하고 우리가 약한 현실 상황을 승인하려 하지 않는다. 또한 적의 단점이 오랜 시간을 거쳐야 남김없이 드러나며 우리 측의 장점도 오랜 노력을 거쳐야 충분히 발휘된다는 점을 인식하지 못하고 있다"

마오쩌둥은 지구적인 항일 전쟁이 앞으로 전략적 방어, 전략적 대치와 전략적 반공격이라는 3개 단계를 거치게 된다고 지적했다. 이 3개 단계의 발전과정을 논술할 때 마오쩌둥은 친중적인 대치단계가 도래하는 조건을 분석했다. 그러면서 대치단계의 경우, 견아상착(犬牙交錯·땅의 경계가 일직선으로 되어 있지 않고 개의 이빨처럼 들쭉날쭉 서로 어긋남)의 전쟁 중에 적과 아군의 형세가 전환할 수 있는 각종 요소들을 밝혔다. 그리고 대치단계는 지구적 항전이 최후승리로 전환함에 있어서의 '중추'라고 논술했다. 이것은 마오쩌둥의 지구전에 대한 논술의 요점이었다. 즉, 대치단계에서 유격전은 우리 측의 중요한 작전형태가 될 것이고, 운동전과 진지전은 보조적인 형태가 될 것이다. 대치단계는 가장 간고하고 시간이 많이 걸리는 단계로서 중국의 항전세력도 주로 이 시기에 발전하게 될 것이다. 대치단계에서의 노력을 거쳐 중국의 역량은 약하던 데에서 강한 데로 넘어갈 것이며 이로써 피아(彼我·저편과 이편을 아울러 이르는 말) 역량 대비에 근본적인 변화가 발생하게 될 것이다. 그때는 항일전쟁에서 잃은 영토를 되찾는 반공격단계에 들어설 수 있다. 전략적 반공격단계에는 운동전이 작전의 주요 형태가 될 것이다. 전국적 항전이 개시된 지 한 해도 안되는 때에 마오쩌둥은 전쟁과정의 윤곽을 위와 같이 묘사했다. 이러한 그의 논술은 전쟁의 발전추세에 대한 과학적인 예측이었다. 지구전 특히 대치단계에 관한 여러 특징 있는 논술들은 전략적 지도의 중요한 역할을 했다.

또 마오쩌둥은 다음과 같이 지적했다. 지구전은 항일전쟁의 총 전략방침이다. 총 전략방침을 실현하기 위해서는 반드시 구체적인 전략방침이 있어야 하는데 그것은 바로 능동적이며, 재빠르고, 계획 있게 방어전을 집행하는 것이다. 이에 진격전, 지구전에 있어서의 속결전, 내선작전에 있어서의 외선작전을 동시에 집행해야 한다. 이는 정규적 전쟁과 유격전쟁을 망라하여 전반 항일전쟁과정에 취해야 할 전략방침이다. 적이 강하고 우리가 약하기 때문에 적들은 전략적으로, 속전속결의 작전방침과 외선작전을 함께 취할 것이다. 이에 우리는 방어하는 지구전의 방침과 내선작전을 진행하는 방침을 취해야 한다. 그렇지만 적은 소수 병력으로 대국을 상대하고 있으므로 중국의 일부분 영토만 점령할 수 있다. 우리는 적들과 운동전, 유격전을 할 수 있는 광활한 지반을 가지고 있다. 따라서 전역, 전투에서 우리는 적들에게 우세한 병력을 집중하여 능동적으로 외선속결의 진격전을 펼쳐야 한다. 이렇게 되면 전투에서 적들은 강자에서 약자의 입장으로 바뀌고 우세에서 열세로 바뀌게 된다. 우리는 반대로 약자에서 강자로 변하고 열세에서 우세로 변하면서 전쟁과 전투의 승리를 담보할 수 있다. 이런 승리들의 축적은 장차 정세를 바꿔 가게 될 것이다. 우리는 날로 강대해지고 적들은 날로 약화되며 종국적으로 적은 완전히 패배하게 될 것이다. 항일전쟁의 제1단계와 제2단계에서는 모두 이 방침을 집행하는 것이 필요하다. 이는 약한 힘으로 강한 적을 타격할 때 취해야 할 방책이다. 마오쩌둥은 〈지구전에 대하여〉 외에도 "항일유격전쟁의 전략문제"라는 글에서 상기 방책들에 대해 상세하게 논술했다. 이런 논술들은 토지혁명전쟁 시기 경험의 총화이자 전국적 항전이 벌어진 10개월 이후의 새로운 경험에 대한 논술이었다. 여기에는 항전 초기 국민당 군대가 추진했던 단순방어의 전략방침을 실시해온 교훈에 대한 총화도 포함됐다.

　"지구전의 토대는 수많은 민중이다" "전쟁의 가장 큰 힘과 그 근원은 민중으로부터 나온다"고 마오쩌둥이 오래전에 지적한 바 있다. 이렇듯 전쟁에서 민중을 동원하려면 진보적인 정치 정신을 군대에 불어넣어야 한다. 그리고 전군, 전인민의 전적인 열성으로 항전에 협조하고 지지하게 해야 한다. 당시 공산당 안팎에는 항일유격전쟁의 전략적 지위를 경시하는 분위기가 팽배하고 있었다. 이에 비추어 마오쩌둥은 상기 두 편의 저작물에서 항일전쟁 전 과정에 있어 유격전쟁의 중요한 전략적 지위에 대해 강조했다. 그는 다음과 같이 지적했다. 특히 중국공산당이 영도하는 군대는 항일전쟁 대치단계에서 규모가 큰 유격전쟁을 개시하는 과업을 수행해야 한다. 유격전은 인민전쟁의 가장 생동한 형태이기 때문이다. 인민대중이 움직이지 않는다면 광범위한 유격전은 존재할 수 없다. 전통적인 전쟁학 이론으로 보면 유격전쟁은 전술문제이다. 마오쩌둥이 항일유격전쟁을 전략적 지위의 높이에서 고찰한 원인은, 중국과 같은 대국에서 특히 민족전쟁의 조건 아래 유격전은 충분한 활동 기반과 보다 대중적인 토대를 가질 수 있기 때문이다. 그리고 대규모적으로 진행할 수 있었다. 항일유격전쟁은 내선에서 정규군들끼리 연합하는 합동작전이 아니라, 주로 외선에서 단독으로 작전하는 것이었다. 게다가 방어와 공격 분야에서 자기만의 전략전술을 보유하고 있어야 한다. 항일전쟁의 장기전에 대비해서 유격전을 널리 발동하고, 근거지를 창설하며 인민정권을 수립하는 전략적 과업을 해결해야 했다. 그러고는 장기적으로 끊임없이 적들을 무력화시키고 자기를 강화하는 투쟁에서 유격군과 유격전은 기필코 강대한 전투력을 확보하게 된 것이다. 그래서 중국의 항일유격전쟁은 전술의 범위에서 벗어나 전략의 문을 두드리게 됐던 것이다.

마오쩌둥의 〈지구전에 대하여〉와 〈항일유격전쟁의 전략문제〉는 항일전쟁의 발전과정을 과학적으로 입증한 것이다. 그리고 반박할 수 없는 논리의 힘으로 항전승리를 쟁취하는 정확한 길을 제시했으며, 항일전쟁에 대한 각종 오류를 비판했다. 그리하여 사상 측면에서 전당과 전군에 광범위한 인민들을 무장시켰고 수많은 군민들에게 항전승리에 대한 신심과 결심을 고취해 주었다. 상기 두 편의 저작물은 전국적인 항전을 지도함에 반드시 숙지해야 할 군사이론 강령서이다. 그뿐만 아니라 마르크스주의의 변증법적 유물론과 역사적 유물론을 적용하여 구체적 상황으로부터 전쟁문제를 해결한 빛나는 귀감이다.

6. 당중앙위원회 제6기 제6차 전원회의

왕밍의 우경 오류

당의 전면적 항전노선을 관철하고 집행함에 있어 반드시 먼저 처리해야 할 문제들이 있었다. 바로 민족투쟁과 계급투쟁 간의 관계 그리고 통일전선에서의 통일과 독립, 단결과 투쟁 간의 갈등이다. 그렇지만 당내에는 이런 커다란 문제점에 대한 인식이 부족한 사람들이 꽤 있었다.

제2차 국공합작이 이뤄진 후 공산당 내부에서 우경사상이 나타나기 시작했으며 실제 업무에 일부 부정적 영향을 끼쳤다. 그 주요 사항은 다음과 같다. 국민당의 압박과 간섭에 대해 무원칙하게 타협하고 양보하는 것, 국민당을 지나치게 신뢰하는 것, 국민당 통치구역 내 당의 모든 활동을 공개하는 것, 홍군들이 국민당의 반공이데올로기에 대한 경각심을 상실하여 개편 시 국민당 정부군한테 포위돼서 무장해제를 당하는 것, 군대 내, 개인적 성향 사람들이 국민당 정부한테 위임받는 것을 영광으로 여겨 당의 영도를 엄중하게 받아들이려 하지 않는 것, 국민당이 아직 일당독재를 변경하지 않은 상황에서 일부가 공산당은 국민정부에 참여할 수 있다고 주장하는 것, 어떤 사람들은 근거지에 대한 국민당특무의 파괴활동을 단호하게 대처하지 못하는 것 등이다. 상술한 정형에 비추어 1937년 11월 12일에 마오쩌둥은 '상하이와 타이위안(太原)이 함락된 후 항일전쟁의 정세와 임무'라는 보고에서 다음과 같이 강조했다. 반드시 전면적 항전노선을 이어가며, 항일구국 10대 강령을 강력히 집행한다. 그리고 국공 양당의 변치 않는 두 갈래 항전노선의 원칙을 똑똑히 인식해야 한다. 그렇지 않으면 항일전쟁을 정확하게 영도할 수 없다. 보고는 당내에서나 전국에서나 모두 패배주의를 반대해야 한다는 것에 대해 다음의 과업을 제기했다. 당내에서는 무산계급이, 자산계급의 개량주의와 불철저한 투항주의에 영합하도록 하는 것을 반대해야 한다. 국공 양당의 통일전선을 이어가는 동시에 반드시 통일전선사업에서의 독립과 자주적 원칙을 구현해야 한다. 그러고는 중국이 일본 제국주의의 이익에 영합하도록 이끄는 민족패배주의를 반대해야 한다. 민족패배주의의 대본영은 바로 민족통일전선의 우익집단인 대지주와 대자산 계급이다. 독립자주를 실천하고 패배주의를 반대해야만 원래의 근거지를 보존할 수 있으며 특히 새로운 근거지를 발전시킬 수 있다. 이는 "항일민족혁명전쟁을 승리의 길로 이끌어 나갈 수 있는 중심 고리이다" 그러므로 중공중앙은 실제 업무를 지도함에 있어서 이미 상술한 우경오류의 정형에 대해 필요한 비판과 시정을 했다.

1937년 11월 29일, 왕밍은 천윈(陳雲), 캉성(康生)과 함께 소련에서 귀국해 옌안으로 돌아왔다. 소련에 체류할 때부터 왕밍은 국제공산당 주재 중공대표였다. 동시에 그는 국제공산당 집행위원회 위원, 의장단 위원, 후보비서로 재임하고 있었다. 1937년 8월 10일, 국제공산당 집행위원회 비서처는 전문회의를 열고 중국의 항일전쟁 정세 및 중공의 과업에 대해 열띤 토론을 했다. 디미트로프는 회의에서 다음과 같이 설명했다.

천윈(陳雲, 진운·1905~1995)

1980년대 개혁개방 후 덩샤오핑 시기 중공 8대 원로 중 한 사람. 빈농 가정 출신으로 상하이 소재 인쇄소의 조판공이었다. 5·30 사건이 일어나던 해 공산당에 입당했다. 신중국 건국 후 정무원 부총리 겸 재정경제위원회 주임으로 재정과 경제 정책의 최고 책임자가 됐다. 천윈의 경제 정책은 악성 인플레이션을 억제하여 물자 부족 해소를 정책의 으뜸으로 삼았다. 문화대혁명이 시작된 1966년 11중전회에서 중앙위원회 부주석에서 해임되고 1969년 장시성 난창으로 하방(下放)을 했다. 1978년, 덩샤오핑 체제 하에서 당 부주석, 정치국 상무위원, 중앙기율검사위원회 제1서기로 복권됐다.

캉성(康生, 강생·1898~1975)

중국의 정치가. 주로 공안기관과 정보기관의 수장을 맡아 문화대혁명 기간에 사인방과 정치적으로 우호 관계를 유지했다. 본명 자오룽(趙容). 산둥성(山東省)의 대지주 집안에서 태어나 상하이대학을 졸업한 1920년대 초 중국공산당에 입당했다. 1949년 중화인민공화국 수립 후 중앙인민정부 위원 및 산둥성 인민정부 주석 등 당과 정부의 요직을 역임했다.

중국공산당은 정책과 책략 면에서 '180° 전환에 직면'했지만 당내의 상황은 아주 특수했다. 중국 홍군은 농민 군대지만 당내에 노동자의 비율이 매우 낮다. 왕밍은 중국공산당이 새로운 환경과 새로운 과업에 적응할 수 있겠는가에 대해 크게 우려했다. 그는 "반드시 신생세력과 국제정세에 대해 잘 알고 있는 사람을 파견하여 중국공산당 중앙위원회를 도와야 한다"[15]고 역설했다. 국제공산당과 스탈린이 볼 경우, 중국공산당과 중국 노동계급은 역량이 비교적 약소했다. 그리고

중국의 항전은 장제스를 위시한 국민당에 의지해야 하며, 중국공산당은 온힘을 다해 국민당정부를 기반으로 한 전국적 단결과 통일을 추구해야 했다. 또한 항일민족통일전선에서 누가 누구를 영도하느냐 하는 문제를 제기하지 말아야 했다. 더불어 '일체는 통일전선에 복종해야 하며' '일체는 통일전선을 거쳐야 한다'는 프랑스공산당의 경험을 적용해야 했다. 그리하여 국민당과 함께 책임지고 공동으로 영도해야 했다. 왕밍(王明)을 중국에 파견한 의도는, 바로 국제공산당의 상술한 '신정책'을 관철하기 위함이었다. 왕밍이 귀국한 후, 왕자샹(王家祥)이 국제공산당 주재 중공대표직을 계승했다.

왕밍이 귀국했을 당시, 대다수의 중앙정치국 위원들은 이미 옌안에 모두 모여 있었다. 12월 9일부터 14일까지 중공중앙은 정치국회의를 소집했다. 먼저 장원톈이 '목전의 정치 정세와 당의 과업'에 대해 보고했다. 왕밍은 '어떻게 하면 전국적인 항전을 계속 진행하며 항전의 승리를 쟁취할 것인가'라는 제목의 보고를 했다. 보고에서 그는 항전을 계속하고, 국공합작을 중심으로 하는 항일민족통일전선을 공고히 하고 확대해야 한다는 등 정확한 의견을 언급했다. 그런 다음 중점적으로 뤄촨회의 이후 통일전선문제에서 중공중앙의 많은 정확한 관점과 정책들을 비판했다. 그는 다음과 같이 인정했다. 지난날 국민당의 근본적인 변화에 대한 인식이 결여됐고 국민당정부가 전국적으로 통일된 국방정부의 역할을 하기 시작했다. 또 국민혁명군이 전국적으로 통일된 국방군의 역할을 하기 시작했다는 데 대한 예측이 빗나갔다.

지난날에는 민주문제, 민생문제를 해결하는 것을 너무 강조했고 "항일이 무엇보다 우선적이다" "무엇보다 먼저 항일정신을 이어가야

---

15 중국사회과학원 근대사연구소 번역실 편역, '중국과 관련한 국제공산당의 문헌자료' 제3집, 중국사회과학출판사 한문판, 1990년, 19쪽.

한다"는 원칙을 파악하지 못했다. 또한 독립과 자주를 지나치게 강조하고 "일체는 통일전선을 거치고" "일체는 통일전선에 복종해야 한다"는 사업방법도 강구하지 않았다. 그는 반드시 통일된 대중조직과 통일적으로 영도하는 대중운동이 있어야 한다고 주장했다. 그러면서 항전의 조건에서는 국민당의 규제를 두려워하지 말고 국민당 정부를 찾아가 입안하고 합법을 쟁취해야 한다고 말했다. 그는 국민당이 단편적 항전노선을 집행하는 것을 공개 비판하는 데 동의하지 않으면서, 이런 제기법은 너무 첨예하여 두려움을 자아낸다고 말했다. 그는 국민당 진영에 좌, 중, 우 서로 다른 세 가지 세력이 존재한다는 것에 대한 제기법을 찬성하지 않았다. 그러면서 항일이냐 친일이냐를 기준으로 할 수밖에 없음을 설파했다. 그리고 국민당과 공산당 사이에 누가 누구를 흡인하느냐 하는 제기법도 찬성하지 않았다. 그는 영도권만 논의해서는 안 되며 누가 누구를 영도하느냐를 운운할 것이 아니라 국공 양당이 "함께 책임지고 공동으로 영도해야 한다"고 주장했다. 그는 류사오치가 쓴 '항일유격전쟁에서의 사소한 기본 문제'라는 글에서, 류가 제출한 요구가 너무 높고 너무 많다며 이름을 지목해서 비판했다. 그러면서 구정부기관을 개조해야 한다고 주장해서는 안 되며, 산시(山西) 등지에서는 여전히 낡은 현 정부와 낡은 현장을 유지해야 하며 항일인민정부를 수립하면 안 된다고 지적했다.

왕밍은 자신이 진술한 보고는 국제공산당과 스탈린의 지시를 전달한 것이라고 주장했다. 그러자 많은 회의 참가자들은 그의 말을 맹목적으로 신뢰했고, 한동안 시비를 가릴 수 없었다. 많은 사람들은 왕밍이 제기한 오류적 관점과 단편적인 관점에 따라 지난날 통일전선사업에서의 이해관계를 따졌다. 그러면서 '비좁은 관념'과 '비책략적'인 점이 있었음을 승인했다. 12월 11일, 마오쩌둥은 연설에서 독립자주와 독립자주적인 산지유격전, 국민당 진영 내의 좌, 중, 우의 보수적 경향, 국공 양당 가운데서 누가 누구를 흡수하느냐, 대중적 구국운동 가운데서의 영합주의, 통일전선에서의 '화해와 논쟁'의 대립과 통일, 정부와 군대를 개조해야 할 필요성 등 문제를 가지고 깊이 설명하고 깊이 해석했다. 장원톈과 류사오치 등도 일부 문제점에 대해 자신들의 견해를 피력했다.

이 시기 국제공산당과 스탈린은 중국 여러 민족과 국공 양당의 단결, 그리고 중국공산당 전당원의 단결을 특히 강조하고 있었다. 이러한 점에 대해 중공중앙과 의견차가 거의 없었다. 그러나 어떻게 단결하고 항일을 실현할 것인가, 어떻게 항일민족통일전선을 공고히 하고 확대할 것인가 하는 측면에서는 의견이 갈렸다. 그리고 공산당이 조직적으로 독립성을 확보해야 한다는 데는 의견이 일치했지만 정치적으로 어떻게 독립자주를 견지할 것인가 하는 면에서도 의견이 갈렸다. 이번 회의에서는 이런 분기에 대한 토론을 벌이지 않았다. 그뿐만 아니라 왕밍의 주장에 대해서도 토의하지 않았다. 회의 후, 중공중앙은 여전히 원래의 방침대로 사업을 해나갔다. 이번 회의에서는 국제공산당 주재 중공대표단의 사업보고에 대한 결의, 남방유격구사업에 대한 결의와 조만간 중국공산당 제7차 전국대표대회를 소집할 것에 대한 결론을 채택했다. 이에 왕밍, 천원, 캉성을 중앙서기처 서기로 충원했으며 저우언라이, 왕밍, 친방셴, 예젠잉으로 중공대표단을 구성하여 국민당과의 협상을 책임지기로 결정했다. 회의 후 왕밍 등은 즉각 우한으로 가서 중공대표단과 창장국(長江局)에서 사업을 개시했다.

우한에 도착한 왕밍은 실제 사업에서도 자신의 착오적인 주장을 관철하기 시작했다. 그가 기초한 '시국에 대한 중국공산당 중앙위원회의 선언'(1937년 12월 15일)은 국공 양당 합작의 중요성을 강조하는 측면에서 볼 때 매우 정확했다. 하지만 통일전선에서 연합과 투쟁의 변증법적 통일에 대해서는 정확하게 파악하지 못했다. 이 선언은 전면적 항전노선과 독립자주의 원칙을 이어가는 문제와 관련하여, 사실상 당의 항일구국 10대 강령에서 확정한 목표를 후진시킨 것이었다. 이 시기 왕밍이 발표한 '시국을 만구(萬口·많은 사람의 입을 통해 온 세상에 널리 퍼짐)하기 위한 관건'에서는 국민당에 무원칙하게 영합하고 양보하는 착오에 대한 문제점을 제기했다.

1938년 2월 27일부터 3월 1일까지 중공중앙은 옌안에서 정치국회의를 소집했다. 이번 회의에서 왕밍은 '목전의 항전 정세와 어떻게 계속 항전을 하고 항전의 승리를 쟁취할 것인가'라는 보고서를 제출했다. 군사문제에서 그는 외국의 원조를 통하여 신식무기로 무장한 몇 십 개 사단을 꾸려 전국 군대의 핵심으로 삼을 것을 기대했다. 그런가 하면, 실제를 완전히 떠나 전국의 항일부대들을 "통일적으로 지휘하고" "통일적으로 편성하며" "통일적으로 무장하고" "규율을 통일하며" "대우를 통일하고" "작전계획을 통일하며" "작전행동을 통일"할 것에 대해 주장하기도 했다. 2월 28일, 마오쩌둥은 회의에서 군사문제를 중점적으로 언급했다. "전쟁의 장기화를 충분히 고려해야 한다. 국민당이 부패하고 공산당 세력이 부족하며 영국, 미국, 등 나라들이 중국보다 일본을 더 많이 도와주고 있다.

게다가 소련도 중국에 보다 큰 도움을 주지 못하고 있는바, 이런 상황은 중국 항전의 장기화를 초래했다" 그러면서 마오쩌둥은 다음과 같이 강조했다. 항전을 계속해 나가고 항전의 승리를 쟁취하려면 자력갱생(自力更生) 위주로 해야 한다. 이렇게 하려면 장차 전쟁 발전 과정에 섬감(陝甘), 쑤이위안(綏遠), 산시(山西), 산둥, 어위완(鄂豫皖), 샹어간(湘鄂贛), 완난(皖南)과 같은 항일구역을 보다 많이 설립해야 한다. 그리하여 적군과 아군 간의 포위와 반포위를 형성해야 한다. 이런 상황에서 "분할해서 지휘하는 것이 발전에 보다 유리하게 된다" 새로운 군대를 창설하는데 주안점을 유격대로부터 대병톤을 창조해 내는 것인데 진차지군구가 바로 좋은 사례이다. 지난날 홍군은 바로 이런 많은 작은 대열로부터 발전하여 온 것이다. 장원톈은 발언에서 다음과 같이 지적했다. "역사는 국공 양당이 합작한다는 것을 결정했지만 합작 과정에는 영도권 문제가 존재하고 있다. 중국의 자산계급은 이에 대한 경험이 있다. 그들은 지금 양당 합작이 필요하다고는 했지만 우리의 발전을 두려워하고 있다. 그들은 공산당과 인민의 세력을 이용해야 하지만 공산당과 인민의 힘을 두려워하고 있다. 지금의 계급투쟁 행태는 '매우 복잡하다' 그는 다음과 같이 말했다. "통일전선을 발전시킴에 있어 국민당과의 협상만으로는 안 되므로 반드시 강대한 민중의 역량으로 통일전선을 도출해 내야 한다" 그는 마오쩌둥의 의견에 찬동하면서 당의 역량을 크게 발전시키고 민중운동을 널리 벌이며 각 지역의 근거지를 창설할 것을 주장했다.[16]

회의 후 왕밍은 우한에서 자기의 오류적인 주장을 '3월 정치국회의에 대한 총화'라는 글을 주간지 "군중(群衆)"에 발표했다. 그는 중공중앙의 결정과 정치국회의가 제출한 기타 지도자의 의견에 관심을 보이지 않았다. 왕밍은 계속 사업 중점을 대도시와 국민당 상류와의 관계로 돌려버렸다. 1938년 5월 쉬저우를 빼앗긴 후, 중공중앙은 화중(華中)사업의 중심과업은 "민중을 무장시켜 유격전쟁을 발동할 준비를 하며 계획 있게 몇 개의 기간 유격대와 유격구를 창설하는 것"이라고 확정해 발표했다. 그리고 우한에서 살고 있는 어위완 3성의 수

---

16 장원톈, '계속 항전과 국공의 관계'(1938년 2월 28일), 〈장원톈 선집〉, 인민출판사 한문판, 1985년, 158~160쪽.

많은 학생, 실업노동자와 기타 혁명가들이 농촌에 내려가 항일유격전쟁을 영도하게 동원해야 한다고 역설했다. 이 목적을 이루기 위해서는 우한의 도시사업이 일부 손실을 본다고 해도 아쉬워할 필요가 없다고 주장했다. 그러나 왕밍은 중앙의 상술한 배치를 제대로 집행하지 않았다. 그뿐만 아니라 화중(華中) 적후 지역과 광활한 농촌 사업을 시작하지 않았다.

요컨대 왕밍은 소련에서 귀국한 후 일련의 오류적인 우경 관점을 제기했다. 그의 우경 오류의 주요 표현은 다음과 같다. 즉 정치적 측면에서는 통일전선 중의 연합을 지나치게 강조하여 독립자주 원칙을 관철하는 데 일정한 영향을 끼쳤다. 그리고 군사적 측면에서는 당이 영도하는 유격전쟁에 대한 인식이 부족했는데 적후 근거지에서의 투쟁에 관심조차 보이지 않았다. 조직 측면에서는 마오쩌둥을 핵심으로 하는 중앙의 영도를 존중하지 않고 영도에 복종하지 않았다.

마오쩌둥, 장원톈 등 중앙의 지도자들은 중앙의 단결과 단합을 고려하여 즉석에서 왕밍을 비판하지 않았다. 3월 정치국회의에서는 런비스를 모스크바에 보내 국제공산당과 '군사, 정치, 경제, 기술인재' 등 문제를 교섭하도록 했고 중국의 항전과 국공 양당 관계에 대한 상황을 설명했다. 그럼으로써 국제공산당이 중국의 실정과 중공의 정책을 보다 많이 알 수 있도록 하고 국제공산당의 지원을 쟁취하도록 했다. 1938년 4월 14일, 런비스는 중공중앙을 대표하여 국제공산당에 '중국 항일전쟁의 정세와 중국공산당의 사업 및 과업'이라는 서면보고요강을 제출했다. 5월 17일, 그는 국제공산당회의에서 보고요강에 대해 말로 설명하고 보충하여 다음과 같이 지적했다. 항일민족통일전선에서의 어려움과 장애는 국민당의 '자대주의(自大主義)'와 공산당에 대한 '적대 관념과 선입견'에서 나오고 있다. 내전에서 성장하고 단련된 팔로군과 신사군은 여전히 공산당의 절대적 영도를 확보하고 있다. 그 뿐만 아니라 우량한 정치 사업에 대한 전통과 대중사업, 군사사업 활동 경험, 그리고 유격전 등에 대한 풍부한 경험까지 가지고 있다. 비록 무기가 낙후하기는 했지만 정치적 각성과 열정, 전술상의 기동영활, 인민대중에 의지하여 얼마든지 적을 타격할 수 있다. 항일전쟁에서 중국공산당은 그 지위가 크게 제고되고 있는바 이후에는 보다 큰 지도력과 추동역할을 발휘하게 될 것이다. 런비스의 보고와 구두설명은 국제공산당이 중국의 실제 상황과 중국공산당의 주장을 올바르게 인식하는 데 있어 아주 중요한 역할을 했다.

6월 11일, 국제공산당 집행위원회 의장단은 진지한 토론을 거쳐 〈중공대표의 보고에 관한 결의안〉과 〈국제공산당 집행위원회 의장단의 결정〉을 채택했다. 결의안은 다음과 같다. '국제공산당 집행위원회 의장단은 중국공산당의 활동에 대한 보고를 청취한 후 중국공산당의 정치노선이 정확함을 인정한다. 중국공산당은 복잡하고 곤란한 조건에서 영특하게 항일민족통일전선의 정책으로 전환했다. 그 결과 국공 양당의 새로운 합작을 결성했고 민족의 힘을 집결해서 일본의 침략을 반대했다' '공산당원은 마땅히 자기의 경험과 모든 능력을 다하여 일본군의 후방에서 계속 유격운동을 벌여 나가야 한다. 산시(山西)에서의 영광스러운 팔로군 활동구역을 본보기로 하여 많은 유격운동의 근거지를 창설해야 한다"[17] 이 결정에 대해 "국제공산당 집행위원회 의장단은 중국공산당의 정치노선에 전적으로 동의함을 성명한다"[18]고 덧붙여 말했다.

17 '중공대표의 보고에 관한 국제공산당 집행위원회 의장단의 결의안' (1938년 6월), 〈문헌과 연구〉, 1985년 제4호.
18 '국제공산당 집행위원회 의장단의 결정' (1938년 6월 11일), 〈신화일보〉, 1938년 9월 8일자.

1938년 6월, 중공중앙은 왕자샹(王家祥)이 귀국하면 런비스가 그의 사업을 인계하도록 결정했다. 7월 초, 왕자샹이 귀국하기 전야에 디미트로프는 왕자샹과 런비스를 만났다. 디미트로프는 그 자리에서 중공중앙 내부에서는 마오쩌둥의 지도적 지위를 지지해야 한다고 지적했다. 그리고 왕밍은 실제적인 사업경험이 부족하기 때문에 수령 자리를 다퉈서는 안 된다고 명확하게 지적했다.

> ### 왕자샹(王家祥. 왕가상·1906~1974)
>
> 안후이성 징현 출생으로 1927~1936년 토지개혁 당시 정치국 위원, 혁명군사위원회 부주석 등을 역임했다. 1949년 공산정권 수립 후 정무원 외교부 부부장(副部長), 동년 11월부터 1951년 4월까지 초대 소련 대사를 거쳤다. 1959년 외교부 부부장직에서 축출되고, 문화대혁명 이전에 모든 공직에서 해임됐다.

8월 초, 왕자샹이 모스크바에서 옌안으로 돌아왔다. 9월 14일부터 27일까지 중공중앙 정치국은 회의를 소집했는데, 마오쩌둥, 장원톈, 왕밍, 저우언라이 등이 출석했다. 회의에서 왕자샹은 국제공산당의 지시와 디미트로프의 생각을 다음과 같이 전달했다. 중공은 1년 사이에 항일민족통일전선을 결성했다. 특히 주더, 마오쩌둥 등은 팔로군을 영도하여 당의 신정책을 집행하였는바 정치노선은 정확했다. 중공은 복잡한 국내외 환경과 간고한 조건 아래에서 진정으로 마르크스-레닌주의를 적용했다. 중공중앙의 지도기관에서는 마오쩌둥을 중심으로 하여 통일영도문제를 해결해야 한다. 그뿐만 아니라 중앙 지도기관은 친밀한 관계, 단합된 분위기를 형성해야 된다. 이에 대해 마오쩌둥이 앞뒤 두 차례 발언했다. 그는 발언에서 당내의 단결을 재차 강조했다. 이어 통일전선에서의 통일과 투쟁 간의 변증법적 관계에 대해 논술했다. 저우언라이, 주더가 각각 중공중앙 대표단과 팔로군의 사업보고를 했다.

국제공산당의 지시와 이번의 정치국회의는 커다란 정치와 조직원칙 면에서 중앙지도층의 인식을 한층 더 통일했다. 또한 마오쩌둥을 중심으로 하는 중앙의 단결과 일치를 공고히 하고 통일적인 영도를 수호했다. 이는 당의 전면적인 항전노선을 유지하고 항전 초기 왕밍을 대표로 하는 우경오류를 시정하는 데 있어 유리한 조건을 마련해 주었다. 더불어 제6기 제6차 전원회의 확대회의의 순조로운 소집을 위해 준비하게 했다.

제6기 제6차 전원회의의 소집

1938년 9월 29일부터 11월 6일까지 중국공산당은 옌안에서 제6기 중앙위원회 제6차 전원회의 확대회의를 소집했다. 이는 전국적인 항전 이래의 경험과 교훈을 되새기고 항전의 새로운 단계에서의 당의 기본 방침과 과업을 확정하기 위해서였다. 또한 한때 당내에 출현했던 우경오류를 시정하고 전당의 인식과 행보를 통일하기 위해 소집됐다. 이번 회의에 참가한 중앙위원과 후보중앙위원은 17명이었으며 중앙 각 부서와 각 지역의 지도간부는 30여 명에 달했다. 이는 제6차 당 대회 이래 출석인원이 가장 많은 중앙 전원회의였다.

제6기 제6차 전원회의에서 마오쩌둥이 '새 단계에 대해'라는 정치 보고를 했는데 이는 회의의 중심의제였다. 왕자샹, 저우언라이, 왕밍, 주더, 샹잉, 장원톈, 천윈, 류사오치가 각각 보고하고 발언했다. 펑더화이, 친방셴, 허룽, 양상쿤, 관샹잉(關向應), 덩샤오핑, 펑전, 뤄룽환(羅榮桓), 린보취, 우위장 등이 항전 이래의 경험에 관해 발언했다. 마지막으로 마오쩌둥이 회의를 정리했는데 통일전선문제 및 전쟁과 전략 문제를 중점적으로 진술했다. 전원회의는 〈중국공산당 중앙위원회

제6차 전원회의 확대회의 정치결의안)을 채택했으며 마오쩌둥을 수반으로 하는 중앙정치국의 노선을 인정했다.

전원회의는 마오쩌둥의 15개월 이래의 항전 경험을 공유하고 항전 정세에 대한 과학적 분석을 따르기로 했다. 마오쩌둥은 다음과 같이 지적했다. 목전의 항전은 바야흐로 방어에서 대치상황으로 넘어가는 과도기에 있다. 일본군은 우한과 광저우 등지를 점령한 후, 병력 부족과 병력 분산 등 근본적인 약점을 보이게 될 것이다. 국제와 국내에서의 여러 가지 갈등(예를 들면 북쪽으로 소련을 대비해야 하고 동쪽으로 미국을 대비해야 하며 남쪽으로 영국, 프랑스를 대처해야 하며 재정이 곤란하고 인민들이 전쟁을 반대하는 등)도 잇달아 심화될 것이므로, 적들의 전략적 진격은 불가피하게 한계점에 도달할 것이다. 중국 군민에 대해 말하면, 얼마간의 대도시와 교통요로를 잃었다고 해서 놀랄 것 없이 계획대로 전략을 추진한다. 정면전장의 방어저항과 광범위한 적후 유격전쟁의 전개를 지속하며, 병력이 부족하고, 병력이 분산된 적들의 약점을 잡고 적들을 보다 많이 소모시킨다. 그리고 적들을 보다 널리 분산되게 함으로써, 전쟁이 새로운 단계에 들어서도록 해야 한다. 이는 중국 전역에 당면한 긴급한 과업이다. 적후 전장에서는 적들의 공격에 철저하게 대비하고 고난의 전투를 할 준비를 해야 한다.

전원회의는 전당은 중요한 사업을 작전구역과 적후에 두고, 독립 자주적으로 대담하게 인민항일무장투쟁을 실시해야 한다는 방침을 다시 강조했다. 팔로군이 이미 화베이 적후의 광활한 지역에서 유격전을 전개하고 아울러 항일민주정권을 수립하기 시작했기 때문이다. 하지만 화중(華中)에서 신사군의 유격전은 아직 충분하게 발전하지 못했다. 이런 상황에서 일본군의 진격에 대처하고 주도권을 잡기 위해 전원회의는 화베이를 공고히 하고 화중(華中)을 발전시키는 전략적 방침을 확정했다. 마오쩌둥은 다방면의 경험을 합치고 분석하여 항일유격전쟁의 전략적 의의에 대해 논술했다. 왕밍이 발언에서 보여준, 혁명적 농촌이 적이 점령한 도시를 이길 수 있는가 하는 회의적인 태도에 비추어, 마오쩌둥은 중국의 상황은 자본주의 나라와 다르다고 설명했다. 즉, 반식민지반봉건의 중국에서는 농촌에서부터 도시를 포위하는 길로 나아갈 필요가 있다. 그뿐만 아니라 항전 시기 당은 주요 세력 적후에서 독립자주의 유격전을 벌여 나가고 항일민주근거지를 창설하는 데 두어야 한다. 이는 실제로 민족전쟁의 조건에서 계속 농촌에서부터 도시를 포위하는 길로 나아가는 것이다. 마오쩌둥은 모든 당원은 시시각각 무장하고 전장으로 달려 나갈 준비가 되어 있어야 한다고 언급했다. 그러면서 전당은 전쟁을 중시해야 하며 군사를 배워야 한다고 호소했다. 그는 "중국에 있어서 주요한 투쟁 형태는 전쟁이고 주요한 조직 형태는 군대"[19]라고 했다. 그리고 공산당원은 개인적 군권 다툼을 하지는 않지만 당의 군권과 인민의 군권은 쟁취해야 한다고 설명했다. 또한 군권문제에서 소아병에 걸리면 절대로 아무것도 얻지 못하게 될 것이라고 지적했다.

전원회의는 항일민족통일전선을 끊임없이 공고히 하고 확대하며, 장기적인 합작으로 장기적인 전쟁을 해야 한다고 밝혔다. 동시에 통일전선 내에서의 독립자주원칙을 유지해야 함도 확정했다. 회의는 통일전선문제에서의 왕밍의 오류적인 주장에 비추어, 그리고 전쟁국면에서 전체적인 변화가 긴급한 상황에 비춰 당의 과업을 고려했다. 그밖에 국민당 상류층에서의 친일파들이 타협하고 투항 경향이 날로 커지는 상황과, 일제가 항일 진영의 국공관계를 이간질하려는 음모 역

---

19 마오쩌둥, '전쟁과 전략 문제'(1938년 11월 6일), 〈마오쩌둥 선집〉 제2권, 인민출판사 한문판, 1991년, 543쪽.

시 신경 써야 했다. 상술한 모든 것에 비춰 전원회의는 국공이 장기적으로 합작하여 항일해야 한다고 결론 내렸다. 그러면서 항일민족통일전선을 공고히 하고 확대하는 일의 중요성을 강조했다. 전원회의는 당내 통일전선문제에서의 폐쇄주의와 투항주의의 편향을 비판했다. 그뿐만 아니라 "모든 것은 통일전선을 통하고" "모든 것은 통일전선에 복종해야 한다"는 그릇된 주장을 강하게 비판했다. 마오쩌둥은 총화에서 다음과 같이 지적했다. 국민당은 집권당이다. 국민당은 민중운동을 통제하고 공산당의 발전을 제한하며 각 당파의 평등권을 박탈한다. 또한 공동의 정치 강령을 제정하려 하지 않으며 통일전선 조직이 존재하는 것을 허용하지 않는다. 이런 상황에서 "모든 것은 통일전선에 복종해야 한다"는 점은 다음과 같이 해석할 수 있다. 모든 것은 장제스와 옌시산에게 복종해야 한다는 뜻이다. 이는 일방적인 복종이고 스스로 자기의 수족을 결박하는 것에 불과하다. 올바른 방법은 통일하면서도 또 독립하는 것이다. 통일전선 내에서의 합작과 양보는 모두 상대방을 인정하는 것을 전제로 하는 말이다. 합작하고 통일한다고 하여 당파와 계급의 독립성 및 그 필요한 권리를 말살하는 것이 아니다. 그렇지 않으면 합작이 혼일로 변하여 필연적으로 통일전선을 희생시키게 될 것이다. 그러므로 독립이 없이는 통일이 존재할 수 없고 통일과 독립은 일치할 수 있으며 또 일치해야 하는 것이다. 이 문제에 대해 이론적으로 더 정확한 설명을 위해 마오쩌둥은 민족투쟁과 계급투쟁의 일치성 원리를 제기했다. 항일전쟁 시기 민족의 적이 국토 깊이 쳐들어왔을 때, 민족갈등은 주요 갈등이 되고 국내 계급갈등은 부차적이고 복종하는 지위로 내려간다. 하지만 계급갈등은 줄어들거나 소멸되지 않고 여전히 존재하게 된다. 그러므로 항일에서 민족투쟁은 우선적이고 가장 긴박한 과업이다. 그렇지만 민주문제, 민생문제를 올바르게 해결(계급투쟁의 범주에 속함)하지 않는다면 전 인민적인 동원을 실시할 수 없고 일본 제국주의한테 승리할 수 없게 된다. 항일을 진행하는 것과 민주, 민생문제를 해결하는 것은 갈라놓을 수 없는바, 이 양자는 상호 조건이 된다. 당은 민족투쟁과 계급투쟁의 일치성 원리에 근거하여 항일전쟁을 영도하는 기본노선과 제반 구체적인 정책들을 제정했다.

국민당과 공산당 간의 관계에 대해 전원회의는 다음과 같이 제안했다. 중화민족에게 당면한 긴급한 과업을 완수하고 지구적인 항전을 순조롭게 하기 위해서는 반드시 국공 양당의 장기 합작을 유도해야 한다. "국공 양당 합작에 있어 가장 바람직한 형태는 공산당원이 국민당과 삼민주의청년단에 가입하는 것이다. 또 국민당과 청년단에 가입한 공산당원의 명단을 국민당 지도기관에 제출하는 것이다. 그뿐만 아니라 국민당 및 청년단이 공산당원을 받아들이는 활동을 하지 않는 것이다. 두 번째 형태는 양당이 각급 공동위원회를 꾸리는 것으로 양당의 합작에 대한 일들을 해 나가는 것이다"[20]

시국이 급박했기에 저우언라이는 회의 마무리를 보지 못하고 즉각 옌안을 떠나 우한으로 갔다. 이어 장제스를 만나 통일전선과 국공합작에 대한 중공의 의견을 설명하고 상의했다. 12월 6일, 장제스는 저우언라이에게 '두 개 당에 가입'하는 것에 대해 찬성하지 않는다고 밝혔다. 그리고 나서 중공이 삼민주의를 택하려 한다면 하나의 조직으로 합작하는 것이 좋겠다는 의견을 피력했다. 이에 저우언라이는 이렇게 대답했다.

"(1) 중공이 삼민주의를 택하려는 것은 이 길이 항전의 출로이기 때

---

20 중공중앙서기처 편, '중국공산당 중앙위원회 제6차 전원회의 확대회의 정치결의안', 〈제6차 당대회 이래〉(상), 인민출판사 한문판, 1981년, 1001쪽.

문이다. 게다가 사회주의로 나아감에 있어 반드시 거쳐야 할 통로이기 때문이다. 그렇지만 국민당은 이렇게 생각하지 않으므로 국민당과 공산당은 종국적으로 서로 다른 두 개 당인 것이다.

(2) 우리는 두 개의 당에 가입을 강권하지 않으며 아직 시기가 이르다고 판단될 경우 다른 방법을 강구할 수밖에 없다.

(3) 국민당에 가입하면 공산당에서 탈당해야 한다는 것은 있을 수 없는 일이다. 그렇게 할 수도 없다.

(4) 공산당을 탈당하고 국민당에 가입한다면, 그것은 지조와 애국심을 상실한 것이다. 그뿐만 아니라 국가에도 유해무익하다"[21] 그리하여 중공은 공산당을 해체하고 큰 당을 꾸리자는 국민당의 제안을 정식으로 거절했다.

전원회의는 항전을 승리로 이끌기 위해 당이 자체 건설을 강화하며 더욱 더 자신의 역량을 강화하고 스스로 단합할 것을 요구했다. 마오쩌둥은 전 당원들이 항일전쟁을 영도하는 역사적 책임을 통감하고 이 책임을 기꺼이 완수할 수 있게 하기 위해 항전에서의 중국공산당 지위문제에 대해 논술했다. 그는 다음과 같이 지적했다. 공산당원은 각 개 방면에서 선봉적·모범적 역할을 해야 한다. 팔로군·신사군 내에서는 용감하게 싸우는 모범이, 명령 집행의 모범이, 규율 준수의 모범이, 정치사업의 모범이, 내부의 단결과 통일의 모범이 되어야 한다. 우군과 문제가 발생했을 경우에는 단합하여 항일하는 입장을 유지하며, 통일전선의 강령을 유지해야 한다. 그리고 항전과업을 수행하는 모범이 돼야 하고 통일전선 내 각 정당 간의 상호 관계를 처리함에 있어 모범이 돼야 한다. 정부사업에 있어서는 극히 청렴하며 친분 여부로 사람

| 21 중공중앙 문헌연구실 편찬, 〈저우언라이 연보(年譜)〉 (1898~1949년), 인민출판사, 중앙문헌출판사 한문판, 1989년, 427쪽.

을 쓰지 않으며, 일은 많이 하고 보수는 적게 받는 모범을 보여야 한다. 민중운동에 있어서는 민중의 상관이 될 것이 아니라 민중의 벗이 되어야 하며 관료주의적 정객이 되지 말아야 한다. 마오쩌둥은 다음과 같이 강조했다. 공산당원은 언제 어디서나 개인의 이익을 앞장세우지 말아야 하며 개인의 이익을 민족 및 인민대중 이익의 아래에 둬야 한다. 공산당원은 실사구시의 모범이 되어야 하며 또 원대한 식견을 가진 모범이 되어야 한다. 장기적인 전쟁과 고난의 환경 속에서 오직 공산당원이 선봉적·모범적 역할을 고도로 발휘해야만 고난을 극복하고 적을 무찌를 수 있다. 또한 신중국을 건설하기 위해 투쟁하게끔 전 민족의 모든 유생역량을 동원해야 한다. 마오쩌둥은 다음과 같이 제기했다. 당은 반드시 자기 조직을 확대해야 한다. 그리하여 진정 혁명적이고, 당의 주의를 신봉하고, 당의 정책을 옹호하고, 규율에 복종하려하고, 사업에 노력하는 모든 이를 받아들인다. 즉 광범위한 노동자·농민과 청년 열성자들에게 문호를 열어 주어 당을 위대한 대중적 정당이 되게 해야 한다. 그는 다음과 같이 강조했다. 당을 대담하게 발전시키되 불순분자를 하나도 잠입하지 못하게 하는 것은 당을 발전시킴에 있어 반드시 필요한 방침이다. 장원톈도 연설에서 다음과 같이 지적했다. 당원을 발전시킴에 있어는 노동자·농민·수공업자들을 우선시해야 한다. 그뿐만 아니라 혁명적 지식인들을 대거 받아들여 그들의 도움을 받도록 함으로써 당이 하층 대중 속으로 파고들도록 해야 한다.

전원회의는 학습의 중요성을 강조하면서 전당에 마르크스-레닌주의 이론을 힘써 학습하고 마르크스-레닌주의의 일반적 원리를 공부할 것을 요구했다. 국제적 경험을 중국의 구체적 환경에 효율적으로 적용하며 교조주의를 반대할 것도 지시했다. 이어 신선하고 활기차며 중국의 백성들이 즐기는 중국 작풍과 기풍을 제창해야 할 것 역시 당부했다. 그러면서 당면한 운동의 특징 및 그 발전법칙에 대해 진지하고 세심한 연구를 끊임없이 해야 함도 설파했다. 그렇지 않으면 지도 책임을 짊어질 수 없다고 했다.

전원회의는 당의 단결을 강화하고 통일을 공고히 하며 당내 민주 절차를 확대할 것을 요구했다. 그리고 민주주의집권제 원칙을 집행하는 중요한 의의에 대해서도 강조했다. 당이 항일전쟁의 새로운 환경에 처한 것, 당내의 우경 오류를 범한 사람이 조직규율을 위반하고 있는 것, 장궈타오가 당과 홍군을 분열하는 책략을 벌이던 것에서부터 당을 기만하고 국민당에 투항한 것 등에 비추어 전원회의는 조직건설 기강 측면에 대한 몇 가지 문건들을 채택했다. 마오쩌둥은 정치보고에서 개인은 조직에, 소수는 다수에, 하급은 상급에, 전당은 중앙에 복종해야 한다는 당의 규율을 재천명했다. 동시에 그는 당내 민주절차를 확대해야 함을 거듭 요구했다. 그리고 당의 간부정책에 있어 과거 자유주의와 종파주의 경향에 대해 또다시 비판했다. 그는 다음과 같이 지적했다. "공산당의 간부정책은 당의 노선을 강력히 집행하는가, 당의 규율에 복종하는가, 대중과의 연계가 밀접한가, 독자적으로 사업하는 능력이 있는가, 사업을 적극적으로 하는가, 사리를 도모하지 않는가를 표준으로 삼아야 한다. 이것이 바로 '오직 혁명 여부를 보아 사람을 쓰는' 노선이다"[22] 전원회의는 경향(傾向)을 반대하는 투쟁에 있어서, 간부들에게 '기회주의' 라는 누명을 마구 뒤집어씌운 과거의 '좌'경 오류에 대해 신랄하게 비판했다. 경험은 다음과 같이 입증했다. 즉 두 갈래 노선의 사상투쟁은 반드시 구체적인 상황에 부합되어야 한다. 결코 주관적으로 문제를 판단하고 '마구 감투를 씌우면서 경향'을

---

22 마오쩌둥, '민족전쟁에 있어서의 중국공산당의 지위' (1938년 10월 14일), 〈마오쩌둥 선집〉 제2권, 인민출판사 한문판, 1991년, 527쪽.

조작하고 임의로 동지를 징벌해서는 안 된다. 그리고 양면파적 행위와 소그룹 활동에 대한 경각심을 높여야 하며 당의 규율을 엄격히 해야 한다. 마오쩌둥은 전당 단결의 중요성을 거듭 강조하면서 다음과 같이 지적했다. "중국공산당 내부의 단결은 전국 인민을 단합시켜 항일의 승리를 쟁취하고 신중국을 건설하는 가장 기본적인 조건이다"[23]

전원회의는 창장국(長江局)을 폐쇄하고 남방국(南方局·저우언라이가 서기였음)과 중원국(中原局·류사오치가 서기였음)을 설립하며 동남분국(東南分局)을 동남국(東南局·샹잉이 서기였음)으로 고치기로 합의했다. 이어 북방국(北方局)을 강화해서 주더, 펑더화이, 양상쿤으로 북방국 상무위원회를 조직하고 양상쿤이 서기직을 맡기로 결정했다. 전원회의는 또 린보취, 둥비우, 우위장을 중앙위원회 위원으로 뽑았다.

중국공산당 중앙위원회 제6기 제6차 전원회의는 커다란 역사적 의의를 가지는 회의였다. 전원회의는 항일전쟁의 정세를 올바르게 분석하고 항전의 새로운 단계에서의 당의 과업을 규정했다. 그리고 항일전쟁에 대한 당의 영도를 실현하는 것에 대해 전략적인 계획을 세웠다. 전원회의는 당내에서 왕밍을 대표로 하는 우경 오류를 극복하고 전당에서 마오쩌둥의 지도적 지위를 한층 더 구체화했다. 게다가 전당의 협조를 얻어 제반 업무의 신속한 발전을 추동했다.

23 마오쩌둥, 〈민족전쟁에 있어서의 중국공산당의 지위〉(1938년 10월 14일), 〈마오쩌둥 선집〉 제2권, 인민출판사 한문판, 1991년, 535쪽.

제15장
항전, 단결, 진보의 방침을 견지

1. 전략적 대치단계의 도래

일본의 대중국 책략 조정

1938년 10월, 일본침략군이 광저우와 우한을 점령한 후 중국 항일전쟁은 점차 전략적 대치단계에 들어섰다.

거의 16개월의 전략적 진격을 거쳐 일본군은 이미 보우터우, 펑링두, 카이펑, 신양, 허페이, 웨양, 우후, 항저우 근동까지 밀고 들어왔다. 그리고 주장커우(珠江口), 창장(長江) 하류의 연안 그리고 화베이, 화중의 주요 철도연선 등 경제가 보다 발달한 지역을 점령하고 통제했다. 그러나 중국인민이 단합하여 항전을 계속했으므로 속전속결로 중국을 집어삼키려던 일제의 계획은 수포로 돌아갔다. 인민군은 일본의 군사력과 경제력을 크게 소모시킴으로써 인적·물적·경제력이 부족한 일제의 약점이 점차 표출되게 했다. 1938년 말 현재 중국 전장에서 일본 육군의 병력은 이미 24개 사단이나 주둔하고 있었다. 중국동북에는 8개 사단의 관동군이 있었고 국내에는 1개 사단밖에 남아있지 않았다. 이 시기에 이르러 전쟁 중 일본군 사상자는 무려 44만 7,000여 명에 달했다.

전쟁국면이 확대되고 전선이 길어지면서 일본군의 병력은 더욱 분산됐고 사기도 점차 떨어졌다. 거대한 전쟁 소모와 군사공업의 기형적인 발전은 일본의 재정경제를 날로 곤경에 빠져들게 했다. 일본군이 점령한 지역 내에서 침략자 및 그들의 괴뢰정권은 일부 대·중 도시와 주요한 수송선 부근의 지역만 통제할 수밖에 없었다. 광활한 농촌은 팔로군·신사군을 위주로 하는 중국군대가 통제하고 있었다. 적후 유격전이 발전하고 항일근거지가 확대됨에 따라 일본의 많고 많은 병력은 계속 줄어들었다. 그리하여 독립적이고 광활한 적후 항일전장이 형성됐으며 이는 날이 갈수록 일본군에 막대한 위협이 됐다. 정면 전장에서 중국군대는 우한 주변의 난창, 샹양동부, 샹베이, 짜오양·이창지역, 광시 난닝지역, 산시(山西) 중탸오산(中條山)지역과 쑤이위안(綏遠) 서부 등지에서 계속 일본군에 대해 방어 작전을 펼쳤다. 그리하여 적들을 견제하고 적의 힘을 소모시킴으로써 새로운 국면에 접어들게 됐다. 정면 전장과 적후 전장이 전략상 서로 지지하고 상호 연합하여 지구전으로 항전하는 국면이 나타난 것이다. 국제정세가 급격히 변함에 따라 일본은 소련에 대한 작전을 준비하는 한편 또 영국, 미국 등과 태평양지역에서의 패권도 다퉈야 했다. 따라서 중국 전장에 사용할 수 있는 힘이 거의 한계에 이르렀기 때문에 부득이 중국진격을 중지하게 됐다. 연이어 항일전쟁에는 전략적 대치 국면이 나타나기 시작했다.

전쟁이 장기화로 바뀌는 정세에 직면하여 일본 침략자들은 중국을 멸망시키려는 방침을 지속하면서 대중국 침략 정책과 책략에 일부를 조정했다. 군사 측면에서 일본군은 정면 전장에 대한 전략적 진격을 멈추고 점령구를 주로 고수하는 방책을 취했다. 그리고 나서 점차 팔로군과 신사군을 타격하고 섬멸하는 데 주의력을 집중했다. 정치 측면에서 일본군은 군사적 진격을 위주로 하고 정치적으로 유인하여 투항시키는 것을 보조로 삼았다. 그리하여 국민당정부의 타협과 투항을 유도, 유인하려 했다.

1938년 11월 3일, 일본정부는 〈제2차 고노에 성명〉을 발표하여 같은 해 1월의 〈제1차 고노에 성명〉에서 제시한 중국 국민정부를 협상의 상대자로 삼지 않는다던 방침을 바꿨다. 12월 6일, 일본 육군성에서 제정한 '대중국 처리방략'은 우한, 광저우를 점령한 후 '치안 복구를 근본으로 하고' '남아있는 항일세력을 소멸하는 과업은 계속 진행하되 거의 무력을 배경으로 하여 모략·정략의 적용을 결부시켜야 한다' [24]고 규정했다. 12월에 일본은 〈흥아원(興亞院)〉을 설립했는데 수상이 총재직을 겸직하고 대중국 정치, 경제, 문화 침략업무를 통일적으로 기획했다.

정치 측면에서 일본 침략자들은 소위 '중국인으로 중국인을 제압'하는 방책을 실시했다. 이는 점령구 내에서 괴뢰정권을 수립하고 강화하면서 〈신민회〉 등 민족반역자조직을 설치했다. 그리고 차하얼 남부, 산시 북부 등지에도 괴뢰정권을 세웠다. 일본이 포섭한 민족반역자 수령은 대부분 북양군벌 시기의 옛 관료들이었다. 침략자들의 총칼에 의해 유지되는 민족반역자 정권은, 그러나 중국인민들 가운데서 이렇다 할 만한 배신자 역할을 하지 못했다. 이에 따라 일본 침략자들은 광저우와 우한을 점령한 후 보다 새롭고 강력한 괴뢰정권의 수립을 다시 기획했다.

경제 측면에서 일제 침략자들은 병력과 자원의 부족을 메우기 위해 '전쟁으로 전쟁을 돕는' 방침을 무리하게 밀어붙였다. 그들은 점령지의 재산과 재물을 마구 약탈하였고 금융을 통제하고 화폐를 발행했다. 또한 공장, 광산 자원과 농수산물도 마구 약탈했으며 소위 '장기적인 자급체제'를 구축했다. 1938년 4월에 설립한 "화베이개발주식회사"와 "화중진흥주식회사"는 중국의 점령지역에서 경제적 수탈을 감행하는 두 개의 중요한 기구였다. 일제는 전면적인 대중국 침략전쟁에 소요되는 방대한 인적자원을 해결하기 위해 중국 청장년을 대량 징집하여 일꾼으로 삼았다. 항전기간에 일본은 기만수단과 약탈수단으로 수천수만 명에 달하는 중국 노동자들을 강제 징용했다.

사상·문화 측면에서 일제는 점령구 내에서 강제로 노예화교육을 실

---

24 일본 육군성, '1938년 가을철 이후의 대 중국 처리방략', 〈일본제국주의 중국침략자료 장편〉 (상), 사천인민출판사 한문판, 1987년, 459쪽.

시했으며 소위 〈신민·新民〉사상과 〈일중친선〉, 〈공존공영〉 등을 선전하는 것으로 중국인민의 항전의지를 무력화했다. 일본 침략자들은 또 중국에 대한 문화약탈에도 적극 나섰다. 일본군이 가는 곳마다 많은 문화재들이 강탈당했고 많은 고적과 유명한 문화시설이 대거 훼손됐다.

국민당정부를 분화·유인하여 투항시키는 데 있어서 일제의 제일 중요한 전술 중 하나는 왕징웨이(汪精衛)를 중심으로 하는 친일파의 공개적인 투항을 홍보하는 것이었다. 왕징웨이는 국민당 부총재이자 중앙정치위원회 주석이며 국방최고회의 부주석 겸 국민참정회 의장이었다. 1938년 여름과 가을, 왕징웨이집단 대표는 비밀리에 일본 측 대표와 만나 정전할 것에 대한 조건을 논의했다. 11월 3일, 일본 수상 고노에 후미마로는 국민정부가 '인사조직을 교체'하고 '새 질서건설'에 참여한다면 일본은 '이를 거절하지 않을 방침'이라는 성명을 발표했다. 소위 '인사조직을 교체'한다는 것은 사실상 왕징웨이를 암시한 것이었다. 즉 일본은 '왕징웨이를 옹립하고 장제스를 배척'하는 방침을 견지한 것이다. 11월 20일, 왕징웨이집단 대표 가오쭝우(高宗武), 메이스핑(梅思平)과 일본군 대표 가게사 데이소, 이마이 다케오가 상하이에서 비밀리에 〈일중협의기록〉 등 투항 관련한 매국적, 굴욕적 문서를 주고받았다. 12월 18일, 왕징웨이 등은 충칭에서 비행기 편으로 쿤밍(昆明)에 이르렀고 이튿날 다시 비행기로 베트남의 하노이로 떠났다. 그를 따라 전후로 변절한 자들로는 저우포하이, 천궁보, 타오시성 등이었다. 12월 22일에 고노에는 재차 성명을 발표하여 '신생 중국과 관계를 조정할 것에 관한 총방침'을 제기했다. 그 구체적 내용은 다음과 같다. 중국정부는 〈만주국〉을 승인한다. 일중 '방공(防共)협정'을 체결하며 네이멍구 지역은 특수한 '방공' 지역으로 일본 군대가 주둔할 권리가 있음을 승인한다. 일본인은 중국에서 거주할 수 있고 영업의 자유가 있다. 중국은 화베이와 네이멍구 지역에서 일본에 자원개발의 편리를 적극 제공해야 한다. 상기 기술한 요구를 충족시킨다면 일본은 중국에 군비배상을 요구하지 않을 수 있다. 그뿐만 아니라 영사재판권도 취소하고 조계지를 반환할 수도 있다.

저우포하이(周佛海, 주불해·1897~1948)

중화민국의 이론가, 교육자, 정치가. 삼민주의 사상 연구가. 중일전쟁 당시 왕징웨이와 함께 친일괴뢰정권인 난징 국민정부 설립에 앞장섰으며 부주석, 행정원 부원장 겸 재정부장으로 활동했다. 중일전쟁 전후 일본에 협력한 앞잡이인 한간(漢奸)으로 몰려 전범으로 체포됐고, 1948년 2월에 옥사했다.

12월 29일, 왕징웨이는 국민당 중앙당부 장제스총재와 중앙집행감독위원회에 전보를 보내 고노에의 기대에 부응했다. 국민당정부는 '선린우호' '공동방공(共同防共·공동으로 공산주의 세력을 막아냄)'과 '경제제휴' 세 가지 원칙을 바탕으로 "일본정부에 협력하고 평화 회복을 기대하며" "중공은 공산당 조직과 홍보 전략을 완전히 포기하고 공산당의 변구정부, 나아가 군대의 특수조직 역시 폐쇄해야 한다"고 했다. 일본에 투항하고 공산당을 반대하며 기꺼이 매국역적이 되려는 왕징웨이집단의 반동 면모가 깡그리 폭로된 것이다.

미국, 영국 등 나라들의 대중국 정책의 변화

항일 전쟁이 대치단계에 들어선 전후 시기는 국제정세가 급격히 변동하는 시기였다. 유럽에서 영국과 프랑스는 독일과 이탈리아의 파시즘 침략활동에 대해 방임하거나 타협하는 유화주의정책을 펼쳤다. 1938년 9월에는 또 체코슬로바키아 정부 몰래 뮌헨에서 주데텐란트

(Sudetenland)지역을 독일에 할양하겠다는 조약을 체결했다. 이는 실지로 체코슬로바키아를 독일에 팔아먹은 행위였다. 11월에는 이탈리아가 아비시니아(지금의 에티오피아)를 합병하자 영국은 이를 승인했다. 일본이 중국을 침탈하려는 행위에 대해서도 상기와 같은 유화주의의 검은 구름이 감돌고 있었다. 이에 중국의 신문, 잡지 등 언론은 국제유화주의분자들이 '극동 뮌헨 음모'를 꾸미는 것에 대한 경각심을 높일 것을 보도하기도 했다.

일본은 중국에 대한 침략을 진행함과 동시에 '동아시아 신질서를 구축'해야 한다고 제2차 고노에 성명을 통해 이를 선언했다. 이로 인해 영국, 프랑스, 미국 등과의 갈등이 격화되었다. 영국, 미국 등 나라들은 중국과 극동에서 저들의 식민지 이익을 차지하고 유지하기 위해 중국에 대한 원조의 물품수를 점차 늘렸다. 그리하여 중국이 일본과 소모전을 벌일 수 있게 했으며 이로써 일본의 실력을 약화시켰다. 한편 영·미 등 나라들은 일본에 대해 유화주의 색채가 짙은 타협정책을 전개했다. 그래서 일본과의 직접적인 충돌을 피하면서 일본과의 갈등을 완화시키려고 했다.

미국은 동아시아와 태평양 지역에서 중요한 이익을 차지하고 있었다. 일본은 대중국 침략을 확장했는데 이는 사실상 중국에서의 미국 이익에 손해를 끼치는 행위였다. 이에 미국정부는 일찍이 여러 차례 성명을 발표하여 불만을 표시했다. 1938년 말과 1939년 1월 초에 미국, 영국, 프랑스 세 나라는 각각 일본에게 〈동아시아에서 새로운 질서〉를 승인하지 않겠다는 각서를 교부했다. 1938년 12월에 미국정부는 처음으로 중국에 2,500만 달러의 차관을 제공하며 중국은 동유(桐油)로 차관을 상환할 것을 약속했다. 중국 항전에 대한 미국의 원조는 중국 군민들의 사기를 크게 높였다. 1939년 3월, 일본은 중국의 하이난도를 점령한 후 남태평양에 대한 권리를 행사했다. 4월에는 중국의 남해제도를 통괄한다고 선포함으로써 침략의 예봉을 태평양에 있는 미국과 영국의 식민지들에 돌렸다. 남하하려는 일본의 야심은 미국으로 하여금 일본에 대해 일정한 제어정책을 취하도록 만들었다. 또 중국의 항전을 한층 더 지지하는 입장을 더 가지게 했다. 1939년 7월에 미국은 1911년에 체결한 〈미일우호통상항해조약〉을 폐지하겠다는 선언을 일방적으로 발표했다. 그러고는 11월에 중립법을 개정하고 교전국에 대한 무기수송 금지 규제법도 해제했다. 1940년 3월에는 왕징웨이 괴뢰정권을 승인하지 않는다고 선포했으며 4월에 중국정부에 2,000만 달러의 차관을 제공했다. 그렇지만 미국은 중국의 항일을 도와주면서도 여전히 일본과의 무역을 중단하지 않았다. 미국은 줄곧 일본에 대량의 강철, 석유, 기계설비 등 전략물자들을 팔아먹었다. 1939년 11월에 일본 주재 미국대사 그루는 일본 외상과 임시통상협정을 체결하고 계속 무역관계를 유지하면서 가급적 양국 간의 갈등을 완화시키려고 했다. 그러다가 1940년 9월 27일에 독일, 이탈리아, 일본 등 세 나라가 군사동맹조약을 전격 체결하고 공격의 예봉을 미국에 돌리자 그때서야 미국의 극동정책에 큰 변화가 일어나게 됐다.

10월, 미국은 중국에 2,500만 달러의 텅스텐광석차관을 제공했다. 11월, 미국 대통령 루스벨트는 왕징웨이 괴뢰정권을 승인하지 않겠다며 재차 강경한 입장을 표명했다. 그러고는 중국에 1억 달러의 차관을 준다고 정식으로 선포했다. 1941년 3월, 미국 의회는 대통령에게 권리를 부여하고 파시즘의 침략을 반대하는 국가에 군사원조를 주는 데 취지를 둔 '조차법안(租借法案)'을 통과시켰다. 그러자 루스벨트는 영국, 그리스, 중국 등에 원조하겠다는 안건을 즉각 공표했다. 4월에는 명령서를 발부하여 미국 군인은 전역할 수 있다고 했는데 사직한 후 셔놀트가 조직한 중국지원미국항공대(비호대)에 가입했다. 그리하여 미국은 중국을 도와 일본 공군과 전쟁을 벌일 수 있었다. 4월과 5월에 루스벨트는 두 번에 걸쳐 중국 돈으로 9,000만 달러에 달하는 군용기자재와 무기, 탄약을 제공하는 안건마저 전격 통과시켰다. 7월, 루스벨트는 중국 공군에 장비와 해당 인원을 제공하는 것도 승인했다. 10월, 미국은 중국에 군사대표단을 보냈고 미군은 중국의 항전에 개입하기 시작했다. 미국이 중국에 원조를 늘리는 가운데 1941년 4월부터 시작된 미일협상은 11월 26일에 이르러 완전히 결렬되고 말았다. 그리하여 미국과 일본 양국은 최종적으로 전쟁의 한복판으로 나아가게 됐다. 1941년 12월, 태평양전쟁이 발발했고 미국과 중국은 정식으로 일본에 선전포고를 했다. 이때부터 중미관계는 전면 합작의 새로운 단계에 들어섰으며 미국은 중국 항전의 우호적 맹방이 됐다.

중국정부는 줄곧 중국의 항전을 지원해달라는 호소를 영국에 보냈다. 1939년 2월, 일본군이 하이난도를 점령한 후 중국은 다시 일본에 행동을 취할 것을 영국에 호소했다. 1939년 3월부터 8월까지 영국정부는 중국에 500만 파운드의 차관과 300만여 파운드의 대출을 승인했다. 그렇지만 영국은 일본의 파워에 눌려 중국의 권익을 희생하는 쪽으로 일본과 타협했다. 1939년 7월, 일본 주재 영국대사 클레이치는 일본 외상 아리다 하치로와 협정을 체결했다. 영국정부는 중국에서의 일본군의 전쟁도발을 승인하며 "일본군이 상술한 목적을 이루는 것을 방해하는 행위에 대해 영국정부는 찬성할 의사가 없다"고 밝혔다. 그리하여 영국은 사실상 중국에 대한 일본의 침략을 묵인해 버렸다. 이에 대해 중국은 즉각 항의성명을 발표했다. 9월, 독일이 유럽에서 전쟁의 큰 불길을 지피자 영국과 프랑스는 독일에 대해 선전포고를 했다. 1940년 6월, 패배를 거듭한 프랑스가 독일군에 항복했고, 이어 프랑스정부는 일본이 베트남의 프랑스비행장을 사용하는데 동의했다. 그뿐만 아니라 중국이 윈난(雲南)-베트남 철도를 사용하는 것을 금지했다. 영국은 독일의 진격에 대처하기 위해 극동에서 계속 일본에 대해 타협하고 양보했다. 1940년 7월, 영국은 일본의 요구에 당시 중국의 가장 중요한 국제수송선인 윈난(雲南)-미얀마 도로를 3개월 동안 봉쇄해 버렸다. 그러고는 홍콩을 경유하는 대중국 물자운수경로까지 차단해 버렸다. 이런 행동은 또다시 중국의 항전에 막심한 손해를 안겼으며 중국정부의 강력한 항전의욕을 불러일으켰다. 1940년 9월 이후 미국은 국제정세 특히 극동정세가 크게 변화한 데 근거하여 중국의 항전에 대한 원조를 강화했다. 미국의 지원 아래 영국도 1941년, 중국에 1,000만 파운드의 차관과 대출을 제공했다.

1940년 9월에 독일, 이탈리아, 일본은 베를린에서 군사동맹조약을 체결했다. 이는 독일과 이탈리아가 일본의 대중국 침략전쟁을 공개적으로 지지한다는 것을 의미했다. 이에 중국정부는 강력한 항의를 표명했다. 11월에 독일 측에서는 다시 중일 충돌을 조정하려 했으나 중국은 이를 즉각 거절했다. 1941년 7월 1일, 독일은 정식으로 난징의 왕징웨이 괴뢰정권을 승인한다고 선포했다. 중국과 독일 간의 관계는 급속히 악화됐으며 최종적으로 관계가 끊어졌다. 7월 2일, 중국정부는 독일과 외교관계를 단절한다고 선포했다. 그 후 중국과 독일 간의 무역도 완전히 중단되고 말았다.

소련은 일관되게 중국의 항전을 지지하고 있었다. 독일과의 관계를 완화하고 일본군대가 진격할 때 동서 양쪽으로 적들의 공격을 당하지 않도록 하기 위해서였다. 그런데 소련은 1941년 4월 13일에 일본과 〈소일중립조약〉을 체결했다. 조약에서는 특별히 "소련은 만주국의 영토에 대한 불가침조약을 존중해야 한다"고 명시했다. 이는 중국 주권에 대한 침해였다. 중국정부는 이 조약은 절대적으로 무효라고 성명했다.

국민당의 반공타협 경향과 공산당의 항전단결 진보방침

항전이 대치단계에 들어선 후 장제스를 대표로 하는 국민당 친영파, 친미파는 엄청난 타협적 경향과 퇴보 경향을 보여주었다. 일본이 항복으로 유인하고 일본의 침략에 대해 영국과 미국은 유화주의 정책을 펼쳤다. 게다가 국민당은 공산당이 영도하는 인민 무장 세력의 진화를 두려워했다. 그래서 장제스 진영의 반공 사상은 날로 깊어갔다. 1939년 1월에 소집된 국민당중앙위원회 제5기 제5차 전원회의에서는 여전히 '항전을 끝까지 한다'고 했다. 하지만 공산당을 대처하는 문제를 중요 의제로 삼아 '공산당을 용해하고' '공산당을 방비하며' '공산당을 제한하는' 방침을 확정했다. 장제스는 회의에서 다음과 같이 말했다. "공산당에 대해 두려워하지 말고 투쟁해야 한다" 공산당에 대해 "타격할 필요는 없지만 끌려가지도 말아야 한다. 지금 공산당에 대해서는 엄정하고—단속하고—훈계하고—보육하며—지금은 공산당을 용해시켜야 하고—공산당을 용납해서는 안 된다. 공산당이 공산주의를 취소한다면 우리는 공산당을 용납할 수 있다" 이번 전원회의 결의는 국민당 통치 세력의 주요 관심이 이미 대내로 돌려졌음을 보여주었다. 또한 항일에 대한 태도는 날로 소극적이지만 인민들의 항일운동에 대한 규제는 날로 강화되고 있다는 것도 보여주었다. 그 후 국민당은 공산당을 반대하는 〈특별위원회〉를 설립하고 연이어서 〈이당 (異黨)활동을 방비하고 제한하는 방법〉, 〈공산당문제 처리방법〉, 〈피점령지역에서 공산당의 활동을 방비할 것에 관한 방법〉 등 일련의 반공문건을 제정하고 비밀리에 반포했다. 그리고 국민당의 당·정부·군대 각 라인에서 각 지역으로 문건을 넘기고 "힘을 다해 노력하고 실제적으로 집행하라"고 지시했다. 국민당은 저들의 통치구역에서 반공선전을 대대적으로 벌이고 '중통(中統·중국국민당중앙집행위원회조사통계국)' '군통(軍統·국민정부군사위원회조사통계국)' 등 특무기구의 활동을 거듭 촉구했다. 그뿐만 아니라 일부 지방에 수용소를 세워놓고 공산주의자와 애국인사 그리고 진보 청년들을 감금하고 살해했다.

1938년 겨울, 국민당은 적후에 루쑤(魯蘇)작전구역 사령부와 지차작전구역 사령부를 설치하고 일부 부대와 유격대를 증파했다. 이는 명의상으로는 항일을 위한 수순이었다. 그렇지만 이는 사실상 공산당이 영도하는 항일근거지 주변에서의 충돌사건을 조작하고 공산당이 영도하는 항일인민세력을 습격하려는 의도였다. 1938년 12월부터 1939년 10월까지 국민당군대는 산간닝변구에서부터 150건의 충돌사건을 슬그머니 조작했다. 화베이, 산둥의 국민당 친치룽부대는 1939년 4월에 보산(博山)에서 팔로군부대를 습격했는데 도합 200여명의 퇀급 이하 간부와 전사들이 체포되고 살해됐다. 1939년 6월부터 12월까지 팔로군 산둥종대는 국민당군대로부터 90여 차례의 공격을 받았는데 1,350명이 피살되고 812명이 사로잡혔다.

1939년 6월 11일, 국민당군대 허베이(河北)성 바오안(保安)사령 장인우(張蔭梧)의 부대는 지중(冀中)근거지 선(深)현의 팔로군 후방기관을 습격하고 400여 명의 간부와 전사들을 체포하고 살해했다. 1939년 6월 12일, 국민당군대 양썬(楊森)부대는 화중에서 신사군이 후난 핑장(平江)에 설치한 통신처를 포위했다. 그런 다음 신사군 참의 투정쿤(塗正坤), 팔로군 소좌 부관 뤄즈밍(羅梓銘) 등 6명을 살해했고 총기와 재물들을 빼앗아 갔다. 9월, 국민당군대 후베이(湖北)성 보안사령

청루화이(程汝懷)부대는 후베이 동부 신지에서 신사군의 후방기관을 포위하고 공격했는데 공산당원과 대중 200여 명을 무참하게 살해했다. 11월 11일, 국민당 허난(河南) 췌산(確山)현 현장은 군경과 특무들을 거느리고 췌산현 주거우(竹溝)진 신사군 제8퇀 유수처(留守處)를 공격했다. 그들은 병원의 부상병, 환자, 군인가족과 당지 대중 200여 명을 잔혹하게 살해했다. 전국의 단결 항전의 국면에는 새로운 위기가 나타났다. 대치단계가 도래한 후 국민당 당국은 항전 초기의 항일 열성을 점차 상실하기는 했지만 그래도 계속해서 항전을 했다.

1939년 2월, 일본군은 세밀한 준비를 거쳐 일거에 하이난도를 공격한 후 3월에 난창을 공격했다. 그들은 절감(浙贛)선을 차단하는 작전을 발동했으며 5월에는 양(襄)[양(陽)]동(東)작전[쑤이짜오(隨棗)전역]을 발동했고 9월에는 샹간(湘贛)작전[제1차 창사(長沙)전역]과 난닝(南寧)을 공략하는 작전[구이이난(桂南)전역]을 발동했다. 군사전략 면에서의 일본군의 목표는 주로 중국 화난 연해의 보급선로를 차단하는 것이었다. 그리고 우한의 외곽거점을 공고히 한 후 나아가 장제스 진영에 압박을 가하려고 했다. 난창 전역이 발동된 후 국민정부 통수부는 부대를 집결하여 난창을 고수하려 했다. 하지만 거의가 성공하지 못하고 일본군의 수중에 떨어지고 말았다.

나중에 국민정부는 반공산당 세력을 조직하여 난창을 탈환하려 했지만 실패하고 말았다. 그 후 쑤이(隨)[현(縣)]짜오(棗)[양(陽)]전역과 제1차 창사(長沙)전역에서 치열한 전투를 했다. 그리고는 일본군의 공격을 물리치고 원래의 방어선을 수복했다. 구이난(桂南)전역의 반공격 작전에서 국민당군대는 쿤룬관작전에서 매우 중요한 승리를 거뒀다. 하지만 난닝(南寧)을 탈환하지는 못했다.

1940년 3월, 푸쥐이(傳作義)가 지휘하는 쑤이시(綏西)전역에서는 큰 승리를 일궈냈다. 1939년부터 1940년까지 웨이리황이 지휘하는 제4진영군 등은 중탸오산(中條山)서부에서 일본군의 공격을 여러 차례 격퇴하고 중탸오산 방어선을 지켜냈다.

1939년 12월부터 1940년 3월까지 국민당군대는 정면 전장에서 동계 공격을 개시했다. 전국의 각 작전구역들에서 거의 모두 작전에 참여했으며 작전에 참여한 병력은 전군의 절반이 넘었다. 정면 전장에서의 보다 큰 규모의 이번 공세는 일본군에게 아주 큰 타격을 입혔다. 1940년 5월부터 시작된 짜오이[짜오양(棗陽)·이창(宜昌)]회전에서 제33진영군 총사령 장쯔중(張自忠) 장군은 일본군과의 전투에 부대를 거느리고 돌격하다 중상을 입었다. 나중에 장렬하게 순국했다.

장쯔중(張自忠, 장자충)

중국의 항일 애국지도자. 1936년 5월, 그가 톈진 시장이었을 때, '칠칠사변(七七事変)'으로 베이핑(北平)과 톈진이 함락되자, 종군을 자처하여 병사를 이끌고 일본군을 공격했다. 1940년 5월에 장쯔중은 313부대를 이끌고 후베이(湖北)에서 9일 밤낮을 일본군과 싸웠지만 전사하고 말았다. 이에 국민당정부는 장례식을 치러 주었고, 마오쩌둥은 '충성으로 나라에 보답했다'라는 시문을 남겼다. 1946년 톈진시는 톈진 양안의 길 하나를 '장쯔중로(路)'라고 명명했다.

국민당 장제스 진영은 항전을 포기하지는 않았지만 암암리에 일본군 측과 〈평화 협상〉을 진행했다. 1940년에 들어선 뒤 일본은 왕징웨이를 주축으로 하는 괴뢰 중앙정권의 수립을 기획했다. 한편 다시 충칭의 국민정부를 항복으로 유도하면서 소위 '퉁공작(桐工作·원유교역이라는 암어. 1939년 12월 27일부터 1940년 7월 22일 사이 중일 간에 진행된 장제스의 투항 협상)'계획을 실시했다. 일본 군부의 연출 아래 왕징웨이는 화베이, 화중 지역의 괴뢰정권의 수령들과 논의한 후 1940년 3월에 난징에 괴뢰중앙정권을 세웠다. 왕징웨이는 스스로 행정원

원장 겸 당 부주석 자리에 올랐으며 충칭 국민정부의 린썬(林森)을 주석으로 세웠다. 일본 군부는 충칭국민당정부에 타협을 요구하기 위해 5월에 이창(宜昌)작전을 발동함과 아울러 전략적 폭격을 충칭에다 감행했다. 6월에 일본군은 이창을 공략하여 쓰촨(四川)으로 들어가는 길목을 통제했다. 상술한 정치적인 상황을 배경으로 일본군 대표는 충칭시 대표와 비밀리에 만나 정전조건에 대해 논의했다. 1940년 3월 상순과 6월 초에 쌍방 대표는 홍콩과 마카오에서 두 번에 걸쳐 공식협상을 진행했다. 협상에서 충칭 측 대표는 '만주국'을 승인하는 문제, 일본이 중국에 군대를 주둔시키는 문제 그리고 '왕장(汪蔣)합작' 등 문제에서 일본 측 의견을 받아들이지 않았다. 하지만 중일 양국 간 이해를 소통하고 이해차이를 줄일 것을 기대했다. 그러면서 정전 후 '공동으로 공산당을 방비할 것에 대한 협정 체결'을 검토할 수 있다는 점에 동의했다. 쌍방의 협상은 실질적인 진전을 가져오지는 못했지만 어느 측도 평화협상의 중요성을 모르는 체하지 않았다. 쌍방은 중국 주재 일본 파견군 총참모장 이다가키 세이시로와 장제스가 창사에서 회담을 갖기로 합의했다. 나중에 독일, 이탈리아, 일본과 3국 동맹조약이 체결되고 일본 내각이 개각(도조 히데키가 육군 상으로 부임)함으로써 일본 측 태도는 보다 강경해졌다. 또한 국내외 반일정국이 계속 발전하자, 특히 팔로군이 화베이적후에서 백퇀대전(百團大戰)을 전개하는 등 큰 영향을 끼치자 장제스 측은 즉각 평화협상을 중지했다.

중국공산당은 대치단계가 도래한 후의 복잡한 국내외 정세를 세심하게 분석했다. 그뿐만 아니라 단결 및 항전을 지속하고 민족통일전선을 공고히 하고 확장할 것에 대한 치밀한 전략을 수립했다. 1939년 이후 국민당이 동요하고, 반공 경향이 심각해지는데 비춰 중국공산당 중앙위원회는 다음과 같이 지적했다. 중국 항전에는 중도 타협과 내부분열이라는 2대 위험이 나타났다. 그러나 중일민족갈등이 여전히 컸기 때문에 단결과 항전 혹은 분열과 투항의 두 가지 가능성이 동시에 존속한다. 당의 과업은 시국의 심각성을 분명히 인식하고 사상과 조직 측면을 철저히 준비하는 것이다. 또한 여론을 준비하며 대중을 준비시키고 수시로 발생할 수 있는 돌발 사태에 대처해야 한다. 동시에 모든 가능성을 열어놓고 모든 항일역량을 총화하며 단호하게 투쟁해야 한다. 그러면서 단결 및 항전 국면을 수호하고 시국의 호전을 쟁취해야 한다. 1939년 7월 7일, 중국공산당 중앙위원회는 전국적 항전 2주년을 기념하여 시국에 대한 선언문을 발표했다. 선언은 "항전을 끝까지 유지하고 중도에 타협하는 것을 반대하며" "국내 단결을 공고히 하고 내부 분열을 반대하며" "전국의 진보를 힘써 추구하고 퇴보를 반대한다"고 명확하게 입장을 표시했다.

당은 항전·단결·진보라는 3대 방침을 견지했고 근거지 군민들을 영도하여 유격전을 벌여 나갔다. 그리고 일본 침략자들의 군사적 공격을 강력히 물리쳤고 반투항 투쟁을 전개했다. 그리하여 나라를 팔아먹고 적에게 투항한 왕징웨이 측의 행위를 규탄했다. 공산당은 동요하고 타협하면서도 공개적으로 항일을 포기하지 못하고, 공산당에 반대하면서도 국공 합작을 철저히 파열시키지 못하는 장제스 측의 양면적 태도를 강하게 비판했다. 이에 비추어 공산당은 혁명적 수준의 양면정책을 시도했다. 즉 단결과 합작으로 국민당이 진보하도록 도와주고 정세를 유리한 방향으로 이끌려 했다. 그러는 한편 타협하고 동요하며 시대의 흐름에 역행하는 행위에 대해서는 단호하게 대응하고, 투쟁으로 단결을 도모했다. 국민당군대가 근거지를 진격하는데 대해 공산당과 인민군대는 "남이 나를 건드리지 않으면 나도 남을 건드리지 않고, 남이 나를 건드리면 나도 반드시 남을 건드린다"는 엄정한 자위적 원칙을 따랐다. 그래서 국민당에 반격을 가하고 절대로 경솔하게 양보하지 않았다. 중국공산당 중앙위원회는 확고하면서도 합당한 투쟁을 진행해야만 항일통일전선을 수호할 수 있고 시국의 호전을 쟁취할 수 있음을 인정했다.

2. 적후항일유격전쟁의 광범위한 전개

화베이를 공고히 하고 화중을 전략적으로 배치하다

항전이 대치단계에 들어선 후 중국공산당이 영도하는 항일유격전이 전개됐고, 연이어서 항일민주근거지는 끊임없이 공고해지고 확대됐다. 그리하여 전략적으로 일본군과 괴뢰군이 점령하고 있는 도시와 수송선에 대해 반포위 형태를 이루면서 견아상제(犬牙交錯)의 전쟁형태를 갖췄다. 항전의 전반적 국면을 살펴보면 정면 전장과 대비되고, 전략적으로 상호 지지하고 연합하며 상호 호응하는, 독립적이고 광활한 적후 전장이 연출됐다. 적후 유격전은 중국 항일전쟁의 기본 형태가 됐다.

일제 침략자는 점령구의 치안을 회복하고 확보하기 위해 중국공산당이 영도하는 적후 항일근거지를 일본군과 괴뢰군의 주요 공격 대상으로 삼았다. 그들은 공산당이 이끄는 항일근거지에 대해 본격적인 봉쇄정책을 시행했으며 근거지와 외부와의 경제적 연계를 차단함과 동시에 군사적 공격을 강화했다. 일본군의 공격 중점지역은 화베이였다. 일본군은 화베이 지역에서 '치안숙정계획'을 제정하고 실시했다. 그리고 철도를 사슬로 하고 도로를 고리로 해서 거점을 봉쇄점으로 하는 '우리에 몰아넣는 정책' 즉 '수롱(囚籠)정책'을 실시했다. 그리하여 근거지를 봉쇄하고 분할시키고 잠식했다. 또 불시에 병력을 집중하여 근거지에 정기적으로 혹은 비정기적으로 일거에 '소탕전'을 감행했다. 1938년 11월부터 1940년 말까지 화베이에서만 해도 일본군은 1,000명 이상의 병력을 동원한 대규모 '소탕전'을 109차례 감행했다. 참전한 병력이 누계로 50만 명이 넘었다. '소탕전'과 '반소탕전'은 적후 근거지 투쟁의 중심 내용이었는데 '반소탕전'은 항일유격전쟁의 중요한 작전형태였다.

항일유격전쟁과 항일민주근거지는 서로 의존적이었다. 유격전 없이는 근거지가 존재하고 발전할 수가 없다. 그뿐만 아니라 근거지를 공고히 하지 않고 발전시키지 못한다면 유격전은 장기적으로 지탱할 수 없다. 적후에서의 지구적인 항전을 유지하고, 항일근거지를 발전시키기 위해 중공 중앙군사위원회는 당중앙위원회 제6기 제6차 전원회의에서 결정한 '화베이를 공고히 하고 화중을 발전시키는' 전략적 조치에 응하기로 했다. 회의는 화베이, 화중 적후의 새로운 정세에 비추어 다음과 같이 결정했다. 팔로군 제115사 주력은 산둥에, 제120사 주력은 허베이 중부(冀中)에, 제129사 주력은 허베이 남부(冀南)와 지루위(冀魯豫) 등 평원지구로 진입한다. 그리하여 지방 당 조직을 도우며, 그들과 연대하여 대중을 확실하게 움직인다. 그래서 대중적인 유격전을 해 나가며 인민항일세력을 힘써 발전시켜 항일민주근거지를 확대하고 공고히 한다. 1939년 4월 21일, 중국공산당 중앙위원회는 〈화중무장세력을 발전시킬 것에 관한 명령〉을 내렸다. 명령은 화중(華中)은 전략적으로 화베이(華北)와 화난(華南)을 연결하는 요충지이다. 따라서 이 지역에서의 유격전과 대중 무장 투쟁은 아주 큰 발전의 소지를 가지고 있다. 그러므로 팔로군 본부는 부대의 모든 실력을 높여 화베이를 견고하게 하고 화중을 발전시키는 과업을 보다 더 확실하게 완성하고자 했다. 이를 위해 중국공산당 중앙위원회의 지시에 의거해 1939년 2월, 6월과 1940년 1월에 연이어 군대정비훈련명령서를 발부했다. 그리하여 주력부대와 지방무장을 정비하고 훈련시켰다. 각 부대에서는 많은 정력을 쏟으며 전투 여가를 이용해서 여러 방식으로 간부와 병사들의 군사수준, 정치수준, 문화지식수준을 높여갔다. 그들은 군대를 정비하여 부대의 자질을 높이고 작전능력을 배양했으며 군대에 대한 당의 절대적 영도를 한층 더 강화했다. 신사군 역시 크게 발전했다. 1940년 2월 10일, 중국공산당 중앙위원회는 팔로군과 신사군의 전략적 과업은 적들을 쳐부수고 유격전을 지속, 유지하는 것이라고 했다. 그리고 투항파와 완고파의 공격을 격퇴하고 화베이와 화중을 연결하여 민주적인 항일근거지를 창설하고 확보해야 한다고 했다. 그러기 위해서는 항일민족통일전선을 공고히 하여 시국의 호전을 쟁취하는 것은 매우 중요한 일이라고 지적했다.

화베이항일근거지를 공고히 하다

'화베이를 공고히 할' 것에 대한 중공 중앙위원회의 전략적 지시에 따라 화베이의 각 근거지 군민들은 유격전을 적극 벌였다. 그러면서 근거지 건설을 강화하고 항일민주진지를 굳건히 하고 확대해 나갔다. 1940년 4월, 중공 중앙위원회 북방국(北方局)은 산시 리청에서 타이항(太行), 타이웨(太嶽), 허베이 남부 지역의 고위급 간부회의[리청(黎城)회의]를 소집했다. 북방국과 팔로군 본부의 지도자 양상쿤(楊尙昆), 펑더화이, 리다장(李大章), 팔로군 제129사 정치위원이자 타이항군정위원회 서기인 덩샤오핑 등이 회의에 출석했다. 북방국 서기 양상쿤이 회의를 주재하는 동안에 정치보고를 했다. 덩샤오핑은 지난(冀南), 타이항, 타이웨 행정 연합 판사처를 설립하는 문제와 재정문제, 건군문제에 대해 발언했다. 회의는 중앙의 지시에 따라 화베이에서의, 항전

이래 2년 동안의 사업을 분석하고 정세와 과업, 책략 등 문제점에 대해 토론했다. 그리고 항일민주근거지를 공고히 하고 확대하는 데 있어서 "건당(建黨), 건군(建軍), 건정(建政)" 등 3대 과업을 제기했다. 회의는 각 지역에 '반소탕' 준비사업을 실속 있게 진행하여 항일민주근거지를 발전시키고 공고히 하기 위해 힘차게 싸워 나갈 것을 요구했다.

양상쿤(楊尙昆, 양상곤·1907~1998)

쓰촨성(四川省) 퉁난(潼南) 출신. 1926년 중국공산당에 가입하여 1927~1930년 모스크바 중산(中山)대학에 유학, 귀국 후 상하이에서 노동운동에 투신했다. 1934년 장정에 참가. 1943년 당 화북국(華北局) 서기 겸 통일전선공작부장, 1945년 중앙군사위원회 비서장, 1956년 제8기 중앙위원과 중앙서기처 후보서기 직을 맡았으나, 1966년 문화대혁명으로 숙청되고 1978년 복권. 이후 광동성 당위원회 제2서기 및 혁명위원회 부주임, 1979년 광저우시 당위원회 제1서기 등 역임. 1982년부터 중앙군사위원회 상임위원 겸 비서장 등 요직을 지내면서 막강한 권력을 행사하다 1988년 국가주석에 취임했다.

진차지(晉察冀)근거지에서 일본 침략자들은 치안숙정(肅正)계획을 실시했다. 일본은 1938년 11월과 12월에 연속 두 번이나 허베이 중부지역을 포위, 공격하고 대부분의 현성들을 점령했다. 또 근거지 깊숙한 곳까지 들어와 인민항일무장의 주력을 찾아 결전을 펼치려 했다. 이에 허룽과 관샹잉은 중앙군사위원회의 명령에 따라 지중(冀中)평원의 유격전을 한층 더 강화하려고 했다. 그리고 항일민주정권을 더 공고하게 하기 위해팔로군 제120사 주력을 거느리고 1938년 12월 하순에 산시 서북에서 허베이 중부로 이동했다. 그리하여 허베이 중부를 확실하게 하고 팔로군 제3종대를 도우며 자기를 확대하는 3대 과업을 수행했다. 1939년 2월, 제120사와 기중지역 지도기관은 허룽을 공동 서기로 하는 군정위원회를 꾸리고, 허베이 중부지역의

제반 업무들을 통일적으로 지도했다. 동시에 허룽과 뤼정차오(呂正操)를 정, 부 총지휘로 하고 관샹잉(關向應)을 정치위원으로 하는 기중 총지휘부도 설립했다. 일본군 기계화 부대를 파괴하기 위해 기중 군민들은 성벽을 허물고 도로를 파괴하며 드넓은 평원에 셀 수 없을 만큼 많은 도랑과 홈을 파놓았다. 기중 총지휘부는 적들의 제3차, 제4차, 제5차 포위공격을 방어한 후, 4월 하순에 일곱 개 퇀의 병력을 집중하여 허젠(河間)현 지후이(齊會)촌 일대에서 일본군 700여 명을 섬멸했다. 이들은 평원지구섬멸전의 커다란 승리를 가져왔다. 제120사는 허베이 중부에 도착 당시 6,300여 명에서 2만 1,000명으로 늘어났다. 허베이 중부에서의 과업을 승리하는 것으로 임무를 완수했다. 제120사 주력은 9월 하순에 허베이 중부에서 산시 서북으로 귀대하다가 진차지부대와 연대했다. 이들은 산지대의 유리한 지형과 대중적 조건을 이용하여 링서우현 천좡지역에서 매복, 기습전으로 일본군과 괴뢰군 도합 1,000여 명을 섬멸했다.

10월 25일부터 12월 8일까지 일본군은 2만여 명의 병력을 집결하여 진차지 베이웨지역에서 겨울 '대소탕 작전'을 감행했다. 11월 초에 진차지 부대는 제120사 부대와 연합해 허베이성 라이위안현 옌쑤야, 황투링(黃土嶺)에서 매복습격전과 포위섬멸전을 펼쳤다. 이들은 두 번의 전투에서 적을 도합 1,500여 명이나 섬멸하고 일본 독립혼성 제2여단의 여장 아베기슈 중장을 사살했다. 아베기슈 중장은 중국의 항전역사에서 팔로군이 사살한 일본군 최고위급 지휘관이었다. 11월 중순, 일본군은 몇 부대로 나누어 공격하는 전술로 항일근거지 깊숙이 쳐들어왔다. 팔로군은 침착하게 적들과 맞서 싸웠는데 43일 동안 크고 작은 108차례의 전투를 거쳐 적군 3,600여 명을 살상하고 적군의 '소탕작전'을 성공적으로 분쇄했다.

이번 반소탕 작전에서 위대한 국제주의 전사이며 캐나다 공산당원인 노르만 베천 의사가 팔로군 부상병을 치료하다 감염되고 말았다. 결국 1939년 11월 12일에 허베이 탕(唐)현에서 안타깝게도 병사했다. 중국인민의 해방사업을 위해, 그는 귀중한 목숨을 바친 것이다. 캐나다공산당과 미국공산당의 파견을 받은 베천은 의료팀을 거느리고 1938년 초에 중국으로 건너왔다. 3월 말에는 옌안에 도착했고 연이어 진차지변구로 달려갔다. 그는 빼어난 의술로 생명이 위급한 부상병들을 수없이 치료했으며 수많은 의료위생병들을 양성했다. 그가 서거한 후 중국공산당 중앙위원회는 부고를 냈으며 마오쩌둥은 '베천을 기념하며'라는 글을 써서 그의 국가를 초월한 국제주의 정신과 공산주의 정신을 높이 찬양했다.

1939년 2월, 팔로군 제4종대를 토대로 핑시(平西)항일유격근거지에서 지러차(冀熱察) 정진군(挺進軍)을 꾸렸는데 샤오커(蕭克)가 사령원을 맡았다. 샤오커는 핑시(平西), 핑베이(平北), 지둥 지역의 항일유격전쟁을 총체적으로 지휘했다. 1940년 말에 진차지 근거지는 이미 동포철도 이동하여 정태철도, 석덕철도 이북, 장성 이남의 광대한 지역으로 확대되어 1,500만여 명의 인구를 가진, 화베이 최대의 항일근거지가 됐다.

진지위(晉冀豫)근거지는 중국공산당 중앙위원회 북방국과 팔로군 본부 기관소재지였다. 1938년 12월 하순에 류보청과 덩샤오핑은 제129사 사부와 제386여와 선견지대를 거느리고 평한철도 이동 지난 평원지역에 도착했다. 1939년 1월에 일본군과 괴뢰군 3만여 명이 11개 부대로 나뉘어 지난근거지에 대해 대규모 '소탕작전'을 감행했다. 팔로군은 많은 대중에 의지하여 철도, 도로 교통을 파괴하고 도랑을 이용하여 광활한 평원에서 유격전을 전개했다. 부대는 각 지방에 흩어져 적들을 교란하고 일본군의 행동수칙을 파악했다. 그런 다음 다시 우세한 병력을 집중하여 불시에 쳐들어오는 적들을 매복습격하고 포위, 섬멸했다. 1월부터 3월까지 팔로군은 보다 큰 규모의 전투를 도합 100여 차례 벌여 일본군과 괴뢰군 3,000여 명을 몰살했다. 7월 초에 타이위안 주재 일본군 제1군 사령관 우메즈 요시지로는 5만여 명을 거느리고 동포철도, 정태철도, 평한철도, 도청철도 등 각 철도연선에서 차례로 출동하여 진지위)근거지를 소탕했다. 이때 129사 주력은 이미 지난에서 타이항산으로 귀임한 후였다. 팔로군 본부의 통일적인 지휘 아래 각 부대는 고난의 반소탕 작전을 벌여 나갔다. 8월 말까지 크고 작은 전투를 도합 70여 차례 치렀는데 일본군과 괴뢰군을 도합 2,000여 명을 섬멸했다. 1939년 연말에 제129사는 주동적으로 한장[한단(邯鄲), 창즈(長治)]전역을 일으켜 일본군과 괴뢰군 700여 명을 살상하고 리청(黎城), 서(涉)현 현성을 되찾았다. 이들은 부분적으로 적의 거점을 점령하고 적의 분할시도를 타파함으로써 타이항산 남부, 타이항산 북부 지역이 다시 하나로 이어지도록 했다. 1940년 4월에 열린 리청회의 후 제129사는 재차 정비와 개편을 진행했다. 6월부터 군구와 군분구를 조정했고 8월에는 양슈펑이 주임을 맡은 지난, 타이항, 타이웨 행정연합 판사처를 설립했으며 시정강령을 반포하고 정권건설과 경제건설 업무를 시행했다. 이로써 진지위근거지는 북쪽으로 진차지변구와 연결되고 동북쪽으로 진포철도에까지 이르렀다. 서쪽으로는 동포철도에 이르고 남쪽으로 황허(黃河) 강까지 이르는 광활한 지역으로 넓혀갔다.

지루위근거지에서 1939년 2월에 팔로군 제115사 제344여 여장대리 양더즈 등은 일부 병력을 거느리고 산시 동남부에서 푸양, 네이황, 화현 일대에 도착한 후 지방무장과 함께 지루위지대를 합동으로 편성하여 유격전을 벌였다. 연말까지 부대는 7,000여 명으로 늘어났다.

1940년 4월, 황커청(黃克誠)은 팔로군 제2종대 주력을 거느리고 타이항산 지역 동쪽부터 지루위변구로 들어가서 지루위 지대와 합류했다. 그런 다음 함께 지루위 군구를 설립했는데 황커청이 사령원직을 겸임하고 추이톈민(崔田民)이 정치위원직을 맡았다. 그들은 동시에 루시(魯西)군구를 설립했는데 샤오화(蕭華)가 사령원 겸 정치위원직을, 양융(楊勇)이 부사령원직을 맡았다. 1940년 말까지 지루위 근거지는 남쪽으로 농해철도에 이르고, 서쪽, 북쪽으로는 진지위 근거지와 연결되었으며 동쪽으로는 산둥근거지와 이웃하게 됐다. 1941년 1월에 지루위변구 행정 주임 공서가 설립됐으며 차오저푸(晁哲甫)가 주임을 맡고 추이톈민, 자신자이(賈心齋)가 부주임이 됐다.

진시베이(晉西北)근거지는 산간닝변구의 장벽이거니와 화베이 각 근거지로 통하는 교통요로이기도 했다. 팔로군 제120사의 간부와 전사들은 한족, 몽골족, 회족 등 여러 소수민족 인민들과 함께 스크럼을 하고 싸우면서 일본군과 괴뢰군의 여러 차례 소탕작전을 저지했다. 1940년 2월, 제120사 주력은 베이웨(北嶽)지역에서 진시베이로 돌아와 허룽을 서기로 하는 진시베이군정위원회를 설립했다. 동시에 쉬판팅을 주임으로 하는 진시베이행정공서와 린펑을 서기로 하는 진시(晉西)구당위원회를 설립했다. 그래서 이 지역에 대한 영도를 전면적으로 강화했으며 근거지 건설과 적대투쟁을 벌여 나갔다. 다칭산(大靑山)유격지대는 몽골족, 한족 등 여러 민족 인민들이 단합하여 일본군, 괴뢰군, 국민당 완고부대의 협공을 이겨 나갔다. 그러면서 점차 굳건해지고 점점 더 발전했다. 8월 진시유격구 행정공서 쑤이위안 주재 판사처가 설립됐는데 산하에 3개 전원공서와 쑤이둥(綏東)유격구를 두었다. 그해에 진시베이(晉西北)군민들은 일본군과 괴뢰군이 발동한 만 명 이상 되는 대소탕 작전을 세 차례 쳐부수고 근거지를 성공적으로 방어했다. 11월 7일, 진시베이군구가 설립됐는데 허룽이 사령원직을 겸임하고 관샹잉(關向應)이 정치위원직을 겸임했다. 이들은 다칭산(大青山) 이남, 펀리 이북, 그리고 동쪽으로 동포철도까지, 서쪽으로는 황허 강 기슭까지 광활한 지역의 항일유격전쟁을 총체적으로 영도했다.

산둥근거지는 화베이와 화중을 연결하는 유대로서 전략적 지위가 아주 중요했다. 산둥에 대한 사업을 강화하기 위해 1939년 3월, 천광(陳光)과 뤄룽환(羅榮桓)은 명령을 받고 팔로군 제115사 사부와 제343여 제686퇀을 각각 거느리고 산시 서부에서 산둥 서부 지역으로 진군했다. 이들은 판바(樊壩)에서 첫 전투를 벌여 괴뢰군 한 개 퇀 800여 명을 섬멸했다. 5월, 타이안 페이청지역의 루팡전투에서 제115사 지도기관은 포위망을 성공적으로 뚫고 나가 일본군의 합동 포위 소탕작전을 분쇄했다. 1940년 봄, 제686퇀 등 부대들은 산둥 남부 산지대의 페이현 바이옌(白彦)진을 공략하여 반동민단 1,000여 명을 섬멸했으며 연이어 일본군과 괴뢰군의 세 차례의 공격을 물리치고 적 800여 명을 살상했다. 그 후 그들은 산둥종대와 합동작전으로 일본군과 괴뢰군의 소탕 작전 및 국민당군대의 공격을 막아냈다. 1940년 말까지 제115사, 산둥종대와 지방무장은 13만 명으로 확대됐으며 지루변구(冀魯邊), 후시(湖西), 루시(魯西), 루중(魯中), 조둥(膠東), 칭허(淸河) 등 항일근거지를 창설하고 발전시켰다. 아울러 산둥근거지와 화중근거지를 연결해 놓았다.

백퇀대전

1940년 여름, 일본은 독일이 유럽에서 신속하게 여러 나라들을 점령하고 영국과 미국이 동방을 돌아볼 힘이 없는 틈을 타 국민당에 대한 유인항복을 강화했다. 한편 적후 항일근거지에 대한 〈숙정토벌〉을 강화하여 항일근거지를 철저히 파괴해 버리고 적들이 남진하는 데 후환을 제거하려고 했다. 화베이의 팔로군(산둥은 포함되지 않았음) 소속 부대들은 일본군의 음모를 쳐부수고 그들의 "우리에 몰아넣는 정책"을 타파하며 국민당정부가 일본에 타협하거나 투항할 수 있는 위험성을 극복하려고 했다. 이를 위해 그들은 옥수수밭과 수수밭의 키 높은 곡식 그리고 우기를 이용하여 일본군에 대한 대규모 공격작전을 발동했다. 전쟁이 전개될 때 팔로군 참전부대는 105개 퇀 20만여 명에 달했다. 그래서 이 전쟁을 〈백퇀대전〉이라고 한다.

이번 전역은 주로 화베이에서의 일본군 수송선을 파괴하고 습격하는 것이었다. 1940년 봄 펑더화이, 쭤취안, 류보청, 덩샤오핑과 녜룽전 등은 정태(正太)도로를 파괴하고 습격할 것에 관해 논의했다. 7월 22일, 팔로군 본부는 진차지군구와 제120사, 제129사에 '전 지역 예비명령'을 하달함과 동시에 중공 중앙군사위원회에 보고했다. 보고서는 1940년 여름 시기의 중국항전정세를 간단명료하게 분석하고 이번 전쟁의 목적은 '정태도로의 몇 개 구간을 철저히 파괴하고 적의 일부 부대를 전멸시킨다. 그리하여 몇 개 중요한 명승 요새거점을 탈환하고 이 수송선을 차단하려는 것이다'고 명확히 정의했다. 보고서는 각 부대들에 특히 중요한 평한철도, 동포철도 등 철도선들에 대해 "동시에 조직적이고 계획적으로 파괴하고 습격한다. 그리하여 정태철도 전쟁의 성공에 연대해야 한다"고 요구했다. 8월 8일, 팔로군본부는 '전역행동명령'을 하달하고 작전병력에게 구체적으로 지시함과 동시에 8월 20일을 작전 발동시기로 최종 확정했다.

백퇀대전은 두 개의 주동적인 진격단계와 하나의 '반소탕' 단계를 거쳤다. 전쟁의 첫 번째 단계는 8월 20일부터 9월 10일까지였는데 작전의 중심과업은 수송선에 대한 총파괴 기습전이다. 이 단계 계획은 화베이 적들의 주요 수송선을 파괴하고 차단시켜 정태철도를 철저히 파괴하는 것이었다. 8월 20일 밤 참전부대, 유격대, 민병대는 동시에 공격을 개시하여 정태(正太), 동포(同蒲), 평한(平漢), 덕석(德石), 평수(平綏), 북녕(北寧), 진포(津浦), 백진(白晉) 등 철도수송선을 파괴하고 습격했다. 그리고 대량의 일본군과 괴뢰군을 섬멸했다. 적들은 미처 대비할 틈도 없이 급박하게 전투에 응했으나 좌충우돌하다 커다란 피해를 입었고 팔로군은 많은 거점지와 기차역들을 차지했다. 그뿐만 아니라 일본군이 점령하고 있던 화베이의 중요한 연료기지인 징싱(井陘)탄광까지 파괴했으며 정태철도는 한 달 남짓 운행하지 못했다. 두 번째 단계는 9월 20일부터 10월 5일까지였다. 이 단계에서는 수송선로 양측의 적들을 연이어 습격하고 근거지까지 깊이 들어와 설치한 적들의 거점을 무너뜨리는 것이었다. 아울러 라이링[라이위안(淶源), 링추(靈丘)], 위랴오[위서(楡社), 랴오현(遼縣)] 등의 전투를 발동했다. 라이링전투에서 진차지군구 주력부대는 라이위안(淶源)현성 외곽의 싼자(三甲)촌, 둥퇀보(東團堡) 등 중요한 거점 10여 곳을 차지하고 적 1,100여 명을 섬멸했다. 라이링전투에 동조하기 위해 지중군구 주력은 런허다쑤[런추(任丘), 허젠(河間), 다청(大城), 쑤닝(肅寧)]전투를 발동하여 일본군과 괴뢰군 도합 1,400여 명을 섬멸했다. 그뿐만 아니라 거점 29개를 공략했으며 도로 150여 킬로미터를 파괴했다. 제129사는 위랴오전투에서 위랴오도로연선의 거점 여러 곳을 공략함과 아울러 위서(楡社)현성을 점령하고 많은 무기를 빼앗았으며 적 900여 명을 섬멸했다. 제120사는 계속 동포철도 북쪽구간을 파괴하고 습격함으로써 이 철도가 또다시 중단되도록 했다. 세 번째 단계는 10월 6일부터 12월 5일까지로 반소탕 작전단계였다. 10월 6일부터 일본군은 많은 병력을 끌어 모아 화베이의 각 근거지에 대해 미친 듯이 보복성 소탕작전을 감행했다. 10월 19일, 팔로군본부는 화베이 군민들에게 반소탕 작전을 행할 것을 명령했다. 제129사 주력은 산시(山西)신군과 연합해 타이항근거지와 타이웨근거지에 대한 일본군의 소탕 작전을 분쇄해 버렸다. 진찰지군민들은 차례로 핑시(平西)와 베이웨(北嶽) 지역에 대한 일본군의 소탕 작전을 격퇴했으며 제120사는 산시 서북에 대한 일본군 2만여 명의 소탕 작전을 분쇄했다. 백퇀대전은 모두 1,824차례의 대소규모의 전투를 진행하여 일본군 2만 645명, 괴뢰군 5,155명을 살상하고 일본군 281명, 괴뢰군 1만 8,407명을 포로로 사로잡았다. 그리고 일본군 47명이 투항하고 괴뢰군 1,845명이 귀순했다. 또 철도선 474킬로미터, 도로 1,500여 킬로미터, 교량, 터널과 기차역 260여 곳과 대량의 적 토치카 및 거점을 파괴했다. 그뿐만 아니라 여러 가지 대포 53문, 각종 총기 5,900여 정과 적지 않은 군용물자를 노획했다.

장기간 항전전선에 있던 펑더화이 등 장령들이 직접 지휘한 백퇀대전은 공산당이 영도하는 적후 항일군민들의 위세를 드높였다. 백퇀대전은 전국 인민들로 하여금 팔로군은 극히 어려운 상황에서도 발전하고 성장할 수 있을 뿐만 아니라, 적들에게 강력한 타격을 안길 수 있다는 점을 보여 주었다. 이번 전역은 항전의 승리를 쟁취하려는 전국 인민들의 신심을 북돋아 주었다. 그리고 공산당과 팔로군은 "떠돌아다니기만 하고 싸우지 않는다"는 국민당 완고파의 말을 입증해 보였다. 백퇀대전은 매우 긍정적인 전략적 의의를 지니고 있었다. 백퇀대전은 일본군 병력을 견제하고 일본군의 "남진" 시기를 지연시켰다. 또 정면전장의 작전을 지지하고 타협, 투항의 경향을 없애고 시국을 호전시키는 데 긍정적인 역할[25]을 했다. 일본군은 타격을 받은 후, 경악해 하면서 "화베이에 대해 새로이 인식해야 한다"며 화중에서 병력을 떼어내 화베이 항일근거지에 대해 "보다 큰 규모의 보복작전"을 감행했다.

화중, 화난 항일근거지를 발전시키다

당중앙위원회 제6기 제6차 전원회의에서 확정한 "화중을 발전"시키는 전략적 방침을 성공시키기 위해 중공중앙은 중원국(中原局)을 설립하여 창장 강 이북, 농해철도 이남의 광활한 지역에서 사업할 것을 도출하기로 확정했다. 1939년 1월 28일, 류사오치는 옌안에서 허난(河南) 췌산(確山) 주거우(竹溝)진에 와서 정식으로 중공중앙 중원국 지도부처를 설립했다. 이에 류사오치가 서기직을, 궈수선, 주리즈, 펑쉐펑, 정웨이싼 등이 위원직을 맡았다. 전쟁이 발전하는 새로운 정세에 순응하기 위해 중원국은 원 후베이, 허난 성당원회를 취소했다. 그리고 위어변구, 어위완구, 어중구, 어시베이구, 위시구 등 구에 당위원회를 설치하기로 결정했다. 점령지역에서의 당의 주요과업은 당 조직을 건립하고 복구하고 발전시키는 것이다. 또 대담하게 대중을 움직여 무장시키고, 적후 유격전을 벌이며 항일근거지를 창설하는 것이라고 규정했다. 그리고 비점령지역에서 당의 과업은 당의 업무와 대중에 대한 사업을 벌여 힘을 축적하며 적후 항전을 지원하는 것이라고 확정했다. 류사오치는 당이 이끄는 인민 항일 무장세력과 항일민주정권건설의 중요성을 특히 강조했다. 그러면서 항일민족통일전선에서는 독립자주의 원칙을 유지하고 단결할 수 있는 모든 세력을 최대한 일치시켜 반공 완

25 일본 방위청 방위연구소 전쟁역사연구실에서 편찬한 일본전쟁사는 다음과 기록했다. 1940년 "6월 중순 이후 약 1개월 내에 확실히 사변을 해결하기 위해 일중 양국이 가장 접근한 시기가 나타났었다. 그렇기 때문에 8년간의 일중전쟁에서 장제스가 가장 엄중하게 위기를 느낀 때는 사실상 이창(宜昌)을 잃은 때일 것이라고 볼 수 있겠다. 중국공산당은 일중이 평화협상을 하는 위기에 대해 알아차리고" "돌연 백퇀대전을 발동했다"≪중국사변 육군작전사≫ 제3권, 제2분책, 중화서국 한문판, 1983년, 55쪽.

고파들을 고립시켜야 함을 강조했다. 중원국의 설립은 화중 적후 항전의 발전에 아주 큰 역할을 했다.

1939년 2월, 저우언라이는 중국공산당 중앙위원회의 위임을 받고 안후이성 남부의 신사군 군부에 도착했다. 적들이 점령하고 있는 동남지구의 상황에 근거하여 그는 신사군을 화중에서 발전시키기 위해 다음과 같은 세 가지 원칙을 제출했다.

(1) 어느 지방에 빈틈이 있으면 그 지방이야말로 발전 가능성이 농후하다.

(2) 어느 지방이 위험하면 그 지방에 찾아가서 새로운 활동지역을 개척한다.

(3) 어느 지방에 괴뢰군만 있고 우당, 우군이 활동하지 않고 있다면 그런 곳에서 발전한다.

저우는 또 신사군 지도자들과 함께 앞으로 행동방향은 북쪽으로 발전하고 동쪽에서 작전하며 지금의 진지를 견고히 하는 것이라고 결정했다. 저우언라이의 완난(皖南)행은 신사군이 중공 중앙위원회의 전략적 조치를 신속하게 관철하고, 군사를 일으켜 동쪽으로 진군하며 화중근거지를 공고히 하고 확대하는 데 긍정적인 역할을 했다. 중국공산당 중앙위원회와 중원국의 지시에 따라 신사군 각 부대는 국민당의 규제에서 벗어나 적후로 한 걸음 더 진군하여 항일무장을 발전시켰다. 그리고 항일진지를 확대하면서 화중의 적후 전장에서 일본군과 용감한 투쟁을 전개했다.

창장 이남의 적후 활동에 들어간 신사군 제1지대와 제2지대는 "북쪽으로 발전하고 동쪽에서 작전하며 작금의 진지를 공고히 한다"는 방침을 관철했다. 그리하여 장쑤 남부 마오산근거지를 굳건히 함과 동시에 동진, 북상 작전을 적극 추진했다. 1939년 2월, 신사군 제1지대 제

2퇀(한 개 영이 빠졌음)은 단양유격종대와 연대해 북쪽 양중(揚中)으로 쳐들어갔다. 그래서 괴뢰군 한 개 퇀 대부분을 섬멸하고 양중과 다차오(大橋)일대 창장 강 연안지역을 통제했다. 동시에 타이저우(泰州)에 주둔하고 있는 국민당의 지방 실력파이며 루쑤완변구 유격군 총지휘 리밍양, 부총지휘 리창장(李長江) ["얼리(二李)"라고 약칭함]과 항일통일전선 협약을 맺었다. 5월에 신사군은 제6퇀을 동쪽으로 진격시킨 다음 강남(江南)인민항일의용군 제2로군이라고 명칭을 변경하고 우시(無錫), 쑤저우(蘇州) 일대에서 활약하도록 했다. 6월 24일, 강남인민항일의용군은 야밤에 쑤저우 서북쪽의 쉬수관역을 습격하여 기차역을 불태워 버리고 레일을 폭파해 버렸다. 그리고 일본군 55명과 괴뢰군 한 개 중대를 섬멸함으로써 경호(京滬)철도 운행이 3일간 중단되게 했다. 7월 23일, 강남인민항일의용군의 한 개 부대가 상하이 근교에 쳐들어가 야밤에 홍차오(虹橋)비행장을 습격함으로써 온 상하이시를 뒤흔들어 버렸다. 이에 당은 11월에 제1지대, 제2지대 지도기관을 합병하여 천이, 쑤위를 정, 부로 하는 강남지휘부를 꾸렸다. 그리고는 주력군 1개 부대를 파견하여 신사군정진종대와 쑤완지대를 꾸리고 창장 강을 건너 북상하여 장쑤 북부를 개척하는 임무를 집행하도록 했다. 나머지 부대들은 후에 탄전린의 인솔 아래 장쑤 남부에서 전투를 계속했다. 1939년, 안후이 남부에 남은 신사군 군부 직속부대 및 제3지대는 퉁링, 판창과 징(涇)현 지역에서 일본군과 200여 차례 교전을 벌여 완난항일근거지를 보위했다.

창장 강 이북의 신사군 부대들에 대한 영도를 강화하기 위해 신사군 참모장 장윈이(張雲逸)는 1938년 11월에 군부 특무영을 거느리고 안후이 남부에서 안후이 중부 우웨이지역에 당도했다. 그는 루장, 우웨이 지역 당 조직이 이끄는 유격대를 통일적으로 신사군 강북(江北)유격대로 정비하고 개편한 다음 안후이 중부항전의 과업을 수행하도록 했다. 1939년 5월 신사군 군장 예팅이 안후이성 남부로부터 북상하여 안후이성 중부 루장의 둥탕츠(東湯池)에서 신사군 강북지휘부 설립을 선포했다. 지휘부는 장윈이(張雲逸), 쉬하이둥이 각각 정, 부 지휘직을 맡았다. 뒤이어 신사군 제4지대를 개편했는데 쉬하이둥이 사령원직을 겸임하고 정웨이싼이 정치위원직을 맡았다. 제5지대는 원래 제4지대 제8퇀을 토대로 확대하고 편성했는데 뤄빙후이가 사령원직을 맡고 궈수선이 정치위원직을 맡았다. 정비와 개편을 마친 제4지대, 제5지대는 동진에 관한 방침에 따라 각각 진포철도 양측에 진출하여 대중을 발동했다. 그리고 화이난(淮南)의 딩위안현 어우탕을 중심으로 하는 진포철도 서부 및 라이안현 반타지를 중심으로 하는 진포철도 동부근거지 즉 완둥항일근거지를 개척했다.

1938년 9월 30일, 펑쉐펑이 신사군유격지대의 370여 명을 거느리고 주거우에서 허난 동부로 진격했다. 10월 11일, 그들은 시화현 두강에서 우즈푸, 쇼왕둥이 거느린 두 갈래의 유격대와 합류했다. 이어 3개 대대를 편성했는데 대대원이 도합 1,000여 명이 됐다. 10월 하순, 부대는 동쪽으로 황허 범람구를 지나 허난 동부의 적후로 진격하여 위완쑤항일근거지를 개척하는 전투를 하면서 끊임없이 성장했다. 1939년 11월에 이르러 이 대열은 벌써 1만 2,000여 명으로 늘어났다. 이 대열을 신사군 제6지대라고 고쳐 부르고 펑쉐펑(彭雪楓)이 사령원직을 맡고 정치위원직을 겸임했다. 주거우(竹溝)에서 건립됐고 리셴녠이 거느린 다른 한 갈래의 신사군독립유격대대는 1939년 1월에 후베이 중부로 진격했다. 이 유격대는 4월에 신양정진대의 한 개 부대와 함께 신사군 어중유격지대로 편성됐다. 5월에 유격지대는 후베이성 항일유격대대 잉산현 항적자위퇀의 1개 부대와 함께 신사군정진퇀으로 편성됐다. 6월 상순에 천사오민이 신양정진대의 일부 및 주거우에서 온 50여 명의 간부들을 정진퇀에 편입시켰다. 6월 중순에 중원국(中原局)의 지시에 따라 허난 남부와 후베이 중부의 무장들을 통일적으로 신사군 위어독립유격지대로 편성했는데 리셴녠이 사령원(관)직을 맡고 천사오민이 정치위원직을 겸임했다. 11월에 새로운 중공 위어변구위원회가 설립되면서 변구의 각 무장력은 모두 신사군 위어정진종대로 편성되었으며 리셴녠이 사령원직을 맡고 주리즈(朱理治)가 정치위원직을 맡았다. 이 부대는 유격전쟁을 적극 펼쳐 가면서 바이자오산(白兆山), 다우산(大悟山)을 중심으로 하는 위어변구항일근거지를 창설했다. 1940년 6월, 적들을 견제하기 위해 부대주력은 서쪽으로 전략적 이동을 전개했다. 이들은 일거에 징산(京山)현 핑바(坪壩)를 공략했고 연이어 세 번이나 일본군의 공격을 격퇴하여 바이자오산의 남쪽 문호를 지켜냈다.

1939년 3월, 류사오치는 옌안으로 돌아갔다가 9월에 다시 쉬하이둥과 함께 많은 간부들을 거느리고 주거우진으로 돌아왔다. 이들은 11월에 중원국 기관을 거느리고 위완쑤변구를 거쳐 안후이 동부 어우탕에 위치한 신사군 강북지휘부에 도착했다. 그해 12월부터 1940년 2월까지 중원국은 연속 세 차례의 회의를 열고 화중을 발전시키는 전략방향과 근거지 건설, 그리고 통일전선 등에 관한 문제들을 심도 있게 논의했다. 중원국은 다음과 같이 인정했다. 장쑤 북부는 이미 적의 후방이 됐고 산둥과 가까이 있기 때문에 팔로군과 서로 호응할 수 있다. 그리고 이 지역을 개척하기만 하면 화중과 화베이를 연결할 수 있다. 장쑤 북부에는 국민당 장쑤성 주석 겸 루쑤(魯蘇)작전구역 부사령인 한더친(韓德勤) 등 부대가 있기는 했다. 그렇지만 그들은 소극적으로 항일하고 항일세력을 배척한다. 그리고 백성들을 수탈하고 있기에 인민들의 원한을 사고 있다. 그래서 중원국은 중앙에 일부 팔로군을 남하시켜 북상하는 강남신사군과 연대하면서, 강북의 신사군을 지원하고 장쑤 북부에서의 유격전을 강력하게 전개할 것을 건의했다.

1940년 1월 19일, 중국공산당 중앙위원회는 신사군의 발전방침에 대한 지시를 내렸다. 위원회는 신사군 창장 남북의 부대들은 가급적 현 지역에서 발전을 도모하고, 창장 이남의 천이 부대는 장쑤 북부의 강자로 발전할 수 있게 힘써야 한다고 했다. 5월 4일, 중국공산당 중앙위원회는 다시 동남국에 과감하게 국민당완고파의 규제에서 벗어나 대담하게 대중을 발동할 것을 요구했다. 또 모든 적 점령지역으로 발전해 나가 독립적, 자주적으로 군대를 확장하고 항일정권을 수립할 것을 적시했다. 6월, 장쑤 남부 신사군은 국민당군대의 저지를 격퇴하고 창장 강을 건너 북상했다. 그리고 쑤베이(蘇北)항일근거지를 창설하는 전략적 과업을 집행했다. 6월 말, 타이저우(泰州)에 주둔하고 있던 국민당 리밍양(李明揚), 리창장(李長江) 부대는 한더친(韓德勤)의 지시를 받고 궈(郭)촌 일대의 신사군정진종대를 공격했다. 신사군은 기운차게 방위에 나서 "얼리(二李)"가 타이저우성으로 퇴각하도록 했다. 장쑤 북부항전의 국면을 타개하고 통일전선을 확대하기 위해 신사군 강남지휘부는 계속 "리밍양, 리창장을 쟁취하고 적들을 타격하며 한더친을 고립"시키는 전략을 이어갔다. 7월 3일, 궈촌에 도착한 천이는 부대에 이 방침을 전하는 한편 사람을 파견하여 "얼리(二李)"와 연계를 맺고 단결하여 항일할 뜻을 다시 밝혔다. 그러면 궈촌을 내놓고 포로를 석방하고 총기들을 돌려주겠다고 말했다. 이에 "얼리(二李)"는 감사를 표시하며 원래의 합작관계를 회복하는 데 동의했다. 7월 중순, 강남지휘부를 쑤베이지휘부로 개칭하고 산하에 3개 종대, 9개 퇀을 두었는데 총 인원수는 7,000여 명이었다. 이 부대는 그 후 동쪽의 타이씽, 징장, 루가오 일대로 진격하여 황차오(黃橋)를 중심으로 하는 항일근거지를 창설했다. 또 군사를 몇 구역으로 나누어 대중을 발동시키고 통일전선업무를 열성적으로 벌였다. 이 부대는 장쑤 북부의 저명한 오랜 신사 한궈쥔을 대표로 하는 지방애국인사와 공산당 간의 합작을 일궈냈다.

장쑤 북부를 개척하고 화중근거지를 발전시키는 데 협력하기 위해 1940년 5월, 황커청은 명령대로 팔로군 제2종대 제344여와 신편 제2여의 도합 1만 2,000여 명을 거느리고 지루위에서 남하했다. 그리고 6월 하순에 안후이성 북부 워양현 신싱지(新興集)에서 펑쉐펑이 거느린 신사군 제6지대와 합류했다. 이들은 7, 8월 사이에 팔로군 제2종대와 신사군 제6지대, 그리고 1939년 5월에 남하하여 창설한 완둥베이(皖東北)근거지의 팔로군 제115사 쑤루위지대, 10월에 완둥베이 근거지에 들어온 원 산둥종대 룽하이남진지대 등 부대들로 팔로군 제4종대와 제5종대를 편성했다. 제4종대는 펑쉐펑이 사령원직을 맡고 정치위원직을 겸임했는데 위완쑤지구에 남아 서쪽을 방어하는 과업을 맡았다. 제5종대는 황커청이 사령원직을 맡고 정치위원직을 겸임했다. 진작부터 창장을 건너 북상하고 있던 천이, 쑤위 부대는 동쪽의 화이하이로 진격하여 장쑤성 북부를 개척하는 데 협력하는 임무를 수행했다. 10월 10일, 황커청이 거느린 팔로군은 둥타이바이쥐진에서 쑤베이 신사군과 합류했다.

1940년 11월, 화중 팔로군과 신사군에 대한 영도를 통일하기 위해 중국공산당 중앙위원회의 지시에 따라 화중총지휘부가 설립됐다. 이에 예팅(葉挺)이 총지휘관을, 류사오치가 정치위원을, 천이가 부총지휘관(예팅이 장쑤 북부에 도착하기 전에는 천이가 총지휘대리였음)을 맡았다. 1940년 말에 신사군은 2년 남짓한 적후 항일유격전에서 난징, 상하이, 우한, 쉬저우, 카이펑 외곽에 주둔하면서 적들의 통치중심구역을 직접 위협했다. 그리고 일본군, 괴뢰군과 도합 2,700여 차례 작전하여 적 5만 5,000명을 살상하고 대량의 무기와 장비들을 빼앗았다. 또 화중에서 완둥, 위완쑤, 완둥베이, 쑤베이 등 항일민주 근거지를 창설하고 쑤난, 완중 근거지를 확대했으며 화베이와 화중 항일근거지와의 연계를 일궈냈다. 신사군주력부대는 거의 9만 명으로 발전했고 일반적인 지방 무장 세력과 생산하는 일을 떠나지 않은 지방 무장 세력이 수십만 명에 달했다.

화난(華南)에서 국민당군대가 패배하고 광저우가 함락되자 일본군이 광구철도 양측의 10여 개 현성을 점령했다. 중공 광둥지방조직은 후이(惠), 바오(寶), 인민항일유격총대와 둥(東), 바오(寶)변구 인민항일유격대대를 창립해 유격전을 적극 벌여 나갔다. 1940년 9월에 이 두 개 유격대는 광둥 인민 항일유격대 제3대대, 제5대대로 개칭됐다. 그리고 광구철도 양쪽과 다링산, 양타이산 산지대에서 투쟁하면서 둥장 항일유격근거지를 창설했다. 그 후 유격대는 광둥인민항일유격대 둥장(東江)종대로 발전했는데 쩡성(曾生)이 사령원직을, 인린펑이 정치위원직을 맡았다. 광저우시 인민항일유격대 제2지대도 투쟁을 통해 발전했다. 중국공산당 지방조직은 광둥 중부(粤中), 레이저우(雷州)반도, 차오산(潮山) 등 지역에서도 항일유격무장대를 조직하고 발전시켰다. 1938년 12월 초, 장기간 하이난도에서 싸워 오던 충야(瓊崖)홍군유격대는 광둥성 민중항일자위단 제14구 독립대로 개편됐다. 독립대는 펑바이쥐(馮白駒)의 지도 아래 한족, 이족, 묘족 등 여러 민족 인민들을 한데 모아 항일유격전쟁을 이어갔다. 1940년 말에 이르러 이 부대는 2,500명으로 발전했다. 그 후 이 부대는 광둥성 충야 항일유격대 독립종대(충야종대라고 약칭함)로 개편됐는데 펑바이쥐가 종대사령원 겸 정치위원직을 맡았다. 공산당이 영도하는 이런 화난항일유격대는 충야, 둥장, 주장 등 항일유격근거지를 창설하고 연이어서 일본군과 괴뢰군의 〈향촌숙청〉과 〈소탕〉을 분쇄했다. 그밖에도 국민당 완고파의 여러 차례 진격을 물리치고 자파 세력을 키워 나갔다. 그들의 투쟁은 당 지역 인민과 해외 애국교포들의 적극적인 지지를 받았다.

홍콩과 마카오는 항전시기 중국이 해외원조를 획득하는 데 중요한 중계지였다. 홍콩과 마카오의 동포들은 여러 가지 항일구국활동에 열성적으로 가담했다. 쑹칭링이 이끄는 〈중국보위동맹〉은 장기간 홍콩을 거점으로 하여 홍콩과 마카오 동포들의 열렬한 지지를 받았다. 이 동맹은 아래 해외교포들과 연락하여 대량의 의연금을 모금하고 조국의 항전에 적극 원조했다. 중국공산당은 홍콩의 특수한 환경과 조건을 이용하여 국제 반파시즘 세력과도 연계를 맺었다. 그뿐만 아니라 중국의 항전을 지원해 달라는 요청을 했으며 항일문화운동 역시 조직하고 전개했다. 홍콩이 함락된 후 홍콩동포들은 일제 침략자와 여러 형태의 투쟁을 전개했다. 그리하여 당이 영도하는 둥장(東江)종대는 홍콩지역에서 많은 문화인들과 외국의 동지들을 구해냈다.

둥베이 항일연군이 투쟁을 견지하다

전국적 항전의 고취와 추동 아래 중국 둥베이 지구 여러 민족 인민들의 항일투쟁에도 새로운 국면이 나타났다. 당 조직과 둥베이 항일연군은 인민들에게 즉각 행동하여 둥베이를 회복시키기 위해 힘차게 싸워 나갈 것을 호소했다. 여러 민족 청년들은 용감하게 동북항일연군에 입대했다. 적지 않은 괴뢰군과 괴뢰경찰들도 총기를 가지고 귀순하여 항일연군에 가입했다. 둥베이 항일연군부대들은 창바이산(長白山, 한국명 백두산)과 헤이룽 강의 광활한 대지에서 유격전을 벌였다. 그리하여 일본군과 괴뢰군의 통치를 통쾌하게 타격하고 수많은 일본군을 견제했으며 전국의 항전에 적극 연대했다.

"9·18"사변 후 둥베이지구는 일본이 전 중국을 침략하는 데 후방기지가 되고, 소련을 반대하는 데는 전초진지가 됐다. 이 지역을 확보하기 위해 일본은 〈치안숙정계획〉을 제정했으며 또 둥베이에 대량의 병력을 증파했다. 1937년 7월 초, 관동군은 10만여 명으로 늘어났고 괴뢰군도 10만여 명으로 확충됐다. 루거우차오(盧溝橋·노구교)사변 이후 일본군 참모부는 관동군으로부터 4개 여단과 2개 지대를 떼어 화베이에 파견하고 관내의 작전에 투입시켰다. 때문에 둥베이지역의 병력이 다소 줄어들었다. 그러나 1938년 하반기에 와서 관동군은 다시 7개 사단으로, 1939년 말에 이르러서는 9개 사단으로 늘어났다. 일본군과 괴뢰군은 항일연군부대에 대한 군사적 '토벌'과 경제적 봉쇄에 박차를 가했다. 동시에 촌을 합병하여 집단부락을 만들고 주민들에 대해 파시즘 통치를 강화했다. 그러면서 인민대중과 항일연군과의 연계를 차단하고, 항일연군의 병사 원천과 공급을 끊어버렸다. 그래서 항일연군의 입장이 날이 갈수록 악화됐다. 항일연군 각 부대들은 더없이 어려운 조건임에도 여러 민족 인민들을 단합하여 유격전을 지속했고 일본군, 괴뢰군과 크게 싸웠다.

양징위(楊靖宇), 웨이정민(魏拯民) 등은 항일연군 제1로군 산하의 제1군, 제2군을 거느리고 남만주 창바이산지역에서 항일유격전을 적극 벌여 나갔다. 1937년 7월 이후 제1로군 총사령 양징위는 제1군의 1부를 거느리고 랴오닝성 환런(桓仁)에서 서쪽으로 나아가 콴뎬(寬甸)현 경내와 번시(本溪) 지역을 전전하면서 일본수비군을 여러 차례 습격했다. 중국공산당 남만성위원회 서기이자 제1로군 제2군 정치위원인 웨이정민도 제2군을 이끌고 지린성 어무, 후이난, 멍쟝, 우쑹, 화뎬 등지에서 유격전을 벌이면서 적들을 확실하게 타격했다. 1938년 초, 양징위는 부대를 거느리고 환런(桓仁)에서 지안(輯安)으로 진입하여 라오링(老嶺)산지대에서 활동했다. 3월에는 일본군이 한창 작업 중이던 퉁(通)철도 라오링 터널공사의 적들을 습격했다. 4월에 제2군은 창바이(長白)현 류다오거우(六道溝)진을 공략했다. 5월 중순부터 6월 초까지 중국공산당 남만성위원회와 제1로군 본부는 라오링에서 회의를 열었다. 회의에서 제1군은 서쪽 러허(熱河, 열하)로 진군하고 제2군은 창바이산에 잔류해 투쟁을 계속하기로 했다. 회의에서는 웨이정민(魏拯民)이 제1로군 부총사령(관)직을 겸임하기로 했다. 7월 중순에 소집된 제2차 로우링(老嶺)회의에서는 서정을 포기하기로 합의하고 부대편제를 개편하기로 했다. 그 후 제1로군은 부대를 통일적으로 3개 방면군과 한 개 경위여로 편성하고 구역으로 나눠서 작전했다. 8월에 양징위는 경위여와 제1방면군의 일부를 지휘하여 지안(輯安)현 창강(長崗)에서 괴뢰군 쒀징칭(索景淸)여의 한 개 퇀을 격파했다. 1938년 겨울, 제1로군의 각 부대들은 일본군과 괴뢰군을 끊임없이 타격했다.

1937년 가을, 우수리 강(烏蘇裏江) 왼쪽 기슭과 완다산 일대에서 싸우고 있던 둥베이항일연군은 바오칭현 량수이취안즈(涼水泉子) 괴뢰경찰서습격전, 화촨현 멍자강매복습격전, 쥐바오산 경찰서기습전, 우다오강(五道崗)매복습격전 등 전투에서 승리를 거두었다. 10월에 둥베이항일연군 제2로군 준비위원회가 설립됐는데 저우바오중(周保中)이 제2로군 총지휘(관)으로, 자오상즈(趙尙志)가 부총지휘(1940년 2월에 부임하였음)에, 최석천(崔石泉)이 참모장으로 임명됐다. 그리고 산하에 제4군, 제5군, 제7군, 제8군, 제10군 등 5개 군을 두었다. 연말에 제2로군은 고난의 '반토벌' 작전을 개시했다. 중국공산당 지둥(吉東)성위원회의 결정에 따라 1938년 7월에 제2로군 제4군, 제5군

주력은 서정을 시작하여 남만주에서 활동하고 있는 제1로군과 연계를 맺었다. 그리고는 이어서 상하이 관내와 연계를 맺으려고 시도했다. 그들은 연도에서 추격해 오는 적들과 용감무쌍하게 싸웠다. 제4군 군장 리옌핑(李延平)과 부군장 왕광위(王光宇)가 장렬하게 희생됐다. 제5군 부녀퇀의 렁윈(冷雲) 등 8명의 여전사들은 포위를 돌파하는 부대를 엄호하기 위해 탄약과 식량이 떨어질 때까지 적들과 싸웠다. 그러다가 무단장(牧丹江) 지류인 우스훈하(烏斯渾河)의 격류에 뛰어들어 전부 장렬하게 희생됐다. 바오칭(寶淸), 라오허(饒河), 푸진(富錦) 등지에 남아 투쟁을 지속하던 부대들도 큰 손실을 입었다.

1937년 하반기부터 1938년까지 리자오린(李兆麟), 펑중윈(馮仲雲) 등이 영도하는, 숭화강 하류 양안에서 활동하고 있던 항일연군 제3군, 제9군, 제11군은 중공 북만주임시성위원회의 결정에 따라 일부는 원지방에서의 투쟁을 계속 하기로 했다. 그리고 나머지 주력은 세 번에 나누어 하이룬(海倫)으로 원정하여 새로운 유격구를 개척했다. 원정부대는 천신만고를 겪고 수많은 고난을 극복하면서 마침내 임무를 성공적으로 완수했다.

이 과정에 리자오린과 그의 전우들은 유명한 시 〈야영의 노래〉를 엮었다. 시는 이렇게 쓰여 있다.

"철령의 칼 벼랑에/ 수목이 우거지고/ 폭풍우가 휘몰아치는/ 황야의 강기슭에서 전마가 울부짖는다/ 우등불 둘러싸고 한결같이 단합하니/ 그 빛발은 온 천지를 붉게 비추는구나/ 동지들이여!/ 굳은 의지 송화강의 파도를 두려워 할손가/ 일어나라!/ 용감하게 돌격하여/ 왜놈들을 몰아내고/ 둥베이를 광복시키자/ 날이 밝으면 밝은 햇살이 온 세상을 비추리…"

둥베이항일연군의 용감한 투쟁은 중국공산당 중앙위원회의 높은 평가를 받았다. 1938년 11월 5일, 당중앙위원회 제6기 제6차 전원회의 는 양징위를 대표로 하는 둥베이항일연군과 둥베이의 동포들에게 경의의 전보를 보내어 둥베이항일연군은 "빙설천지에서 적들과 7년 동안 맞서 싸운, 고난을 두려워하지 않는 분투의 본보기"라고 칭송했다.

1939년, 둥베이 항일유격전쟁은 극단적으로 어려운 단계에 들어섰다. 이때 일본군이 대규모로 광적인 군사 토벌작전과 경제적 봉쇄를 했기 때문에 항일연군의 활동구역은 날로 줄어들었다. 그리고 부대는 거의가 할 수 없이 심산밀림 속으로 후퇴하게 됐다. 빙설 속에서 싸우며, 식량의 부족으로 인해 부대원들은 늘 나무껍질과 열매로 허기진 배를 달랬다. 그뿐만 아니라 기아와 추위의 시련도 피할 수 없었다. 그렇지만 그들은 중국공산당 중앙위원회의 경의와 전보의 격려를 받아 여전히 불요불굴의 투지로 투쟁을 계속했다. 1939년 3월 11일, 양징위는 제1로군 경위여 등 부대를 거느리고 지린성 화뎬현 무치하 임산작업소를 기습했다. 그리하여 괴뢰삼림경찰대를 전멸시키고 소총 100여 정과 기관총 3정을 가져왔다. 4월에는 둔화현 다푸차이하의 일본군 야전창고를 습격하여 괴뢰경찰 200여 명의 무장을 해제했다. 8월에 제1로군 부총사령 웨이정민(魏拯民)은 제3방면군을 인솔하여 "도시를 공격하여 지원하러 오는 적들을 타격하는" 전술을 써서 소수 병력으로 안투(安圖)성을 공격했다. 그래서 괴뢰경찰서를 쳐부수는 한편 다른 일부 병력을 안투성 베이다사허(北大沙河)에 매복시켰다. 이때 지원하러 온 다른 일본군 100여 명을 섬멸하고 소총 100여 정, 기관총 2정을 노획하고 자동차 7대를 파괴했다. 10월에 중국공산당 남만성위원회와 제1로군은 부대를 영으로 만들어 분산해서 활동했다. 그러나 양징위는 1940년 2월에 부하 400여 명과 일본군 토벌대의 포위망에 걸려들었고 나중에는 혼자 남게 됐다. 적들이 그에게 투항을 권하자 양징위는 맹렬한 총격으로 응답했다. 2월 23일 양징위는 멍장(濛江) 서남쪽의 바오안(寶安) 싼다오웨이즈에서 장렬하게 순국했다. 잔인하기 그지없는 원수들은 양징위의 머리를 떼어내고 배를 갈랐다. 그들은 양징위(楊靖宇)의 배에 낟알 한 톨도 없고 온통 마른풀과 나무껍질이 들어있는 것을 발견했다. 고난을 두려워하지 않고 위기에도 굴하지 않으며 끝까지 싸우는 항일연군전사의 영웅적 기개에 적들도 놀라움을 금치 못했다.

1939년 상반기에 항일연군 제2로군과 제5군은 일본군 6,000여 명에게 '토벌'을 당했다. 린커우(林口)현 무단장 서쪽 기슭에서 소집된 중국공산당 지둥(吉東)성위원회 확대회의는 제2로군 본부가 직속경위부대, 제5군 군부 교도퇀 및 제1사, 제2사 등 부대를 거느리고 각각 바오칭(寶淸), 미산(密山)과 무링(穆棱), 둥닝(東寧) 방향으로 이전하기로 결정했다. 저우바오중(周保中)은 제2로군을 거느리고 동쪽으로 이동 중에 적들을 여러 차례 타격했다. 4월 23일, 차이스룽(柴世榮)은 제5군 주력을 거느리고 무링(穆棱) 취안옌하(泉眼河)에서 적들을 매복, 습격했는데 일본군과 괴뢰군 300여 명을 섬멸했다. 5, 6월 사이에 제5군 및 제2로군 본부는 여러 겹의 포위를 뚫고 각각 닝안(寧安) 징퍼후(鏡泊湖)지역과 바오칭(寶淸) 란방산(蘭棒山) 후방기지에 도착했다.

1939년 4월에 둥베이항일연군 제3로군 총지휘부가 설립됐는데 총지휘는 리자오린(李兆麟)이었고 총정치위원은 펑중윈(馮仲雲, 1940년 5월에 부임), 김책(金策, 1941년 7월에 부임)이었으며 총참모장은 허형식이었다. 그리고 산하에 제3군, 제6군, 제9군, 제11군을 두었다. 그들은 헤이룽장(黑龍江)성 북부 10여 개 현 경내에서 유격전쟁을 이어갔고 차오양산(朝陽山), 아룽(阿榮)진, 간난(甘南) 등 유격구를 개척했다. 넌장(嫩江) 양안에서 활동하던 항일연군부대들은 반년 남짓한 동안 적들과 40여 차례 작전하여 너허(訥河) 등 작은 도시들을 점령했다. 그들은 적 250여 명을 섬멸했으며 여러 가지 총기 500여 자루를 빼앗아왔다.

그러나 일본군과 괴뢰군은 식민통치를 끊임없이 강화하고 또 미친 듯이 토벌했다. 반면 항일연군 내부에 강력한 영도가 결핍하고 공고한 항일근거지를 창설하지 못했기 때문에 부대는 매번 좌절을 당했다. 1940년에 들어서서 각 부대들의 상황은 점차 어려워졌다. 1월 24일, 중공 지둥(吉東)성위원회, 북만(北滿)임시성위원회의 대표 저우바오중(周保中), 펑중윈(馮仲雲)과 자오상즈(趙尙志) 등은 소련의 버리(지금의 하바롭스크임)에서 회의를 열었다. 이들은 점차 규모를 축소하여 실력을 보존하는 방침을 취하기로 했다. 그래서 항일연군의 제3로군을 지대로 축소편성하고 분산해서 활동하기로 결정했다. 그 후 둥베이항일연군은 극한 고난의 조건에서도 한족, 조선족, 몽골족, 회족, 오로첸족, 다우르족 등 여러 민족인민들에 의지하여 창바이산과 헤이룽강 사이에서 계속 싸워 나갔다. 1940년 겨울에 들어서서 항일연군은 2,000명쯤밖에 남지 않았다. 항일연군지도자 저우바오중, 리자오린, 펑중윈 등은 소련대표와의 협상을 거쳐 항일연군의 일부 부대들을 소련 경내로 보내 휴식하고 정비하기로 결정했다. 그 후 항일연군 지도자들은 계속 소수의 부대들을 북만주지역과 라오허(饒河)일대에 파견하여 적들을 교란시키는 등 투쟁을 이어나갔다. 1942년 2월, 둥베이항일명장 자오상즈(趙尙志)는 항일연군 소분대를 거느리고 허리[鶴立, 지금의 허강(鶴崗)] 우퉁허(梧桐河) 괴뢰경찰서를 습격했다. 그는 이때 부상을 입고 포로로 잡혔고 용감하게 희생됐다.

둥베이항일연군과 둥베이인민들의 영용한 투쟁은 둥베이에서 일본의 야욕을 크게 타격했으며 대량의 일본군을 견제하여 전국의 항일전쟁에 큰 용기를 주었다. 중국공산당이 영도하는 적후항전은 아주 큰 대중적인 전쟁이었다. 팔로군, 신사군 등 인민항일무장이 무기가 부족하고 외국의 지원이 없는 상황에서 장기간 잔혹한 항일전쟁을 이어가며 성장할 수 있었던 까닭은 바로 인민대중의 커다란 지지를 받았기 때문이다. 당이 영도하는 항일무장전투는 백퇀대전과 같은 대규모 작전방식과 적들에 대한 기습, 매복습격, 포위섬멸 등 작전으로 적들을 섬멸했다. 그러나 주로 인민대중을 동원하여 분산적인 유격전 방식으로 여러 지역에서 셀 수 없이 많고 작은 규모의 전투를 시도했던 것이다. 이런 전투들은 날마다 진행됐고 어디서나 발생했기에 일본군은 인민전쟁의 망망한 대해 속에서 빠져나올 수 없었다.

적후 항일유격전쟁은 수많은 일본군을 견제하고 정면전장의 작전에 파워풀하게 연합했다. 그뿐만 아니라 작은 승리가 쌓이면서 대승을 거둘 수 있었으며 점차 일본군을 섬멸할 수 있었다. 전국적 항전이 시작되고 나서 1940년까지는 중국 인민의 항일역량이 크게 발전한 시기였다. 중국공산당이 영도하는 무장부대는 항전개시 때의 5만여 명에서 50만 명으로 늘어났으며 또 대량의 지방무장과 민병대를 가지게 됐다. 또 이들은 산간닝변구를 제외하고 화베이, 화중과 화난에 16개의 항일민주근거지를 창설했다. 이런 근거지(유격구를 망라함)들은 거의 1억 명의 인구를 보유하고 있었으며 전국항전의 중심지가 됐다.

3. 국민당 완고파들이 발동한 제1차 반공고조를 격퇴

국민당 완고파들의 반공마찰을 제지

1939년 겨울부터 1940년 봄까지 국민당 완고파들의 반공활동이 빠른 속도로 확대됐다. 그들은 소규모 군사적 분쟁을 조작하던 것을 시작으로 몇 개 지역에서 큰 규모의 무장공격을 하는 것으로 발전했다. 그러면서 제1차 반공고조를 일으켰다. 이번 반공고조의 중심지역은 산간닝변구와 산시(山西), 그리고 허베이 등지였다. 국민당완고파가 이번 반공고조를 일으킨 근본적인 목적은 화베이에서의 공산당 세력을 약화시키며 점진적으로 공산당 세력을 소멸해 버리기 위해서다. 그 밖에도 화베이 적후에 대한 통제권을 장악하려는 의도 때문이었다.

국민당 완고파

항일민족통일전선 내부의 국민당원 가운데 대지주, 대자산계급을 대표한 정치 세력은 국공합작에 동의하기는 했지만 공산당과 진보세력을 유린하기도 했다. 당시 사람들은 이런 세력을 국민당 완고파라고 불렀다.

국민당 완고파들은 예봉을 산간닝변구에 돌렸다. 1939년 12월, 산간닝변구를 봉쇄하고 있던 국민당 후쭝난(胡宗南)부대는 지방의 반동세력을 규합했다. 그리고는 변구서부의 룽둥(隴東)지역과 남부의 관중지역으로부터 공격을 개시했다. 그들은 이르는 곳마다 팔로군을 습격하고 지방정권과 대중항일단체들을 파괴했으며 사업일꾼들을 체포하고 살해했다. 그들은 차례로 팔로군이 지키고 있는 닝(寧)현, 전위안(鎭原), 쉰이(栒邑), 춘화(淳化), 정닝(正寧) 등 현성을 습격하고 점령했다. 변구동부의 쑤이더에서 그들은 반동분자들을 선동하여 폭동을 일으켰다. 그러면서 공산당 군경간부와 인민대중을 박해하고 변구의 치안을 파괴해 버렸다. 이번 진격은 중국공산당 중앙위원회, 중앙군사위원회 본거지 옌안(延安)을 직접적으로 위협했다. 중국공산당은 항전 초기부터 이를 거듭 인내하고 양보했으며, 셰줴짜이(謝覺哉)를 대표로 파견하여 국민당정부와 협상하도록 했다. 그리하여 가급적이면 충돌을 피하려고 애썼다. 팔로군본부와 유수병퇀은 장제스에게 전보 또는 공개전보를 보내 변구에 대한 공격을 중지할 것을 요구했다. 그리고 총구를 대내에 돌리는 것을 반대하고 변구를 포위한 국민당 군대를 철수할 것도 요구했다. 그러나 국민당 측에서는 제안을 받아들이지 않았기에 그 어떤 결과도 얻지 못했다. 근거지 군민들은 할 수 없이 자위반격전을 펼쳐 공격해오는 국민당완고군을 타격했다. 팔로군 제359여단은 옌베이(雁北)에서 쑤이더에 진주한 다음 무장쿠데타를 신속하게 평정하고 쑤이더를 통제함으로써 산간닝변구가 통일과 안정을 얻도록 했다.

산시(山西)는 국민당 완고파가 반공 마찰을 조작하는 또 하나의 중점지역이었다. 항전 초기, 산시청년항적결사대 등 신군은 전선에서 팔로군과 합동작전을 펼치면서 항일민주정권을 수립했다. 그리하여 대열이 신속하게 확대되었으며 인민들의 큰 지지를 받았다. 그렇지만 국민당의 실력자인 옌시산은 공산당 및 공산당이 영도하는 항일세력의 발전을 용납할 수 없었다. 그는 비밀리에 일본군과 결탁하는 한편 산시의 신군과 팔로군을 진격할 것에 관한 계획을 적극 추진했다. 1939년 12월 초, 옌시산은 진시(晉西)사변(일명 12월 사변)을 기획하고 '반공격'을 구실로 신군이 '변절'했다고 모함했다. 그는 우선 많은 군대를 동원하여 산시 서부에 주둔하고 있던 결사대 제2종대와 팔로군 진시(晉西)독립지대를 포위하고 공격했다. 그리고 융허(永和), 스러우(石樓), 훙둥(洪洞) 등 6개 현의 항일민주정권과 대중조직을 파괴했으며, 항일간부 및 팔로군 후방병원의 부상병 등 도합 200여 명이나 살해했다. 한편 옌시산 소속 쑨추(孫楚)부대는 장제스의 직계부대와 연대하여 산시성 동남부에서 활동하고 있는 결사대 제1종대와 제3종대 그리고 팔로군을 공격했다. 그리고 친수이(沁水), 양청(陽城) 등 7개 현의 항일민주정권을 파괴했으며 공산당원과 대중 500여 명을 학살하고 1,000여 명을 체포했다. 그 밖에도 결사대 제3종대 내부의 반동군관을 책동하여 거의 3개 퇀에 폭동을 일으키고 반공하도록 협박했다. 그 후 옌시산은 자오청서우(趙承綬)부대에 산시 서북부에서 결사대 제4종대와 잠(暫)1사를 진격할 것을 명령했다. 결사대 제2종대와 팔로군 진시독립지대는 옌시산부대에 반격을 가한 후 산시 서북지구로 이동했다. 1940년 1월, 팔로군 제120사 제358여와 신군 등 부대들은 린(臨)현에서 자오청서우부대에 반격을 가해 그의 일부 부대를 섬멸해 버렸다. 조우청서우는 성을 버리고 황급히 도주했다. 2월, 허룽(賀龍), 관샹잉(關向應)은 제120사 주력을 거느리고 허베이 중부에서 산시 서북부로 돌아와 완고세력을 완전히 숙청하고 진시베이 근거지를 공고히 했다. 산시동남부에서 팔로군은 장제스와 옌시산 간의 갈등을 이용하여 장제스의 직계부대에 대해 방어태세를 취했다. 그러고는 세력을 집중하여 옌시산부대에서 제일 반동적인 순추부대를 타격했다. 1940년 1월에 팔로군 제386여와 본부의 특무퇀이 타이웨(太嶽)지역에 진입했다. 제344여, 진위변구지대, 결사대 제1종대는 반공군에게 호된 타격을 안겼다. 그 후 제385여, 제386여와 독립지대는 지방유격대와 연합해 위서(楡社)지역에서 일부 옌시산군을 섬멸하고 타이난(太南), 타이웨(太嶽) 근거지를 공고히 했다.

옌시산부대의 군사적 공격을 저지한 중국공산당은 주동적으로 두 군대 간의 충돌을 평화적으로 해결할 것을 제안했다. 1940년 2월 하순, 중국공산당 중앙위원회는 샤오진광(蕭勁光)과 왕뤄페이(王若飛)를 산시 이촨(宜川)현 추린(秋林)진에 파견했다. 그리하여 산시에서 신군과 구군이 단결하며 옌시산을 옹호하고 항일을 할 것에 대한 중국공산당의 주장을 옌시산에게 설명하도록 했다. 4월 초에 옌시산은 반공에 실패하면서 자기의 세력이 약화되는 것과 장제스의 세력이 이 틈을 파고들어오는 것을 몹시 경계했다. 그래서 옌시산은 공산당과의 무장충돌을 중지하고 구역을 나누어 작전할 것에 대한 협정을 맺었다. 토론을 거쳐 쌍방은 펀양(汾陽)에서부터 리스(離石)를 거쳐 쥔두(軍渡)에 이르기까지의 도로를 산시 서남과 산시 서북의 분계선으로 하기로 했다. 그리고 산시 서남은 옌시산 군대의 활동지역으로 하고 산시 서북은 팔로군과 신군의 활동지역으로 하기로 했다.

타이항산지역은 국민당 완고파가 반공 마찰을 조장하는 데 또 하나의 중심지였다. 1939년 12월 초, 국민당군대 제97군 주화이빙(朱懷冰)부대는 허베이 서부에 진입하여 팔로군 진지에 접근해 왔다. 그들은 항일정권을 무너뜨리고 자주 분쟁을 일으켰다. 단결하여 항일하는 국면을 수호하기 위해 부총사령 펑더화이, 사장 류보청은 차례로 허베이 서부로 가서 국민당 지차작전구역 총사령인 루중린, 주화이빙(朱懷冰) 등과 협상을 했다. 그들은 공산당과 팔로군의 입장을 분명하게 설명하고 루중린과 주화이빙에 분쟁을 중지하고 일치단결하여 적과 맞설 것을 권고했다. 그러나 주화이빙은 듣는 척도 하지 않았다. 그러고는 소속부대에 평한철도 이서의 유격종대를 대거 공격하라고 촉구했다. 1940년 1월, 국민당군대 제69군 스유싼(石友三)부대의 1만 7,000여 명이 지난, 지루위 지역에서 평한철도 부근의 팔로군을 향해 진격했다. 이 두 번의 진격은 모두 격퇴됐다. 2월, 주화이빙과 스유싼 등 부대는 다시 평한철도 동, 서 양측에서부터 타이항과 지난 지역의 팔로군을 향해 진격했는데 그 예봉을 팔로군본부 소재지에 돌렸다. 이에 팔로군 제129사는 자위권을 갖고 반격했는데 2~3월 사이에 차례로 지난전투와 웨이동전투를 일으켜 스유싼(石友三)군대 대부분을 섬멸했다. 3월 5일, 팔로군은 류보청과 덩샤오핑의 지휘 아래 츠우서린[츠현(磁縣), 우안(武安), 서현(涉縣), 린현(林縣)]전투를 벌여 주화이빙군부 및 그 주력인 두 개 사 대부분을 섬멸했다. 투쟁 속에서 팔로군은 자위의 원칙을 이어가고, 가능한 한 국민당의 기타 부대들이 중립을 지키도록 했다. 팔로군은 세력을 집중하여 주화이빙부대와 스유싼부대를 타격함으로써 그들 부대의 진격을 신속하게 분쇄하고 타이항, 지난, 지루위 등 근거지들을 공고히 했다. 전투가 마무리된 후 중국공산당 중앙위원회는 팔로군에 주화이빙 잔여부대에 대한 추격을 중지하라고 명령했다. 그러고는 스스로 후퇴하라 이르고는 휴전을 제기했다. 5월 상순에 중국공산당 중앙위원회는 주더를 허난(河南) 뤄양(洛陽)에 파견하고 제1작전구역 사령장관 웨이리황(衛立煌)을 만나도록 했다. 주더는 우군과 장기적으로 합작하여 항일하려는 공산당과 팔로군의 염원을 밝혔다. 이에 웨이리황은 공산당을 반대하는 무력 분쟁을 원하지 않는다고 표시했다. 쌍방은 린툰[린펀(臨汾), 툰류(屯留)]도로와 창즈(長治), 핑순(平順), 츠(磁)현 일선을 계선으로, 이 계선의 이북은 팔로군의 방어구역으로 삼고 이남은 국민당군대의 방어구역으로 한다고 규정했다.

화중의 신사군도 국민당군대의 압박과 진격을 경험했다. 1940년 3월, 한더친(韓德勤)부대와 계군(桂軍) 리핀셴(李品仙) 등 부대는 진포철도 양측에서 안후이성 동부의 신사군 제4지대와 제5지대를 공격했다. 이들은 중국공산당 중앙위원회 중원국과 신사군 강북지휘부 소재지를 즉각 공격해 신사군과 팔로군과의 연계를 끊어놓았다. 그리고 나서 신사군을 창장 이남으로 압박해 놓은 다음 기회를 보아 소멸해 버리려고 했다. 중원국과 신사군 제1방면군은 단결하여 항일하려는 입장을 밝히는 한편 세력을 긴급히 동원했다. 그리하여 차례로 딩위안(定遠)과 반타지(半塔集) 자위 반격전을 조직함으로써 완고군의 포위공격을 격파했다. 동시에 툰창 등지의 반동지주의 폭란을 진압함으로써 진포철도 양측의 진지를 방어하고 완둥(皖東)항일근거지를 공고히 하며 발전시킬 조건을 마련했다.

항일민족통일전선 정책과 책략의 발전

항일민족통일전선은 광범위한 사회적 토대를 가지고 있었다. 통일전선 주체로서의 국공 2대 정당은 각기 다른 계급의 이익과 사회발전방향을 대표하고 있었다. 항일전쟁시기 중일 간의 민족갈등이 시종 중요한 사안이었고, 국내 계급갈등은 부차적인 사안이었다. 하지만 때로는 국내의 계급갈등이 첨예한 형태로 표현되기도 했다. 항일전쟁시기 국공 양당 간의 투쟁은 일종의 특수한 형태의 계급투쟁이었다. 그 주요 표현은 양당, 양군 간의 정치투쟁과 군사마찰이었다. 국민당 완고파들의 반공마찰을 반대하는 투쟁 가운데 공산당 내에는 국공 양당의 합작이 바야흐로 파열되고 있으며, 무제한적으로 투쟁할 수 있다는 '좌'적 경향이 점차 머리를 쳐들기 시작했다. 한편 과감하게 국민당 완고파들과 투쟁하지 못하는 우적 경향도 존재하고 있었다.

마오쩌둥은 국민당 완고파들의 제1차 반공 고조를 격퇴한 경험과 교훈을 정리하고, 통일전선문제에 관련한 당내의 오류를 시정하기 위해 1940년에 "현하 항일통일전선에 있어서의 전술문제" "항일역량을 담대하게 발전시키며 반공 완고파의 공격에 저항하자" "정책에 대해서" 등의 문건을 집필했다. 그는 전국적 항전 후 실시한 국공합작과 반마찰 투쟁의 경험을 분석하고 항일민족통일전선에서의 당의 책략과 방침 그리고 제반 정책에 대해 설명했다.

마오쩌둥은 다음과 같이 지적했다. 당의 통일전선정책의 근본적인 지도원칙은 연대도 하고 투쟁도 하며, 이는 단합을 위한 것이다. 전술문제에 있어 당내 견해와 이로부터 오는, '좌'적인 또는 '우'적인 동요는 반드시 여러 측면에서의 이해를 거쳐야만 극복할 수 있다. 역사상 당의 변화, 현재 당 정책의 변화, 당의 발전 과정 등에 대한 전면적인 이해가 필요하다. 당의 역사적 경험은 대혁명 후기에 있어서는 일체가 연합이고 투쟁을 부정했다면 토지혁명 후기에 있어서는 일체가 투쟁이고 연합을 부정했다는 점을 일깨워 주었다. 이 두 가지 극단적인 정책은 모두 당과 혁명에 막대한 손실을 가져다주었다. "지금의 항일민족통일전선정책은 일체가 연합이고 투쟁을 부정하는 것이 아니며 또 일체가 투쟁이고 연합을 부정하는 것도 아니다. 그것은 연합과 투쟁, 두 가지 측면을 종합한 정책이다"[26] 양자의 변증법적 관계를 보면 "투쟁은 단결의 수단이며 단결은 투쟁의 목적이다. 투쟁으로써 단결을 도모하면 단결이 있게 되고 양보로써 단결을 도모하면 단결이 파괴된다"[27]

마오쩌둥은 계급관계의 "구별에 기초하여 우리의 정책을 제정해야 한다"고 제기했다. 구체적으로 말하면 다음과 같다. 항일을 주장하는 영미파(英美派)의 대지주, 대자산계급과 항일을 반대하는 친일파 대지주와 대자산 계급은 구별해야 한다. 양면성이 비교적 적은 민족자산계급, 중·소지주, 개명신사와 대지주, 대자산계급을 구별해야 한다. 또한 친영친미파 대자산계급을 주체로 하는 국민당 내의 민주파와 파시즘파를 구별해야 하며 민족반역자, 친일파 중 양면분자와 완고한 민족반역자를 구별해야 한다. 정확한 계급분석을 토대로 한 중공중앙의 국내 각 계급 상호관계에서의 기본 정책은, 진보세력을 발전시키고 중간세력을 쟁취하며 완고세력을 고립시키는 책략이었다.

---

26 마오쩌둥, '정책에 대해'(1940년 12월 25일), 〈마오쩌둥 선집〉 제2권, 인민출판사 한문판, 1991년, 763쪽.

27 마오쩌둥, '현하 항일통일전선에 있어서의 전술문제'(1940년 3월 11일), 〈마오쩌둥 선집〉 제2권, 인민출판사 한문판, 1991년, 745쪽.

진보세력을 발전시킨다는 것은 바로 노동자, 농민과 도시 소자산계급을 대담하게 움직여 항일투쟁과 민주운동에 참가하도록 만드는 것이다. 그리고 팔로군, 신사군 및 기타 인민무장력을 크게 확대하고, 항일민주근거지를 넓게 창설하며 공산당 조직을 전국으로 확장한다는 것이다. 진보세력은 중국 혁명의 기본세력으로서 항일민족통일전선의 지주이다. 진보세력을 발전시키는 것은 모든 혁명사업의 기초이다. 게다가 중간세력을 쟁취하고 완고세력을 고립시킴에 있어서의 기본 조건이며 이 정책의 3개 고리 중 핵심 고리인 것이다.

중간세력을 쟁취하겠다는 의미는 중등자산계급을, 새로운 사상과 문물을, 지방 실력자를 포용한다는 뜻이다. 항일민족통일전선이 진보함에 따라 중간세력에는 국민당 내의 다수 당원, 중앙군 중 다수 군관, 대다수 비정규군 군관, 각 항일 소당파 등이 포함됐다. 중간세력은 그 계급의 정도에 따라 토지혁명, 민주, 완고파에 대한 입장이 서로 달랐다. 하지만 그들 모두 공산당과 합작하여 항일 투쟁을 같이 할 수 있었다. 공산당은 일제의 침략을 반대하고 국민당 완고파의 반공활동을 고립시킴으로써 그들을 협조자로 삼을 수 있었다. 그래서 그들을 포용해야 했던 것이다. 중간세력을 포용함에 있어 주요 조건은 다음과 같다.

(1) 공산당에 필요한 세력이어야 한다.

(2) 그들의 이익을 존중해야 한다.

(3) 완고파와 강력히 투쟁해야 승리를 쟁취할 수 있다.

중간세력을 쟁취하는 것은 항일민족통일전선에 있어 매우 중대하면서도 복잡한 과업이었다. 중간세력은 완고파와 투쟁함에 있어 승부를 규정하는 요소이므로 반드시 그들에 대해 신중한 태도와 적절한 대응책을 취해야 했다.

완고세력을 고립시킨다는 것은 주로 항전진영 내부의 대지주, 대자산계급을 고립시켜야 한다는 의미이다. 그들의 대표는 국민당의 장제스 진영이다. 국민당은 권력을 잡은 통치세력으로서 서로 연대하고 항일하면서도 진보세력을 유린하는 양면정책을 취하고 있었다. 공산당 역시 혁명적인 양면정책으로 이를 대처해야 했다. 공산당은 단결하여 항일을 이어가고 장제스 진영이 계속 통일전선 내에 남아있게 투쟁해야 했다. 사상적, 정치적 그리고 군사적으로도 그들의 반공태세와 단호하게 대립해야 했다. 완고세력과 단호하게 투쟁해야만 그들의 반공정책을 규제하고 그 범위를 축소할 수 있다. 그 밖에도 진보세력이 발전할 수 있게 하기 위해서는, 중간세력을 효과적으로 쟁취하고 완고세력을 고립 속에 몰아넣어야 했다. 완고세력과의 투쟁에서는 반드시 '갈등을 이용하고 다수를 쟁취하며 소수를 반대하고 각개 격파하는' 전술 원칙과 '이유가 있고 이점이 있고 절도가 있는' 전략을 취해야 했다. 이유가 있다는 점은 바로 자위의 원칙을 의미한다. 이 원칙은 투쟁의 방어성을 가리켰다. 이유 없이 다른 사람을 공격하지 말아야 하고 또 다른 사람으로부터 공격받을 때 반격하지 않으면 안 된다는 것이다. 이점이 있다는 것은 바로 승리 할 수 있다는 것이다. 이 전략은 투쟁의 일부 전술을 일컫는 것으로 싸우려고 하지 않으면 할 수 없지만 싸우면 반드시 이겨야 한다는 것이다. 절도가 있다는 것은 바로 휴전의 원칙과 같다. 이 전략은 투쟁의 한 단면을 표현했는데 절대로 한계 없이 투쟁해서는 안 되며 제때에 마무리 지어야 한다는 것이다. 이런 원칙들은 서로 밀접하게 연결되어 있으며 혼재돼 있다. 이런 원칙을 견지하면 투쟁의 강도가 적정하므로 그 효과를 확실하게 볼 수 있었다.

항일민족통일전선을 공고히 하고 확대하기 위해 중국공산당 중앙위원회는 이에 상응하는 여러 구체적인 정책을 제정하고 그 의지를 밝혔다. 중공 중앙당에서는 반드시 "3.3제"(공산당원, 당외 진보인사, 중간파가 각각 3분의 1씩 차지)를 강력히 추진하되 절대로 당이 모든 일을 도맡아 해서는 안 된다고 했다. 또한 대자산계급과 대지주 등 부자들의 독재만 통제하고 이를 공산당의 일당독재로 대체해서도 안 된다고 했다. 인민의 권리에 대해서는, 항일을 반대하지 않는 모든 지주와 자본가에게는 노동자, 농민과 동등한 인권, 재산권, 선거권 및 언론, 집회, 결사, 사상, 신앙의 자유권이 주어짐을 적시했다. 반역자숙청방침에 대해서는 악질적인 민족반역자와 반공산당분자는 반드시 숙정해야 하지만 사람을 대거 죽여서는 안 되며, 결코 무고한 사람들을 건드려서는 안 된다고 했다. 그리고 군사정책에서는 팔로군, 신사군 등 혁명무장군을 발전시키고 확대해야 한다고 밝혔다. 그뿐만 아니라 국민당군대에 대해서는 그들과 가능한 한 소통을 해야 하며, 남이 나를 건드리지 않으면 나도 남을 건드리지 않겠다는 방침을 철저히 지켜야 한다고 했다.

노동정책에서는 노동자들의 생활을 개선해야 함과 동시에 노동자들은 반드시 노동규율을 준수해야 하며, 자본가에게 주어지는 이익이 있어야 함을 적시했다. 토지정책에서 지주는 소작료와 이자를 인하해야 하며 농민은 소작료와 이자를 납부해야 한다고 했다. 조세정책에서는 세금을 내는 원칙은 수입의 다소에 따라 다르지만, 노동자든 농민이든 모두 다 국가에 세금을 납부해야 한다고 밝혔다. 그러면서 세금의 부담을 모두 지주와 자본가들에게만 요구해서는 안 된다고 했다. 경제정책에서는 항일근거지에 와서 사업을 하려는 외부의 자본가들을 받아들여야 하며 민영기업 역시 장려해야 한다고 했다. 이런 정책들은 토지혁명전쟁시기의 방침에 비해 약간의 차이가 있었다. 중공 중앙위원회는 이렇듯 노동자와 농민의 이익을 고려했을 뿐만 아니라 다른 중간계급의 이익도 챙겼다. 문화교육에서는 인민대중의 항일에 대한 창의성과 민족적 자부심을 제고하고 보급하는 것을 중점으로 문맹을 퇴치해야 한다고 선전했다. 그리고 미신을 타파하고 비위생적인 생활습관을 반대하며 지식인들을 대거 받아들여 근거지의 문화교육 사업에 기여해야 한다고 했다.

중국공산당 중앙위원회가 제정한, 항일민족통일전선 관련 정책과 제반 정책들은 민족투쟁과 계급투쟁 간의 관계를 정확하게 처리했다. 그 밖에도 민족해방을 쟁취하는 투쟁과 인민민주를 쟁취하는 투쟁을 유기적으로 연계시켰고 일제의 침략에 대응하는 인민혁명역량 역시 대담하게 발전시켰다. 이 정책들은 항전의 승리가 곧 인민의 승리로 이어지게 됐다. 항일민족통일전선에 대한 당의 전략과 정책이 결정되자 단결할 수 있는 모든 항일세력이 단합됐다. 이로써 전국적으로 항전하는 국면이 유지되고 발전되도록 했다. 항일전쟁 시기는 당의 통일전선 실천이 풍족한 성과를 거두고, 이론과 정책 면에서 전례 없는 발전을 가져온 중요한 단계였다. 당이 민족해방의 기치를 높이 들고 항일민족통일전선을 유지하며 공고히 하는 과정에서 마오쩌둥의 통일전선에 관한 이론과 논술은 보다 공고해졌고 완벽해졌다. 이는 항일전쟁과 신민주주의혁명의 승리를 쟁취함에 있어 의미가 클 뿐만 아니라 당이 영도하는 혁명건설 사업에도 중요한 의미를 갖게 되었다.

4.신민주주의이론체계의 형성

사상전선에서의 국공 양당의 투쟁

국민당 완고파는 공산당에 대해 군사적 공격을 감행함과 동시에 사상전선에서도 공세를 발동했다. 국민당이 제출한 전술구호는 "선전으로 선전에 대처하고" "이론으로 이론을 제어하는"것이었다. 이에 국민당 완고파는 "삼민주의"로 마르크스주의와 공산주의를 뜯어고치고 대체하려고 시도했다.

전국적 항전이 개시된 후 국공 양당은 삼민주의에 관한 문제를 둘러싸고 치열한 논전을 벌였다. 국공 양당이 방금 달성한 합작협의에 대해 장제스는 '공산당 선언에 대한 담화'에서 삼민주의는 "중국의 건국원칙"이며, "오늘의 중국에는 한 가지 노력방향" 즉 삼민주의밖에 없다고 했다. 1938년 초, 국민당 완고파들은 우한에서 "하나의 주의" "하나의 정당" "하나의 수령"을 고취하는 선전활동을 개시했다. 그리고 국민당이 통제하고 있는 〈소탕보·掃蕩報〉 등 신문, 잡지들에 연속으로 글을 발표하여 중국공산당과 마르크스주의를 공격했다. 국민당의 어용문인들은 "국민당은 모든 당파 준의 총아로서 국민당을 제외한 당파는 국민당과 평등을 운운할 여지도 없으며" 지금이든 장래이든 모두 "독립적으로 존재할 이유가 없다"[28]고 선전했다.

항전이 대치단계에 들어선 후 국민당 완고파의 반공선전은 갈수록 치열해졌다. 1939년 1월, 장제스는 국민당 제5기 제5차 전원회의에서 '당혼(黨魂)을 불러일으키고 당덕(黨德)을 발양하며 당기(黨基)를 다지자'라는 보고를 함과 동시에 '당 사무를 정리함에 있어서의 요점'이라는 연설을 했다. 소위 "당혼(黨魂)을 불러일으킨다" "당덕(黨德)을 발양한다"는 바로 "하나의 주의" "하나의 정당" "하나의 수령"의 전제주의를 실시하는 것이었다. 장제스는 항전의 수요라는 빌미로 인민대중은 민권을 운용할 줄 모르며, 지금은 "헌정"을 실시할 수 없고 다만 "군법으로 다스리는 군정을 실시할 수밖에 없다"고 주장했다. 그는 국

---

28 예칭(葉靑), '정치당파에 관하여', 〈소탕보(掃蕩報)〉, 1938년 1월 22일.

민당이 "모든 것을 관리하고" "당으로 나라를 다스리며" "당으로 나라를 세워야 한다"[29]고 강조했다. 국민당 "선전가"들도 "중국에는 사회주의가 필요 없고 삼민주의만 있으면 되고" 공산주의는 "중국의 역사적 도리에 부합되지 않는다"고 공언했다. 국가사회당의 장쥔마이(張君勱)도 마오쩌둥에게 보내는 공개서한을 발표하여 공산당은 변구를 없애고 팔로군과 신사군을 해체하여 "마르크스주의를 잠시 한쪽에 밀어놓을 것"[30]을 촉구했다. 항일과 단결을 파괴하는 이런 언론들로 인해 수많은 인민은 항전의 전망과 중국의 미래에 대해 크게 우려했다.

민족자산계급 중 어떤 대표 인물은 국민당의 독재통치와 항전의 무기력에 대해 불만을 표시했다. 그뿐만 아니라 공산당이 주장하는 항일전쟁의 전망에 대해서도 의구심과 우려를 지니고 있었다. 또 어떤 사람들은 국공 양당의 정치적 주장 외에도 중국에 구미식 자산계급공화국을 창건하는 길로 나아가려는 망상을 하기도 했다.

그리하여 중국이 도대체 어디로 갈 것인가 하는 문제가 아주 중요한 문제로 대두됐다. 마오쩌둥, 장원톈, 저우언라이 등 중공중앙의 지도자들 그리고 옌안(延安)에서는 국민당 완고파의 공격에 맞서 마르크스주의와 중국공산당에 대한 일련의 글과 연설을 발표했다. 그래서 형형색색의 가짜 삼민주의를 폭로하고 비판했으며 쑨중산의 신삼민주의와 구삼민주의 간의 구별에 대해 토론했다. 그리고 삼민주의와 공산주의 간의 관계에 대해서도 열띤 토론을 벌렸다. 이로써 중국공산당의 강령을 재천명하고 중국이 대체 어디로 갈 것인가 하는 문제에 답변했다.

29　장제스, '삼민주의의 체계 및 그 실행 절차', 1939년 5월 7일.
30　장쥔마이(張君勱), '마오쩌둥 선생에게 보내는 공개편지', 〈재생(再生)〉 제10기, 1938년 12월 16일.

마오쩌둥은 "삼민주의를 승인한다면 공산주의를 걷어치워야 한다"는 그릇된 논리를 강하게 반박했다. 그는 삼민주의의 발전과 역사를 분석하고 삼민주의와 공산주의 간의 차이점과 공통점을 비교했다. 그러고 나서 다음과 같이 지적했다. 쑨중산이 재해석한 혁명의 삼민주의는 공산당의 최저 강령, 즉 신민주의 정치 강령의 기본 방침과 같다. 그렇기 때문에 공산당은 삼민주의를 항일민족통일전선의 정치적 기초임을 인정한다. 그러나 양자는 또한 구별되기도 한다. 양자는 각기 다른 세계관을 지침으로 하는 두 가지 사상체계로서 현 단계에 있어 양자의 일부 구체적인 정책은 같지 않다.

즉, 혁명의 철저성도 다르고 혁명의 전망도 다른 것이다. 공산당에는 신민주주의 혁명을 완성한 후에 사회주의제도와 공산주의제도를 건설하는 최고 강령이 있는데 삼민주의에는 이런 강령이 없다. 이런 차이를 무시하는 것은 잘못이다. 완고파들이 공산당에 공산주의를 "걷어치우라"고 요구하는 것은 아무런 의미가 없다. 이는 그들이 일컫는 삼민주의가 쑨중산의 혁명적 삼민주의가 아니라 가짜 삼민주의라는 것을 보여준다. 그들은 "하나의 주의"를 부르짖고 있는데 그 실체는 통일전선을 부정하는 것이다. 그뿐만 아니라 공산당과 노농대중의 지위를 부정하고 "일당독재"의 전제주의를 고집하려는 것이다. 시대의 흐름에 역행하는 이런 행위는 도저히 성사될 수 없는 것이다. 공산주의자들은 모든 참된 삼민주의자들과 장기적 합작을 실행할 것이고 절대 그 어떤 붕우들도 포기하지 않을 것이라며 마오쩌둥이 자신의 입장을 밝혔다.

삼민주의에 대한 국공 양당의 이번 논전은 이론 측면에서 중국 사회의 성격과 역사발전의 특징을 분명히 보여주었다. 그리고 중국 혁명의 성격, 임무 및 기본 전략과 전술 등 중요한 문제점을 한층 더 명확히 했으며 중국공산당의 신민주주의 이론체계의 형성을 주도했다.

신민주주의이론을 체계적으로 천명

중국공산당은 항일전쟁을 중국 신민주주의혁명의 1개 단계로 간주했다. 공산당은 항일전쟁을 진행하면서 일본침략자를 몰아내야 했을 뿐만 아니라 신중국을 건설하기 위한 조건을 마련해야 했다. 마오쩌둥은 전당과 전국 인민들에게 중국 혁명과 신중국 건설에 관한 우리 당의 견해를 설명하고자 했다. 이를 위해 마오쩌둥은 옌안에서 대량의 이론 연구사업에 종사함과 아울러 전당의 집단적 지혜를 집중하여 중국 혁명의 경험에 대해 체계적으로 총화했다. 그리하여 1939년 말에서 1940년 초에 〈공산당인 발간사〉, 〈중국 혁명과 중국공산당〉과 〈신민주주의론〉 등 저작물을 발표했다.

마오쩌둥은 중국 국정에 대한 과학적 분석을 토대로 중국 혁명의 역사적 진척을 상세하고도 완벽하게 논술했다. 그는 다음과 같이 지적했다. 중국의 현 사회의 반식민지, 반봉건 성격은 중국 혁명이 반드시 두 단계로 나뉘어 진행되게 했다는 것을 결정했다. 즉 첫 단계는 식민지, 반식민지, 반봉건의 사회형태를 바꾸고 이런 사회형태를 독립적인 민주주의사회로 전환시키는 것이다. 두 번째 단계는 혁명을 발전시켜 사회주의 사회를 건립하는 것이다. 마오쩌둥은 또 다음과 같이 설명했다. 성격이 다른 이 두 가지 혁명단계는 서로 구별되면서도 서로 연결된다. "민주주의혁명은 사회주의혁명의 필요한 준비이며 사회주의혁명은 민주주의혁명의 필연적인 추세이다" 오직 전 단계의 혁명을 완수해야만 다음 단계의 혁명을 완수할 수 있지 "한 번에 다 완수"할 수는 없다. 그렇지만 이 두 개 혁명단계 사이에 자산계급독재의 단계를 끼어 넣으려는 것도 "통용되지 않는다"

무엇 때문에 두 개 혁명단계를 유기적으로 연결시켜야 하는가? 그것은 신민주주의혁명은 더 이상 자산계급에 의해 영도되는, 자본주의 사회와 자산계급독재의 국가를 창건하는 것을 목적으로 하는 혁명이 아니다. 무산계급에 의해 영도되는, 제1단계에 신민주주의사회를 건설하고 모든 혁명적 계급들이 연합 독재하는 국가를 창건하는 것을 목표로 하는 신민주주의혁명이기 때문이다. 신민주주의혁명에는 이미 사회주의적 요소가 포함되어 있는바 이 혁명은 이미 세계 무산계급 사회주의혁명의 일부가 됐다.

마오쩌둥은 중국공산당 내에서 처음으로 신민주주의에 대한 과학적 개념을 창조적으로 제시했다. 이 기간에 그는 또 인민민주주의와 인민민주주의제도에 관한 개념을 발표했는데 그 내용은 거의 같은 것이었다. "소위 신민주주의혁명이라는 것은 무산계급의 영도 아래서 인민대중의 반제국 반봉건적 혁명이다" 신민주주의혁명과 구민주주의혁명을 구별하는 근본적 특징은 무산계급의 영도권이다. 중국 무산계급이 혁명영도자의 책임을 맡아 나서게 된 것은 시대가 진보한 성과이다. 그것은 무산계급만이 중국 혁명을 영도하여 반제반봉건의 임무를 철저하게 완수할 수 있기 때문이다. 무산계급(공산당을 통하여)의 영도는 중국신민주주의혁명의 성격을 규정하는 기본 요소이다. 또한 이 혁명이 승리를 이룩하게 만들고 중국 사회가 사회주의로 나아가는 데 근본적 담보역할을 한다.

무산계급의 영도를 실현하는데 있어서 중심문제는 농민을 영도하는 문제이다. 농민문제는 "중국 혁명의 기본문제가 되었으며 농민의 역량은 중국 혁명의 주 역량으로 되어 있다" 농민은 오직 무산계급의 영도 아래서만 해방을 얻을 수 있고 무산계급도 농민과 견고한 동맹을 결성해야만 혁명을 승리로 이끌 수 있다. 중국의 자산계급은 중국에 자산계급독재를 건립하고 자본주의 길로 나아가려고 공상하고 있다. 그러나 그 길은 통하지 않는 길이다. 국내외 환경도 중국이 이렇게 하는 것을 허용하지 않고 있다. 중국의 자산계급은 이미 중국의 민주주의혁명을 영도하는 임무를 짊어질 힘이 없으며 수많은 노동자와 농민과 소자산계급은 더 이상 그들을 따르지 않고 있다.

신민주주의혁명의 목표는 신민주주의의 사회제도를 수립하는 것이다. 마오쩌둥은 이런 저작들에서 신민주주의사회제도에 관한 설계도를 그렸다. 그가 제기한 신민주주의의 기본강령은 다음과 같다. 정치적으로는 "무산계급 영도 아래에서, 제국주의와 봉건주의를 반대하는 모든 사람들이 연대하여 독재의 민주공화국을 수립하는 것이며, 그것은 바로 신민주주의공화국이다" 경제적으로 모든 "대은행, 대공업, 대상업은 이 공화국의 소유가 되며" "이 공화국은 자본주의적인 기타의 사유재산을 몰수하지는 않으며 '국민의 생계를 좌우지하지 못하는' 자본주의적 생산의 발전은 금지하지 않으며" "이 공화국은 어떤 적절한 방법을 취해 지주의 토지를 몰수한 후 그것을 땅이 없거나 땅이 적은 농민들에게 분배한다" 문화적으로는 제국주의, 봉건주의 문화사상의 예속에서 벗어나 인민대중의 반제국 반봉건적인 문화 즉, "민족적, 과학적, 대중적 문화"를 발전시키는 것이다. 신민주주의사회의 전망은 자본주의가 아니라 필연적으로 사회주의이다. 그러므로 이런 신민주주의의 기본 강령은 낡은 자산계급민주주의와 같지 않거니와 사회주의와도 구별되는 것이다.

중국공산당은 당의 제2차 대표대회 때 벌써 현 단계의 중국 혁명은 반제국적, 반봉건적 민주주의 혁명임무를 완수하는 것이고, 사회주의혁명은 다음 단계의 임무라는 것을 인식했었다. 그러나 이 목표에 도달함에 관한 구체적인 경로에 대해서는 설명하지 못했다. 중국공산당 내에서 장기간 우경 오류를 범한 사람들은 무산계급이 영도하는 민주주의혁명과 자산계급이 영도하는 민주주의혁명과 구별하지 못했다.

한편 '좌'경 오류를 범한 사람들은 민주주의혁명과 사회주의혁명 간의 경계를 뒤섞어 놓고 민주주의 혁명단계에 타당하지 못하게 모종의 사회주의 임무를 제출했다. 전국적 항전의 폭발을 전후하여 당내에서 어떤 사람들은, 항일전쟁의 승리는 중국을 "비자본주의의 전망"으로 이끌고 간다고 말했다. 그러나 "비자본주의 전망"이라는 개념은 불분명한 개념이었다. 사람들은 항전의 승리로 인해 직접 사회주의로 나아가는지, 아니면 다른 단계를 거쳐야 하는지 제대로 알지 못하고 있었다. 마오쩌둥은 더없이 중요한 중국 발전의 전망에 대해 대답했다. 그는 항일전쟁의 승리로 중국이 식민지, 반식민지, 반봉건의 지위에서 해방될 수는 있지만, 자본주의국가가 될 수 있거나 즉각 사회주의 사회로 진입할 수는 없다고 지적했다. 그는 신민주주의제도를 수립함에 있어 그 필요성과 가능성을 탐구했다. 그뿐만 아니라 이를 논증했고 신민주주의사회가 바로 사회주의 전망으로 나아가는 과도단계임을 제기했다. 이는 당이 우적 또는 '좌'적 오류를 시정하고 방지하며 정확한 정책을 제정하고 집행하는데 이론적 토대를 마련해 주었다.

중국의 무산계급은 어떻게 자기의 영도를 실현해야 하는가? 마오쩌둥은 이에 대해 당의 실천경험을 총화하고 나서, "통일전선, 무장투쟁, 당 건설은 중국공산당이 중국 혁명에서 적을 제압하기 위한 세 가지 주요한 보배이다"고 지적했다. 그는 통일전선과 무장투쟁 문제를 정치노선의 수준에서 인식했다. 그리고 당 건설을 당의 정치노선과 긴밀히 연계시켜 "세 가지 보배"의 풍부한 내용과 그들 간의 상호관계에 대해 완벽하게 논술했다. 그리하여 중국 혁명에서의 이런 경험들은 신민주주의이론체계에 대한 중요한 구성부분이 됐다. 이는 신민주주의이론에 대한 마오쩌둥의 완벽한 논술은 마르크스-레닌주의의 보편성 원리를 중국 혁명의 구체적 실천에 결합시킨 마오쩌둥 사상이 더욱 발전됐다는 점을 입증한다.

신민주주의에 관한 이론은 공산주의 사상체계의 중요한 구성부분으로서 마르크스-레닌주의를 풍부히 하고 발전시켰다. 이 이론은 광범위한 당원과 인민대중으로 하여금 중국 혁명의 발전법칙과 전망을 분명히 보게 했고 그들의 승리에 대한 기대치를 크게 올려 주었다. 또한 항일전쟁과 중국 혁명의 승리를 위한 발전을 더욱 공고히 했다.

5. 항일민주근거지의 건설

국민당 완고파들이 반공고조를 일으키고 또 사상문화전선에서 삼민주의에 관한 논쟁을 도발했기에 국공 양당의 각기 다른 주장은 국내 정치투쟁의 현안으로 부상했다. 국민당의 반공, 반민주주의적 본질이 구체적으로 드러났다. 공산당은 항전을 견지하는 것과 민주를 실현하는 것을 통일했다. 그럼으로써 신민주주의 전망을 쟁취해야 한다는 주장을 인민대중에게 더욱 깊이 각인시킬 수 있게 했다. 중국공산당 중앙위원회는 신민주주의사회를 건설할 것에 대해 비교적 완벽한 일련의 정책을 수립했다. 이 기본정책에 의해 항일민주근거지는 진정으로 정치가 민주적이고, 민족이 단합되고, 경제가 발전하고, 정부가 청렴한 사회로 변화됐다. 이는 정치가 전제적이고 관료가 부패한 국민당 통치구역의 상황과 선명한 대조를 이뤘다.

항일민주근거지는 중국공산당의 신민주주의이론을 관철하고 실현함에 있어서 선진적인 근거지였다. 각 근거지들에서 수립된 신민주주의정책들은, 그 근거지가 이미 그 반식민지, 반봉건의 사회성격에서 바뀌기 시작하여 점차 신민주주의 사회의 형태가 되어가고 있다는 것을 보여 주었다. 인민대중은 근거지 안에서 진정으로 사회의 주인이 되어 참신한 생활을 누릴 수 있었다. 사람들은 중국공산당의 영도 아래 일치단결하여 일본 침략자를 제압하고 보다 아름다운 미래를 맞이하기 위해 힘차게 싸웠다.

정권건설

정권건설은 항일민주근거지 건설에 있어 우선적인 문제이자 근본적인 문제였다. 산간닝변구와 진차지(晉察冀)근거지의 뒤를 이어 진시베이(晉西北), 산둥(山東), 진지위(晉冀豫), 지루위(冀魯豫), 완둥베이(皖東北), 완둥(皖東), 완장(皖江), 쑤베이(蘇北), 쑤중(蘇中), 쑤난(蘇南), 어위변구(鄂豫邊) 등 근거지에서도 연속 변구(성) 또는 성급에 해당하는 정권을 수립했으며 현, 촌(향)급 정권도 진일보 성장했다. 둥장(東江)근거지와 충야(瓊崖)근거지에서는 현급 정권을 수립하기도 했다. 그러나 1940년 전까지 항일민주정권이 초창기에 있고 여러 근거지들의 발전이 불균형했으므로 법제 건설은 조금씩 발걸음을 떼기 시작했다. 그리고 산간닝변구와 화베이근거지의 일부 지방을 포함한 많은 지역에서는 아직도 두 가지 정권이 병존해 있었다. 1940년 3월, 중국공산당 중앙위원회는 '항일근거지의 정권문제'라는 구호를 내걸고 근거지정권건설의 원칙과 정책에 대해 구체적으로 토의했다. 그 후 근거지정권 건설은 새로운 발전단계에 들어섰다.

항일근거지의 정권은 항일민족통일전선 성격의 정권이었다. 즉 몇개의 혁명계급이 연대하여 민족반역자와 반동파에 대해 민주독재를 실시하는 정권이었다. 이 정권은 지주자산계급독재와 구별될 뿐만 아니라 노농민주독재와도 다른 스타일이었다. 이 정권은 민주적인 선거와 엄격한 민주주의중앙집권제에 의해 건립된 정권이었기 때문이다. 항일민주정권의 정권구조에는 입법, 행정과 사법 기관이 포괄적으로 포함됐다. 변구(성), 현의 참의회(參議會)는 민의기관이자 최고 권력 기관이었다. 정부기관은 변구(성), 현, 향 3급에 두었으며 이 밖에 변구정부의 파출기관인 전원공서(專員公署)와 현 정부의 파출기관인 구공서(區公署)가 있었다. 사법기관은 변구에 고등법원을 두었고 작전구역에 고등법원의 분원을 두었으며 현 일급에 현 법원을 두었다. 인원구성에서는 "3.3제" 원칙을 실시했다.

산간닝변구는 항일민주정권건설의 실험구로서 적후 각 근거지의 정권건설에 대해 시범 역할과 추동 역할을 했다. 1939년 1월 17일부터 2월 4일까지 산간닝변구 제1기 참의회가 옌안에서 소집됐는데 145명의 참의원들이 참석했다. 회의는 린보취가 진술한 변구정부 업무보고를 통과시키고 '산간닝변구 항전시기 시정강령', 그리고 변구정부 조직조례, 선거조례, 변구 각급 참의회 조직조례, 변구고등법원조직조례, 토지조례 등 문건들을 채택했다. 회의는 가오강(高崗)을 변구 참의회 의장으로, 장방잉(張邦英)을 부의장으로, 린보취를 변구정부 주석으로 가오쯔리를 부주석으로, 레이징톈을 변구 고등법원장으로 선출했다. 4월 4일에는 '산간닝변구 항전시기 시정강령'을 공포했다. 당의 항일구국의 10대 강령에 근거하여 시정강령은 다음과 같이 규정했다. 항일민족통일전선을 공고히 하고 확대해야 하며 모든 역량을 동원하여 변구를 보위하고 중국을 보위해야 한다. 여러 민족의 평등단결과 공동항일을 실시한다. 정치민주를 키워 일반선거를 실시하며 인민의 민주 자유권리를 보장한다. 개인의 재산소유권을 확립하고 공업, 농업 생산을 발전시킨다. 자유경영을 보호하고 고리대금을 금지한다. 간고한 태도를 일으키고 생산과 절약을 제창하며, 청렴한 정치를 실시한다. 이 같은 시정강령은 산간닝변구와 기타 항일민주근거지의 성격, 특점과 기본 정치, 경제 정책에 대해 명확히 규정했다. 이는 중국공산당이 항일민주근거지에서 진정한 민주주의제도를 실시하고 있다는 것을 보여주었다. 산간닝변구의 경험과 "3.3제"원칙에 근거하여 화베이, 화중의 각 근거지들에서는 정권건설을 강화했다. 이를 위해 연속 참의회를 소집하고 시정강령을 제정하며 또 여러 가지 법규와 조례들을 반포했다. 예를 들면 각급 참의회 조직조례, 각급 정부 조직조례, 선거조례, 소작료와 이자 인하조례, 노동자생활개선에 관한 조례, 혼인조례, 인권, 재산권 보장조례, 탐오징벌조례 등 조례들이었다. 이런 법규와 조례가 제정됨으로써 항일근거지의 법제 건설은 어느 정도 규모를 갖추게 됐다.

항일근거지들에서는 인권문제가 중요한 사안으로 떠올랐다. 많은 근거지들에서는 시정강령에 인권을 보장한다는 항목을 써넣은 것 외에도 구체적으로 인권, 재산권을 보호할 것에 대한 조례들을 전문으로 반포했다. 예를 들면 1940년 11월에 산둥성 임시 참의회에서 채택한 〈인권보장조례〉, 1941년 11월에 산간닝변구 제2기 참의회에서 채택한 〈산간닝변구 인권재산권보장조례〉 등이 있다. 이런 시정강령과 조례들은 다음과 같이 명확히 규정했다. 항일을 하는 모든 인민은 인종, 계급, 당파, 성별, 직업과 종교 신앙에 관계없이 정치적, 법률적으로 평등하다. 항일을 하는 모든 인민은 모두 언론, 출판, 집회, 결사, 거주, 신앙 및 항일자위의 자유가 있다. 항일을 하는 모든 인민은 모두 인신불가침의 권리를 가지고 있다. 어떤 조례들은 또 다음과 같이 명문으로 규정했다. "무턱대고 때리고 무턱대고 죽이는 것을 금지"한다. 사법계통 및 공안기관이 법을 따라 직무를 수행하는 것을 제외하고는 그 어떤 기관, 부대, 단체, 개인은 타인을 체포, 심문, 처리 및 침범할 권리가 없다. 그리고 인민에게는 그 어떤 방식으로든 그 어떤 공무원들의 불법행위를 고소할 권리를 가지고 있다. 이런 조례들의 반포와 실시는 간부와 대중의 인권 개념을 높여주었다. 더불어 인민들의 인권, 재산권을 보장하며 각 항일계층의 단결을 강화하는 데 긍정적인 역할을 했다.

경제, 문화 사업의 발전

중국공산당은 항일민주근거지의 군민들을 이끌고 경제건설 사업을 힘차게 벌여 나가는 것으로 전쟁과 생활의 수요를 해결했다. 근거지의 경제건설은 주로 농업생산을 발전시키는 것이었다. 이와 동시에 공업생산과 대내외 무역을 발전시키는 데 주의를 두고, 은행을 세워 화폐를 발행하는 것이었다. 노동대중의 이익을 보장한다는 전제 아래에서 각 항일계층의 이익을 조절하여 노동자와 자본가가 함께 이득을 보고, 집단과 개인을 고루 돌보며 합리적으로 부담하는 원칙을 실시했다. 농촌에서는 소작료를 낮추고 이자를 인하하는 토지정책을 실시했는데 지주는 소작료를 낮추고 이자를 인하하는 것으로 농민들 생활을 개선할 수 있도록 도왔다. 농민들은 소작료와 이자를 내서 지주와 부농의 이익을 보살피도록 했다. 소작료를 낮추는 방법은 "소작료를 25% 인하"(즉 원 소작료에서 25%를 줄이는 것임)하는 것이었다. 이자 인하방법은 연이율에 대해 일반적으로 1푼(즉 10%임)으로 하며 최고 1푼 반(15%)을 초과해서는 안 된다고 규정했다. 그리고 기본적인 소작료 외의 잡다한 소작료, 부역과 각종 형태의 고리대는 일률적으로 금지했다. 소작료 감소, 이자 인하를 통해 농민들은 경제적 실익을 얻을 수 있었다. 이런 방침을 통해 생산과 항일투쟁에 참가하는 그들의 열성을 높였고 농업생산의 발전을 이끌었다. 공업생산 측면에서는 주로 식품, 일용품 생산, 소형 복장가공업과 병기수리 등을 발전시켰다. 항일민주정부는 노동자의 처우를 개선하고 노동자의 권리를 보호하며 노자(勞資) 관계를 조정하는 방법을 규정했다. 이런 방법들은 노동자의 열성을 불러일으키는데 도움이 컸을 뿐만 아니라 고용주, 자본가의 합법적 이익도 돌보게 되었다. 금융 측면에서 볼 때 각 근거지가 창설된 후 한동안 유통된 화폐들은 너무 혼란스러웠다. 국민당정부가 발행한 법폐(法幣)를 제외하고 원래의 각 성들과 지방에서도 여러 종류의 화폐를 발행했다. 이 밖에 일본침략군과 괴뢰정권이 발행한 "군용표(軍用票)" "몽강권(蒙彊券)" "연은권(聯銀券)"도 있었다. 일본군과 괴뢰군은 이런 위조지폐로 근거지의 재물을 대량 매입하고 약탈했으며, 금융을 교란하고 경제를 파괴했다. 이런 혼란스러운 상황을 바꾸기 위해 각 근거지 정부들에서는 차례로 은행을 설립했다. 예를 들어 1938년 3월에 세운 진차지변구은행, 8월에 산둥에서 세운 베이하이은행(北海銀行), 1939년 10월에 세운 지난(冀南)은행 등이 있다. 이런 은행들은 모두 자사의 화폐를 발행했다. 그중 진차지변구은행의 화폐가 보다 널리 유통됐고 후에는 화베이까지 보급됐다. 각 근거지은행들은 변구정부의 영도 아래 경제부서와 무역부서가 함께 일화, 위조지폐를 적극 없앴다. 그리고 점차 여러 가지 화폐들을 금지했으며 근거지에서 발행한 화폐의 유통범위를 끊임없이 확대함으로써, 통일된 본위화폐 시장을 건립하기 시작했다. 이는 금융을 안정시키고 여러 근거지들의 생산업무와 건설 업무들을 적극적으로 벌여 나가도록 추동했다. 더불어 인민들의 생활을 개선하고 적후 항전을 지지하는 데 긍정적인 역할을 했다.

또 각 항일근거지들에서는 문화 교육사업을 적극 벌여 나갔다. 항일전쟁의 절박한 수요에 적응하기 위해 중국공산당 중앙위원회는 가급적 많은 지식인들이 민족해방전쟁에 참가하도록 했다. 게다가 당의 각급 조직과 부대들에 지식인을 대거 받아들일 것을 요구했다. 1939

년 12월 1일, 중국공산당 중앙위원회는 지식인을 대량 흡수할 것에 관한 결정을 내렸다. 위원회는 다음과 같이 지적했다. 장기적이고 잔혹한 민족해방전쟁 속에서 또 신중국을 창건하는 위대한 투쟁 속에서 당은 반드시 능수능란하게 지식인들을 받아들여야 한다. 그래야 위대한 항전세력을 결성할 수 있으며 천백만 농민대중을 조직하여 혁명의 문화운동을 발전시킬 수 있다. 그리고 궁극적으로 혁명의 통일전선 역시 발전시킬 수 있다. 지식인의 참여 없이 혁명은 승리할 수 없다. 중앙은 지식인정책을 집행하는 업무과정에서 일부 지역과 부서들에 존재하는 결점과 오류를 비판했다. 그러면서 전당 동지들에게 지식인들을 다수 받아들여 당이 영도하는 군대, 학교와 정부의 업무에 참여시킬 것을 요구했다. 그뿐만 아니라 공산당원 조건을 구비한 지식인을 입당시킬 것도 요구했다. 수많은 애국청년들과 지식인들이 와서 힘써 일한 덕분에 항일근거지의 문화교육 사업은 커다란 발전을 이루었다.

항전이 개시된 후 당은 옌안에서 연속으로 많은 학교들을 설립하고 간부들에 대한 교양사업을 적극 벌여나갔다. 중국 인민 항일 군사정치대학에서는 많은 군정간부들을 강습시켜 각지에 파견했다. 투쟁의 실제와 결부시키고 옌안의 부담도 줄이기 위해 1939년 7월, 중국공산당 중앙위원회는 항대 본교를 진차지로 옮기기로 결정했다. 그리고 1940년 2월에는 또 진둥난(晉東南)으로 옮겼다. 그 후 각 항일근거지가 발전함에 따라 14개소의 분교, 5개소의 육군중학교, 1개소의 부속중학교가 개설됐다. 항일군정대학은 항일전쟁기간에 도합 10만여 명의 군정 간부들을 양성하여 당이 영도하는 항일군대를 발전시키고, 군정 자질을 높이는 데 크게 기여했다. 기타 간부 학원, 학교들도 이 기간에 함께 발전했다. 이런 학교의 지도자들은 대부분 오랜 시련을 겪어온 노간부들이었고, 많은 교사들은 전국에서 모인 저명한 학자들이었으며 학생은 대부분 각지에서 온 애국 진보청년들이었다. 그 중 많은 사람들은 공산당원과 공청단원들이었다. 이런 학교들은 생기가 넘치게 운영되었으며 인민군대와 항일근거지의 제반 사업을 위해 1만 명 정도 되는 골간들을 양성했다. 각급 당 조직들에서는 보편적으로 간부재직학습제도를 실시했는데 이는 간부들의 문화자질, 정치자질을 높이는 데 매우 중요한 역할을 했다.

일본군이 침입하면서 많은 학교들을 파괴하거나 빼앗아버리자 교직원들도 잇달아 학교를 떠나버렸다. 때문에 많은 지방의 국민문화교육은 정체 상태에 빠져 버렸다. 그리고 농촌에는 학교가 거의 없고 형편없는 서당밖에 없었으므로 농민들의 자식들은 학교에 들어가 공부할 수 없었다. 항일근거지가 창설된 후 국민교육사업에는 커다란 변화가 일어났다. 각 항일근거지들에서는 많은 지식인들을 조직하여 국민교육사업에 참가시켰다. 그들은 열악한 환경에도 불구하고 가능한 설비를 이용하여 많은 중학교, 소학교들을 설립하고 운영해 나갔다. 그리하여 1940년에 와서 산간닝변구에는 소학교 1,341개와 중등학교 7개가 생겼는데 그중 소학생은 무려 4만 3,600여 명에 달했다. 진차지근거지에는 소학교가 7,697개가 있었다. 각 항일근거지들에서는 문화지식을 보급하는 사회교육 예를 들어 야간학교, 동기학교, 식자반(조), 독보조와 악극단 등도 크게 발전했다. 세세손손 낫 놓고 기역자도 모르던 농민들이 문화지식을 배우기 시작하면서 국가대사에 관심을 갖게 됐으며 사상적, 문화적으로 계몽되었다.

항일민주근거지 내에서 마르크스-레닌주의를 지침으로 하는 사회과학에도 큰 발전이 있었다. 전당의 이론 수준을 높이기 위해 중국공산당 중앙위원회는 계획적으로 일부 마르크스-레닌주의 저작물을 출판했다. 1938년 5월, 옌안에서 마르크스-레닌주의학원(마레학원이라고 약칭함)을 창립할 때 전문적으로 외국어에 능통하고 또 일정한 이론 수준을 지니고 있는 동지들을 선임했다. 그래서 학원 내에는 당 역사상 처음으로 마르크스-레닌 저작을 번역하는 전문기구인 편역부가 설치됐다. 이 기구는 마르크스, 엥겔스, 레닌, 스탈린의 저작을 도합 32종 번역했는데 글자 수는 무려 몇 백 만자나 됐다. 1941년에 편역부를 없애고 1942년에 다시 중국공산당 중앙위원회 편역국을 설립했다. 이런 저작의 번역과 출판은 마르크스-레닌주의의 깊이 있는 전파를 더욱 촉진했다.

마레학원은 전문적으로 마르크스-레닌주의의 학습과 연구와 선전에 종사하는 간부학원이었다. 중앙의 많은 지도자들은 학교에 와서 보고를 했고 저명한 학자들이 겸직 교사직을 담당했다. 학원에는 마르크스-레닌주의연구실, 중국문제연구실, 철학연구실, 정치경제학연구실, 역사연구실 등 연구실들이 개설되어 있었다. 1941년 7월, 마르크스-레닌주의학원은 마르크스-레닌주의연구원으로 재편성됐고 9월에는 중앙연구원으로 개명됐다. 중앙연구원의 주요한 임무는 중국의 실제문제에 대한 연구를 중심으로 적군, 아군, 우군의 역사와 현황을 조사하고 연구하는 것이었다. 모든 연구원의 노력으로 그리 길지 않은 시간 내에 많은 연구 성과를 거두었다. 이런 연구 성과들은 역사연구실의 판원란(范文瀾)이 편찬을 주관한 〈중국통사약편〉(상권), 문화사상연구실과 중앙정치연구실이 합작하여 편집한 〈마르크스, 엥겔스, 레닌, 스탈린의 사상방법론〉, 교육연구실의 량쑤밍(梁漱溟)의 향촌건설운동, 옌양추(晏陽初)의 평민교육촉진회, 황옌페이(黃炎培)의 중화직업교육사와 타오싱즈(陶行知)의 교육사상 등에 대한 연구와 논술들, 문예연구실의 〈중국 신문학사 요강〉 등을 예로 들 수 있다. 옌안을 중심으로 한 항일민주근거지의 사회과학연구는 커다란 성과를 거두었다. 옌안에서 사회과학적 학술성 단체에는 이 밖에도 항일전쟁연구회, 중국 현대사연구회, 민족문제연구회, 역사연구회, 옌안신철학회, 옌안시사 문제연구회 등이 있었다. 여러 연구회들에서는 연구 활동과 학술교류 활동을 적극적으로 벌여 나갔으며 중요한 성과들을 얻었다. 이런 성과 들은 항일전쟁연구회의 〈항일전쟁총서〉, 중국현대연구회의 〈중국현 대혁명운동사〉, 사회과학연구회의 〈사회과학개론〉, 민족문제연구회 의 〈회족문제〉, 역사연구회의 〈근대 세계혁명사〉, 〈신간닝변구실록〉, 〈항일민주근거지 진찰자지변구〉, 옌안시사문제연구회에서 편집한 시 사문제총서 〈전쟁 중의 일본제국주의〉, 〈중국 점령지역에서의 일본제 국주의〉 등을 예로 들 수 있다.

당의 신문과 당의 잡지는 당의 여론선전진지이다. 항전시기 당은 주 로 〈신중화보〉, 〈해방일보〉, 〈해방〉 주간지와 〈공산당인〉 등 신문과 잡지를 통하여 당의 노선과 방침과 정책을 선전했다. 팔로군 총정치 부에서 창설, 운영한 〈팔로군 군정잡지〉, 중국공산당 중앙위원회 종 업원운동위원회가 창설, 운영한 〈중국노동자〉 월간지, 전국청년연합 회에서 창설, 운영하는 〈중국청년〉, 중국공산당 중앙위원회 부녀운 동위원회에서 창설, 운영한 〈중국부녀〉 등도 인민을 단합하고 적들 을 타격하는 측면에서 큰 기여를 했다. 마르크스-레닌주의 저작과 당 잡지, 당 신문의 출판과 발행 사업을 더 원활하게 벌여 나가기 위해 서 중국공산당 중앙위원회는 1937년에 중앙당보위원회를 설립했다. 1939년에는 중공중앙 출판발행부를 설립했다. 이를 옌안에서 "해방 사(解放社)"의 명의로 출판하고 신화서점에서 발행한 신문잡지와 서 적은 무려 수백 종이나 됐다. 각 근거지들에서도 여러 가지 신문잡지 들을 출판했는데 이런 신문잡지들은 대중에게 선전하는데 매우 중요 한 역할을 했다. 그리고 대중을 동원하고 조직하며 전선을 지원하는 측면에서도 중요한 역할을 발휘했다.

신문사업의 발전과 더불어 홍색중화통신사는 1937년 1월에 신화통신사로 개명됐다. 신화통신사의 보도 범위는 처음에 산간닝변구에만 국한됐지만 그 후에는 전국 각지로 퍼져갔다. 신화사는 또 적후근거지에 분사들을 설립했다. 1940년 말에 창설된 신화방송국은 항일투쟁에 관한 당의 방침과 정책을 선전했다. 그리고 근거지 대중이 용감하게 적을 무찌르고 전선을 지원한 사적들을 보도했으며, 일본 침략자의 포악한 만행과 국민당 완고파의 반공, 반인민적 행태도 방영해 주었다. 그리하여 각 항일근거지와 전국에 지대한 영향을 미쳤다.

항일민주근거지에서는 문학창작과 연극공연도 적극 발전시켰다. 특히 시가와 보도문학, 그리고 농촌의 연극공연운동이 신속하게 발전했고 각종 문화예술단체가 자못 활기에 넘쳤다.

과학기술사업의 발전을 지원하기 위해 산간닝변구에서는 1940년 2월에 서북자연과학연구회를 설립했다. 그 후에는 의약, 농학, 지질채광야금, 생물, 기계전기, 화학 등 전공학회를 설립했는데 도합 300여 명의 전문가들이 이런 전공학회에 참가했다. 그들은 과학연구와 과학지식을 보급함에 있어 정말 많은 일들을 했다. 1940년 8월에 창설된 옌안자연과학원은 중국공산당 역사에서 처음으로 자연과학의 교수 및 연구를 전개한 기구였다. 옌안자연과학원의 설립은 변구의 과학기술의 진보와 발전을 이끄는 측면에서 큰 도움을 주었다.

당의 민족정책과 실천

중국은 다민족국가이다. 항일전쟁은 중국 여러 민족 인민들이 단결하여 공동으로 일본침략자를 반대하는 전 민족적인 해방전쟁이었다. 일본침략자들은 이간질로 중국 여러 민족 간의 단결을 분열시키기 위해 발악했다. 또한 소수민족 중 몇몇 매국분자들을 이용하여 괴뢰조직을 꾸려 "제각기 다스리는" 식민지통치를 실시했다. "9.18"사변 후 그들은 둥베이에서 "만주국"을 조작해냈으며 "몽골자치" 등 구호들을 제창했다. 그리고 몽골족 소수 상류층분자들로 하여금 괴뢰정부를 설립하도록 꼬드겼다. 그들은 또 회족 가운데서도 분열, "독립" 활동을 책동했다.

중국공산당은 다음과 같이 인정했다. 역사적인 원인으로 말미암아 중국의 여러 민족 사이에는 일부 갈등이 있었지만 그들 사이의 관계는 긴 역사와 내력을 가지고 있으며, 예부터 연합하여 외세를 반대하는 영광스러운 전통을 갖고 있다. 일본의 침략 앞에서 여러 민족 인민들이 단결하여 항전하는 것만이 전반 중화민족의 유일한 출로이다. 1937년 8월, 중국공산당 중앙위원회는 항일구국 10대 강령에서 몽골족, 회족 및 모든 소수민족이 공동으로 항일할 것에 대한 방침을 제기했다. 당중앙위원회 제6기 제6차 전원회의는 소수민족사업에 대해 깊이 토의했다. 전원회의에서 채택한 정치결의는, 중화 여러 민족은 힘을 합해 함께 항일하고 생존을 도모해야 함을 심도 있게 제기했다. 마오쩌둥은 정치보고에서 다음과 같이 지적했다. "여러 민족은 한족과 평등한 권리를 가지며 공동으로 일본에 대처하는 원칙 아래 자기의 사무를 관리할 권리가 있다. 동시에 한족과 연합하여 통일된 국가를 건립한다" 중국공산당 중앙위원회는 국정으로부터 출발하여 조국통일의 가정을 염두에 두고 소수민족집거지역에서 민족구역자치를 실시할 것에 관한 정책을 제안했다. 1941년 5월에 공포한 〈산간닝변구 시정강령〉은 구체적으로 "몽골족, 회족 자치구를 건립한다"고 했다. 이는 민족문제를 해결하는 중국공산당의 방책이었다. 민족구역자치는 훗날 당이 소수민족문제를 처리할 때의 기본정책이 됐다.

1938년 11월, 중국공산당 중앙위원회는 서북사업위원회[서북공위(西北工委)라고 약칭함]를 설립하여 신간닝변구 이외 서북지구 지하당의 사업, 특히 소수민족사업을 주관하도록 했다. 또 지난날 민족에 관한 업무를 취급하던 기구들을 합병했다. 그리고 민족문제연구실을 설립하여 중국의 소수민족문제에 관한 연구 사업을 체계적으로 벌여 나가도록 했다. 1940년 4월과 7월, 중국공산당 중앙위원회는 차례로 서북사업위원회에서 기초한 〈회족문제에 관한 요강〉과 〈항전에서의 몽골민족문제에 관한 요강〉을 원칙적으로 승인했다. 이 두 부의 문건은 회족과 몽골족의 특징 및 현황을 분석했다. 그리고 나서 소수민족의 운명은 중화민족의 운명과 밀접히 연관되어 있으며 철저한 항일투쟁을 통해야만 모든 측면의 해방을 쟁취할 수 있다고 강조했다. 문건은 민족평등을 실현하고 민족의 문화와 풍속 습관과 신앙을 존중하며 소수민족들이 생활을 개선하고 향상시키도록 도와주겠다고 했다. 또한 여러 민족 간의 관계를 개선하는 등 구체적인 정책들을 규정했다. 이 문건은 항전기간 당이 소수민족사업을 벌여 나감에 있어서 중요한 지도적 문건이었다.

또한 당은 소수민족간부의 양성에 각별한 관심을 두었다. 1937년에 중앙당학교에서는 소수민족반을 운영했으며 1939년부터 1940년까지 섬북공학(陝北公學)에 몽골족청년대와 소수민족사업대 등을 설립했다. 1941년 9월, 중국공산당 중앙위원회가 옌안에서 창설한 민족학원은 당이 소수민족간부를 양성하고 소수민족문제를 연구하는 전문기구였다.

산간닝변구는 당의 민족정책을 지도하는 데에는 모범지역이었다. 산간닝변구에서는 민족들이 서로 잘 융합했다. 민족평등의 원칙에 근거하여 많은 소수민족 대표들이 변구 현, 구, 향의 참의원 또는 정부위원으로 뽑혀 한족과 함께 일했다. 회족동포들이 많은 산벤(三邊), 관중(關中)과 룽둥(隴東) 전문구역에서는 회족 자치구, 향을 설립했고 회족 대중이 자체로 구장(區長), 향장(鄕長)을 선출해서 소속 구, 향의 제반 사무들을 관리했다.

팔로군과 신사군은 여러 민족 인민들의 참군과 참전을 거침없이 받아들였다. 또 부대와 간부들을 적후의 소수민족 집거지역에 파견했다. 그리하여 지방 당조직과 연합하여 항일구국운동을 전개하고 당의 민족정책을 선전했으며 소수민족이 항일무장을 건립하는 것을 지지했다. 다칭산(大靑山)에서 건립된 몽골족과 한족 인민들로 꾸려진 항일무장은 다칭산항일유격전쟁의 주력이 됐다. 항일근거지에서 설립한 회민(回民)항일구국회 등 애국단체와 몇 십 종류의 회족인민항일무장 중에서 지중(冀中)과 보하이(渤海) 지역의 회민(回民)항일유격대가 제일 유명했다. 회족공산당원 마번자이(馬本齋)가 사령원(관)직을 맡은 지중회민지대는 인원이 가장 많을 때 무려 2,000여 명이나 됐다. 그들은 대중에 의지하여 용감하게 적을 무찔렀다. 그래서 여러 차례 전공을 올리고 대중의 추대를 받았다. 지중군구는 일찍 통보를 내어 그들을 표창하고 장려했는데 '금성철벽의 무쇠군대'라는 우승기를 수여했다. 마번자이는 또 중공중앙 군사위원회의 통령표창을 받았다.

이 밖에 조선족, 만족, 쫭족, 요족, 이족, 묘족 등 소수민족 인민들도 모두 민족의 이익을 보위하고 조국의 독립과 통일을 수호하기 위해 일제침략자에게 온 몸을 던져 투쟁하는 등 몸을 아끼지 않았다.

당 건설을 강화함에 있어서의 위대한 프로젝트

간고한 항전의 환경에서 중국공산당은 자체 건설에 매우 유의했다.

전국적 항전이 발발한 후 중국공산당 중앙위원회는 정세의 변화 및 항일투쟁의 수요에 부응하여 당원을 많이 늘리는 등 정책을 취함으로써 당원 수를 신속하게 늘렸다. 그러나 신당원을 늘리는 과정 중 일부 지방에서는 신당원의 수를 늘리기 위해 소위 신당원을 증가시키는 돌격운동을 벌여 집단적으로 당원을 받아들이기도 했다. 그런데 개별적으로, 상세한 심사를 거치지 않은 채 당원을 받아들임으로써, 일반 분자나 당의 일시적인 동행자들이 당내에 혼입하게 됐다. 그리하여 사상, 정치를 조직적으로 운영하고 공고히 하는 것은 중국공산당에게 아주 중요한 임무로 대두됐으며 당의 정치과업을 완성하는 데 결정적인 요인이 됐다.

1939년 6월 13일, 마오쩌둥은 옌안고위급간부회의에서 다음과 같이 지적했다. 지난해 3월 회의 이래 "당은 이미 양적인 면에서 큰 발전을 이룩했다. 지금의 임무는 이를 공고히 하는 것이다"[31] 8월 25일, 중국공산당 중앙위원회 정치국은 〈당을 공고히 할 것에 관한 결정〉을 내리고 다음과 같이 발표했다. 지금부터 중심 임무는 당의 조직을 공고히 하는 것이다. 따라서 당을 공고히 함에 있어서의 핵심은 당내에서의 마르크스-레닌주의의 교양과 계급교양, 그리고 당의 교양을 강화하는 것이다. 이는 반드시 신간부와 노간부 사이에 서로 존중하는 조화적 관계를 수립하여 당의 단결과 당의 기율을 강화해야 한다. 정치국은 다음과 같이 강조했다. 모든 노력을 다하여 당의 조직을 공고히 하고 당의 대열을 엄격히 해야 한다. 그뿐만 아니라 당을 단결시켜야만, 눈앞에 닥친 곤란을 극복할 수 있고 국내의 투항과 분열의 위험을 반대할 수 있다. 더불어 인민을 단합할 수 있으며 항전을 최후의 철

---

31 마오쩌둥, '반투항 요강' (1939년 6월 13일), 〈마오쩌둥 문집〉 제2권, 인민출판사 한문판, 1993년, 232쪽.

저한 승리로 이끌어 나갈 수 있다. 중앙의 결정을 집행하기 위해 중앙 조직부는 10월 7일에 〈당을 공고히 할 것에 대한 중앙의 결정을 집행할 것에 관한 지시〉를 발부했다.

당을 공고히 하자는 중앙의 집행 지시가 하달된 후, 각지 당 조직들은 신속하게 당을 공고히 하는 사업을 벌여 나갔다. 각지에서는 모두 당원들의 마르크스-레닌주의 교양을 강화하는 데 큰 관심을 가졌으며 이런 교양으로 그들의 정치사상과 정치수준을 높여 주었다. 산간닝변구에서는 계획적으로 간부들을 선발하여 마레학원(馬列學院)과 중앙 당학교에 가서 학습하도록 했다. 또 변구 당학교에서 구급(區級) 간부들을 차례대로 강습시키는 조치를 취하거나 향급 당원 강습반을 개설하는 등 조치들을 강구하여 당원들의 교양 수준을 강화했다. 또 변구 당위원회는 당원과 당지부들에게 어떻게 공산당원이 될 것인가, 어떻게 지부 사업을 벌여 나갈 것인가를 주요 골자로 하는 교재를 제공함으로써 큰 효과를 거두었다. 진차지 근거지에서는 당원이 있는 곳마다 지부를 두었다. 각 지부에서는 어떻게 훌륭한 당원이 될 것인가 하는 당내 수업제도를 마련했다. 그 밖에 정기적으로 당의 기본지식과 방침, 정책을 학습하는 학습제도, 그리고 조직기율 및 사상, 작풍을 검사하는 조직생활제도를 마련했다. 각 근거지의 당 조직은 당원들에 대한 정치, 사상 교양을 강화하는 동시에 당 조직을 힘써 정비했다. 이들은 당원의 성분을 심사하고 당내에 섞여 들어온 변절자나 계급이색분자와 투기분자들을 숙청했다. 아울러 각종 제도들을 건립하고 건전하게 했다. 이런 조치를 통하여 당원들의 자질이 크게 성장했으며 당의 조직과 전투력도 크게 증강됐다.

당을 공고히 하는 과정과 상황이 각지가 똑같은 것은 아니었다. 대다수 지방의 당 조직들에서는 한동안 당원을 발전시키는 사업을 중지하고, 당 조직 정비와 당을 공고히 하는 사업에만 몰두했다. 그러나 당 조직을 공고히 하는 한편 계속 당의 대열을 확대해 나가는 곳도 있었다.

예를 들어 산둥의 당 조직은 당원 수가 적은 상황을 고려하여 한편으로는 당을 공고히 하고, 다른 한 편으로 당을 확대하는 방침을 결정했다. 그러고는 신 당원을 입당시키는 과정 중 당원을 긴급 입당시키는 방식과 간부가 입당심사를 도맡는 방식을 시정해야 한다고 주장했다. 또한 입당 수속을 엄격히 해야 한다고 강조했으며 당원발전 대상은 주로 노동자, 농민 및 학생 중 열성분자여야 한다고 했다.

그밖에 지주, 부농, 상인 및 기타 당파 중에서는 뚜렷한 공적을 쌓은 사람들을 구위원회 이상 당 지도기관의 동의를 받아 입당시키는 것 외에, 개별적으로 입당시키는 것은 금지해야 한다고 밝혔다. 1940년 4월, 산둥근거지의 당원 수는 1939년 8월의 5만 명에서 11만 명으로 증가했다.

이 기간에 마오쩌둥 등 중앙의 지도자들은 당원들 가운데 특히 신 당원의 정치사상교양을 강화하기 위해 당 건설에 관한 일련의 논저들을 발표했다. 1939년 10월, 마오쩌둥은 〈'공산당인' 발간사〉에서 당 건설은 "위대한 공사"라고 강조했다. 그러면서 "전국적 범위의, 광범위한 대중성을 띤, 사상적으로 정치적으로 조직적으로 완전히 공고한, 볼셰비키화한 중국공산당을 건설"할 것에 관한 임무를 제기했다. 1939년 5~6월에 중앙조직부 부장 천윈(陣雲)은 '어떻게 공산당원이 될 것인가' '당의 지부' 등을 발표했다. 그래서 당원의 표준에 관한 문제와 지부의 기본임무와 지방조직은 어떻게 지부를 영도할 것인가 하는 등 문제들에 대해 체계적으로 설명했다. 그뿐만 아니라 당원들에게 평생 공산주의를 위해 분투해야 하며 혁명의 이익을 우선으로 해야 할 것도 요구했다. 게다가 당의 기율을 준수하고 당의 비밀을 엄수하며, 당의 결의를 확고하게 집행해야 할 것도 요구했다.

그리고 학습에 노력해야 하며 대중의 본보기가 되어야 한다고 주장했다. 또 당 지부는 대중을 단합시킴에 있어서 핵심이 되고, 당원을 교양함에 있어 학교가 돼야 할 것을 요구했다. 아울러 제반 업무에서 지도적 역할을 해야 함도 요구했다. 천원은 당원의 성분문제에 대해 다음과 같이 지적했다. "공산당은 무산계급의 선봉대이며 무산계급 가운데서 각성한 선진분자들로 구성됐다. 그러나 당이 무산계급의 선봉대가 되려면 반드시 자기 당원들의 성분을 체계적으로 조정하는 데 집중해야 한다"

노동자 성분을 확대하는 것은 큰 의의가 있기는 하지만 모든 노동자가 모두 당에 가입할 수는 없다. 오직 노동계급 가운데서 가장 각성하고 가장 적극적이며 노동계급 사업에 가장 충실한 우수한 자들만이 당에 가입할 수 있다. 동시에 당은 광대한, 빈고(가난하고 고생스러움)한, 혁명적인 농민대중 중에서 적극적인 분자들을 당에 받아들여야 한다. 그뿐만 아니라 공산주의와 무산계급사업에 적극 헌신할 수 있는 한층 더 많은 혁명적 지식인들이어야 한다. "일상투쟁과 혁명운동으로 연마된 기타 계급 출신의 분자들에 대해 당은, 그들을 대열로 받아들이는 것을 거절하지는 않는다. 하지만 그들이 원래의 비무산계급적이고 비공산주의적인 입장을 포기하고 당의 강령, 당의 규약을 받아들여야만 당 조직에서 활동할 수 있게 협조할 수 있다. 따라서 당은 당 성분의 순결을 담보하지 않으며 무산계급 골간을 강화하지 않는다. 또한 공산주의를 근본 목표로 하지 않고 당을 각 계급의 '민족혁명연맹'으로 낮추는 시각을 단호히 반대한다. 그러므로 모든 당원은 반드시 무산계급의 공산주의사업을 위해 죽을 때까지 분투하려는 사상을 확고하게 수립할 것을 요구한다"[32]

그해 7월, 류사오치는 옌안의 마레학원에서 '공산당원의 수양을 논함'이라는 제목의 연설을 했다. 그는 공산당원이 혁명적 단련을 진행하고 당성 수양을 강화하는 일의 중요성을 진술했다. 그러고는 당원들에게 반드시 공산주의 세계관을 확고히 수립하고, 마르크스-레닌주의를 진지하게 학습할 것을 요구했다.

또 혁명실천에 적극적으로 참가하고 사회발전법칙을 연구하며 공산주의 도덕규범을 준수할 것도 요구했다. 그는 공산당원들에게 위기를 극복하려면 원대한 공산주의 이상이 있어야 하며 실사구시의 정신도 있어야 한다고 호소했다. 9월부터 장원톈은 연속 '공산당원의 권리와 의무' '당과 비당원대중 간의 관계에 대해' 등 6편의 글을 발표하여 당의 조직, 사상, 작풍 건설 중의 기본문제에 대해 깊이 있게 논술했다. 위 논저들에서 설명한 사상관점은 마르크스-레닌주의의 당에 대한 학설과 마오쩌둥의 건당사상을 풍부히 하고 발전시켰다. 이는 당의 건설을 강화하는 데 중요하면서도 깊은 지도적 의의가 있다.

6. 국민당 완고파가 일으킨 제2차 반공고조

완난사변

국민당 완고파는 1940년 여름철과 가을철에 화베이(華北)에서 개시한 제1차 반공고조가 실패로 돌아가자 반공 중심을 화중지역으로 이전했다. 그들은 화중지역에서 잇달아 군사 마찰을 빚었고 무력으로 신사군을 섬멸하는 한편, 협상을 통해 인민항일세력의 발전을 저지하

---

32 천원, '어떻게 공산당원이 될 것인가'(1939년 5월), 〈진운문서〉 제1권, 인민출판사 한문판, 1995년, 132~134쪽.

고자 했다. 그리하여 팔로군과 신사군을 황허이북 지역으로 밀어내려는 시도를 했다.

항전, 단결, 진보의 방침은 그 어느 하나도 포기해서는 안 되는 것이었다. 국민당 완고파가 빚어낸 반공 마찰에 공산당 및 그의 지휘를 받는 인민군대가 자위반격을 진행한 것은, 전적으로 항일 진지를 보존하며 항일민족통일전선을 수호하려는 목적이었다.

이런 원인으로 중국공산당 중앙위원회에서는 국민당 완고파가 일으킨 제1차 반공 고조를 격퇴했다. 그 뒤 단합하여 항일하는 국면을 수호하고 국공 간의 장기간 협력을 유지하기 위해 1940년 6월에 저우언라이와 예젠잉을 대표로 하는 대표단을 충칭에 파견했다. 그래서 국민당대표 허잉친(何應欽), 바이충시(白崇禧)와 협상하게 했다. 협상과정에서는 중국공산당의 합법적 지위를 국민당이 인정해야 한다는 것에 관한 문제, 산간닝변구를 인정하는 문제, 팔로군·신사군의 확대 편성 문제, 작전구역 구분문제 등이 거론됐다. 그중 작전구역을 구분하는 문제가 중심화제로 거론됐다. 저우언라이는 국민당 대표에게 '목전 위기 해소 및 단결항전을 강화할 것에 대한 중국공산당 중앙위원회의 제안'을 다음과 같이 건의했다. 그 내용은 다음과 같다.

(1) 항전건국강령에서 규정한, 인민들의 집회·결사·언론·출판의 자유를 보장하며 각 항일당파들의 합법적 지위를 보장하도록 명령할 것

(2) 유격구 및 적 점령지역에서 항전건국강령의 규정에 따라 인민무장을 지도하고 지원하는 한편 보편적인 유격전을 개시할 것

(3) 명문화된 법령을 반포하여 옌안 등 23개 현을 산간닝변구에 포함시키며 변구정부를 조직할 것, 팔로군을 3개 군, 9개 사로 확대하고 편성할 것, 신사군을 7개 지대로 보충하고 편성하며 팔로군 작전구역을 규정할 것 등이다.

7월 2일, 허잉친은 국민당을 대표하여 중국공산당의 '6월 제의'에 심사방안을 제시했다. 이 심사방안이 중국공산당 대표에게 거절당하자 다시 약간의 수정을 한 심사방안을 7월 21일에 '국민정부 제시안'의 명의로 중국공산당 대표[33]에게 넘겨주었다. 그 주요 내용은 다음과 같다. 산간닝변구 정부를 없애고 '산베이(陝北)행정공서'로 대체한다. 산시(陝西)성정부의 영도를 받으며 산하에 18개 현을 포함시킨다. 팔로군을 3개 군, 6개 사, 5개 보충퇀으로 확대하고 편성하며 신사군을 2개 사로 편성하는 것을 승인한다. 장난(江南) 및 화중 지역에서 활동하는 팔로군과 신사군을 황허 이북의 허베이(河北), 차하얼 두 성에 집중시킨다. 이 제안은 앞과 마찬가지로 또다시 거절당했다.

9월 초, 저우언라이는 국민당에 '8월 심사방안'을 넘겨주는 한편 '작전구역 및 유격부대를 조정'하는 방법을 제기했다. 하지만 장제스는 여전히 팔로군과 신사군이 황허 이북으로 이동해 갈 것을 요구했으며, 이를 거부할 경우 모든 문제가 다 해결될 수 없다고 경고했다. 그는 계속 군사행동을 취하면서 공산당이 이에 응해 나서기를 압박했다. 국공 양당의 협상은 진전이 없었다.

이때 일본은 유럽 전세의 유리한 시기를 이용하여 태평양 지역의 영국, 미국, 프랑스, 네덜란드 등의 식민지에 대한 군사 도발을 감행하여 이 지역의 풍부한 자원을 약탈하려고 했다. 독일, 이탈리아는 일본의 이런 행위를 아주 반가워했다. 영국과 미국의 힘을 분산시킬 수 있었기 때문이다. 그리고 중일전쟁을 하루 속히 마무리 지어 일본을 중국 전장에서 빼내 오기 위해, 위 국가들은 또다시 장제스를 유인하여

---

33 즉 '산간닝변구 및 제18진영군, 신사군 경계 편제 문제에 관한 제시안'(국민당중앙상무위원회에서 통과), '국민정부 제시안'이라고 약칭한다. 1940년 7월 16일에 초안하여 20일에 발부, 21일에 저우언라이에게 보내 주었다.

투항시킬 음모를 펼쳤다. 트라우트만 주중 독일대사는 국민당정부에 '중일전쟁을 조정하자'는 건의를 했으며 일본과 타협할 것을 장제스에게 권고했다. 일본도 일부 '양보' 조치를 취하는 것으로 중국 내부를 분열시키려고 했고 이를 통해 '중국인으로 중국인을 제어하며' 중국 항일운동을 파괴하는 목적을 달성하려고 했다. 영국, 미국 등 국가들은 자체의 이익을 위해 중국이 계속 항전하기를 바랐다. 그리하여 국민당을 제 편으로 끌어들이고자 했다. 영국은 10월 18일에 미얀마-윈난도로를 재개방한다고 선언했으며 미국 국회는 중국정부에 1억 달러의 차관을 제공하기로 의결했다. 소련은 독일과 일본의 양면 협공을 막고자 했다. 이를 위해 중국이 장기간 일본을 견제할 수 있도록 국민당정부에 지속적인 군사원조를 제공하기로 했다.

이런 정세에서 국민당 완고파는 정세가 자기에게 유리하다고 판단하여 새로운 반공 마찰을 조작하기 시작했다. 장쑤 북부 지역에서 한더친은 천이, 쑤위의 부대가 아직 현지에 익숙하지 않은 틈을 타서 신사군을 황차오(黃橋) 부근에서 섬멸하려고 시도했다. 9월 중순, 한더친은 신사군에 '장옌(薑堰)에서 물러갈 것'을 요구했다. 천이는 단합과 항일의 대국을 고려하여 부대를 이끌고 철수했다. 반면 한더친은 즉각 주력부대를 황차오로 이동시키는 한편 리밍양(李明揚), 천타이윈(陳泰運) 등 부대와 기타 보안여단에게 천이 부대를 포위 공격하라는 명령을 내렸다. 이 전투에 동원된 국민당부대 총병력은 도합 3만여 명, 25개 연대에 달했다. 국민당대군이 침범해 오는 정세에서, 신사군 장쑤 북부 지휘부는 통일전선사업을 적극 벌여 리밍양, 천타이윈 등 부대의 중립을 이끌어내는 데 성공했다. 한편 이들은 우세한 병력으로 '유인전술'을 썼다. 그리하여 10월 4일부터 6일 사이에 치열한 전투를 거쳐 황차오로 진격한 한더친 부대 1만 1,000여 명을 섬멸했다. 한더친은 잔여부대 1,000여 명을 이끌고 싱화(興華)로 도피해 버렸다. 황차오 전투로 장쑤 북부 항일근거지는 정세가 안정됐다.

한더친의 장쑤 북부 반공작전이 좌절당한 뒤, 국민당 보수파는 신사군이 북쪽으로 이동하도록 더욱 압박했다. 10월 19일, 국민정부 군사위원회 허잉친 참모총장과 바이충시 부참모총장은 팔로군 주더 총사령관, 펑더화이 부총사령관과 신사군 예팅(葉挺) 군장에게 전보['호전(皓電)']를 보내 중국공산당 및 산하 무장세력을 대거 공격하고 모함했다. 전보에서는 항전 이후 화베이와 화중 등 지역에서 발생한 마찰 사건을 열거하면서 그 발생 원인을 팔로군과 신사군에 돌렸다. 국민당국은 더 나아가 황허 남북 지역에서 항전을 이어가는 팔로군과 신사군을 1개월 이내에 모두 황허 이북으로 이동할 것을 요구했다. 더불어 50만 명에 달하는 팔로군과 신사군을 10만 명으로 축소하고 재편성할 것도 요구했다. 이어 국민당당국은 탕언보(湯恩伯), 리핀셴(李品仙), 한더친, 구주퉁(顧祝同) 등 부대에 신사군을 공격하라는 비밀명령을 내렸다. 이 '호전'은 공산당이 지도하는 대부분 군대를 황허 이북 지역으로 몰아낸 뒤 일본군과 연대하여 팔로군과 신사군을 섬멸시키고자 했다. 이는 국민당 보수파의 사악한 음모를 드러낸 것으로서 제2차 반공 고조의 기폭제가 됐다.

중국공산당 중앙위원회에서는 정세 발전의 전망 및 영향과 그에 따른 여러 사안에 대해 냉정한 분석을 내린 뒤, 국민당 보수파의 진격을 격퇴시킬 방침을 제기했다. 1940년 9월 초, 중국공산당 중앙위원회는 충칭의 저우언라이와 예젠잉으로부터 하나의 보고를 받았다. 국민당정부군 군령부가 구주퉁에게 창장 강 남북의 신사군을 '소탕'하라는 명령을 내렸다는 내용이 골자였다. 9월 6일, 중국공산당 중앙위원회 군사위원회는 예팅, 샹잉, 류사오치에게 반격을 준비하라는 전보를 보내고 특히 안후이성 남부 지역의 방어를 강화할 것을 강조했다. 그리고 국민당 완고파가 일으킨 새로운 반공 고조에 대해 "겉으로는 온화하나 속으로는 저항하며, 연약하면서도 강하며 날카롭게 맞서"는 방책[34]을 실시하도록 했다. 구체적인 조치로는, 강북의 부대를 이동시키지 않고 안후이 남부지역의 부대를 북쪽으로 철수하는 것 등이 있었다.

중국공산당 중앙위원회의 이런 결정은 인민의 이익이 손해 보지 않도록 했다. 또한 국민당에 어느 정도 양보함으로써 중간세력 쟁취와 완고세력 고립에 유리한 상황을 만들었다. 그뿐만 아니라 이는 안후이 동부, 장쑤 북부의 항일근거지 보강에도 크게 유리했다. 11월 9일, 중국공산당 중앙위원회는 주더, 펑더화이, 예팅, 샹잉의 명의로 허잉친과 바이충시에게 회답전보를 보냈다. 그래서 '호전'에서의 반공 모함과 무리한 요구에 대해 대답했다. 그리고 전반 국면을 고려하고 단합하여 항전을 이어가기 위해 완난 주재 신사군부대가 곧 창장 강 이북으로 이동할 것임을 밝혔다.

12월 8일, 허잉친, 바이충시는 주더, 펑더화이, 예팅, 샹잉에게 재차 전보를 보내 수비임무의 교체는 군령이므로 반드시 집행해야 하며, 황허 이남의 팔로군과 신사군은 전부 황허 이북으로 즉각 이동할 것을 지시했다. 12월 9일 장제스는, 창장 이남의 신사군은 12월 31일 이전에 창장 이북 지역으로 이동하고, 황허 이남의 팔로군과 신사군은 1941년 1월 30일 전에 황허 이북 지역으로 이동하라는 명령을 내렸다. 12월 10일, 그는 또 '황허 이남의 적군 섬멸 작전계획'과 '장난 신사군 섬멸방안'을 비밀리에 지시했다. 또한 그는 제3작전구역 구주퉁

---

34 〈마오쩌둥 군사문집〉 제2권, 군사과학출판사, 중앙문헌출판사 한문판, 1993년, 587쪽.

사령관, 제32집단군 상관원샹(上官雲相) 총사령관 등에게 군대를 집결하여 신사군을 포위하고 섬멸하라는 비밀지령을 내렸다.

1941년 1월 4일, 신사군 군부 및 소속 완난 부대 9,000여 명은 명령을 받고 윈링(雲嶺) 주둔지에서 창장 이북으로 향하는 중이었다. 그런데 6일 안후이성 징(涇)현 마오린(茂林) 지역에서, 갑자기 국민당군대 7개 사, 8만여 명의 포위 습격을 당했다. 신사군부대는 7일 밤낮을 용감히 싸웠지만 탄약과 식량이 떨어져 결국 대부분 장병들이 희생당하고 포로가 되었다. 그 중 일부는 흩어졌으며 2,000여 명만이 포위를 돌파했다. 예팅 군장은 국민당과의 협상 시 구금되었으며 정치부 위안궈핑 주임, 샹잉 부군장, 저우쯔쿤 부참모장은 포위 돌파과정에서 반역자에 의해 살해됐다. 1월 17일, 장제스는 신사군이 '배신'했다고 되려 모함했으며 신사군 번호를 취소하고 예팅을 '군법심판'에 넘기겠다고 밝혔다. 이것이 바로 국내외를 충격에 빠뜨린 완난사변이다. 이 사변은 국민당 완고파가 일으킨 제2차 반공 고조의 정점이다.

제2차 반공고조 격퇴

완난사변 이후, 중국공산당 중앙위원회는 국민당 보수파와 날카롭게 맞서 싸웠다. 1941년 1월 20일, 마오쩌둥은 중국공산당 중앙위원회 군사위원회 대변인 명의로 연설을 발표했다. 그는 국민당 당국의 반공 음모를 폭로하고 무력으로 신사군을 습격한 국민당의 만행에 항의를 제기했다. 그리고 국민당당국의 전반적인 정세를 고려하여 1월 17일에 내린 반동명령을 취소하고 주모자를 징벌할 것을 요구했다. 또한 예팅을 석방하고 국민당의 일당독재를 폐지하며 민주정치를 펼칠 것 역시 지시했다. 화베이와 화중 지역의 여러 항일근거지 군민들도 잇달아 집회를 열고 국민당 보수파의 만행을 강력하게 성토했다.

팔로군과 신사군은 국민당 완고파의 무장공격에 수시로 반격할 준비에 나섰다.

같은 날, 중국공산당 중앙위원회 군사위원회는 신사군 군부를 재건할 명령을 발표했다. 그리고 천이를 대리군장으로, 류사오치를 정치위원으로, 장윈이(張雲逸)를 부군장으로, 라이촨주(賴傳珠)를 참모장으로, 덩쯔후이를 정치부 주임으로 임명했다. 1월 25일, 신사군 신군부가 장쑤 북부 옌청(鹽城)에서 설립되었으며 전군을 7개 사와 1개 독립여로 개편했다.

제1사는 쑤위가 사장을, 류옌(劉炎)이 정치위원을 맡았고 제2사는 장윈이(겸함)가 사장을, 정웨이싼(鄭位三)이 정치위원을 맡았다. 제3사는 황커청(黃克誠)이 사장 겸 정치위원을 맡았고 제4사는 펑쉐펑이 사장 겸 정치위원을 맡았다. 제5사는 리셴녠(李先念)이 사장 겸 정치위원을, 제6사는 탄전린(譚震林)이 사장 겸 정치위원을 맡았다. 제7사는 장딩청(張鼎丞)이 사장을, 쩡시성(曾希聖)이 정치위원을, 독립여는 량싱추(梁興初)가 여장을, 뤄화성(羅華生)이 정치위원회을 맡았다. 전군은 도합 9만여 명으로, 창장 남북에서 연이어 항전을 견지했다.

중국공산당 중앙위원회는 탁월한 안목으로 전반을 종합했다. 그리고 나서 정치적으로는 공세를 취하고 군사적으로는 방어를 취하여 국민당 보수파가 일으킨 제2차 반공 고조를 단호히 격퇴시킨다는 올바른 방침을 제기했다. 저우언라이는 남방국을 지도하여 충칭의 국민당 보수파와 투쟁을 벌여 나갔으며, 정치와 그 선전으로 세찬 반격을 가했다. 1월 17일, 저우언라이는 국민당 협상 대표 장충(張沖)에게 완난사변에 대한 질문과 항의를 제기했다. 그리고 허잉친에게 전화를 걸어 "당신들의 행위는 친인들이 통곡하고 적들이 환호하는, 일본침략자들이 하고 싶어도 하지 못하는 행위이다"[35]고 꾸짖었다.

〈신화일보〉의 사변 진상폭로 기사와 논평이 국민당 당국에 의해 금지당한 후, 저우언라이는 즉각 "장난에서 나라를 위해 희생한 사람을 애도한다!" "억울하고 원통하도다, 옙 장군이여, 다 같은 염황 자손들이 서로 참살하다니 웬 말인가"라는 제하의 제문을 썼다. 그리고 이를 금지당한 기사의 위치에 게재하여 국민당 보수파의 반동행위를 규탄했다. 저우언라이는 남방을 지도하여 좌담회를 열고, 개별담화를 하고, 전단을 살포하는 등 방식으로 각계 인사들에게 완난사변의 진상을 알렸으며, 국민당 보수파의 반공 행위를 폭로했다.

공산당의 정의의 방위 입장은 각계 인사와 민주당파의 지지를 받았다. 쑹칭링(宋慶齡), 류야쯔(柳亞子), 허샹닝(何香凝), 천유런(陳友仁) 등 국민당 좌파인사들은 완난사변을 계기로 홍콩에서 항의집회를 벌였다. 쑹칭링 등은 장제스 및 국민당 중앙에 서한과 전보를 보내 '공산당토벌' 내전은 민심에 위배되며 이로 인해 "국민들이 불안해하고 우방의 우려를 불러일으켰다"고 질책했다. 그러면서 "총리의 훈계를 신중히 따르며" "공산당 토벌 배치를 철수하고 공산당과의 연대방안을 검토하며, 여러 항일세력을 발전시키고 여러 항일당파를 보장할 것"[36]을 촉구했다. 각 민주당파들도 국민당 보수파의 반공행위에 대해 불만과 분개를 표시했다. 장보쥔(章伯鈞)은 저우언라이와 의견을 나눈 뒤 민주연합회 설립에 나섰다. 이를 통해 각 민주당파와 무당파 인사들을 단합하여 중국공산당과 합작할 수 있게 하고, 민주개혁 및 내전 반대 등을 공동 추진하기로 했다. 국민당 내부의 많은 사람들도 장제스가 일으킨 내전에 불만을 표시했다. 쑨커(孫科)는 시국에 우려

---

35 남방국당사자료징집소조 편, 〈남방국당사자료(대사기)〉(1), 충칭출판사 한문판, 1986년, 134쪽.
36 쑹칭링, 류야쯔, 허샹닝, 펑쩌민(彭澤民) 이 '장총통 및 중앙집행위원, 감찰위원 모든 동지들에게 보내는 서한', 1941년 1월 12일.

를 표시했으며 장즈중(張治中)은 장제스에게 전보를 보내 중국공산당에 대한 문제점을 애절하게 표현했다. 해외 화교들도 분열을 반대하고 나섰다. 화교 지도자 천자겅은 국민참정회에 전보를 보내 단합을 호소하고 장제스의 역행을 비판했다. 국민당 보수파의 반공 고조는 국제적 차원에서 소련의 반대에 부딪혔을 뿐만 아니라 미국과 영국 등 국가들의 불만도 불러일으켰다. 2월 중순, 미국정부는 장제스에게 미국은 국공 분쟁이 해결되기 전에는 중국에 대규모 원조물자를 줄 수 없다고 전했다. 그리고 중미 사이의 경제, 재정 등 여러 문제에서 그 어떤 진척도 있을 수 없다고 공식 통보해 왔다.

국민당 당국은 정치적으로 사상 최대 고립의 경지에 빠졌다. 반공 활동을 중단해야만 했다. 1941년 2월, 장제스는 3월 1일에 소집되는 국민참정회 제2차 회의를 신속히 준비했으며 중국공산당 참정원에 대한 참석을 요청하는 것으로 여론을 기만하려고 했다. 중국공산당 참정원은 이 회의의 참석을 거부했다. 3월 2일, 중국공산당 중앙위원회의 지시에 따라 충칭의 중국공산당 참정원 둥비우, 덩잉차오는 국민참정회에 서한을 보냈다. 이들은 중국공산당 및 민주당파와 산간닝변구의 합법적 지위를 승인하고, 완난사변에서 체포된 모든 간부와 병사들을 석방하라는 12조항을 요구하고 발표했다. 그리고 이를 회의참석의 조건으로 삼았다. 공산당의 단호한 태도는 중간세력의 지지를 받았다. 이는 장제스로 하여금 제2차 참정회의에서 "향후 공산당을 토벌하는 군사사건이 더 이상 없을 것'이라고 하도록 만들었다. 3월 14일, 장제스는 저우언라이를 초청하여 면담한 후 국공 사이에 존재하는 부분적 문제를 사전에 해결하는 데 동의했다. 따라서 제2차 반공 고조는 사라졌다.

국민당 보수파가 조작한 완난사변은 공산당을 타격하고 신사군을 섬멸하려는 목적을 이루지 못했다. 도리어 국민당에 환상을 품고 있던 사람들을 깨우치거나 교육하는 효과를 가져와 오히려 자신이 고립되고 말았다. 이번 투쟁에서 중국공산당의 확고한 입장과 항전 국면을 수호하는 태도는 여러 측의 지지를 받았고 대중 속에서의 영향력을 확장시켰다. 그뿐만 아니라 공산당의 정치적 위상까지 높여 주었다.

완난사변의 성공적인 해결은 중국공산당 중앙위원회의 전술방침이 정확하다는 것을 다시 한 번 입증했다. 이번 투쟁의 경험은 다음과 같은 것들을 설명했다.

첫째, '인민의 어떠한 혁명 세력이라도 장제스에게 소멸당하지 않으려면, 그리고 또 그로 하여금 이러한 세력의 존재를 인정하게 하려면, 그의 반혁명적 정책에 대해 날카롭게 맞서는 투쟁 외에는 취할 만한 다른 길이 없다'[37]

둘째, 일본침략자가 우리나라 영토까지 쳐들어 온 상황에서 중일 민족 간의 갈등은 여전히 중심적인 갈등에 속하며, 국내 계급 간의 갈등은 여전히 부차적인 갈등에 속한다. 이런 원인으로 말미암아 민족갈등과 계급갈등의 관계를 올바르게 처리해야 한다. 국민당 보수파의 반공정책에 맞서는 투쟁에서 반드시 조리 있고 유리하며 절도 있는 원칙을 이어가야 한다. 이런 투쟁은 인민의 항일세력을 보위하고 중간파를 쟁취할 수 있다. 그 밖에도 국민당 보수파의 분열과 투항 및 내전을 발동하려는 음모를 저지하고 항일민족통일전선을 유지하는 데그 목적이 있다.

셋째, 국민당 보수파와의 투쟁에서 양보는 필요한 것이다. 단, 당과 인민의 이익에 손상을 주지 않는 원칙에 한해서이다. 공산당은 '가전'

---

37 마오쩌둥, '제2차 반공고조의 격퇴에 관한 총화'(1941년 5월 8일), 〈마오쩌둥 선집〉 제2권, 인민출판사 한문판, 1991년, 782쪽.

에서 적당하게 양보했기에 완난사변에서 정치 반공격의 주동적 지위를 얻을 수 있었다. 그리고 중간파들이 투쟁으로 단합을 쟁취하는 공산당의 정책을 이해하도록 하여 그들의 동정을 받을 수 있었던 것이다.

신사군 완난부대의 커다란 손실은 주로 국민당 보수파의 반공정책 때문이었다. 공산당 내 손실의 경우, 중국공산당 중앙위원회 동남국 서기이며 신사군 주요 지도자인 샹잉의 실수와 관련이 있다. 샹잉은 신사군을 영도하는 사업에서 잊을 수 없는 커다란 공로를 세웠으며 이는 모두가 인정한다. 그는 예팅, 천이 등과 함께 단시일 안에 광범위하게 분산되어 있는 남방 8개 성 홍군유격대를 완벽히 개편했다. 그리고 부대를 조직하여 적후에 들어가 유격전을 벌이고, 부대건설을 적극 추진해 신사군을 끊임없이 발전시켰다. 그는 또 항일근거지를 창설하는 사업을 지휘했다. 그러나 통일전선 중 독립자주원칙에 대한 인식이 부족하여 적 점령지역에서 대담하게 대중을 묶어세우지 못했다. 게다가 '북으로 발전하고 적후로 발전'할 것에 대한 중국공산당 중앙위원회의 정확한 방침을 제대로 이해하지 못했고, 집행 강도가 강력하지 못했다. 그는 안후이 남부를 중심으로 하고 있다가 일본군이 절간(浙贛)철도를 진격해 올 때 남쪽으로 진격하여 원 남방근거지를 회복하려고 했다. 이는 실정에 부합되지 않는 계획이었다. 1940년 10월 이후, 국민당 보수파의 진격이 이미 분명해진 상황에서도 샹잉은 완난부대를 북쪽으로 이동시키는 것을 망설이다가 동진 또는 북진할 유리한 기회를 놓쳤다. 부대의 북진이 저지를 받은 후에도 그의 지휘오류 때문에 신사군은 국민당의 포위와 공격을 격퇴시킬 수 없었다. 결국 신사군은 완난사변에서 커다란 손실을 입게 됐다.

1941년 5월 20일, 중국공산당 중앙위원회의 결정에 따라 동남국과 중원국을 합병하고 중국공산당 중앙위원회 화중국으로 개칭했다. 또한 신사군 군분회를 설립하고, 류사오치가 화중국 서기 겸 군분회 서기로, 라오수스(饒漱石), 천이, 쩡산(曾山)이 화중국 위원으로, 천이, 라오수스, 라이촨주(賴傳珠), 덩쯔후이(鄧子恢)가 신사군 군분회 위원으로 임명됐다. 화중국의 지도 아래 장난(江南), 쑤중(蘇中), 화이난(淮南), 화이베이(淮北), 쑤베이(蘇北), 어위완(鄂豫皖), 저둥(浙東), 완장(皖江), 쑤저(蘇浙) 등 지역에 당위원회가 설립됐다. 1942년 2월 15일부터 3월 5일까지 화중국은 제1차 확대회의를 개최했다. 류사오치가 화중국의 3년간 사업성과를 보고하고 앞으로의 임무 등 문제점에 대해 보고했다. 그는 반드시 화중 적후 항전을 계속 이어가고 각 항일근거지를 공고히 하며, 역량을 강화하여 때맞춰 적을 반격해야 한다고 주장했다. 그리고 중국 항전의 최후 승리와 중국 인민의 해방을 취득할 것을 강조했다. 중국공산당 중앙위원회 화중국이 설립된 후, 화중의 적후항전에는 새로운 국면이 나타났다.

제16장
항일민주진지를 공고히 하다

1. 1941년 이후의 전략구도

국제 반파시즘전쟁의 새로운 정세

1941년에 발발한 소독전쟁과 태평양전쟁으로 인해 제2차 세계대전의 정세에는 심각한 변화가 발생했다. 이는 중국 항전에도 큰 영향을 미쳤다.

독일파시즘 세력은 유럽의 대부분 지역을 점령한 뒤, 1941년 6월 22일에 돌연 소련을 대거 침공했다. 이에 소련군과 인민대중은 곧바로 국가보위전쟁에 나섰다. 영국과 미국 정부는 소련을 지지한다는 성명을 즉각 발표했다. 이때 일본 통치 집단 내부에서는 소련으로의 북침이냐 동남아시아로의 남진이냐 하는 문제를 갖고 재차 치열한 논쟁이 있었다. 결국에는 남진하여 영국과 미국 등과 전쟁을 한다는 결정을 내렸다. 12월 8일, 일본해군 연합함대는 태평양에 있는 미국의 주요 해군기지인 진주만을 기습하고 영국, 미국 등 국가의 태평양 영토를 공격했다. 같은 날, 영국과 미국은 대일 선전포고를 했고 태평양전쟁이 발발했다. 미국과 독일, 이탈리아도 서로 선전포고를 했다. 12월 9일, 중국 국민당 정부는 정식으로 대일 선전포고를 하는 한편 독일과 이탈리아에도 선전포고를 했다.

소독전쟁과 태평양전쟁이 발발한 뒤, 동방과 서방의 반파시즘 전장은 하나로 연결되었으며, 제2차 세계대전은 최대 규모로 발발했다. 이에 유럽, 아시아, 아프리카, 아메리카, 태평양, 인도양, 대서양 등 광활한 지역의 61개 국가와 지역이 차례로 참전했다.

1942년 1월 1일, 중국, 미국, 영국, 소련 등 4개국을 중심으로 독일, 이탈리아, 일본 등 동맹국과 싸우는 26개 나라(연합국으로 통칭)는 워싱턴에서 〈연합국선언〉을 체결했다. 이에 조인한 나라는 모든 군사와 경제 자원을 동원하여 독일, 이탈리아, 일본 파시즘의 침략에 공동으로 대응하겠다는 방침을 밝혔다. 그리고 각국은 제각각 적국과 단독으로 전쟁을 중지하는 협정 또는 평화조약을 체결하지 않을 것이라고 입장표명을 했다. 연합선언은 국제 반파시즘 통일전선이 정식으로 결성됐음을 밝히는 한편, 국제 반파시즘 전쟁의 정당성과 진보성을 보여 주었다.

이로써 중국의 항일전쟁과 동맹국에 대한 연합국의 작전, 특히 태평양에서의 미국, 영국의 대일작전은 끈끈한 연계를 갖게 되었다. 그리고 이 연계는 국제 반파시즘 전선의 중요한 구성부분이 됐다. 소련, 미국, 영국 등은 반파시즘 전쟁의 최후 승리를 위해서 중국이 항전을 이어가는 상황이 필요했다. 중국도 일본 침략자와 싸워 이기기 위해서는 소련, 미국, 영국 등 국가들과의 연합과 그들의 지원이 필요했다. 공동의 전투 목표를 위해서는 연합국 간의 단합과 강화가 절실했다.

소련, 미국, 영국 등 국가들 간의 연합도 중국 항일민족통일전선의 내부 단합을 필요로 했기에 이를 촉진할 수 있었다. 이어 중국은 세계 반파시즘 전쟁의 중요한 연합국이 됐다. 1942년 1월 3일, 연합국의 결정에 따라 반동맹국의 최고 구역 원수부 및 서남 태평양지역 원수부가 결성됐으며, 중국작전지역(베트남, 태국 포함)의 육군, 공군 최고 원수는 장제스가 맡았다. 1월 5일, 장제스는 중국작전지역 최고 사령관으로 취임했다.

이어 미국은 중국정부에 5억 달러의 차관을 제공했으며 영국도 중국정부에 5,000만 파운드의 차관을 제공해 줄 것을 약속했다. 그리고 미국정부는 장제스의 요구에 따라 스틸웰을 중국, 인도, 미얀마 주재 사령관으로 파견했다. 그리고 스틸웰이 중국작전지역 참모장, 루스벨트 대통령의 대표를 겸임하도록 했다. 스틸웰은 3월 상순에 충칭에 도착했다. 중국에서 스틸웰의 임무는 미국정부 대표로 연합국에 참가하여 미국의 중국 지원물자를 배분하고 사용하는 것을 감독하는 것이었다. 그뿐만 아니라 중국 주둔 미군과 장제스가 위탁한 중국군대를 지휘하며 중국 경내의 윈난-미얀마 도로를 통제하는 것이었다.

국제 정세의 새로운 변화는 중국의 항전에 큰 영향을 끼쳤다. 세계 반파시즘 통일전선의 확대 그리고 중국과 기타 연합국 간의 군사적 연대는 중국 인민이 항일전쟁에서 승리하는 데 유리한 국제적 환경을 마련해 주었다.

세계 반파시즘 전쟁의 동방 주요 전장

태평양전쟁이 개시된 후, 일본의 정예군은 미국, 영국 등과 해상에서 전투를 벌였으며 전쟁 초기 큰 승리를 거두었다. 1942년 4월까지 일본군은 이미 필리핀, 태국, 말레이시아, 미얀마 등 미국, 영국 식민지와 네덜란드 식민지 동인도(현재 인도네시아) 및 영국의 식민지인 홍콩을 점령했다. 그러고는 진격방향을 인도와 호주로 돌렸다.

이 시기, 중국 정면 전장과 적후 전장에 주둔해 있는 일본군 병력은 태평양전쟁에 투입된 일본군의 병력을 훨씬 초과했다. 중국 둥베이지역의 관동군을 통계에 넣을 경우, 1941년 12월에 중국은 일본군 35개 사단, 총 138만 명을 상대로 싸웠다. 이 인원은 일본 육군 총인원수의 65%에 해당된다. 1943년 12월에 이르러 남양 각국의 항일전쟁이 발전했다. 이에 따라 남양에서의 일본군 병력은 1941년 12월의 10개 사단에서 23개 사단으로 늘어났다.

반면 중국은 여전히 일본군 39개 사단, 128만 명을 상대로 싸웠으며 이는 일본군 사단 총수의 55%에 해당하는 숫자였다. 중국의 정면 전장세력과 적후 전장세력은 상호 의존하고 협력하며 싸웠다. 적후 전장은 정면 전장에 크게 지원해 주고 연합함으로써, 중국 항전의 승리와 전후 정국에 커다란 영향을 끼쳤다.

일본군은 1941년 12월에 동남아시아의 미국, 영국 군대에 대한 공격과 더불어 제3차로 창사(長沙)를 진격했다. 중국군대는 일본군의 강습을 막으면서 주력부대로 일본군의 측면 및 후방의 교통수송선에서 반격을 가했다. 그리하여 끝내 일본군의 공격을 격파하고 일본군 5만 6,900명을 사살하여 제3차 창사전역의 승리를 거뒀다. 이때 팔로군, 신사군과 화난항일무장은 많은 일본군과 맞서 싸웠다. 이들은 1941~1942년 2년 사이에 4만 회에 달하는 전투를 통해 27만 명 남짓한 일본군과 괴뢰군을 포로로 잡거나 사살했다.

중국 인민의 항일전쟁은 세계 각국의 인민을 크게 격려했으며 태평양전장에서의 미군과 영국군의 작전을 지원했다. 1942년 2월 7일, 루스벨트 미국 대통령은 장제스에게 전보를 보냈다. 그는 중국 군민이 열악한 환경에서도 장비가 훨씬 우월한 적을 상대로 거의 5년간 자위반격을 진행함으로써, 기타 동맹국의 인민 및 전투인원들을 격려했다며 칭찬을 아끼지 않았다. 미국의 군사평론가 베르너의 말에 따르면, 일본군의 후방에서는 중국의 유격대가 활약했다. 제2차 세계대전 중 "어느 지방의 유격전도 중국에서의 유격전이 감당해야 하는 또 감당할 수 있는 전략적 과업을 감당할 수 없었다"[38] 중국은 연합군에 많은 전략물자와 중요한 기지를 제공해 주었으며 기타 연합국의 반파시즘투쟁을 직접 지원하고 협력해 주었다. 1942년 4월부터 중국은 쿤밍(昆明), 청두(成都), 구이린(桂林), 헝양(衡陽), 취저우(衢州) 등 지역의 비행장을 동맹국에 제공했다. 이로써 동맹국이 연해지역 일본선박과 일본 도쿄 및

---

38 베르너, '일본의 대륙 전략적 위기', 〈해방일보〉, 1945년 7월 18일.

부근의 전략목표를 폭격하도록 했으며, 동맹군 조종사 구조에 적극 나서 태평양전장에서 동맹군의 대일작전을 직접적으로 지원했다. 중국은 이 밖에도 미국에 7억 4,785만 달러의 동유와 주석광과 텅스텐 광석을, 영국에 1억 1,480만 파운드의 농산물과 광산물을 제공해 주었다. 신사군은 미군의 중국 동남연해 상륙을 지원하기 위해 우쑹(吳淞)에서부터 닝버(寧波) 연해 및 상하이-항저우 철도 연선 지역까지 공격 태세를 한층 더 강화했다.

국제 반파시즘 통일전선이 형성된 뒤, 미국, 영국, 소련 등 국가는 중국 항전의 지위 및 역할을 더 중요시했다. 1942년 10월 9일, 미국, 영국 양국 정부는 중국에서의 영사재판권 및 기타 관련 특권을 철폐한다고 밝혔다. 중미, 중영 쌍방은 이어 낡은 조약을 철폐하고 새로운 조약을 체결하는 협상을 진행했다. 1943년 1월 11일, 중미, 중영 새 조약(즉 〈중국에서의 미국의 치외 법권 취소 및 관련 문제 처리 중미 조약〉, 〈중국에서의 영국의 치외법권 취소 및 관련 문제 처리 중영조약〉)이 워싱턴과 충칭에서 각각 체결됐다.

미국과 영국이 중국에서의 치외법권 철폐는 중국 인민이 거둔 커다란 승리일 뿐만 아니라 항전 시기 중국외교역사의 커다란 사건이기도 했다. 물론 중국이 국제사회에서 실제적인 평등지위를 얻기 위해서는 아직도 많은 노력이 필요했다. 그러나 불평등조약의 철폐로 중국은 최소한 법리적으로는 독립과 평등의 지위를 취득하게 됐다. 정신적으로는 불평등조약이 중화민족에게 씌운 무거운 멍에에서 벗어날 수 있게 됐다. 더불어 중국의 국제적 지위를 높이고 중국 군민의 항전투지를 고무시킬 수 있었다. 1월 25일에 중국공산당 중앙위원회는 중미, 중영 간의 불평등조약 철폐를 경축한다는 입장을 밝혔다. 전국 인민들도 잇달아 집회를 가져 불평등조약 철폐를 크게 경축했다.

2. 적후 군민의 간고한 항전

막대한 곤란에 직면한 적후 항전

태평양전쟁이 발발한 후, 일본정부의 대중국 정책은 대체로 1941년 1월에 제정한 "대중국 장기 작전지도요강"에 근거했다. 이는 점령지 확보를 위주로 함으로써 몇몇 지역을 침략전쟁 확장을 위한 기지로 만드는 것이었다. 한편 군사적 공격을 통해 충칭국민당정부를 굴복시키며 중국에서의 전쟁을 하루빨리 종결하고자 했다. 그리하여 다면작전과 전략적으로 점차 수세에 몰리는 국면에서 벗어나려 했다.

1941년부터 1942년까지 일본군은 국민당군대가 지키고 있는 정면전장에서 위난(豫南)전투, 간베이상고우(贛北上高)전투, 진난중탸오우산(晉南中條山)전투, 창사전투, 저간(浙贛)전투 등을 발동했다. 국민당군대는 일본군의 공격에 저항했으며 일부 전역에서는 승리를 거뒀다. 그러나 일부 전투에서는 지휘 오류와 작전 실수로 큰 손실을 보았다. 1942년 초, 중국정부는 원정군을 조직하여 미얀마에 진출했다. 원정군은 윈난-미얀마도로를 보위하고 동맹군을 지원하기 위해 이국에서 장기간 어렵게 싸웠으며 예난자웅(仁安羌)대첩 등 작전에서 커다란 승리를 거뒀다. 중국원정군 제5군 제200사 다이안란(戴安瀾) 사장은 미얀마 둥과(東瓜)에서 적들과 10여 일간의 혈전을 벌여 5,000여 명의 적을 섬멸했다. 다이안란은 훗날 적과의 조우전에서 최전방에 나가 전투를 지휘하다 불행히 중상을 입고 영광스럽게 순국했다.

많은 중국군 애국 장병들의 용감한 투쟁과 희생으로 일본군 공격은 통제됐고 정면전장의 항전은 계속됐다. 그러나 국민당 통치 집단은 실력 보존, 소극 방어, 승리 대기를 항전의 총방침으로 삼았다. 특히 미국, 영국 등이 참전하자, 국민당군대는 미국과 영국 동맹군 작전에 의지만 하면 힘들이지 않고도 항일의 승리를 거둘 것이라고 여겼다. 때문에 국민당 군대는 정면 전장에서 주동적인 군사행동을 거의 취하지 않았다. 국민당정부가 동맹국의 경제 원조와 군사 원조를 유치하는 목적은 대일반격을 염두에 둔 것이 아니라, 주로 자기 세력을 키워 공산당을 제거하려는 데 있었다. 국민당은 서남지역이 잠시 안정되어 있는 틈을 타서 각 계층 인민들에 대한 정치적 통제를 강화하고 경제적 약탈을 감행했다. 많은 국민당 군정요원들은 '곡선구국'의 구호 아래 일본에 투항했다. 일본에 투항한 국민당군대는 괴뢰군으로 개편된 뒤 일본군에 협력하여 항일근거지를 포위하고 공격했다.

곡선구국(曲線救國)

항일전쟁 시기 국민당 내의 일부 보수파들이 일본에 투항하고 공산당을 반대하기 위해 내놓은 매국이론이다. 그들은 부분적 국민당 장병들을 일본군에 투항하도록 재촉하거나 지지하여 괴뢰군이 되게 하여 일본군과 함께 항일근거지를 제공했다. 이와 같은 매국투항행위를 '곡선구국'이라고 지칭했다.

일부 지방의 경우, 일본군, 괴뢰군, 국민당군 삼자가 팔로군과 신사군, 인민무장세력을 협공하는 위급한 국면에 처하기도 했다. 이때에도 공산당을 섬멸하려는 국민당 보수파들의 결심은 조금도 변하지 않았다. 그들은 더 많은 세력을 모아 공산당 및 공산당이 지도하는 인민 항일세력을 규제하고 약화시키려고 했다. 1940년 겨울에 이르러 국민당정부는 팔로군에 대한 급료, 탄약과 피복 등 물자 지급을 전부 중단했다. 그뿐만 아니라 수십만 군대를 동원하여 산간닝변구와 기타 항일근거지에 군사포위와 경제봉쇄를 실시했다. 그리고 "쌀 한 알, 천 한 자라도 변구에 들여보내서는 안 된다"면서 변구에 대한 모든 외부 원조를 단절해 버렸다.

국민당 통치구역에서 간첩들은 공산당원들을 거리낌 없이 수색, 체포하고 살해했다. 또한 공산당조직을 파괴하고 인민들의 항일민주활동을 잔혹하게 진압했다. 1941년 1월 20일부터 23일 사이, 광시 구이린, 광둥 사오관(韶關) 주재 팔로군판사처가 압박에 못 이겨 폐지됐고, 구이양(貴陽) 교통소도 폐쇄됐다. 또한 중국공산당 후베이서부 특별위원회가 크게 파괴당했고 400여 명 공산당원과 진보인사들이 체포됐다. 그리고 푸젠(福建) 서부 특별위원회와 룽옌(龍岩), 융딩(永定) 현당위원회 기관은 2,000여 명 국민당군대의 기습을 받았다. 이로 인해700여 명의 간부와 인민이 체포되고 200여 명이 피살됐다. 2월, 국민당은 유명한 진보적 인사 쩌우타오펀이 주관하는 청두, 쿤밍, 구이양 생활서점 분점을 폐쇄하고 구이양 분점의 전 직원을 체포했다. 구이린, 충칭에서 발행하는 〈구국일보〉, 〈국민공론〉 등 수십 종의 진보적 간행물은 발행이 금지되거나 국민당의 압력에 의해 간행이 중단됐다. 공산당의 당보인 〈신화일보〉, 당 간행물 〈군중〉도 규제와 압박을 받았으며 걸핏하면 원고를 삭제하거나 발행을 금지시켰다. 1942년 3월, 국민당정부는 〈국가총동원법〉을 반포하고 항전 및 단합의 목소리에도 아랑곳하지 않았다. 그들은 인민의 언론, 출판, 저작, 통신, 집회, 결사 등 자유를 무리하게 간섭해 나섰다. 5월 27일, 국민당 간첩은 중국공산당 광둥 북부 성당위원회를 파괴했으며 성당위원회서기를 체포했다. 5월 30일, 광둥 취장(曲江)에 있던 중국공산당 남방사업위원회 지도자 랴오청즈(廖承志)가 체포됐다. 7월, 구이린 주재 중국공산당 광시사업위원회 기관이 파괴됐다. 통계에 따르면 1941년에는 1940년 기준으로 당원수가 점차 감소했다. 촨캉(川康) 특별위원회의 경우 당원수가 3,000여 명에서 1,400명으로 감소했다. 촨둥(川東) 특별위원회의 경우 3,000명 안팎에서 1,900여 명으로, 후베이 서부 특별위원회의 경우 1,900여 명에서 1,300여 명으로 감소했다. 기타 지방의 당원 수도 각각 감소했다. 따라서 중국공산당의 대후방사업은 큰 위기를 맞았다.

1941년부터 전장의 정세에도 변화가 일어났다. 일본군은 점령지역에 대한 "치안 건설"에 많은 병력을 투입하여 공산당과 항일근거지의 인민무장을 주요 진압 대상으로 삼았다. 그리고 이를 반복적인 "소탕"과 "청향"(淸鄕)을 통해 섬멸하려고 했다. 1942년 화베이와 화중 주재 일본군 55만여 명 중, 점령지역의 수비에 투입된 병력은 33만 2,000명에 달했다. 따라서 항일근거지 군민들은 거대한 군사압박을 겪어야 했다. 한편 괴뢰정권, 괴뢰군경 및 각종 매국노 간첩조직이 수년간의 경영 끝에, 점령지역에서는 엄중한 일본 괴뢰 파시즘 통치가 형성됐다. 그 수가 어마어마한 봉쇄선과 군사거점이 세워지면서 일본군의 군사적 지위도 다소 상승했다. 이 시기 전장 정세는 지구적인 쟁탈전을 벌이는 국면에 처했다. 이 밖에도 일본 침략자들은 과거의 교훈을 되새기며 단순한 군사점령을 시작으로 군사, 정치, 경제, 사상, 문화 등 다방면에서 식민통치를 확대했다. 이를 위해 화베이, 화중 등 지역에서는 "총력전" 방침을 지도로 하는 이른바 "치안강화운동"과 "청향운동"을 대대적으로 추진했다.

일본 침략자들은 화베이지역을 "치안구"(피점령지역), "준치안구"(유격구)와 "비치안구"(항일근거지)로 나누고 이 세 지역에 각기 다른 침략 수단을 도입했다. "치안구"의 경우, 민족반역자 괴뢰조직의 힘을 키우고 기층에서의 보갑제를 강화했다. 또한 경찰 간첩 조직을 확대하고 모든 항일활동을 철저히 진압했다. 그리고 경제물자를 마구 약탈하고 통제하며, 운송을 금지해서 중국 인민에 대한 수탈을 강화했다. 그럼으로써 사상, 문화 측면에서 인민군의 활동을 마비시켰다.

"유격구"의 경우, "잠식" 수단을 주로 사용하고 대량의 도로망, 토치카를 폐쇄하는 방법을 썼다. 그리고 방벽을 봉쇄하여 유격구와 근거지의 연계를 차단했으며 군사적 방법으로 일본괴뢰군 조직을 점차 치켜세웠다. 항일근거지의 경우, 군사적 "소탕"을 위주로 치명적인 타격정책을 실시했다.

1941년부터 1942년까지 일본군은 화베이에서 연속 5차례 "치안강화운동"을 벌였다. 화베이 항일근거지 "소탕"에서, 한 번에 1,000명 이상, 1만 명 이하 병력을 동원한 회수는 132회에 달했다. 그리고 1만 명 이상 7만 명 이하 병력을 동원한 회수는 27회에 달했다. 때로는 한 지역을 "소탕"하는데 드는 기간이 3~4개월에 이르렀다. 일본군은 항일근거지를 상대로 "삼광"(모두 불사르고 모두 죽이고 모두 빼앗는다)정책을 실시했다. 그들은 인민대중의 식량과 가축을 미친 듯이 빼앗고 가옥을 불태워 무인지대를 만들었다. 그리하여 근거지는 사람과 가축이 하나도 남지 않고 폐허처럼 되었다.

1941년 1월 하순 일본군은 허베이 동부의 펑룬(豐潤)의 판자위(潘家峪)를 "소탕"했다. 그들은 1,230여 명의 대중을 학살하고 1,000여 채의 가옥을 소각한 끔찍한 판자위 참사를 빚어냈다. 1942년 5월, 일본군은 허베이 중부지역에 "대소탕 작전"을 감행하여 5만여 명을 학살하거나 붙잡아 갔다. 그뿐만 아니라 야만적으로 독가스를 사용하여 딩(定)현 베이퇀(北疃)촌 지하 갱도에 대피한 항일군민 800여 명을 독살했다. 1942년 8월, 일본군은 4만 6,000여 명의 병력을 집중하여 허베이 동부 항일근거지를 20여 곳으로 나눈 뒤 지역별로 "소탕"했다. 일본군은 동쪽의 산하이관에서 서쪽의 구베이커우(古北口) 장성에 이르기까지의 동서 길이 350여 킬로미터, 남북 너비 40여 킬로미터의 무인지대를 만들었다. 그리고 가옥과 마을을 불사른 뒤 "사람우리” 즉 “집단부락”을 만들었으며 거역할 경우 체포하거나 살해했다.

집단부락 주위에는 넓고 깊은 도랑을 파고, 높이가 3미터 내지 5미터 되는 담장을 두른 뒤, 부락민들을 풀로 엮은 움집으로 내몰아 헐벗고 굶주리게 했다. 많은 부락민들은 굶주림과 추위로 목숨을 잃었다. 집단부락 밖의 많은 밭은 그대로 내버려져 황폐화됐다. 일본군은 화중지역에서 시기별, 지역별로 반복적인 “숙청 작전”을 벌였으며 이를 “청향운동”이라고 명명했다. 일본군과 왕징웨이(汪精衛) 괴뢰군은 군사면의 “청향”, 정치면의 “청향”에서 경제, 사상 면의 “청향”에 이르기까지 서로 결탁하여 창장 하류 지역의 공산당과 신사군 등 항일세력을 섬멸하려고 했다. 그들은 이를 통해 전면적인 식민지화를 노렸다.

이즈음 화베이와 화중 항일근거지의 “소탕” “청향” 작전에 동원된 일본군은 그 병력이 매우 많고, 공격 회수가 빈번했으며, 수단이 잔혹해 중국 근대사에서 손에 꼽을 정도였다. 일본군의 잔혹한 공격 및 화베이지역의 다년간 자연재해로 말미암아 공산당이 지도하는 항일근거지는 큰 시련에 봉착했다. 이를 표현하자면 다음과 같다. 크고 작은 전투가 그칠 새 없었으며 사상자수도 헤아릴 수 없이 많고, 부대 인원 감소 차이도 크며 간부들이 많이 희생된 등이다. 1942년에 이르러 팔로군과 신사군은 50만 명에서 40만 명으로 줄어들었다. 화베이평원지역(식량 주요산지)은 근거지에서 유격구로 전락했다. 항일민주정권은 부분적으로 파괴당했으며 근거지 면적이 축소됐고, 총인구는 1억 명에서 5,000만 명 이하로 감소됐다. 근거지 생산력은 크게 줄어들었으며 재정 경제 상황이 극히 어려워졌다. 일부 지역의 항일군민들은 입을 옷이 없었으며 먹을 기름과 채소가 없었다. 또한 신발과 양말도 없었으며 사업일꾼들은 겨울이 되어도 덮을 이불조차 없었다.

항전의 큰 시련 앞에서 중국공산당과 근거지 인민들은 무너지지 않앉다. 중국공산당은, 인민대중은 전쟁의 주역으로 깨뜨릴 수 없는 철옹성이라고 보았다. 그리고 항일민주근거지는 강인한 중화민족의 중견세력 집거지라고 여겼다. 중국공산당 중앙위원회는 눈앞에 존재하는 어려움과 우세를 구체적으로 분석했다. 그리고 나서 참혹한 투쟁과정에서 독립자주, 자력갱생 원칙을 이어갈 것을 결의했다. 더불어 대중을 적극 동원하며 근거지 군민에 의지하고 여러 항일 계급, 계층 간의 관계를 잘 처리할 것도 결정했다. 마지막으로 항일민족통일전선을 확대해 위기를 극복하고 승리를 이룩할 것을 거듭 강조했다.

군사건설 및 반'소탕', 반'잠식' 투쟁 강화

중국인민의 항전이 가장 어렵던 시기에 일본 침략자들의 곤란과 갈등도 심화됐다. 일본군은 '치안강화운동'을 통해 중국 인민에 대한 노역과 약탈을 강화했으며 이에 따라 중일민족갈등은 최고조에 달했다. 피점령지역의 여러 계급, 계층의 민중은 일본식민통치의 노예와 같은 생활을 견딜 수 없었다. 그리하여 많은 사람들은 공산당이 지도하는 적후 항일유격전쟁에 큰 기대를 걸었고 여러 모로 그들을 지원했다. 이런 상황은 피점령지역에서 중국공산당이 사업을 전개하는 데 유리하게 작용됐다. 반면에 일본군은 점령지역이 확대됨에 따라 병력이 날로 분산됐으며 후방 병력도 날로 줄어들었다. 장기간의 작전을 거치며 일본군은 중국에서 전쟁이 끝나리라는 희망을 보지 못했다. 특히 태평양전쟁이 지속되면서 일본군의 사기는 날로 떨어졌다. 이런 정세에서 공산당은 자체의 군사, 정치 우세 및 인민전쟁의 위력을 남김없이 발휘하여 적후 군민을 지도하고 일본군과 목숨을 걸고 싸웠다.

1941년 말, 중국공산당 중앙위원회와 중앙군사위원회는 항일근거지 사업과 군사건설에 관련한 지시를 내렸다. 그러고는 새로운 정세 아래에서 적대투쟁의 방침은 더욱 폭넓게 대중적인 인민유격전쟁을 벌이는 것이라고 규정했다. 중앙군사위원회는 11월 7일의 지시에서 다음과 같이 강조했다. "항일근거지에 대한 적들의 잔혹한 소탕 작전과 아군의 인력, 물력, 재력 및 지역의 소모로 인해항일근거지의 투쟁은 더 치열한 단계에 진입했다" "새로운 단계에서 아군의 근거지 건설은 반드시 새로운 환경에 적응해야 한다. 매 근거지의 군사기구는 모두 (갑)주력군, (을)지방군, (병)인민무장(생산에 종사하는 자위대와 민병) 세 부분을 망라해야 한다" 근거지의 군사건설은 지방군과 인민무장을 단단히 하고 확대하는 것을 중심으로 하며 주력군은 적절히 정예화해야 한다. 주력군과 지방군의 숫자 비율은 산악지구의 경우 약 2 대 1이고 평원지구의 경우는 약 1 대 1이며, 이 수준에 도달하기 어려운 일부 지역은 주력군과 지방군의 계선을 타파하고 전부 무장지역화를 실현해야 한다. 이 밖에 인민무장은 청장년 대중이 절대 다수를 차지해야 한다.

각 부대는 중앙군사위원회의 지시에 따라 부대를 정비, 개편하고 주력부대의 지역화를 실시했다. 그리고 많은 유능한 인원들을 구, 현에 내려 보내 인민무장건설을 강화했다. 각 항일근거지의 청장년 남녀들은 자원해서 생산노동을 떠나지 않는 것을 원칙으로 하면서 민병대와 항일인민자위군을 조직했다. 그리하여 주력군, 지방군과 인민무장이 삼위일체로 된 인민전쟁의 군사체제를 더욱 발전시키고 보완하였다. 이 체제에서 주력부대는 수시로 다지역 작전임무를 수행했고 지방부대는 일정한 지역 내에서 분산된 유격전을 담당했다. 민병, 자위군은 광범위한 유격전으로 적을 타격하고 고향을 지켰다. 따라서 3자 사이에는 서로 나누고 서로 협력하는, 강력한 전투력이 형성되어 유격전이 전대미문의 규모로 커지게 됐다.

일본군과 괴뢰군의 무차별적인 "소탕"과 "잠식"에 직면하여 군민들은 고난의 반'소탕', 반'잠식' 투쟁을 벌여나갔다.

각 부대에서는 적의 정세에 대한 정찰을 강화하고 적들의 동태를 제때에 파악하며 폭넓은 정치동원을 진행했다. 그러고는 수류탄, 지뢰 등 무기를 대량 제조하고 비축했으며 사상과 물자 등 측면에서부터 반'소탕'을 철저히 준비했다. 이들은 일본군과 괴뢰군이 근거지 "소탕"에 나선다는 정보를 입수하기만 하면 즉각 마을을 비우고 사람과 가축을 안전하게 피신시켰다. 또한 의복과 식량을 감추고 우물을 폐쇄했다. 그리하여 적이 근거지에 침입하면 먹을 밥이 없고 마실 물이 없으며 길을 안내하는 사람이 없고 정보를 제공하는 사람이 없도록 만들었다. 일본군과 괴뢰군이 소탕 작전을 벌일 때 근거지 군민들은 분산하는 방식으로 집중된 적을 대처해 나섰다. 주력부대는 병력의 일부분만 남겨 두고 지방무장과 민병자위군을 도와 내선투쟁을 이어나갔다. 이들은 적군을 견제하고 미혹(迷惑·정신이 헷갈리어 갈팡질팡 헤맴)하게 하고 사살하는 것 외에, 대부분의 병력을 재빨리 외곽지대로 이동시켰다. 그래서 적군의 취약한 거점을 타격하고 교통을 파괴하거나 퇴로를 차단했다. 게다가 마땅한 곳을 찾아 엄폐해 있다가 기회를 노려 서로 협력하여 적을 습격했다. 한편, 인근 지역 군민들을 조직하여 각 지역의 적군을 공격하게 했다. 그리하여 소탕 작전에 출동한 적군이 원 거점으로 되돌아가 지원하도록 함으로써 반'소탕'지역 군민들의 투쟁에 협력했다. 그리고 일본군과 괴뢰군이 지역별로 "소탕" 작전을 펼치거나 병력이 분산됐을 경우에는 집중된 병력으로 분산된 적군에 대처해 나섰다. 항일근거지의 주력부대, 지방무장과 민병자위대는 긴밀히 협조하여 적군의 약점을 공격하고 속전속결로 적군을 섬멸했다. 일본군과 괴뢰군이 부득이 퇴각할 경우에는 매복과 측면공격

등 여러 수단을 동원하여 적들을 섬멸하는 한편, 이 기회를 틈 타 적군의 잔류 거점을 제거하고, 근거지를 회복했다. 전투과정에서 많은 대중들은 식량, 탄약 운송과 부상자 구급 등 후근사업에 적극 나섰다.

1941년 가을, 일본군과 괴뢰군 7만여 명은 여러 부대로 나누어 진차지(晉察冀)근거지의 베이웨(北嶽), 핑시(平西) 지역을 소탕하여 변구의 당 및 정부와 군대 지도기관과 주력부대를 철벽같이 에워싸기 시작했다. 변구 부대는 부분적 병력을 변구에 남겨 민병들과 함께 적을 내선에서 지체시키고 소멸시켰다. 그리고 변구 당 및 정부와 군대 지도기관은 신속히 안전지대로 이동했다. 주력부대는 계획에 따라 철도 연선과 일본군, 괴뢰군의 주위에서 적을 타격함으로써 적들이 소탕에서 매번 헛물을 켜고 기진맥진하게 했다. 일본군과 괴뢰군이 지역별 소탕 작전으로 전략을 바꾼 뒤, 항일군민들은 안팎으로 호응하면서 빈번이 적을 타격했다. 이 때 산시(山西)성 서북, 타이항(太行), 타이웨(太嶽), 허베이성 남부, 중부 등 지역의 군민들도 각자가 맞닥뜨린 적들을 공격하는 것으로 베이웨(北嶽)와 핑시(平西) 군민들의 반소탕 투쟁에 협조했다. 9월 말, 일본군과 괴뢰군이 부득이 퇴각하자 진차지 군민들은 신속히 세력을 집결시켰다. 그리고 기회를 타서 습격전, 매복전과 추격전을 벌여 적들을 호되게 타격했다. 이번 반소탕 작전은 2개월 남짓 진행됐다. 인민군은 800여 차례 전투를 통해 5,500여 명의 적을 섬멸하고 베이웨, 핑시 항일근거지를 파괴하려는 일본군의 의도를 알아챘다.

1941년 10월, 타이웨근거지 소탕에 나선 일본군, 괴뢰군은 친위안(沁源)에서 이른바 '산악(山嶽)공산당토벌실험구'를 세웠다. 친위안항일군민들은 주력부대, 지방무장, 민병과 대중으로 결성된 13개 유격집단을 조직해 적들과 반포위투쟁을 벌였다. 그들은 친위안성을 중심으로 주요 도로 주변에 20여 개 마을과 진의 3,200여 가구, 1만 6,000명을 대피시켰으며 적들과의 투쟁에서 식량, 물, 교통을 차단했다. 일본군과 괴뢰군은 이에 상당한 기간 곤경에 빠졌고 결국 항일근거지에서 퇴각했다.

반소탕 작전의 투쟁실천과정에서 적후 군민들은 아주 효과적인 적 섬멸방법을 많이 고안해 내어 인민전쟁의 전략전술을 한층 더 발전시켰다. 예를 들어 화중의 하천, 호수 지역 군민들은 하천과 호수를 적극 이용하여 수상유격전을 벌였다. 화베이 평원과 산구의 많은 군민들은 지하갱도전, 지뢰전과 참새전 등 전법을 고안해 냈다. 평원지구의 항일군민들은 집집마다 토굴을 파고 가가호호를 서로 연결하고 여러 마을을 한데 연결해 주는 큼지막한 지하 갱도 체계를 구축했다. 이 체계는 싸울 수 있고 숨을 수도 있는 슬기로운 전법이었다. 몇몇 지역에서는 지하 갱도 발전을 지형 및 부락 개조와 결부시켜 지붕, 지면, 지하 갱도 등 3층으로 된 교차 화력망을 구성했다. 그러고 나서 입체작전 진지를 형성하여 사람마다, 촌마다 근거지를 지키고 싸우게 함으로써 적을 효과적으로 타격하고 스스로를 보존했다. 화베이의 많은 대중은 현지 조건에 따라 형태가 다양한 지뢰를 만들어 냈으며 지뢰전을 슬기롭게 전개했다. 때로는 마을 안팎에 지뢰를 묻음으로써 마을을 침범한 적들을 공중으로 날려 보내기도 했다. 그뿐만 아니라 나머지 적들이 경솔하게 마을에 들어와 약탈하지 못하게 했으며 때로는 지뢰를 일본군 토치카 주변에 묻어 놓아 적들의 간담을 서늘하게 하기도 했다.

1942년 5월 1일 일본군은 화베이방면군 사령관 오카무라 야스지의 직접 지휘 아래 병력 5만여 명, 자동차 700여 대와 많은 탱크, 비행기를 동원하여 작전을 지휘했다. 그러고 나서 허베이성 중부 항일근거지에 '그물 걷기'식 대소탕 작전을 진행했다. 일본군은 점령 지역에 토치카 1,753개, 도로 및 철도 8,300킬로미터, 봉쇄장벽 4,186킬로미터를 구축하고 허베이성 중부 항일근거지를 2,670개 지역으로 분할했다. 일본군의 이번 대규모 소탕 작전은 허베이성 중부 항일부대와 지방 간부와 인민대중에게 막대한 타격을 안겨주었다. 중국공산당 허베이성 중부 구위원회와 허베이성 중부 군구는 군민들을 이끌고 일본군이 거점을 함락시키거나 물자를 빼앗지 못하게 막았다. 이들은 사통팔달(四通八達)한 지하갱도망을 이용하여 완강하게 적들과 반소탕 투쟁을 벌였다. 허베이성 중부 팔로군의 대부분 주력부대는 적군 측면 배후로 이동했다. 그러고는 기회를 틈타 적군의 거점과 수송로를 타격했다. 이들은 서로 협력했으며 부분적 주력부대는 지방무장과 협력하여 각지 유격소조를 이끌어 갔다. 연이어 내선지대에서 투쟁을 이어 갔다. 항일군민들은 생사를 같이하면서 부락에 의지하고 갱도전, 지뢰전, 참새전 등 작전방식으로 적과 완강하게 싸웠다. 이들은 2개월 남짓한 투쟁기간에 무려 270여 차례 전투를 벌여 1만여 명의 일본군과 괴뢰군을 사살하고 주력부대와 지방무장의 실력을 보여주었다. 그리하여 허베이성 중부 지휘기관과 주력부대를 섬멸하려던 일본군의 계획은 수포로 돌아가고 말았다.

이 밖에도 적후 군민들은 유격구에서 반'잠식'투쟁을 치열하게 전개했다. 1941년 6월 9일에 중국공산당 중앙위원회 군사위원회의 〈허베이 남부 평원에서의 대적 투쟁 관련 지시〉에서 "허베이성 남부에서의 적의 잠식정책은 우리의 활동지역을 축소시키고 점령지역을 확대하려는 데 그 목적이 있다. 이를 격파하지 않으면 우리는 이곳에서 발을 붙이기 힘들다. 이런 정책을 격파하는 관건은 정확한 정책에 있다. 따라서 군사적 공격만 강조할 것이 아니라 주로 정치 방면에 주력하거나 군사적 진격을 위주로 해야 한다"고 지적했다. 지시는 또 피잠식

지역의 경우 혁명의 양면 정책을 취해 괴뢰군과 괴뢰정권조직에 대한 사업을 강화하고 그들이 우리를 위해 봉사하도록 인도해야 한다고 주장했다. 그리고 항일단체 및 정권조직은 은폐적인 방식으로 자아 보존에 신경 쓸 것을 강조했다. 이 지시에 따라 적후 군민들은 긴밀히 단합하여 정치, 경제, 군사 등 여러 측면에서 반잠식투쟁을 심도 있게 벌였다. 그들은 철두철미하게 반역자들을 가차 없이 타격하는 한편, 괴뢰군과 괴뢰정부조직 성원들에 대한 사업을 강화했다.

생포된 괴뢰군 장병들은 교육한 후 석방함으로써 그들로 하여금 올바른 길로 들어서도록 했다. 적군이 유격구를 잠식해 올 때 주력부대, 유격대와 민병들은 긴밀히 협력하여 적들이 아직 발을 제대로 붙이지 못한 기회를 이용했다. 그래서 적을 단호히 타격하고 적들의 잠식 '마수'를 끊어 놓았다. 적들이 유격구에서 거점과 토치카를 구축할 때, 근거지 군민들은 긴밀히 협력하여 갱도폭발과 지면유격전을 결부시켜 적들을 곤경에 빠뜨렸다. 이들은 적이 식량이나 물을 얻지 못하게 함으로써 견디기 어렵게 했다. 또한 아군에게 유리한 기회가 생기면 우세한 병력을 집중시켜 교통습격파괴전을 벌여 적군의 거점을 단호하게 제거해 버렸다.

1941년 5월 상순, 허베이 남부 군민 7만여 명은 5일 밤낮 동안 습격파괴전을 벌여, 적군의 주요 교통수송선을 일거에 차단했다. 7월 중순부터 8월 말까지, 허베이 중부 군민들은 초목이 우거진 틈을 타서 150여 킬로미터에 달하는 도로와 철도를 파괴했다. 그리고 여러 곳의 적군 거점과 토치카를 공략했으며 칭현, 다청, 런추, 가오양 등 지역의 국면을 타개했다. 반'잠식'투쟁에서 산둥성의 팔로군은 적들이 근거지로 진공해 오면 적의 후방으로 쳐들어가는 '번변(翻邊)전술'을 이용하여 적을 강하게 타격했다.

적후 항전이 가장 어렵던 시기에 항일근거지 군민들은 투쟁의 주도권을 쥐기 위해 "적이 쳐들어오면 우리도 쳐들어가 적을 내모는" 등 군사투쟁방침을 실시했다. 그러면서 일본군, 괴뢰군과 치열한 지역쟁탈전을 벌였다. 중국공산당 중앙위원회 북방국과 화베이군 분회는 주력부대에 3분의 1 또는 2분의 1 병력을 외곽지대로 분산시켰다. 그러고는 당정기관과 긴밀히 협력하여 유격활동을 벌이고 적군의 '잠식' 작전을 제때에 효과적으로 타격할 것을 요구했다. 근거지 군민들은 적들의 중심지역까지 파고 들어가기 위해 무장공작대(이하 무공대로 약칭)라는 새로운 투쟁방식을 고안해 냈다. 무공대는 군대, 정부와 인민들로 구성된 정예 전투조직이다.

여기에는 군대의 간부, 전사, 근거지 정부 사업일군 및 대적 사업간부 등이 포함됐다. 이 대원들은 전투경험도 있고 독립적으로 여러 가지 선전 및 대중동원사업을 전개하는 능력도 갖추었다. 이들은 일본군 점령지역 및 점령지역과 잇닿은 곳에 침투하여 군사투쟁과 정치투쟁을 서로 결부하고, 공개 투쟁과 은폐투쟁을 서로 결부했다. 그리고 많은 대중들을 선동하고 적들을 적발했으며, 정보를 수집하고 반역자를 처단했다. 또한 일본괴뢰 통치 질서를 파괴하고 괴뢰군, 괴뢰정권조직을 와해하며 비밀리에 무장을 발전해 나가면서 양면정권을 건립하기에 이르렀다. 무공대는 위와 같은 조치를 통해 일본군 점령지역 및 점령지역과 잇닿은 곳에 '은폐된 근거지'를 마련했다. 이어 일본군이 통치하는 핵심지대를 전군을 타격하는 전방진지로 변화시킴으로써 일본군의 이른바 '치안구'를 교란시켰다. 무공대의 설립은 적후항일유격전쟁을 이어나가는데 있어 새로운 혁신이었다. 이는 적후항전의 어려운 국면을 돌려세우고 쌍방의 정세를 전환시키는 데 중요한 역할을 했다.

간고한 항전과정에서 적후 군민들 속에서는 수많은 민족영웅들이 등장했다. 1941년 8월 27일, 괴뢰군은 허베이 중부 셴(獻)현 둥신좡(東辛莊)을 포위하고 대중을 고문하고 학살했다. 그러고는 회교도지대 사령관 마번자이(馬本齋)의 모친을 내놓으라고 위협했다. 많은 사람들은 죽도록 얻어맞으면서도 입을 꾹 다물었으며 몇 사람은 그 자리에서 학살당했다. 마 사령관의 모친은 이 모습을 차마 보고 있을 수가 없어 선뜻 앞으로 나섰다. 적들은 위협과 유인 수단을 써 가면서 마 사령관의 모친이 아들에게 투항서한을 쓸 것을 요구했다. 마 사령관의 모친은 "중국인으로서 투항이라는 두 글자를 입 밖에 내본 적이 없다"면서 적들을 호되게 질책했다. 그는 끝까지 지조를 굽히지 않았으며 나중에 단식으로 목숨을 끊었다.

9월 25일, 팔로군 전사 마바오위, 후더린, 후푸차이, 쑹쉐이, 거전린은 3,500여 명의 적이 진격해 올 때 4개 현의 당정 지도기관과 인민을 대피시키기 위해 적들을 낭떠러지로 유인해 갔다. 이들은 험준한 지세를 이용하여 90여 명의 적을 사살하고 마지막 탄알을 다 쏜 뒤 서슴지 않고 절벽에서 뛰어내렸다. 이들이 바로 '랑야산(狼牙山)의 다섯 용사'이다. 1942년 5월 25일, 팔로군 쭤취안 부참모장은 랴오(遼)현의 팔로군 총부에 있을 때에 적들에게 포위되고 말았다. 그는 이런 긴급 상황에서도 개인의 안위는 아랑곳하지 않고 부대를 지휘하여 포위를 돌파하던 중 불행하게 적탄에 맞아 장렬하게 순국했다.

그해 겨울, 일본군이 루중(魯中) 근거지를 소탕하자 산둥군구 특수대대는 군구 기관과 대중을 엄호하여 포위를 돌파하라는 명령을 받고 적군 600여 명을 사살했다. 전 대대는 나중에 14명의 전사밖에 남지 않았다. 이들은 구산(崮山) 동쪽 끝까지 퇴각했다가 탄알과 식량이 모두 떨어지자 절벽에서 뛰어내려 전사했다. 진차지변구의 민병이며 폭파영웅인 리융(李勇)이 지휘하는 유격소조는 보총과 지뢰 배합작전으로 일본군과 괴뢰군 364명을 사살하고 자동차 25대를 폭파하는 등 전과를 기록했다. 일본군이 허베이 동부 선(深)현 왕자푸(王家鋪)를 '소탕'할 때 대중은 아군을 엄호하기 위해 숭고한 혁명적 기개를 보여 주었다. 일본군은 붙잡아 온 20여 명에게 팔로군의 은닉 장소를 대라고 협박했으며 입을 열지 않자 한 사람씩 사살했다. 이렇게 14명이나 눈앞에서 죽음을 당해도 대중은 입 밖으로 한 마디도 말하지 않았다. 허베이성 핑산(平山)현의 군대옹호본보기 룽관슈(戎冠秀)는 반'소탕' 전투 중 위험을 무릅쓰고 부상자들을 구조함으로써 '병사들의 어머니'라는 칭호를 받았다. 이런 영웅적 인물들은 민족 해방 사업에 기꺼이 몸을 바쳤으며 침략자에 맞서 싸우는 위대한 민족정신을 보여 주었다.

일본군, 괴뢰군에 대한 분열, 와해 작전

중국공산당은 적후항일투쟁을 지도하는 과정에서 일본군과 괴뢰군에 대한 분열 및 와해 사업을 매우 중시했다. 각 부대와 각 지역에서는 각기 적군사업부와 괴뢰정권사업위원회를 설립하고 일본병사들에 대한 선전공세를 펼쳤다. 그리하여 그들의 군심을 동요시키고 그들의 전쟁을 기피하는 마음과 반전 정서를 깊게 했다.

그뿐만 아니라 괴뢰군과 괴뢰정권 인사들이 잘못을 뉘우치고 새 출발을 하도록 권고했으며 이들을 공동 항일의 길로 이끌었다. 정책 측면에서 이들은 무릇 일본군과 괴뢰군들 중 귀순하여 항일투쟁에 참가하려는 자들을 크게 환영했다. 그리고는 그들을 적합한 자리에 배치했다. 포로들의 경우 군관이든 일반 병사든 막론하고 살해·학대·모욕하지 않았으며 관대하게 처리했다.

일본군 포로들에 대한 교육을 강화하기 위해 팔로군 총부는 1940년

10월, 옌안에 일본노농학교를 창설하고 1941년 5월 15일에 개학식을 했다. 이 학교는 학생들에게 전쟁의 정의성과 비정의성 및 이 과정에서 취해야 할 태도 등을 가르치는 것을 목적으로 했다.

학습을 통해 많은 학생들이 사상 측면과 정치 측면에서 진보했으며 몇몇 사람들은 반전조직에 참여해 중국 대중과 함께 침략전쟁을 적극 반대했다. 반전조직은 아주 빠른 시일 내에 각 근거지로 퍼져 나갔다. 1942년 8월, 일본반전조직은 옌안에서 화베이일본인반전단체 대표대회를 개최하고 반전동맹 화베이연합회를 설립할 것을 결정했다. 한편 반전동맹은 스기모토 이치오를 회장으로 선출하고 일본 제국주의의 중국침략전쟁을 반대했다.

그러면서 일본군의 중국 철퇴 등을 투쟁 중점과제로 삼았다. 1943년 7월 7일, 옌안 주재 일본공산당 대표 노사카 산조(1940년에 모스크바에서 옌안에 옴)는 '일본 병사들에게 고하는 글'을 발표하여 일본 제국주의를 타도하며 일본 인민정부를 설립할 것을 호소했다. 중국 항전이 어려운 시기를 지나고 있을 때, 일본의 반전조직은 중국공산당을 도와 중국에 거주하는 일본인들을 상대로 선전 교육 사업을 벌였다. 몇몇 일본인 구성원들은 줄지어 무공대에 참가해 일본군 와해 작전에 적극 참여했다. 그들은 투쟁과정에서 중국 인민들과 깊은 우정을 맺었다.

괴뢰군은 일본이 대중국 침략 전쟁과정에서 매수해 조직한 매국노 무장이다. 무공대가 정치공세를 전개하여 괴뢰군을 분열하고 와해시키며 귀순시켜 적의 세력을 약화시키고 인민항전세력을 발전시킬 수 있었다. 또한 항전을 이어가는 데도 큰 도움을 주었다. 1941년 8월 4일, 중국공산당 중앙위원회는 "괴뢰군, 괴뢰조직에 관한 사업 결정"을 내렸다. 그리고 "일본 침략자들이 괴뢰군을 확대하고 공고히 하지 못하게 하며 이미 조직된 괴뢰군을 상대로 설득교육에 박차를 가해야 했다. 그래서 장래 필요한 시기에 아군에게 투항할 수 있는 조건을 만들어 줄 수 있도록 한다. 현 단계에서는 우리를 돕거나 반대하지 않도록 하는 것을 괴뢰군과 괴뢰조직에 대한 총 지침으로 삼는다"고 지적했다. 8월 17일, 중앙군사위원회는 '괴뢰군 정책 문제에 관한 지시'를 내리고 "괴뢰군 중에는 기회주의자들이 실제로 존재하며 기필코 존재할 것이다. 우리는 기회주의자들의 존재를 인정하며 그들을 장악함으로써 그들이 우리를 반대하지 않도록 해야 한다"고 강조했다.

중앙의 방침정책에 따라 각 근거지 군민들은 괴뢰군을 상대로 분열, 와해, 쟁취 사업을 적극 펼쳤다. 사업에는 주로 유능한 간부를 파견하여 여러 관계를 이용해 괴뢰군 내부에 잠입시키고 각 부분 괴뢰군의 역사와 현황 그리고 괴뢰군 두목의 기본 상황을 조사하도록 했다. 그뿐만 아니라 조사를 토대로 이들에게 선전교육을 하여 민족적 각성을 불러일으키고 항일의식을 높이게 했다. 그들로 하여금 적군을 위해 봉사하던 것을 적군 사무를 대충 하도록 만들고 암암리에 항일하도록 유도했다.

그러면서 괴뢰군 내부 항일단체가 기회를 봐서 행동하도록 지시했다. 이들은 1941년 여름부터 시작하여 일본군 점령지역에 더 깊이 침투했고 괴뢰군 와해를 중점으로 하는 정치선전공세를 펼쳤다. 괴뢰군 와해 사업은 큰 효과를 거뒀다. 많은 괴뢰군 장병들이 공산당 측에 귀순했으며 일부 장병들은 귀순하지는 않았지만 공산당 측에 암암리 정보를 보내오고 항일 전사들을 엄호했다. 산동 근거지의 경우, 1943년에 괴뢰군과 괴뢰정권조직에 1,000여 개의 "내선" 관계를 구축했으며 7,000여 명의 괴뢰군을 와해시켰다. 괴뢰군을 와해하며 귀순시키는 것은 항전을 견지하는 데 매우 큰 역할을 했다.

3. 항일근거지를 공고히 하는 것에서의 제반 정책과 조치

정권건설의 강화와 당정군민의 단합 증진

적후 항전이 가장 어려웠던 시기, 중국공산당은 항일민주근거지를 견고히 하는데 최대의 노력을 기울였다.

항일근거지를 공고히 하려면 항일민족통일전선을 한층 더 확대하며 항일민주정권 건설을 강화하는 것이 필요했다. 중국공산당 중앙위원회는 각지에서 '3·3제' 원칙을 더 철저히 관철시켜 집행하며, 일부 공산당원들에 존재하는 폐쇄주의와 종파주의 경향을 단호히 수정, 보완하라고 지시했다. 그리고 당외 인사들과 함께 일하는 데 익숙지 않은 문제점을 극복하고 정치적 차원에서 여러 항일 계급 계층과 단합할 것을 요구했다. 중국공산당 중앙위원회는 다음과 같이 강조했다. 우리는 활기 있고 조직력이 강하며 전쟁환경에 적응하고, 대중의 옹호를 받는 정권기관이 필요하다. 어떠한 큰 당이든지 절대다수로 소수를 억누를 것이 아니라 그들을 수용해야 한다. 그리고 정부에서 공산당원이 3분의 1을 차지하고 능력이 우수한 조건을 갖췄다면 당의 영도권을 보장할 수 있다. 당의 지도적 지위와 위치는 진리와 정책의 정확성 그리고 조직의 힘, 당원의 본보기, 인민의 옹호로 실현해야 한다.

1941년 4월 27일, 중국공산당 중앙위원회 정치국은 '산간닝변구 시정강령'을 세우고 5월 1일에 중국공산당 산간닝변구 중앙국은 이를 반포했다. 강령은 마오쩌둥이 반복해서 수정한 끝에 정치, 경제, 군사, 문화교육 등 다방면의 기본강령을 규정했다. 그뿐만 아니라 인권보장, 정부청렴 유지 및 토지, 상공업, 문화교육과 민족 등 측면의 원칙과 정책 역시 규정했다. 강령의 규정에 따르면 변구참의회는 '3·3제' 원칙을 실시해야 한다고 했다. 공산당원은 반드시 당외 인사들과 민주협

력관계를 맺으며 독단적이거나 제멋대로 결단해서는 안 된다고 규정했다. 강령은 산간닝변구를 군민과 군정이 단합되고 정치가 민주적이며 경제적 방도가 있는, 전국에서 시범 역할을 하는 선진지역으로 건설할 것을 요구했다. '3·3제' 원칙에 따라 여러 근거지에서는 민주선거를 통해 임시 참의회와 정부기관을 설립했다.

1941년 7월, 진지루위(晉冀魯豫)변구에서는 임시참의회 제1차 회의를 개최했는데 133명의 참의원이 출석했고 그중 공산당원이 46명으로 전체의 3분의 1을 차지했다. 11월, 산간닝변구 제2기 참의회는 제1차 회의를 열었다. 회의에서는 9명의 상주 의원을 선거했는데 그중 공산당원이 3명을 차지했다. 회의에서 선거한 변구정부 18명 위원 중 공산당원이 7명으로 3분의 1 비중을 조금 초과했다. 공산당원 쉬터리(徐特立)는 즉석에서 퇴출시킬 것을 제안했고 그의 청구는 회의에서 통과되어 당외 인사 바이원환(白文煥)이 보충됐다. 개화인사 리딩밍(李鼎銘)이 산간닝변구 정부 부주석으로 당선됐다. 마오쩌둥은 회의에서 정부사업을 담당한 공산당원들은 민주기풍을 키우고 문제가 생길 시 당외 인사들과 의논할 것을 지시했다. 또한 당외 인사들이 여러 가지 문제를 제안할 것을 권장하며 다수의 동의를 거친 뒤 행동할 것을 언급했다. 그는 "공산당원에게는 당외 인사들과 민주적으로 합작하여 행동할 의무가 있을 뿐 남을 배척하거나 모든 것을 독단할 권리는 없다"[39]고 지적했다.

공산당의 '3·3제' 원칙은 당외 인사들에게 큰 반향을 불러일으켰다. 리딩밍은 취직연설에서 공산당은 '사심 없는 태도로 성심성의껏 합작'하려고 하므로 각 당파와 무당파 인사들은 '서로 신뢰하고 사랑

---

39 마오쩌둥, '산간닝변구 참의회에서 한 연설'(1941년 11월 6일), 〈마오쩌둥선집〉 제3권, 인민출판사 한문판, 1991년, 809쪽.

하며' '한 집안 식구처럼 한마음으로 협력하여 항일건국에 나서야 한다'[40]고 말했다.

항일민주근거지의 기층 정권은 직접선거로 탄생됐다. 글을 모르는 일부 선거민들의 민주권리를 보장하기 위해 '콩알 넣기' 등 선거방식을 취했다. 선거 결과 부락정권에서 고농과 빈농과 중농의 비율이 절대 우세를 차지했으며 부락의 개화인사와도 단합됐다. 실례로 진지루위변구 소속 우샹(武鄕), 위서(榆社), 샹위안(襄垣) 3개 현의 598개 촌 정위원회 가운데 빈고농이 35.1%, 중농이 43%, 부농이 15.4%, 개화지주가 6.5%를 차지했다. 이처럼 부락정권은 아주 넓은 대중기반을 갖추고 있었다.

인력, 물력, 재력을 애호하고 절약하는 것은 항일민주근거지를 공고히 하는 중요한 정책이다. 인민들의 부담을 덜기 위해 당외 인사 리딩밍 등은 1941년 11월에 군대의 정예화와 행정기구 간소화를 우선적으로 제기했다. 중국공산당 중앙위원회는 이 의견을 즉각 접수하고 12월에 관련 지시를 내렸다. 군대의 정예화를 위해 주력부대 및 지휘기관을 감축하고 연대를 충실히 하며 지방무장을 강화할 것을 지시했다.

또한 민병을 발전시키며 정비와 훈련을 강화하고 전투력을 제고할 것을 요구했다. 행정기구의 간소화에서는 착실하게 각급 정권조직을 정비하고 기구와 인원 편제를 축소할 것과 기층을 강화하고 효율을 높이며 인력과 물력을 절약하고 관료주의를 반대할 것도 요구했다. 더불어 지시는 각 근거지의 비생산인원은 총인구의 3%밖에 차지하지 못하며 그중 군대계열 인원이 2%, 당정민계열 인원이 1%를 차지한다

40 〈해방일보〉, 1941년 11월 21일.

고 구체적으로 규정했다. 중국공산당 중앙위원회는 각급 지도간부들이 반드시 기층에 내려가 상황을 파악하고 경험을 쌓으며, 당정군 계열 내에서 하는 짓이 탐탁지 않고 백성들의 재물을 빼앗는 인원을 엄하게 징벌할 것을 요구했다. 군대의 정예화와 행정기구의 간소화는 인민들의 부담을 덜어주었고, 방대한 기구와 전쟁의 파괴로 경제적 능력이 부족한 양자 사이의 갈등을 해결해 주었다. 이는 또한 재정경제의 막대한 어려움을 극복하는 데 중요한 역할을 했다. 또 뽑힌 간부들로 기층을 강화하고 당과 인민들 간의 연계를 한층 더 밀접히 했다. 이는 간부를 양성하고 역량을 비축하는 조건을 마련해 주었다.

적후 항일민주근거지를 공고히 하기 위해서는 근거지 당정군 사이의 단합을 증진시켜야 했다. 각 근거지는 중국공산당 중앙위원회의 지시에 따라 해마다 음력 설을 전후하여, 정부를 옹호하고 인민을 애호하고 군대를 옹호하며 군인가족을 우대하는 운동을 크게 벌였다. 군대는 정부를 옹호하고 인민을 애호한다는 공약을 체결하며 지방정부를 존중하기로 했다. 또 정부법령을 준수하며 3대 기율 8항 주의를 엄격히 집행하고 인민들의 생산과 생활에 늘 관심을 갖기로 했다.

그러면서 이를 지원하며 군민친목회도 열기로 했다. 정부와 인민은 군대를 옹호하고 군인가족을 우대하겠다는 공약을 체결했다. 그리고 군대 훈련과 생산을 도와주며 주둔부대 부상자, 잔폐군인 및 항일인원가족과 열사가족들을 자주 보살피고 위문하기로 했다. 한편 군대와 당 및 정부 측은 당정군민 관계를 처리하는 과정에서의 결점과 착오를 제대로 조사했다. 이를 토대로 스스로 자기비판을 하는 한편 경험을 합치고 모범을 표창하며, 상호 격려하여 공동발전을 꾀했다. 정부를 옹호하고 인민을 애호하고 군대를 옹호하며 군인가족을 우대하는 운동은 당 및 정부, 군대, 민중들의 단합을 더욱 힘차게 추진했다.

당의 집중통일영도를 강화

항일 전쟁이 가장 힘들었던 시기, 중국공산당 중앙위원회는 새로운 대발전 국면을 맞이하기 위해 각지에다 당 건설을 강화할 것을 적극 요구했다. 그러고는 일부 새로운 조치들을 취했다.

1941년 7월 1일, 중국공산당 중앙위원회 정치국은 〈당성을 강화할 것에 관한 결의〉를 통과시키고 다음과 같이 지시했다. 중국공산당을 대중적이고, 사상과 정치와 조직적으로 완전히 공고화된 볼셰비키당으로 건설한다. 그럼으로써 위대하고도 고난스러운 혁명 사업을 담당할 수 있게 한다. 이 목표를 달성하려면 전 당원과 각 부서들이 의지를, 행동을, 기율을 통일해야 한다. 이것을 전제로 하나로 뭉쳐 조직적인 통일 체제를 이루도록 한다. 그리고 전체 당원, 특히 당원 간부들은 자신의 당성 단련을 더욱 강화하고 개인이익을 당의 이익에 복종시킨다. 그리고 개별 당 조직의 이익을 전체 당 이익에 복종시킴으로써 전 당을 하나로 똘똘 뭉치게 해야 한다. 또 결정에서는 당내에 존재하는 각종 개인주의와 무조직상태, 분산주의 등 당성을 위배하는 잘못된 경향을 지적하고 이런 그릇된 경향을 극복하는 방법을 제기했다. 그 후, 당성 단련 강화는 당 건설에서의 주요 내용으로 자리매김했다.

중국공산당 중앙위원회 정치국은 참혹한 전쟁환경에 적응하고 항일근거지 당정군민 관계에서의 일부 불협화음을 해결하며 당의 집중통일영도를 강화하고자 했다. 이를 위해 1942년 9월 1일에 〈항일근거지에서 당의 영도를 통일하며 각 조직 사이의 관계를 조정할 것에 대한 결정〉을 내렸다. 이 결정은 "근거지 영도의 통일과 단일화는 근거지의 모든 것을 통일적으로 영도하는 당 위원회 설립에서부터 시작돼야 한다"고 지적했다. 여기에서 말하는 통일영도란 모든 구체적인 사무에 대한 영도를 말하는 게 아니며 또한 모든 사무를 도맡아 한다는 것도 아니었다. 이 통일영도는 정치 측면에서 정권, 군대, 민중단체 등 모든 기타 조직에 대한 당의 영도를 가리키며, 대정부방침에 대한 영도를 말한다. 결정은 다음과 같이 규정했다. 중앙대표기관(중앙국, 분국) 및 각급 당위원회(구당위원회, 지역당위원회)는 각 지역의 최고 영도기관으로 각 지역의 당정군민 사업을 통일적으로 영도한다. 또한 중앙 대표기관 및 구당위원회 지역당위원회의 결의, 결정과 지시를 동급 정부의 당위원회, 공청단위원회, 군대의 규정위원회, 정치부와 민중단체의 당위원회, 공청단위원회 및 당원은 무조건 집행해야 한다. 각급 당위원회는 민주집중제를 엄격히 집행하며 하급은 상급에 복종하고 전당은 중앙에 복종한다.

　이 결정의 정신에 따라 중국공산당 중앙위원회는 각 지역 중앙 대표기구를 연이어 설립하고 완비했다. 위원회는 산간닝변구 중앙국과 시베이사업위원회를 합병하여 중국공산당 중앙위원회 서북국을 설립하고 가오강(高崗)을 서기로 임명했다. 진지위지역은 타이항분국을 설립하고 덩샤오핑을 서기로 임명했다. 산시(山西)성 서북 지역은 진쑤이(晉綏)분국을 설립하고 관샹잉(關向應)을 서기로 임명했다. 그리고 북방국과 산둥분국을 보강하고 양상쿤과 주루이(朱瑞)를 서기로 임명했으며 진차지분국을 보강하고 녜룽전을 서기로 임명했다. 각 중앙국(분국)은 모두 중국공산당 중앙위원회에 직속됐다. 당의 단일화 영도 실시는 당의 단합을 증진시키고 항일근거지 각 부문의 사업배치를 통일했다. 그뿐만 아니라 당의 방침과 정책 집행을 보장함으로써 적대투쟁의 발전 및 근거지의 보완과 건설을 적극 추진했다.

　중앙지도기구를 조정하고 간소화하며 중앙의 집중통일제도를 강화하기 위해 중국공산당 중앙위원회는 1943년 3월 16일과 20일에 옌안에서 정치국회의를 개최했다. 런비스가 회의에서 중앙기구의 조정 및 간소화 초안을 보고했다. 회의에서는 마오쩌둥을 중앙정치국 주석과 중앙서기처 주석으로 임명하고 마오쩌둥, 류사오치, 런비스로 중앙서기처를 구성했다. 중앙서기처는 중앙정치국의 결정에 따라 일상 사무를 처리하며 중앙서기처에서 토론한 문제들은 주석에게 최종 결정권을 부여한다고 결의했다. 그 밖에 류사오치를 중국공산당 중앙위원회와 군사위원회 구성원으로 위촉함과 동시에 군사위원회 부주석으로 임명했다. 그뿐만 아니라 마오쩌둥, 왕자샹(王稼祥), 카이펑(凱豊), 버구(博古) 등으로 구성된 중앙선전위원회를 설립하여 마오쩌둥이 서기를 겸임하고 왕자샹이 부서기를 맡았다. 그 밖에 류사오치, 왕자샹, 캉성, 천윈, 뤄푸, 덩파, 양상쿤, 런비스로 구성된 중앙조직위원회를 설립하고 류사오치가 서기를 겸임하기로 했다. 상기 위원회는 중앙정치국과 중앙서기처의 보조기관이다. 각 지역에 대한 영도를 통일하기 위해, 회의는 화베이 당정군민사업은 왕자샹이, 화중 당정군민사업은 류사오치가, 산간닝과 산시(山西) 서북 당정군민사업은 런비스가, 대후방사업은 천윈이, 적점령지역의 사업은 양상쿤이 책임지고 관리하기로 결의했다.

감조감식 정책을 깊이 있게 관철

감조감식은 항일전쟁시기 중국공산당의 토지문제에 대한 기본정책이다. 이 정책은 정치적으로는 봉건통치를 동요시킬 수 있었고 경제적으로는 봉건착취를 약화시킬 수 있었으며 농민의 정치적 지위와 생활 상태를 개선할 수 있었다. 이 정책은 민족전쟁시기 토지문제를 처리하며 농민들의 항일적극성을 불러일으키는 당의 중요한 정책이었다. 이 정책은 또 농민과 지주 양자의 이익을 고루 돌보며 대다수 지주들을 단합하여 항일하게 만드는 데 유익했다. 그리고 통일전선을 발전시키는 것과 농민문제를 해결하는 데도 매우 잘 결합시켰다. 하지만 1941년 말이 되어서도 일부 지역은 감조감식을 선전구호로만 이용할 뿐 제대로 집행하지 않았다. 그래서 실제로 농민들의 적극성을 이끌어내지 못했으며 항일근거지를 공고히 하는 데 악영향을 끼쳤다.

이런 상황에 비추어 중국공산당 중앙위원회는 1942년 1월 28일에 〈항일근거지 토지정책에 관한 결정〉을 내렸으며 2월 6일에는 〈토지정책 결정을 어떻게 집행할 것인가에 관한 지시서〉를 반포했다. 이 두 문건은 경험을 합하고 이를 토대로 감조감식정책 및 집행방식에 대해 명확히 규정했다. 주요 내용은 다음과 같다.

(1) 감조감식정책의 목적은 농민을 도와 지주의 봉건착취를 경감해주며 농민의 정치와 경제 권리를 보장하는 것이다. 또한 농민의 생활 개선을 통해 농민들의 항일과 생산 적극성을 불러일으키는 것이다.

(2) 현 단계의 토지정책은 봉건착취를 소멸하는 것이 아니라 봉건착취를 경감하는 것이므로 감조감식을 실시한 후에도 소작료와 이자를 내야 한다. 이로써 지주의 토지권, 재산권과 인권을 보장하고 지주 계급과 단합하여 항일해야 한다.

(3) 자본주의 생산방식은 현 중국에서 볼 때 비교적 진보적인 생산방식이다. 부농의 경우, 그 봉건 부분을 약화시키고 자본주의 부분을 발전시키는 것을 격려한다. 문건은 연이어 다음과 같이 지적했다. 감조감식을 실시하려면 대중을 동원하고 조직하며, 빈농에 의지해야 한다. 그 밖에 중농과 단합하며 '3·3제' 민주정치 역시 실시해야 한다. 대중을 동원한 이후 '좌파' 편향을 바로잡는 것을 중시하고, 간부들의 적극성을 보호하는 면에서는 주의해야 한다. 고집불통 지주는 타격하되 타도하지는 말아야 한다.

근거지 각 계층의 토지 보유관계와 경제적 지위는 감조감식을 통해 큰 변화가 일어났다. 지주 가구 수와 보유 토지의 비례가 다소 감소됐다. 빈농과 부농의 가구 수는 다소 감소했으며 가구당 평균 보유 토지는 다소 증가됐고 경제적 지위는 대폭 상승됐다. 그중 일부는 중농으로 승격했다. 중농의 가구 수와 보유한 토지 비례도 대폭 상승했다. 진지루위변구 타이항(太行)산 12개 현 15개 촌의 조사에 따르면 감조감식 이후, 지주 가구 수는 이전의 2.75%에서 2.02%로 내려갔고 소유한 토지의 비례는 23.04%에서 8.97%로 내려갔다. 가구당 평균 보유 토지는 98.64무에서 42.28무로 하락했다. 빈농이 차지하는 가구비례는 48.95%에서 42.12%로 내려갔고 보유 토지의 비례는 18.98%에서 20.5%로 상승했으며 가구당 평균 보유 토지는 4.57무에서 4.69무로 바뀌었다. 한편, 감조감식을 통해 소작료 비율이 현저히 하락했는바 대체적으로 수확량의 37.5% 이하로 하락됐고 대다수 지역이 10~30% 사이였다. 소작료에서 경제 외적 착취에 속하는 정액 외 착취와 고리대 착취가 취소됐다. 소작농의 수입은 증가되고 생산성이 제고됐다. 그들은 토지를 매입하고, 농기구를 추가로 구입하고, 역축(役畜·농사를 짓거나 수레에 짐을 실어 나르는 소, 말, 당나귀 따위의 가축을 이르는 말)을 사용하고, 비료를 듬뿍 사용하고, 농사를 알뜰히 지어서 농업의 발전을 취했다.

감조감식 정책의 관철집행은 근거지 내 생산관계와 계급관계를 적절하게 조정했고 각 계층, 계급을 단합하였다. 이는 항일민족통일전선을 공고히 하고 항일민주근거지를 발전시키는 데 큰 역할을 담당했다.

대생산운동과 경제건설 추진

항일근거지의 경제건설을 강화하는 것은 중국공산당이 항일군민을 영도하여 독립적·장기적인 항전을 이어가는 데 필요한 내용 가운데 하나였다. 근거지의 경제건설 없이는 중일전쟁 지원이나 인민생활 개선과 항일민주정권 확보가 불가능했다.

항전 초기 산간닝변구와 팔로군, 신사군의 재정지출 중 국민정부에서 지급하는 급료와 화교, 국제우호인사들의 기부가 상당한 비율을 차지했다. 1938년에는 외부원조가 변구 전체 경제수입의 51.6%를 차지했다. 항전이 대치단계에 들어선 이후, 일본군이 점차 적후 전장으로 이동하자 국민당이 소극적 입장에서 적극적으로 반공산당정책을 실시했다. 이로 인해 산간닝변구와 여러 적후 항일근거지 재정경제는 날로 어려워졌다. 1939년 2월 2일, 중국공산당 중앙위원회는 옌안에서 생산동원대회를 개최했는데 마오쩌둥은 회의에서 '자기의 노력으로 곤란을 극복하자'는 구호를 제기했다. 1941년, 경제적인 곤란을 극복해 나가기 위해 중국공산당 중앙위원회는 재차 자력생산의 길을 강조했다. 여러 항일근거지의 당 및 정부, 군대, 학교 인원과 인민대중은 호소에 호응해 나섰으며 대생산운동을 일으켰다.

대생산운동은 우선 산간닝변구에서 시작됐다. 변구정부는 생산위원회의 효과적인 조치를 제정하고 실시하며 생산을 권장했으며 이전의 수준에서 경작지면적을 확대하고 알곡생산량을 제고할 것을 요구했다. 그러면서 경제성 있는 작물을 재배할 것을 호소했다. 1941년 3월, 중국공산당 중앙위원회는 팔로군 제359여에 황폐하지만 토질이 비옥하고 개간하는 데 적합한 난니완(南泥灣)으로 들어갈 것을 명령했다. 부대는 자금과 농기구가 결핍한 상황에서도 자력갱생, 간고분투의 정신을 발휘하여 토굴을 파 거주문제를 해결했다. 그밖에도 황무지 개간지역을 탐사하고 경작기술을 배우며 생산도구를 만들었다. 왕전(王震) 여장에서부터 군인가족에 이르기까지 많은 사람이 황무지 개간에 나섬으로써 난니완을 "산베이(陝北)의 곡창"으로 변모시켰다.

한편, 옌안의 수만 명 당 및 정부, 군대, 학교 교직원들도 대규모 생산 운동에 적극 참가했다. 부대, 기관, 학교는 자체 실정에 발맞춰 각기 다른 생산임무를 맡았다. 마오쩌둥, 주더 등 중앙지도자들은 생산노동에 앞장서 참여했으며 휴식시간을 이용하여 황무지를 개간하고 채소를 심었다. 저우언라이, 런비스는 중앙직속기관 방적경기에 참가해 '방적 달인'으로 선정되기도 했다.

군대와 기관, 학교에서 전개한 자급경제는 특수 환경에서의 특수 산물이다. 이는 기타 역사조건에도 불합리하고 이해하기 어려운 것이었지만 당시로는 절대적으로 합리적이고 완전히 필요한 것이었다. 군대에 급료를 지급하지 않고 전부 자체로 공급하는 것은 하나의 혁신행동으로 항일 민족 해방사업에 커다란 의의가 있다.

중국공산당 중앙위원회는 대생산 운동과정에서 근거지의 재정사업과 경제 사업의 경험을 총화하는 데 큰 관심을 기울였다. 마오쩌둥은 1942년 12월에 산간닝변구 고위급간부회의에서 '경제문제와 재정문제'라는 주제로 세미나를 열었다. 그 후에는 또 중국공산당 중앙위원회를 위해 '근거지에서의 소작료 인하와 생산 및 옹정애민 운동을 전개하자'는 지시까지 내렸다. 그러고는 '조직하라' '경제사업을 배워야 한다'는 등의 연설을 했다. 그는 경험을 분석한 뒤 근거지의 경제 건설 방침을 체계적으로 논술했다. 그는 "경제를 발전시키고 공급을 보장하는 것은 경제사업과 재정사업의 총방침이다"고 지적했다. 이 총방침은 경제사업의 중요성 및 재정과 경제 사이의 관계를 다음과 같이 밝혔다. 무산계급이 지도하는 혁명은 인민의 민주 자유를 쟁취해야 할 뿐만 아니라 인민들의 물질적 복지도 쟁취해야 한다. 그뿐만 아니라 인민들이 만족해하고 문화가 있는 생활을 누리도록 투쟁해야 한다. 재정상황 여부는 물론 경제에 영향을 미치지만 재정은 결국 경제에 달려 있다. 재정악화는 착실하고 효과적인 경제발전만이 해결할 수 있다. 마오쩌둥은 우리는 정치, 군사, 문화측면의 정치뿐만 아니라 경제 관련 정치도 잘해야 함을 적극 강조했다. 그러면서 만약 우리가 다른 것은 모두 잘하면서 유독 경제만 다루지 못한다면 우리는 곧 무용지물이 될 것이며 적들에게 타도되고 멸망할 것이라고 했다.

재정 경제 사업의 총 방침 실현을 보장하기 위해 중국공산당 중앙위원회와 마오쩌둥은 항일근거지가 처한 구체적 환경(주로 개인경제를 기반으로 하고 적에 의해 분단되고 유격전쟁을 진행하는 농촌)에 입각하여 경제건설에 관련한 상세한 방침을 제정했다. 내용은 다음과 같다.

첫째, 제반 생산 사업은 농업을 위주로 하며 농업, 목축업, 공업, 수공업, 운송업과 상업을 전면적으로 발전시키는 정책을 실시한다.

둘째, 공과 사의 관계와 군민관계에서는 "공과 사를 고루 돌보며" "군대와 대중의 이익을 고루 돌보는" 정책을 실시한다.

셋째, 상하 관계에서는 통일적으로 지도하고 분산적으로 경영하는 정책을 실시한다.

넷째, 생산과 소비의 관계에서는 힘써 생산하고 엄격히 절약하는 방침을 실시한다.

다섯째, 조직화된 정책을 실시한다.

마오쩌둥은 이 밖에 경제발전과정에서 다음과 같은 두 가지 그릇된 관점을 반대해야 한다고 지적했다.

첫째, 재정상으로 타산하고 생산을 발전시키는 데 주력하지 않는, 보수적인 시각을 반대해야 한다.

둘째, 근거지의 객관조건을 감안하지 않고 경제발전만 외치면서 맹

목적으로 중공업을 건설할 것을 요구하고, 대규모의 군사공업계획을 제기하는 등 현실을 도외시하는 정책을 반대해야 한다. 재정사업 과정에서도 다음과 같은 두 가지 그릇된 시각 역시 반대해야 한다. 군대와 정부의 수요 및 항일전쟁의 수요를 감안하지 않고 일방적으로 인민의 부담만 경감할 것을 강조하는 이른바 '어진 정치' 시각도 반대해야 한다. 이뿐만 아니라 정부와 군대의 수요만 생각하고 인민의 어려움은 고려하지 않는 시각도 반대해야 한다. 더불어 인민생활에서 '눈앞의 이익만 보고 미래를 생각지 않고 끊임없이 착취'를 일삼는 시각도 마찬가지다. 재정경제사업 문제에서 90%의 정력은 농민이 생산을 증가하는 것을 돕는 데 두며 10%의 정력은 농민들한테서 세수를 거둬들이는 데 두어야 한다. 인민들은 얻는 것이 잃는 것보다 많아야만 항전을 장기간 지원할 수 있다.

항일근거지 경제건설에 관한 중국공산당 중앙위원회의 방침과 집행으로 산간닝변구의 대생산운동은 급속히 발전했으며 변구 군민의 생활은 뚜렷이 향상됐다. 마오쩌둥은 우리를 봉쇄한 사람들에게 "감사해야 한다"면서, 봉쇄는 소극적인 면 외에 적극적인 면도 있는바 이는 우리로 하여금 자급자족의 결심을 내리도록 자극한 것이다. 그 결과 우리는 곤란을 극복하는 목적을 달성했으며 경제사업 경영에서의 그런 경험을 배울 수 있었다고 지적했다.

진차지, 진지루위, 진쑤이, 산둥, 화중, 화난 등지의 여러 적후항일 근거지 군민들도 '노동과 군사를 결부하자' '전투와 생산을 결부하자'는 구호를 제기하고 전투를 했다. 그리고 생산도 해나갔다. 이들은 열악한 환경에서 대생산운동을 전개하고 경제건설을 진행하는 다종 형태를 창조했다. 각 근거지정부는 농업대부금대여(대부금, 양곡대여, 종자대여), 가축지원, 농기구 대신 제작 등의 조치를 통해 인민대중들의 생산 활동을 지지했다. 이 밖에 각 근거지에서는 일부 부대를 파견해 적을 타격하고 군민생산을 엄호했다. 농번기가 되면 각 부대는 농민들의 생산을 적극 지원하여 서둘러 수확하고 파종했다. 여러 근거지에서는 농업을 발전시키고 공업생산발전에도 주안점을 두어 여러 부류의 소규모 공장을 설립했다. 그리하여 총탄, 지뢰, 수류탄 등 무기를 제작하고 의복, 침구, 담요, 문구, 종이, 비누 등 생필품을 만들었다.

각 근거지는 경제발전과정에서 호조합작의 방식으로 농민들을 조직했다. 이와 더불어 호조, 합작사 등 조직들이 결성됐는데 이는 농민들의 개인 경제(사유재산을 기초로 한)를 바탕으로 한 집체노동조직이다. 그중 합작사가 주요방식으로 대두되고 발전 상태가 비교적 빨랐다. 농업생산합작사 외에도 종합합작사(생산합작, 소비합작, 운수합작, 신용합작 포괄), 운수합작사, 수공업합작사 등 세 가지 형태의 합작사가 있었다. 농민들은 생산노동에 종사했으므로 노동생산성이 대폭 상승했다.

항일근거지의 대생산운동과 경제건설은 중국공산당 중앙위원회에서 제정한 재정경제사업 총 방침과 제반 구체정책의 단호한 집행 덕택에 큰 성과를 이룩할 수 있었다. 농업생산과 상공업은 거의가 빠르게 발전했으며 인민생활은 대폭 향상됐다. 부대, 기관, 학교의 생산도 큰 성과를 거뒀다. 팔로군 제359여는 수년간의 분투 끝에 황무지 난니완을 근본적으로 변화시켰으며 대생산운동의 본보기로 거듭나게 됐다. 많은 부대들은 식량, 의복, 기타 일용품을 전부 자급하거나 부분적으로 자급했다. 군대가 생산노동에 참여하자 수익이 늘어나고 인민들의 부담이 대폭 감소됐다. 1941년, 산간닝변구 농민들이 바친 공출미는 총수확량의 13.58%를 차지했으나 1942년에는 11.14%로 하락했다. 대생산운동과 경제건설은 극심한 어려움을 극복하고 근거지의 항일민주정권을 공고히 했다. 그리고 적후의 장기적인 항전을 견지하여 항일전쟁의 승리를 취득하는 데 물질적 기초를 닦아 주었다. 더불어 당의 자력갱생, 간고분투의 영광스러운 전통을 키워나갔고 경제건설에서 일부 경험을 축적했으며 일련의 경제사업간부들을 양성했다. 마오쩌둥 사후에 지적한 바와 같이 대생산운동은 물질생활을 보장하는 데 결정적인 역할을 했다. 이 기회를 적절하게 잡지 않았다면 우리는 혁명의 전반 과정을 이끌 수 없었으며 우리의 투쟁도 발전할 수 없었을 것이다.

4. 국민당 통치구역에서의 당의 사업

저우언라이가 영도하는 남방국 사업

1941년부터 1942년까지는 국민당의 사업도 매우 어려운 국면에 처한 시기였다.

중국공산당 중앙위원회 제6기 제6차 전원회의의 결정에 따라 중국공산당 중앙위원회 남방국이 충칭에서 설립됐는데 저우언라이가 서기를 맡고 보구, 카이펑, 우커젠(吳克堅), 예젠잉, 둥비우가 각각 상무위원을 맡았다. 남방국은 항전시기 충칭 주재 중국공산당 중앙위원회 기구로 남방의 국민당 통치구역 및 일부 피점령지역의 당 사업을 지도하는 기구였다. 그뿐만 아니라 쓰촨, 윈난, 구이저우, 후베이, 후난, 광둥, 광시, 장쑤, 장시, 푸젠 및 홍콩, 마카오 지역을 직접 관할하는 당조직이기도 했다. 국민당은 자신의 통치구역에서 공산당 조직이 공식 활동을 하는 것을 허락하지 않았다. 때문에 남방국은 비밀리에 활동을 전개했으며 남방국 지도자들은 중국공산당대표 혹은 국민참정원의 신분으로 밖에서 활동했다.

남방국은 설립 이후, 국민당 통치구역의 극히 복잡한 환경에서 저우언라이 지도 아래 항일민족통일전선의 기치를 높이 치켜들고 항전, 단결, 진보의 방책을 실시했다. 그러고는 제반 사업을 효과적으로 벌여 나갔다. 남방국은 여러 공개적 경로와 비밀 경로를 통해 항일진보 세력을 유치하고, 여러 가지 형태로 대중에게 중국공산당의 노선과 방침 그리고 정책을 홍보했다. 또한 당 조직을 계속 발전시키고 당의 대열을 강화하는 노력도 게을리 하지 않았다.

　남방국은 국공합작을 유지하고 항일민족통일전선을 공고히 하며 확대시키기 위해 많은 노력을 기울였다. 저우언라이, 둥비우, 예젠잉, 린보취, 왕뤄페이 등은 중국공산당 중앙위원회를 대표하여 여러 차례에 걸쳐 국민당과 협상했다. 이들은 단결하여 항일할 것과, 그와 관련한 구체적인 사항을 협상했다. 그들은 항전을 견지하고 투항을 반대하며, 단결을 견지하고 분열을 반대했다. 또 진보를 견지하고 후퇴를 반대하는 방침을 시종일관 준수했으며, 국민당 보수파의 반공활동과 반인민 활동에 관련하여 조리 있으면서 우리 편에 이롭게 투쟁을 벌였다. 이들은 복잡한 협상 투쟁을 통해 국공 양당이 합작하여 항전할 것에 대한 공산당의 성의를 보여주었다. 그러면서 국민당 보수파의 정치공세와 단호히 맞서 싸움으로써 공산당의 정치적 영향력을 확대하고 국공합작의 국면을 유지했다. 남방국은 국민당 내 민주인사들과의 연계를 중시했으며 그들과 단합하고 이끌어 그들이 적극적으로 항일투쟁에 참여하도록 했다. 남방국 지도자는 쑹칭링, 허샹닝, 류야쯔, 탄핑산 등 국민당 좌파들을 의지하여 자주 그들의 의견을 수렴하고 그들과 함께 국민당 보수파를 반대했다. 저우언라이는 이 밖에도 펑위샹, 위유런, 쑨커, 사오리쯔 등과도 연계하면서 항일민주대계를 함께 토의했다. 1941년 여름, 저우언라이는 일부 국민당 민주파 및 진보적인 국민당 정부 참모들로 비밀정치단체를 조직할 것을 제안했다. 이들은 왕쿤룬, 왕빙난 등의 기획으로 충칭에서 비밀리에 중국민족대중동맹(후에는 중국민주혁명동맹으로 개칭, '소민혁'으로도 불림)을 결성했는데 참가자들은 나중에 200여 명으로 늘어났다. '소민혁'의 설립 및 그 활동은 국민당 상류계층 진보인사들을 쟁취하고, 국민당 보수파를 분열시키며, 항일민족통일전선을 공고히 하는 데 중요한 역할을 했다.

또 남방국은 큰 힘을 들여 기타 민주당파와 무당파 민주인사의 단합과 쟁취에 적극 나섰다. 충칭의 중국공산당 참정원은 국민 참정회의 각계 유지인사들과 폭넓게 교류하면서 상호 이해를 증진시켰다, 그리고 그들과 함께 전 민족의 항전 및 국내 민주의 추진을 위해 많은 제안을 했다. 남방국 지도자와 사업일꾼들은 민주당파, 무당파인사와 유명한 지식인들과 적극 교제하고 국제 정세와 국내 정세를 단결시켜 항전을 견지하려는 의견을 자주 교환했다. 장보쥔, 쥐순성 등이 민주연합회 설립을 준비하자 저우언라이는 이를 전적으로 지지했다. 그러고는 민족위기의 만회를 위해 그들과 동고동락하며 공동으로 분투할 것을 밝혔다. 1941년 3월 19일, 민족자산계급과 상층 소자산계급 및 그 지식인들을 기반으로 한 중국민주정단(政團)동맹이 충칭에서 설립됐다. 이 동맹에는 중화민족해방행동위원회, 중국청년당, 국가사회당, 중화직업교육사, 향촌건설파, 전국각계구국연합회 등이 참여했다. 국민당 당국의 억압으로 중국민주정단동맹은 충칭에서 공개적인 활동을 할 수 없었다. 그래서 인원을 홍콩에 파견하여 사업을 진행했다. 저우언라이는 홍콩 주재 중국공산당판사처에 민주정단동맹에 정치 측면과 경제 측면에서 적극 도와 줄 것을 지시했다. 1941년 9월 18일, 여러 인사의 노력으로 중국민주정단동맹의 기관 신문인 〈광명보〉가 홍콩에서 창간됐다. 10월 10일에 〈광명보〉는 시국에 대한 민주정단동맹의 강령 및 설립 선언을 공개적으로 발표했다. 그리하여 결연히 항일하고 단결을 강화하며 당치(黨治)를 끝낼 것을 주장했다. 더불어 헌정을 실시하며 민주를 실천하고 자유를 보장하는 등 주장을 제기했다. 이는 국내외에서 강렬한 반향을 일으켰다.

대후방에 있는 민족상공업계 인사에 대해서도 남방국은 여러 사업을 벌였다. 쓰촨의 루쭤푸(盧作孚), 후쯔앙(胡子昂), 충칭의 캉루신(康如心), 윈난의 랴오윈타이(繆雲台), 상하이의 류훙성, 후줴원, 톈진의 리주천 등은 모두 공산당의 친구가 됐다. 저우언라이 등은 그들의 공장을 견학하고 좌담하는 등 활동을 통해 그들이 생산을 발전시키는 것을 격려하고 항전을 지지했다. 그 후, 많은 민족상공업계 인사들이 대후방의 민주운동에 적극 참여했다. 그 밖에도 개인, 연명 또는 단체 명의로 시국에 대한 주장을 발표하여 국민당당국에 진정한 민주를 실시할 것을 요구했다.

남방국은 이 밖에도 국민당 통치 집단에서 배척당한 지방 실력자들을 적극 쟁취했다. 1942년 2월, 저우언라이는 충칭에서 촨캉(川康)지역 지방 실력자 류원후이(劉文輝)를 만나 그에게 국내 정치형세와 공산당의 주장을 소개했다. 그러면서 공산당은 국민당 내 모든 항전인사들과 합작할 의향이 있고 특히 서남지역 민주세력들과 긴밀한 연계를 맺고 싶다며 그 뜻을 밝혔다. 4개월 후, 중국공산당 중앙위원회는 옌안에서 야안(雅安)에 인원을 파견하여 류원후이와 회담할 수 있었다. 그리고 나서 옌안과 직접 연계할 수 있는 비밀 무선 통신기를 설치했다. 그해 9월, 남방국은 사람을 파견하여 윈난의 룽윈(龍雲)과 연계를 취한 뒤 공동 항일문제를 논의하고 비밀 무선 통신기를 설치했다.

남방국은 화교들의 통일전선사업을 매우 중시하였다. 그래서 남양 화교 지도자 천자겅과 연계를 맺고 화교들이 조국에서 단결하여 항전

하는 것을 지지할 것을 추진했다. 그뿐만 아니라 화교들이 현지 항일
활동에 참여하는 것도 적극 요청했다.

남방국은 종교계 인사들에 대해서도 통일전선사업을 전개했다. 저
우언라이는 남악 주성사(祝聖寺) 무쟈(暮笳) 스님에게 "승마하면 적을
무찌르고 하마하면 경문을 배운다"는 제사를 써 주었다. 예젠잉은 남
악 불도재난구제협회 설립회 등 활동에도 출석했다. 이런 활동들은 종
교계 인사들을 단합하여 공동으로 항일하는 데 중요한 역할을 했다.

남방국의 지도자와 사업가들은 중국 주재 외국 사절과 중국원조기
구 인원 및 언론매체 기자들과 자주 만났으며 외국인 친구들을 많이
사귀었다. 그리고 정보가 확실한 많은 자료로 항전과정에서의 공산당
의 기여를 설명했다. 그러면서 국민당 보수파의 반공내전 음모를 폭로
했다. 또한 이들은 중국의 단결항전에 대한 국제여론의 지지를 이끌어
내고 국제반파쇼통일전선을 크게 확대시키고 발전시켰다.

항일민주선전을 강화하고 진보적인 문화운동의 발전을 지지하는 것
은 남방국의 중요한 사업이기도 했다. 남방국의 직접적인 지도 아래
〈신화일보〉, 〈대중〉 등 주간지는 극히 어려운 여건에서도 충칭에서
계속 공개적으로 저작물을 출판하고 발행했다. 그러고는 국민당의 간
행물 검사제도와 기타 압제수단과 결연히 투쟁했다. 저우언라이, 둥
비우 등은 상기 간행물에 많은 평론과 글을 발표하고 간행물사업을 직
접 지도했다. 이런 간행물들은 공산당의 주장을 선전하고 항일근거지
군민들의 항일투쟁 전과 및 제반 성과물을 홍보했다. 또한 대중들의
항일과 민주를 요구하는 염원을 착실하게 반영하고 국민당 보수파의
반공음모활동을 폭로했다. 남방국은 이 밖에도 기타 도시에서 진보적
간행물과 중간파 간행물을 통해 대중이 항전, 민주, 진보를 이어가고
각자의 일터에서 노력하는 것을 격려했다. 마오둔(茅盾), 장유위(張友

漁), 후성(胡繩) 등 일련의 진보적 문화 인사들은 홍콩으로 이동한 뒤, 남방국은 랴오청즈(廖承志)를 핵심으로 한 홍콩문화사업위원회를 설립하여 진보 문화사업에 대한 당의 영도를 강화했다. 중국공산당 중앙위원회와 남방국의 영도 아래 홍콩의 당조직과 당외 진보인사들은 협력하여 공산당의 항전 견지 주장을 적극 선전했다. 1941년 4월 8일, 홍콩 〈화상보〉가 출판됐다. 5월 17일, 쩌우타오펀(鄒韜奮)이 주필을 맡은 〈대중생활〉도 홍콩에서 복간됐다. 이런 간행물들은 해외 화교와 국민당 통치구역의 대중을 크게 격려하고 교육하였다.

국민당 당국의 엄한 속박과 봉쇄로 진보적 간행물들은 시사 선전과 정치 선전 측면에서 큰 어려움을 겪었다. 저우언라이는 문화계 인사들에게 사회과학을 연구하고 그 연구 성과로 대중을 교육하여 문화진지를 구축할 것을 호소했다. 이때 출판한 덩추민(鄧初民)의 〈중국사회사강좌〉, 궈모뤄의 〈청동시대〉와 〈10대 비판서〉 등 저작들은 유물사관으로 중국 사회와 중국 역사의 발전법칙을 설명했으며 사람들의 사상 인식을 제고하는 데 큰 힘이 되었다. 남방국은 이 밖에도 문화계의 각종 활동, 강좌, 강연회와 보고회 등을 지지했으며 항일민주운동과 진보적 문화의 발전을 추진했다. 1941년 3월, 충칭대학 상업학원 학생들은 장제스의 전시 경제정책을 공개적으로 비판한 이유로 감금되었던, 이 학원의 원장이자 유명한 경제학자인 마인추(馬寅初)의 60회 생일을 성대히 축하했다. 저우언라이, 둥비우, 덩잉차오 등은 연명으로 생일축하 인사를 보내는 것으로 성원하면서 국민당 당국이 진보적 인사를 박해하는 행위를 규탄했다. 5월 29일, 마오둔(茅盾) 등 9명은 연명으로 '국가의 기본방침에 대한 우리의 입장과 주장'을 발표하여 국민당의 대일 타협정책과 문화 사업에 대한 잔혹한 박해를 폭로했다.

남방국은 문예계 인사들을 단합하여 진보적인 문예활동을 전개하는 것을 아주 중시했다. 남방국은 라오서(老舍)가 주최하고 많은 진보적 문화인들이 참여한 중화전국문예계항적협회의 활동을 적극 지지했다. 1941년, 진보적 문예에 대한 국민당의 강압정책을 타파하기 위해 저우언라이는 남방국 문화위원회를 지도하여 충칭에서 연극공연운동을 실시했다. 이에 여러 연극단체들이 충칭에서 진보적인 연극을 공연함으로써 따분하던 문화생활은 즉각 활기를 띠게 했다. 궈모뤄가 창작한 연극 '취위안(屈原)'은 충칭에서 공연되어 큰 반향을 불러일으켰다. 그 이후 수년간 해마다 대작들이 공연되었으며 공연 극종은 200여 개에 달했다. 남방국에서는 많은 유명한 작가, 감독과 배우들을 단합시켰으며 많은 문예 신인들을 양성했다. 공연활동은 구이린, 쿤밍, 구이양 등 지역에까지 파급되어 국민당 통치구역에서 큰 영향력을 과시했다.

남방국은 또 노동자, 농민, 청년, 부녀를 주요 대상으로 하는 대중사업을 매우 중시했으며 인민대중에게 민족의식과 민족절개 교육을 널리 전개했다. 이와 동시에 대중에 관심을 두고 대중을 위해 봉사했으며 대중의 직접적인 이익과 민주권리와 관련한 구체적인 투쟁을 전개해 나갔다. 그리고 노동자, 농민, 청년, 부녀들 속에서 많은 활동가들을 양성함으로써 장래 많은 당 외곽조직의 설립과 당 조직 발전을 위해 체계적인 준비를 했다.

남방국은 국민당 통치구역과 일부 피점령지역의 투쟁환경에 따라 당의 지방조직 건설을 적극 강화하고 당의 전투력을 지속적으로 높여갔다. 완난사변 이후 어려운 환경에 직면하여 남방국은 은폐적이고 유능한 방침을 단호히 관철시켰다. 1941년 5월, 중국공산당 중앙위원회는 다음과 같은 지시를 발표했다. 국민당 통치구역의 당 조직은 장기적으로 매복하고 힘을 축적하며, 시기를 기다리는 방침을 단호히 집행해야 한다. 이미 알려진 모든 간부들은 외곽 지역이나 특무가 주의하지 않는 곳에서 새로운 임무를 찾는다. 아니면 항일근거지에 보내서 알려지지 않은 새로운 간부와 대체한다. 각급 지도기관은 정예의 원칙을 착실히 시행한다. 특무가 엄밀히 감시하는 부문에는 지부를 설립하지 않고 당원들이 독자적으로 활동한다. 당과 대중 사업의 중심을 가능한 사회습관과 정부법령 및 합법조직의 이용에 두어 대중과의 관계를 공고히 해야 한다. 중앙의 지시에 따라 남방국과 소속 지방조직들은 철퇴와 분산 사업을 즉각 전개했으며 각지 당 조직은 반공개 상태에서 비밀상태로 전환했다. 10월 24일, 저우언라이는 남방국 회의에서, 대후방의 당의 임무는 비밀지하당을 건립하고 힘을 축적하며 무장투쟁을 피하는 것이라고 강조했다. 10월 27일, 그는 또 중국공산당 중앙위원회에 "후방의 당은, 장기 잠복, 힘 축적, 시기 대기의 중앙의 노선을 전력을 다해 집행해야 할 뿐, 동시에 무장투쟁노선을 취득해서는 안 된다. 이 문제와 관련하여 쓸 것은 쓰고 버릴 것은 버리는 선택을 해야 한다. 즉 지하 조직 노선을 취하고 잠시 무장투쟁을 포기해야 한다"라는 내용의 전보를 보냈다.

1941년 말, 남방국은 충칭 훙옌(紅岩)에서 회의를 열었다. 저우언라이는 회의에서 시난(西南)의 당을 더 견고하고 더 전투력이 있는 당으로 건설할 것을 제기했다. 그는 국민당 통치구역에서의 당 사업은 다음과 같은 기본원칙을 준수해야 한다고 지적했다.

(1) 당원은 입이 무겁고, 강하고 능력이 있으며, 대중과 연계가 있고, 민중에게 영향 주고, 민중을 추동할 수 있는 간부로 양성해야 한다.

(2) 주요한 대중집단거주 단위에 하나 또는 몇 개의 평행하는 공고한 지부를 설립해야 하며, 주요한 사업부문과 기관은 당의 조직이나 개인과 연계가 있도록 보장해야 한다.

(3) 당의 지도기관은 독립지도 능력과 자신감이 있는 기구가 돼야 한다.

(4) 사상, 조직 차원에서 당의 기반을 다져야 한다.

(5) 주요 방면의 상황을 숙달해야 한다.

(6) 대중이 있는 지역이라면 모두 사업을 추진해야 한다.

(7) 고위급과 하층에 대한 사업, 공개사업과 지하사업, 당외 연계와 당내 연계를 서로 잘 결합해야 한다.

남방국은 회의 결속 후, 국민당 통치구역의 당원들에게 '3근'(三勤·부지런히 사업하고, 부지런히 배우며, 부지런히 친구를 사귀는 것)과 '3화'(직업화, 사회화, 합법화)를 실시할 것을 제기했다. 그리고 당원들이 문화와 과학 지식을 배우며 본업을 잘하고 대중과 폭넓게 연계하기를 바랐다. 그리하여 대중의 신임과 존중을 얻고 대중 속에서 당의 사업이 뿌리 내리게 할 것을 요구했다. 남방국은 현유의 비밀환경에 입각하여 당 조직의 정치사상 건설을 강화하는 데 관심을 기울였다. 또한 여러 가지 형태로 당원들에게 사상교육을 실시하고 열악한 환경일수록 당의 규율을 엄격히 준수할 것을 요구했다. 더불어 공산당원의 지조를 지키고 공산주의 신념을 확고히 이어갈 것을 강조했다.

당 조직을 더욱 확실하게 하고 국민당의 급습격을 막기 위해, 대후방 당 조직 사업을 책임지고 관리하는 천원은 중국공산당 중앙위원회를 대표하여 1941년 12월에 '대후방 당 조직의 철저한 개편 및 당외 활동 확대'라는 글을 게재했다. 이 글에서 그는 다음과 같이 지적했다. 대후방의 당은 될수록 규모를 축소하고 진정으로 환경에 적응할 수 있는 정예 조직으로 거듭 태어나야 한다. 이를 위해서는, 자격이 안 되는 당원과, 탈당해야만 자신을 보호할 수 있는 당원들을 대부분 잠시 탈당시켜야 한다. 한편, 중상류사회에서 당의 영향력을 넓히기 위해 중

상층인사들과의 사업을 강화하고 조건이 되는 소수 사람들을 입당시킨다. 그는 또 다음과 같이 지적했다.

"공산당은 무산계급의 선봉장이며 당원의 성분은 대체로 노동자, 농민 및 기타 소자산계급이어야 한다. 그러나 중국의 특수한 환경에서는 중상류사회 출신 또는 사회적 지위가 중상류와 연계가 있는 사람들도 받아들여야 한다. 그들이 투기상이 아니고 현재의 계급이익을 포기하고 공산주의를 위해 모든 것을 희생할 각오가 되어 있다면 말이다" 이렇듯 중상류사회 인사를 당에 받아들임에 있어 입당조건을 낮춰서는 안 될뿐더러 입당이 가능한 모든 사람들을 죄다 당내에 받아들여서도 안 된다. '당내는 적고 당외는 많은' 원칙에 따라 대다수 진보적인 중상류사회 인사들은 잠시 당외 공산주의자로 간주하며 굳이 입당을 고집할 필요가 없다. 이런 방침은 적 점령지역 도시의 비밀 당 조직에도 적용된다.

남방국의 간고한 노력 아래 시난(西南)지역의 거의 모든 당원들은 지하활동에 종사했다. 그리하여 당 조직은 인민대중 속에서 깊이 뿌리 내렸으며 더 굳세어졌다.

국민당 통치중심인 충칭에서 장기간 싸워 온 남방국은 항전 시기 국민당 통치구역의 홍색 보루라고 할 수 있다. 남방국의 주요 지도자인 저우언라이는 1943년 6월, 옌안으로 돌아와 정풍학습과 제7차 당 대표대회 준비사업에 참여했다. 남방국 사무는 둥비우가 책임졌다. 남방국은 저우언라이 등의 지도 아래 인민대중들을 단합하고 인솔하여 보수 세력들과 불요불굴하게 투쟁했으며 당의 노선과 방침과 정책을 창의적으로 관철시키고 집행했다. 근 8연간의 효과적인 사업을 통해 남방국은 항일민족통일전선을 공고히 하고 발전시켰다. 그리고 전 민족이 항전을 이어가며 항전 시기 민주운동의 발전을 추진하고 전국 및 세계에서의 공산당의 위세와 명망 그리고 영향력을 증대시키는 데 크게 기여했다. 남방국의 사업은 항일전쟁 시기 당의 전반 사업의 중요한 부분이었다. 당시 뛰어난 사업 역량을 국민당 통치구역에서의 당의 조직과 세력을 보존하고 발전시켰다. 연이어 당 주변의 더욱 많은 진보 세력들을 단합시켰다. 그 밖에도 전국해방전쟁 시기 제2전선의 형성과, 신중국 설립 이후 공산당 체제 아래의 다당합작 및 정치협상 제도 형성에도 유리한 조건을 마련해 주었다.

시베이 국민당 통치구역에서의 당의 사업

시베이지역은 전국 항전의 중요한 후방기지인 동시에 중국공산당 중앙위원회와 국제공산당, 소련을 연결하는 중요한 통로였다. 따라서 여기는 항일전쟁에서 특수하고도 중요한 지리적 위치를 차지했다. 그래서 시베이지역의 인민대중을 더욱 잘 조직하고 동원하여 항전에 참가시켜야 했다. 그러기 위해 중국공산당은 시베이 국민당 통치구역에 대한 방책을 여러 모로 강구해야 했다. 1938년 11월에 설립된 중국공산당 중앙위원회 시베이사업위원회는 산간닝변구 이외의 산시(陝西), 간쑤(甘肅), 닝샤(寧夏), 칭하이(青海) 등 시베이 여러 성에 있는 국민당 통치구역의 당 사업을 책임졌다. 1941년 5월, 중국공산당 중앙위원회 시베이사업위원회와 산간닝변구 중앙국을 합병하여 중국공산당 중앙위원회 시베이국을 창설하고 시베이지역의 당 사업을 하나로 묶어 지도했다. 신장의 경우, 주로 신장 주재 중국공산당 대표와 팔로군 사무소를 통해 사업을 전개했다.

시베이 국민당 통치구역의 당 조직은 모든 공개적이고 합법적인 기회를 활발히 이용하여 대중사업을 벌였다. 그리하여 항일구국운동을 적극적으로 이끌고 추진했다. 중국공산당 산시(陝西)성위원회에서 지도하는 시베이각계구국연합회, 시안학생구국연합회 등 10여 개 항일구국단체는 그 인원이 4만 명에 육박했다. 이 단체들은 〈시베이전선〉, 〈백성〉 등 20여 종의 간행물을 창간하고 11개소의 서점을 개설하여 항일을 홍보했다. 중국공산당 간쑤성사업위원회는 당원을 파견하여 항전후원회, 부녀위로회 등 항일구국단체를 신속히 설립했다. 그중 공산당원을 지도핵심으로 한 간쑤청년항전단은 전 성 25개 현에 72개 분회를 설립했는데 그 회원이 3,000여 명에 달했다. 공산당원이 주필 또는 편집을 맡은 〈시베이청년〉, 〈항적〉 등 항전간행물도 잇달아 출판됐다. 당 조직의 지도 아래 많은 애국학생들이 사업단을 결성하여 각지에서 항전정세와 공산당의 통일전선정책을 대중에게 선전했다. 그리고 일본군의 침략행위를 폭로했으며 대중들에게 자금과 물자를 기부하여 항일장병들을 위로할 것을 호소했다. 당의 영향으로 신장 여러 민족 인민들의 항일구국운동은 활발히 전개됐다. 1938년에 신장인민들은 의연금으로 전투기 10대를 구입하여 항일전선에 보내주었다. 1940년 5월까지 신장 여러 민족 인사들의 기부금은 222만여 원에 달했고 장신구는 2만여 점에 달했다. 당 조직은 이 밖에도 마오쩌둥의 〈지구전을 논함〉, 〈새로운 단계를 논함〉, 〈신민주주의를 논함〉과 기타 진보적 서적 8만여 책을 인쇄하여 신장 여러 민족 대중에게 나누어 주었다.

시베이 국민당 통치구역에서 공산당은 통일전선사업을 적극 전개했으며 사회 여러 계층의 항일애국세력을 끌어 모아 단합시켰다. 그중에는 사회 상층인사, 국민당군대 중하급 군관, 성급 및 현급 공무원, 교육계 유명인사, 각지 명사 등이 포괄됐다. 통일전선사업을 통해 그들 중 많은 사람들은 중공산당에 대한 우려를 해소하고 공산당의 위신과 명망을 높였다. 중국공산당 중앙위원회 대표 셰줴짜이(謝覺哉)와 간쑤성 주재 팔로군 사무처는, 간쑤성 허야오쭈(賀耀祖) 주석과 각계 인사들과 적극 연계를 맺었다. 그 밖에도 민중운동 전개, 군대 정비 등 건의를 제기했으며 간쑤통일전선사업의 국면을 타개했다. 중국공산당 중앙위원회는 장쯔화(張子華)를 팔로군 총참모부 및 저우언라이 비서 신분으로 닝샤에 파견하여 마훙쿠이(馬鴻逵)를 설득하고 일부 진보인사들을 만날 수 있게 했다. 중국공산당 닝샤사업위원회는 설립 이후 국민당 지방당국과 각계 진보인사들과 연계를 맺고 통일전선사업을 전개했다. 신장의 경우 성스차이(盛世才)와 한동안 특수한 통일전선 관계를 구축했다. 중국공산당 중앙위원회는 차례로 천윈, 덩파, 천탄추 및 마오쩌민(毛澤民), 린지루(林基路) 등 100여 명 공산당원 대표를 신장에 파견했다. 그들 중 적지 않은 사람들이 성 정부 및 군대, 언론매체, 문화교육, 대중단체 등 부문에서 직무를 맡았다. 공산당은 신장에서 반제동맹연합회라는 합법적인 통일전선조직을 통해 애국 민주인사 및 여러 민족 인민들을 항일투쟁에 참여시켰다. 그뿐만 아니라 신장의 경제와 문화교육 사업을 발전시키고 국제교통운수선의 순조로운 통행을 보장하며 전국항전을 지원했다.

공산당은 시베이 국민당 통치구역에서 지방조직을 적극 회복시키고 설립했다. 그리고 항일구국운동과정에서 적극분자를 양성하고 당원을 발전시켰다. 중국공산당 산시(陝西)성위원회는 차례로 10개 지방위원회(특별위원회, 시위원회, 노동운동위원회), 6개 중심현위원회, 40여 개 현위원회(노동운동위원회)를 설립했으며 1938년까지 8,000여 명의 당원을 양성했다. 중국공산당 간쑤성사업위원회는 1937년 10월에 란저우(蘭州)에서 설립됐고 중국공산당 중앙위원회의 직접적인 지도를 받았으며 1939년 초까지 264명의 당원을 입당시켰다.

중국공산당 산간닝변구위원회의 주도로 중국공산당 닝샤성사업위원회와 쑤이멍(綏蒙)사업위원회가 설립되고 이 두 위원회는 닝샤와 쑤이위안(綏遠) 이커자오멍(伊克昭盟) 지역의 당 사업을 각각 전개했다. 이어 중국공산당 쑤이위안성사업위원회를 설립하고 네이멍구지역의 사업을 추진했다. 중국공산당 닝샤성사업위원회는 1938년 말까지 32명의 당원을 양성했으며 5개 기층 당 지부를 창설했다. 1942년 10월에 새로 설립된 중국공산당 간쑤닝샤사업위원회는 일부 당원들을 간쑤, 닝샤, 칭하이에 파견하여 조직의 연락과 새로운 거점을 개척하는 사업을 추진하도록 했다. 항일간부를 양성하는 것을 추진하기 위해 산시(陝西), 간쑤, 닝샤 등 지역의 당 조직과 청년단체들은 중앙당학교, 산베이공학, 항일군정대학 등 학교에 많은 진보적 청년학생들을 파견하기도 했다.

시베이지역의 당 조직은 새 당원의 비율이 높은 상황을 감안하여 당원을 발전시키는 사업에서 질과 양을 모두 중시하여 발전시키도록 했다. 그러면서 당원들에 대한 사상교육을 강화하는 데 관심을 돌릴 것도 지적했다. 각 지역에서는 훈련반을 꾸리고 전문 과제토론회를 개최하며 마르크스-레닌의 저작을 자습했다. 이 같은 여러 가지 형식으로 당원들에게 항일민족통일전선정책, 공산당의 기본지식과 공산주의 이상, 지하사업방식 및 투쟁전술, 혁명절개 등 방면의 교육을 진행함으로써 새 당원들의 사상수준과 정치 각오를 높였다. 국민당 보수파의 반공활동이 심화될 때 시베이 국민당 통치구역의 당 조직은 더 조심스럽게 지하투쟁을 시도했다. 그리고 국민당 통치구역에서 체포위험이 있는 간부당원들을 제때 이동시키거나 산간닝변구로 보내 근무하고 학습하게 했다. 1940년 8월 18일에 산시(陝西)사업에 대한 중국공산당 중앙위원회의 결정에서는 당의 지하투쟁방침을 엄격히 집행해야 한다고 밝혔다. 그리하여 장기간의 잠복 및 실력 축적의 목적을 이룩해야 함을 강조했다. 중앙의 지시와 현지 상황에 따라 시베이 지역의 당 조직은 한층 더 강한 조치를 취해 당의 실력을 보존하고 민중을 이끌어 영리한 투쟁을 지속했다.

시베이 국민당 통지구역에서의 당 사업은 당의 실력을 키웠으며 국제공산당 및 소련과의 연계를 활성화하는 데 큰 도움을 주었다. 더불어 산간닝변구 등 항일근거지의 건설과 적후 유격전을 지지하고 성원했으며 항전의 최후승리에 큰 기여를 했다.

5. 피점령지역에서의 공산당의 투쟁

피점령지역에서의 사업 방침과 배치

피점령지역에서 중국공산당의 항일투쟁은 중국공산당이 지도하는 항일투쟁의 중요한 구성부분이었다. 전국 항전이 일어난 뒤 중국공산당 중앙위원회는 전면 항전노선을 실시했는데, 사업 중점인 항일 근거지를 광대한 농촌에 두는 것을 매우 중요시하였다. 위원회는 유격전을 벌여 일본군에게 점령된 도시를 탈환하고 교통요충지에 대한 사업을 중시하여 이에 걸맞은 사업방침을 제정했다. 1938년 3월 21일, 중국공산당 중앙위원회는 다음과 같이 분명하게 지시했다. 적 점령지역 중심도시에서 당의 주요 임무는 미래 결전을 준비하는 것이다. 그래서 장기간 실력을 키우고 당을 보존하며 비밀을 지켜야 하는 것이다. 도시에서 투쟁을 견지하는 동지들은 특별한 행동을 취하지 않아도 되고 허장성세하지 말며 자기 일에 충실해야 한다. 도시의 편안함에 빠져서는 안 되며, 민중의 드높은 항전 분위기에 취해 모험적인 투쟁방식을 취해서도 안 된다. 자신의 임무를 망각하면 안 된다. 당중앙위원회 제6기 제6차 전원회의에서 장원톈은 다음과 같이 강조했다. 당의 사업 중점을 우선 적의 후방 전투 구역에 둔다. 피점령지역의 중심도시와 거점(접선구역)에 대한 당의 지침은 적을 쫓아내고 비밀상태를 유지하며 공개적이고 합법적 형식으로 자기 임무에 몰두하는 것이다.

또한 대기업에 노동자를 주축으로 하는 당 조직을 설치하고 지식인과 간부를 농촌으로 파견하여 유격전을 지도하는 것이다. 그리고 인내심 있게 간부를 교육하고 양성하며, 실력을 보존하고 축적하며 때를 기다려 미래의 반공을 준비해야 한다. 피점령지역에서의 당 사업은 중앙의 방침에 따라 사업 중점과 전략을 조정했다. 베이핑, 톈진, 지난, 바오딩, 스자좡, 장자커우, 타이위안, 난징, 항저우, 광저우, 우한 등 도시의 당 조직은 대부분 세력을 농촌으로 철수시켰다. 도시와 교통요충지에 남은 당원 간부들은 여러 관계와 공개 직업을 이용하여 지하활동상태로 들어갔으며 민중과 동고동락하면서 투쟁을 지속했다.

항전이 대치단계에 들어선 뒤 일본군은 점령지역 중에서도 도시와 교통요충지를 확보하는 데 주력했으며 식민통치를 대폭 강화했다. 피점령지역에서 당 사업은 보다 더 열악한 형세에 직면했다. 이에 대비해 중국공산당 중앙위원회는 피점령지역에서의 당의 사업 방침은 지하에서 소규모 투쟁을 진행하는 것이라고 여러 차례 강조했다. 마오쩌둥은 "적들에 의해 장기간 점령된 반동적이고 암흑과 같은 도시와 농촌에서의 중국공산당의 홍보와 조직 사업은, 급진적인 모험주의적 방침을 취해서는 안 된다. 지하에서 소규모 투쟁을 진행하고 실력을 키우면서 기회를 기다리는 방침을 취해야 한다"[41]고 전 당에 지시했다.

1940년 이후 공산당의 항일무장역량은 이미 화베이 적후의 대부분 지역과 화중, 화난의 일부 지역을 통제했다. 한편 항일민주근거지는

---

41 마오쩌둥 : '중국 혁명과 중국공산당'(1939년 12월), 〈마오쩌둥 선집〉 제2권, 인민출판사 한문판, 1991년, 636쪽.

거의가 튼튼히 다져지고 발전했으며 피점령지역의 도시사업 전개에 튼튼한 기반을 제공해 주었다. 이런 상황에서 중국공산당 중앙위원회는 대도시에서의 당 사업을 강화하기로 결정했다. 중국공산당 중앙위원회 정치국은 1940년 7월 말부터 8월 초까지 회의를 소집하고 적후 도시사업을 강화할 문제를 연구했다.

마오쩌둥은 지난날 중앙사업은 군사와 전투구역에 편중하고 남방과 일본점령지역에 대한 관심이 부족했다고 말했다. 그러고는 향후 정치국은 이 방면에 대한 사업을 적극 강화해야 함을 회의에서 지적했다. 9월 18일, 중앙서기처는 적후 대도시 사업을 전개할 것에 대한 통지를 발송하고 피점령지역 도시사업을 전면적으로 배치했다. 통지에서 중일전쟁은 장기간의 도시사업 협력 없이는 최후의 승리를 보증하기 어려우며, 당 동지들은 모두 적후 대도시 사업을 당의 가장 중요한 사업으로 간주해야 한다고 지적했다. 중앙은 전 당에 적후 도시사업에 대한 인식을 제고할 것을 요구했다. 그리고 상하이, 홍콩, 핑진, 핑시, 진차지, 산시(山西) 동남부, 산시 서북부, 다칭산, 자오둥, 산둥 서부, 산둥 남부, 안후이 동부, 후베이 중부, 허난 동부 등 14개 지역을 중점사업지역으로 확정하고 현지 당 조직과 군대 책임자들이 각각 책임지도록 했다. 이에 저우언라이를 총책임자로 선출하고 캉성, 왕자샹, 런비스, 천윈 등을 구성원으로 하는 중국공산당 중앙위원회 적후도시사업위원회를 설립했다. 그뿐만 아니라 피점령지역의 당 사업을 지도하게 했다. 동시에 충칭을 남방 적후도시사업을 추진하는 중심지역으로, 옌안을 북방사업을 추진하는 중심지역으로 확정했다. 각 지역에서도 상응한 사업부문을 설립하고 전문 인원을 추천하고 배치했다. 그 후 각 지역 당 조직은 도시사업위원회와 도시사업부(城工部)를 설립하고 피점령지역과 교통요충지 사업에 지도력을 강화했다. 그러므로 이런 지역의 당 사업은 새로운 발전을 이룩할 수 있었다.

둥베이 피점령지역에 대한 사업을 강화하기 위해 중국공산당 중앙위원회는 옌안에 둥베이사업위원회를 설립하고, 그 후 진차지 분국과 산둥 분국에 전문기구를 설치할 것을 지시했다. 진차지 분국 둥베이사업위원회는 차례로 선양, 하얼빈, 창춘, 지린, 치치하얼, 푸순, 안산, 푸신(阜新) 등지에 간부를 파견했다. 중국공산당 자오둥지역위원회도 수차례에 걸쳐 둥베이에 간부를 파견했으며 다롄, 선양 등 도시에서 당원을 발전시키고 당 지부를 여러 개 설립했다.

당의 피점령지역 관련 방침에 따라 피점령지역의 당 조직은 여러 가지 조치를 취하여 자체 건설을 강화했다. 지하사업의 환경에 적응하기 위해 각 지역 당 조직에서는 당원들에게 학습을 통해 정치수준을 끊임없이 제고하며 혁명의지를 공고히 할 것을 요구했다. 또한 사회화, 대중화 노선을 이어가며 지하사업의 요구를 엄격히 준수할 것도 지시했다. 그리고 사회적으로 믿음직한 엄호를 받으며 일정한 직업에 종사하면서 지구전을 모색할 것 역시 요구했다. 각 지역 당 조직은 당의 조직을 엄밀히 구성하고 당의 기율을 엄격히 집행하며 당원 간에 일대일 연계를 취할 것을 제기했다. 당원을 새로 받아들일 경우 양보다 질을 중시하며 모든 신입 당원은 충실하고 믿음직스러워야 한다고 강조했다. 또 간첩이 혼입해 들어오는 것을 막아야 한다고 말했다. 당 조직은 규모를 작게 하고 정예화하여, 규모가 지나치게 커질 경우 당임무가 노출되지 않도록 방비해야 했다. 지휘관계 측면에서 피점령지역의 당 조직은 경직된 방식을 제고했다. 당원들은 집중통일의 형식을 견지하면서 여러 측에서 각자 인원을 관리·파견하고 책임지는 방식을 취했다. 이런 조치들은 적들의 파괴적 기습을 미리 예방하고 피점령지역에서의 당 조직을 발전시켰다. 그러고는 인민대중이 일치단결하여 항일투쟁을 하는 데 매우 중요한 역할을 담당했다.

피점령지역 인민을 영도하여 반일투쟁을 진행

피점령지역 관련 사업방침의 지도 아래 당 조직은 극히 어려운 환경에서 인민들을 지도하여 고난의 반일투쟁을 진행했다.

피점령지역의 당 사업에서 항일선전교육은 중요한 대적 투쟁방식 중 하나였다. 중국에 대한 침략과 일본군의 폭거는 중국 인민들의 뼈에 사무치는 원한을 불러일으켰다. 피점령지역의 당 조직은 이런 정세에 입각하여 항일선전을 넓고도 깊이 있게 진행하여 여러 방식으로 대중의 민족의식을 고취시켰다. 그러고는 대중의 항일열정을 격려하고 대중이 일본침략자를 몰아낼 수 있다는 믿음을 높여 주었다. 베이핑, 톈진 등지의 당 조직은 독서회 등 여러 방법으로 진보적 청년들을 교육했으며 그들 중 많은 사람들은 자의적으로 지하항일투쟁에 투신했다. 중국공산당 장쑤성당위원회는 피점령지역 인민들의 어려움을 감안하여 당원들에게 일본 제국주의의 식민통치에 대한 만행을 폭로하고 대중을 동원하여 투쟁할 것을 지시했다. 당 조직은 이 밖에도 태평양전쟁 발발 전야에 상하이 조차지의 특수한 조건을 이용하여 진보적 서적과 간행물을 출판했다. 또 진보적 연극을 공연했으며 항일전쟁을 홍보했다. 다양한 방식의 항일선전교육은 인민대중의 의지를 불러일으키고 피점령지역 인민들의 정신을 고양하는 등 긍정적 성과를 거뒀다. 피점령지역 당 조직은 항일투쟁을 홍보하고 대중을 적극 동원하여 일본침략자들과 날카롭게 맞서 싸웠다. 또한 이들은 일본군이 중국의 자원을 약탈하고 "전쟁으로 전쟁에 필요한 것을 조달"하는 전략을 실행하려는 저의를 간파해야 했다. 그래서 당 조직은 피점령지역의 노동자들을 조직하여 태업과 파업 등 형식으로 적들의 배치를 교란하고 분쇄했다. 1939년에 상하이 노동자 시위는 147차례에 달했고 참가자는 20만 명에 달했다. 1940년에 이르러 상하이 노동자 시위는 점차 고조되어 427차례를 기록했으며 참가자는 26만 6,000명에 달했다. 일본의 식민통치를 타격하기 위해 피점령지역의 당 조직은 이 밖에도 일본과 괴뢰정권의 갈등을 이용하고 대중을 동원하여 합법적 투쟁을 벌였다.

1943년 12월에 상하이 괴뢰시장 천궁보(陳公博)는 일본 측과 아편 공공 구매권을 쟁탈하기 위해 이른바 '아편 금지, 무용 금지, 도박 금지'를 내용으로 하는 '3금 운동'을 벌였다. 상하이대학교의 중국공산당 지하당원은 이 기회를 틈타 대중들을 '3금 투쟁'에 적극 동참시켰다. 그리하여 아편업소와 도박장 설비를 파괴하고 아편과 도박으로 중국 인민을 해치려는 일본과 괴뢰 정권의 만행을 폭로했다. 중국공산당 난징시 사업위원회는 괴뢰조직의 명의를 이용하여 난징의 3,000여 명 학생들을 동원했다.

그래서 시위행진을 하는 한편 아편업소를 부수고 아편도구와 도박 설비 일체를 불살랐다. 학생들은 집회를 갖고 "중국인은 취생몽사(醉生夢死·한평생을 아무 하는 일 없이 흐리멍덩하게 살아감)로 세월을 보낼 수 없다! 청년학생들은 단합하여 암흑세력과 용감히 싸우자!"라고 외쳤다. 이후 '3금'의 물결은 우시, 쑤저우 등 도시를 휩쓸었다.

무장폭동으로 일본침략자를 직접 타격하는 것은 공산당 대적투쟁의 가장 좋은 방책이었다. 무장투쟁은 피점령지역의 농촌, 교외, 소도시 및 수송선 주변지역과 공장, 광산 지역을 위주로 진행됐다. 1941년 새해 첫날, 다퉁 탄광노동자들은 파업과 폭동을 일으켰으며 이 중 일부는 팔로군에 참가했다. 1942년에 허베이 징싱(井陘) 탄광, 허난 안양 류허거우(六河溝) 탄광, 난징 푸커우(浦口) 싼징(三井) 탄광 등지의 노동자들은 무장폭동을 일으킨 뒤 항일근거지로 철수했으며 팔로군과 신사군에 참가했다. 이 밖에 적후 무공대는 피점령지역에 깊이 잠입해 대중의 지지와 편의를 받아가면서 반역자들을 처단하고 괴뢰 조직과 무장을 쳐부셨다. 그리고 괴뢰군을 포위하고 와해시킴으로써 적을 강하게 타격하여 피점령지역 대중의 투쟁을 적극 지원했다.

공산당 조직은 피점령지역에서 정보 사업을 효과적으로 전개했다. 공산당 정보부서는 여러 관계를 이용하여 일본 및 괴뢰 기관, 기업과 사업부문에서 중요한 정보들을 얻었다. 철도연선의 적군 병력 배치, 포루 봉쇄선과 검문소 위치, 병력 배치와 전환 등이다. 1939년 10월 이후 판한녠(潘漢年)은 중국공산당 중앙위원회 사회부 부부장 직무를 맡고 화난정보국 설립을 책임졌으며 홍콩, 마카오, 광둥성 등지의 정보업무를 관할했다. 중국공산당 진차지분국 사회부는 몇몇을 베이핑, 톈진, 바오딩, 스자좡, 상하이, 난징, 선양, 하얼빈, 창춘, 다롄 등 대·중도시로 파견했다. 그래서 현지 지하당원, 진보적 청년과 애국인사들과 연락을 취한 뒤 적군 내부로 침투해 들어가 정보를 얻었다.

그리하여 진차지근거지 및 중앙지도기관의 결단에 중요한 단서를 제공해 주었다. 둥베이의 공산당원들은 여러 가지 관계를 통해 위만주국 군대, 정부, 헌법 등 핵심부서에 잠입하고 많은 정보를 얻었다. 그 예는 다음과 같다. 둥베이지역의 일본관동군 전략배치, 위만주국 육해공군 편제·병력·무기장비·군대훈련·작전능력·군관 병사들의 사상동태, 랴오닝·창춘·선양·안산 등지의 일본군·괴뢰군의 중요시설 및 병기공장·교통요로 지도, 위만주국 재정·금융·예산·결산과 중요한 경제·문화교육 정책 등이다. 이런 정보들은 전국 군민들의 항전과 소련 홍군의 일본관동군 섬멸에 큰 기여를 했다.

1941년 봄부터 시작하여 일본군은 화베이 지역에서 '치안강화운동'을 전면 보급하고 각 적후항일근거지 간의 연계를 차단하려고 시도했다. 적의 봉쇄를 타파하고 근거지와 피점령지역 대·중도시 및 교통요충지와의 연계를 유지하기 위해 각 항일근거지에서는 지하 수송선사업을 강화했다. 근거지 조직은 베이핑, 톈진과 진차지항일근거지 사이에 네 갈래 비밀수송선을 구축했다. 화중지역에서 중국공산당 장쑤성위원회는 신사군과 화중항일근거지 사이의 지하 수송선을 구축했다. 완난사변 이후 일부 신사군 간부와 전사들은 포위를 돌파한 뒤 상하이로 이동했다. 중국공산당 장쑤성위원회와 신사군 상하이 판사처는 해륙 비밀수송선을 통해 그들을 화중항일근거지로 대피시켰다.

1941년 12월에 태평양전쟁이 발발한 뒤 중국공산당 중앙위원회 및 남방국은 홍콩 주재 팔로군, 신사군 판사처와 둥장종대에 홍콩의 애국민주인사와 문화계인사들을 구조하라는 긴급지시를 내렸다. 이번 구조행동은 반년 남짓 지속됐다. 이에 허샹닝(何香凝), 류야쯔(柳亞子), 쩌우타오펀(鄒韜奮) 등 애국민주인사와 문화계인사, 일부 국민당 군정관원과 가족을 포함하여 도합 800여 명이 구조됐다. 또 피점령지역의 당 조직은 비밀수송선을 통해 팔로군과 신사군, 항일근거지에 인력·물력·재력 등 원조를 제공했으며 적후항일유격전쟁과 항일근거지의 경제·문화 건설을 지원했다.

1941년부터 1942년 사이 옌징(燕京)대학교, 푸런(輔仁)대학교, 베이핑사범대학교 등 대학교 교수를 포함한, 베이핑 지하당 조직의 백여 명 지식인들은 진차지 항일근거지로 와서 사업을 했다. 한편 상하이 당 조직은 기술노동자, 의사, 간호사, 교수, 작가 등을 포함한 약 1,700명의 인원과 많은 군수물자를 신사군과 화중항일근거지로 비밀리에 보냈다. 피점령지역 당 조직의 이런 활동은 인민 항일 무장세력을 강화하고 근거지 군민들의 투쟁을 지원했다.

피점령지역 인민들은 공산당의 지도 아래 여러 가지 형식의 반일투쟁을 벌였다. 이는 항전을 유지하고 적후 해방구 전장과 국민당 정면전장을 협력하며, '중국인으로 중국인을 제압하며' '전쟁으로 전쟁에 필요한 것을 조달하는' 적들의 술책을 타파했다. 그리하여 결국 항전의 최후승리를 거두는 데 큰 기여를 했다.

6. 정풍운동

정풍운동의 준비

항일전쟁 시기 중국공산당은 올바른 노선을 제정하고 일련의 정확한 방침과 정책을 실시했으며 당의 사업에서 탁월한 성과를 거두었다. 하지만 내부적으로 해결해야 할 문제가 여전히 남아있었다.

당의 역사에서 마르크스-레닌주의 및 국제공산당의 지시를 어떻게 행하느냐와 관련해 당내에는 줄곧 사상 논쟁이 있었다. 실천 제일의 관점을 견지해야 하느냐, 아니면 이론을 실제와 결부하는 실사구시 사상노선을 견지해야 하느냐 하는 것이 논의의 초점이었다.

중국공산당은 전국 항전이 폭발하기 이전에 이미 두 차례 성공적인 경험과 두 차례 실패 교훈을 갖고 있었다. 두 차례 실패의 주요 원인은 당 초창기의 경험 부족에서 찾을 수 있다. 그때 당시 중국 사회와 중국 혁명 법칙에 대한 당의 이해는 아직 부족한 단계에 머물러 있었다. 그리고 마르크스-레닌주의 기본원리를 중국 혁명의 실제와 결합시키는 데 서툴러 우경과 '좌'경 오류를 범했다. 중국 혁명의 역사적 과정에서 마오쩌둥을 주요 대표로 하는 공산당주의자들은 마르크스-레닌주의 기본원리를 중국 혁명의 실제와 결부시켰다.

또한 중국 혁명의 기본문제에 대해 탐색을 진행했다. 1935년 1월에 개최된 쭌이회의에서는 마오쩌둥을 핵심으로 하는 중국공산당 중앙위원회의 정확한 지도가 이루어졌다. 그리하여 당이 마르크스-레닌주의 기본원리를 중국 혁명의 실제와 결부하는 과정이 순리적으로 전진할 수 있도록 조직적 담보를 제공해주었다. 항일전쟁이 발발한 뒤 중국공산당 중앙위원회는 마르크스-레닌주의 입장·관점·방법으로 중국 국정을 분석했다. 그리고 실제에서 출발하여 정확한 항전노선과 군사전략방침 정책을 제정함으로써 당의 각항 사업의 순조로운 발전을 보장했다. 쭌이회의 이후 공산당은 군사 측면과 정치 측면에서 교조주의를 특징으로 하는 왕밍의 '좌'경 오류를 바로잡았다. 하지만 이런 착오적인 인식을 철저히 청산하지 못했기에, 당 간부들의 경우 이런 착오적인 사상의 근원에 대해 심각하게 인식할 수 없었다.

1938년 가을, 당중앙위원회 제6기 제6차 전원회의에서는 마르크스주의를 중국에서 구체화할 것에 대한 임무를 제기했다. 회의 후 당의 고위급 간부들 사이에서는 학습 운동이 일어났다. 이를 전후하여 마오쩌둥 등 중앙지도자들은 이론연구에 적극 착수하여 중국 국정을 연구했다. 그리고 당의 창의적인 경험을 과학이론 차원으로 높임으로써 당이 이론 및 사상정치 건설 측면에서 모두 새로운 면모를 나타나게 했다. 하지만 이 시기 당내에는 주관주의, 특히 교조주의 문제가 크게 대두됐다.

1940년 3월 19일, 왕밍은 옌안에서 그의 자서전 〈중국공산당의 볼셰비키 수준을 강화하기 위해 분투하자〉 재판 서언에서 "이 책은 중국공산당 발전사에서의 상당히 중요한 사실을 기록했다. 그러므로 많은 사람들에게 이런 역사사실을 알려고 한다"고 썼다. 또 그는 "지난날의 올바른 관점을 현재의 그릇된 시각으로 보아서는 안 되며 현재 그릇된 관점을 지난날의 올바른 시각으로 판단해서도 안 된다"고 지적했다. 이를 통해 왕밍이 아직도 과거의 '좌'경 오류를 변호하고 있음을 알 수 있다. 사실 왕밍의 '좌'경 오류노선 사상은 제대로 청산되지 못했다. 그분만 아니라 왕밍의 항전 초기 우경 오류도 여전히 공산당 내부에서 어느 정도 영향력을 과시했다. 이 때문에 일부 지역에서는 국민당과의 관계 처리에서 독립자주 원칙을 견지하지 못했으며 당 사업에 불필요한 손실을 보게 됐다.

중국공산당은 전국 항전 초기의 비약적인 발전과정에서 70만여 명의 새 당원을 받아들였다. 이런 신입 당원들은 혁명 적극성이 높은 반면에 거의가 농민과 소자산계급 출신으로, 참혹한 전쟁환경에서 체계적인 마르크스-레닌주의 교육을 받지 못했다. 이들은 계급 출신과 교육의 제한으로 착오적인 사상과 기풍의 영향을 더 쉽게 받았다.

이런 상황에서 당 건설을 강화하고 당내 사상 갈등을 제거하며, 특히 공산당 고위급 간부들의 마르크스주의 교육 수준을 높이는 것은 시대의 추세가 됐다.

당내 갈등을 해결하고 당 건설을 강화하는 과정에서 울적한 교훈을 얻은 적이 있었다. 중국공산당은 일찍 제1차 국공합작과정에서 발생한 우경 오류와 토지혁명전쟁 시기 존재한 '좌'경 오류를 반대해 싸운 적이 있다. 이런 투쟁은 필요한 것이었지만 투쟁방식이 너무 단조로웠다. 특히 '좌'경 오류를 범한 지도자들의 '참혹한 투쟁' '무정한 타격' 방법은 당 사업에 큰 손실을 가져다주었다. 이러한 당내 투쟁방법은 간부들로 하여금 이전에 범한 착오의 원인, 환경과 착오 시정의 방법을 인식하지 못하도록 했다. 그래서 유사한 착오를 다시 범하게 했고 개인의 책임을 너무 강조하여 오히려 많은 사람들과의 단합에 악영향을 미쳤다. 쭌이회의 이후 지난날의 그릇된 착오 수정 방법을 시정함으로써 긍정적 효과를 거두게 됐다. 마오쩌둥을 핵심으로 하는 중국공산당 중앙위원회는 역사경험을 총화하고 다음과 같은 깊은 인식을 가져왔다. 당내 사상 갈등은 자주 발생할 것이며 따라서 이런 갈등을 해결하려면, 절대 단순히 조직 처분과 압력으로 복종시키는 방법에만 의거해서는 안 된다. 반드시 당원 대중과 당원 간부, 특히 고위급 간부들이 마르크스-레닌주의의 입장, 관점, 방법으로 시비를 가르고 문제점을 관찰할 수 있도록 해야 한다. 이 목적을 달성하기 위해서는 당내에서 이론과 실제를 결부시키며 비평과 자아비평방법을 운용하고 한 차례의 마르크스 교육운동 즉 정풍운동을 진행해야 한다.

정풍운동을 전개하려면 주관적 조건과 객관적 조건이 마련돼야 했다. 이런 조건은 1941년 전후에 이미 구비됐다. 이 시기 마오쩌둥을 핵심으로 하는 중국공산당 중앙위원회의 정확한 지도 노선은 이미 형성되었으며 당의 역사경험 교훈을 비교적 잘 아는 간부들이 어느 정도 있었다. 한편 사상 이론 차원에서 중국공산당은 기본적인 준비를 갖추었다. 적후 투쟁은 비록 어려운 단계에 처했음에도 전반 투쟁정세가 비교적 안정됐고 특히 중앙 소재지인 산간닝변구의 국세가 비교적 안정됐다. 이런 배경을 말미암아 당은 총력을 다 하여 정풍운동을 진행할 수 있었다.

정풍운동은 고위급 간부에 대한 정풍과, 일반 간부와 일반 당원에 대한 정풍 등 두 개 차원에서 추진됐다. 그중 중고위급 간부, 특히 고위급 간부에 대한 정풍이 중심이 됐다. 고위급 간부에 대한 정풍은 당의 정치노선 토론을 위주로 했으며 일반 간부와 일반 당원에 대한 정풍은 사상방법과 사상 작풍 정리를 위주로 했다. 양자는 당의 역사경험을 총결하고 왕밍 착오노선의 영향을 제거하려 했다. 그리고 교조주의와 경험주의 두 가지 형태의 주관주의에 대한 비판을 통해 당원들에게 마르크스-레닌주의 입장, 관점, 방법을 가르치고 중국 혁명의 실제문제를 연구하고 해결한다는 공통점이 있었다.

1941년 5월에 마오쩌둥은 옌안에서 개최된 고위급 간부 회의에서 '우리의 학습을 개조하자'는 보고를 했다. 이 보고에서는 마르크스-레닌주의 기본원리를 중국 혁명의 실제와 결부시키는 원칙에 대해 깊이 있게 논술했다. 그리고 주관주의 작풍을 첨예하게 비판하면서 전당에 조사 연구를 중시여기고 이론과 실제를 상호 통일하는 마르크스주의 작풍을 수립할 것을 지적했다. 중국공산당 중앙위원회는 7월과 8월에 '당성을 강화할 것에 대한 결정'과 '조사 연구에 대한 결정'을 내렸다. 그리하여 전체 당원과 간부들이 조사연구를 진행하고 실사구시 원칙을 견지할 것을 거듭 주장했다. 또한 당의 기율을 준수하고 당의 단합을 강화하며 사상·정치·조직 측면에서 여러 좋지 않은 경향과 작풍을 극복할 것도 호소했다.

중국공산당 중앙위원회는 9월 10일부터 10월 22일까지 정치국확대회의(9월회의)를 개최했는데 23명이 회의에 참석했다. 마오쩌둥은 회의에서 주관주의와 종파주의를 반대할 것에 관한 주제보고를 했으며 소비에트운동 후기의 '좌'경 기회주의는 주관주의의 통치라고 지적했다. 한편 주관주의의 근원과 해로운 요소들을 분석하고 주관주의와 종파주의 등 나쁜 기풍을 극복하는 방법을 제기했다. 그는 "창조적인 마르크스주의와 교조적인 마르크스주의를 분명하게 구분해야 하며" "창조적인 마르크스주의를 홍보하여" "중국 혁명의 풍부한 실제가 마르크스주의화 되도록 해야 한다"[42]고 강조했다. 대부분의 회의 참석자들은 마오쩌둥의 보고에 동의했다. 그리고 중앙 내부에서 주관주의와 종파주의를 반대하는 투쟁을 진행하는 것은 당의 노선을 철저

---

42 마오쩌둥, '주관주의와 종파주의를 반대하자'(1941년 9월 10일), 〈마오쩌둥 문집〉 제2권, 인민출판사 한문판, 1993년, 373~374쪽.

히 개변하는데 큰 의미가 있음을 수긍했다. 참석자들은 주관주의와 종파주의에 대한 각종 문제점과 위해성을 나열했다. 그뿐만 아니라 자아비판을 하는데 있어 조금도 주저하지 않았다. 그러나 왕밍은 자아비판을 회피했을 뿐만 아니라, 전국적인 항전이 개시된 후에도 중앙의 노선이 타당하지 않다며 국제공산당에 제소하겠다고 했다. 그 후 왕밍은 지병을 빌미로 중앙회의에 출석하지 않았다.

1941년 9월에 개최된 정치국확대회의는 왕밍의 방해공작을 받기는 했지만 역사 및 옌안사업에서의 주관주의와 종파주의에 대한 비판을 통해 중앙지도층의 생각을 거의 수용할 수 있었다. 회의에서는 고위급 간부를 상대로 정풍운동을 전개하고 이론과 실천을 일치시키는 수순으로 마르크스-레닌주의 사상과 당의 역사를 연구했다. 그리하여 그릇된 사상을 지향하고 공산당 고위급 간부들의 이론 수준을 높일 것을 결정했다.

중국공산당 중앙위원회는 회의 기간인 9월 26일에 중앙 학습연구조를 조직하고 마오쩌둥이 조장을, 왕자샹이 부조장을 맡기로 했다. 그리고 옌안의 고위급 간부들을 조직하여 마르크스-레닌주의 이론을 학습하고 당의 역사와 경험을 총결하기로 합의했다. 또, 각 지역에 고급학습반을 설치할 것을 결정하고 고급 학습반 조직조례를 반포했다. 중앙의 결정에 따라 옌안과 각 근거지에서는 고급 학습반을 적극 준비했다. 학습내용은 주로 6차당대회 이후 당의 역사문건을 읽고 6차당대회 이후의 역사를 연구하는 것이었다. 그 밖에도 마르크스-레닌주의 사상방법론을 학습하고 연구했다. 중국공산당 중앙위원회 서기처는 이를 위해 〈마르크스·엥겔스·레닌·스탈린 사상방법론〉과 〈6차당대회〉 등 학습문건을 편집하여 인쇄했다. 그리하여 전 당에서의 정풍운동을 보편적으로 전개하는 데 중요한 사전 준비를 했다.

정풍운동의 전개

1942년 봄부터 전 당 범위의 정풍운동이 시작됐다. 2월 상순에 마오쩌둥은 '당의 작품을 바로잡자[43]'와 '당팔고[44]를 반대하자'라는 구호를 제기하고 정풍의 임무와 방침을 전면적으로 토론했다. 이는 당 내부에서 큰 반향을 일으켰다. 4월 3일, 중국공산당 중앙위원회 선전부는 '옌안에서 중앙결정사항 및 마오쩌둥 동지의 3풍 정비보고를 토론할 것에 대한 결정'을 하달했다. 5월 하순에 중앙정치국은 중앙 총 학습위원회를 설치할 것을 결의했다. 중앙 총 학습위원회는 마오쩌둥, 카이펑, 캉성, 리푸춘, 천윈으로 구성됐으며 마오쩌둥이 주임을, 캉성이 부주임을 맡았다. 중앙 총 학습위원회의 지도 아래 중앙기관과 산간닝변구 등을 포함한 옌안의 각 단위, 각 계통에서는 분 학습 위원회를 설립했는데 거의 1만 명의 간부들이 정풍학습에 참가했다. 화베이와 화중의 각 항일근거지 당 조직과 국민당 통치구역의 중국공산당 중앙위원회 남방국도 정풍학습을 전개했다.

5월에 중국공산당 중앙위원회는 옌안에서 문예좌담회를 개최했다. 마오쩌둥은 회의에서 연설을 발표하고 마무리 지었다. 마오쩌둥은 혁명문예는 인민대중들과, 노동자·농민·병사들을 위해 봉사해야 한다고 연설했다. 그러면서 문예운동의 많은 쟁점에 대해 체계적으로 답하고, 문예종사자들은 반드시 자신의 입장과 태도를 정리하여 근본적으로 해결해야 한다고 강조했다. 좌담회 이후 문예계에서는 정풍학습이 열성적으로 전개됐다.

전 당의 정풍운동은 주관주의, 종파주의 그리고 당팔고를 반대하고

---

43 당시 표제는 '학풍, 당풍, 문풍을 바로잡자'였는데 〈마오쩌둥 선집〉 제3권을 출판할 때 '당의 작품을 바로잡자'로 고쳤음.

44 명·청 시대 과거 시험에 응시과목이었던 여덟 부분으로 나누어진 전통적인 문장 형식으로, 불필요한 형식을 너무 중시하는 현학적인 표현방법.

마르크스주의 작풍을 수립하는 것을 기본내용으로 했다.

주관주의를 반대함으로써 학풍을 바로잡는 것은 전 당 정풍운동의 중심 내용이다. 마오쩌둥은 '우리의 학습을 개조하자'는 보고에서 주관주의는 전 당, 전국 인민의 '큰 적'이라면서 "주관주의를 타파해야 마르크스-레닌주의가 크게 진보하고 당성이 높아지며 혁명에서 승리를 거둘 수 있다"고 지적했다. 마오쩌둥은 현황을 고려하고 역사적 교훈에 따라 그리고 장원톈의 의견을 수렴하여 당내에 장기간 존재하는 주관주의 학풍을 교조주의와 경험주의로 정확히 개괄했다. 교조주의 착오를 범한 동지들의 경우 마르크스주의에 대해 어느 정도 이해하고는 있었지만, 실제 그 본질을 이해하지 못했다. 실제 상황을 잘 알지도 못하면서 '이론가'의 태도로 주변 사람들을 호령하기는 쉽다. 때문에 마오쩌둥은 평론 및 이론가 문제와 관련해 중점적으로 논술했다. 그의 지적에 따르면 마르크스주의 이론을 죽은 교조로 받아들여서는 안 된다. 그리고 마르크스주의논저에 있는 개별적인 결론이나, 명제를 외우는 것은 큰 의미가 없다. 마르크스주의이론에 따라 중국의 역사적 사실과 혁명적 실체를 연구하지 않고 이론적으로 중국의 혁명적 실체를 사고하려 하지 않는다면 마르크스주의 이론가로 자처할 수 없다. 그는 이어 아래와 같이 지적했다. 오직 객관적 실제에서 증명된 이론만이 우리가 말하는 진정한 이론이라고 할 수 있다. 교조주의 착오를 범한 동지들의 경우, 마르크스주의 논저에 기록된 몇몇 문구를 만병통치약으로 여기고 있다. 그 결과 그들은 이론의 발전을 훼손하고 자신도 해치고 혁명도 해쳤다. 마오쩌둥은 교조주의에 대한 착오를 지적하는 한편 기타 방면의 착오도 지적했다. 즉 실제 사업에 종사하는 동지들의 경우 값진 경험을 보유하고 있지만 국부적 경험을 일반 진리로 오인하는 경우가 있다. 이 역시 매우 위험하다. 그렇게 되면 혁명

사업을 잘 할 수 없고 또 교조주의에 유혹되기 십상이다. 교조주의를 반대하기 위해 마르크스주의의 실사구시 정신을 키우고 유물론과 변증법을 적극 선전해야 한다. 책상물림들은 실천을 강화하고 사업경험이 있는 사람들은 이론지식을 힘껏 학습해야 한다.

종파주의는 조직관계에서 주관주의의 표현으로 당내의 통일과 단합을 방해하고, 전국인민을 단합하는 당의 사업 역시 방해한다. 종파주의는 국부적 이익만 보고 전반적 이익은 보지 못하며 당의 민주집중제도에 위배된다. 심지어는 당의 독립성을 주장했다. 독립성을 강조하는 사람들은 흔히 개인 제일주의를 추구하고 당을 제2위치에 올려놓는다. 외지에서 온 간부와 현지간부, 군대에서 사업하는 간부와 지방에서 사업하는 간부, 노간부와 새 간부와의 관계 그리고 몇몇 부분 군대들 사이, 몇몇 지방들 사이, 몇몇 사업부문들 사이 관계에서도 종파주의 경향을 반대해야 한다. 당외 관계에서 종파주의 표현으로는 자고자대(잘난 체 하고 교만함)하며 다른 사람을 깔보고 멸시하는 것 등을 들 수 있다. 이것도 잘못된 경향이다. 공산당원은 당외 인사들에 비해 어느 때를 막론하고 소수에 불과하다. 공산당원은 당연히 우리와 합작하려고 한다. 또 우리와 합작할 수 있는 모든 당외 인사들도 함께 해야 하는데 우리는 그들과 합작할 의무가 있을 뿐 그들을 배척할 권리는 절대로 없다.

당팔고는 주관주의와 종파주의의 선전도구이며 필연적인 표현형식이다. 교조주의 착오를 범한 동지들은 보고를 한다거나 글을 쓴다거나 지시를 내릴 때면 언제나 내용 없는 빈말을 길게 늘어놓는다. 또한 허장성세(실속 없이 큰소리 침)로 사람을 위협하고 목표 없이 활을 쏘며 대상을 고려하지 않는다. 당팔고의 이런 형식은 혁명정신과 맞지 않으며 혁명정신을 질식하여 죽게 한다.

당의 역사에서 왕밍을 대표로 하는 '좌'경 교조주의 오류로 중국 혁명이 큰 손실을 본 적이 있다. 따라서 왕밍의 착오를 청산하고 비판하며 교훈을 모아 인식을 제고하는 것이 정풍운동의 중요한 내용이다.

마오쩌둥은 전 당의 정풍운동 과정에서 "과거를 징계하여 금후를 삼간다" "병을 치료하여 사람을 구한다"는 방침을 제기했다. 이는 '좌'경의 착오적인 지도가 실시한 '참혹한 투쟁'과 '무정한 타격'과는 상반되는 주장이다. '과거를 징계하여 금후를 삼간다'와 '병을 치료하여 사람을 구한다'는 것은 과거의 과오에 대해서는 사정없이 폭로해야 하며, 과학적 태도로 과거의 단점을 분석하고 비판한다는 뜻이다. 그리하여 현재 사업을 좀 더 신중히 하며 좀 더 잘하게 해야 한다는 것이다. 과오를 폭로하고 결함을 비판하는 목적은 마치 의사가 병을 치료하는 것과 같이 오직 사람을 구하려는 데 있는 것이지 사람을 죽이려는 데 있는 것은 아니다. 과오를 범한 사람들을 동지로 변화시키는 사업은 결코 속 시원하게 한바탕 해치우는 것으로 효과를 볼 수 있는 것이 아니다.

정풍의 방법과 절차는 문건을 열심히 읽고 개인의 사상과 사업을 연계하며 자아 반성하는 것이다. 더불어 비판과 자기비판을 일삼고 인식을 제고하며 경험을 총화하여 사상 인식을 높이는 것이다. 그래서 당성을 키우며 사업을 개진해야 한다.

중국공산당 중앙위원회는 정풍과정에서 조사 연구를 적극 주장했다. 중앙은 많은 당원과 간부들이 조사 연구를 통해 중국 사회 현황과 중국 혁명의 특징, 법칙을 깊이 이해할 것을 요구했다. 그리고 마르크스-레닌주의 기본원리를 중국 혁명의 구체적 실제와 결부시키는 능력을 갖출 것을 제기했다. 1941년 8월에 중국공산당 중앙위원회는 '조사연구에 관한 결정'을 발표했다. 그리고 곧 중국공산당 중앙위원회 '조사연구국'을 설립한 뒤부터 마오쩌둥을 주임으로, 런비스를 부주임으로 임명했다. 그해 겨울에 산간닝변구 정부 주석 린보취는 20여 명의 시찰단을 거느리고 간취안(甘泉), 푸현(鄜縣)에서 조사연구를 진행했는데 많은 기초자료를 얻었다. 1942년 1월부터 1943년 3월까지 장원톈은 조사단을 이끌고 산베이와 산시(山西)성 서북에서 1년 남짓 조사 연구를 진행했는데 여러 건의 조사연구보고를 정리해냈다. 중국공산당 중앙위원회의 일부 사업부문과 중앙국, 분국에서도 조사단을 조직하여 연구를 진행했다.

1942년 10월 19일부터 1943년 1월 14일까지 중국공산당 중앙위원회의 직접적인 지도 아래 서북국은 산간닝변구 고위급 간부 회의를 열었다. 연이어서 당·정·군·민 여러 부문의 책임자 300여 명이 회의에 참석했다. 마오쩌둥은 회의에서 '경제 문제와 재정 문제'라는 서면보고와 '당의 볼셰비키화와 관련한 12개 조항'이라는 문건을 발표했다. 회의에서는 산베이에 이르기 전까지의 변구에서의 당의 역사경험을 토론하고 '좌'경 오류가 시베이 혁명 근거지에 미친 위해성을 청산했다. 그리고 항전 이후 변구 당 내부의 사상·조직·실제 사업에서 존재하는 일부 편향문제를 검토했다. 회의에서는 생산과 교육은 변구건설의 2대 과제이며 그중 생산이 우선적인 과제라고 확정했다. 이번 회의는 산간닝변구의 정풍운동과 대생산운동의 깊이 있는 발전을 힘차게 추진했다.

1943년 9월부터 중앙지도층의 정풍운동은 당의 역사문제를 심도 있게 토론하는 단계에 들어섰다. 고위급 간부의 사상통일을 위해 중앙정치국은 1941년 9월 회의의 방식에 따라 정치국확대회의를 연이어 개최하고 당의 노선문제를 토론하기로 결정했다. 이 회의에는 30명이 참가했다. 왕밍이 항전 이후 중앙노선이 잘못됐다고 줄곧 주장했기에 이번 회의에서는 왕밍 '좌'경 오류를 계속 비판했다. 더불어 항전 시기 중앙노선의 옳고 그름을 중점적으로 토론했다. 회의에서는 일반 발언 외에도 과오를 범한 동지들이 자아반성을 하는 시간을 갖고 왕밍의 과오를 비판했다. 기타 나머지 동지들은 비판교육을 진행하고 과오를 범한 동지들이 인식을 바꾸며 문제를 해결 할 수 있도록 도와주었다. 회의 전반기에 과오를 범한 동지들에 대한 비판이 과격할 때도 있었지만 이는 곧바로 시정됐다.

이 과정에서 당의 역사경험을 공유하는 좌담회도 개최됐다. 이를테면 샹어간, 샹간, 어위완, 민웨 등 변구 및 간둥베이, 민시, 차오메이 등 지역, 홍군 제7군단, 홍군 제5군단 역사좌담회와 화베이좌담회 등을 들 수 있다. 1945년 2~3월의 화베이좌담회에서 펑더화이는 화베이 적후투쟁과 근거지사업의 성과를 회고한 후 성과를 거둔 경험에 대해 언급했다. 펑더화이는 여러 사람들이 제기한 화베이사업의 부족한 점에 대해 성실하게 반성하고 자기비판을 진행했다. 이런 회의를 통해 고위급 간부들은 주위의 실제 경험을 통해 당의 역사노선의 옳고 그름에 대한 인식을 강화할 수 있었다.

1944년 2월 24일에 중국공산당 중앙위원회 서기처는 회의를 개최하고 당의 역사문제를 토론했으며 아래와 같은 다섯 가지 공통된 인식을 달성했다. 즉 왕밍과 보구(博古)의 과오는 당내 문제로 보아야 한다. 임시중앙과 당중앙위원회 제6기 제5차 전원회의는 국제공산당의 승인을 받았기에 합법적이지만 수속 방면에 미흡한 점이 있다. 노선학습 시, 역사상의 사상문제는 분명히 밝혀야 하지만 결론은 될수록 관대하게 내려야 한다. 따라서 현재는 단합을 강조함으로써 모든 동지들을 사업으로 단합시켜야 한다. 노선 학습 시 중국공산당 제6차 대표대회의 기본방침은 정확하며 6차 당대회는 진보적인 역할을 했다고 지적해야 한다. 당중앙위원회 제6기 제4차 전원회의에서부터 쭌이 회의 기간에는 일체를 부정하지 않으며 옳은 것은 인정해야 한다. 이 번 회의는 사실상 당의 역사문제에 대해 분명한 결론을 내렸다. 이러 한 결론은 과오를 범한 동지들의 사상적 부담을 해소해 주었으며 과오 를 범하지 않은 동지들도 역사문제에 대해 올바른 인식을 갖게 됐다.

중앙서기처회의의 사상에 따라 저우언라이는 3월 초, 중앙당학교에 서 '6차 당대회에 관한 연구'라는 보고를 했다. 그는 보고에서 간부들 이 학습과정에 논쟁하는 문제에 대해 해석하고 6차 당대회의 역사적 과오와 성과를 과학적으로 평가했다. 4월 12일에 마오쩌둥은 옌안 고 위급 간부 회의에서 일부 역사문제에 대한 중국공산당 중앙위원회의 결정사항을 전달했다. 그리고는 당의 역사경험을 연구하는 태도를 아 래와 같이 강조했다. 간부들이 당내 역사문제에 대해 명확하게 인식 하게 하고 과거에 과오를 범한 동지들에 대해서는 관대한 처리 방침 을 견지한다. 그리고 일부 동지들의 책임에만 신경을 쓸 것이 아니라 당시 환경에 대한 분석, 과오 내용, 과오를 범하게 된 사회근원, 역사 근원과 사상근원에 치중해야 한다. 또한 인사처리 문제에서 신중한 태 도를 취하며 일을 얼버무리지도 말고 동지들에게 손해도 끼치지 말아 야 한다. 그 어떤 문제든 모두 분석하는 자세로 일관해야 하며 일체를 부정하지 말아야 한다. 그리고 될수록 절대 긍정하거나 절대 부정하 는 단순한 결론을 내리지 말아야 한다. 이번 정풍운동은 1931년부터 1934년까지의 '좌'경 노선 오류를 중점적으로 청산했다. 마오쩌둥은 여러 사람들에게 이 시기의 중앙의 지도노선문제도 두 가지 방면으로 분석할 것을 강조했다. "그 시기 중앙지도 기관의 기본 정치·군사 전 략과 간부정책은 그 주요 방면이 모두 틀리다는 것을 지적해야 한다. 다른 한 편으로 당시 과오를 범한 동지들의 경우, 장제스를 반대하며 토지혁명과 홍군투쟁을 주장하는 이런 기본문제에서 우리와 이의가 없었다는 것을 지적해야 한다. 즉 전략 측면에서도 분석해야 한다. 이를 테면 토지문제에서 당시의 착오는 지주에게는 토지를 분배하지 않고 부농에게는 토질이 나쁜 토지를 분배한 것이다. 이는 분명한 극좌정책의 실시이다. 그러나 지주의 토지를 몰수하여 땅이 없거나 적은 농민들에게 나눠주는 측면에서는 우리의 뜻과 일치했다"

5월 20일, 마오쩌둥은 중앙당학교에서 연설을 했다. 그는 당의 역사에서 나타난 몇 차례 교만한 태도는 '좌'경 기회주의오류의 발생과 연관이 깊으며, 전당 동지들은 이를 교훈으로 삼아야 한다고 지적했다. 마오쩌둥의 연설은 당의 역사문제를 정확하게 분석하는데 유익한 방향을 제시해 주었다. 이는 고위급 간부에 대한 정풍운동과 당의 역사문제에 대한 토론이 마지막 단계에 들어섰음을 의미한다.

당의 역사를 깊이 있게 연구하고 노선의 옳고 그름을 확정한 다음 1년 반의 토론 끝에 당중앙위원회 제6기 제7차 전원회의에서는 당의 일부 커다란 역사문제에 대해 정식으로 결론을 내렸으며 정풍운동은 성공적으로 마무리됐다.

정풍운동은 마르크스주의 사상교육운동일 뿐만 아니라 당내에서 마르크스주의를 교조화하고, 국제공산당의 결의와 소련경험을 신성화하는 착오적 경향을 타파했다. 이는 위대한 사상해방운동으로 항전의 어려움을 극복하는 데 유익한 정신적 조건을 마련했다. 정풍운동은 당내의 노간부들을 교육하고 훈련시켰다. 더불어항전 초기 입당한 많은 새 당원들도 교육하고 훈련시켰다. 정풍운동은 이론을 실제와 결부시키며 실사구시의 변증법적 유물론의 사상노선을 견지하는 데 큰 도움을 주었다. 그리고 마르크스-레닌주의 기본원리를 중국 혁명의 실제와 결부시키는 원칙을 견지했다는 점에서 큰 의의가 있다. 정풍운동은 결과적으로 마오쩌둥을 핵심으로 하는 중국공산당 중앙위원회의 새로운 단합과 통일을 실현했으며, 항일전쟁의 승리와 신민주주의혁명의 승리에 필요한 사상적 정치적 기반을 닦아 놓았다. 이렇듯 정풍운동은 무산계급정당의 건설을 강화하고 당의 전투력을 증강함에 있어서 한 차례 성공적인 실천이었으며 위대한 시도였다.

정풍과정에서의 간부 심사 사업

간부 심사는 항전 시기에 조직을 공고히 하고 대열의 순수성을 유지하기 위해 전개한 중국공산당의 중요한 사업이다. 일찍이 1939년 8월 25일에 중국공산당 중앙위원회 정치국은 당을 공고히 할 것에 대한 결정을 내리고 당원 신분을 엄격히 심사하기로 했다. 그리고 당내에 잠입한 이색분자, 투기분자 및 세작들을 색출할 것을 요구했다. 우선 각급 간부들을 심사하여 간부들의 충성심과 믿음성을 보장했다. 1940년 8월 1일에 중국공산당 중앙위원회는 '간부 심사 문제에 관한 지시'에서 간부 인품의 순수성 및 사업배치의 타당성은 당의 노선을 집행하는 데 결정적인 역할을 한다고 지적했다. 특히 복잡한 투쟁환경에 직면해 간부에 대한 심사와 고찰 그리고 교육은 당을 공고히 하기 위한 중요한 사업이 됐다.

정풍운동 기간 중국공산당 중앙위원회 각 부와 각 위원회, 옌안의 부분적 기관, 학교들에서는 간부 심사 사업을 전개했다. 이는 당 대열이 급속히 확대되고 국민당 보수파들이 특무활동 강도를 높이는 과정에서 필요한 조치였다. 하지만 간부 심사 과정에서 적들의 파괴행동을 과대평가하고 간부 심사 사업을 주로 반역자, 특무 숙청 투쟁으로 여기게 되는 바람이 일었다. 일부 간부들의 사상과 사업에서의 과오 또는 역사적으로 확정되지 않은 문제들이 반혁명문제로 의심받기도 했다. 그리하여 "강박적으로 거짓 진술을 받아내고 그것을 죄로 삼는" 그릇된 방침이 결정됐고 "구조운동"을 대표로 하는 특무반대투쟁이 불가피하게 확대되는 착오가 발생했다.

1942년 11월, 중앙총학습위원회 캉성(康生) 부주임은 공산당 내부에서 국민당 특무가 활동한다고 언급했다. 마오쩌둥은 같은 달에 서북국 고위급 간부 회의에서 정풍운동은 무산계급과 비무산계급의 사상임을 분명히 해야 한다고 견해를 밝혔다. 그러면서 혁명과 반혁명을 분명히 가르며 특무 반대투쟁에 유념해야 한다고 선언했다. 12월부터 시작된 간부심사사업은 특무 반대투쟁을 위주로 진행됐다. 하지만 이 시기 특무 반대투쟁은 비밀리에 진행되었으며 소수 기관과 소수 사람들에 국한됐다. 1943년 4월 3일에 중국공산당 중앙위원회는 〈정풍운동을 계속 전개할 것에 관한 결정〉을 발표하고 적정을 과대평가했다. 결정에서는 "항일민족통일전선을 건립하고 우리 당은 많은 새 당원을 받아들였다. 그 후 일본 제국주의와 국민당은 특무정책을 대거 실시하여 우리 당의 각 지역 당·정·군·민 기관에 간첩들을 대거 잠입시켰다. 그 수단은 아주 은밀하고 숫자는 놀라울 정도다"고 지적했다. 결정에서는 간부심사와 특무반대투쟁 중 "증거가 확실한 내부 간첩부터 시작하여 대중투쟁을 전개할 것"을 요구했다. 이 결정이 반포된 후 중국공산당 중앙위원회 직속 단위와 중앙군사위원회 직속 단위는 옌안에서 2만여 명이 참가한 사업일꾼대회를 개최했다. 그리고는 "잘못을 뉘우치고 새 출발을 한 특무"들이 대회에서 과거의 죄악을 솔직하게 자백하게 했다. 이는 옌안의 간부심사와 특무 반대투쟁이 비공개상태에서 공개상태로, 소수기관과 소수인원에서 대중 운동으로 바뀌었음을 의미한다.

4월 28일, 중국공산당 중앙위원회 정치국은 회의를 열고 간첩 숙청

문제를 토의했다. 회의는 중앙 반간첩 투쟁위원회를 설립했으며 류사오치, 캉성, 펑전, 가오강을 위원으로, 류사오치를 주임으로 임명했다. 7월 15일에 간부심사사무를 전담한 캉성은 옌안간부회의에서 간부심사사업을 강화할 것에 관한 보고를 했으며 '타락자 구조운동'을 전개할 것을 제기했다. 그 후 피아 계선(界線)을 뒤섞고 심사 대상자를 강박하여 공술을 받아내는 상황이 자주 발생했다. 또 그것을 죄장(罪障)으로 삼는 현상이 더 심해졌으며 억울한 사건, 꾸며낸 사건, 그릇된 사건이 많이 발생했다. 이에 적지 않은 사람들이 이유 없이 의심받고 타격받거나 고문당했다. "옌안의 경우 단 반 달 만에 이른바 특무혐의분자를 1,400여 명을 검거해 냈으며 많은 간부들은 불안한 나날을 보냈다"[45] 이 사태가 있기 전 중국공산당 중앙위원회는 일찍 간부심사사업에서 '좌'경 오류가 발생한 것을 발견했다. 그래서 사업조례를 제정하고 정확한 노선을 설명하여 관련 문제를 바로잡으려 시도했었다. 그러나 오류의 추세가 계속 확대되자 7월 30일에 마오쩌둥은 간첩방지사업의 정확한 노선은 최고지도자가 책임지고 직접 진행할 것이라고 밝혔다. 그는 지도간부와 많은 대중이 서로 단합하고, 일반 호소와 개별 지도를 서로 단합하며 조사연구하고, 시비 경중을 분명히 해야 할 것을 선언했다. 또한 타락자를 없이하고 간부를 양성하며 대중을 교육하는 것의 중요성도 강조했다. 그러고는 〈타락자 구조운동〉을 중지할 것을 지시했다. 8월 15일에 중국공산당 중앙위원회는 〈간부심사에 관한 결정〉을 통과시키고 간부심사 시 "최고지도자 책임제" 등 9가지 방침을 견지할 것을 다시 강조했다. 10월 9일에 마오쩌둥은 "한 사람도 죽이지 않으며 많은 사람들을 체포하지 않는" 원

---

45 〈후차오무(胡喬木)가 마오쩌둥을 회억하다〉, 인민출판사 한문판, 1994년, 278쪽.

칙을 이어갈 것 역시 지시했다. 여러 측 노력으로 간부심사과정에서의 착오가 사라졌다.

12월 22일에 중국공산당 중앙위원회 서기처는 회의를 개최하고 특무반대 투쟁문제를 토론했으며, 이후에는 선별사업을 개시했다. 1944년 봄, 중국공산당 중앙위원회는 잘못된 사건에 대한 선별시정사업을 진행하고 불공평한 대우를 받은 사람들에게 자신이 잘못한 점에 대해 사과했다. 마오쩌둥은 능동적으로 자신의 과오에 대해 공개장소에서 여러 차례 사죄 발언을 했다. 5월 24일, 마오쩌둥은 옌안대학 개학식에서 "구조운동" 때 분위기는 아주 긴장상태였으며 많은 사람들을 "구조"했습니다. 하지만 많은 경우 오류가 있었습니다. 오늘 이들에게 잘못 씌워진 감투를 벗겨주려 합니다"⁴⁶⁾고 발표했다. 같은 달, 그는 곧 전선에 투입될 중국공산당 중앙위원회당학교 학생들을 상대로 연설하던 중 또다시 "구조운동"으로 타격 받은 동지들에게 재차 사죄한다고 표시했다.

'구조운동'은 중요한 교훈을 남겼다. 위 사례에서 알 수 있듯이 간부심사숙청사업에서는 반드시 실사구시적으로 실제에 입각하여 조사와 연구를 병행해야 한다. 그리고 나서 상황을 정확하게 파악하고 증거를 중시하며, 자백을 신중히 판단해야 한다. 또한 강박하여 진술을 받아내고 그것을 죄장으로 삼는 것을 엄금하며 대상에 따라 강박 정도를 달리하는 정책을 실시해야 한다. 그리고 이 모든 것은 반드시 엄격한 법제를 바탕으로 법률 절차에 따라 신중하게 처리해야 한다. 그뿐만 아니라 사업을 빈틈없이 해 나가야 하며 절대로 번개식 대중운동을 벌여서는 안 된다. 1944년 10월 25일, 마오쩌둥은 중공중앙당

---

46 〈마오쩌둥 문집〉제3권, 인민출판사 한문판, 1996년, 제155~156쪽.

학교에서 한 보고에서 "'구조운동'은 조사연구가 부족했고 서로 다른 대상에 따른 서로 다른 처리가 부족하여 두 가지 기본 착오가 존재했다"[47]고 연설했다.

47 〈마오쩌둥 문집〉제3권, 인민출판사 한문판, 1996년, 제155~156쪽.

제17장
인민항쟁의 최후 승리를 쟁취

1. 해방구 전장의 국부적인 반격

항일전쟁 정세의 새로운 변화

1943년부터 1944년까지 세계 반파시즘 전쟁의 정국에는 근본적인 변화가 일어났다. 유럽 전장을 보면 소련군이 1943년 2월에 스탈린그라드 전투에서 독일군 약 150만 명을 섬멸하는 위대한 승리를 거뒀다. 이 전투는 소독 전쟁의 전환점이 됐다. 이후 소련군은 독일군에 지속적인 반격을 가해 빼앗겼던 국토를 수복했다. 프랑스와 이탈리아, 벨기에, 그리스, 유고슬라비아, 루마니아, 알바니아를 비롯한 유럽 공산주의자들과 인민대중도 용감하게 무장투쟁을 견지함으로써 독일과 이탈리아 파시스트들에게 막대한 타격을 주었다. 7월에는 영국과 미국 연합군이 이탈리아 남부를 점령했다. 9월에 바돌리오(Badoglio)를 수반으로 하는 이탈리아 군사독재정부가 영국과 미국에게 항복했다. 이로써 독일, 이탈리아, 일본의 파시즘 연맹은 완전히 붕괴되고 말았다.

한편 태평양전장에서 미군은 1942년 6월에 미드웨이도 해전을 통해 일본 해군의 연합함대를 격파했고 8월에는 대규모 일본군이 수비하고 있는 과다카날섬(GUADALCANAL)을 공격했다. 반년 간의 치열한 섬 쟁탈전을 거쳐 미 해군과 육군은 결정적인 우세를 차지했고 연합군은 태평양전장에서 전략적 공격 단계로 넘어갔다. 1943년 10월에 중국, 미국, 영국군이 미얀마에서 반격을 개시했다. 일본군은 태평양 전장에서 전략적 주도권을 잃기 시작했다. 10월 30일 중국, 소련, 미국, 영국 4개국이 보편적인 안전과 관련한 선언을 체결했다. 11월 22일부터 26일까지 중국, 미국, 영국 세 나라 정부 수뇌는 카이로에서 회담을 열고 공동으로 일본에 대적할 문제와 전패한 일본에 대한 전후 처리문제를 연구한 후 '카이로선언'을 발표했다. 선언은 전쟁의 목적은 일본의 침략을 제지하고 응징하는 데 있었다. 1914년 제1차 세계대전 후 일본이 태평양에서 강점한 모든 섬들을 되돌려 받으며 일본이 강점한 중국 영토인 둥베이(東北)와 타이완(臺灣), 펑후열도(澎湖列島)를 중국에 반환한다고 강조했다. 또 중국, 미국, 영국 세 나라는 일본을 무조건 항복 시킬만한 중요한 장기전을 지속할 것이라고 발표했다. 카이로 선언은 대만에 대한 중국의 주권 지위를 명확히 했다. 11월 28일부터 12월 1일까지 소련과 미국, 영국 세 나라 수뇌는 테헤란에 모여 독일에 대한 작전계획과 전후 평화 문제를 토의했다. 회의 결과 미국과 영국 두 나라는 1944년 5월까지 유럽에서 제2전장을 개척하기로 결정했다.

카이로 선언(Cairo Declaration)

제2차 세계대전 말기인 1943년 11월 27일 루스벨트, 처칠, 장제스 등 3인의 연합국 거두가 이집트의 수도 카이로에서 모여 회담한 결과를 공동으로 발표했는데, 특히 제2차 세계대전 후 일본의 영토를 처음으로 공식발표했다.
주요 내용은
첫째, 3국이 일본에 대한 장래의 군사행동을 결정했다.
둘째, 3국은 야만적인 적국에는 가차 없는 압력을 가한다.
셋째, 일본의 침략을 저지하고 응징하나 3국 모두 영토 확장의 의도는 없다.
넷째, 제1차 세계대전 후 일본이 탈취한 태평양 제도(諸島)를 박탈하고, 만주·타이완·펑후열도 등을 중국에 반환한다. 그 밖에도 일본이 탈취한 모든 지역에서 일본세력을 몰아낸다. 그리고 앞으로 한국을 자유독립국가로 해방할 결의를 가진다는 특별 조항조항을 명시해서 처음으로 한국의 독립이 국제적으로 보장받았다.

1944년에 소련군은 연전연승하며 독일군을 추격해 10차례의 치명적인 타격을 가함으로써 거의 200만 명에 달하는 독일군을 섬멸하고 국토를 완전 수복했으며, 독일과 독일의 점령지역으로 계속 전쟁을 밀고 나갔다. 6월 6일, 영미 연합군은 프랑스 북부의 노르망디에 상륙했고 15일에는 프랑스 남부의 툴롱과 마르세유에 상륙해 유럽 제2전장을 열었다. 소련군의 거듭되는 승리와 제2전장의 개척으로 유럽 반파시즘 전쟁은 결전 단계에 들어서게 됐다. 한편 동방에서는 미군이 1944년 봄부터 태평양에서 '섬을 건너뛰면서 공격(越島進攻)'을 개시하여 일본 본토에 접근했는데 이는 일본군의 해상 수송선을 크게 위협했다. 그리하여 남양(南洋) 각지 일본군은 해상 연계가 차단될 위기에 봉착하게 됐다. 인도에 주둔한 중국군은 1943년 10월부터 미얀마 북부에서 반격을 시작한 전후로 우방(於邦), 마이관, 모가웅하곡(孟拱河穀), 미치나(Myitkyina)등 전략 요새를 공략하여 미얀마 북부 반격 작전을 완수했다. 또 중국과 인도 간의 도로를 개통시키는 전략적 과업도 완수했다. 1944년 5월, 중국 원정군은 윈난(雲南)성 서부에서 반격전을 개시하여 전후로 쑹산(松山), 텅충(騰沖)을 비롯한 일본군의 거점을 점령하고, 1945년 1월에 중국과 미얀마 국경의 무세에서 인도에 주둔한 중국군과 연합했다. 일 년 반 동안 지속된 미얀마 북부와 윈난 서부에서의 반격전에서 일본군을 5만여 명 격살 또는 생포했고 크고 작은 도시 50여 개를 수복했다. 그 밖에도 중국과 동맹국 간의 육상 교통을 이어 중국 전장의 보급상황을 개선했고, 아시아·태평양 전장 내에서 벌일 동맹군의 대일 작전을 강력하게 지원했다. 이를 위해 중국군은 거의 6만 7,000명의 사상자를 냈다.

미치나(Myitkyina)

미얀마 북쪽에 있는 도시. 말리와 느마이 두 개의 하천이 합쳐진 이라와디 강 상류에 있다. 이곳은 퇴적물이 쌓여 수로가 좁고 얕아서 이라와디 강의 기선이 이곳까지 거슬러 올라온다. 중국의 윈난성(雲南省) 방면으로 가는 교통의 요지로 목재의 집산지이다. 지명은 '큰 하천을 막은 소로(小路)'라는 뜻이다.

1944년에 날로 곤경에 빠져 가던 일본 침략자들은 남양에서의 부진을 떨쳐내고 일본 본토에 대한 미국 원격 폭격기의 위협을 제거하기 위해, 대륙 수송선을 연결시키기로 결정했다. 중국 전장에서 평한, 월한 철도와 상계철도를 관통시켜 만든 대륙 수송선은 중국 둥베이로부터 베이핑(北平), 정저우(鄭州), 우한(武漢), 난닝(南寧)을 거쳐 동남아시아로 이어졌다. 그리고 중국 남부의 중미 공군기지를 파괴하려 했다. 4월 중순에 일본군은 40만여 병력을 동원하여 정면전장에서 평한, 월한, 상계 철도 연선의 허난(河南), 후난(湖南), 광시(廣西) 등 성에서 새로운 전략적 공격을 시작했다.(일본군은 이 행동을 '1호 작전'이라고 칭했다.)

　국민당군대는 위샹구이(豫湘桂)전역에서 벌어진 소수의 전투에서만 격렬하게 저항했을 뿐, 거의가 뿔뿔이 흩어지다 패퇴했고 심지어 싸워보지도 않고 물러났다. 일본군은 4월과 5월에 정저우, 쉬창(許昌)을 점령하고 평한 철도를 관통시킴과 동시에 뤄양(洛陽)까지 점령했다. 후난을 공격하던 일본군은 6월부터 8월까지의 기간에 창사와 헝양을 점령했다. 광시로 진격하던 일본군은 11월에 구이린(桂林), 류저우, 난닝을 점령했고, 일부 추격부대는 구이저우의 두산(獨山)까지 진격해 구이양과 충칭 그리고 국민당 통치구역 전반을 점령했다. 국민당군은 8개월 사이에 허난, 후난, 광시, 광둥, 푸젠 등 성의 드넓은 영토를 잃었는데 그 면적이 도합 20만 제곱킬로미터에 달했다. 그 밖에도 146개 도시와 6,000만여 명의 동포가 일본 제국주의의 수중에 떨어졌다.

　세계 반파시즘 전쟁의 정세가 전환되던 시기에 중국공산당이 이끄는 적후 해방구 전장은 장기간의 힘든 투쟁을 거쳐 1943년부터 점차 곤경에서 벗어났다. 일부 지역에서는 일본군과 괴뢰군을 향한 공격작전을 개시하기 시작했다.

화베이(華北) 여러 항일근거지 군민들은 반'소탕', 반'잠식' 투쟁을 단호히 진행하면서 일본군과 괴뢰군을 타격했고, 항일민주근거지를 보위하고 확대해 나갔다. 1943년 7월부터 9월까지 산둥성의 국민당 정규군과 성정부가 산둥을 떠나 안후이성으로 대피한 상황에서 산둥 근거지의 군민들은 독자적으로 항전하면서 일본군과 괴뢰군의 공격을 물리쳤다.

이루(沂魯)산구와 주르쥐[주청(諸城), 르자오(日照), 쥐현(莒縣)]산구를 기본적으로 통제하고 산둥 동부와 빈하이(濱海), 자오둥(膠東) 각 지역을 연계해 놓았으며, 산둥 동부지역의 항일투쟁 정세를 크게 개선했다. 1943년 말, 칭허(淸河)구와 루난(魯南)구의 '잠식된 곳'들이 수복되어 적에게 분할, 폐쇄됐던 국면을 타개했다. 베이웨(北嶽)구 군민들은 1943년 9월부터 11월까지 4만여 명의 일본군과 괴뢰군의 '소탕을 격퇴'하고 적 1만여 명을 섬멸했다. 지루위(冀魯豫)군구와 타이항(太行)군구도 7~8월을 전후하여 웨이허난(衛河南)과 린현난(林縣南) 전역에서 일어나 적 1만 2,000여 명을 섬멸하는 커다란 승리를 거뒀다. 또 웨이난(衛南), 위베이(豫北)의 광범위한 지역을 근거지로 개척했다. 1943년, 팔로군은 화베이에서 적과 2만 4,800여 차례 싸워 일본군과 괴뢰군 3만 6,000여 명을 격살하고 5만여 명을 생포했다. 게다가 일본군과 괴뢰군 6,600여 명의 항복을 받았고 적 거점 740여 곳을 공략했다.

화중 항일근거지는 일본군과 괴뢰군이 계속 "소탕"과 "잠식" "청향(淸鄕)"에 박차를 가했으므로 매우 곤란한 처지에 빠져 있었다. 적후 항일 군민들은 중공과 신사군 군부의 지도 아래 간고한 투쟁을 진행하면서 민병과 지방무장을 크게 발전시켰고, 대중적인 유격전쟁의 발전을 추진했다. 1943년, 신사군은 화중에서 일본군, 괴뢰군과 4,500여 차례 전투를 벌여 "소탕"을 30여 번이나 물리쳤으며 일본군과 괴뢰군 3만 6,000여 명을 격살하고 괴뢰군 9,300여 명을 전향시켰다. 동시에 적 거점 200여 곳을 공략함으로써 화중 적후 항전의 어려운 국면을 점차 돌려 세웠다. 1943년에 화난(華南)항일유격대도 둥관(東莞), 바오안(寶安) 연해지역과 하이난도(海南島) 지역에 대한 일본군의 포위공격, '소탕' '청향' 작전을 물리쳤으며, 둥장(東江), 충야(瓊崖) 항일근거지를 공고히 하고 확대했다.

1940년 8월 20일부터 1941년 1월 24일까지 허베이(華北) 지역에서 일어난 중국 공산당의 국민혁명군과 일본 제국 육군 사이의 전투이다. 중국 팔로군이 일제가 점령한 중국 허베이 지역에서 광산·수송 통로를 기습 공격했으며 120사단과 129사단이 게릴라전을 펼쳤다. 이 전투는 100개 연대가 참여했다고 하여 백퇀대전이라고 한다.

당이 지도하는 인민무장은 회복하고 발전했으며, 적의 대규모 공격을 물리칠 수 있는 능력이 한층 더 강해지면서 점차 전쟁의 주도권을 장악하기 시작했다. 1943년 여름에 이르러 인민무장은 이미 화베이로부터 화중에 이르는 지역을 전략적으로 연계하고 개척하여 근거지들을 이어놓았다. 한편 일본군의 작전은 나날이 수세에 몰렸고 전투력도 쇠약해지기 시작했다.

특히 병력이 심각하게 부족하여 전선을 줄이고 중점 수비를 실시하는 것이 불가피했다. 1943년 12월에 이르러 일본 화베이 방면군은 결국 항일근거지에 대한 공격을 멈출 수밖에 없었다. 정세가 변화한 원인에 대해 일본당국은, "중국공산당은 백퇀대전 이후 2년 남짓한 기간에 세력을 크게 확장하고 지하침투와 정치사업을 함께 진행했다. 최근에는 동맹국의 공격에 합세하여 군사, 정치, 사상 면에서 다시 적극적인 행동을 취하기 시작했다. 그러고는 다수 민중의 도움을 받아 세력을 급속히 확장하였다"[48]고 인정했다.

해방구 군민의 국부적인 반격

국제정세의 발전과 중일전쟁 정세의 변화에 따라 중공중앙은 1944년의 투쟁방침을 "국민당과 계속 단합하여 공동으로 항일하며 세력을 집중해 일본군과 괴뢰군을 타격하고, 항일근거지를 공고히 하고 확대한다"고 확정지었다. 1944년 4월 12일, 마오쩌둥은 옌안에서 열린 당의 고위급 간부회의에서 다음과 같이 지적했다. "지금의 임무는 과거보다 더 큰 책임을 짊어질 준비를 하는 것이다. 우리는 어떠한 정세에서든지 나를 포함해 모든 이가 일본 침략자를 중국에서 몰아낼 준비를 해야 한다. 우리 당이 이러한 책임을 짊어지려면 우리 당, 우리 군대 및 우리의 근거지를 더욱 더 발전시키고 공고히 해야 한다. 그뿐만 아니라 대도시와 교통요지에 대한 사업에도 관심을 가져야 하며, 도시사업과 근거지 사업을 똑같이 중요하게 생각해야 한다"[49]

1944년, 공산당이 지도하는 적후 군민들은 화베이, 화중, 화난 지역에서 일본군과 괴뢰군에게 국지적인 반격을 가했다. 적군이 우세한 상황은 근본적으로 변하지 않았다. 따라서 이런 국지적인 반격은 적당한 병력을 집중하는 작전과 분산적인 대중성 유격전을 결부시키고, 군사적 공세와 정치적 공세를 서로 결부시키는 형식으로 진행됐다. 그리고 조건이 허락되는 상황에서는 적군점령지의 도시를 공격하기도 했다. 또, 항일근거지 주변에 설치한 일본군과 괴뢰군의 거점을 공격하

---

48 일본방위청 전사실 편, 톈진시 정협편역조 역, 〈화베이치안전〉(하), 톈진인민출판사 한문판, 1982년, 340쪽.

49 마오쩌둥, '학습과 시국'(1944년 4월 12일), 〈마오쩌둥 선집〉 제3권, 인민출판사 한문판, 1991년, 945쪽.

여 수많은 적을 뿌리 뽑고 적군점령지역을 근거지의 일부로 만들었다.

진차지(산시-차하얼-허베이지역)의 베이웨구(北嶽區) 군민들은 라이웬(淶源)지역 일본군과 괴뢰군을 포위 공격해 링츄, 딩양 두 현성과 신커우(忻口)역을 습격하고 적의 거점과 보루를 400여 개 제거했다. 동시에 1,600여 개 촌과 진을 비롯한 80만여 명의 인구를 해방시켰으며, 옌베이와 차난지역에 부대를 파견해 국면을 타개하게 했다. 지중구) 군민들은 딩현의 화이더, 라오우양 관청, 가우양 옛 성을 공점하고 쑤닝 전 현을 해방시켰다.

또한 톈진시를 습격하고 적의 거점과 보루 800여 곳을 공격했으며, 3,800여 개촌과 진 및 120만여 명의 인구를 해방시켰다. 지둥구(冀東區) 군민들은 거점 20여 곳을 공략하여 지현, 핑구, 산허 사이의 드넓은 영토를 수복하고 퉁현(通縣)도로 이남을 해방하여 베이핑(베이징)과 톈진 근교에 접근했다. 1944년에 진차지의 군민들은 총 4,400여 차례 작전을 거쳐 적 2만 2,900여 명을 살상했으며 2만 2,200여 명의 일본군과 괴뢰군을 사로잡거나 귀화시켰다. 그 밖에도 적의 거점 및 보루를 1,600여 개 제거하고 758만 명의 인구를 해방했으며 베이웨구를 확대하고 핑베이(平北)구와 핑시(平西)구를 공고히 했다. 또한 지둥구에서는 항쟁을 이어나가고, 지중구의 국면을 회복했다. 9월 21일, 진차지 부대는 지진(冀晉)군구, 지중군구, 지차(冀察)군구, 지러랴오(冀熱遼)군구 등 4개의 2급 군구를 두었다.

펑전(彭眞, 팽진 1902~1997)

중국의 정치가. 산시성의 가난한 농부의 아들로 태어나 타이위안(太原)사범학교 졸업 후 교사가 되었다. 대학 재학 중에는 학생운동과 노동운동을 지도하였다. 1923년 21세 때 중국공산당에 입당했으며 중일전쟁 중에는 중국공산당 중앙위원회 북국서기로 활동했다. 중공정권 수립 후에는 중앙인민정부 위원 겸 정치법률위원회 부주임에 취임, 1951년 베이징 시장이 되었다. 1960년 루마니아공산당대회에 참가하여 흐루쇼프와 논쟁을 벌였고, 1961년 '스탈린격하대회'로 이름난 소련공산당 제22차 회의에 저우언라이와 함께 참석하여 중소 이념 논쟁의 불을 붙였다. 문화대혁명이 일어나자 뤄루이칭(羅瑞卿), 루딩이(陸定一), 양상쿤(楊尙昆) 등과 같이 반공산당 집단으로 몰려 실각했으나 1979년 복권됐다. 이후 전국인민대표대회 상무위원장(1983~1988년)을 지냈다.

진지루위(晉冀魯豫)근거지의 타이항구(太行區) 군민들은 반격전을 펼쳐 산시(山西) 무샹현 판룽진, 위서 현성, 린현 현성, 수이예진을 수복하는 동시에 싱타이, 사허, 신샹, 후이현 등 지역을 공격했다. 또 린(臨)[청(城)], 네이(內)[추(丘)]선으로 출격해 적의 세 갈래 봉쇄선을 파괴하고 신후이[신샹(新鄕), 후이현(輝縣)]지역을 개척했다. 타이웨군구 군민들은 지위안, 위안취지역으로 출격해 2,600여 제곱킬로미터에 달하는 영토를 수복하고 11만 명을 해방시켰다.

지루위구 군민들은 일본군의 거점 50여 개를 공략하고 쿤장[쿤산(昆山), 장추(張秋)]지역을 회복했으며 둥핑(東平), 원상(汶上)의 국면을 타개했다. 또 위타이(魚台), 산현(單縣), 펑현(豊縣), 페이현(沛縣) 사이의 영토를 수복하고 웨이산후 서부 중심구를 회복했으며 윈청, 허쩌, 카오청 등을 공격해 산둥서부의 작은 유격근거지들을 하나로 이어놓았다. 1944년, 진지루위근거지 군민들은 일본군과 괴뢰군 3만 8,000여 명을 살상하고 3만 4,900여 명을 사로잡았으며, 3,200명을 투항시키거나 전향시켰다. 또한 현성 11개를 수복하고 500만여 명 인구를 해방했으며 6만여 제곱킬로미터에 달하는 영토를 수복했다. 그리하여 근거지의 전반적인 분할국면이 크게 변화됐다.

진쑤이근거지 진시북구(晉西北區) 군민들은 춘기 공격을 통해 새로운 유격근거지를 개척하고 푸거자이를 비롯한 적의 여러 곳의 거점역시 공략했다. 그리고 추기 공격에서는 징러(靜樂), 자오청(交城), 신현(忻縣) 등지의 적 900여 명을 살상하고 1,000여 명을 생포했으며 점령당한 영토 770여 제곱킬로미터를 수복했다. 1944년에 3,100여 개의 마을과 40만여 명의 인구를 해방했다. 한편 다칭산구의 군민들은 적극적인 유격전을 통해 쑤이시(綏西)구, 쑤이난구를 1942년 전의 모습으로 회복할 수 있었다.

산둥근거지 군민들은 공세를 펴 이산(沂山), 루산(魯山), 타이산(泰山), 멍산(蒙山) 등 여러 산구 간의 연계를 회복시키고 주르[주청(諸城), 르자오(日照)]도로 대부분과 하이(海)[저우(州), 오늘의 롄윈강(連雲港)], 칭(青)[다오(島)]도로, 주자오[주청(諸城), 자오현(膠縣)]도로의 한 부분을 통제했다. 동시에 자오둥과 빈하이간의 연계를 견고히 하여 빈하이와 루중구(魯中區)를 하나로 연결시켰고, 8개 현과 성을 해방시켰다. 1944년, 산둥의 군민들은 15차례의 매우 큰 전투를 벌여 일본군과 괴뢰군 6만여 명을 소멸했다. 그들은 괴뢰군 1만 1,000명을 전향시키고 9개 현과 성을 공략했으며, 200여 개 적 거점의 적을 철수시키고 930만여 명의 인구를 해방시켰다. 그리하여 보하이, 자오둥, 루중, 루난, 빈하이의 다섯 근거지가 더 확고해졌다.

화중 신사군(新四軍)은 일본군과 괴뢰군에 대한 공격작전을 주도했다. 1944년 1월과 2월 사이 소중(蘇中) 군민들은 쉴 새 없는 공격을 통해, 다관좡(大官莊) 등을 비롯한 적 거점 17곳을 공략했다. 3월 초, 신사군은 적의 주둔지이자 물자를 저축하는 중요 도시 처초(車橋)를 공격해 완승을 거뒀으며, 지원하러 온 일본군과 괴뢰군 일부를 패퇴시켰다. 기세를 몰아 화이안과 바오잉 이동로를 해방시킴으로써 쑤중과 쑤베이, 화이베이, 화이난등 여러 근거지를 연결시켰다. 쑤베이 군민들은 가오거우(高溝), 양커우(楊口)전역과 연하이 공세작전을 벌여 적의 거점 40여 곳을 공략하고 화이하이, 옌푸(鹽阜)를 하나로 이어놓았다. 화이베이 군민들은 작전을 통해 쓰훙(泗洪), 링비(靈璧), 쑤이닝(睢寧) 세 현성 사이의 넓은 지역을 해방시켰다. 쑤난의 군민들은 한때 창싱과 리양등 현성을 공격하기도 했다. 화이난의 군민들은 쉬이, 딩위안 등 현성을 습격했다.

완중(皖中) 군민들도 10여 곳의 적 거점을 공격했다. 이 시기 일본군은 교통 간선과 전략적 거점을 수비하기 위해 한때 공격 위주의 수비 전략을 취했다. 그래서 67여 차례나 되는 신사군 "소탕작전"을 실시했으나, 항일군민에 의해 모두 저지당하고 말았다. 1944년에 화중의 신사군은 총 6,500여 차례의 작전을 거쳐 일본군과 괴뢰군 5만여 명을 섬멸하고 7,400여 제곱킬로미터의 땅을 수복했으며, 160만여 명의 인구를 해방시켰다. 정세가 변화함에 따라 화중의 항일근거지는 쑤베이, 쑤중, 쑤난, 화이베이, 화이난, 완장, 쩌둥, 어위완 등 여덟 개 근거지로 발전했고 각 지역의 투쟁을 지원할 수 있었다.

수천 명으로 시작된 화난 둥장종대(東江縱隊)는 1만 명 이상의 유격병톤으로 발전해 광저우시 교외까지 위협했다. 이들은 홍콩지역의 주룽(九龍)부근에 출몰하면서 해상 유격대를 조직했고, 주룽철교를 폭파하기도 했다. 또 광주루(廣九路) 이서에서 항일민주정권을 창립했고, 광주루 이동로의 대부분을 통제했다. 한편 충야(瓊崖)종대도 주동적으로 출격해 충산(瓊山), 원창(文昌), 청마이(澄邁) 등 현성에서 확고한 근거지를 창설했다. 중국공산당 중앙군사위원회는 1944년 7월 15일에 둥장, 충야 종대 지도자에게 전보를 보내, "그들의 투쟁은 적후 3대 전장의 하나가 되었다. 또한 광둥인민해방의 기치가 되어 화난지역 내 우리 당의 정치적 영향력을 나날이 높여주었다"고 표창했다.

항일근거지 군민들이 일본군과 괴뢰군에게 국지적 반격을 가할 때,

적군점령지 내 당 사업도 새로운 발전을 가져왔다. 원래 적군점령지의 도시사업은 주로 "조직을 보존하면서 암흑기를 무사히 넘기는 것"이었으나, 이때 당의 도시사업은 광범위한 대중을 동원하고 괴뢰군과 괴뢰경찰들을 쟁취하여 무장폭동을 준비하는 것이었다. 중공중앙은, 도시 사업과 근거지의 사업을 동등한 위치의 두 가지 중요한 과업으로 간주해야 한다고 강조했다.

그러면서 적군점령지의 모든 대중 도시와 교통 요로를 쟁취하고 대중 무장봉기를 준비하는 사업을 최우선으로 할 것을 각지에 요구했다. 1944년 9월 4일, 중공중앙은 지구급 이상의 각급 당조직에 도시 및 교통 요로사업을 전문적으로 책임지는 도시사업부를 설립할 것을 요구했다. 중공중앙은 10월 하순에 도시사업회의를 소집했는데, 펑전이 회의에서 "대도시와 교통요로 사업" 보고를 했다. 이를 전후하여 당에서는 여러 경로를 통해 적군점령지에서 깊이 있는 조사연구를 진행하여, 정확한 정책을 제정하기 위한 과학적 증거를 제공했다. 또 각 근거지에서는 적군점령지에 사람을 파견해 당조직을 회복 및 발전시켰고, 항일선전 등에 종사하면서 도시를 수복할 준비를 했다.

새로운 해방구를 개척

국민당의 전면전 시도는 1944년에 위샹구이(豫湘桂)전역에서 참패를 당했다. 이는 적후에서 항쟁하던 팔로군과 신사군, 화난 인민의 무장투쟁이 중국 항일전장에 있어 한층 더 중요한 전략적 역할을 맡게 됐음을 의미한다. 국민당군의 패배로 허난성의 넓은 영토가 일본에 또다시 점령당하자 1944년 5월 11일, 중공중앙은 통전을 보내 허난 지역에 항일유격대와 인민무장을 건립하고 항일근거지를 창설할 것을 지시했다. 6월 23일, 류사오치와 천이는 "금후의 발전방향은 허난 지역으로 확정하며, 중원을 총괄할 수 있는 전략적 과업을 완수하라"는 지시전보를 신사군에게 보냈다.[50] 허난을 개척하고 중원을 통제한다는 중공중앙의 전략에 따라 팔로군과 신사군은 군사를 일으켜 허난성의 적 뒤로 진군했다.

1944년 7월, 팔로군 지루위(冀魯豫)군구는 병력의 일부를 남하시켜 새로운 황허 강 이동로인 수이둥(水東)근거지를 수복하고, 수이시(水西)근거지를 개척했다. 동시에 14개 현에 항일민주정권을 수립하고 위둥(豫東)근거지를 확대했다. 신사군 제5사의 일부 장병으로 편성된 위난유격병톤도 위중으로 정진했다. 1년 남짓한 기간에 유격병톤은 계속 발전하여 루난, 주거우, 신양, 우양사이의 일곱 개 현에 항일민주정권을 세웠다. 그 밖에도 동서 70여 킬로미터, 남북 거의 100 킬로미터에 달하는 항일근거지를 개척했으며, 지방 무장부대는 8,000여 명으로 확대됐다.

8월 하순 신사군 제4사단 주력이 화이베이구(淮北區)로부터 샤오현, 용청, 수현지역으로 진입해 일본군과 괴뢰군의 공격을 물리쳤으며, 항일민주정권을 수립하고 위완쑤 항일근거지를 회복했다. 9월 11일, 펑쉐펑 사장이 허난 동부 샤이현 바리좡(八裏莊)전투에서 용감하게 싸우다가 희생됐다.

9월과 10월에 팔로군 위시(豫西)항일독립지대(나중에 위시 항일유격 제1지대로 개칭됨)와 타이웨(太嶽)군구 제18톤, 제59톤으로 구성된 위시 항일유격 제2지대는 위시로 진격하여 숭산(嵩山), 지산(箕山)과 농해(隴海)철도 신안(新安)현, 멘츠(澠池) 구간의 남북 20개 현에 300만여 명 인구를 가진 근거지를 창설하고, 허난 행서 등지에 군구

| 50 중앙당안관 편, 〈중공중앙 문건선집〉 제14권, 중공중앙당학교출판사 한문판, 1991년, 259
| 쪽.

를 세웠다. 12월 말에 중앙당학교의 100여 명 간부와 진쑤이군구 제
6지대의 일부가 옌안으로부터 신안지역에 도착했다. 그러고는 위시
항일유격 제2지대와 연대함으로써, 위시지역의 세력이 강해졌다. 허
난의 새로운 해방구가 개척됨에 따라 화중과 화베이, 산베이(陝北) 등
전략 구간의 연계가 확대됐는데 이는 전국 항전을 견지하고 전략요충
지인 중원을 통제하는 데 중요한 의의를 가진다.

　　중국공산당은 새로운 해방구를 창건하고 화남 인민무장을 증강하
여, 일본군에 대해 전략적으로 반격할 수 있는 전진 진지를 확장할 필
요성을 느꼈다. 그래서 1944년 9월 1일, 중국공산당 제6기 중앙위원
회 제7차 전원회의 주석단회의는 왕전(王震), 왕수도우(王首道) 등이
부대를 거느리고 남하했다. 그러고는 후난, 후베이, 장시 등지의 사업
을 발전시키기로 결정했다. 10월 상순, 팔로군 제120사 제359여의
주력 4,000여 명으로 편성된 팔로군 독립 제1유격지대(남하지대라고
도 함)가 창립됐는데 왕전이 사령원을, 왕수도우가 정치위원을 맡았
다. 11월 9일, 남하지대는 옌안에서 출발해 동쪽으로 황허를 건너고
퉁푸루(同蒲路)를 지나, 타이웨구 환취(垣曲) 동부에서 남쪽으로 황허
를 건넜다. 그리고 룽하이로(隴海路)를 넘어 위어샹웨(豫鄂湘粤) 적후
로 진격했다. 1945년 1월, 남하지대는 후베이성 다우산(大悟山)에서
신사군 제5사와 연대한 뒤 광둥성 북부의 난슝(南雄), 스싱(始興) 지역
으로 계속 진격했다.

왕전(王震, 왕진·1908~1993)

중국의 정치인으로 1980년대 개혁개방 후 덩샤오핑 시기 중공 8대 원로 중 한 사람
이다. 후난성(湖南省) 류양(瀏陽) 현 출신으로, 21세 때 중국공산당에 입당하여, 중
일 전쟁과 국공 내전에 참전했다. 마오쩌둥의 측근이었으나 마오 사망 후에는 덩샤오
핑의 개혁·개방을 지지했다. 1978년에는 제11차 중국공산당 중앙정치국 상임위원

에 발탁되었고, 12차까지 연임했다. 1988년에 제5대 부주석에 취임하지만 임기를 마치지 못하고 1993년 3월, 광저우에서 사망했다. 정치 개혁에 반대하는 보수주의 자로 분류되며, 부주석 재임 중 발생한 1989년 톈안먼 사태 당시 군대에 의한 진압을 지지했다. 홍색 자본가로 분류되는 왕쩐이 아들이다.

한편 중공중앙에서는 신사군 주력의 일부를 강남으로 남하시켜 쑤쩌완(蘇浙皖)변구와 저장(浙江)연해지역 근거지를 발전시키고 반격을 준비하고자 했다. 1944년 11월 2일, 마오쩌둥과 류사오치는 라오수스에게 항저우만에 상륙하라는 전보를 보냈다. 그리고 항저우, 상하이, 쑤저우(蘇州), 난징을 포함한 대도시를 탈취하려는 미군과의 연대를 위해 쑤저(蘇浙)군구를 설립할 것을 지시했다. 중앙의 지시에 따라 쑤위(粟裕)가 신사군 제1사 일부를 인솔하여 12월 27일에 남하했다. 1945년 1월 상순에 그들은 저장성 창싱(長興)지역에서 강남의 제16여와 연합해 쑤저군구를 창립했다.

각 항일근거지는 1944년에 벌인 국지전에서 도합 2만여 차례 전투를 치렀고, 그 결과 일본군과 괴뢰군 근 220만 명을 제거했다. 또 20여 개 현과 성 및 2,500여 곳의 적 거점을 공략해 그곳의 적을 몰아내고 많은 영토를 수복했으며 1,700만여 명의 인구를 해방시켰다. 이는 전면전에서 대패한 국민당의 상황과 뚜렷이 대조된다.

1944년 10월부터 팔로군과 신사군은 중공중앙의 지시에 따라 부대 정비와 훈련을 같이 진행했다. 정치적 측면에서는 군벌주의를 반대하고 장병관계를 개선하며, 간부를 존중하고 병사를 사랑하는 운동을 활발히 벌였다. 군사훈련으로는 주로 사격, 투탄, 총검술, 토목작업 등 기술훈련에 집중하고 근접전, 야간전투, 촌락전투, 요새 공격전 등 전술훈련을 보조적으로 가르쳤다.

1945년에 들어 팔로군과 신사군 그리고 화난지역 인민무장은 대일 공세작전을 연이어 진행했다. 춘기 공세에서 화베이의 진차지부대는 런(추)허(젠)전투, 원(안)신(진)전투, 라오(양)핑(안)전투를 벌였고 진지루위부대는 도칭, 위베이, 난러 등지에서 전투를 벌였으며 찐쑤이부대는 리(스)란(현)도로, 우(자이)싼(차)도로 연선의 적 거점을 공격했다.

산둥 부대는 자오둥, 루난, 루중에서 괴뢰군을 토벌하는 전역과 명인 전역을 개시했다. 화중에서 쑤베이부대는 하이(저우)정(저우)(海州, 鄭州)도로와 옌허를 통제했고, 화이난(淮南)부대는 진거우와 리청을 습격했다. 화이베이(淮北)부대는 진포철도로 서부와 동부에서 기습 파괴전을 진행했고, 쑤저군구 부대는 이미 쑤저완변구 10개 현의 광대한 지역을 통제했으며 항일민주근거지를 창설하고 발전시켰다. 화난에서는 둥장종대와 주장종대, 충야종대 등 인민무장이 계속 발전했다. 1945년 봄에 이르러 전국적으로 이미 18개 해방구, 즉 산간닝구, 진차지구, 진지위구, 지루위구, 찐쑤이구, 산둥구, 쑤베이구, 쑤중구, 쑤저완구, 화이베이구, 화이난구, 완장구, 저둥구, 허난구, 어위완구, 샹어구, 둥장구, 충야구가 있었는데 그 총면적은 약 95만 제곱킬로미터였고 인구는 9,550만여 명이었다. 팔로군과 신사군 및 기타 인민의 군대는 91만 명으로 늘어났으며 민병은 220만 명에 달했다.

계속 발전하는 항일민주근거지는 이미 일본군이 점령하고 있는 많은 중심도시와 수송선에 대해 포위작전을 펼쳤다. 공산당이 지도하는 적후 군민들의 국부적인 반격은 전략적으로 국민당의 전면전 및 영국과 미국 연합군의 대일작전에 큰 힘을 실어주었다. 그뿐만 아니라, 대일작전의 전면적인 공격과 항일전쟁 최후의 승리를 담보하는 데 중요한 조건을 마련해 주었다.

2. 국민당 통치구역의 인민민주운동

국민당 완고파들의 제3차 반공고조 제지

세계 반파시즘전쟁에서의 승리는 중국 인민이 항일전쟁의 승리를 쟁취하는 데 유리한 국제 환경을 가져다주었다. 이러한 정세는 또한 중국 내부의 단합을 강화하고 민주개혁을 실현하며 항일세력을 공고히 하고 확대함으로써, 일본 침략자들을 철저히 궤멸시킬 것을 요구했다. 그러나 대지주, 대자산계급의 이익을 대표하는 국민당 통치 집단은 여전히 일당 독재를 견지하고 반민주, 반인민적인 정책을 실시했다. 그들은 일본군과의 전투를 피하고 관전하는 한편, 항일전쟁의 최종 승리에 대한 희망을 완전히 미국과 영국, 소련을 비롯한 국제 세력에 의존하고 자신의 실력을 드러내지 않으려고 했다. 다른 한편 공산당이 지도하는 인민혁명세력을 약화시키고 소멸시키려고 했으며, 항일전쟁 승리의 성과를 강탈함으로써 전후에도 계속 독재통치를 유지하려고 했다.

1943년 3월, 국민당은 장제스의 이름으로 〈중국의 운명〉이라는 책을 출판했다. 이 책은 중국의 역사를 위조하여 뜯어고치는 한편 봉건주의와 파시즘을 칭송하기도 했다. 또 공산주의를 반대할 뿐만 아니라 자유주의(자산계급 민주주의)도 반대한다는 주장을 공개적으로 적시했으며, 민족민주혁명에 대한 중국공산당의 이론과 실천을 수용하지 않았다. 그는 공산당이 지도하는 팔로군과 신사군을 이른바 "신식 군벌"이라고 모독하고 근거지는 "또 다른 점령지일 뿐"이라면서 2년 안에 반드시 공산당을 궤멸할 것이라고 주장했다. 국민당은 또 공산당과 민주주의를 반대하는 서적과 간행물을 다수 출판하여 진보적인 문화를 탄압했다.

5월 15일, 국제공산당 집행위원회 주석단은 "국제공산당을 해산할 것을 제안할 것에 대한 결정"을 내렸다. 5월 26일, 중공중앙은 국제공산당을 해산시키는 것에 전적으로 동의한다는 결의를 했다. 이와 동시에 중국공산당은 일찍이 국제공산당의 큰 도움을 받았지만 "오랜 시간을 거쳐 중국공산주의자들은 우리 민족의 구체적인 상황과 특수 조건에 따라 독자적인 정치방침과 정책, 행동을 결정할 능력을 갖췄다"고 지적했다. 국민당 완고파들은 국제공산당이 해체되는 기회를 이용하여 공산당을 반대하는 여론을 조성했다. 즉 "마르크스-레닌주의는 이미 파산되었다" "공산주의는 중국에 걸맞지 않다"고 선전하면서 "공산당을 해체하고" "산베이(陝北)특구를 취소할 것"을 요구했다. 6월 18일, 후쭝난(胡宗南)은 장제스의 밀령에 따라 뤄촨(洛川)에서 반공(反共) 군사회의를 소집하고, 일본군의 침략을 막기 위한 하천 방어부대를 빈현, 뤄촨 일대로 이동시켰다. 그리고 원래 산간닝변구를 포위했던 두 개 집단군과 함께 아홉 갈래로 나눠 옌안을 급습하기로 했다. 7월 상순에 국민당군은 산간닝변구의 관중지역에서 도발하여 제3차 반공고조를 일으키려 시도했다.

후쭝난(胡宗南, 호종남·1896~1962)

저장성(浙江省)의 작은 약방주인 아들로 태어난 그는 어린 시절부터 신동소리를 들었다. 중학교를 졸업하고 자그마한 소학교에서 아이들을 가르치던 그는 1931년 9월 18일, 일본 관동군이 둥베이를 침략하자 황푸군관학교에 입학하여 1기로 졸업했다. 장제스 휘하에서 국민당군 최대의 병력을 거느린 4성 장군이었다. 그의 리더십과 충성심, 지략을 알아본 장제스가 평생 품고 싶었던 인물이다.

국민당 완고파들이 대대적으로 반공 여론을 조성하고 무장 도발을 하는 심각한 상황에 비추어 중공중앙은 즉각 선전공세를 발동했다. 그

러고는 정치적 반격을 가함과 동시에, 군사세력을 준비하여 대규모 공격을 받아칠 준비를 하기로 결의했다.

7월 13일, 중공중앙 정치국은국민당 완고파들이 사상 영역에서 일으킨 반공, 반민주적인 역류에 반격하기 위한 회의를 열었다. 류사오치는 회의에서 새로운 선전 방침을 제안하는 한편 장제스의 투항, 분열책을 두려워하지 말고, 그의 〈중국의 운명〉에 대해 통렬하게 비판해야 한다고 지적했다. 회의 후, 류사오치는 중앙의 위탁을 받고 국민당의 반공선전에 대응할 방책을 마련했다. 중공중앙 기관보인 〈해방일보〉는 "'중국의 운명'을 논함" 등 일련의 글들을 발표하여, 봉건주의 문화 잔재를 이용하여 파시즘적인 독재통치를 강화하는 장제스 집단의 실태를 폭로했다. 중국공산당이 민족과 인민의 이익을 도모하는 것은 인민들이 다 알고 있다고 지적했다. 이어 중국공산주의자들은 자산계급민주주의자들과 단합하고 합작할 수 있고 이러한 합작은 중화민족의 발전에 크게 유리하다고 설명했다. 또한 나라를 사랑하는 모든 국민당원들에게 쑨중산의 삼민주의(三民主義) 정신을 되새겨 봉건적인 파시즘을 반대하고 민주주의적인 신국을 창건하기 위해 분투할 것을 호소했다. 중공중앙 남방국은 〈신화일보〉에 칼럼을 기고해 파시즘을 비판했다. 또 중앙의 요구에 따라 일부 중요한 글들을 중문과 영문으로 번역해 다수의 책자를 만들어 국민당 통치구역의 중외인사들에게 배포하여 큰 영향력을 행사했다.

산간닝변구에 대한 국민당 완고파의 군사적 공격을 제지하기 위해 1943년 7월 상순에 총사령 주더는 후쭝난과 장제스에게 각기 전문을 보냈다. 그는 국민당 완고파들의 반공 도발행위에 항의하면서 단결을 호소하고 내전을 멈출 것을 요구했다. 7월 9일, 옌안의 3만여 명 군민들은 긴급 대회를 열고 내전 반대와 변구를 보호할 것을 요구했다.

7월 12일, 마오쩌둥은 〈해방일보〉에 '국민당에 묻는다'는 제목의 사설을 발표하여 단결과 항전을 파괴하는 국민당 완고파들의 행위를 폭로했다. 그러고는 분연히 일어나 내전 위기를 막을 것을 전국 인민들에게 호소했다.

이어 중국공산당은 〈국공 양당의 항전 성적에 대한 비교〉, 〈중국공산당이 반격한 모든 괴뢰군 개황〉, 〈팔로군, 신사군의 항전 6년간의 성과〉, 〈2년 동안의 국민당 58명 매국 장령에 대한 개황〉 등 문서를 연속 발표했다. 이런 문서들은 객관적인 사실로, 공산당이 지도하는 인민의 군대가 이미 항전의 주력임을 입증하는 한편 단결 항전을 파괴하고 국가에 해를 끼치는 국민당 완고파들의 온갖 반동 활동을 깊이 있게 고발했다. 이와 동시에 각 해방구의 군민들은 내전을 반대하고 변구를 보위하는 대중운동을 잇달아 일으켰다. 산간닝변구의 경위부대는 국민당군의 시험적인 공격을 여러 차례 물리쳤다.

해방구 군민들의 항의활동과 반내전 투쟁은 국제여론의 주목과 지지를 받았다. 미국과 영국 정부는 만일 중국에 반공산당 내전이 발생한다면 일본에만 유리하게 될 것이라고 했다. 외국 기자들은 앞 다투어 국민당 중앙 선전부 부장 장도판(張道藩)에게 질문을 던졌다. 소련, 미국, 영국 대사들도 장제스에게 내전을 일으키지 말 것을 경고했다. 중국공산당의 폭로와 성토, 전국 인민의 반대 및 국제여론의 견책에 장제스는 할 수 없이 후쭝난에게 군사행동을 멈출 것을 지시했다. 7월 11일, 장제스와 후쭝난은 주더에게 전문을 보내 산간닝변구를 공격할 의도가 없음을 밝혔다. 7월 12일, 후쭝난은 부대에 빈현과 뤄촨으로 철수할 것을 명령했다. 이리하여 국민당 완고파들이 발동한 제3차 반공고조는 대규모 무장 침범으로 확대되기 전에 제지당하고 말았다. 따라서 항일민족통일전선은 계속 유지될 수 있었다.

국민당의 부패한 통치

　전면적 항전은 국민당에 정치개혁을 실시하고 입헌정치와 민주주의를 실시할 것을 요구했다. 이는 또 전국 인민의 절박한 요구와 염원이기도 했다. 그러나 국민당정부는 줄곧 일당 독재를 줄기차게 견지하면서 민주주의 개혁을 받아들이지 않았다. 국민당은 통치구 내에 특무조직을 계속 확대하고, 보갑제도를 강화하면서 파시즘 통치를 실시했다. 국민당의 중통(中統)과 군통(軍統)을 비롯한 특무기구들은 공산주의자, 혁명청년, 애국적 민주인사 그리고 무고한 대중을 비밀리에 체포하고 혹형을 가했을 뿐만 아니라 마구 죽이기까지 했다. 각지 현, 구, 향의 많은 관리들은 못된 짓을 일삼으면서 백성들을 억압하고 인민을 착취했다. 국민당의 독재 아래 인민의 언론, 출판, 집회, 결사 등 자유 권리는 박탈당했고, 인신의 안전도 보장받을 수 없었다. 1943년 9월에 국민당은 제5기 중앙위원회 제11차 전원회의를 열고 공산당이 "항전을 파괴하고 국가에 해를 주었다"고 무고했다. 전원회의는 또 장제스를 국민정부 주석 겸 행정원 원장으로 선출하고 국민정부 주석이 육해공군 대원수를 맡는다고 규정함으로써 독재통치를 한층 더 강화했다. 이어 국민당은 또 제3기 제2차 국민 참정회의를 조종해 팔로군을 모함하는 허잉친(何應欽)의 군사보고를 접수하는 한편 국민당 제5기 중앙위원회 제11차 전원회의와 유사한, 공산당 관련 결의안을 채택했다. 이렇듯 항일전쟁 후기, 국민당 통치 집단은 독재와 부패로 인해 민심을 크게 잃었다.

　국민당 통치구역은 경제적으로도 심각한 위기에 빠졌다. 1943년 이후, 장제스를 위시한 국민당 통치 집단은 특권을 이용해 국가의 주요 경제명맥을 통제했고 거액의 황금과 외화, 물자, 부동산을 수탈했다. 그들은 "국난의 시기에 횡재"를 하고 그들의 매판자본과 봉건적인 관료자본을 미친 듯이 끌어 모았다. 그뿐만 아니라 중앙은행, 중국은행, 교통은행, 농민은행을 비롯한 중국의 4대 은행을 통제하고 장제스를 이사회 주석으로 삼아 이른바 '4대 은행 연합판사총처(總處)'를 설치해 "모든 사무를 총괄하도록 했다" 한편 무역, 공업광산, 농산물 조정 위원회를 설립하여 중국의 상업과 공업, 농업을 장악해 버렸다. 국민당 정부는 통제적이고 독점적인 국민경제를 실시하고 민족상공업을 말살시키며 생산력을 저하시키는 재정금융정책 역시 실시했다. 국민당 통치 집단은 미국의 차관과 지폐를 대량 인쇄하여 겨우 재정을 지탱해 나갔다. 지폐를 지나치게 많이 발행한 탓에 국민당 통치구역 내에는 악성 통화팽창이 조성되었고 상업투기가 창궐했다.

국민당 당국은 1941년부터 토지세실물징수(田賦懲實)를 실시하여, 본세와 부가세 세액은 위안 당 실물로 환산하여 벼 두 말을 받는다고 규정했다. 수백만 군대를 먹여 살려야 싸울 수 있기 때문에 실물 징수는 불가피했다. 사람들도 크게 반발하지는 않았다. 그러나 국민당 정부 관리들은 이를 기회삼아 본세와 부가세 세액에 따라 징수하는 실물 양을 턱없이 늘려 갈취했다. 1942년에 이르러서는 위안 당 벼 네 말을 받을 정도로 늘어난 데다 지주들의 위안 화폐소작도 실물로 받았기에 농민들의 부담은 늘어만 갔다. 국민당 정부는 또 전시 수요라는 명목으로 "통제 정책"을 실시하면서 명주실, 차, 동유(桐油), 돼지강모(豬鬃) 등 물품을 총괄해서 구매 및 판매했다. 또 사탕, 식염, 담배, 성냥을 비롯한 물품에 대해서는 전매제도를 실시하여 가격이 인상되고 암시장이 나타났다. 국민당 정부는 국내외 무역에 대한 독점권을 이용해 물품을 강제로 싸게 사들이고 비싸게 팔았으며, 수매 가격은 늘 원가보다 낮았다. 농·부산물의 판매소득이 원가보다 낮았기 때문에 농민들은 농사를 꺼렸고 따라서 일부 농·부산물의 생산량이 급감하여 농업경제가 크게 위축됐다. 국민당 정부가 대부분의 운송기관을 통제하고 있어, 상인들이 물품을 수송하려고 해도 수속이 까다롭고 번거로웠다. 운송 고리가 원활하지 못하였으므로 공장은 늘 생산을 중지해야 했고 덩달아 생산성도 저하됐다. 또 국민당 정부는 "목화로 실을 바꾸고 실로 천을 바꾸는(以花易紗, 以紗易布) 방법"으로 방직업을 통제했는데 통제기관에서 원료를 공급하고 제품을 수매하면서 방직 업주들에게 일정한 액수의 노동 상납금(工繳·가공료)을 지불했다. 제공하는 원료가 생산의 수요에 비해 턱없이 모자라고 노동 상납금도 실제지출과 맞지 않았기 때문에 직포업은 계속 손해만 보게 되었고 거의가 쇠락됐다. 특히 민족자본가의 손실이 심해지면서 공장이 부도나거나 일을 시작하지 못하는 경우가 갈수록 심해졌다. 1944년에 이르러 방직공장들에서 3분의 1 이상에 달하는 방추가 일을 할 수 없었다.

국민당의 반동정책과 관료자본의 극심한 수탈로 인해 노동자와 농민, 도시 소자산계급은 잔혹한 압박과 착취를 받았다. 민족자산계급도 배척당하고 타격을 입었으며 많은 인민들의 생활수준은 끝없이 추락했다. 국민당이 공표한 통계 수치를 통해서도 1944년의 산업노동자의 구매력이 전쟁 전의 43%로 뚜렷하게 떨어졌음을 알 수 있다. 노임소득으로 살아가는 노동자, 공무원, 종업원, 대·중도시 소학교 교사들도 나날이 최저 생활수준조차 영위하기 힘들어졌다. 조사에 의하면 대학 교수 노임은 전쟁 전의 12%밖에 되지 않았다. 그래서 일부 교수들은 불가피하게 책을 팔거나 전당포에 잡혀 생활을 유지해야 했다.

국민당의 극심한 부정·부패로 인해 국민당군은 일본군의 공격 앞에 무용지물이나 마찬가지가 됐다. 위샹구이 전투의 대패가 바로 국민당이 장기간 실시해 온 소극적 항일의 결과였다. 결국 국민당 통치 집단은 위신을 크게 잃었고 민심은 더 잃어버리고 말았다.

이러한 상황에서 국민당 통치구역에서는 국민당의 일당 독재를 반대하고, 입헌정치의 실시를 요구하는 민주운동이 다시 고조됐다.

민주운동의 새로운 고조

항일전쟁 시기 민주정치의 실시 여부는 국민당과 공산당을 구별 짓는 주요 정책 중 하나였다. 전국 항전과 국민 참정회의 소집은 민주적인 입헌정치에 대한 국민들의 강렬한 염원을 또다시 불러일으켰다. 1939년 9월, 국민참정회의가 "헌정실시(實行憲政)"와 관련한 결의를 채택한 후, 공산당과 여러 민주당파는 국민당에게 당치를 끝내고 입헌정치를 실시할 것을 요구하면서 제1차 입헌정치운동 열조를 일으켰다. 1943년 9월 후, 각 민주당파와 민주인사들은 충칭과 청두, 쿤밍 등지에서 시사 토론을 진행하는 각종 정치단체를 조직했다. 그들은 신문이나 간행물, 집회 등을 통해 입헌정치를 토론하면서, 국민당의 독재전제통치를 비판하고 입헌정치를 실시할 것을 호소했다. 9월 18일, 제3기 제2차 '국민참정회의'가 소집되는 날 중국민주정단동맹의 주석인 장란은 "중국은 진정한 민주정치를 필요로 한다"는 글을 발표하여 민주정치를 실현하는 것은 역사발전의 필연적인 추세라고 강조하고, 입헌정치를 실시하려면 반드시 "인민이 법에 따라 언론·출판·집회·결사, 거주, 신체적 자유를 향유한다고 즉각 선포해야 한다" "국민당 외 각 당파들의 합법적인 존재와 활동을 즉각 승인해야 한다"는 등 조건이 구비돼야 한다고 했다. 11월 12일, 추푸청, 장쥔리, 황옌페이, 둥비우 등이 입헌정치실시촉진회를 조직했다. 공산당과 민주당파, 민주인사들의 적극적인 참여 아래 제2차 입헌정치운동이 급속히 발전됐다.

1944년 1월, 황옌페이 등은 월간지 〈헌정〉을 창간하고 입헌정치를 선전하면서, 민치정신(民治精神)을 호소했다. 또 황옌페이는 선쥔루, 장보쥔, 왕자오스, 장즈랑 등 16명과 함께 헌정좌담회 소집을 제창하고 좌담회를 수차례 열어, 입헌정치의 '선결조건'을 논의하면서 국민당의 "오오헌초(五五憲草)"를 분석하고 비판했다. 2월에 장란 등은 청두에서 민주헌정촉진회를 조직하여, "약법을 실시하고 인민의 자유를 존중해야 한다. 또 정치를 쇄신해 폐단을 없애며 전 인민을 동원하고 무장시켜야 한다"는 등 주장을 내놓았다. 5월에 중국민주정단동맹은 현 시국에 대한 입장을 발표했다. 그들은 국민당이 반대파를 배제하고 민주개혁을 거부하며, 독재 체제를 고집하는 것에 대해 규탄했다. 헌정운동은 국민당 통치구역에서 거대한 세력을 형성하면서, 전국 인민의 광범위한 호응을 받았다.

대후방(大後方)의 문화계, 상공업계 인사들도 민주운동에 적극 투신했다. 문화계의 진보적 인사들은 "항전, 단결, 민주"라는 문예창작의 3대 목표를 제기했다. 충칭문화계는 1944년 5월에 집회를 열어 언론출판의 자유를 요구하면서 신문·도서·잡지 그리고 연극에 대한 심사제도를 취소할 것을 요구했다.

저명한 민주인사인 리궁푸(李公樸), 원이둬(聞一多) 등은 쿤밍에서 〈자유논단〉을 창간하고 민주를 제창했으며, 국민당의 독재통치를 규탄했다. 민족상공업계 인사들은 경제민주화를 호소하면서 각종 '통제'를 없애고 민영 상공업에 대한 세금 부담을 줄여줄 것을 국민당에 요구했다. 중국시난실업회(西南實業會), 첸촨공장연합회(遷川工場聯合會), 중국전국공업협회, 국산품업주연합회(場商聯合會), 중국생산촉진회를 비롯한 상공단체들은 1944년 5월에 공동으로 "현 시점의 정치·경제 문제 해결안과 관련한 건의서"를 작성해 정책을 개선하고 상공업계의 구체적인 애로사항을 해결할 것을 국민당에 촉구했다.

중국공산당은 전국 인민의 민주 헌정 요구를 적극 지지하면서, 대후방 민주운동의 발전을 추진했다. 1943년 10월, 마오쩌둥은 〈국민당 제11기 전원회의와 제3기 제2차 국민참정회의를 평함〉이라는 글에서 국민당의 현황과 발전 추세를 분석하고, 국민당이 선택할 수 있는 세 가지 방향에 대해 지적했다. 첫째는 일본 제국주의에 투항할 가능성이다. 둘째는 계속해서 낡은 길을 고집할 가능성이다. 셋째는 정치 방침을 바꿀 가능성이다. 마오쩌둥은 항일 당파와 항일 인민, 국민당 인사들을 포함한 모든 애국자들이 단합하여 국민당이 첫 번째 방향으로 나아가지 못하도록 막고, 두 번째 길을 고수하지 못하도록 하며 그들이 세 번째 방향으로 나아가도록 요구해야 한다고 호소했다. 1944년 3월 1일, 중공중앙은 "헌정문제에 관하여"라는 메시지를 발표하고 헌정운동에 참가함으로써, 모든 민주인사들을 당의 주변에 단합시켜 일본 제국주의를 극복하고 민주주의 국가를 수립하는 목적에 도달하기로 결정지었다. 3월 12일, 저우언라이는 옌안에서 "헌정과 단결 문제에 관하여"라는 연설을 발표했다. 그러면서 헌정실시의 선결조건 가운데 다음과 같은 세 가지 요소가 가장 중요하다고 했다.

첫째, 인민의 민주주의와 자유를 보장한다.

둘째, 당파들에 대한 금지령을 철폐한다.

셋째, 지방 자치를 실시한다.

저우언라이의 연설은 이렇듯 헌정운동의 발전방향을 확실하게 제시해 주었다. 헌정운동은 비록 염원하던 "헌정실시 준비를 한다"는 목적에는 도달하지는 못했다. 그렇지만 독재를 실시하고 허위로 민주를 내세우는 국민당 당국의 실체를 명백하게 고발했다. 민주헌정운동이 고조됨에 따라 민주인사들은 더욱 더 조직화됐다.

1944년 9월, 중국민주정단동맹은 중국민주동맹(中國民主同盟, 민맹으로 약칭)으로 개명했으며 많은 무소속 민주인사들이 이 조직에 참가했다. 탄핑산(譚平山), 천밍수(陳銘樞), 양제(楊傑), 주윈산(朱蘊山), 왕쿤룬(王崑崙) 등 국민당 민주인사들은 충칭에서 삼민주의동지연합회(민련으로 약칭)을 준비하고 창설했다. 1944년, 리지선(李濟深)과 허샹닝(何香凝)은 광시에서 항일민주활동에 종사하면서 국민당 민주파의 다른 조직인 중국국민당민주촉진회(민촉으로 약칭)를 창설하는 기반을 닦았다.

이 기간에 국민당 독재통치를 반대하는 소수민족의 투쟁도 발전했다. 1944년 8월, 신장 이리(伊犁)지역 궁하현[鞏哈縣·지금의 니러커현(尼勒克縣)]의 농민, 목축민들은 국민당군에 말을 상납하는 것에 불만을 품고 무장폭동을 일으켰다. 이는 위구르족과 카자흐족을 비롯한 여러 민족 인민의 지지와 호응을 받으면서 이닝(伊寧)폭동의 서막을 열어놓았다. 11월 7일, 이닝폭동이 시작됐고 12일에는 임시정부가 수립됐으며 얼마 후에는 무장부대인 '민족군'이 편성됐다. 이리, 타청, 아러타이 세 지역이 잇달아 하나로 연결됐고, 이는 사람들로부터 '신강 3구 혁명'으로 불렸다. 한때 일부 민족분열주의자들이 민족의 원한을 선동하면서 국가분열을 조작하여 이번 혁명을 다른 길로 이끌어 가려고 했다. 그러나 아허마이티장(阿合買提江)을 비롯한 3구 내부의 진보적 세력과 신장 여러 민족 인민의 투쟁 덕분에 분열주의자들의 음모는 무산되고 말았다.

3. 연합정부 수립을 위한 협상

민주연합정부 주장의 제기

1943년 10월 상순, 국민당 제5기 중앙위원회 제11차 전원회의에서 국공관계는 의연히 "정치적으로 해결"해야 한다고 표시한 데 비추어 마오쩌둥은, 양당 간의 협상을 수시로 시도하겠다고 선언했다. 1944년 5월 4일, 중국공산당 대표 린보취가 시안에서 국민당 대표 왕스제(王世傑), 장즈중(張治中)과 협상을 재개했다. 협상에서 공산당은 "완화를 추구하는 방침"을 견지했고, 협상의 토대로 3월 12일에 저우언라이가 한 연설의 기본정신을 제기했다. 5월 17일, 린보취는 왕뤄페이(王若飛)와 함께 비행기로 충칭에 도착했다. 그러고는 국공양당 관계 문제에 관해 국민당 대표와 계속 협상을 진행함과 동시에, 중공중앙 남방국 사업에 참가했다.

대후방의 항일 민주운동이 끊임없이 고조되자 사회 각계각층은 국민당의 부패한 통치에 대한 실망과 분노를 표하는 상황에서 중공중앙은, 국민당에 정책을 변경해 민주주의를 실시하고 일당 독재를 폐지하며 국민당 정부를 재정비하여 민주연합정부를 수립할 시기가 도래했음을 알리기 시작했다. 1944년 8월 17일, 마오쩌둥은 둥비우가 저우언라이에게 보내는 전문에서 "각 당파 연합정부 설립할 문제를 장, 쭤와 상의하라"[51]는 메시지를 보냈다. 9월 1일에 마오쩌둥은 제6기 중앙위원회 제7차 전원회의 주석단회의에서 당의 입장은 "각 당파 대표회의를 소집하고 연합정부를 수립하며 공동으로 항일하여 미래에 나라를 세우는 것"이라고 설명했다. 그리고 "연합정부의 세 가지 정치요강은 장, 왕에게 회답을 줄 때 제기할 수 있다"고 했다.[52]

9월 6일, 제3기 제3차 국민참정회의가 충칭에서 열렸다. 국내외 여론이 위샹구이 전역의 패퇴를 대대적으로 규탄하는 가운데, 국민당당

---

51 전보문의 "장"은 중국민주정단동맹의 주석 장란(張瀾)이고 "쭤"는 동맹의 비서장 쭤순성(左舜生)을 가리킨다.

52 인용문중의 "장, 왕"은 국민당 협상대표 장즈중과 왕스제를 가리킨다.

국은 하는 수 없이 민주를 개방하고, 국공 양당의 관계를 해결하겠다고 발표했다. 그러나 군령과 행정명령의 "통일"을 강조하며 완고하게 일당독재 정치를 견지했다. 9월 15일, 린보취는 참정회의에서 공산당을 대표해 국민당의 일당독재를 폐지하고 민주주의 연합정부를 수립할 것에 대한 주장을 공식 제기했다.

그는 다음과 같이 지적했다. 국민당의 정치기구와 군사기구를 철저히 개혁해야지만 전국 인민을 단합해 반격 세력을 준비하여 일본 침략자를 완전히 물리칠 수 있다. 또 독립적이고 자유로우며 민주적인, 통일된 부강한 신중국을 건설할 수 있다. 그러므로 비상 국시(國是)회의를 즉각 개최하고 국민정부 개편문제를 토의, 해결하며 민주주의 연합정부를 수립할 방법을 연구해야 한다. 이어 공산당은 국민당 당국한테 서면으로 민주연합정부 수립에 대한 방안을 제기했다. 10월 10일, 저우언라이는 옌안에서 "어떻게 해결할 것인가"라는 연설을 발표하여 민주연합정부 수립에 대한 구체적인 절차와 방법을 다음과 같이 천명했다.

첫째, 각 항일당파와 항일군대, 지방정부, 민중단체들은 대표를 추천하되 대표 인수는 실제 세력에 근거하여 비례에 따라 규정한다.

둘째, 국민정부는 빠른 시일 내에 국시회의(國是會議)를 소집한다.

셋째, 국시회의에서 혁명의 삼민주의 원칙에 따라 현 시점에 걸맞으며 위기를 만회할 수 있는 시정강령을 채택한다.

넷째, 각 측 대표들이 공동으로 제정한 시정강령을 토대로 각 당파 연합정부를 수립한다.

다섯째, 연합정부는 통수부(統帥部)를 개편할 권한을 가지며 각 측의 주요 군 대표를 포함한 연합통수부를 수립한다.

여섯째, 연합정부가 수립된 후 인민들이 보통 선거에 참가할 수 있는 국민대회를 소집할 준비에 착수하여 입헌정치를 실시한다.

민주연합정부를 수립할 것에 대한 중국공산당의 주장은 국내외에서 강렬한 반향을 불러일으켰다. 이 주장은 민주당파와 민주인사들, 그리고 중국의 항일전쟁을 동정하고 지지하며 중국의 민주적 진보를 바라는 국내외의 모든 세력을 널리 일치시키고 쟁취함으로써 국민당 장제스 집단을 정치적으로 더욱 고립시켰다.

각 민주당파와 각계 민주인사들은 공산당의 주장에 대해 찬성하고 지지한다는 글을 앞 다퉈 발표했다. 1944년 9월 24일, 각 민주당파, 민주인사와 공산당 대표 장란, 선쥔루, 펑위샹, 둥비우 등 500여 명은 충칭에서 회의를 열어 민주를 실시하고 국민당의 일당 독재를 끝낼 것을 요구했다. 10월 1일, 쑹칭링, 궈모뤄, 장난 등 72명은 문화계 애국 선진전사 쩌우타오펀(鄒韜奮)을 추모하는 대회를 열었다. 대회에 참석한 1,000여 명의 각계 인사들은 모두 민주주의를 짓밟고 애국인사를 탄압하는 국민당의 죄행을 규탄하면서, 파시즘 통치에 투쟁할 것을 제기했다.

쩌우타오펀(鄒韜奮)

국민당의 탄압으로 영락(零落)하여 유랑하다가 1944년 7월 24일에 상하이에서 병으로 사망했다. 중공중앙은 그의 생전의 염원에 따라 그를 중국공산당 당원으로 추인했다. 쩌우타오펀은 당시 서점업계의 대부였다.

쓰촨(四川) 청두(成都)의 화시대학교(華西大學), 진링대학교(金陵大學) 등 5개 대학교 및 12개 학회의 2,000여 명은 국시좌담회를 열어 국민정부 및 그 통수부를 개편하고 민주연합정부를 세울 것을 요구했다. 10월 10일, 중국민주동맹은 "항일전쟁 마지막 단계에 대한 정치적 주장"을 발표하고 "즉각 일당 독재를 끝내고 각 당파로 이루어진

연합정권을 수립하여 민주정치를 실시할 것"을 요구했다. 해외 동포들도 선언을 발표하고 집회를 열면서 민주연합정부를 수립할 것에 대한 주장을 옹호했다. 민주연합정부 구호의 제기는 전국 인민의 민주항일 열정을 크게 고조시켰으며, 각계 민주진보세력들은 연합정부 수립이라는 구호 아래 뭉치기 시작했다. 진보적인 청년학생들도 공산당의 지도 아래 국민당의 파시즘 통치를 반대하고, 정치민주주의를 쟁취하기 위한 투쟁을 전개했다. 1944년 10월 중순, 청두의 각 대학교 및 전문학교의 진보적 학생들은 중국공산당 지하조직의 도움으로 당의 비밀 외곽조직인 민주청년협회를 설립했다. 1945년 1월, 쿤밍의 진보적인 청년들도 당의 외곽조직인 민주청년동맹을 설립했다. 그리고 규약에는 공산당의 지도를 받으며 신민주주의를 실현하는 것을 분투 취지로 한다고 명시했다. 이 밖에 충칭과 무한 등지에서도 다양한 명칭의 당의 비밀 외곽조직이 설립됐다. 이러한 조직들은 청년운동의 핵심이었다. 1945년 5월 4일을 전후하여 쿤밍 등지의 대학생들이 5.4운동을 기념하는 대규모 집회를 열고 시위를 단행하여, 민주연합정부와 연합통수부 수립, 감조감식의 실시, 인민의 생활 개선책 등을 요구했다. 진보적 청년들은 국민당 통치구역 내에서 벌이는 애국민주운동의 선봉세력이 됐다.

민주연합정부 수립을 쟁취하기 위한 투쟁이 진행되던 1945년 2월, 국민당 특무들이 충칭에서 전력근로자 후스허(胡世合)를 살해한 사건이 발생했다. 중공중앙 남방국은 상황을 유리하게 이용해 피해자를 지원하는 한편, 국민당 특무들의 통치를 반대하는 투쟁을 벌여 대후방에 있는 많은 인민들의 지지를 얻었다. 충칭의 많은 공장과 기업, 학교들은 성명과 선언을 발표하여 특무들의 죄행을 성토하고 국민당 독재통치의 어두운 측면을 고발했다. 조문행사에 참가한 각계 대중이 열흘

만에 20만여 명(연인원)에 달해 성대한 대중 민주운동으로 성장했다. 국민당 당국은 하는 수 없이 사건의 흉수를 총살하고, 후스허 유가족을 무휼(撫恤·어려운 처지에 있는 사람을 불쌍히 여겨 위로하고 물질로 도움)했다. 이번 투쟁의 승리는 민주운동에서 노동계급의 중요한 역할을 보여줌과 동시에 많은 노동운동 골간을 단련시키고 양성했으며, 공산당이 국민당 통치구역에서 노동운동을 전개하는 과정에서 성공적인 경험을 쌓는 계기가 됐다.

중국공산당이 제기한, 민주연합정부 수립에 대한 주장은 중요한 의의를 가진다. 마오쩌둥은 1945년 2월에 다음과 같이 지적했다. "지난해 9월에 제기한 연합정부의 주장은 정확한 것이었다. 이는 원칙적인 전환점이다. 이왕에는 그들의 정부이고 우리는 인민을 수요로 했지만 9월 이후 정부를 개편한다면 우리도 참가할 수 있게 됐다. 연합정부도 당연히 장제스 정부이지만 우리도 주식을 가졌기에 조건이 되는 것이다. 연합정부가 수립된다면 모든 것은 국민당, 공산당, 민주동맹이 의논해서 결정하게 된다. 그렇게 되면 국민당정부는 함부로 독단을 내리지 못할 것이다"

마오쩌둥은 또 연합정부의 세 가지 가능성에 대해 다음과 같이 언급했다.

"첫 번째 가능성은 나쁜 것이다. 우리는 우리의 군대를 바치고 관직을 가지는 식의 가능성을 원하지 않는다. 우리는 당연히 군대를 버리지 않을 것이다. 그렇다면 관직을 차지할 것인가? 우리는 관직을 접수한다고 떠들썩할 필요는 없지만 그렇다고 굳이 거부할 필요도 없다. 이런 가능성에 대비하되 그 나쁜 점이라면 독재정부의 관직을 맡아야 한다는 것이다. 이 점은 대중에게 해석을 맡길 수 있다. 하지만 좋은 점도 있으므로 선전할 수 있다. 두 번째 가능성은 장제스를 우두머리로 삼는 것인데 형식적으로는 민주주의이고 해방구도 승인하지만 문제는 장제스 정부의 독재이다. 세 번째 가능성은 우리를 중심축으로 하는 것이다. 우리에게 150만 군대가 있고 1억 5,000만의 인민이 있을 때, 장제스는 더 약화되고 또 연대할 가능성이 없을 때도 그렇게 될 것이다. 이는 중국 발전의 추세이자 비전이다. 우리가 추구해야 할 나라도 바로 이런 나라여야 한다"

국공협정초안의 작성

국공 양당이 민주연합정부를 수립할 것에 대한 문제를 두고 협상할 즈음, 미국정부는 전략적 이익을 위해, 국공 양당관계를 조율하여 중국이 민주단결을 실현하는 것을 도와주겠다면서 국공 양당과 접촉하기 시작했다. 태평양전쟁 발발 직후 미국은 중국과 동맹을 맺고 아시아·태평양지역에서 일본침략자들에게 반격을 가했다. 또 대량의 무기와 군용물자, 대부금을 중국에 제공했으며, 중국정부에 많은 군사고문과 전문가들을 파견하는 한편 국민당군대를 무장시키고 훈련시켜 중국의 항일전쟁을 원조했다. 1943년 5월, 미국 참모장 연석회의는 루스벨트 대통령의 비준을 거쳐 "일본을 격파시킬전략계획"을 수립했다. 그리고 "지속적인 대규모 공습은 중국의 공군기지가 담당해야 하며" 중국군은 "내지에서 동부로 진격해야 한다"고 지적했다. 이때 미국정부는 중국공산당이 지도하는 항일군대와 해방구가 대일작전의 승리를 쟁취함에 있어 무시할 수 없는 세력임을 인식하기 시작했다. 9월에 스틸웰은 장제스에게 서북방면의 국민당군대와 공산당병력을 동원할 것을 건의했다. 그러고는 산시(山西)성과 허난성에 출격하여 평한철도를 급습하고 정저우와 무한에 진격함으로써 중국의 국세를 돌려세울 것도 건의했다. 그뿐만 아니라 국민당이 비축한 무기 가운데 일부를 공산당군대에 제공할 것도 건의했다. 그러나 장제스는 이러한 건의들을 모두 거부했다. 스틸웰은 항일전쟁 대국 미국의 건의를 거부하고, 공산당과 연대하여 항일하는 것을 거절하는 장제스의 극단적이고 사사로운 자세에 불만을 가졌다. 스틸웰은 중국에 온 뒤 항일전쟁에서 중국공산당의 역할을 비교적 객관적으로 조사하고, 무릇 항전에 나선 중국의 모든 무장 세력은 국제적 원조를 받아야 한다고 주장했다. 이는 장제스가 받아들일 수 없는 조건이었고, 장제스와 스틸웰 간의 갈등이 날로 심각해진 주요 원인 중 하나였다.

중국 미얀마 인도 전구의 미군 사령부는 중국공산당과 항일근거지의 상황을 더 구체적으로 알아보고 공산당이 지도하는 무장 세력을 운용하기 위해, 장제스의 동의를 거친 후 1944년 7~8월 사이 두 번에 걸쳐 미군 관찰팀[53] 18명을 옌안에 파견했다. 마오쩌둥과 저우언라이, 주더, 예젠잉 등은 관찰팀원들과 만나 담소를 하면서 중국공산당이 지도하는 항일군민들이 적후에서 맞서 싸운 상황을 자세히 소개했다. 그들은 미국 기자들이나 외교관들이 옌안과 기타 해방구에 와서 조사하는 것과, 미국이 해방구에 제공하는 각종 지원들을 환영한다고 표현했다. 마오쩌둥은 미군 관찰원 서비스를 만나 수차례 인터뷰하면서, 국공 단결을 지지하고 내부분열을 반대한다는 중국공산당의 입장을 명시했다.

또 항일전쟁이 끝나면 곧 국민당이 공산당을 공격하는 사태가 벌어질 것이며, 그때 미국이 제공한 무기들은 국민당에 의해 장래의 내전에 이용될 것이라고 우려했다. 그리고 만약 미국이 중국의 항일전쟁을 지원하는 무기를 국민당에만 제공하고 항전을 벌이고 있는 공

---

53 일명 딕시사절단이라고도 하는데 단장은 중국주재 미군사령부 바젯 대좌였다.

산당에 주지 않는다면 이는 공평하지 못할 뿐만 아니라, 공산당과 인민을 반대하는 국민당을 더 견고하게 할 것이라고 지적했다. 또 미군 관찰 팀들은 진쑤이를 비롯한 항일민주근거지들을 조사한 뒤 쓴 많은 보고서에다 중국공산당의 방침과 정책 그리고 근거지 정치, 경제, 군사 상황을 기록했다. 또 중국공산당이 항일근거지 민중들의 광범위한 지지를 받고 있다는 것도 확인했다. 조사보고는 다음과 같이 지적했다. "공산당 정부와 군대는 중국 근대사에서 첫 번째로 많은 인민의 적극적인 지지를 받는 정부이자 군대이다. 그들이 이러한 지지를 받는 것은 이들 정부와 군대가 진정으로 인민에게 속하기 때문이다"[54] 1944년 6월에 많은 외국 기자들이 옌안을 방문했을 때도 중국공산당 중앙의 지도자들은 여러 차례 그들과 회담을 가지면서, 국공 협상과 공산당의 사업 및 항전상황 등을 소개했다. 이러한 사업은 중국공산당이 외부 세계와 소통하고 연계하며, 공산당의 주장을 널리 선전하는 데 중요한 역할을 했다.

8월 18일, 중국공산당 중앙은 대외 왕래를 확대하는 추세에 발맞춰 외교사업과 관련된 지시를 발부했다. 지시문은 당 외교사업의 성격과 내용, 원칙적 입장에 대해 명시하면서 다음과 같이 기술했다. "외국 인사들의 방문을 일반적인 방문이 아닌, 우리가 국제사회에서 통일전선 사업을 전개하는 것이자 우리 외교의 시작으로 간주해야 한다. 우리의 외교정책은 국제 통일전선의 사상적 지도 아래 공동으로 항일하고 민주를 쟁취하며, 우리의 영향력을 확대하는 것을 핵심으로 한다. 우리의 외교는 아직도 '반독립적인 외교'이다. 우리가 벌이는 대다수 외교적 행보는 아직도 충칭 국민정부의 승인을 받아야 한다. 국민당은 우리

---

54 '중국주재 외교관원 비망록'(1943~1945년), 〈중미 관계 자료집〉 제1집, 세계지식출판사 한문판, 1957년, 590쪽.

가 단독으로 외교활동을 진행하는 것을 원치 않는다. 우리는 국민당의 온갖 금지령과 단속을 타파해야만 동맹국과 외교적 관계를 지속할 수 있다" 지시문은 또 다음과 같이 강조했다. "우리는 외교를 지속함에 있어 반드시 민족 입장에 확고히 발붙이고, 100년간 민족문제에서 존재해 왔던 외국을 배척하고 두려워하며 외국에 아부하는 그릇된 관념을 버려야 한다. 민족의 자존심과 자신감을 증강하는 한편 다른 사람의 장점을 따라 배우고 그들과 협력할 줄 알아야 한다.

1944년 9월, 미국정부는 대통령 특사로 헐리를 중국에 파견했다. 10월, 스틸웰이 교체되고 장제스가 동의하는 웨더마이어가 중국 전장의 참모장으로 임명됐다. 10월 하순, 헐리가 중국 주재 미국대사로 임명됐다. 주중대사로 임명된 헐리는 미국정부로부터 다음과 같은 사명을 부여받았다.

"첫째, 국민정부가 붕괴되는 것을 방지한다.

둘째, 장제스가 중화민국의 주석 및 군의 위원장을 맡는 것을 지지한다.

셋째, 장제스 위원장과 미국 사령관 사이의 관계를 조율한다.

넷째, 중국 경내의 전쟁물자 생산을 증진하고 경제의 붕괴를 방지한다.

다섯째, 일본을 격파하기 위해 중국 경내의 모든 군사력을 통일한다"[55]

이러한 상황은 미국의 대중국 정책이 이미 변화됐음을 보여주었다. 태평양전쟁 발발 직후 미국정부는 몇 년간 국공합작을 추진하고, 양당의 군대가 함께 항일할 수 있게끔 지원하는 대중국 정책을 실시했

---

55 '미국과 중국의 관계(백서)', 〈중미 관계 자료집〉 제1집, 세계지식출판사 한문판, 1957년, 139쪽.

다. 그러나 세계 반파시즘 전쟁이 승리에 가까워지고 있을 무렵, 미국은 세계의 패권을 쥐려는 글로벌 전략을 수립하고 일본 대신 중국을 통제하고자 했다. 따라서 미국정부는 반드시 장제스의 지위를 공고히 하고 그를 도와 '중국을 통일해야 한다'고 생각했다. 미국정부는 공산당이 전투력 강한 군대를 보유하고 있고, 이는 중국의 중요한 항일세력이자 독립과 통일, 민주주의를 실현하는 데 중요한 정치세력이라고 보았다. 또 국민당 정부와 군대의 부패 상황, 특히 국민당군이 위상구이 전투에서 크게 패퇴한 것을 볼 때, 만약 일본을 물리치기 전 중국에서 내전이 일어난다면 국민당은 곧 붕괴될 가능성이 높다는 것을 잘 알고 있었다. 그래서 미국은 이때 국공합작을 찬성하고 헐리를 대사로 파견해 국공 관계를 조율하게 했다. 그러나 속내는 장제스가 민주주의를 실시하여 공산당과 각 당파를 수용해 연합정부를 구성하도록 하는 것이었다. 또 공산당이 군대를 내놓아 정치적 수단으로 국공분쟁을 해결하려는 데 있었다.

중공중앙은 미국정부에 대해 원칙적이면서도 융통성 있게 대하는 정책을 취했다. 즉 중국에 대한 미국의 적극적인 자세에 환영을 표하면서, 미국과 우호적으로 왕래하고 미국의 조율아래 국공협상을 진행하는 데 동의했다. 반면 미국이 중국의 내정에 간섭하면서, 장제스의 반공 독재정책을 지지하는 데는 반대했다. 헐리가 중국에 도착한 시점은 바로 중국공산당이 국민참정회의에서 국민당의 일당독재를 폐지하고 민주연합정부를 수립할 것을 요구하면서, 국공양당이 협상을 재개할 즈음이었다. 때문에 중국에 막 도착한 헐리는 즉각 국공협상에 개입하게 됐다.

1944년 10월 중하순에 "협의 기초 초안"과 린보취, 둥비우는 충칭에서 국공양당 관계를 해결하고 일당 독재를 중지하며 연합정부를 수립할 것 등에 대한 회담을 진행했다. 이런 상황에서 헐리는 11월 7일에 옌안에 도착했다. 그는 마오쩌둥, 주더, 저우언라이를 만나 사흘간 회담을 했다. 헐리는 장제스가 수정하고 동의한 "협의 기초 초안"을 가지고 왔다. 초안은 "중국공산당 군대는 중앙정부 및 군사위원회의 명령을 준수하고 집행해야 한다" "중국에는 하나의 국민정부와 군대만 존재하며 공산당군대의 모든 군관과 병사들은 중앙정부의 개편을 받게 되며, 전 군에서의 그들의 직위에 따라 같은 봉급과 수당을 받게 될 것이다"는 등으로 규정했다. 그러나 이러한 조건들은 사실상 인민이 혐오하는 국민당 일당 독재를 유지하고, 중국공산당의 군대와 해방구를 빼앗으려는 것이었다. 이에 마오쩌둥은 개편해야 할 군대는 충성심 높은 팔로군, 신사군이 아니라 부패무능하며, 항일전쟁에서 전투력을 잃고 싸우기만 하면 곧 흩어져 버리는 군대라고 지적했다. 마오쩌둥은 다음과 같이 강조했다. 중국은 통일돼야 하며 이를 위해서는 민주주의와 민주주의를 기반으로 하는 통일전선이 필요하다. 국민당의 정책은 통일의 장애물이다. 중국의 급선무는 국민당의 그릇된 정책을 개선하고 정부를 개편하며 국민당과 공산당 및 기타 당파와 무소속 민주인사를 포함한 민주연합정부를 수립하는 것이다.

협상을 끝낸 후 헐리는 국민당의 일당 독재를 폐지하고 민주연합정부를 수립해야 한다는 공산당의 주장에 동의했다. 양당은 공동으로 '중국국민정부, 중국 국민당과 중국공산당 협정 초안'을 제정했다. 초안의 주요 내용은 다음과 같다.

첫째, 국공양당은 마땅히 협력해야 하며 일본을 물리치기 위해 모든 국내 무장 세력을 통일함과 더불어 중국의 부흥 사업에 공동으로 대처한다.

둘째, 국민정부를 개편하여 각 당파와 무소속인사를 포함한 연합정부를 수립하고 모든 항전세력을 대표하는 연합통수부를 수립한다.

셋째, 민주개혁을 실시하고 인민에게 자유를 준다.

넷째, 중국의 모든 항일무장 세력을 인정하고 우호국으로부터 받은 군사 장비를 공평하게 분배한다.

다섯째, 모든 당파의 합법적 지위를 승인한다.

11월 10일, 마오쩌둥이 중국공산당을 대표해 협정초안에 서명했고 헐리가 미국 대통령 특사 겸 증인으로 서명을 했다. 서명하기 전 헐리는 "이 조항들은 공평하고 합리적이다"고 말했다. 그날 저우언라이는 국민당과 협정 문제를 처리하기 위해 헐리와 같은 비행기로 충칭에 갔다. 헐리는 국민당은 일부 민주개혁을 실시하는 대가로 공산당군대를 취할 수 있으니, 이는 국민당에 매우 유리한 협정이라고 보았다. 그러나 장제스는 협정에서 규정한 민주개혁이 국민당의 통치를 위협할 수 있다는 이유로 거부했다. 그러자 헐리도 옌안에서 했던 약속을 저버리고 장제스와 같은 입장을 표명했다. 11월 21일, 그는 국민당이 제기한, 일당독재를 유지한 채 인민군대와 항일민주정권의 존재를 부인하는 데 목적을 둔 세 가지 "제시안"을 공산당에 전했다. 그러면서 군대와 항일민주정부를 국민당 당국에 넘겨줄 것을 요구했다. 그래야 공산당에 '합법적 지위'를 주고 또 일부 공산당의 고위급 군관을 뽑아 국민정부 군사위원회에 참석시킬 거라고 했다. 또 헐리는 국민당이 제기한 불합리한 요구를 수용하도록 공산당에 압력을 가했다. 중국공산당은 물론 이 "제시안"을 받아들이지 않았다. 12월 19일, 마오쩌둥은 미군 관찰팀을 다시 만난 자리에서 다음과 같이 예리하게 지적했다. 공산당은 양손을 묶인 채로 국민당정부에 참가할 수 없다. 만일 미국이 계속 장제스를 지지한다고 해도 그것은 미국의 권리이다. 그러나 미국이 무엇을 하든 장제스는 반드시 실패할 것이다.

장제스를 부추기고 공산당을 반대하는 미국의 정책을 반대하다

국민당이 독재 입장을 유지하고 헐리의 태도가 변하였기에 저우언라이는 즉각 충칭에서 옌안으로 돌아갔다. 그러나 중국공산당은 민주연합정부의 수립을 1945년의 "전국 인민의 총과업[56]"으로 간주했다. 1944년 12월 28일, 국공 양당 간의 조율을 책임진 헐리가 재협상을 위해 저우언라이를 충칭으로 초청했다. 이에 저우언라이는 공산당은 연합정부 문제에서 "추상적인 탐구와 논의"를 계속하지 않겠다고 회답했다. 뒤이어 국민당에 정치범을 석방하고 변구에 대한 봉쇄를 취소하며, 인민의 자유를 제한하는 여러 가지 금지령을 철폐하고 특무활동을 중지할 것을 요구했다.

1945년 1월 1일, 장제스는 새해 방송연설에서 "국민대회"를 소집하고 "헌법을 반포"하며, "전국의 국민을 위한 정치를 펴겠다"고 허위적 내용을 선포했다. 장제스가 소집하겠다는 "국민대회" 대표는 전국적 항전이 발발하기 전 국민당의 일당독재 아래 생긴 대표로서, 인민의 의지를 전부 대표할 수 없었다. 장제스가 반포한다는 "헌법"도 국민당이 1936년 5월 5일에 제정한 이른바 "오오헌법초안"을 기초로한 것이었다. 그러므로 "국민대회"의 소집은 장제스가 만들어낸 정치기만극에 불과했으며, 국내 민주개혁을 거부하고 민주연합정부의 수립을 거부하기 위한 방패였다.

1945년 1월 초, 헐리는 자신이 주관하는 국공양당 회의를 개최하여 국가대사를 토의할 것을 건의했다. 공산당은 양당회의에서 아무런 결실이 없을 것이라고 생각하여 국민당, 공산당, 민주동맹 3자가 참가하는 국시(國是)회의 예비회의를 소집할 것을 제의했다. 헐리는 장제스

---

56 마오쩌둥, '1945년의 과업'(1944년 12월 15일), 중앙당안관 편, 〈중공중앙 문건 선집〉 제14책, 중공중앙당교출판사 한문판, 1991년, 415쪽.

의 동의를 거친 후 저우언라이나 기타 대표를 충칭으로 파견해, "단기 방문을 할 것"을 마오쩌둥에게 요청했다. 저우언라이가 떠날 때 마오쩌둥은 다음과 같이 회시했다. "연합정부를 수립하고 민주인사들과 협력한다. 구체적인 절차로 국민당과 공산당, 민주동맹이 참가하는 당파회의를 소집한다. 국민당은 우선 장쉐량(張學良), 양후청(楊虎城), 랴오청즈(廖承志) 등을 석방하고 산간닝변구를 포위한 군대를 철수시키며, 특무활동을 중지할 것도 요구한다"

저우언라이가 1월 24일에 충칭에 도착하자 헐리와 국민당의 대표 왕스제가 공항으로 마중 나왔다. 그러나 국민당은 공산당이 제기한 건의에 대해 "방치하고 무시하는 태도"를 취했으며, 헐리의 생각을 빌려 1월 25일에 "새로운 건의"를 내놓았다. 그 주요 내용은 행정원 아래에서 각 당파가 출석한 전시 내각 성격의 기구를 설치하는 것과 국민당, 공산당, 미국의 대표가 한 명씩 참가한 개편위원회를 두고 중국공산당군대 개편을 책임지는 것, 장제스가 위임한 미국 군관이 총사령원(관)을 맡도록 한다는 것이었다. 저우언라이는 단번에 이를 거절했다. 그는 이 건의의 실체가 국민정부를 연합정부로 개조할 것에 대한 전국 인민의 뜻과 팔로군, 신사군을 기만하는 것이며, 미국이 중국 내정에 간섭하는 노골적인 표시라고 지적했다. 1월 26일, 저우언라이는 쑹쯔원(宋子文), 왕스제, 헐리와 재차 공식회담을 가졌다. 저우는 회담에서 각 당파회의를 소집하고 정부를 개편하자는 주장을 펼쳤지만, 국민당 측에 의해 거부당했다.

쑹쯔원(宋子文, 송자문·1894~1971)

중국 4대 재벌의 한 사람으로 쑨원의 부인 쑹칭링의 동생이자 장제스의 부인 쑹메이링의 오빠이다. 그는 쑹씨 집안의 장남인 동시에 국민당정부의 중심인물로서 재정적 기둥이었다. 상하이 성요한 대학을 수료하고, 미국의 하버드 대학과 컬럼비아대학에서 수학했다. 1925년 광동 국민정부 재정부장을 시작으로 행정원 부원장 겸 재무부장, 중앙은행 총재, 외교부장, 행정원 원장 등을 역임했다. 1940~1942년 미국 대통령 루스벨트에 대한 장제스의 개인사절로 활동한 바 있다. 1947년 9월에는 광동성 정부 주석이 되었으며 1949년 주석을 사임하고 중국에 대한 원조를 촉구하기 위해 국민정부의 사절로 프랑스에 갔고, 1950년 미국에 체류하던 중 그곳에서 사망했다. 상하이 출신.

저우언라이는 마오쩌둥의 지시에 따라 국공협상을 추진했다. 그러고는 2월 초 당파회의 소집에 대한 협정초안을 작성했다. 내용에는 대표 구성과 책임자, 권한 및 역할 등이 포함됐다. 국민당 측에서도 정치자문회의에 대한 방안을 제시했다. 2월 10일, 국공양당 대표들은 협상을 지속했다. 저우언라이는 당파회의를 소집하기 전에 국민정부는 특무를 철폐하고 인민에게 진정한 자유를 돌려줘야 하며, 정치범을 석방하고 변구에 대한 포위를 철수해야 한다고 지적했다. 헐리는 우선 자신과 쑹쯔원이 작성한 공동성명을 발표할 것을 요구했으나, 저우언라이가 거절했다. 마오쩌둥은 헐리의 요구를 거부한 것이 전적으로 옳은 행동이라고 했다. 만약 그렇게 하지 않으면 독재자의 기를 부추기고 민주주의를 말살하게 될 것이라고 지적했다. 후에 헐리는 또다시 저우언라이에게 공동성명을 작성할 것을 제기했다. 저우언라이는, 만일 성명을 발표하게 된다면 반드시 공산당 측의 요구와 국공양당 주장의 차이점을 명확히 설명해야 한다고 답변했다. 헐리는 이에 동의하지 않았다.

민주연합정부를 수립할 것에 대한 협상은 첩첩산중이었다. 2월 13일, 장제스는 저우언라이를 만난 자리에서 자신의 입장을 표명했다. 당파회의는 장물을 나누는 것과 같고 연합정부를 조직하는 것은 정부를 전복하려는 시도나 다름없다며 공산당이 제기한 주장을 수용할 수 없다고 했다. 그는 미국이 참가한 3인 위원회를 구성해 중국공산당군대를 개편할 것을 고집하면서, 미국이 중국 내정에 간섭할 것을 공개적으로 요구했다. 이런 상황에서 국공협상은 더 이상 진행될 수 없었다. 저우언라이는 2월 15일 국민당이 협상에서 공산당에 군대를 내놓을 것을 요구하고 일당독재를 고집하며 민주연합정부를 반대하기 때문에 협상은 아무런 결과도 없었다고 성명을 발표했다. 5월, 민주연합정부를 수립할 것에 대한 국공 양당의 협상이 결렬됐다. 마오쩌둥은 "이번 협상은 비록 무산됐지만 중요한 의미를 가진다. 매번의 협상은 우리에게 모두 유익하고 협상할 때마다 완고파들이 한 번씩 고립된다"고 했다.

1945년 2월 중순, 헐리와 웨더마이어는 업무를 보고하기 위해 귀국했다. 4월 2일, 헐리는 워싱턴에서 기자회견을 갖고 성명을 발표하던 중 중국공산당을 공격하고 비방했으며, "국민대회"를 소집할 것에 대한 장제스의 주장을 극구 두둔했다. 그러면서 미국정부는 국민당과만 "합작"하고 공산당과는 합작하지 않을 것이라고 천명했다. 이에 마오쩌둥은 미국정부를 향해, 자국의 외교정책이 "중국 인민의 의지에 어긋나고 그로 인해 중국 인민과의 친선에 손상"을 주지 않도록 하며, "어떠한 외국 정부든 만약 중국의 반동분자들을 두둔하면서 중국 인민의 민주사업을 반대한다면 큰 잘못을 저지르는 것"[57]이라고 엄중하게 경고했다. 7월에 마오쩌둥은 다음과 같이 더욱 날카롭게 지적했다. "헐리를 대표자로 하는 미국의 대중국정책의 위험성은 국민당정부의 반동을 조장하며, 중국 내전의 위기를 증대시킨 점에 있다. 헐리의 정책이 그대로 지속된다면 미국정부는 중국 반동들의 구린내

| 57 마오쩌둥, '연합정부를 논함'(1945년 4월 24일), 〈마오쩌둥 선집〉 제3권, 인민출판사 한문판, 1991년, 1085쪽.

나는 깊은 똥구덩이에 빠져 기어 나오지 못하게 될 것이다. 또 수억만 중국 인민의 적이 되어 지금에 있어서는 항일전쟁을 방해하고 장래에 있어서는 세계 평화를 방해하게 될 것이다"[58]

4. 당의 제7차 전국 대표대회

7차당대회의 준비와 "약간의 역사문제에 대한 결의"

독일 파시즘이 멸망에 직면하고 중국의 항일 전쟁이 최후 승리에 가까워지고 있는 시기였다. 이때 중국 공산당은 일제 침략자들을 완전히 패퇴시키고, 중국혁명의 경험을 체계적으로 총화했다. 그러고는 신중국을 창건하기 전 준비를 위해 제7차 전국대표대회를 소집했다. 그러나 7차 당대회의 소집은 장기간 준비기간을 거쳐야 했다.

1928년에 6차 당대회가 열린 이래 1945년까지 꼬박 17년이 지났다. 1931년 1월, 당중앙위원회 제6기 제4차 전원회의는 7차 당대회의 소집을 제기하면서 소비에트 운동의 경험을 정리하고 당 강령을 채택하는 등 7차 당대회의 주요 과업으로 요구했었다. 그러나 국민당군이 연이어 홍군과 근거지를 대규모로 '토벌'하는 바람에, 7차 당대회가 열리지 못했다. 전국 항일 전쟁 발발 직후 1937년 12월 중공중앙정치국회의는 7차 당대회를 소집하기로 결정했다.

그러고는 마오쩌둥을 주석으로 하는 준비위원회를 설립하여 대회의 준비사업에 박차를 가했다. 1938년 3월, 중앙정치국 회의는 7차 당대회 소집 문제를 토의했다. 11월, 당중앙위원회 제6기 제6차 전원회의는 또다시 결의를 채택하여 7차 당대회의 중심과업은 항일전쟁을

---

58 마오쩌둥, '헐리정책의 위험성에 대해'(1945년 7월 12일), 〈마오쩌둥 선집〉 제3권, 인민출판사 한문판, 1991년, 1115쪽.

지속하는 것과 항일전쟁의 최후 승리를 쟁취하고 담보하는 등을 토의하는 것이라고 지적했다. 1941년과 1943년, 중공중앙은 7차 당대회 문제를 두 번이나 토의했다. 그러나 전쟁환경을 비롯하여 기타 조건이 충족되지 못한 탓에, 7차 당대회의 소집은 계속 연기됐다.

이런 우여곡절을 거치면서 당의 세력은 커다란 발전을 이루었다. 마오쩌둥이 항일전쟁 시기와 그전에 썼던 다수의 글들을 비롯해, 중공중앙이 발부한 수많은 문건들도 이미 당의 역사적 경험에 대해 다방면으로 반추했다. 특히 마오쩌둥을 중심으로 한 중앙지도집단의 형성과 정풍운동의 성공은 전 당의 사상, 정치 및 조직 상황에 근본적인 변화를 가져다줬다. 이 모든 것은 7차 당 대회의 소집에 유리한 조건을 마련해 주었다.

1944년 5월 21일부터 1945년 4월 20일까지 중공중앙은 옌안에서 당중앙위원회 제6기 제7차 전원회의를 확대, 소집하여 7차 당 대회 소집을 위해 진일보하는 준비를 했다. 이 회의에는 17명의 중앙위원과 후보위원이 출석했고, 각 중앙국과 분국 그리고 기타 방면의 책임자 12명이 배석했다. 회의는 마오쩌둥, 주더, 류사오치, 런비스, 저우언라이로 주석단을 구성했는데, 그중 마오쩌둥이 주석이 됐다. 회의는 원중앙정치국 주석 마오쩌둥을 중앙위원회 주석으로 할 것에 대한 류사오치의 제안을 수용했다. 또 주석단이 회의기간에 중앙의 일반 사업을 처리하고, 서기처와 정치국은 직권행사를 중지하기로 했다. 전원회의는 7차 당대회의 제반 준비사업을 토의하고 7차 당대회의 의사일정과 보고 책임자를 채택했다.

한편 마오쩌둥의 정치보고를 주석단과 전원회의에서 토의하는 것 외에 기타 군사보고, 당규약 수정에 대한 보고, 당의 역사문제 보고, 통일전선 보고 등은 각기 위원회를 설립해 작성하기로 결정지었다. 전원회의 마지막에 7차 당대회에 상정할 정치보고와 군사보고, 당규약 초안, 7차 당대회 주석단 명단 초안, 대표자격 심사위원회 후보자 명단과 회의장 규칙 초안 등을 토의하고 채택했다. 전원회의는 그밖에도 마오쩌둥이 작성한 "도시사업에 대한 중공중앙의 지시" 등 문건도 토의하고 채택했다.

당중앙위원회 제6기 제7차 전원회의의 주요 내용과 가장 중요한 성과는 바로 1945년 4월 20일에 원칙적으로 "약간의 역사문제에 대한 결의"를 채택한 것이다. 이 결의는 마오쩌둥이 1941년에 쓴 "역사문제 초안"을 원본으로 삼아, 마오쩌둥의 지도 아래 1944년 5월부터 초안을 작성하기 시작했다.

그리고 런비스가 류사오치, 캉성, 저우언라이, 장원톈, 펑전(彭眞), 가오강, 보구 등이 참가한 당의 역사문제 결의 준비위원회를 책임지고 설립했다. 초안 작성사업은 1년간 지속됐고, 초안원고를 여러 번 바꾸기도 했다. 이후 마오쩌둥이 직접 책임지고 여러 차례 수정을 거쳤다. 당중앙위원회 제6기 제7차 전원회의 기간에 당의 많은 고위급 간부들이 역사결의에 대한 수정과 토론에 참가했다. 그리고 7차 당대회에 출석하는 여러 대표단의 토론에 상정하기도 했다. 역사결의에는 전 당의 경험과 집단의 지혜가 응집됐다고 할 수 있다.

가오강(高崗, 고강·1905~1954)

산시성의 헝산(橫山, 횡산)에서 태어났다. 1927년 국공(國共)분열 후 중국공산당 중앙위원회 위원을 지냈다. 항일전쟁 종전 후에는 중국 내에서 유일하게 산업화된 둥베이지방(만주)으로 가서, 중국공산당 둥베이국 서기 겸 둥베이 행정위원회·경제재정위원회 주임이 되었다. 공산당정부가 수립된 후 중앙인민정부 부주석, 국가계획위원회 주임 등을 지냈다. 그 후 둥베이지방을 자기의 독립왕국으로 변모시키려고 함과 동시에, 상하이 시장 라오수스와 짜고 반(反)중앙·반당 활동을 하던 중 1954년 발각되자 자살했다. 1955년 당에서 제명되었다.

"역사결의"는 당 창건 직후, 특히 당중앙위원회 제6기 제4차 전원회의로부터 준이(遵義)회의 전까지 당의 역사와 경험과 교훈을 정리했다. 또 마르크스-레닌주의의 기본원리를 운용해 중국 혁명의 문제를 해결한 마오쩌둥의 탁월한 능력을 높이 평가했다. 그뿐만 아니라 전 당에서의 마오쩌둥의 지도적 체제를 확립하는 중요한 의의를 긍정했다. 또한 여러 차례의 "좌"경 오류가 정치, 군사, 조직, 사상 면에서 빚은 엄중한 위해성을 상세하게 적시했다. 그 밖에도 오류가 낳을 수 있는 사회적 근본과 사상적 근본에 대해 집중적으로 분석했다. 당내 사상투쟁 전개 경험을 총화 할 때 "과거를 징계하여 금후를 삼가게 하며" "병을 치료하여 사람을 구하며" "사상을 명확히 하면서도 동지들과 단결하는" 방침을 강조했다.

　"역사결의"는 현 시점에서 전 당의 과업은 바로 "마르크스-레닌주의 사상으로 일치된 기반 위에서 전 당 동지들과 화목한 가족처럼, 견고한 강철처럼 잘 단결하여 항일전쟁의 확실한 승리와 중국 인민의 완전한 해방을 위해 분투하는 것"이라고 했다. 당중앙위원회 제6기 제7차 전원회의의 소집과 "약간의 역사문제에 대한 결의"의 채택은 전 당이 마오쩌둥 사상을 기반으로 더욱 단결하게 했고 7차 당대회가 성공리에 소집되는 데 충분한 사상적 조건을 마련했다.

7차 당대회의 소집

　1945년 4월 21일, 7차 당대회 예비회의가 옌안에서 소집됐다. 마오쩌둥은 회의에서 7차 당대회의 사업방침은 단결하여 승리를 쟁취하는 것이라고 천명했다. 그는 다음과 같이 지적했다. 대회의 시각은 앞을 보아야 하지 뒤를 보아서는 안 된다. 우리는 현재 승리하지 못했고 앞에는 아직 장애물이 있으니, 반드시 근신하고 겸손하며 조급함을 버리고 전 당이 단결을 강화해야 한다.

4월 23일부터 6월 11일까지 7차 당대회가 옌안의 양자링 중앙 대 강당에서 성대히 열렸다. 대회에 출석한 정식 대표 547명과 후보 대 표 208명을 합친 총 755명은 전 당 121만 명의 당원들을 대표했다. 대표 중 1921년부터 1927년 사이에 입당한 당원이 약 28%를 차지 했고 1928년부터 1935년 사이에 입당한 당원이 59%를 차지하며, 1937년부터 1941년 사이에 입당한 당원이 13%를 차지했다. 대표들 의 평균 연령은 36.5세였는데 제일 나이 어린 대표가 23세이고 제일 나이 많은 대표가 69세였다. 그리고 여성 대표가 대표 총수의 6.9% 를 차지했다.

> ### 7차 당대회
>
> 7차 당대회 개막 전야의 대표 총수는 752명이었다. 당시 〈해방일보〉가 공개적으로 보도한 수치는 정식 대표 544명, 후보대표 208명이었다. 조사확인을 거쳐 정식 대 표는 545명이었고 후보대표는 207명이었다. 대회 개막 후 또 정식 대표 2명, 후보 대표 1명을 증가했다. 그리하여 7차 당대회 폐막 때 〈해방일보〉는 보도에서 정식 대 표 547명, 후보 대표 208명이라고 고쳤다. 정식대표는 발언권과 표결권을 가졌지만 후보대표는 발언권만 가졌다.

마오쩌둥은 대회에서 개회사와 폐회사를 담당하는 동시에 "연합정 부에 대해"라는 서면 정치보고를 했으며, 정세와 사상정치 문제에 대 한 보고, 정치보고를 토의한 것에 대한 결론과 선거문제에 대한 연설 을 했다. 주더가 "해방구 전장에 대해"라는 군사보고와 군사문제 토 의에 대한 결론을 지었다. 류사오치가 "당 규약 수정에 대한 보고"와 조직문제 토의를 결론지었다. 또 저우언라이가 대회에서 "통일전선 에 대해"라는 발언을 했다. 런비스, 천윈, 펑더화이, 장원톈, 천이, 예 젠잉, 양상쿤, 류보청, 펑전, 녜룽전, 루딩이, 우란푸 등 20여 명이 대회에서 발언했다. 이러한 보고와 발언들은 당의 정치 노선, 군사 노선, 조직 노선의 기본 정신에 대한 논의였다. 동시에 당의 역사적 경험을 총화하면서 여러 전선의 과업과 정책에 대한 구체적인 의견을 제기했다. 대회는 깊이 있는 토론을 거쳐 정치, 군사, 조직 면의 보고를 만장일치로 채택했고 정치결의안, 군사결의안 및 새로운 당 규약을 결의했다.

7차 당대회는 다음과 같이 인정했다. "장기간에 걸친 전쟁의 시련을 통해 중국인민은 크게 각성했고 단결력이 강해졌다. 그뿐만 아니라, 강대한 중국 해방구와 날로 앙양되는 전국적인 민주운동을 보유하게 됐다. 또한 제2차 세계대전 승리에서 비롯된 유리한 국제정세에 직면하게 됐다. 그러므로 근 100년 사이에 겪은 여러 차례 인민투쟁의 실패와 좌절과 비교할 때, 현재는 실패를 면하고 승리를 거머쥐는데 필요한 조건들이 모두 다 갖추어졌다. 중국 인민이 모든 역경을 딛고 위대한 역사적 의의를 갖는 기본적 요구를 실현할 시기가 코앞에 다가왔다. 미래가 밝다는 조짐이다"

대회는 또 다음과 같이 지적했다. "중국 인민의 앞에는 아직도 매우 큰 장애물이 존재하고 있다. 그것은 국민당과 공산당의 두 갈래 서로 다른 항전 노선이 확연히 다른 두 가지 결과를 가져온 것이다. 항일전쟁에 유리한 정세 아래서도 큰 위기가 잠복하고 있기 때문이다. 이는 모든 중국 문제의 관건이다"

대회는 다음과 같이 심도 있게 지적했다. "국민당은 줄곧 파시즘적인 독재 통치를 실시하고 민주주의 개혁을 거부하며 일본 침략자들을 반대하는 데 중점을 두는 것이 아니라, 인민을 반대하는 데 중점을 두고 있다. 따라서 일제를 물리쳤다고 해도 중국은 여전히 내전 가능성이 있다. 내전이 발발하면 중국은 독립 및 통일되지 못하고, 자유와 민주주의가 없으며, 부강하지 못한 그런 고통 속에 싸여 있는 과거로 회기하게 될 것이다. 이것이 바로 어두운 전망이다. 중국이 두 가지 전망, 두 가지 운명에 직면한 상황에서 중국공산당의 과업은 바로 밝은 전망을 쟁취하고 어두운 전망을 물리치기 위해 힘쓰는 것이다"

대회는 또 다음과 같이 지적했다. "만약 우리가 전국 인민을 단합하여 힘써 싸우는 동시에 그들을 적절히 이끌어주기만 한다면 우리는 승리할 수 있다"[59] 이는 7차 당대회의 중심과업이기도 하다.

7차 당대회가 제기한 당의 정치노선은 다음과 같다. "담대하게 대중을 발동하여 인민의 세력을 성장시키며, 당의 지도 아래 일본 침략자를 쳐부수고 전국 인민을 해방하여 신민주주의 중국을 세우는 것이다.[60] 우리가 창건하려는 신중국은 대지주와 대자산계급의 독재 국가가 아니요, 민족자산계급이 통치하는 낡은 민주주의 국가도 아니다. 사회주의 국가도 아닌, 노동계급의 지도아래 세운 여러 혁명계급을 위한 민주주의 연맹적 국가, 즉 신민주주의 국가여야 한다" 대회는 다음과 같이 강조했다. "신중국을 세우기 위한 가장 중요하고 가장 절박한 과업은 바로 국민당의 일당 독재를 즉각 폐지하고 민주연합정부를 수립하는 것이다. 국민당 일당 독재는 국민당 내 반인민적 집단의 독재이며, 중국 민족단결의 파괴자이고 국민당전장 항일 실패의 책임자이다. 또 중국 인민의 항일세력을 동원하고 통일시키는 데 근본적인 장애물이며, 내전의 화근이다. 국민당의 일당 독재를 폐지해야만, 우리는 민주주의적 연합정부를 수립할 수 있으며, 침략자를 물리치고 신중국을 창건하는 목적을 달성할 수 있다. 민주연합정부는 항일민족통

59 마오쩌둥, '연합정부에 대해'(1945년 4월 24일), 〈마오쩌둥 선집〉 제3권, 인민출판사 한문판, 1991년, 1032쪽

60 마오쩌둥, '우공이 산을 옮기다'(1945년 6월 111일), 〈마오쩌둥 선집〉 제3권, 인민출판사 한문판, 1991년, 1101쪽.

일전선이 정권 측면에서의 최고 형식이며 전국 인민의 외침이자 요구이다" 대회는 또 일본침략자를 물리치기 전과 후로 나누어 민주연합정부를 수립하는 두 가지 구체적인 절차를 제기했다. 대회는 신민주주의 국가의 정치, 경제, 문화 등 기타 면의 강령과 외교정책의 기본원칙에 대해서도 구체적으로 설명했다.

7차 당대회는 신민주주의의 일반적 강령과 관련하여, 자본주의가 신민주주의 사회에서 크게 발전하도록 허용해야 한다고 했다. 마오쩌둥은 중국의 경제가 낙후했기 때문에 자본주의를 어느 정도 발전시킴으로써, 외래 제국주의 및 자국 봉건주의의 억압을 대체하는 것은 하나의 진보일 뿐만 아니라 또한 불가피한 과정이다. 그것은 자산계급은 물론 무산계급에게도 유리한 것이다. 아니 오히려 무산계급에게 더 유리하다"[61]고 했다. 신민주주의의 사회제도 아래에서 국가경제, 합작(合作)경제를 발전시키는 동시에, 국민의 생계를 조종하지는 않는다. 그러나 국민의 생계에 유리한 사적 자본주의가 발전할 수 있도록 편의를 봐주고 모든 정당한 사유재산을 보장해야 한다. 이는 마르크스주의가 규명한 사회발전 법칙에 부합되는 것이다. 그뿐만 아니라, 중국 사회의 발전과 장래의 사회주의에도 유리했다. 자본주의 발전에 대한 7차 당대회의 논술은 신민주주의 이론에 대한 큰 발전이었다.

7차 당대회는 당의 문건에서 처음으로 생산력을 기준으로 한 정당의 역사적 작용을 평가해야 한다고 명확히 제기했다. 마오쩌둥은 정치보고에서 다음과 같이 지적했다. "모든 정당의 정책과 그 정책의 실천은 근본적으로 이것이 중국 인민의 생산력 발전에 도움이 될까 혹은 도움이 클까 작을까를 보아야 하고, 이것이 생산력의 발전을 저하

---

61 마오쩌둥, '연합정부에 대해'(1945년 4월 24일), 〈마오쩌둥 선집〉 제3권, 인민출판사 한문판, 1991년, 1060쪽.

시키는 것인지 향상시키는 것인지를 잘 보아야 한다"[62] 중국공산당이 인민을 지도하여 일본침략자를 물리치고 신중국을 건설하는 것, 토지 개혁을 실시하여 농민을 해방시키는 것, 중국의 공업화와 농업의 근 대화를 위해 투쟁하는 것, 자본주의를 포함하여 중국 사회의 진보에 유리한 여러 가지 경제성분의 존재를 허용하는 것은 모두 중국의 사회 생산력을 향상시키기 위한 것이며 종국에는 가장 광범위한 인민의 이익을 위해서이다.

7차 당대회는 중국 신민주주의혁명의 발전 법칙을 심도 있게 제시했다. 그러고는 당이 중국 혁명을 지도하는 세 가지 기본경험 즉, 무장 투쟁, 통일전선 등 당 건설 문제에 대해 체계적으로 정리했다.

7차 당대회는 장기간의 투쟁에서 형성된 당의 풍부한 전통과 경험을 3대 방법으로 개괄했다. 즉 이론과 실천을 결부시키는 방법, 인민 대중과 밀접히 연계하는 방법, 자아비판의 방법이다. 이는 공산당이 기타 정당과 구별되는 뚜렷한 징표이고 당의 노선, 방침, 정책이 순조롭게 관철되게끔 하는 근본적 담보이다. 7차 당대회는 다음과 같이 강조했다. "전심전력으로 인민을 위해 복무하여 한 시각도 대중을 이탈하지 않는 것, 개인 혹은 소집단의 이익이 아닌 인민의 이익으로부터 출발하는 것, 인민의 책임과 당의 지도기관의 책임에 대한 일치성을 담보하는 것이 바로 우리의 출발점이다" "공산주의자들의 모든 언행은 반드시 인민대중의 최대 이익에 부합돼야 하며 가장 광범위한 인민 대중의 지지를 받는 것을 최고의 기준으로 삼아야 한다"[63], "대중을 이탈한 명령주의와 관료주의 등 그릇된 경향을 반대해야 한다"

---

62 마오쩌둥, '연합정부에 대해'(1945년 4월 24일), 〈마오쩌둥 선집〉 제3권, 인민출판사 한문판, 1991년, 1079쪽.

63 마오쩌둥, '연합정부에 대해'(1945년 4월 24일), 〈마오쩌둥 선집〉 제3권, 인민출판사 한문판, 1991년, 1094~1096쪽.

7차 당대회는 당이 지도하는 무장투쟁 특히 항일전쟁의 경험을 체계적으로 정리했다. 그러고 나서 해방구 전장의 창설, 발전에 대한 장대한 역사적 과정과 인민전쟁의 전략전술에 대해 논술했다. 또 항일전쟁 중 국민당이 고수한 단순 방어적 군사 노선과 공산당 인민전쟁의 군사 노선을 분석했고, 인민전쟁의 군사 노선과 전략전술에 대해 상세하게 논술했다.

7차 당대회는 다음과 같이 지적했다. 인민의 군대, 인민의 전쟁, 인민 전쟁의 노선과 전략전술은 중국 인민의 무장항일의 군사 노선을 결정지었고, 이는 해방구 전장이 승리할 수 있는 관건이었다. 당이 지도하는 인민군대는 인민의 자제병(子弟兵)으로서 인민 속에서 중국 인민과 함께 나란히 서 있으며, 인민을 위해 성심성의껏 복무한다. 이는 전체적인 건군 원칙이다. 또 7차당대회는 금후 전국의 군사 과업은 '팔로군과 신사군이 모든 항일 우군과 단합하여 일본침략자를 물리치는 것'이라고 했다. 7차 당대회는 새로운 당규약을 채택했다. 새당규약은 마오쩌둥의 건당 사상 및 장기간의 혁명실천에서 형성된 중국공산당의 풍부한 수단과 혁명적 품격을 충분히 구현했다. 또 중국공산당은 마오쩌둥 사상을 모든 사업의 지침으로 삼으며, 교조주의와 경험주의의 편향을 일절 반대한다고 규정했다.

새로운 당규약은 다음과 같이 명확히 규정했다.

마르크스-레닌주의와 마오쩌둥 사상을 힘써 학습하고 터득하는 것은 모든 공산당원의 의무다. 당 사업을 할 때는 반드시 대중노선을 상기해야 하며, 이는 당의 근본적인 정치노선과 조직노선이다. 당내 생활에서는 반드시 민주주의 중앙집권제를 견지하고, 민주를 토대로 한 집중과 집중의 지도 아래 민주를 실시해야 한다. 이 모든 것은 혁명이 중차대한 전환을 맞이하는 시점에서 전 당이 사상 이론, 정치노선, 조직제도 측면에서 정확한 지도를 받고 일치하여 승리를 쟁취하게 하는 유력한 담보가 됐다.

7차 당대회는 민주적이고 합심하는 분위기로 넘쳤다. 대회의 보고를 토의하고 발언할 때 많은 대표들은 속내를 밝힐 수 있었으며, 본 지역이나 본 부문, 본 단위에서 장기적인 혁명투쟁에서 쌓은 경험과 교훈을 구체적으로 반추했다. 또 지난날 당내에서 범한 오류, 특히 왕밍을 대표로 하는 "좌"경 교조주의의 오류에 대해 단합의 염원을 담아 심도 있는 비판을 했다. 오류를 범한 일부 동지들도 자아비판을 했다. 대회는 오류를 범한 동지들에 대해 인내심을 갖고 도와주며 교육했다.

마오쩌둥은 대회에서 한 보고와 연설에서 오류를 범한 동지들에 대해 객관적이고 구체적으로 분석하는 태도를 취했다. 그리하여 그들이 범한 잘못뿐만 아니라 그들이 당과 혁명에 기여한 측면도 충분히 긍정해야 한다고 표명했다.

7차 당대회에서는 새로운 중앙위원회가 탄생했다. 그 가운데 중앙위원이 44명, 후보위원이 33명이었다. 중앙지도집단은 충분한 준비를 거쳐 선출된 것이었다. 선거에서는 다음과 같은 세 가지 원칙을 명시했다.

(1) 지난날 잘못을 범한 동지들을 그냥 내치지 않는다. 잘못을 인정하고 잘못을 시정할 결심이 보이면 계속 선출될 수 있다.

(2) 중국 혁명에서 장기간의 분산적인 농촌 환경에서 형성된 "종파"에 대해서는 인정하고 돌봐줘야 한다. 그리고 종파를 점차 축소, 소멸시켜 각 지역과 각 방면 당 선진대표들을 모두 중앙위원회에 들어오게 해야 한다.

(3) 모든 중앙위원들이 각 방면의 지식을 전부 터득할 것을 요구하지는 않는다. 그러나 중앙위원회는 모든 방면의 지식을 거의 다 알아

야 한다. 그래야 각기 다른 방면의 지식과 재능을 가진 동지를 선출할 수 있다.

선거 과정은 다음과 같다. 후보자 명단은 각 대표단 소조가 제출하고 충분한 토론과 예선을 거친다. 그리고 나서 정식 후보자 명단을 제출한다. 그리고 마지막에 무기명 투표를 진행한다. 이러한 민주적 방식으로 선거를 진행한 것은 당 대표대회 사상 처음이었다.

1945년 6월 19일, 당중앙위원회 제7기 제1차 전원회의는 마오쩌둥, 주더, 류사오치, 저우언라이, 런비스, 천원, 캉성, 가오강, 펑전, 둥비우, 린보취, 장원톈, 펑더화이를 중앙정치국 위원으로, 마오쩌둥, 주더, 류사오치, 저우언라이, 런비스를 중앙서기처 서기로, 마오쩌둥을 중앙위원회 주석, 중앙정치국 주석, 중앙 서기처 주석으로 선출했다. 또한 런비스를 중공중앙 비서장으로, 리푸춘(李富春)을 부비서장으로 선출했다. 7차 당대회에서 선출된 마오쩌둥을 대표로 한 중앙위원회는 높은 지위를 차지하고 있을 뿐만 아니라, 전(全)당을 단결시킬 수 있는 견고한 집단이었다.

런비스(任弼時, 임필시·1904~1950)

모스크바의 동방대학에 유학 중이던 1922년에 중국공산당에 입당했다. 1927년 중국 공산주의 청년단(공청단) 중앙서기처 제1서기가 되었고, 1941년 당중앙 비서장, 1954년에 당 중앙위원회 서기가 된다. 당시 제6기 7중전회에서 선출된 마오쩌둥과 주더, 류사오치, 저우언라이와 함께 5대 서기로 불렸다. 중화인민공화국 건국 직후인 1950년 10월 27일, 46세의 나이에 뇌일혈로 사망했다. 그는 평생 마오쩌둥과 같은 노선을 걸었다.

7차 당대회는 신민주주의 혁명 시기에 극히 중요한 중국공산당의 대표대회이자 마지막 대표대회이기도 했다. 대회는 중국 신민주주의 혁명이 우여곡절 끝에 20여 년간 발전해온 역사 경험을 총화하고 정확한 노선, 강령, 책략을 제정했다. 또 당내의 그릇된 사상을 극복하여 전당, 특히 당의 고위급 간부들로 하여금 중국 민주혁명의 발전 법칙에 대해 비교적 명확한 인식을 가지게 했고, 이를 통해 전 당이 마르크스-레닌주의, 마오쩌둥 사상을 토대로 전례 없이 단합되게 했다. 이번 대회는 "단결의 대회, 승리의 대회"로 역사에 기록됐다. 7차 당대회는 당이 인민을 지도하여 항일전쟁의 승리와 신민주주의 혁명의 전국적인 승리를 쟁취하는 데 정치적, 사상적, 조직적 토대를 마련했다.

마오쩌둥 사상을 당의 지도사상으로 확립

마오쩌둥 사상을 당의 지도이념으로 확립하고 이를 당 규약에 기록한 것은 7차 당대회의 역사적 기여이다.

7차 당대회의 당 규약은 다음과 같다.

"마오쩌둥 사상은 마르크스-레닌주의 이론과 중국 혁명의 실제를 통합한 사상으로서, 바로 중국식 공산주의와 중국식 마르크스주의이다" "마오쩌둥 사상은 바로 마르크스주의가 당면한 시대의 식민지, 반식민지, 반봉건 국가의 민족민주혁명에서의 지속적인 발전이자 마르크스주의 민족화의 우수한 전형(典型)이다"[64]

마오쩌둥 사상은 중국 혁명의 사회역사적 환경, 경제·문화적 기초 및 혁명의 성격, 기본 동력, 투쟁형식, 발전도로, 투쟁목표, 지도세력 등 기본적인 문제에 대해 체계적으로 해답했다. 7차 당대회는 마오쩌둥 사상의 주요 내용이 바로 "현대 세계 사조와 중국 실정에 대한 분석, 신민주주의에 대한 이론과 정책, 농민해방에 대한 이론과 정책, 혁명통일전선에 대한 이론과 정책, 혁명전쟁에 대한 이론과 정책, 혁

---

64 류사오치, '당을 논함'(1945년 5월 14일), 〈류사오치 선집〉(상권), 인민출판사 한문판, 1981년, 333쪽.

명근거지에 대한 이론과 정책, 신민주주의공화국 건설에 대한 이론과 정책, 당 건설에 대한 이론과 정책, 문화에 대한 이론과 정책 등에 대한 마오쩌둥 동지의 생각"[65]이며 마오쩌둥 사상은 "중국인민의 완벽한 혁명건국 이론이다"고 개괄했다.

7차 당대회는 마오쩌둥 사상을 당의 지도이념으로 확립하였는데, 이는 근대 중국 역사와 인민혁명투쟁 발전의 필연적인 선택이다. 20세기 초에 혹독한 시련을 겪은 중국 인민은 장기간의 혁명투쟁에서 반복적인 비교와 감별을 거쳐 드디어 마르크스-레닌주의를 사상무기로 선택했다. 중국공산당이 창립된 후 마오쩌둥을 주요 대표로 하는 중국공산주의자들은 마르크스-레닌주의의 기본 원리에 근거하여 20여 년 간의 탐색을 거쳤다. 그러고는 중국 혁명 실전에서의 독창적인 경험을 이론적으로 개괄했고, 마르크스-레닌주의를 창조적으로 발전시켰다. 또 중국의 실정에 걸맞은 과학적인 지도사상을 형성했다. 이것이 바로 마르크스-레닌주의 기본 원리와 중국 혁명의 실제가 결부된 위대한 이론적 성과인 마오쩌둥 사상이다.

마오쩌둥 사상이라는 이 과학적 개념은 일정한 과정을 거쳐 형성됐다. 1941년 3월, 당의 이론가 장루신(張如心)이 "마오쩌둥 동지의 사상"이라는 제기법을 썼다. 같은 해 6월, 중공중앙 북방국, 팔로군 야전정치부는 "우리 당의 수령 마오쩌둥 동지가 중국 혁명에 대한 마르크스-레닌주의의 제반 학설과 주장을 발전시켰다"고 선전할 것을 제기했다. 9월, 중앙정치국에서 열린 확대회의에서는 중국 혁명에 대한 마오쩌둥의 이론을 한층 더 긍정했다. 1942년 7월 1일, 주더는 글을 발표하여 "우리 당은 이미 풍부한 투쟁경험을 쌓았고 마르크스-레닌

---

65 류사오치, '당을 논함'(1945년 5월 14일), 〈류사오치 선집〉(상권), 인민출판사 한문판, 1981년, 335쪽.

주의의 이론을 올바르게 실행하였다. 그뿐만 아니라, 중국 혁명의 실전에서 중국 혁명을 지도할 수 있는 중국식 마르크스-레닌주의의 이론을 창조했다"[66]고 지적했다. 천이는 당이 마르크스주의를 운용하여 중국 혁명의 문제들을 해결한 새로운 창조를 논술하면서, 마오쩌둥이 혁명 실천에서 "정확한 사상체계"[67]를 창립했다고 발언했다. 1943년 7월 5일, 왕자샹(王稼祥)이 '중국공산당과 중국민족 해방의 길'이라는 글에서 처음으로 "마오쩌둥 사상"이라는 개념을 사용했다. 그러면서 "마오쩌둥 사상은 바로 중국의 마르크스-레닌주의[68]다"라고 했다. 이와 동시에 류사오치는 "마오쩌둥 사상으로 자기를 무장"할 것을 전 당에 호소했으며 모든 사업의 절차와 부문에 마오쩌둥 동지의 지도를 반영했다. 또 마오쩌둥 동지의 사상체계로 당내 기회주의 사상을 청산[69]할 것을 전(全)당에 호소했다. 1943년 8월, 충칭에서 옌안으로 돌아온 저우언라이는 중앙판공청에서 열린 환영회에서 다음과 같이 지적했다. 우리 당은 이 3년 사이에 지난 20년보다도 더 위대하고 풍부한 결실을 맺었다. 이는 전 당이 마오쩌둥 동지의 지도 아래 이룩한 것이다. 당의 역사는 "마오쩌둥 동지의 의견은 전반적인 당의 역사를 담고 있고 마르크스-레닌주의의 중국화는 중국공산주의의 노선이 되었으며" "마오쩌둥 동지의 방향은 바로 중국공산당의 방향"[70]임을 입증했다.

마오쩌둥은 7차 당대회에서 창조하고 발전시킨 마르크스주의를 "향기로운 마르크스주의"와 "살아있는 마르크스주의"로 비유하는 동시에, 현실에 안주하면서 기계적으로 옮겨놓은 마르크스주의를 "고린내 나는

66 주더, '당의 21주년을 기념하여', 〈해방일보〉 1942년 7월 1일.
67 천이, '위대한 21년-당 창건 감수', 〈염부보(鹽阜報)〉, 1942년 7월 1일.
68 〈해방일보〉, 1943년 7월 8일.
69 류사오치,'당내 멘셰비키 사상을 창산하자', 〈해방일보〉, 1943년 7월 6일.
70 〈저우언라이 선집〉(상권), 인민출판사, 한문판, 1980년, 138쪽.

마르크스주의" "죽은 마르크스주의"로 비유했다. 그리고 오직 "향기로운 마르크스주의"와 "살아있는 마르크스주의"만이 중국 문제를 해결할 수 있다[71]고 강조했다. 당의 역사가 증명하다시피 마르크스-레닌주의의 기본 원리를 운용하여 중국 혁명의 문제를 연구하고 해결하려면, 실천 속에서 이론을 창조할 수 있는 담력과 박력이 있어야 한다. 중국과 같은 반식민지, 반봉건적인 동방 대국에서 혁명을 진행하려면 필연적으로 복잡하고 특수한 많은 문제점들에 부딪히게 된다. 마르크스-레닌주의 원리를 베끼고 외국의 경험을 그대로 적용하는 것에 의지만 해서는 이런 문제들을 해결할 수 없다. 20세기 20년대 후기와 30년대 전기에 중국공산당 내에서 성행한, 마르크스주의를 교조화하고 국제공산당의 결의와 소련의 경험을 신성화하는 그릇된 경향은 중국 혁명을 거의 질식 상태에 빠뜨리기도 했다. 마오쩌둥 사상은 바로 이와 같은 그릇된 경향과 투쟁하고, 이에 대한 역사적 경험을 깊이 반성하는 과정에서 점차 형성되고 발전한 것이다. 또한 토지혁명전쟁 후기와 항일전쟁 시기에 체계적으로 정리되고, 다방면의 사건을 통해 성숙되기 시작했다. 이로써 마르크스-레닌주의의 기본 원리를 중국 혁명의 실제에 결부시키는 첫 번째 역사적 도약을 가져옴과 동시에, 중국 인민 혁명을 지도하는 실전에서 큰 힘을 발휘했다.

마오쩌둥 사상은 마르크스-레닌주의가 중국에서 응용되고 발전된 것으로서 실천에 의해 증명됐다. 또 중국 혁명에 대한 정확한 이론 원칙이자 경험의 총화이며, 중국공산당의 집단적 지혜의 결정체이다. 당의 많은 탁월한 지도자들은 모두 마오쩌둥 사상의 형성과 발전에 기여했으며, 마오쩌둥의 과학적 저작물은 모두 이를 집중적으로 개괄한

---

71 마오쩌둥, '중국공산당 제7차 전국대표대회에서 한 구두 정치보고', 〈마오쩌둥 문집〉 제3권, 인민출판사 한문판, 1996년, 331~332쪽.

것이다. 마오쩌둥은 마오쩌둥 사상의 주요 창시자이다. 그는 변증법적 유물론과 역사적 유물론을 중국공산당의 사업 전반에 운용하여, 중국 혁명의 길고 힘든 투쟁 중 중국공산주의자의 고유의 입장과 관점, 방법을 형성했다. 이는 주로 실사구시, 대중 노선과 독립 자주이다. 위와 같은 원칙을 고수했기에 그는 창조적으로 마르크스-레닌주의를 발전시키는 한편, 중국 혁명에 대한 체계적이고 완벽한 과학적 이론과 전략 및 책략, 일련의 노선, 방침, 정책을 제기할 수 있었던 것이다.

마오쩌둥의 역사적 지위와 마오쩌둥 사상의 지도적 작용을 정확하게 인식하고 확립한 것은 중국 공산당원들과 중국 인민이 장기간의 투쟁과정에서 거둔 거대한 수확이다. 전(全)당 고위급 간부들은 혁명의 승리와 실패의 반복적인 비교 및 정풍운동(整風運動·중국공산당의 당내투쟁을 효과적으로 전개하기 위하여 마오쩌둥이 주창한 당원활동 쇄신운동)과 약간의 '역사문제와 관련한 결의'에 대한 토론을 거쳐, 마르크스주의의 중국화의 의의, 특히 마오쩌둥과 마오쩌둥 사상의 정확한 지도에 대해 보다 깊이 인식하게 됐다.

따라서 마오쩌둥 사상을 당의 지도사상으로 확립하는 것은 필연적인 사항이 됐다. "역사결의"가 지적한 바와 같이 "오늘에 이르러 전(全)당은 이미 전례 없이 합심하여 마오쩌둥 동지 노선의 깊이를 인식하게 되었고, 마오쩌둥의 기치 아래 단합됐다. 마오쩌둥 동지를 대표로 하는 마르크스-레닌주의의 사상은 더 보편적으로, 더 심도 있게 간부와 당원 및 인민대중에게 각인되는 결과를 가져왔다.이는 필히 당과 중국 혁명에 위대한 진보와 불가전승의 세를 가져다줄 것이다"마오쩌둥 사상이 전(全)당에서 지도적 지위를 확립한 것은 전(全)당이 사상적, 정치적으로 성숙됐음을 말해주며 당의 이론 수준이 크게 성장했음을 보여준다.

마오쩌둥 사상의 위대한 기치를 높이 치켜드는 것은 전(全)당의 사상을 통일하고 행동을 지도하며 당의 정치노선을 실현하는 데 아주 중요한 의의를 가진다. 이에 7차 당대회는 전(全)당에 마오쩌둥 사상을 학습하는 고조를 일으킬 것을 호소했다. 류사오치는 다음과 같이 지적했다. "일찍이 우리 당과 많은 당원들은 이론적으로 준비가 되지 않았다. 때문에 사업에서 방황하고 모색하는 등, 불필요한 굽은 길을 돌아가며 적잖게 고생했다.

그러나 현재 우리 당과 중국 인민은 마오쩌둥 동지의 고난의 사업과 천재적인 창조성으로 인하여 이론적으로 충분한 준비를 하게 되었다. 이는 우리 당과 중국 인민의 신심과 전투력을 크게 증강시켜줄 것이고, 중국 혁명이 승리로 나아가는 발걸음을 크게 가속시킬 것이다"[72] 7차 당대회 이후 전(全)당 동지들은 마오쩌둥 사상의 인도 아래 대동단결하여 중국 혁명의 행정(行程)을 성공시키기 위해 분투했다.

5. 항일전쟁의 승리

반파시즘 전쟁의 승리적인 발전

7차 당대회 이후 세계 반파시즘 전쟁은 계속 승리의 길을 걸었다. 1945년 상반기, 소련, 미국, 영국 등 연합국은 유럽 전장에서 독일 파시즘을 철저히 격파하고 위대한 승리를 이룩했다. 1월, 소련군은 파상공세로 독일군을 향해 진격하여 히틀러의 방어계획을 빠르게 무너뜨렸다. 3월, 서유럽에 있던 미국, 영국 등의 군대들은 라인강을 건너 독일 경내에 진입했다. 4월 하순, 소련군은 베를린에 대한 포위를 마

| 72 류사오치, '당을 논함'(1945년 5월 14일), 〈류사오치 선집〉(상권), 인민출판사 한문판, 1981년, 337쪽.

쳤고 5월 2일에는 베를린을 함락했다. 독일 파시즘의 대표인 히틀러는 그전에 이미 자살해 버렸다. 5월 8일, 독일 최고통수부의 대표가 항복서에 조인함으로써 무조건 항복을 선언했다. 이탈리아 북부지역 도시의 시민들은 이탈리아 공산당의 지도 아래 4월에 봉기를 일으켰고, 게릴라부대는 파시즘 수장인 무솔리니를 체포하여 인민법정에 세우고 사형을 언도했다.

독일, 이탈리아의 파시즘이 궤멸됨으로써 일본 파시즘은 완전히 고립됐다. 반파시즘 연합국들은 협력을 한층 더 강화하여 일본에 대한 최후의 작전을 수행하기로 했다. 1945년 2월, 미국, 영국, 소련 3개 국가의 지도자들은 소련 얄타에서 회담을 가졌다. 회담에서는 1943년 10월에 중, 미, 영, 소 등 4개국에서 선언한 국제조직 설립 건의에 따라, 유엔안전보장이사회를 설립하는 절차에 진입하는 등에 대한 협의에 조인했다. 이와 동시에 대일본 작전에 대한 비밀협정도 맺었다. 이때 소련은 세 가지 조건이 충족된다는 가정 아래, 유럽에서의 전쟁이 끝나고 2~3개월 안에 대일작전에 참가하기로 했다. 이 세 가지 조건은 다음과 같다.

(1) 외몽골의 현상유지를 보장한다.

(2) 일본이 1904년에 러시아로부터 탈취한 권익을 회복한다. 즉 쿠릴열도(지금의 사할린도) 남부와 부근의 모든 섬들을 소련 측에 반환하고 다롄(大連, 대련)의 상업 항구를 국제화하며, 이 항구에서 소련의 우월한 권익을 보장한다. 소련은 뤼순(旅順, 여순)항을 임대하여 해군기지로 사용하며, 중동철도와 남만철도를 소련과 중국의 합작회사에서 공동 경영한다.(상호 양해를 거쳐 소련의 우대적인 권익을 보장하는 한편, 중국은 만주에서의 모든 주권을 유지한다.)

(3) 쿠릴열도를 소련에 넘긴다.

미국 정부는 회의가 끝난 후 4개월이 지나서 본 협정의 내용을 중국 정부에 공식적으로 알렸다. 소련이 대일작전에 참여하는 것이 중국항 일전쟁에 대한 지원인 것은 사실이다. 하지만 중국문제에 대한 얄타 협정의 조항들은 미, 영, 소 등 3국의 수뇌들이 중국정부와 중국인민 들의 동의 없이 결정한 것이다. 게다가 그 내용으로 보나 조인 방식으 로 보나 모두 미국, 소련 등의 전략적 이익을 노린 의도가 드러났고, 중국의 주권과 이익에 해를 끼쳤다.

　　얄타협정에 따라 4월 25일부터 6월 26일까지 유엔헌장제정회의가 미국 샌프란시스코에서 진행됐다. 중국정부는 쑹쯔원(宋子文)을 수석 대표로 하는 대표단을 파견했는데, 둥비우가 10명으로 구성된 중국 대표단의 정식대표로 회의에 참석했다. 이는 중국공산당의 대표가 처 음으로 국제정치무대에 공개적으로 등장한 것이다. 둥비우는 미국에 머무는 동안교포들과 미국 인민들에게 중국 인민들의 용감한 항일사 적과 공산당 사상을 선전했는데, 이는 큰 반향을 불러일으켰다. 회의 에서는 토론을 거쳐 〈유엔헌장〉에 조인했으며, 중국은 유엔안보리 5 개 상임이사국 중 하나가 됐다.

　　이때 일본은 아직 치명적인 타격을 받지 않았고, 최후의 발악으로 이른바 본토 결전을 준비하고 있었다. 1945년 2월부터 5월 사이에 일본은 두 차례의 '예비역 동원'을 통해 40여 개 사단에 240만 명에 달하는 병력을 끌어 모았다. 그리하여 필리핀의 루손섬으로부터 대만 (台灣), 유구(琉球)열도 및 오가사와라제도에 이르는 방어선을 구축했 다. 일본군은 중국 둥베이 및 조선 북부지역에 75만 명에 달하는 병 력을 배치하여, 일본 본토 및 주변 도서와 연결시켜 장기적인 작전을 펼치고자 했다.

　　아시아·태평양 전장에서는 일본에 지속적인 타격을 주기 위해 공세를 계속 퍼부었다. 6월 하순, 미군은 오키나와를 공략하여 '섬을 건너 뛰면서 공격'하는 전략을 완수했고, 일본 본토를 공격하기 위한 조건을 갖췄다. 일본은 오키나와전투에서 2,390여 대의 비행기로 '가미카제 특별공격'을 진행하고 "야마토호"를 비롯한 전함들이 "함대에 특별공격"을 단행하였으나 모두 실패하고 말았다.

가미카제 특별공격

가미카제는 제2차 세계대전 중에 자살공격으로 유명한 일본공군을 가리키는 말이다. 2차 대전 말기에 미 항공모함에 궤멸적인 공격을 받자, 일본 군부는 이를 물리치기 위해 소형전투기 자체가 폭탄이 되는 자살특공대를 조직하여 저항했다. 그들은 천황을 위해 죽는 것을 명예로운 일이라고 생각하여 연합군 함대에 동체(胴體)를 꼬라박는, 계란으로 바위를 치는 무모하기 짝이 없는 자살공격을 감행했다. 1945년에는 오키나와를 방어하기 위해 무려 1,000명이 넘는 특공대원이 가미카제 자살공격으로 목숨을 바다 속에 속속 꽂혀버렸다. 이 공격으로 30척 이상의 연합군 군함과 350척이 넘는 전함이 피해를 입었으나 주요 목표물인 미 항공모함은 침몰시키지 못했다.

일본군부는 3월 하순에 중국과의 전면전을 위해 후베이성 북부, 허난성 서부에서 로허커우(老河口)작전을, 4월에는 후난성 서부에서 즈장(芷江)작전을 발동했다. 중국군은 격전을 벌여 각기 일본군 1만 5,000명과 2만 6,000명을 살상했다. 또 중국군은 일본군이 4월 하순 광시(廣西) 등지에서 병력을 줄이며 철수하는 순간, 기세를 몰아 추격하면서 많은 적들을 섬멸하는 한편 난닝, 구이린, 류저우 등지를 수복했다.

중국의 해방구전장에서 팔로군, 신사군 및 화난인민무장세력은 "일본군과 괴뢰군을 약화시키고 아군을 발전시키는 한편, 적군점령지를 축소시키고 해방구를 확대"하라는 중공중앙의 지시에 따라 1945년 5월부터 일본군과 괴뢰군을 향해 대규모 하계공세를 퍼부었다.

진차지지역의 군민들은 5월 12일을 전후하여 차난전역, 옌베이공세, 쯔야허전역, 다칭허전역, 러랴오 전투를 발동했다. 그리고 일본군과 괴뢰군 2만여 명을 섬멸함으로써 해방구를 확대하는 한편, 적들을 철도연선과 주요 도시들에 몰아넣었다. 진지루위의 군민들은 5월 17일을 전후로 둥핑(東平)전역, 안양(安陽)전역, 양구(陽穀)전역에서 도시공격전투를 벌여 많은 일본군과 괴뢰군을 섬멸하고, 16개의 현과 성 내 적들의 많은 거점을 수복했다. 산둥의 군민들은 6월 5일에 리원리(厲文禮)의 괴뢰군을 토벌하는 전투를 벌였고 연이어서 린이(臨沂)-페이현(費縣)전투, 담성(郯城)부두전투 등 10여 개 전투에서 일본군과 괴뢰군 3만여 명을 섬멸했다. 그러고는 일본군의 여장 다사카를 격살하고 9개의 현과 성을 해방시켰다. 진쑤이지역의 군민들은 6월 19일부터 징러(靜樂)현을 포위하고 도로연선의 일본군에 대해 공격을 개시하여, 적들을 철도연선과 소수의 몇 갈래 도로연선에 몰아넣었다. 신사군은 5월 하순부터 화이허 이북에서 쑤현난(宿縣南)전투를 발동하여 워허(渦河) 이북의 진지를 공고히 했다. 그뿐만 아니라 쑤난(宿南)지역에서 새로운 해방구를 개척함으로써 신사군이 통제하는 진포철도 서쪽지역의 8개 현을 연결시켰다. 잇달아 신사군은 6월 19일에 쑤이닝 전역을 발동하여 쑤이닝 현을 공략하고 적의 거점 17곳을 쳐부쉈으며 2,000여 명의 적을 섬멸하고 20만 명의 인민을 해방시켰다. 장쑤 북부, 장쑤 중부, 화이허 이남, 어위완 등지의 신사군도 공세를 퍼부어 항일민주근거지를 확대했다.

팔로군, 신사군은 하기 공세를 거쳐 일본군점령지의 도시와 교통요충지에 대한 포위를 점차 강화했다. 또한 많은 해방구 사이를 연계시켜놓음으로써 작전을 주도함과 동시에, 유격전을 운동전으로 전환시켰다. 한편 해방구의 군민들은 생산과 군사훈련을 적극 전개함으로써 전면적인 반격을 위한 기반을 마련했다.

바야흐로 세계의 반파시즘 전쟁이 승리를 향해 나아가는 유리한 정세에 힘입어 적군점령지의 인민들은 분연히 일어나 싸우며, 어서 빨리 해방되기를 간절히 희망했다. 이 기간에 중공중앙은 적군점령지의 사업을 해방구의 사업과 마찬가지로 중요한 위치에 놓았다. 또 적군점령지 사업의 주요 임무는 항일인민들에게 "지하군을 조직하고 무장봉기를 준비하여 때가 되면 외부로부터 공격하는 군대와 합세한다. 이렇듯 안팎에서 호응하여 일본침략자를 소멸하는 것"[73]이라고 호소했다. 이에 따라 당에서는 많은 사업일꾼들을 상하이 등 적군점령지의 대도시들에 파견하여 지하무장세력을 조직하는 한편, 정보를 수집하고 괴뢰군과 괴뢰정권을 와해시키면서 안팎으로 적군점령지를 수복하기 위한 준비작업을 했다. 이와 동시에 광범위한 항일민족통일전선을 구축하는 데도 심혈을 기울였다. 누구를 막론하고 일본 침략자와 그 민족반역자들에게 저항하기만 한다면, 그들과 연합하여 공동의 적을 타도하기 위한 투쟁을 벌였다. 각지의 당조직에서는 적군점령지의 인민대중 중에서 적극적인 사람들을 훈련시킨 뒤 선발하여 현지의 사업에 투입시킴으로써, 최후의 승리를 쟁취하기 위한 능력을 키웠다.

해방구전장에서의 전면적인 반공격

독일 파시즘의 몰락과 태평양에서 연합군이 벌인 공세작전의 성공 및 중국 군민들의 하기 공세는 일본 파시즘의 종말을 가속화했다. 패배의 국면에 처한 일본정부는 소련을 이용해 중립적 지위의 유지를 시도하는 한편, 소련이 나서서 일본과 미국, 영국 간의 조건부적인 평화

---

[73] 마오쩌둥, '연합정부에 대해' (1945년 4월 24일), 〈마오쩌둥 선집〉 제3권, 인민출판사 한문판, 1991년, 1089쪽.

협상을 성사시켜주기를 바랐다.

소련정부는 일본의 요구를 거부하면서, 1945년 4월 5일에 정식으로 일본에 통보를 보내 1941년 4월에 체결한 "소일중립조약"을 폐기했다. 7월 26일, 중국, 미국, 영국 3국은 포츠담선언(소련은 8월 8일에 가입을 공식 발표하였음)을 발표하여, 일본에 즉각적·무조건적 항복할 것을 독촉했다.

소일(蘇日)중립조약

이 조약은 도합 4개 조항으로 되었는데 주요 내용은 다음과 같다. 조약 쌍방은 평화 우호관계를 유지할 것을 보장하며 상호 영토완정을 존중한다. 그리고 상호 불가침하며 만약 조약국 일방이 제3자의 전쟁 상대국이 되었을 경우 다른 일방은 전반 충돌과정에서 중립을 유지한다. 이 조약은 쌍방의 비준을 거친 후 1941년 4월 25일부터 효력을 발생하며 유효기는 5년이다.

그러나 일본정부는 성명을 발표하여 공고에 대해 모른 체하며 버텼다. 8월 6일과 9일, 미국은 일본의 히로시마와 나가사키에 원자탄을 투하해 도합 20만여 명의 사상자를 냈다. 미국의 원자탄 공격은 일본정부와 민간사회를 크게 뒤흔들어 놓았으며, 효과적인 위협이 되었다. 이와 동시에 소련은 얄타협정에 따라 8월 8일에 대일작전선언을 발표하고 9일부터 일본과 전쟁에 돌입한다는 선전포고를 했다. 8월 9일, 소련군은 동, 서, 북 삼면에서 중국의 둥베이지역으로 진입하여 일본 관동군을 대대적으로 공격함으로써, 일본 파시즘의 멸망을 촉진시켰다. 조선과 중국 둥베이지역에서 장기간 투쟁하던, 김일성이 인솔한 조선인민항일부대도 반격작전에 돌입했다.

바야흐로 세계의 반파시즘 전쟁이 승리를 향해 나아가는 정세 아래, 중국 해방구의 군민들은 전면적인 대일 반공격작전을 개시했다. 일본군이 점령한 대부분의 도시와 교통요충지 및 연해지역이 이미 해방구의 포위 속에 있었다. 그래서 전면적인 대일 반공격의 임무는 주로 해방구의 군민들이 맡게 됐다. 8월 9일, 마오쩌둥은 '왜구와의 최후의 일전'이란 성명을 발표하여 "중국 인민의 모든 항일세력은 마땅히 전국적 규모의 반격을 개시하여, 소련과 기타 동맹국과 효과적으로 연합해야 한다. 팔로군, 신사군 및 기타 인민군대는 투항을 거부하는 침략자들과 앞잡이들을 향해 광범위한 진격을 단행해야 한다"고 호소했다. 8월 10일, 중공중앙은 각지에서 가능한 모든 세력을 동원하여 적들을 향해 광범위한 진격을 개시했다. 동시에 해방구를 확대하고 인민군대를 늘리며, 일본이 항복할 때 아군에게 포위되었거나 공략 가능한 모든 도시 및 교통요지들을 빠르게 점령할 수 있도록 준비할 것을 요구했다. 주더 총사령관은 8월 10일 24시부터 11일 18시까지 항복 접수 및 전면적인 반공격 개시 등에 대한 일곱 개의 명령을 잇달아 내렸다. 그리고 각 해방구의 항일무장부대에 '근동의 일본군과 괴뢰군들에게 통첩장을 보내 제한된 시간 내에 인민군대에 무기를 바치고 항복할 것'을 요구했다. 만약 일본군과 괴뢰무장부대가 항복을 거부할 경우 단호히 사살할 것을 덧붙였다.

중공중앙과 옌안본부의 명령이 하달된 후, 각 해방구에서는 즉각 반격대군을 조직하고 일본군과 괴뢰군을 향해 통첩장을 발송했으며 전면적인 맹공을 퍼부었다.

진차지군구는 8월 11일부터 화베이방면군 일본 사령관에게 최후통첩을 발송하여, 48시간 내에 소속 일본군들이 항복하도록 명령할 것을 요구했다. 일본군이 항복을 거부하자 진차지군구는 광범위한 대중의 지원 아래, 일본군과 괴뢰군들을 향한 전면전을 개시했다. 일부는 다퉁, 펑전, 지닝, 상두 등 도시를 공격하고 일부는 진쑤이해방구의 부대와 협동하여 타이위안을 공격했다. 또 일부는 베이핑을 포위했고 일부는 장자커우, 장베이, 둬룬, 구위안, 탕산, 친황다오, 후루다오, 톈진, 탕구, 스자좡, 바오딩을 공격했다.

진쑤이군구는 8월 11일, 근처의 일본군과 괴뢰군에게 최후통첩을 보냈다. 24시간 뒤 부대의 일부는 평수철도 이북을 향해 진격했고, 일부는 황허를 따라 북상하면서 구이쑤이를 공격했다. 또 일부는 남부에서 동포철도의 서쪽으로부터 타이위안을 공격했다. 8월 15일부터 19일까지 타이위안 시 외곽의 일본군 거점을 공격하고, 한때 타이위안 이남의 진위안 현성까지 공격하여 타이위안에 포위태세를 형성하기도 했다.

진지루위 등지의 부대는 8월 13일부터 일본군과 괴뢰군들을 향해 전면적인 반격작전을 개시했다. 중공중앙은 진지루위 등지의 군사지휘를 강화하기 위해 8월 20일에 진지루위군구를 설립하기로 결정하고 사령원에 류보청, 정치위원에 덩샤오핑을 임명했다. 이와 동시에 지난군구를 회복했다. 새로운 군구의 지휘 아래 각지의 반격은 더욱 긴밀하게 연합되었고, 서로 협조적이었다.

타이항(太行)부대는 일부는 신샹, 보아이 구간을 공격하여 8월 16일 밤에 보아이 성내로 진입하고 일부는 타이위안을 공격했다. 타이웨 부대는 8월 20일에 핑야오에 도착하자마자 핑야오와 제슈 사이에 있는 일본군과 괴뢰군을 공격하여 진쑤이군구 부대가 타이위안을 공격하는 것을 도왔다. 동시에 제슈부터 린펀에 이르는 구간의 동포철도 교통을 단절시켰다. 지루위 부대는 두 개로 나뉘어 일부는 카이펑(開封), 신샹, 안양, 한단을 향해 진군하고 일부는 산둥(山東)해방구 부대가 지난을 공격하는 것을 도왔다. 지난부대는 우선 운하로 이동하는 괴뢰군을 공격한 후, 린칭(臨淸)성을 공격하고 시내에 돌입하여 대부분의 적들을 섬멸했다.

산둥군구는 8월 11일에 전면적인 반격 임무를 내린 뒤, 곧바로 산둥야전병퇀을 구성했다. 10만 명의 예비군으로 구성된 "자제병퇀"은 일손을 잠시 멈추고 주력부대의 작전에 협력했다. 그리하여 다섯 개의 대군으로 나뉜 뒤 일본군과 괴뢰군을 향해 전면적인 공격을 개시했다. 루중(魯中)부대로 구성된 제1로군은 진포철도 지난-옌저우(兗州) 구간의 연선지역을 공격했고, 빈하이부대로 구성된 제2로군은 자오둥부대와 신사군을 도와 칭다오와 신푸[新浦, 지금의 롄윈강(連雲港)시]를 공격했다. 자오둥부대로 구성된 제3로군은 칭다오 외곽과 자오둥반도 연해지역의 각 도시들을 공격했다. 또한 버하이부대로 구성된 제4로군은 진포철도의 지난-창저우(滄州) 구간의 연선지역을 공격했고, 루난(魯南)부대로 구성된 제5로군은 진포철도의 쉬저우(徐州)-옌저우(兗州) 구간을 공격했다.

화중지역에서는 신사군 소속의 쑤저(蘇浙)군구, 화이베이군구, 화이난군구, 쑤베이군구, 쑤중군구 및 어위완샹간군구, 허난군구 등 부대들이 8월 중순부터 각기 창장(長江) 강 양안, 진포철도 남쪽 구간, 농해철도 동쪽 구간, 닝후철도 각지에 있는 일본군과 괴뢰군을 향해 반격을 개시했다. 또 상하이, 우한(武漢) 등 대도시에 바짝 접근하면서 화중지역의 많은 국토를 해방시켰다.

화난지역에서는 8월 14일부터 둥장종대, 주장종대, 충야종대 등 인민무장세력들이 주력을 집결하여 각기 광주철도 연선, 둥장(東江) 양안, 레이저우(雷州)반도에 있는 일본군과 괴뢰군의 거점 및 적들을 향해 맹공을 퍼부으며 해방구를 늘리는 한편 광저우, 산터우(汕頭), 하이커우(海口) 등 도시에 접근했다.

이 밖에도 중공중앙, 중앙군사위원회는 진차지, 진쑤이, 진지루위,

산둥, 화중, 산간닝 등 해방구에서 부대와 간부들을 선발하여 둥베이를 향한 진군을 준비했다. 둥베이항일연군은 중소변경에 있는 주둔지에서 반격선서대회를 연 뒤 귀국하여, 명칭을 둥베이인민자위군으로 바꾸고 소련군과 협동작전을 펼쳤다. 둥베이인민자위군은 둥베이로 진군한 팔로군 등 인민무장세력들과 합류한 뒤 전략요충지들을 점령했고, 둥베이의 많은 도시들과 농촌을 해방시켰다.

중공중앙은 항일전쟁의 승리를 목전에 둔 전략적 대반격 중에 대도시와 교통요충지를 탈취할 것에 대한 지시를 내렸다. 세력을 집중하여 일본군과 괴뢰군들이 인민군대에 항복하도록 하고 점령할 수 있는 모든 대, 중, 소 도시들과 교통요충지들을 점령하며 동시에 상하이 등지에서 무장봉기를 준비 할 것을 각지에 요구했다. 훗날 정세의 변화에 따라 중공중앙은 무장봉기를 멈추기로 결정하고, 지구전을 벌이기로 했다. 따라서 대도시와 교통요충지를 탈취하는 것에서 중소도시와 광범위한 농촌을 탈취하는 것으로 전략을 바꿨다. 상하이 등지의 무장봉기는 비록 계획대로 진행되지는 않았다. 그렇지만 대중을 조직하고 동원하여 당의 세력을 동원 및 보전함으로써 전국해방전쟁 당시 국민당 통치구역에서 사업을 전개하는 데 필요한 기반을 닦아놓았다.

일본군은 중국해방구 군민들과 소련군이 벌인 전면적인 반격에 심한 타격을 입고 급속히 와해됐다. 1945년 8월 9일, 결국 일본정부는 포츠담선언을 받아들이기로 최종 결정을 내렸다. 8월 10일, 일본외무성은 중립국인 스위스, 스웨덴 정부를 통해 일본이 포츠담선언을 수용한다는 문서를 중, 미, 영, 소 등 4개국 정부에 전달했다. 8월 14일, 일본정부는 중, 미, 영, 소 4개국 정부의 대표들과 만나 포츠담선언을 수용한다고 밝혔다. 8월 15일 점심, 일본의 히로히토 천황은 라디오에서 "종전조서"를 방송하는 형식으로 무조건 항복을 선언했다. 그러나 일본이 항복을 선언한 뒤에도 일본군은 즉각 작전을 종료하지 않았다. 따라서 중국 해방구 군민들의 반격은 여전히 계속됐다.

1931년에 일본이 중국침략전쟁을 일으킨 뒤, 국민당 군대는 많은 국토를 빼앗겼다. 그러나 장기간 항쟁을 벌여온 해방구의 군민들이 전면적 반격을 통해 잃은 땅을 수복하면서 대도시와 주요 교통요충지들에 다가가자, 장제스는 그들이 일군 항전승리의 열매를 찬탈하고 독점하고자 했다. 그래서 8월 11일에 해방구 군민들에게 "제자리를 지키며 명령을 기다릴 것"을 지시함과 동시에 일본군과 괴뢰군에 대해 "자의적인 행동"을 취하지 말 것을 요구했다. 반면 일본군과 괴뢰군들에게 "지방의 치안을 확실하게 책임지고 유지할 것"과 인민군대의 항복하라는 요구에 저항할 것을 명령했다. 8월 10일, 미국 합동참모본부 회의에서는 중국주재 미군사령관 웨더마이어에게 명령을 내렸다. 그에게 미군을 지휘하여 '중국 전쟁에서 승리의 관건인 항구와 교통요충지를 통제'하고, 미군이 통제하고 있는 지역과 항복한 일본군을 국민당 정부에 넘길 것을 지시했다. 8월 17일, 미국 대통령 트루먼은 동맹군 중 처음으로 일본군의 항복과 관련된 제1호 명령에 서명했다. 또 명령을 통해 중국(둥베이지역은 제외)에 있는 일본 육해공군은 오직 국민당 정부와 국민당 군대에만 항복할 수 있으며, 중국인민무장세력에 항복해서는 안 된다고 공언했다. 이와 함께 미국은 국민당 군대를 대도시와 주요 수송선에 긴급 수송하는 등 온갖 수단을 통해 항복을 접수하게 했다.

8월 13일, 주더, 펑더화이는 장제스에게 전보를 보내, 8월 11일의 그릇된 명령을 거절하겠다고 단호히 밝혔다. 8월 15일, 주더 총사령관은 미, 영, 소 3국 정부에 의견서를 발송하여 "중국인민항일무장세력은 옌안(延安)본부의 지휘 아래 아군에게 포위당한 일본군과 괴뢰군의 항복을 접수할 권리가 있으며, 대표를 파견하여 일본 항복과 관련한 동맹국의 업무처리에 참가할 권리가 있다”고 밝혔다. 같은 날, 주더는 난징에 있는 일본의 중국파견군 총사령관 오카무라 야스지 및 그 소속의 부대 전체에 모든 군사행동을 멈추고 팔로군, 신사군 및 화난항일종대의 명령을 따르고 인민군대에 항복할 것을 명령했다.

팔로군, 신사군 및 화난인민무장세력은 일본군을 향한 전면적 반격에서 큰 승리를 거두었다. 1945년 8월 11일부터 9월 2일까지 도합 150개의 현급 이상 도시를 해방시켰는데 그중에는 화베이지역의 중요 도시인 장자커우도 있었다. 그러나 일본군과 괴뢰군 및 국민당 군대의 방해를 받아, 인민군대는 아군에 의해 포위된 일부 중점도시와 교통요충지들을 해방시키지 못했다.

항일전쟁의 위대한 승리

1945년 9월 2일, 도쿄 만에 정박한 미국의 순양함 “미주리호”에서 일본 외무상 시게미쓰 마모루와 일본군 참모총장 우메즈 요시지로는 각기 일본 천황과 일본정부 및 일본제국 대본영을 대표하여 항복문서에 조인했다. 이로써 중국의 항일전쟁은 승리로 장식했으며[74] 세계 반파시즘 전쟁도 승리로 끝나게 됐다.

미주리호(Missouri號)

길이 271m. 최대너비 33m. 속력 33kn. 기준 배수량 4만 5000t. 승무원 2,700명. 1944년 건조. 제2차 세계대전에 참전하였고, 1945년 9월 2일 도쿄에 정박한 이 함상 위에서 일본제국주의가 미·영·중·소·프·오스트레일리아 등 연합국 지도자들 앞에 서서 무조건 항복문서 조인식을 거행한 것으로 유명하다. 6·25전쟁에도 참전했으며 1955년 퇴역. 주요 장비로는 구경 40cm의 주포 9문, 구경 12.7cm의 고각포 20문, 기타 다수의 기관총을 장비한 당시의 전형적인 전함이었다. 현재 하와이 진주만 기념관에서 전시 중.

그전인 8월 21일, 중국 육군 총사령관인 허잉친은 후난(湖南) 즈장(芷江)에서 일본군 대표의 항복을 접수했다. 9월 9일, 중국전구의 일본군 항복조인식이 난징에서 거행됐다. 중국전구의 일본 측 항복대표이며 중국파견군 총사령관인 오카무라 야스지가 항복문서에 조인했다. 중국을 침략한 128만여 명의 일본군이 중국에 항복했다. 10월 25일, 타이완(台灣)지역에서의 일본군 항복조인식이 타이베이에서 거행됐다. 타이완은 갑오전쟁 이후 50년간 조국에서 분리되어 핍박 받아왔다. 하지만 타이완 인민들은 줄곧 일본 침략자들의 식민통치에 굴복하지 않았다. 타이완 동포들은 타이완 내에서 일본 침략자들을 반대하는 투쟁을 끊임없이 전개했다. 그뿐만 아니라 많은 사람들이 생명의 위험을 무릅쓰고 조국의 대륙으로 건너와 항일단체에 가입하여 각종 항일활동에 종사했다. 심지어 전선에 나가 싸우기도 하면서 조국의 항전승리에 기여했다. 이렇듯 타이완 동포들의 항일투쟁은 중화민족 해방투쟁의 중요한 부분이다. 항전승리의 환호성 속에서 타이완은 조국의 품으로 돌아오게 됐다.

중국의 항일전쟁은 세계 반파시즘 전쟁의 중요한 부분이다. 중국의 항일전쟁은 가장 먼저 일어났고 최장시간 동안 지속됐다. 중국 전장은 일본 파시즘의 침략을 반대하는 선봉장일 뿐만 아니라, 세계 반파시즘 전쟁에 있어 동방의 선봉장이기도 하다. 중국 인민의 항전은 일본 군국주의 세력을 대거 소멸하고 약화시켰다. 일본 육군 대부분과 많은 해군에 장기간 타격을 가하고 견제함으로써 일본군이 쉽사리 북쪽 혹은 남쪽으로 공격하는 모험을 하지 못하게 했다. 그 밖에도 소련과 미국, 영국 등 나라의 압력을 경감시켰다. 태평양전쟁이 발발한 후

---

74 일본이 항복서에 조인한 이튿날, 즉 9월 3일은 중국항일전쟁승리기념일로 지정됐다.

중국 전장은 계속하여 일본 육군의 주요 병력을 견제하여 발을 묶어 놓았다. 그럼으로써 미국, 영국 등 동맹국의 태평양전장에서의 작전을 활발하게 지원할 수 있었다. 또 전략적으로 세계 각국 인민들의 반파시즘 전쟁을 강력하게 협조하고 지원했다.

이 전쟁에서 중국은 막대한 민족적 희생을 치렀다. 중국 군민의 사상자 수는 3,500만 명 이상에 달했고 직접적인 경제손실은 1,000억 달러를 넘었으며, 간접적인 손실은 5,000억 달러가 넘었다.

중국 인민은 세계 반파시즘 전쟁의 승리에 큰 기여를 했다. 마찬가지로 유럽, 아시아·태평양 등 전장에서의 세계 반파시즘 전쟁의 대승도 중국의 항전을 강력하게 지원했다. 소련, 미국, 영국 등 연합국은 중국의 항전을 위해 인적, 물적 지원을 했다. 전 세계 많은 나라의 공산주의자들과 진보적 인사들도 다양한 방식으로 중국을 지원했다. 이는 중국 인민이 계속 투쟁하여 최후의 승리를 거머쥐도록 용기를 북돋아 준 중요한 요소이다.

항일전쟁은 근 100년 이래 중국 인민들이 처음으로 완전한 승리를 거둔 위대한 민족해방전쟁이다. 중국의 항일전쟁은 군사력, 경제력이 모두 적들보다 못한 약소국이 제국주의 강국과 맞서 싸워 승리하는 경험을 창조했다. 이는 피압박민족이 독립과 해방을 쟁취하는 투쟁에서의 모범이 됐다. 중국이 전대미문의 전 민족적인 항전으로 승리를 얻을 수 있었던 것은, 근 100년 이래 중국 인민들이 전례 없이 각성하고 단결하여 침략에 항거한 응집력에 있다. 또 자신들을 이끌어 위대한 부흥으로 이끄는 선진적인 정치세력인 중국공산당이 있었기 때문이다. 이번 민족해방전쟁에서 중국공산당은 애국주의의 기치를 높이 치켜들고 민족의 독립과 존엄을 단호히 수호하면서, 일본 침략자들과 유례없이 힘든 투쟁을 벌였다. 중국공산당이 지도하는 인민항일무장은 적들과 12만 5,000여 차례나 작전을 벌였고 일본군과 괴뢰군을 171만 4,000명을 살상했는데 그중 일본군이 52만 7,000명에 달했다. 또 각종 총기 69만 4,000여 자루와 각종 대포 1,800여 문을 노획했다. 당이 지도하는 인민군대는 전쟁에서 엄청난 희생을 치렀다. 중국공산당이 중국 항일전쟁에서 튼튼한 기둥 역할을 한 것은 민족해방전쟁이 완전한 승리를 이룩할 수 있는 기반이었다. 광범위한 공산당원들이 전쟁에서 드러낸, 어떠한 고난도 두려워하지 않는 영웅주의정신 그리고 인민의 이익을 위해 모든 것에 봉사하는 희생정신은 전 민족적 항전의 각성과 조직력을 힘차게 높였다. 연이어 민족정신을 고취시키고 민족자질을 향상시키는 데 새로운 활력을 주입했다.

항일민족통일전선의 결성, 견지, 발전은 항일전쟁의 승리에 기본적인 토대가 된다. 항일전쟁이 시작되었을 무렵의 국민당은 전국적인 정권을 장악해 방대한 규모의 군사력과 경제력을 보유하고 있었다. 그러나 이 한 가지만으로는 중국이 일본의 침략에 저항하는 전쟁에서 승리를 거둘 수 없었다. 이에 중국공산당은 국공합작을 기반으로 각 민주당파와 인민단체 및 모든 애국적 계급, 계층을 망라한 광범위한 항일민족통일전선 결성을 적극 주장하고 실시 및 확대했다. 그리고 전국 인민들과 함께 국공합작을 촉진하고 국민당의 항전을 이끌었다. 이와 동시에 중국공산당은 항일전쟁의 실정을 고려해 민족모순과 계급모순의 관계를 정확히 처리하면서, 올바른 통일전선의 책략과 정책을 제기했다. 또 각 계급의 이익은 반드시 항일의 이익에 복종해야 한다고 강조했다. 항일민족통일전선에서 중국공산당은 독립자주의 원칙을 고수하면서, 통일전선과 민족해방전쟁에 대한 지도권을 쟁취하기 위해 노력했다. 또 항일진보세력을 발전시키고 중간 세력을 쟁취하며 반공완고세력을 고립시키는 정책을 실시하고, 국민당과는 연대하면서도 투쟁하는 정책을 폈다. 또 국민당과 단합하여 항일하는 것을 유지하는 한편 국민당의 반공, 투항 활동에 대해 융통성 있고 유리하며 지조 있는 투쟁을 벌였다. 항일민족통일전선은 동맹자와의 관계, 군사방침, 경제정책, 정권건설 등 당의 제반 사업과 상통하고 있다. 항일민족통일전선은 최대한 전국 인민의 항전을 동원하고 일본 침략자와 민족반역자, 매국역적을 반대하며 완고세력의 반공, 투항 활동을 고립시키는 강력한 무기이다.

중국의 항일전쟁은 20세기의 진보적이고 혁명적인, 정의로운 전쟁이다. 국민당정부는 전국적인 항전이 시작된 후 항전에 이로운 일련의 정책을 펼쳤고, 특히 항일전쟁 초기에는 비교적 적극적으로 나섰다. 국민당군대의 많은 애국적 관병들은 항일전장에서 큰 희생을 냈다. 그러나 국민당 지도집단은 단면적인 항전노선과 반공반인민적인 경향 및 활동으로, 항일전쟁에 있어 심각하게 부정적인 결과를 가져왔다. 중국공산당은 항일전쟁의 특징에 따라 전면항전의 노선과 지구전이란 방침을 명확히 제기했다. 이때 공산당은 아직 전국적인 정권을 장악하지 못했지만, 대중을 단결시켜 항전하는 항일운동의 핵심이었다. 또 민족이익의 가장 확고한 수호자로서, 항전의 승리를 거머쥐는 결정적인 세력이 됐다. 공산당이 제기하고 실시한 정확한 노선과 방침과 정책은 전국적으로 커다란 영향을 미쳤다.

중국공산당은 인민무장을 지도하여 독립자주의 항일유격전쟁을 벌였다. 그러면서 적시에 적군점령지를 향해 과감히 진격했고 대담하게 인민대중을 동원했다. 한편 중국공산당이 일군 항일근거지와 광대한 적후 전장의 개척은 항전승리의 결정적 요소가 됐다. 적후 군민들의 장기적인 항전은 일본 침략자들에게 큰 타격을 주었고, 인민항일세력을 결집하고 발전시킴으로써 열세였던 힘의 균형을 맞췄다. 적후 전장의 발전과 확대는 대량의 일본병력을 감소시켜 전면전을 치르는 국민당의 압박을 경감시켰다. 그런데 이는 국민당이 항전에서 끝까지 버티도록 도운 중요한 요소이자 전국적 항일전쟁의 승리를 위해 크게 기여했다.

중국공산당이 항일전쟁의 승리를 위한 투쟁에서 결정적인 역할을 할 수 있었던 것은, 항일전쟁 시기에 이르러 당의 상황에 이미 근본적인 변화가 일어났기 때문이다. 이 시기 당은 "좌"경, 우경 오류를 극복하고 더욱 발전하여 전국적 범위의 대중적인 마르크스주의 정당이 됐다. 특히 정풍운동과 7차 당대회 이후 전(全)당은 마오쩌둥 사상의 지도적 지위를 확립하여 마오쩌둥을 핵심으로 하는 중앙지도집단을 형성했다. 따라서 정확한 마르크스주의 사상노선, 정치노선, 조직노선이 자리 잡아 사상적, 정치적, 조직적으로 전례 없는 단결과 통일을 이루었다. 당은 이미 교조주의의 속박에서 벗어나 마르크스-레닌주의 기본 원리를 중국 혁명의 구체적 실정에 밀접하게 결부시켰다. 그리고는 통일전선, 무장투쟁, 당 건설 및 근거지 건설 등을 성공적으로 지도한 풍부한 경험을 쌓을 수 있었다. 게다가 역사적 경험을 토대로 당의 이론과 실천을 결부시키는 방법, 인민대중과 밀접히 연계하는 방법 및 자기비판의 방법을 형성했다. 당은 광범위한 인민대중과 혈육과 같은 밀접한 관계를 형성하여, 중국 인민 혁명 사업의 핵심으로 우뚝 섰다. 항일전쟁에서 당의 세력도 전례 없이 거대해지고 발전했다. 당원은 120만여 명으로 늘어났고 인민군은 120만여 명으로, 민병(예비군)은 260만 명으로 발전했으며, 항일민주근거지의 면적은 100만 제곱킬로미터에, 인구는 약 1억 명에 달했다.

중국 인민의 항일전쟁은 인류전쟁사에서의 기적이고, 중화민족의 위대한 발기로서 중국혁명사에서 매우 중요한 의의를 가진다. 항일전쟁은 공산당이 지도하는 신민주주의 혁명행정에서의 중요한 단계이다. 항일전쟁의 승리는 중국사회의 역사적 행정(行程)을 크게 발전시켰으며, 신민주주의혁명의 승리를 위한 튼실한 기반이 되었다.

제5편

전국 해방전쟁 시기의 당

1945년 8월~1949년 9월

中华人民共和国万岁　世界人民大团结万岁

제18장
국내 평화와 민주의 실현

1. 항일전쟁에서 승리한 후의 정세

전쟁 후 국내외 정세

항일전쟁에서 승리한 이후 중국 인민은 평화롭고 안정된 환경에서 생활을 안정시키고 원기를 회복하며 고향의 재건을 간절히 바랐다. 중국공산당은 인민들의 이런 염원과 밝은 미래를 위해 모든 애국 민주세력을 단결시켜 중국을 '독립적이고, 자유롭고, 민주적으로 통일된, 부강한 새로운 국가'로 건설할 것을 염원했다. 이와 반대로 국민당 통치 집단은 미국정부의 지지를 등에 업고 중국에서 국민당 일당독재의 통치를 계속 유지하려고 했다. 이는 중국을 계속 반식민지, 반봉건사회에 머무르게 하는 참담한 미래였다. 중국이 광명의 앞길로 나아가기 위해 중국공산당은 광범위한 인민들을 지도하여 국민당 통치 집단과 복잡하면서도 치열한 투쟁을 벌였다. 중국 혁명은 이로써 두 가지 운명, 두 가지 미래가 결전을 벌이는 전국 해방전쟁의 새로운 시기에 접어들었다.

전후의 국내외 정세는 전반적으로 중국 인민에게 유리했다.

국제적으로 볼 때 제2차 세계대전을 겪은 후 독일, 이탈리아, 일본 등 3개의 파시즘 국가는 전패했고 영국, 프랑스 등 국가들은 많이 쇠약해졌다. 비록 미국의 경제, 군사 실력은 대폭 증강되어 세계 제1위 강대국이 되었지만, 자본주의 세계의 전반적인 세력은 다소 쇠락했다. 한편 사회주의 국가인 소련은 더욱 공고해졌고, 동유럽과 아시아의 일부 국가들이 인민민주제도를 수립하기 시작했다. 또한 아시아와 아프리카에서는 거센 민족해방운동이 일어났다. 그래서 낡은 식민주의체계는 점차 해체되었고 각 자본주의국가의 노동운동과 인민투쟁은 새로운 역사적 조건 아래에서 끊임없이 발전했다. 세계 민주세력의 이러한 발전은 각국의 반동세력에게 일종의 강력한 제약이 되었고, 중국인민해방사업의 발전에 유리한 조건을 마련했다.

국내적으로 볼 때 중국 인민들은 항전을 거치면서 큰 시련을 이겨냈으며, 전례 없이 각성하고 조직력이 강화되었다. 중국공산당이 지도하는 인민혁명세력은 역사상 유례없이 발전, 장대해졌으며 국민당 통치구역의 민주세력도 큰 발전을 이뤘다. 중국공산당은 민주연합정부를 통해 '독립적이고 자유롭고 민주적이고 통일된 부강한 신중국'을 창건할 것을 제기했는데, 이는 전국적인 호응을 얻었다. 중국민주동맹은 1945년 8월 15일에 우선 '항전승리를 맞이하며 발표하는 긴급 호소문'을 발표했다. 그러고는 "민주통일, 평화건국"을 주장하는 한편, 반민주적이고 분열을 일으키며 내전을 야기하는 모든 행동을 단호히 거부한다고 밝혔다. 삼민주의동지연합회와 중국국민당민주촉진회(국민당 내의 민주파와 기타 애국자들로 구성됨), 중국민주건국회(애국적 민족상공업자 중의 유지인사와 부분적 지식인들로 구성), 중국민주촉진회(항전 시기 상하이에 남아있던 문화교육계 인사들로 구성), 민주과학좌담회(일부 학술계인사들이 발족했는데 후에 9.3학사로 개칭), 중국인민구국회(전칭은 전국각계구국연합회), 중화민족해방행동위원회(나중에 중국농공민주당으로 개칭) 등 민주당파와 인민단체들도 잇달아 일당독재를 끝내고 연합정부를 수립하며 내전과 독재에 반대할 것을 호소했다. 전국의 각 계층 인민들은 독립, 평화, 민주, 통일, 부강이라는 공동의 염원을 실현할 것을 강력히 요구했다. 연이어 중국 사회의 진보를 추진하는 세력이 됐다.

이때 장제스를 위시한 국민당 통치 집단은 전국의 정권을 장악하고 있었는데, 500만여 명에 달하는 방대한 군대를 갖고 있었다. 이 군대는 미국의 지원을 받았고, 또 100만여 명의 일본군으로부터 노획한 무기와 장비를 보유하고 있었다. 그래서 국민당정부가 장악한 물자와 외환보유액은 그 어느 때보다 많았다. 항전승리 전후에 국내외에서 형성된 장제스에 대한 "항전건국의 수령"이라는 여론은 국민당 통치구역과 적군점령지의 적잖은 사람들로 하여금 그에 대해 큰 환상을 품게 했다. 이 모든 것은 국민당 통치 집단이 내전을 발동하여 중국공산당과 중국공산당이 지도하는 인민군대를 섬멸할 수 있다고 착각하게 만들었다. 따라서 국민당 통치 집단은 항복을 접수하는 권리를 독점하고 항전승리의 열매를 빼앗기 위해 애썼다. 또 미국의 도움을 받아 서남대후방의 군대를 비행기나 배에 태워 화난, 화둥, 화베이, 둥베이 지역으로 운송하여 전략적 요새와 철도수송선을 차지했다. 다른 한편으로는 일본군과 괴뢰군의 힘을 이용해 인민군대의 국토수복을 저지했다. 심지어 국민당정부는 난징괴뢰국민정부의 행정원 부원장인 저우포하이(周佛海)를 상하이시행동총지휘부의 총지휘로 임명하기도 했다. 대량의 괴뢰군은 국민당의 "지하부대" 또는 "선두부대"로 탈바꿈했다. 또 국민당정부는 일본군, 괴뢰군에게 인민군대를 "효과적으로 방어"할 것을 명령했고 심지어 팔로군, 신사군이 해방한 지역을 "수복"까지 하라고 했다. 그러나 해방구의 인민혁명세력이 거대해진 데다 국내외 여론이 평화를 요구하고 전쟁을 극력 반대했다. 그래서 국민당 통치 집단이 곧바로 내전을 발동할 수는 없었다. 따라서 그들은 내전을 준비하는 한편 중국공산당과 평화 협상에 동의하면서 중국공산당이 군대를 바치게 만들고 싶어 했다. 장제스는 훗날 이와 관련해, 항전승리 후 자신의 방침은 평화협상의 방식으로 중국공산당이 "무장을 포기하고 합법화의 길로 나가도록" 압박하거나, 또는 "과감히 작전을 동원"하는 방식으로 중국공산당의 무장을 해제하는 것이었다고 했다. 그는 "이 두 갈래의 길 중 어떤 것이라도 모두 중국공산당과의 문

제를 해결하기에는 충분하다"고 보았다.[75]

이상의 정황으로부터 알 수 있듯이 항일 전쟁이 성공리에 종식됨에 따라 세계 전략구도와 중국 국내의 계급관계는 바야흐로 매우 중차대한 변화를 맞이하고 있었다. 미국이 지지하는 장제스 집단을 대표로 하는 대지주, 대자산계급과 중국공산당을 대표로 하는 인민대중 간의 갈등은 점차 일본 제국주의와 중화민족 간의 갈등을 대체하는 중국 사회의 주요 갈등이 됐다. 얽히고설킨 복잡한 국내외 정세 아래에서 이 주요 모순을 슬기롭게 해결하는 것은 새로운 역사 시기에 당이 직면한 첫 번째 문제가 됐다.

미국, 소련의 대중국 정책

제2차 세계대전을 통해 세계 최강대국으로 우뚝 선 미국은 강대한 경제와 군사력을 믿고 전 세계로 나아갔다. 그러고는 자국이 중심되는 세계질서를 수립하고자 했다. 1945년 10월 23일, 미국 대통령 트루먼은 국회 연설을 통해 "미국의 전투력은 그 어느 때보다도 강대하며, 전 세계에서 따라올 나라가 없다"고 하면서 "세계 리더의 커다란 책임을 짊어졌다"고 공공연히 표명했다.

미국의 글로벌 확장전략을 살펴보면 유럽이 중점지역이었고 아시아도 그에 못지않은 지역이었다. 미국정부는 중국을 아시아의 중심으로 삼고, 중국을 제어하면 기본적으로 아시아를 통제할 수 있다고 생각했다. 이렇게 되면 힘을 모아 유럽을 제어하고 소련을 억제할 수 있기 때문이었다.

미국정부는 중국을 제어하는 도구 중 하나로 국민당을 이용하는 한

---

75 장제스, '중국에서의 소비에트러시아', 타이완(台灣)중앙문물공급사, 1981년, 156쪽.

편, 발전하여 거대해져가는 중국공산당은 목적을 방해하는 걸림돌로 보았다. 그러나 미국은 대규모 군사 간섭을 통해 국민당을 도와 공산당을 제거할 경우 필시 중국 인민, 미국 인민 및 소련의 거센 항의를 받게 되며 곤경에 빠져 진퇴양난이 될 것임을 잘 알고 있었다. 따라서 미국은 대규모 군사간섭 이외의 수단으로 국민당정부를 지지하고 지원했다. 그리고 국민당정부의 세력을 강화하는 것을 통해 "국민당이 중국의 더욱 넓은 지역에서 권력을 확립하도록 지원"함으로써[76], 국민당정부가 미국의 글로벌 전략을 위해 더욱 효과적으로 봉사하게 만들고자 했다.

미국정부는 국민당정부의 세력을 강화하기 위해 다방면으로 중국 내정을 간섭하는 일련의 정책을 펼쳤다. 일본이 항복한 후 미국은 "일본군대를 이용하여 공산당을 저지"[77]하기로 결정했다. 그리고 중국을 침략한 일본군에게 점령지역에서 법률과 질서를 유지하면서 국민당정부의 지시를 기다리라고 했다. 그러면서 중국공산당이 지도하는 인민 무장세력에게 항복해서는 안 된다고 명령했다. 미국은 차관, 물자지원 및 서비스 제공 등의 명분으로 국민당정부에 대량의 경제, 군사지원을 지속적으로 제공했다. 그 밖에도 일본포로를 돌려보내거나 국민당정부를 도와 점령지역을 접수한다는 명목으로 많은 미국 해군육전대를 중국의 일부 항구와 대도시에 파견했다. 그러고는 국민당군이 전략요충지를 선점하도록 도와주었다. 동시에 다수의 비행기와 군함을 출동시켜 국민당군대 및 항복한 일본인들을 각지로 운송했다. 미국정부의 갖가지 정책들은 중국이 독립자주의 발전의 길로 나아가는

---

76 '애치슨이 트루먼에게 보낸 편지'(1949년 7월 30일), 〈중미관계 자료집〉 제1집, 세계지식출판사 한문판, 1957년, 35쪽.
77 [미]해리·트루먼 저, 리스 역, 〈트루먼회억록〉 제2권, 삼련서점 한문판, 1974년, 72쪽.

것을 저해했다. 제2차 세계대전을 거친 소련의 군사력은 어느 정도 강화되었지만, 종합적인 면에서는 여전히 미국에 뒤처졌다. 소련은 유럽에서 미국과의 힘겨루기에 주력하느라 아시아에서는 미국의 세력 확장을 저지할 수 없었다. 그래서 미국과 모종의 타협을 했다. 그러면서 가능한 한 자국의 세력을 확장하는 정책을 펼쳤다.

1945년 2월에 열린 얄타회담에서 소련의 스탈린은 미국이 대일작전에 출병할 것을 긴급히 요구해온 것을 이용하여, 소련이 중국 둥베이지역에서 대일작전에 출병하는 조건으로 둥베이지역의 얼지 않는 군사항구와 무역항구 및 철도, 교통 등의 우월한 권익을 요구했다. 미국 대통령 루스벨트는 "중국에 대한 소련의 욕망을 이용해 (중국)공산당을 약화시키는 정책"[78]에 따라 소련의 요구와 조건에 찬성했다. 그러는 한편 소련과 국민당정부가 동맹조약을 체결하도록 해서 국민당에 대한 지지를 표명했다. 이런 상황에서 1945년 8월 14일, 국민당정부는 소련정부와 "중소우호동맹조약" 및 "다롄 관련 협정" "뤼순항 관련 협정" "중국 창춘철도 관련 협정"을 체결하고 외몽골의 독립문제 등에 대한 문서를 교환했다. 이런 조약, 협정 교환 문서들에서는 다음과 같은 내용을 규정했다. 다롄을 자유항으로 선포하고 항구의 책임자는 소련 측 인원이 담당하며, 모든 항구의 공사 및 설비의 절반을 무상으로 소련 측에 임대해 주되 임대 기한은 30년이다. 중소 양국은 뤼순항을 해군기지로 공동 사용하며 중소군사위원회를 설립하고 위원장은 소련 측에서 파견한다. 또 소련정부는 해당 구역 내에 육해공군을 주둔시킬 권리가 있다. 중동철도 및 남만철도의 만저우리(滿洲裏)부터 쑤이펀허(綏芬河)에 이르는 구간, 하얼빈부터 다롄, 뤼순에 이르

---

78 [미] 마이클·샬 저, 궈지쭈 역, 〈중국에서의 미국 십자군(1938-1945)〉, 상무인서관 한문판, 1982년, 189쪽.

는 구간 철도선을 하나로 이어놓고 중국창춘철도(중창철도)로 명명하며, 중소 양국이 공동 소유하고 공동으로 경영한다는 등이다. 이러한 조약과 협정 및 교환서류들을 체결함으로써 소련은 일찍이 제정 러시아 시기에 중창철도 등을 강점하며 취했던 권익을 회복하였는바, 이는 중국의 주권과 민족이익을 크게 해쳤다. 소련지도자들은 이러한 조약과 협정을 체결하는 한편, "소련정부는 중국에 도의상 군수물자와 기타 물자 면의 원조를 제공하는 데 동의하며, 이 원조는 전부 중국중앙정부 즉 국민정부에 제공하는 것이다"고 발표했다. 그리고 소련정부는 둥베이에서 "수복지역의 어느 곳이든 직접적인 군사행동이 정지되는 지대는 즉시 중국국민정부가 공무관리의 전권을 가진다"고 확인했다. 〈중소우호동맹조약〉이 체결된 이튿날, 장제스는 헐리를 만나 그가 중소 양국이 가까워지도록 도와준 데 대해 감사를 표명했다. 그러면서 중소조약은 소련 측이 "중국 군대의 통일을 이룰 수 있도록 도와줄 의향"이 있고 "중국국민정부를 지지할 의향"이 있는 것으로 이해한다고 말했다. 그 당시 역사적 상황에 비추어볼 때, 소련정부는 외교적으로 국민당정부만을 승인할 수밖에 없었다. 그러나 소련지도자들은 국민당의 힘을 과대평가한 반면 중국 인민의 혁명세력을 과소평가했다. 그래서 미국과 국민당 대표에게 중국공산당은 통일된 중국을 지도할 능력이 없으며 소련 측은 국민당정부라는 이 "유일한 합법정부"만을 승인하고 지지하므로, 중국이 장제스가 "지도적 지위"에 있다는 전제 아래 통일을 실현하길 바란다고 수차례 밝혔다.

소련은 중국인민이 미국의 지지를 등에 업은 국민당과 혁명적 무장투쟁을 하는 것을 달가워하지 않았다. 따라서 중국공산당에 미·소 양국이 타협하듯 국민당과 국내 투쟁에서 타협할 것을 요구했다. 그들은 심지어 중공중앙에 전보를 보내어 만일 중국에 내전이 일어날 경우 중화민족은 궤멸할 위험도 있다[79]고 했다. 소련은 비록 오랫동안 중국인민해방사업에 매우 큰 지지를 보내주었다. 그렇지만 이때 그들이 실시한 이러한 대중국 정책은 중국인민의 해방사업을 어렵게 만들었다. 그뿐만 아니라 중국공산당이 혁명 전략을 수립할 때 복잡한 상황에 처하게 했다.

소련지도자들은 중국 문제에 대해 미국정부와 타협을 시도했다. 그러나 미국의 글로벌전략과 미국이 소련의 안보에 끼치는 위협에 대해 여전히 높은 경각심을 갖고 있었다. 소련지도자들은 극동의 안전과 소련의 이익 때문이라도 중국이 미국의 지배를 받는 것을 달가워하지 않았다. 특히 미국의 세력이 소련과 인접한 둥베이 지역까지 침투하는 것을 크게 우려했다. 이에 따라 소련은 중국공산당 및 중국공산당이 지도하는 인민혁명세력을 어느 정도 지지했다.

소련홍군은 대일본작전으로 중국 둥베이 지역에 진입한 후 신속히 하얼빈, 치치하얼, 자무쓰, 무단장(牡丹江) 등 대도시, 중형 도시 및 중요한 현과 성에서 항일연군 간부를 위수(衛戌) 부사령관으로 파견하여 사회질서를 유지하게 했다. 소련홍군(붉은 군대)은 "중소우호동맹조약"에서 자국이 짊어진 의무에 영향을 주지 않는 한도 내에서 팔로군, 신사군이 둥베이 지역에 진입하는 것을 비공개로 지지했으며, 그들에게 노획한 일본군 무기 중에서 일부를 넘겨주기도 했다. 이와 동시에 소련홍군은 국민당군대가 바닷길로 다롄, 후루다오(葫蘆島), 잉커우(營口)에 상륙하는 것을 여러 차례 저지했다. 소련홍군의 이러한 조치는 중국공산당이 지도하는 팔로군, 신사군이 시간을 벌어 둥베이 지역에 먼저 진입하는 데 큰 힘이 됐다.

---

79 마오쩌둥, '10대 관계에 대해'(1956년 4월 25일), 〈마오쩌둥 문집〉 제7권, 인민출판사 한문판, 1999년, 42쪽.

2. 평화 건국을 쟁취

평화, 민주, 단결 방침의 제기

중국공산당은 항전승리 이후 중요한 역사적 전환기에 이르러 국내외 정세에 대한 깊은 분석을 했다. 그러고는 정확한 지도방침과 투쟁책략을 제기함으로써, 적시에 전국 인민들이 나아갈 방향을 가르쳐 주었다.

이 시기 당의 주요 임무는 7차 당대회에서 제정한 정치노선을 관철시켜 집행하는 것이었다. 항전승리 후 장제스 집단이 항전승리의 전공을 강탈하고 인민혁명세력을 소멸하려는 시도에 대해, 중공중앙은 계속 과감히 대중을 동원하여 인민의 승리 성과를 널리 선전했다. 또 이미 차지한 근거지를 공고히 하고 해방구와 인민군대를 확장하는 동시에, 무장으로 자위하는 것을 소홀히 하지 않는다는 조건 아래 국민당과 협상을 해서 평화적인 건국을 이룩하려 했다.

1945년 8월 11일, 일본이 항복을 요청한 이튿날 중공중앙은 "일본 침략자 항복 이후 우리 당의 임무에 대한 결정"에서 다음과 같이 지적했다. 국민당은 해방구가 점령한 지역을 "수복"하고 항전승리의 전과를 탈취하기 위해 노력하고 있다. 이 쟁탈전은 매우 치열할 것이며, 대규모 내전으로 번질 수도 있다. 이런 상황에서 당의 임무는 두 단계로 나뉜다. 현 단계에서는 일본군과 괴뢰군이 우리 군에 항복하도록 압박하는데 주력하고, 점령 가능한 모든 대도시, 소도시 및 교통요충지를 차지하여 해방구를 신속하게 확장시키는 것이다. 이 목적을 달성하기 위해서는 유격 활동 때문에 분산된 우리 군을 신속히 집결시켜 퇀, 여, 사 등으로 조직해야 한다. 동시에 지역적 제한을 벗어난 정규군으로 재편성하여 집단행동을 해야 한다. 그래서 일본군과 괴뢰군과의 싸움에서 아군의 승리를 보장할 수 있게 해야 한다. 일본군과 괴뢰군을 궤멸시킨 후 주력부대는 신속히 집결하여 정비 훈련을 통해 전투력을 높이고, 내전을 방비할 준비에 만전을 다해야 한다. 머지않아 국민당이 해방구를 향해 대거 진격해 올 가능성이 크기에 우리 당은 반드시 병력을 동원하여 내전에 대비해야 한다. 결정은 또 다음과 같이 지적했다. "국내외의 새로운 정세의 변화에 따라 국공협상이 회복될 가능성도 고려"해야 하나, 각지는 "장제스가 내전을 일으킬 가능성에 대해서도 마땅한 정신적 준비"를 해야 한다. 동시에 "미국 인민과 정부의 민주인사들에 대해 호의적으로 대해야 하지만, 미국이 무력으로 중국 내정에 간섭할 가능성이 여전히 존재한다는 것도 똑똑히 봐야 한다"

8월 13일, 마오쩌둥은 옌안(延安)간부회의에서 "항일전쟁 승리 후의 시국과 우리의 방침"이란 보고를 했다. 보고에서는 "전반적 정세로 볼 때, 항일전쟁단계는 이미 지나갔고 새로운 정세와 임무는 국내 투쟁이다. 장제스는 '나라를 세우겠다'고 하는데, 금후의 투쟁은 바로 어떤 나라를 세우는가 하는 투쟁이다. 무산계급이 지도하는 인민대중의 신민주주의 국가를 세울 것인가, 아니면 대지주계급, 대자산계급이 독재하는 반식민지 반봉건 국가를 세울 것인가? 이것은 매우 복잡한 투쟁일 것이다. 지금 이 투쟁은 항전승리의 전과를 탈취하려는 장제스와 그 탈취를 반대하는 우리와의 투쟁으로 나타나고 있다"고 지적했다.

보고는 다음과 같이 지적했다. 장제스의 내전 방침은 이미 정해져 있다. 내전을 반대하는 세력이 내전에 찬성하는 세력을 저지하기에는 아직 힘이 부족하다. 때문에 내전이 일어날 가능성이 매우 크다. 그러나 장제스가 마음대로 내전을 벌이기엔 곤란한 점이 많다. 장제스는 국내외 대세와 민심의 동향을 살핀 후 내전을 국지적인 범위에 국한시키거나 전면적인 내전의 폭발 시일을 지연시킬 가능성도 있다. 따라서 당의 방침은 "내전을 단호히 반대하고 내전에 찬성하지 않으며 내전을 저지"하는 한편, 장제스가 전면적인 내전을 발동할 가능성에 대비한 준비를 확실하게 해야 한다. 왜냐하면 준비가 돼 있으면 여러 가지 복잡한 사태에 적절하게 대처할 수 있기 때문이다.

보고는 또 다음과 같이 지적했다. 인민에 대한 장제스의 방침은 "작은 권리나 이익일지라도 전부 빼앗아가는 것"이고 우리의 방침은 "날카롭게 맞서 한 치의 땅이라도 지키기 위해 다퉈야 하는 것"이며 군사적 자위로 장제스의 군사적 진격에 대응하는 것이다. 보고는 장제스가 제기한 "군대를 내놓으면 대신 민주를 주겠다"는 책략을 고발하면서 "인민이 쟁취한 권리는 절대 경솔하게 잃어서는 안 되며, 전투로 그것을 보위해야 한다"고 지적했다. 이어 보고는 자력갱생의 방침을 유지할 것을 제기하면서, 자기 조직의 세력에 의거해 모든 국내외 반동들을 물리칠 것을 강조했다.

일본정부가 무조건 항복을 선언한 후 전국 인민들은 항전의 승리를 열광적으로 축하했다. 그러면서 평화적인 건국에 대한 강렬한 염원을 다양한 방식으로 표출했다. 동시에 국민당정부와 소련정부 사이에 "중소우호동맹조약"이 체결되고 미·소 양국 간에 중국 문제에 대한 모종의 타협이 이뤄짐에 따라, 평화협상을 통한 국공 양당 간의 내전을 종료시키려는 분위기가 갈수록 명확해졌다. 항전승리의 전과를 독점하려는 국민당 집단의 행위는 전국 인민, 특히 해방구 군민들의 강력한 항의를 받았다. 따라서 국민당이 대규모 내전을 당장 도발하기에는 여러 가지 어려움이 있었다. 이런 정세 아래 장제스는 8월 14일, 20일, 23일에 연이어 3통의 전보문을 중공중앙 주석 마오쩌둥에게 발송했다. 그러고는 "충칭(重慶)에서 평화적 협상을 진행하여 국내외 여러 가지 중요한 문제점을 함께 논의하자"고 했다.

8월 23일, 중공중앙 정치국에서는 확대회의를 소집하여 국민당과 협상하는 문제에 대해 토의했다. 회의는 다음과 같이 결론지었다. 현 정세에서 중국 인민이 평화를 원하고 있다. 소, 미, 영 등 들도 평화를 선호하며 중국이 내전을 벌이는 것을 반대하고 있다. 국민당도 아직 내전을 일으킬 결심을 하지 못했음을 알 수 있다. 따라서 내전은 피할 수 있고 또 반드시 피해야만 하는 것이며, 평화는 이룰 수 있는 것이다. 국민당과의 협상을 통해 평화적인 방식으로 중국의 사회정치개혁은 가능하다. 우리 당이 현재 제기한 "평화, 민주, 단결" 구호는 현실적 기반이 있고, 국내외의 광범위한 지지를 얻을 수 있다. 마오쩌둥은 회의에서 "장제스가 공산당을 제거하려는 방침은 바꾸지 않았고, 앞으로도 바꾸지 않을 것이다. 그가 잠시 평화를 취하는 듯한 자세를 보이는 것은, 앞서 서술한 이유 외에 자신의 상처도 치유하고 세력을 키워 앞으로 우리를 제거하려는 데 있다. 우리는 마땅히 이 잠시 동안의 평화라도 이용해야 한다" "어느 정도 양보할 준비를 하고 수치상으로 얼마간 양보를 하는 등 국부적인 양보 책략으로 전국에서의 합법적인 지위를 얻고, 힘을 축적하여 새로운 정세에 대비해야 한다"고 지적했다.[80]

회의는 향후 국민당에 대한 방침이 "장제스가 배반하면 우리도 배반하고, 장제스가 멈추면 우리도 멈추고, 투쟁으로 단결의 목적을 이루고, 명분이 있고 이점이 있고 절도가 있도록 하는 것"이라고 확정지었다. 또 투쟁을 통해 국민당이 인민의 요구를 받아들여 정치개혁을 실시하고 국내 평화를 추진하며, 연합정부를 수립하고 정치민주화를 실현하도록 압박하는 것이었다. 회의에서 마오쩌둥은 이런 연합정

---

80 마오쩌둥, '항일전쟁 승리 후의 새로운 정세와 새로운 임무'(1945년 8월 23일), 〈마오쩌둥 문집〉 제4권, 인민출판사 한문판, 1996년, 6쪽, 8~9쪽.

부의 형식에 대해 "독재에 일정한 민주를 더한 정권형식"이라고 칭했으며, 장제스에 대한 중국공산당의 정책을 "세수시키기" 정책이라고 비유했다. 또 마오쩌둥은 "우리가 이런 정부에 참가하는 것은 장제스를 '세수'시켜주기 위한 것이지 '목을 따기' 위한 것이 아니며, 이는 7차 당대회에서 말한 장기적으로 우회하는 길"이라고 했다. 또 "이 길을 우회함으로써 우리 당은 각 방면에서 보다 성숙해질 것이고 인민 대중들의 각성 수준도 높아질 것이다. 그다음 신민주의의 중국을 세워야 한다"고 했다.[81]

회의에서는 우선 저우언라이를 충칭에 파견한 뒤 마오쩌둥이 협상하러 가기로 했고, 마오쩌둥이 충칭에서 협상하는 동안에 류사오치가 중공중앙 주석 직무를 대행하기로 했다. 그리고 보충 선거를 통해 천원과 펑전을 중앙서기처 후보서기로, 마오쩌둥을 중앙군사위원회 주석으로, 주더와 류사오치, 저우언라이, 펑더화이를 부주석으로 임명하기로 의결했다.

8월 25일, 중공중앙은 "현 시국에 대한 선언"을 발표하여 "평화, 민주, 단결"의 3대 구호를 명확히 제기했다. 또 "3대 구호를 기초로 전국적인 통일을 실현하며, 독립적이고 자유롭고 부강한 신중국을 건설할 것"에 대한 중국공산당의 입장을 천명했다. 그 밖에 내전을 피하고 민주정치를 구현하는 것을 주요 골자로 하는 6가지 긴급조치를 즉각 실시할 것을 국민당정부에 요구했다. 정세의 발전에 비춰 그날 저녁, 중앙정치국은 마오쩌둥, 저우언라이, 왕뤄페이를 충칭으로 파견하여 국민당과 협상하기로 결정했다. 8월 26일, 중공중앙은 평화협상에 대한 방침을 설명하는 통지를 당내에 발부했다. 협상 내용은, 우리는 인

81 마오쩌둥, '항일전쟁 승리 후의 새로운 정세와 새로운 임무'(1945년 8월 23일), 〈마오쩌둥 문집〉 제4권, 인민출판사 한문판, 1996년, 7쪽.

민의 이익을 해치지 않는 선에서 필요한 양보를 통해 국민당의 내전 음모를 분쇄하고 정치적으로 주도적 지위를 확보한다. 또 국제여론과 국내 중립파의 지지를 얻어 우리 당의 합법적 지위와 평화적 국면을 양보의 대가로 받아오는 것이었다. 협상 후 나타날 두 가지 가능성에 대비해 중공중앙은 다음과 같은 대책을 세웠다. 만일 평화적 발전의 국면이 나타난다면 우리는 당연히 합법적으로 투쟁하는 모든 방법을 힘써 배울 것이고, 만일 국민당이 군사적 공격을 발동한다면 우리는 침범해 오는 자들을 단호히 섬멸할 것이다. 통지는 전(全) 당에 경고하길, 협상을 한다고 해서 절대로 장제스에 대한 경각심과 투쟁심을 느슨히 해서는 안 된다. 그리고 수중에 장악된 세력과 행동을 지휘함에 있어 반드시 인민에게 의지해야 할 것을 강조했다.

충칭협상

8월 28일, 마오쩌둥, 저우언라이, 왕뤄페이는 장즈중(張治中), 헐리와 함께 전용기를 이용해 충칭에 도착했다. 마오쩌둥이 개인 안위를 신경 쓰지 않고 직접 충칭으로 간 이유는 중국공산당이 진심으로 평화를 사랑하는 동시에 진정으로 전국 인민의 이익과 염원을 대표한다는 것을 분명하게 드러낸 것이었다. 마오쩌둥은 충칭에 도착하자마자 각계각층 민중의 열렬한 환영을 받았다. 이는 국내외에서 커다란 반향을 불러일으켰다. 민주인사 류야쯔(柳亞子)는 시를 지어 마오쩌둥의 행위가 "하늘을 찌르는 용기"라는 것을 보여주었다. 충칭의 〈대공보〉는 사설을 발표하여 "마오 선생이 흔쾌히 왕림하신 것 자체가 대희사이다"면서, "항전 승리 이후 우리가 다시 한 번 평화, 민주, 단결을 이룰 수 있다면 이 또한 국가적으로 희사가 겹치는 좋은 일이 아니겠는가!"라고 했다.

충칭협상은 8월 29일부터 10월 10일까지 진행됐다. 이 기간에 마오쩌둥은 장제스를 직접 만나, 국공 양당 관계와 관련된 중요한 문제를 두고 여러 차례 협상했다. 국내 평화 문제와 관련한 구체적 협상은 중공 대표인 저우언라이, 왕뤄페이와 국민당정부의 대표인 왕스제(王世傑), 장췬(張群), 장즈중, 사오리쯔(邵力子) 간에 진행됐다.

9월 3일, 중공대표는 양당이 상담할 11개의 주요 문제개요를 국민당정부 측 대표한테 넘겼다. 그 주요 내용에는 평화건국의 방침, 각 당과 각 파의 합법적이고 평등한 지위에 대한 승인, 해방구정권 및 항일부대에 대한 승인 및 국민당 당치를 마무리 짓고 장제스의 지도적 지위를 옹호한다는 등이 포함됐다. 9월 8일, 국민당 정부 측 대표는 4일에 장제스가 직접 작성한 "중공과의 협상 요점"에 따라, 중공이 제시한 11개 문제에 대해 서면회답을 했다. 답장에서는 중공 측 대표가 제시한 평화건국, 당파의 합법적이고 평등한 지위에 대한 승인, 당치의 마무리 등 주장에 대해서는 접수하고 정치협상회의를 개최할 것에 대한 문제에 대해서도 기본적으로 동의했다. 하지만 해방구 정권을 합법적인 지방정부로 인정하는 문제점에 대해서는 분명히 동의하지 않았다. 군대 개편 문제에 대해서도 각종 제한을 두었다. 이 문제들은 협상에서 논쟁의 중심이 됐다. 이에 대해 저우언라이는 쌍방의 동의를 본 문제는 해결된 것으로 간주하고, 합의를 보지 못한 것은 계속 대화한다는 입장을 표명했다.

중국공산당 대표는 순조로운 협상의 진행을 위해 해방구 정권과 군대에 대한 문제에서 여러 차례 양보를 했다. 예를 들면 다음과 같다. 해방구인민정권의 합법적 지위를 승인하는 전제 아래, 인민들이 선출한 해방구의 각급 정부에 대한 총선거를 재실시한다. 또 선출된 각급 정부는 국민당정부의 임명을 받도록 한다. 그리고 중국공산당은 공평하고 합리적인 방식으로 전국의 군대를 통합 편성한다는 원칙 아래, 당의 지도를 받는 인민군대를 국민당군대와 1:6의 비례에 따라 24개 사 혹은 최소로 20개 사로 축소시킨다. 그 뒤 광둥, 저장, 쑤난, 완난, 완중, 후난, 후베이, 허난(河南, 위베이는 포함되지 않음) 등 8개 해방구 부대를 쑤베이, 완베이 및 농해철도 이북으로 철수시키기로 한다. 그러나 국민당 측에서 조금도 양보를 하지 않아 협상은 대치상태에 들어섰다.

국민당정부 측 대표는 장제스가 확정한 방침에 따라 "정령, 군령의 통일"을 구실로 공산당에 "근거지를 포기하고 군대를 내놓을 것"을 거듭 요구했다. 또 "한 당의 무장정권"은 현대적이고 민주적이고 통일된 국가와 어울리지 않는다고 주장했다. 저우언라이와 왕뤄페이는 사실에 근거하여 강력하게 반박했다. 그러고는 해방구와 인민무장세력은 중국공산당이 인민들을 지도하여 일본침략자와 장기간 혈전을 벌이는 과정에서 얻은 결과물이라고 설명했다. 또 이는 완전히 인민에게 속하고 인민을 보호하는 것이며, 양당이 모두 무장을 갖게 된 것은 장기간 역사발전의 결과인바, 반드시 이런 현실을 직시해야 한다고 지적했다. 저우언라이는 "현재의 정부는 아직 국민당 당치 아래 놓여 있다. 그런데 일개 당인 우리가 어떻게 군대, 정권을 정부에 넘길 수 있겠는가"라고 반문했다.

중공대표단은 협상기간 동안 다방면에서 평화, 민주세력과의 단결을 위한 사업을 시도했다. 마오쩌둥은 국민당 좌파인 쑹칭링, 펑위샹, 탄핑산, 류야쯔, 장바이링 등을 접견했고 또 중국민주동맹 대표자인 장란, 선쥔루, 뤄룽지(羅隆基), 장보쥔, 황옌페이 및 사회의 유지인사들인 궈모뤄, 장스자오, 마인추 등을 회견했다. 마오쩌둥은 중국공산당의 정치적 주장에 대한 국민당 상층인사들의 이해를 얻고 협상에서의 장애물을 줄이고자 국민당 군정 요원들인 순커, 위유런, 천청, 바이충시, 허잉친, 천리푸, 다이지타오 등을 만났다. 이와 함께 그는 또 소련 대사인 페드로프, 미국 대사인 헐리 및 영국, 프랑스, 캐나다 등 중국에 주재하는 국가 사절들을 접견하여 중국공산당의 기본 입장을 반복해서 설명했다. 저우언라이는 여러 민주당파와 국제인사들이 참가한 좌담회를 수차례 개최하고 상공계, 문화계, 여성계, 언론계 등 각계 대표들을 만나 협상에 대한 그들의 의견도 청취하는 등 상호 교류했다. 중국공산당의 입장은 마오쩌둥, 저우언라이 등의 교류 활동과 여러 차례에 걸친 협상에서의 양보 덕분에 각 민주당파와 각계 민주인사들의 동정과 지지를 받게 됐다. 이런 동정과 지지는 이번 국공 협상을 성공리에 끝내는 데 중요한 역할을 했다.

충칭협상 기간에 군사투쟁은 협상 자리에서의 투쟁과 밀접한 관련이 있었다. 장제스는 군사행동으로 협상 자리에 있는 중국공산당에 압박을 가해 중공대표단을 굴복시키려고 했다. 따라서 병력을 전선 쪽으로 신속히 배치하는 한편 광둥, 장쑤, 저장, 안후이, 산둥, 산시(山西), 쑤이위안, 차하얼등 성의 국민당군에게 인민군대를 공격하라는 명령을 내렸다. 중국공산당은 이에 대해 강하게 맞대응했다. 9월 11일, 중공중앙 군사위원회는 전군에 전보를 보내 "충칭협상에서 장제스는 성의가 전혀 없다. 따라서 협상을 지속하는 동시에 장제스 군대가 화베이, 둥베이 지역에 깊이 들어가는 것을 저지해야 한다. 또 차하얼성과 러허성을 점령하고, 둥베이에서의 우세를 유지하기 위해 우리는 반드시 몇 개의 전투를 치러 적들의 기세를 꺾어야 한다"는 명령을 내렸다. 중공중앙과 중앙군사위원회의 지시에 따라 인민군대는 자위적인 목적으로 분연히 일어나 반격하여 국민당군대의 공격을 물리쳤다. 특히 진지루위군구에서는 3만여 명의 주력부대를 모아 9월 10

일부터 10월 12일까지 산시(山西) 창즈(長治)지역에서 상당(上黨)전투를 치렀다. 그리하여 옌시산 부대 3만여 명을 일거에 섬멸했다. 그밖에도 국민당군 제7집단군 부총사령원 펑위빈(彭毓斌)을 격살하고, 제19군 군장 스쩌보(史澤波)를 생포하여 옌시산 부대 총병력의 3분의 1을 궤멸시켰다. 상당 전투는 국민당 통치 집단에 큰 충격을 주었고, 충칭협상에서의 중공대표단의 지위를 높여줌으로써 협상투쟁에 직접적인 도움을 주었다.

10월 10일, 국공 쌍방 대표는 〈정부와 중공대표 회담기요〉(쌍십협정)를 체결하고 공개 발표했다. 국민당정부는 중국공산당이 제기한 평화건국의 기본방침을 받아들였다. 쌍방은 "반드시 공동으로 힘써 평화, 민주, 단결, 통일을 기초로 장기적으로 합작하며, 내전을 반드시 피하고 독립적이고 자유롭고 부강한 신중국을 건설한다"고 합의했다. 이는 국공회담이 거둔 주요 성과다. 그뿐만 아니라 양당은 각 당파 대표와 무소속인사들이 참여하는 정치협상회의를 소집하여 평화건국에 대해 함께 논의하기로 했다. 이것 역시 회담이 거둔 중요한 성과 중 하나였다. 회담에서 합의를 달성한 것에는 다음과 같은 것들도 있었다. 즉 신속히 국민당의 "훈정"을 종결짓고 정치의 민주화를 실현하며, 인민은 모든 민주주의국가의 인민으로서 마땅히 향유해야 할 민주, 자유의 권리를 승인한다. 또 "당파는 평등하고 합법적" "특무기관을 폐지하고 정치범을 석방" "자치를 적극 추진하고 아래에서 위로 향하는 일반선거를 실시"하는 등의 내용도 있었다. 협상에서 합의를 보지 못한 것은 주로 해방구정권에 대한 문제와 국민대회에 대한 문제였다. 군대의 통합개편 문제도 사실상 해결을 보지 못했다. "회담기요"에서는 아직 합의를 보지 못한 문제들을 "쌍방의 지속적인 협상" 또는 정치협상회의에 제출하여 해결하기로 명시했다.

충칭협상의 진행과 "회담기요"의 발표는 국민당 측이 "중국공산당의 지위를 승인"했고 "각 당파의 회의 역시 승인"했음을 의미[82]한다. 또 이를 통하여 평화적으로 신중국을 건설하자는 중국공산당의 주장이 전국 인민들에게 널리 알려지게 되었고, 이는 전국의 평화민주운동의 발전을 촉진시켰다. 마오쩌둥은 충칭협상의 의미에 대해 다음과 같이 설명했다. "협상 결과 국민당은 평화, 단결의 방침을 승인했다. 이것은 참 잘된 일이다. 국민당이 다시 내전을 도발한다면 그들은 전 중국과 전 세계에서 비난을 받게 되며, 우리는 자위전쟁으로써 그들의 진격을 분쇄할 명분을 갖게 된다"[83]

"회담기요"가 체결된 후 10월 11일, 마오쩌둥은 옌안으로 돌아갔고 저우언라이는 충칭에 남아 미해결 문제점을 가지고 국민당 측과 계속 협상했다. 그러나 협상은 진척이 없었다. 저우언라이는 11월 25일에 잠시 옌안으로 돌아갔다.

3. 전략적 배치를 조정

화베이(華北), 화중(華中)과 둥베이(東北)를 탈취하기 위한 국민당의 전략적 시도

국민당정부는 궁지에 몰려 '평화적으로 나라를 세우는' 방침을 받아들였지만, 여전히 내전을 벌여 인민대중의 혁명세력을 섬멸하려고 했다. 장제스는 충칭 협상 기간에 여러 작전구역의 사령관들에게 비밀

---

82 저우언라이, '1년 동안의 협상 및 전망'(1946년 12월 18일), 〈저우언라이 선집〉 상권, 인민출판사 한문판, 1981년, 326쪽.

83 마오쩌둥, '충칭협상에 관하여'(1945년 10월 17일), 〈마오쩌둥 선집〉 제4권, 인민출판사 한문판, 1992년, 1459쪽.

리에 다음과 같은 지시를 내렸다. "중공과의 협상은 그 요구와 목적을 알아내고 시간을 끌어 국제 시선을 완화시키며, 국군이 기회를 노려 피점령지역의 중심 도시를 신속하게 수복하려는 것이다. 국군은 모든 전략적 거점들과 수송선을 통제하여 적군이 완전히 투항한 후에 다시 우월한 군사적 우위를 빌려 간당(奸黨·간사한 무리)과 구체적인 협상을 할 것이다. 군령, 정령을 통일하는 원칙 아래 굴복시키지 못할 경우 비적으로 몰아 숙청할 것이다" 또 국민당정부 육군 총사령 허잉친(何應欽)과 장제스는 1945년 8월 29일과 9월 17일, 장제스가 1933년 홍군을 '토벌'할 때 편찬한 반공 수칙인 〈비적토벌수첩〉을 인쇄하여 여러 작전 구역에 배포하도록 밀령을 내렸다. 한편 〈쌍십협정〉이 갓 체결된 10월 13일, 장제스는 국민당 군대의 장령들에게 〈비적토벌수첩〉에 따라 "부하들을 독촉, 격려하고 비적토벌에 힘써 임무를 급히 완수하라"는 밀령을 내렸다.

국민당의 전략적 시도는 우선 창장(長江) 강 이남 지역을 완전히 점령하는 동시에, 대병력으로 쑤완(蘇皖) 북부 및 화베이의 전략적 요지와 수송선을 탈취해 여러 해방구를 분할하고 축소시키는 것이다. 아울러 둥베이로 들어가는 통로를 열어놓은 후 자신에게 유리한 중소(中蘇)조약의 규정들을 이용하여 전 둥베이를 점령하려는 것이었다,

1945년 8월 중순 이후, 국민당 군대는 평수, 동포, 평한, 진포 등 철로를 따라 서쪽에서 동쪽으로, 남쪽에서 북쪽으로 점차 쑤완 변구와 화베이의 여러 해방구를 향해 밀고 나갔다. 서로(西路)에서는 푸쭤이 부대의 4개 군이 쑤이시에서 출격하여 구이쑤이, 지닝 등 도시를 점령한 후 평수철도를 따라 동쪽으로 나아가 장자커우에 접근했다. 후쭝난 부대의 8개 군은 관중에서 퉁관으로 나온 뒤, 주력이 농해철도를 따라 동진하여 정저우로부터 퉁관에 이르는 구간을 점령했다. 이

어 위시지역에까지 밀고 갔으며, 일부는 동포철도를 따라 북으로 진격하다가 다시 정태철도를 따라 동쪽으로 꺾어들어 스자좡을 탈취했다.

옌시산 부대의 7개 군은 동포철도 연선을 점령하고 일부는 인민군대가 통제하고 있는 진지루위지역의 산시성 동남부의 창즈 지역으로 쳐들어갔다. 중로(中路)에서는 쑨롄중(孫連仲) 부대의 3개 군이 위시에서 정저우를 거쳐 평한철도를 따라 북진한 뒤, 평한철도를 뚫고 후쭝난 부대와 스자좡에서 합류했다. 이후 다시 베이핑으로 밀고 나아갈 준비를 했다. 동로(東路)에서는 리핀셴(李品仙) 부대의 2개 군이 푸커우, 벙부를 점령하고 진포철도를 따라 북진하면서 리옌녠 부대의 4개 군과 쉬저우에서 회합했다. 그리고 진포철도를 따라 북쪽으로 지난, 톈진까지 쳐들어갈 준비를 했다. 동시에 미국은 국민당 군대 5개 군을 군함과 비행기를 이용하여 톈진, 칭다오, 베이핑, 친황다오 등지로 연이어 운송했다. 또 미군 해군육전대 5만여 명을 탕구(塘沽), 친황다오, 칭다오 등지에 상륙시켜 전략적 요충지를 확보했다. 그리하여 철도선을 따라 화베이로 나아가는 국민당 군대에 호응함과 동시에 군대를 둥베이로 운송할 준비를 마쳤다. 통계에 따르면 국민당 군대는 일본이 항복한 후 10월 17일까지의 두 달 동안 해방구의 30개 도시를 점령했다.

친황다오(秦皇島, 진황도)

랴오닝성(遼寧省)과 보하이만(渤海灣)에 접해 있는 항구도시로 연평균 온도는 10.4℃이며 연강우량은 674.5mm이다. 지명은 진나라 시황제가 이곳을 순시한 고사에서 연유한다. 현재 하이강(海港), 산하이관, 베이다이허(北戴河) 등 3개 행정구로 구성되어 있다. 1898년 카이롼(開濼)탄전의 채굴권을 장악한 영국이 석탄 출하를 위해 개발한 부동항이다. 본래 작은 섬이었으나 바다를 메워 육지와 연결하고, 베이징과 산하이관 사이를 철도와 지선으로 연결했다. 남서쪽 해안지구는 경치가 수려해 여름철 휴양지로 이용되고 있다.

그 밖에도 미국 장비로 무장한 국민당 군대 2개 군, 7만여 명은 10월부터 11월 사이에 미국 군함을 타고 친황다오에 도착하여 산하이관을 점령했다. 이어서 랴오닝성 서부로 진입하여 소련군이 철수한 다음 둥베이를 모두 접수함으로써, 전략적으로 관내 해방구에 대해 남북이 협공하는 기세를 이루려고 했다. 국민당 군대의 이런 움직임에서 볼 수 있듯이 〈쌍십협정〉 체결 후 전국적인 내전의 위기는 오히려 더 악화됐다.

'북으로 발전하고 남쪽을 방어'하는 전략적 방침

항일전쟁이 마무리될 무렵, 일본군과 괴뢰군이 차지하고 있던 화베이, 화중(華中)과 화난(華南) 지구의 도시와 교통 간선은 대부분 공산당이 지도하는 인민군대의 포위와 통제 아래 있었다. 인민군대 및 해방구가 화베이, 화중과 화난 지구에 많이 분포되어 있긴 했지만, 지역 간 발전의 균형을 아직 이루지 못하고 있었다. 이를테면 창장 이남의 인민군대는 발전이 늦어 병력이 분산되고 빈약했다.

그렇지만, 화중해방구의 인민군대는 비교적 튼튼한 기반을 갖추고 있었고 가장 강대한 화베이해방구는 그 병력이 전체 인민군대의 3/4에 달했다. 화베이해방구에 의지하면 북쪽으로 둥베이를 수복하고 남쪽으로 국민당 군대의 공격에 대항할 수 있는 유리한 전략적 기지를 확보할 수 있었다. 1945년 6월 10일, 마오쩌둥은 7차 당대회에서 다음과 같이 연설했다. "중국 혁명의 현재와 미래의 전망을 볼 때 둥베이는 특히 중요하다. 우리가 현재 보유한 근거지를 모두 잃는 한이 있더라도, 둥베이만 가지고 있다면 중국혁명은 튼튼한 기초를 보유하게 된다.

물론, 다른 근거지도 잃지 않고 둥베이도 가지게 된다면 중국 혁명은 더욱 튼튼한 기반을 갖게 될 것이다"[84] 그리하여 항일전쟁에서 승리한 후, 전략적 구도의 조정을 통해 더욱 유리한 위치를 차지함으로써 국민당 군대가 대거 공격할 때 둥베이로 진군하고 화베이해방구를 보위하는 것은 이미 전(全)당과 전군 앞에 매우 급박한 사안이 됐다.

전략적 구도를 조정하는 관건은 둥베이로 진군하는 것이었다. 둥베이지구에는 인구가 3,000만여 명이나 됐고 동, 북, 서 3면이 조선, 소련, 몽골과 맞닿아 있다. 남으로는 바다를 사이 두고 산둥반도를 바라보고 있었고 서남으로는 지러랴오(冀熱遼)해방구와 맞닿아 있었다. 이 광활한 지역은 물산이 풍부하고 교통이 편리하며, 특히 중공업이 발달하여 강철 연간 생산량이 전국 연간 생산량의 90% 이상을 차지하고 있었다. 1931년 '9·18'사변 이후, 중국공산당은 둥베이인민과 둥베이항일연군을 지도하여 일본침략자와 14년간에 걸친 투쟁을 벌여 오면서 쌓은 대중적 기초가 있었다. 당은 화베이와 둥베이가 맞닿아 있는 지역에 이미 지러랴오해방구를 세움으로써, 둥베이로 진군할 수 있는 유리한 발판을 마련했다. 소련군은 둥베이에 진입한 후 일부 주요 교통 간선과 대중 도시를 점령했지만 여전히 대부분의 중소 도시와 많은 향촌의 사회질서는 혼란스러웠다. 그리고 토비, 괴뢰군경과 일본군의 잔여 세력들이 서로 결탁하여 인민들에게 해악을 끼치고 있었다. 많은 대중들이 극심한 고통 속에서 새로운 세상을 바라고 있었다. 이런 상황들은 둥베이지구의 조건이 비교적 좋음을 보여 주고 있는 것이었다. 그래서 당이 지도하는 인민군대가 둥베이를 통제하게 되면 그곳의 탄탄한 경제력과 우월한 지리적 위치로 인해 확실한 전략적 기지를 세울 수 있었다.

---

84 마오쩌둥, '제7기 후보중앙위원 선거 문제에 관하여'(1945년 6월 10일), 〈마오쩌둥 문집〉 제 3권, 인민출판사 한문판, 1996년, 426쪽.

중공중앙은 화베이, 화중, 화난에서의 중국혁명세력 발전과 추세, 둥베이지구의 주요 교통 간선과 대중 도시가 모두 소련 홍군과 둥베이인민자위군의 통제 아래 있는 것, 국민당 군대가 단시일 안에 둥베이에 쳐들어오기 어려운 상황 등을 고려해 일본이 항복을 선언할 즈음부터 전 중국의 전략적 구도를 조정하기 위한 연구에 착수했다. 8월 11일, 주더 총사령(관)은 팔로군 내의 원 둥베이군 장령인 완이(萬毅), 뤼정차오(呂正操), 장쉐쓰(張學思) 등 부대와 리윈창(李運昌) 부대에게 명령을 내렸다. 그리고는 둥베이로 진군하여 소련군과 연합작전을 수행하고 일본군과 위만군의 투항을 접수할 준비를 하라고 했다. 그러나 시국의 변화로 중공중앙은 충칭협상 전에 "간부를 파견하는 것은 확실하다. 하지만 군대를 파견하는 것은 아직 결정짓기 어려우니 형세의 발전을 더 살펴야 한다"고 판단했다. 8월 29일, 중공중앙, 중앙군사위원회에서는 진차지(晉察冀)중앙국 등에 지시하여 간부와 부대를 신속하게 둥베이로 파견하고, "광범위한 향촌과 소련 홍군이 진입하지 않은 중소 도시를 통제하고 우리의 지방 정권과 지방 부대를 건립하며 담대하게 발전시켜야 한다"고 지시했다.

　　이 지시에 따라 지러랴오군구사령원인 리윈창은 먼저 부대를 세 개로 나누어 러허와 랴오닝으로 진군했고, 8월 30일에는 소련군과 협동하여 일본군과 괴뢰군으로부터 산하이관을 해방시켰다. 또 진저우와 랴오닝 서부 지역을 통제했으며, 9월 6일에는 선양으로 진격하고 군사를 랴오닝 남부, 랴오닝 동부 등지에 파견했다. 그리고는 일본군과 괴뢰군을 투항하게 함으로써 기본적인 국면을 열어 놓았다. 9월 중순, 중공중앙은 둥베이에 먼저 도착한 지러랴오군구부대와 자오둥군구에서 파견한 정찰분대가 파악한 정세를 통해 둥베이의 실상을 더 잘 알게 됐다.

러허성(熱河省, 열하성)

현재의 허베이성, 랴오닝성 및 내몽골 자치구의 경계 지점에 위치한다. 면적은, 179,982km²이고 인구는 1955년에 600만 명에 달했다. 한때 거란족이 세운 요나라가 있던 곳으로 17세기에 만주족에 의해 정복됐고 청조 초기에는 제국의 방목지로서, 한족의 거주가 금지되었다. 시간이 흐르면서 많은 한족들이 여기에 정착하게 되었고, 1928년에 러허성이 설치되어 황제의 별궁까지 있었다. 러허성은 1933년 1월 21일에 일본군에 점령되어 중화민국과 만주국의 완충 지역을 형성했다. 이후 만주국에 병합되어 행정 구역의 일부가 되었다. 제2차 세계대전 종전 후 국민당 정부는 이곳을 독립된 성으로 존치시켰다. 1955년에 폐지됐다. 조선 정조 때의 실학자 연암 박지원의 중국 기행집 〈열하일기〉는 바로 이곳을 무대로 쓴 역저이다.

9월 15일, 중공중앙은 펑전, 천윈, 청쯔화(程子華), 린펑(林楓), 우슈취안(伍修權)을 위원으로 하고 펑전을 서기로 하는 중공중앙 둥베이국을 세우고 그들을 즉각 둥베이로 파견했다. 9월 17일, 옌안에 남아 중앙 사업을 주관하던 류사오치는 충칭의 마오쩌둥, 저우언라이 등과 함께 전략적으로 배치·조정하는 문제를 상의했다. 9월 19일, 류사오치는 중공중앙을 대신하여 '눈앞의 임무와 전략적 배치'라는 지시를 작성하고 여러 중앙국에 보내 "북으로 발전하고 남쪽을 방어"하는 전략적 방침을 제기했다. 지시는 "전당, 전군의 주요 임무는 일제침략자와 그 괴뢰군들을 계속 타격하고 러허와 차하얼 두 성을 완전히 통제하며 둥베이에서의 우리의 세력을 강화하는 것이다. 동시에 둥베이를 통제함으로써 둥베이와 러허, 차하얼 두 성을 토대로 전국의 여러 해방구와 국민당구역 인민의 투쟁을 강화하고 평화·민주와 국공협상의 유리한 지위를 쟁취하는 것이다"고 강조했다. 또 "저장성 동부에 있는 우리 군대는 장쑤 남부로 철수하고 장쑤 남부, 안후이 남부의 주력은 장베이(江北)로 철수하라"고 지시했다.

"북으로 발전하고 남쪽을 방어"하는 전략의 핵심은 둥베이를 통제하는 데 있었다. 따라서 중공중앙은 산둥군구, 신사군 및 진지루위, 진 차지, 진쑤이 등 군구와 옌안 총부에서 전후로 2만여 명의 간부와 11만 명의 부대를 신속히 둥베이로 파견했다. 이 간부들 중에는 중공중앙 위원 10명(그중 4명은 중앙정치국 위원임), 후보중앙위원 10명이 포함되어 있었다. 부대에는 산둥군구 사령원 겸 정치위원인 뤄룽환이 거느린 6만여 명의 산둥 주력부대와, 신사군 제3사 사장 겸 정치위원인 황커청이 거느린 군대 3만 5,000명이 포함되어 있었다.

인민군대는 둥베이에 진입한 후 크게 발전했다. 그러나 국내의 평화를 쟁취하고 소련이 중소조약을 이행하도록 하기 위해 중공중앙은 11월 20일 이후 잇달아 둥베이국에 지시를 내렸다. 그래서 둥베이부대는 중장(中長)철도 연선과 대도시를 양보했다. 그러고는 신속하게 주요 세력을 동만, 북만과 서만에 이동시켜 공고한 근거지를 세우기로 하고 러허와 허베이 동부의 사업을 강화하기로 결정했다. 또 중공중앙은 11월 22일, 중장철도 연선과 대도시를 양도하는 문제에 대해 충칭에 있는 중공 협상대표단에 전보를 보냈다. 그리고 이미 둥베이국에 "신속히 도시와 철로 연선에서 물러나 큰 길을 내주고 양 옆을 점령하도록 했다"고 설명했다. 12월 28일, 중공중앙은 둥베이국에 "공고한 둥베이근거지를 창설하라"는 지시를 내렸다. 또 당이 해야 할 둥베이에서의 임무는 근거지를 창설하고 동만, 북만, 서만에 견고한 군사, 정치 근거지를 세우는 것이며,둥베이에서의 사업 중점은 대중 사업이라고 강조했다. 둥베이국은 중공중앙의 지시에 따라 부대를 조직하여 선양, 창춘(長春) 등 대도시에서 철수했다. 그 밖에도 많은 간부를 파견하여 국민당이 점령한 중점구역과 멀리 떨어진 도시 및 향촌으로 침투했다. 그리고 대중, 특히 농민대중을 일으켜 감조감식(1920년대 중국공산당이 시행한 소작료 및 이자의 감액정책)과 생산 운동을 벌임으로써 지방 무장과 인민정권을 건립하는 한편 재빨리 동만, 북만, 서만과 남만의 광범위한 지역에 근거지를 세웠다. 1945년 말까지 둥베이인민군대의 총병력은 27만여 명에 달하게 됐다.

신사군 쑤저(蘇浙)군구의 주력군은 집중적으로 둥베이를 공략했다. 그러고는 중공중앙의 배치에 따라 쑤완 북부 지역과 산둥으로 철수했다. 신사군은 제2사, 제4사, 제7사의 주력을 거느리고 북쪽에 있는 산둥으로 이동했다. 팔로군 남하지대의 왕전이 거느린 부대와 팔로군 허난(河南)군구의 왕수성(王樹聲)이 거느린 부대는 어위완지역으로 이동하여 신사군 제5사의 리셴녠 부대와 회합했다.

많은 주력부대는 중앙의 전략적 배치에 따라 신속하게 북으로 이동했다. 그러고는 러허와 차하얼 지역을 통제하고 둥베이로 진입하는 기회를 선취했다. 결과적으로 둥베이를 독점하는 동시에, 관내의 해방구를 남북에서 협공하려던 국민당의 시도를 무산시켰다. 그리고 남방에 분산되어 있던 병력을 적시에 강북에 집중시킴으로써 각개 격파될 뻔한 위기에서 벗어나게 되었다. 그러고는 이어서 화둥, 화베이지역 내 여러 해방구의 세력을 강화했다. 따라서 국민당의 공격에 맞설 수 있는 유리한 전략적 태세를 갖출 수 있었다. 결과적으로 "북으로 발전하고 남쪽을 방어"하는 방침은 선견지명이 있는 탁월한 전략적 결정이었다. 그뿐만 아니라 해방 전쟁의 승리를 쟁취하는 데 중대한 의미를 지녔다.

중공중앙은 전략적 배치를 조정함과 동시에 인민군대가 군사 전략의 전환에 박차를 가할 것을 요구했다. 즉 항일민족해방전쟁에서 국내 혁명전쟁으로의 전환에 사상적으로 신속히 적응하고, 분산된 병력으로 유격전을 펼치던 것에서 병력을 집중하여 이동전을 위주로 하는 작전으로 전환했다. 그리하여 각 전략구에서는 비교적 넓은 범위에서 기동 작전을 수행할 야전 부대를 신속하게 조직했다. 이어서 야전군, 지방군 그리고 민병유격대가 결합된 무장 세력 체제를 굳건히 할 수 있었다. 둥베이해방구에서는 중공중앙이 10월 31일에 내린 결정에 따라 둥베이에 진입한 부대와 둥베이인민자위군을 통합하여 둥베이인민자치군(1946년 1월에 둥베이민주연군으로 개칭)을 조직했다. 린뱌오를 총사령으로, 펑전, 뤄룽환을 각기 제1, 제2 정치위원으로 임명했다. 화둥해방구에서는 신사군 군부와 주력부대 일부가 북으로 이동하여 산둥에 이르렀다. 그러자 신사군 군부 겸 산둥군구, 신사군 군장인 천이를 사령원으로, 라오수스를 정치위원으로 임명했다. 그리고 북으로 이동한 부대와 원 산둥군구의 주력군 일부로 조직된 진푸(津浦)전선야전군은 천이가 사령원을 겸하고 리위(黎玉)가 정치위원을 맡았다.(1946년 1월에 산둥야전군으로 개칭하고 천이가 사령원 겸 정치위원을 맡았다.) 쑤완지역에서는 화중군구를 조직하여 장딩청이 사령원을 맡고 덩쯔후이가 정치위원을 맡았다. 북으로 이동한 신사군은 장난(江南)의 주력 일부와 화중에 남은 주력 일부를 합쳐 화중야전군을 조직하고 쑤위(粟裕)를 사령원으로, 탄전린(譚震林)을 정치위원으로 임명했다. 화베이지구에서는 류보청을 진지루위군구 사령원으로, 덩샤오핑을 정치위원으로 임명했다. 그러고는 진지루위야전군을 조직하여 류보청이 사령원을 겸하고 덩샤오핑이 정치위원을 겸했다. 진차지군구는 녜룽전을 사령원 겸 정치위원으로 임명하고, 진차지 제1야전군을 조직하여 녜룽전을 사령원 겸 정치위원으로 임명했다. 진차지 제2야전군은 샤오커를 사령원으로, 뤄루이칭을 정치위원으로 임명했다. 산간닝해방구와 진쑤이해방구에서는 산간닝진쑤이연방군이 관할하는 구역을 산간닝, 진쑤이 두 구역으로 분할했다. 산간닝구는 여전히 산간닝진쑤이연방군 번호를 보류하고 왕스타이(王世泰)를 대리사령원으로, 시중쉰(習仲勳)을 정치위원으로 임명했다. 또 진쑤이 구에 진쑤이군구를 설립하고 허룽을 사령원으로, 리징취안을 정치위 원으로 임명했다. 연이어서 진쑤이야전군을 조직하여 허룽이 사령원 을 겸하고 관샹잉이 정치위원을 맡았다. 중원(中原)해방구에서는 신 사군 제5사와 팔로군 제359려의 남하지대, 허난군구의 부대로 구성 된 중원군구를 설립하고 리셴녠이 사령원을, 정웨이싼(鄭位三)이 정 치위원을 맡았다.

시중쉰(習仲勳, 습중훈·1913~2002)

1980년대 개혁개방 후 덩샤오핑 시기 중공 8대 원로 중 한 사람이며 시진핑 현 국 가주석의 부친이다. 1913년 산시성(陝西省) 푸핑(富平)현에서 태어나 15세가 되던 1928년 중국공산당에 입당했다. 1949년 10월 신중국 건국 후 중앙인민정부 위원 등 요직을 지냈다. 1959년 4월~1962년 10월 국무원 부총리 겸 비서장으로 재임하 던 1962년 9월 제8기 10중 전회에서 펑더화이 반당 집단으로 몰려 숙청됐다. 그후 1978년 2월까지 무려 16년간 구속되어 있었다. 1978년 4월 광둥 성 당위원회 제2 서기로 복권, 이후 제1서기, 1979년 광둥성장을 지냈다. 선전(深圳, 심천)시 경제특 구 고안자로 알려졌다. 1988년 4월 제7기 전국인민대표대회 상무위원회 부위원장 을 역임하고 1993년 일흔 나이로 은퇴했다.

중공중앙은 새로운 형세에 적응하는 한편 당의 지도를 강화하기 위 해 여러 대지구에서 당의 지도기구를 조정하고 굳건히 했다. 앞서 기 술했다시피 중공중앙은 둥베이중앙국을 새로 설립한 것 외에 8월 18 일 진차지중앙국을 설립하기로 결정했다. 그러고는 녜룽전을 서기로, 청쯔화(程子華), 뤄루이칭(羅瑞卿), 류란타오(劉瀾濤)를 부서기로 임명 했다. 8월 20일, 중공중앙은 북방국을 철수하고 덩샤오핑을 서기로, 보이보를 부서기로 하는 진지루위중앙국을 설립했다. 8월 21일, 중 공중앙은 어위완중앙국을 설립하기로 결정했고 10월 30일에 이를 중 원(中原)중앙국으로 개칭했으며 쉬샹첸(徐向前)을 서기(병으로 임직

하지 못했음)로, 정웨이싼(鄭位三)을 대리서기로 임명했다. 10월, 화중국은 신사군 군부와 주력 일부를 따라 북쪽의 산둥으로 이동했다. 그러고는 12월 18일에 화중국을 화중중앙국으로 개칭하고 라오수스를 서기로, 천이와 리위를 부서기로 임명했다. 10월, 전 화중지구에서는 화중분국을 구성하여 덩쯔후이(鄧子恢)를 서기로, 탄전린(譚震林)을 부서기로 임명하고 화둥국의 지도를 받게 했다. 10월, 중공중앙은 시베이(西北)중앙국의 지도인원을 조정하여 시중쉰을 서기로 위촉했다. 이 밖에 중공중앙은 국민당 통치구역의 사업에 대한 당의 지도를 강화하기 위해 12월 5일, 난방중앙국(충칭국이라고 잠시 명명하였음)을 회복하기로 결정하고 둥비우를 서기로, 왕뤄페이를 부서기로 임명했다. 동시에 중공중앙 서기처에서는 국민당 군대를 쟁취하고 그들을 선동하여 모반을 일으키게끔 하는 사업을 강화하기 위해 10월 25일, '국군사업부를 설립할 것에 관하여'라는 지시를 내렸다. 그리하여 중앙군사위원회와 여러 중앙국, 중앙분국 그리고 그 이하 각급 당과 군대 기구 내에 국군 사업부를 설립하도록 결정했다. 이러한 일련의 중요한 조치들은 당의 지도를 강화하였다.

전략적 구도를 조정하고 야전병퇀을 편성하는 동시에 중공중앙과 중앙군사위원회에서는 평수철도, 평한철도, 진포철도와 둥포철도 연선에서 유력한 전역을 몇 개 조직하여 국민당 군대의 전진을 막으려고 했다. 그리하여 여러 대군구, 야전군에서는 10월부터 네 갈래의 철로 간선을 통제할 목적으로 해방구를 보위하는 작전을 개시했다.

푸쭤이 부대가 둥진하는 것을 막기 위해 진차지군구와 진쑤이군구의 주력 5만 3,000여 명은, 10월 18일부터 12월 14일까지 쑤이위안(핑쑤이)전역을 확대했다. 그리하여 쑤이둥(綏東)과 쑤이난(綏南)의 광범위한 지역과 지닝(集寧), 펑전(豊鎭) 등 도시를 수복하고 푸쭤이 부대 1만 2,000여 명을 섬멸했다.

진지루위군구의 주력 6만여 명은 쑨롄중(孫連仲) 부대가 평한철도로 북침하는 것을 막기 위해 10만 명 민병들과 함께 연대했다. 그러고는 10월 24일부터 11월 2일까지 한단(邯鄲)[핑한(平漢)]전투를 벌여 국민당군 제30군, 제40군과 신팔군(新八軍) 3만여 명을 섬멸했는데, 그중 국민당군 제11전구 부사령관 고수쉰(高樹勳)의 부대에서 약 1만 명이 참가했다. 그러자 제11전구 부사령관 겸 제40군 군장 마파우(馬法五) 수하 1만 7,000여 명도 무기를 내려놓고 투항했다.

산둥야전군은 화중야전군 일부 부대와 연대하여 국민당 군대가 진포철도를 따라 북침하는 것을 막기 위해 10월 18일부터 1946년 1월 13일까지 진포철도의 쉬지[쉬저우(徐州), 지난(濟南)]구간에서 전투를 벌였다. 전투에서 국민당 군대 5만여 명을 섬멸하고 철로 200여 킬로미터를 통제함으로써 진포철도를 개척하려던 국민당 군대를 무력화했다.

진지루위군구 타이웨(太嶽)종대 등 부대는 후쭝난 부대가 동포철도로 북상하는 것을 막기 위해 10월 26일부터 1946년 1월 13일까지 동포철도 남쪽 구간에서 작전을 벌였다. 그리하여 국민당 군대 8,000여 명을 섬멸하고 철로 110여 킬로미터를 통제했다.

아군은 쑤이위안, 한단, 진포철도전역과 동포철도작전을 통해 적 10만여 명을 섬멸함으로써 국민당 군대가 화베이 등 해방구로 공격하는 것을 저지했다. 그러고는 인민군대가 둥베이에서 수월하게 전략을 펼칠 수 있도록 엄호해 주었다.

이 밖에 화중야전군 주력과 갓 둥베이로 진입한 팔로군 일부 부대는 각각 옌청(鹽城), 가오유(高郵) 지역과 북녕철도 위진(楡關, 錦州—위관, 진저우) 구간에서 작전을 벌였다. 그리하여 수많은 일본군과 괴뢰군, 국민당 군대를 섬멸했다.

인민군대는 중공중앙의 지시에 따라 일본군과 괴뢰군한테 잃어버린 땅을 거의 다 수복했고, 국민당군대의 공격에 맞서 반격을 가했다. 1946년 1월에 이르러 해방구는 239만 1,000제곱킬로미터의 토지와 1억 4,900만 명의 인구와 506개의 도시를 보유하게 됐고, 인민혁명 세력은 눈부시게 발전했다.

4. 국민당 통치구역에서의 인민운동의 발흥

국민당정부의 약탈적인 접수

항일전쟁에서 승리한 이후 국민당정부의 각급 군정 관원들은 수복지구에서 약탈을 감행했다. 이에 각 계층 민중은 강한 불만을 제기했다. 일본정부가 항복을 선언하자 국민당정부는 수복지역을 쑤저완, 샹어간, 웨구이민, 지차러, 루위진, 둥베이와 타이완을 7개 구역으로 나누고 군대와 많은 관원들을 파견했다. 불완전한 통계에 따르면, 국민당정부는 일본정부와 괴뢰정부의 공장 2,411개를 접수했는데 그 가치는 약 20억 달러에 달했다. 또 일본이 강점하고 있던 다수의 물자, 금은, 부동산, 창고 등도 차지했는데 그 가치 역시 약 10억 달러가 넘었다. 국민당정부 행정원에서 공표한 통계에 따르면 압수한 일본정부와 괴뢰정부 물자의 총가치는 당시 통용 화폐인 법폐(法幣·국민당 정부의 화폐 제도 개혁으로 1935년 11월부터 1948년 8월까지 통용하던 지폐)로 6,200억 원에 달했는데, 실제 숫자는 이보다 훨씬 더 높았다. 형식적으로 이런 자산들의 소유권은 일본 및 괴뢰정부에서 국민당정부에 넘어갔지만 사실상 관료자본집단의 통제 아래 있었다.

또 국민당 관료자본집단은 정치적 특권을 이용해 적의 재산을 '접수'

한다는 명목으로 다수의 민영기업과 자산을 삼켜 버렸다. 비록 일본정부와 괴뢰정부가 강점했던 일부 민영기업들을 원 주인한테 돌려주긴 했지만, 그들이 소유했던 주식을 관료자본 주식으로 변경하고 '정부 주식'을 늘리는 방식으로 관료자본이 통제했다. 민족상공업은 관료자본의 수탈과 국민당정부의 높은 세금 때문에 크게 쇠퇴했다. 예를 들면, 원래 상하이에는 민영공장이 3,419개 있었는데, 공장 수의 75%에 달하는 2,597개 공장이 문을 닫았다. 일본정부와 괴뢰정부의 통치에 시달리며 장기적인 불황을 겪었던 민족자본주의 상공업은 항일전쟁에서 승리한 후에도 똑같은 약탈과 시달림을 당하자 많은 민족상공업자들의 분노는 극에 달했다.

국민당정부의 각급 접수 기관와 관원들은 접수 과정에서 앞 다퉈 약탈을 일삼으며 큰돈을 보유하게 됐다. 베이핑(北平)에서 접수된 일본군과 괴뢰 정부의 물자는 실제 입고된 숫자 전체의 20퍼센트도 채 되지 않았고, 나머지는 거의가 접수 관원들의 사유재산이 되어 버렸다. 국민당 상하이시 당부 주임위원 우사오수(吳紹澍)는 직권을 남용하여 일본정부와 괴뢰정부의 부동산 1,000여 채, 자동차 800여 대, 황금가락지 1만여 개를 빼돌렸다. 상하이 시장 첸다쥔(錢大鈞)은 법폐로 42억 원 어치나 되는 일본정부와 괴뢰정부의 물자를 착복한 뒤 팔아 버렸다. 사람들은 이런 접수 방식을 "싼양카이타이"[三陽(洋)開泰·여기서는 '서양을 떠받들고 동양을 사랑하고 현찰을 요구한다'는 뜻], "우쯔덩커"(五子登科·여기서는 "지위, 돈, 집, 차, 여자"를 말함)라고 풍자하면서 이러한 접수는 "강탈"이라고 비꼬았다. 이는 국민당 통치 집단의 부패와 타락을 여실히 보여주었다. 1945년 9월 27일, 〈대공보〉는 담화을 발표하여 이런 행위로 말미암아 국민당정부는 "베이징과 상하이 일대에서 인심을 크게 잃고 말았다"고 지적했다.

국민당정부는 괴뢰정부가 발행한 지폐를 거두어들이거나 교환해 줄 때 그 시가를 대폭 낮춰 각 계층 민중한테서 잔혹할 정도로 약탈했다. 1945년 9월 26일, 국민당정부 재정부는 "괴뢰 중앙비축은행 지폐 접수, 환전 방법"을 반포했다. 11월 21일에는 "괴뢰 중국연합비축은행 화폐 접수, 환전 방법"을 반포했다. 전자의 규정에 의하면 화중과 화난 지구의 함락 지구에서 유통되는 괴뢰정부의 화폐 중 하나인 저금권(儲券) 200원으로 당시 유통 화폐인 법폐 1원을 바꿀 수 있었다. 후자의 규정에 의하면 화베이 함락구에서 유통되는 연은권(聯銀券) 5원으로 당시 유통 화폐인 법폐 1원을 교환할 수 있었다. 그러나 정해진 기한 안에 제한된 양만큼만 바꿀 수 있다고 규정했다. 상기 지역과 국민당 통치구역의 도매물가 총액을 비교해보면 이 두 가지 괴뢰정부의 화폐와 법폐의 실제 비율은 각기 거의 35 대 1과 0.5 대 1이었다. 국민당정부는 수복지구 인민들을 상대로 이런 약탈에 가까운 화폐환산 정책을 실시했다. 그리하여 2억 달러에 달하는 막대한 수익을 올린 것으로 추산된다.

국민당정부는 항일전쟁에서 승리한 후 거액의 군사비용과 행정비용을 유지하기 위해 응급조치로 다량의 지폐를 찍어 심각한 통화팽창을 초래했다. 그들은 전쟁 시기 후방에서 실시했던 식염, 설탕 등 생활용품에 대한 전매 제도를 수복 지구에서도 실시했다. 그럼으로써 그곳의 사회, 경제를 통제하는 한편 세금을 늘리는 등 인민들의 고혈을 빨아냈다. 국민당정부의 일부 탐관오리와 관료자본가들은 수복 지구와 후방의 상품 및 화폐의 비율상 거대한 차액을 이용하고, 정치적 특권과 경제력을 남용하기 시작했다. 그리하여 물자를 마구 사재기함으로써 시장을 조작하고 인민들의 재산을 착취했다. 수복 지구에서 일본정부와 괴뢰정부에게 강탈당한 공장, 광산, 기업 중 2/3에 달하는 곳이 문을 닫았다. 이에 민족상공업은 차례로 파산했으며 도시의 실업노동자 수는 날로 늘어났다. 장기적인 전쟁으로 파괴당한 농촌 경제는 회복할 수 없었다. 그리고 광범위한 농민들은 또다시 새로운 압박과 착취를 받게 됐다. 이렇듯 수복 지구의 도시와 농촌 인민들의 생활은 급속히 새로운 곤궁 속에 빠져들었다. 수복 지구의 인민들은 항일전쟁에서 승리한 후 국민당정부에 큰 희망을 품었다. 그러나 사람들이 말한 것처럼 "중앙을 염두에 두고 기대를 품었으나 결국 중앙 때문에 더 큰 재앙을 당하게 됐다" 국민당정부의 강제수탈로 인해 인민들의 기대는 수포로 돌아가고 말았다.

1945년 10월 24일, 〈대공보〉는 '장저(江浙) 인민들을 대변하여 호소한다'는 글을 발표했다. 글에서는 "이 일대 수만 명의 인민들은 승리를 위해 일제히 환호했었지만, 지금은 도탄에서 허덕이며 더 살아나갈 길이 없게 됐다. 그들은 극심한 고통 속에 부대끼며 승리를 거두기 전보다 더 고통스러운 나날을 보내고 있다"고 했다.

기고문은 또 국민당정부의 행위가 광범위한 인민들에게 '승리 후의 재난'을 불러왔음을 지적했다. 미국정부의 일부 인사들도 이를 인정하면서 "국민당 문무관원들의 수탈행위로 인하여 국민당은 수복 구역 인민들에게서 지지와 위세와 명망을 잃었다"[85]고 지적했다. 경제 접수 사업을 책임진 한 국민당정부의 요원도 장제스에게 "우리가 비록 국토를 수복했다지만 이런 식으로 하다가는 인심을 다 잃게 될 것입니다"고 진언했다. 그는 이런 수탈행위는 정부의 "기반을 뒤흔들어 놓아 승리의 환호 속에 묻힌 실패의 시한폭탄"[86]과 같다고 지적했다.

---

85 '애치슨이 트루먼 대통령에게 보내는 편지'(1949년 7월 30일), 〈중미관계 자료집〉 제1집, 세계지식출판사 한문판, 1957년, 35쪽.
86 사오위린(邵毓麟), 〈승리 전후〉, 대만전기문학출판사 한문판, 1967년, 76쪽, 87쪽.

'12·1'운동

 항일전쟁에서 승리한 국민당 통치 집단은 사회를 안정시키고 경제를 발전시키며 평화로운 분위기 속에서 나라를 건설하려는 전국 인민들의 절박한 요구를 저버렸다. 그뿐만 아니라 반공, 반인민의 내전 정책을 견지함으로써 또다시 인민들 머리 위에 전쟁의 먹구름을 드리우게 했다. 국민당 통치구역의 광범위한 인민들은 크게 분노했고, 얼마 후 대중적인 반내전 운동이 폭발하게 됐다.

 1945년 11월 5일, 국민당 당국이 해방구에 대한 진격을 감행할 무렵 마오쩌둥은 중공 대변인의 명의로 다음과 같이 담화를 발표하고 호소했다. "전국 인민들은 궐기하여 모든 방법을 다해 내전을 제지해야 한다" 이에 국민당 통치구역의 각계 인사들과 민주당파들도 적극 호응하고 한목소리로 내전을 멈추고 단결하며 평화적으로 나라를 세울 것을 요구했다. 11월 19일, 충칭 각계 대표들인 궈모뤄와 선쥔루를 비롯한 500여 명이 배도(陪都)의 각계 반내전연합회를 설립하는 대회를 거행했다. 대회에서는 국민당 통치구역의 인민들에게 국민당의 내전 정책과 미국의 내정간섭을 반대해야 할 것을 호소했다.

> **배도(陪都)**
>
> 중국에서 행정 조직상 수도에 준하는 취급을 받던 도시. 명나라 때의 금릉(金陵), 청나라 때의 심양(瀋陽), 제2차 세계대전 때의 중경 등이 있다. 우리나라의 조선시대에는 개성, 강화, 광주(廣州), 수원(水原) 등이 수도의 외곽을 방어하는 배도 역할을 했다.

 11월 25일, 중국공산당 윈난성 사업위원회의 주최로 쿤밍의 6,000여 명 대학생, 중학생과 각계 대중은 시난연합대학교에서 시사야회를 열었다. 그리고 첸돤성(錢端升), 페이샤오퉁(費孝通), 판다쿠이(潘大逵), 우치위안(伍啟元) 등 교수들이 회의에서 내전을 반대할 것에 대한 연설을 시작했다. 회의에서는 내전을 반대하고 미국이 군대를 파견하여 중국 내전에 참가하는 것을 반대하는 공개 전보문을 통과시켰다. 국민당 군대는 무력으로 연합대학 건물을 포위하고 총을 발포하며 대중을 위협했다. 이튿날, 국민당 중앙사에서는 허위 뉴스를 발표하여 회의에 참가한 애국 사생들을 모독했다. 11월 26일부터 28일까지, 쿤밍의 31개 대학교와 중학교의 3만여 명 학생들은 연속 동맹휴학을 단행했으며, 동맹휴학연합위원회를 설립하고 선언을 발표했다. 그들은 선언에서 즉각 내전을 저지할 것과 평화와 민주를 추구할 것, 외국이 중국의 내전을 부추기는 것을 반대하고 중국에 주둔 중인 미군을 철수시킬 것, 민주적인 연합정부를 조직할 것, 인민의 자유와 권리를 확실히 보장할 것 등에 대한 요구를 명확하게 제기했다. 학생들의 정의롭고 의연한 행동은 사회의 광범위한 지지를 받았지만, 국민당정부는 이에 대해 피비린내 나는 진압을 감행했다. 12월 1일, 국민당 윈난 당국은 많은 간첩과 군인들을 파견하여 시난연합대학교, 윈난대학교 등 학교에 침투해 학교 건물을 파괴하고 사생들을 구타했으며, 심지어 수류탄을 투척하기도 했다. 결국 위짜이(於再·공산당원), 판옌(潘琰·공산당원), 리루롄(李魯連), 장화창(張華昌) 등 4명의 사생이 숨지고 수십 명이 부상을 입은, 전국을 들썩이게 한 '12·1' 참사를 빚어냈다.

쿤밍의 학생들은 국민당 당국의 피비린내 나는 진압에 맞서 조직적으로 거리에 나갔다. 그러고는 내전을 반대하고 민주를 요구하는 대형 깃발을 높이 들고 인민대중에게 국민당 당국의 악행을 만천하에 고발했다. 쿤밍의 여러 대학교와 중학교 교사들은 단체로 동맹휴업을 선언하고 학생들의 투쟁 행렬에 가담했다. 문화계 인사, 공농시민대중, 상공계 인사들로부터 지방의 상층 인사들에 이르기까지 모두 모금, 서명, 위문, 조문 등 활동을 벌여 학생들을 지원했다. 12월 2일부터 20일까지 인구가 30만 명도 안 되는 쿤밍시에서 무려 15만 명에 달하는 군중이 네 명의 열사를 조문했다. 쿤밍 학생들의 시위는 전국적으로 커다란 반향을 일으켰다. 옌안 각계에서도 대중대회를 열었는데 저우언라이는 중공중앙을 대표하여 "청년들은 평화와 민주를 쟁취하는 선봉대"라고 격려했다. 또 "지금 우리는 새로운 '12·9' 시기에 처해 있는바, 쿤밍 참사야말로 새로운 '12.9'이다"고 선언했다. 진차지, 산둥, 진쑤이 등 해방구에서도 연이어 대중 집회를 열어 쿤밍 학생들과 교수들의 투쟁을 적극 지지했다. 국민당 통치구역의 20여 개 대중도시들에서도 집회, 시위행진, 동맹휴학, 위문전보, 모금 등 방식으로 쿤밍의 학생운동을 지지했다. 중국민주동맹, 삼민주의동지연합회 등 민주당파와 배도 각계의 반내전연합회 및 각계 지명인사들도 전보문을 보내 성원했다. 이로써 대중적인 반내전 운동이 전국에서 빠르게 일어났다. 국민당 당국은 전국 인민들의 압력에 못 이겨 학생들이 제기한 대부분 조건들을 거의 수용했다. 중공 윈난성 사업위원회에서는 투쟁에서 단계적 승리를 거두자, 도리가 있고 유리하며 절제 있는 투쟁 원칙을 파악했다. 따라서 기회를 잡고 적절한 시기에 "조문을 끝내고 수업을 재개하자"는 구호를 제기했다. 그들은 사생들이 수업을 재개하도록 협조하는 한편 지속적인 투쟁을 진행했다. 1946년 3월 17일, 쿤밍시 인민들은 네 열사를 추모하여 성대한 출빈(出殯·장례 지내기 전에 집 밖에 차린 빈소에 시신을 내어다 놓음) 의식을 치렀다.

'12·1' 운동은 전국해방전쟁 시기 중국공산당이 지도한 대규모의 첫 학생애국민주운동이었다. 이 운동을 통해 많은 민주운동의 기초를 닦고 성장시켰으며, 정치에 대한 인민대중의 각성을 높일 수 있었다. 이 운동은 인민군대의 자위반격전과 긴밀히 연계되었으며, 내전을 주장하던 국민당반동파들은 정치적으로 수세에 몰리게 됐다.

5. 정치협상회의에 참가

정전협정의 체결과 정치협상회의 협의의 통과

　해방구 군민들의 자위반격전의 승리와 국민당 통치구역에서의 반내전 운동에 대한 궐기는, 내전을 통해 중국을 장악하려던 국민당통치집단의 음모가 심각한 장애물에 부딪쳤음을 여실히 보여주었다. 동시에 충칭협상 후 국공 무장충돌은 날로 심해졌다. 이는 항일전쟁 후기부터 장제스를 부추기고 공산당을 반대하던 미국정부의 목적이 달성하지 못했음을 입증한다. 이런 상황에서 미국은 중국에 대한 정책을 재조정하게 됐다.

　1945년 11월 26일, 장제스를 부추기고 반공 정책을 이끌던 대표 인물인 주중 미국 대사 헐리는 국내외의 압력에 못 이겨 트루먼에게 사직서를 제출했다. 11월 27일, 미국정부는 헐리의 사직을 수용한다고 발표했다. 그러고는 즉각 전 육군참모총장 마셜 상장을 대통령 특사로 중국에 파견하여 국공 분쟁을 '조정'하게 했다.

　미국 대통령 트루먼은 훈령[87]에서 "미국의 영향력을 십분 이용하여 중국정부를 설득했다. 그러고는 "주요 당파의 대표로 구성된 전국 회의를 열어 중국을 통일시켰다. 그뿐만 아니라 다방면에서 국민당정부를 지지하고 꾸준히 부추겨 국민당 군대를 즉각 둥베이로 운송했다. 또 화베이로의 운송 준비를 잘 할 것" 역시 명령했다.

　12월 15일, 마셜은 중국으로 떠났다. 그날 트루먼은 미국의 대중국 정책에 대한 성명서를 발표했다. 그는 중국이 "전국의 주요 정당 대표

87　미국 대통령의 훈령에는 다음과 같은 내용도 포함되어 있다. 갑. 트루먼 대통령이 마셜 특사에게 보낸 편지(1945년 12월 15일) 을. 미국의 대중 정책(1945년 12월 15일 공포할 때 삭제하였음) 병. 국무장관 번스가 육군 부장에게 보낸 비망록(1945년 12월 9일).

가 참가한 국민회의를 열어 하루 빨리 목전의 내부 투쟁을 해결하고 통일을 이룩하는 데 대해 찬성한다"고 했다. 트루먼은 중국 국민정부가 일당 독재인바 "이 정부가 기반을 확대하고 국내 기타 정치세력을 용납해야만 중국의 평화와 단결과 민주개혁이 추진될 수 있다"고 대답했다. 또 "자치적인 군대, 이를테면 공산당 군대와 같은 존재는 중국의 정치 단결에 부합되지 않는다. 그러므로 사실상 정치적 통합은 실현될 수 없다. 광범위한 대의제 정부가 설립되면 위에서 언급한 자치적인 군대를 포함해 중국의 모든 무장 부대가 국민군이 될 것이다"고 강조했다. 성명은 또 "중국이 평화와 단결을 실현하게 된다면 미국은 여러 가지 합리적인 방법으로 국민정부를 도울 것이다. 국민정부가 중국을 부흥시키고 농업과 공업 경제를 개선하며, 평화와 질서를 유지하면서 국내 및 국제적인 책임을 다할 수 있는 군사 조직을 건립하도록 돕겠다"[88]고 했다.

12월 27일, 소, 미, 영 세 나라 외무장관들은 모스크바 회의에서 중국 문제에 대한 공보를 발표했다. 공보는 "국민정부의 주도 아래 통일된 민주적인 중국을 세우되, 국민정부의 각급 기구에 민주당파가 광범위하게 참여하고 내부 충돌을 막는 것은 모두 필요한 것이다"고 성명했다. 또한 공보는 "중국 내정에 간섭하지 않는 정책"[89]을 재차 천명했다.

이러한 상황에서 장제스는 공산당이 지도하는 인민혁명세력을 억제하고 섬멸하는 동시에 더 많은 시간을 끌어냈다. 그리하여 내전 병력을 동원하기 위한 정치적 수단으로, 할 수 없이 정치협상회의를 여는 데 동의했다.

88 충칭 〈신화일보〉, 1945년 12월 17일.
89 〈국제조약집〉(1945~1947), 세계지식출판사 한문판, 1959년, 125~126쪽.

중공중앙은 미국의 기본 입장과 중국 각 당파 회의를 소집할 것에 대한 주장을 제대로 분석했다. 그러고는 "비록 미국의 정책이 기본적으로 여전히 장제스를 부추기려는 것이라지만(이것은 미국의 일관적인 정책이었다. 루스벨트도 그렇게 했으나 우리는 환상을 갖지 않는다.) 이와 같은 미국의 정책상 변동은, 현재 평화와 민주를 요구하는 중국 인민들의 투쟁에 유리하다"[90]고 여겼다. 그래서 중공중앙은 마셜의 '조정안'을 받아들이기로 했다.

12월 16일, 저우언라이는 중공대표단을 거느리고 충칭에 도착하여 정치협상회의에 참석할 준비를 했다. 대표단의 구성원은 둥비우, 왕뤄페이, 예젠잉, 우위장, 루딩이, 덩잉차오였다. 12월 27일, 중공대표단은 국민당정부 대표에게 서면 건의서를 제출하여, 정치협상회의를 수월히 하기 위해 무조건 전쟁을 중단해야 함을 강력하게 요구했다. 이 건의는 즉각 여러 민주당파와 광범위한 인민대중의 지지를 받았다. 중공대표단의 거듭되는 노력으로 국민당 측은 부득이 이 건의를 받아들여, 정전 협상을 하는 데 동의했다. 1946년 1월 5일, 국공 쌍방 대표는 국내 군사 충돌을 중지할 것에 대한 기초적인 합의를 이뤘다. 그러고는 각자 위치에서 모든 군사 행동을 정지하기로 약속했다. 그러나 정전에 대한 일부 핵심적인 문제는 여전히 해결을 보지 못한 상태였다. 계속되는 협상 마지막인 1월 7일, 국민당정부 대표인 장췬(張群), 공산당 대표인 저우언라이, 미국정부 대표인 마셜이 '3인 회의'를 열었다. 이어 군사 충돌 관련 사항을 해결하기 위해 함께 머리를 맞대기 시작했다. 중공 측도 마셜이 미국정부를 대표하여 '3인회의'에 참석하는 데 동의했다. 미국의 대중국 정책에 대한 성명과 중국

---

90 중앙당안관 편, '미국의 대중 정책의 변동과 우리 당의 대책에 대한 중공중앙의 지시', 〈중공중앙 문건 선집〉 제15책, 중공중앙당학교출판사 한문판, 1991년, 494쪽.

내 미국의 영향, 특히 소련, 미국, 영국 외무장관회의가 발표된 후 마셜이 사실상 위 세 국가의 의무를 짊어지고 있음을 배려한 것이었다.

1월 10일, 중공 대표는 국민당정부 대표와 정식으로 정전협정을 체결했다. 같은 날, 양측은 1월 13일 자정부터 전쟁을 멈춘다는 명령을 하달했다. 정전협정에 따르면 국민당과 공산당 그리고 미국은 각자 한 명의 대표를 파견하여 베이핑에 군사조정집행부를 조직하고, 정전협정의 집행을 감독하기로 했다. 집행부 아래에는 여러 개의 군사조정집행소조를 설치하여 여러 충돌 지점에 가서 조정하기로 합의했다. 정전협정의 체결은 국민당 군대의 이동과 해방구에 대한 진격을 제한하였기에 인민들에게 유리한 안건이었다. 하지만 국민당 측은 미국의 추동 아래 정전협정에서 둥베이지구를 제외할 것을 고집했다. 이는 국민당이 둥베이에서 큰 전쟁을 도발하려고 준비하고 있음을 보여 주었다. 장제스는 정전령을 하달하기 직전에 군대에 "신속히 전략적 요충지들을 점령하라"는 밀령을 내렸는데 이는 국민당의 정전에 대한 가식적인 태도를 만천하에 폭로한 것과 다름없었다.

정전협정이 체결된 1월 10일, 정치협상회의(정협으로 약칭)가 충칭에서 열렸다. 회의는 국민당정부가 주재하고 소집했다. 정협에 참가한 대표는 모두 38명이었다. 그중 국민당 대표 8명, 공산당 대표 7명, 중국민주동맹 대표 9명, 무소속 대표 9명, 중국청년당 대표가 5명이었는데 서로 다른 정치적 성향을 갖고 있었다. 국민당과 그 추종자(민주동맹에서 분리되어 나온 청년당)대표들은 대지주, 대자산계급의 정치 입장을, 민주동맹은 기본적으로 민족자산계급, 소자산계급과 지식인들의 입장을, 무소속인사들 속의 많은 대표들은 중간 세력을 대표했다. 공산당은 국민당의 일당 독재와 내전을 반대하며, 평화와 민주를 요구하는 점에서 민주동맹을 위주로 하는 중간파와 기본적으로 많은 공통점이 있었다. 회의 전, 민주동맹 대표와 중공 대표는 서로 연대하고 협력할 것을 약속했다. 회의 기간에 중공 대표는 늘 민주동맹 대표 및 무소속 민주인사들과 의논했고, 일련의 문제에서 그들과 함께 행동을 취했다.

정치협상회의의 중심 의제는 정치의 민주화와 군대의 국유화에 대한 점이었다.

왕광메이(王光美, 왕광미)

류사오치 전 국가원수의 아내이자 신중국의 여성 원자물리학자이며 중국공산당 전국인민대표대회 상무위원을 지냈다. 베이징 푸런 대학과 동 대학원을 졸업한 신여성으로 당시 최고 엘리트의 대명사였다. 류사오치의 첫 아내는 장시에서 피살되었다. 전국여성연합회 중앙집행위원이며, 1964년부터 전인대 대의원이 되었다. 신중국 제1부인으로서, 남편과 함께 1964년 동남아 등지를 순방하기도 했다. 그러나 문화대혁명의 소용돌이 속에서 마오쩌둥은 공산혁명을 함께 이끌었던 동료 류사오치를 실각시켰다. 그뿐만 아니라 마오의 아내 장칭은 왕광메이를 시기해 조리돌림을 하는 등 그녀를 크게 비판했다. 심지어 이름에 미국을 나타내는 "美" 자가 들어 있다는 이유로 미국의 스파이로 몰아 투옥시켜 버렸다 왕광메이의 어머니는 딸을 잘못 키웠다는 죄목으로 감옥에서 79세의 나이로 옥사했다. 1976년 마오쩌둥 사후 복권된 왕광메이는 명예를 회복했지만 오랜 옥살이로 병을 얻었다. 하지만 병을 치료하고 기력을 되찾자 불행이 자신을 덮쳤던 지난날을 떨쳐 버리고 산간벽지의 가난한 부인들을 돕는 등 봉사 활동을 하며 아름다운 노년을 보냈다. 화베이성 톈진의 명문가 출신으로 류사오치와의 사이에서 1남 3녀를 뒀다.

정치의 민주화에서 최우선 과제는 국민당 일당 독재 정부를 개편하는 것이었다. 국민당이 제기한 방안은 정부위원 정원을 소폭 늘리고 일부 정무위원을 서로 다른 당파 혹은 무소속 인사가 맡게끔 하는 것이었다. 동시에 국민당은, 자파가 정부위원들 사이에서 "특정된 다수"를 차지해야 한다고 했다. 그뿐만 아니라 정부 위원은 주석이 선거하고 임명하며 반드시 장제스가 국민당 중앙집행위원회에 제기해서 통과시켜야 한다고 주장했다. 또 정부위원회는 정치지도기관에 속하기에 고용권이 없지만, 주석은 긴급 처리 권한을 가지고 있어 상황이 긴급할 때는 일당 독재를 실시할 수 있다고 했다. 이것은 분명히 국민당의 일당 독재를 견지하는 방안이었다. 이에 대해 중공 대표는 정부를 개편하려면, 우선 공동강령이 있어야 하며 이 강령을 기초로 개편해야 할 것을 요구했다. 몇몇 정부위원을 늘린다고 해결될 일이 아니라고 건의했다. 그 밖에도 현 정부의 기반을 확대하여 여러 당파와 무소속 민주인사들이 공평하고 효과적으로 임시연합정부에 참여할 수 있도록 해야 한다고 보았다.

그리고 정부위원회가 실질적인 인원 채용 권력을 가진 기관이 되어, 위원제도로 일당독재를 대체해야 할 것을 지적했다. 치열한 협상을 거쳐, 회의에서는 정부의 시정강령으로 〈평화적 건국 강령〉을 채택했다. 강령은 통일되고 자유롭고 민주적인 신중국을 창건하고 나라의 평화적 발전을 유지하며, 정부위원회를 최고 국무기관으로 규정하고 인원채용권리를 부여하기로 결정했다. 또 정부위원회 인원수의 절반을 국민당 이외의 인사가 차지하며, 시정 강령의 변경과 관련된 모든 사항은 참석 위원 수의 2/3가 찬성해야만 의결할 수 있다는 등의 내용을 결정지었다. 국민당이 여전히 주요 지위를 차지하고 있긴 하지만, 이러한 개편을 통해 그 권력은 상당 부분 제약을 받게 됐다. 다른 당파와 무소속 민주인사들은 시정강령이 곡해·변경되거나 파기되지 않도록 보장하는 부결권을 가질 수 있었다.

개편 후 정부는 국민당의 '훈정(訓政·중국 국민당이 목표로 하는 국민 혁명 완성)'을 마무리 짓고 헌정을 실시하는 과도기의 정부로서 국민대회를 소집해 헌법을 제정하는 임무를 지닌다. 정협에서 통과된 헌법 초안에는 다음과 같이 규정됐다. 입법원은 의회제 국가의 최고 입법 기관에 해당되는바, 유권자의 직접 선거로 선출된다. 행정원은 최고 행정기관으로서 입법원을 책임지며, 입법원이 행정원 전체를 불신임할 경우 행정원은 사임하거나 대통령에게 제기하여 입법원을 해산할 수 있다. 이런 제도는 유럽과 미국 등 자본주의 국가에서 실시하는 의회 제도와 내각 제도를 참고했다. 이런 정치체제를 실시한다고 해서 국민당정부의 계급적 본질을 근본적으로 바꿀 수는 없지만, 국민당의 일당 독재를 막을 수 있다는 점에서 정치 민주화의 큰 진보인 셈이었다. 동시에 헌법 초안은 중앙과 지방의 분권 원칙을 규정했다. 성은 지방자치의 최고 단위로서 성장은 민선을 통해 선출되고, 성의 헌법 등을 제정할 수 있다고 규정했다. 이런 규정이 실시됨으로써 해방구 민주 정권의 존재와 발전을 보장받을 수 있었다.

군대 문제의 논쟁은 매우 치열했다. 국민당은 반드시 군대의 국유화를 실현해야만 정치의 민주화를 실현할 수 있다면서, 공산당부터 시행해야 한다고 주장했다. 중공 측은 정치의 민주화를 떠나 군대의 국유화는 군대의 군벌화, 당벌화를 초래한다고 보았다. 그리고 정치의 민주화 사업의 기둥인 인민군대를 국민당 일당 독재 국가에 맡기게 되면, 근본적으로 정치의 민주화는 망치게 된다고 지적했다. 그럼에도 중공 대표는 협상을 추진하기 위해 정치의 민주화와 군대의 국유화 이 두 가지를 "평행으로 추진하며 한데 귀납시킬 것"을 제안했다. 즉 동시에 이 두 가지를 추진함으로써, 정치의 민주화가 실현되는 시기에 군대의 국유화도 실시할 것을 요구했다. 민주동맹 대표와 청년당 대표도 각각 군대의 국유화와 대량의 군비축소에 대한 사안도 제안했다. 또 민주동맹 대표는 어느 당파의 군대든 모두 개편해야 하며, 어느 한 당파만 군대를 내놓거나 기타 군대를 모두 국가 군대로 여기는 행위는 안 된다고 했다. 회의에서는 여러 차례의 토론을 거쳐 군대와 당을 분립시키고 군대와 민중을 따로 관리하는 '군대 정비 원칙'을 실시하며, 정치로 군대를 지휘하기로 확정했다. 또 군사 3인 소조(중공 대표 저우언라이, 국민당 정부 대표 장즈중, 고문 신분으로 참석한 마셜로 조직)가 중공 군대의 개편 방법을 토의하고 실시하도록 했다. 이와 동시에 국민당정부 군령부의 계획에 따라 국민당 군대를 개편하기로 합의했다.

정협이 열리는 기간에 민주건국회, 민주촉진회, 삼민주의동지연합회 등 민주당파들은 모두 의견서와 건의서를 회의에 제출했다. 그리하여 국민당이 즉각 일당 독재를 포기하고 인민의 기본적인 민주 권리를 확실하게 보장해 줄 것을 요구했다. 민주건국회, 인민구국회 등은 인민대중의 세력을 동원하고 정협의 성공을 추진하기 위해, 충칭의 여러 인민단체 대표들과 연합하여 정치협상회의 배도협진회를 구성했다. 그리고 충칭의 창바이탕(滄白堂)에서 연속 강연회를 열고 정협의 각 분야 대표들을 초청했다.

그리고 회의 정신을 청취함으로써, 대중이 회의 진행 상황을 제때 알 수 있도록 했다. 공산당이 주관하는 〈신화일보〉, 〈해방일보〉와 일부 민주당파, 민주인사들이 주관하는 신문들에서는 사설과 평론을 연달아 발표하여 각계 인민들의 염원과 요구를 반영했고, 정협의 여러 가지 의제에 대한 평론을 진행했다. 사회 여론의 지지와 협력은 회의가 적극적인 성과를 거두는 데 좋은 동력원이었다.

정협은 22일 동안 진행되어 1월 31일에 폐막됐다. 회의에서는 정부 조직안, 국민대회안, 평화적 건국 강령, 군사문제안, 헌법 초안안 등 다섯 가지 협의를 통과시켰다. 정치협상에 대한 협의는 비록 중국공산당이 주장한 신민주주의 강령과는 달랐다. 그렇지만 국민당의 일당 독재, 개인 독재와 반인민적인 내전 정책을 확실하게 제한하였다. 따라서 기본적으로 전국 인민의 평화와 민주를 향한 염원에 부합할 수 있었다. 정치협상협의의 통과는 중국공산당이 여러 민주당파, 민주인사들과 긴밀하게 합작한 결과였다. 그뿐만 아니라 중국공산당이 국민당 내에서 민주와 진보를 지지하는 인사들과 공동으로 노력한 결과였다. 이는 정치 측면에서 중국 인민들이 거둔 한 차례의 승리였다. 중국공산당은 이를 토대로 계속 여러 민주당파, 민주인사들과 긴밀히 합작하기로 결정했다. 그 밖에도 장기적인 분투를 통해 정치적인 방식으로 중국이 민주 건설의 길을 걷도록 계획했다.

군사 3인 소조는 정치협상협의를 실시하기 위해 회의장 안팎에서의 협상을 여러 차례 거쳤다. 그러고는 2월 25일에 〈군대의 정비 개편과 중공 부대를 국군으로 통일 편입시킬 것에 대한 기본 방안〉(군대 개편 방안으로 약칭함)을 달성했다. 이 방안에 따르면 개편을 시작해서 12개월이 되었을 때 전국 육군을 108개 사(한 개 사는 1만 4,000 명을 초과하지 않는다)로 줄이는데, 그중 중공 부대가 18개를 차지하고 쌍방의 편제외 인원은 모두 제대시킨다. 또 18개월이 되었을 때는 육군 총수 60개 사 가운데 중공 부대가 10개 사를 차지하도록 한다고 규정했다. 이 밖에도 국공 양당 부대의 통수권, 통일 편제의 시간, 지역 배치 및 지방 부대의 조직 등을 규정했다. 이 방안에 따르면 국공 군대를 5:1의 비례로 개편해야 하는데, 이는 이미 120만여의 병력을 보유한 인민군대를 약화시키는 일종의 속박이었다. 그러나 지방자치의 원칙이 방안에 포함되어 있어 부분적인 인민무장은 이 원칙에 따라 각 성의 보안부대로 남아있을 수 있었다.

그 후, 국공 양당 대표는 주로 군대 개편 방안에서의 군대 주둔지 문제, 즉 실질적인 해방구 문제를 둘러싸고 협상을 계속 하게 됐다. 한편 중국공산당은 군대 개편 방안에 따라 인민군대를 정비하고 일부를 전

역시키는 사업을 진행했다. 그러나 군대 개편안은 정치협상협의와 밀접하게 연관되어 있었다. 국민당은 정치협상협의가 통과된 후 협의 정신에 따라 정치민주화를 추진하는 대신 여러 측면에서 협의하기로 한 약속을 지키지 않았다. 그리고는 1946년 6월 말부터 해방구에 대한 전면적 공격을 단행했다. 군대 개편 방안은 제대로 이뤄질 수 없었다.

여러 가지 협의를 수호하기 위한 투쟁

중국공산당은 1946년 1월에 달성한 정전협정과 정치협상협의를 엄격하게 준수하고 이행할 것을 결정했다. 정치협상회의가 막 끝난 2월 1일, 중공중앙은 당내에 '작금의 형세와 임무에 대한 지시서'를 발부했다. 지시는 다음과 같이 지적했다. 정치협상회의의 성공적인 개최로 "중국은 평화적 민주주의 건설의 새로운 단계에 들어섰다" "현재 중국 혁명의 주요 투쟁 형식은 무장투쟁에서, 비무장적이고 대중적인 의회투쟁으로 전환됐다.

따라서 국내 문제는 정치적으로 해결해야 한다. 당의 모든 사업은 반드시 이 새로운 정세에 순응해야 한다" 지시는 또 다음과 같이 지적했다. "중국 민주화의 길은 여전히 험난하고 장기적인 것이며, 우리 당은 반드시 진지의 보전과 꾸준한 취득에 주의를 돌려야 한다" "군사훈련, 소작료 인하 그리고 생산은 현재 해방구의 세 가지 중점 사업이며, 우리 당이 새로운 투쟁 및 조직 형식에 대해 빠르고 능숙하게 장악할수록 주도권을 차지할 수 있다"

국민당 통치 집단은 진정한 민주개혁을 용인할 수도, 받아들일 수도 없었다. 그래서 근본적으로 이 협의사항을 이행하려고 하지 않았다. 정치협상회의가 폐막될 즈음, 일부 완고분자들은 국민당 중앙 상무위원회 회의에서 정치협상협의를 비방하면서 "정치협상회의의 결정은 국민당에게 불리하다" "이는 국민당의 실패이다"고 떠들어 댔다. 심지어 어떤 자들은 "국민당의 몇 십 년간 분투는 이제 끝장났다"고 했다. 또 어떤 자들은 정치협상회의에 참석한 국민당 대표를 감찰원에서 탄핵할 것을 제기했다. 특히 그들은 국민당의 독재통치를 뒤흔들어 놓은 헌법 초안을 집중공격하면서, "헌법 초안의 원칙이 쑨중산(孫中山)의 유훈에 어긋난다"고 했다. 장제스도 "나도 헌법 초안에 만족하지 않지만 일이 이렇게 된 이상 초안을 뒤엎을 수 없다. 우선 채택해 놓고 다시 보기로 하자"[91]고 말하기도 했다.

2월 10일, 충칭 각계 인사들은 자오창커우(較場口)에서 정협의 성공을 경축하는 대회를 열었다. 국민당 우익세력들은 간첩을 풀어 회의에서 소란을 일으키고 궈모뤄, 리궁푸(李公樸), 스푸량(施複亮), 장나이치(章乃器) 등 민주인사들을 구타하여 상처를 입혔는데 이것이 바로 "자오창커우 사건"이다. 국민당 당국은 이 사건이 일어날 무렵 또다시 각지에서 대중의 시위와 집회를 진압하고 반소, 반공 활동을 조장하며 폭도들을 시켜 베이핑군사조정집행부를 부수게 했다. 또 충칭에서는 중국공산당이 주관하는 〈신화일보〉 영업부와 민주동맹의 기관신문인 〈민주보〉 영업부를 파괴했으며, 베이핑에서는 중국공산당이 주관하는 〈해방보〉와 몇몇 신문사, 통신사들을 봉쇄했다. 이런 사건은 국민당이 정전협정과 정치협상회의의 결정사항을 의도적으로 파괴하고 있음을 보여 주었다. 3월 1일과 17일에 소집된 국민당 제6기 제2차 전원회의에서 장제스는 "정치협상협의의 주요 항목들에 대해 타당한 보완 조치를 취해야 한다"고 공공연히 주장했다. 이번 회의는 정치협상회의 헌법 초안에서 규정한 여러 가지 민주 원

91 량수밍(梁漱溟), '내가 국공평화협상에 참가한 경과', 〈중화민국사 자료총고(叢稿)〉 증간 제6집, 중화서국 한문판, 1980년, 63쪽.

칙에 대한 결의들을 근본적으로 뒤엎는 것이었다. 4월 1일에 열린 국민참정회의는 국민당이 전적으로 책임졌으며, 중공 대표는 출석을 거부했다. 회의에서 장제스는 공개적으로 이렇게 말했다. "정치협상회의는 본질적으로 제헌 회의가 아니다. 정협 뜻대로 하는 것은 절대로 승인할 수 없다" 그래서 정치협상회의의 정부 개편 등 합의 사항들은 번복되고 말았다. 이처럼 국민당 통치 집단은 중국 인민들이 새로운 민주주의국가를 건립하려는 요구를 근본적으로 반대했다. 그뿐만 아니라 유럽과 미국 등 자본주의국가들에서 실시하고 있는 민주제도도 용인하지 않았다.

중국공산당은 정전협정과 정치협상협의를 수호하기 위해, 시대의 흐름을 거스르고 제반 협의를 제멋대로 파괴하는 국민당 통치 집단의 행위에 단호히 맞서 투쟁했다. 3월 18일, 중공중앙 대변인은 담화를 발표하여 다음과 같이 지적했다. "정치협상회의는 각 당파의 전권 대표들이 공동으로 상의하고 동의한 결과이다. 국민당의 행위는 중국공산당과 기타 민주당파 및 광범위한 인민대중의 동의를 얻을 수 없다. 중공은 정치협상회의의 모든 결의를 틀림없이 견지할 것이며, 특히 헌법 원칙에 대한 결의는 전부 실현해야하고 그 어떠한 이유에서도 파괴해서는 안 된다"[92]

4월 4일, 저우언라이는 장제스가 국민참정회의에서 한 연설에 맞서 외국기자들을 초청해 이렇게 연설했다. 그는 국민당이 정치협상회의 협의를 파괴한 사례들을 열거하면서, "중공은 이러한 결의들을 보호한다. 우리는 정치협상회의 협의를 동요시키거나 파괴하거나 뒤엎는 활동을 단호히 배격한다"[93]고 예리하게 지적했다.

92 〈해방일보〉, 1946년 3월 19일.
93 〈신화일보〉, 1946년 4월 6일.

국민당이 정치협상회의 협의를 파괴하려고 하자 중공 정협 대표 왕뤄페이, 정협 헌법 초안 심의위원회 대표 친방셴(秦邦憲)은 4월 8일, 이에 대해 중앙과 의논하고자 충칭에서 옌안으로 가는 길에, 그만 비행기 사고로 조난당하고 말았다. 갓 석방된 신사군 전임 군장인 예팅(葉挺), 해방구 종업원연합회 준비위원회 주임 덩파(鄧發)도 같은 비행기를 탔다가 조난당했다.

예팅(葉挺, 엽정 · 1897~1946)

농민 출신인 그는 1919년 바오딩(保定) 군관학교를 졸업했다. 1925년 중국공산당에 가입한 지 1년도 안 돼 북벌군의 선봉대를 지휘하게 되었다. 국공분열 후 1927년 8월 1일에 일어난 난창(南昌) 봉기를 지휘했고, 난창 봉기 실패한 그해 12월 11일에 소련공산당의 지령에 의한 광저우 봉기에 참가했다가 실패하여 홍콩으로 달아났다. 그 후 10년 동안 정치에서 손을 끊고 소련과 서유럽에서 머물렀다. 중일전쟁이 일어난 뒤, 1937년 10월에 장제스의 묵인 아래 장시성, 푸젠성, 후난성 접경 지역에서 살아남은 홍군 유격대로 신4군(新四軍)을 조직하여 사령관이 되었다. 그러나 제2차 국공합작이 깨지게 되자, 1941년 1월 장제스 대군은 기습 공격으로 샹잉을 사살하고 부상 입은 예팅을 사로잡아 옥에 가뒀다. 그는 5년 동안 국민정부에게 구금되어 각지로 떠돌다가 1946년 석방된 뒤 충칭에서 옌안으로 가던 도중 산시성 상공에서 비행기 사고로 사망했다.

정치협상회의 협의가 채택됨에 따라 중국 인민들은 평화와 민주, 단결과 통일의 실현에 대한 높은 기대감에 차있었다. 국민당 통치 집단은 이런 협의를 파기하고 인민들의 기본이익을 침해함으로써, 인민들과 대립했다. 중국공산당은 정전협정과 정치협상회의 협의를 위반한 국민당의 행위를 폭로하고 그들과 투쟁을 전개하기 시작했다. 그래서 대중으로 하여금 독재 정치와 내전 정책을 고수하는 국민당 통치 집단의 실태를 파악하도록 했다.

6. 자위전쟁을 위한 준비

둥베이에서 유리한 위치를 쟁취

국민당이 정치협상회의 협의를 제멋대로 파기하고 대규모 내전을 고집한 이유는 국민당의 강력한 군사력과, 미국의 경제적, 군사적 대규모 원조를 믿었기 때문이다.

미국은 항일전쟁 승리 이후 국민당에 다방면으로 원조를 해주었다. 1945년 9월부터 1946년 6월까지 미국은 비행기와 군함을 동원하여 시난 후방의 국민당 군대 약 54만 명을 화난, 화둥, 화베이, 둥베이 곳곳으로 운송해 주었다. 국민당 군대를 도와 전략적 요충지를 점령하기 위해 9만여 명의 미국 해병대가 중국에 들어왔다. 주둔군의 수가 최고조에 이를 때는 무려 11만 3,000명에 달했다. 이 기간에 미국은 국민당정부를 위해 45개 사의 병력을 무장시켰고, 15만 명의 군사 인원들을 훈련시켰다. 그들은 100만여 일본군의 무기 및 장비를 국민당정부가 접수하도록 명령하는 한편, 국민당정부에 대량의 경제적, 군사적 물자 지원을 해주었다. 1946년 상반기만 보더라도 미국이 국민당정부에 지원한 물자의 총가치는 13억 3,000만 달러에 달했다. 1946년 3월, 미국은 정식으로 2,000명에 달하는 미국 육군 고문단과 미국 해군 고문단을 중국에 파견했다. 고문단은 '비망록' 형식으로 장제스와 국민당정부의 국방부장, 참모총장에게 건의하고, 쌍방 연석회의 형식으로 미국의 의사를 전달하기로 했다. 그러나 실제로는 미국이 직접 중국의 내전을 기획하고 지휘하는 군사 기구가 됐다. 국민당은 미국의 지지와 원조에 힘입어 내전을 준비하면서, 둥베이 지역에서 담대하게 싸움을 벌이고 관내에서 끊임없이 음모를 꾸몄다.

국민당은 둥베이를 우선 점령하는 것을 내전 개시의 관건으로 보았다. 항일전쟁이 마무리된 지 얼마 안 되어 국민당은 위만주국 군대를 보안지대, 보안총대로 개편하고 둥베이 지역을 점령하게 했다. 1945 년 10월 하순, 장제스의 엄명을 받은 둥베이행영 주임 슝스후이(熊式輝)와 한 무리의 '위원' '전원'들은 비행기로 창춘에 도착하여 위만주국 부대와 무장한 토비를 받아들였다. 11월 초 국민당 군대가 해로를 통해 둥베이에 진입하는 것을 소련 홍군이 가로막았다. 그러자 장제스는 두위밍(杜聿明)에게 먼저 2개 군을 거느리고 산하이관을 점령한 뒤, 더 많은 병력을 이끌고 육로를 통해 둥베이로 진격할 것을 명령했다. 그 후 국민당 2개 군은 미국 군함으로 친황다오에 운송됐다. 11월 15일, 국민당 군대는 인민군대가 일본군대와 괴뢰군으로부터 빼앗아 수비하고 있는 산하이관을 공격하기 시작했고, 16일에는 관내외의 교통 중심지를 점령했다. 그 후 북녕철도를 따라 '평압(平壓)식'으로 선양을 향해 나아가면서 쑤이중, 싱청, 후루다오, 진시, 진저우 등지를 잇달아 점령했다. 1946년 1월, 정전협정이 효력을 발휘한 후 그해 4월까지 장제스는 관내의 휴전 기회를 틈타 5개 군, 20만여 명의 병력을 관내로부터 둥베이로 이동시켰다. 미국의 도움을 받은 이 같은 이동으로 둥베이 지구의 병력이 7개 군, 30만 명에 달하게 됐다. 1946년 3월 12일, 소련홍군이 선양에서 북으로 철수하여 귀국한 지 이틀 만에 국민당군대는 선양을 점령해 버렸다. 3월 27일, 군사3인 소조는 집행소조를 파견하여 둥베이 내전을 조정할 것에 대한 협의를 달성했다. 그러나 국민당은 협의를 위반하고 5개 군, 11개 사의 병력을 동원하여 남쪽으로는 번시(本溪)를, 북쪽으로는 쓰핑(四平)을 맹렬히 공격했다. 그리고 모든 교통 요지와 도시를 탈취하고 둥베이민주연군을 섬멸하려고 시도했다.

　중공중앙은 중국공산당과 그 지도 아래 둥베이민주연군이 둥베이에서 유리한 고지를 쟁취하기 위해, 평화적 방식으로 둥베이 문제를 해결할 것을 주장했다. 따라서 둥베이정전협정을 달성하기 위해 노력하는 한편 둥베이민주연군의 병력을 중장철도에 집결시켰다. 그러고는 주요 도시 및 전략적 요충지를 통제하고, 국민당 군대의 공격을 막을 것을 지시했다. 둥베이민주연군은 전후로 산하이관 보위전, 슈수이허즈(秀水河子)전투와 번시보위전을 치렀고, 소련군대가 철수한 후 괴뢰군으로부터 쓰핑을 해방했다. 1946년 3월 23일, 중공중앙은 둥베이민주연군 지도자에게 보내는 전보에서, "다수의 사상자가 속출하더라도 국민당 군대를 쓰핑 이남에서 막아, 금후의 협상에 유리하도록 하라"고 강조했다. 소련군이 창춘에서 철수한 후 둥베이민주연군은 중공중앙의 지시에 따라 4월 중하순에 괴뢰군, 토비들로부터 창춘, 치치하얼과 하얼빈 세 도시를 해방했고, 점차 주력을 집중시켜 쓰핑보위전을 벌였다. 둥베이민주연군은 꼬박 한 달 동안의 악전고투 끝에 국민당 군대 1만여 명을 섬멸했다. 5월 19일, 둥베이민주연군은 국민당 군대가 다수의 병력을 투입하자 수비하기가 어려워진 쓰핑지역에서 우선 철수했고, 뒤이어 창춘에서도 철수했다. 그래서 주력을 쑹화장(松花江) 북안으로 이동시키고 휴식, 정비하는 한편 부대의 일부를 서만과 동만에 파견하여 근거지를 마련하도록 했다. 국민당 군대는 쓰핑을 점령한 후 5월 23일에 창춘을 점령하고 28일에는 지린(吉林)을 점령함으로써 점차 쑹화장 이남 지역을 장악했다. 국민당 군대는 전선이 연장되자 병력이 분산되고 진격 중 많은 사상자를 낸 탓에, 대규모 공격을 지속하기가 어려웠다. 따라서 6월 6일, 부득이하게 중공과 둥베이에서 15일(실제는 10월까지 연장됐다.) 동안 잠시 휴전하자는 협의에 동의했다. 쓰핑보위전은 중공중앙이 국공협상의 투쟁에 협력하기 위해 전략적인 이유로 진행한 한 차례의 도시 방어전이었다. 이번 작전에서 둥베이민주연군은 비록 8,000여 명의 사상자를 냈지만, 군대를 보충하고 재편성하며 둥베이해방구를 설립할 수 있는 소중한 시간을 벌 수 있었다. 중앙군사위원회는 5월 19일에 린뱌오와 펑전에게 전보를 보내 "이번 투쟁은 역사적인 의의가 있다"고 지적했다.

국민당 통치 집단은 관외에서 큰 전쟁을 대담하게 벌이는 동시에, 관내 각 해방구에 대한 공격의 강도를 높여나갔다. 따라서 관외에서 크게 전쟁을 벌이고 관내에서는 소규모로 싸웠다. 관내의 국민당 군대는 수십만 명의 병력을 집중하여 중원해방구를 장기적으로 포위하는 한편, 다른 해방구를 끊임없이 혼란시킨 후 꿀꺽 삼켜버렸다. 불완전한 통계에 따르면 1946년 1월 6일부터 국민당 군대는 해방구에 대해 크고 작은 공격을 4,365차례나 발동했고, 270만 명에 달하는 병력을 동원했으며, 해방구의 40개 도시와 2,577개의 촌과 진을 점령했다. 1월부터 5월까지 국민당 정규부대가 정전협정을 어기고 동원한 급 이상의 병력의 수는 42개 군, 118개 사, 약 130만 명에 달했다. 국민당 군대의 고위급 장령인 바이충시(白崇禧), 천청(陳誠)은 물론 장제스도 비행기를 타고 쉴 새 없이 움직이며 내전 개시에 박차를 가했다.

또 국민당 통치 집단은 정전 협상진행 중에 끊임없이 협상의 진행을 방해했다. 국민당정부 협상 대표는 처음에는 둥베이민주연군이 창춘에서 철수하는 무리한 조건을 정전 조건으로 내세웠다. 그러더니 둥베이민주연군이 창춘에서 물러나자 또 미국이 정전 협상에서 '최종 결정권'을 가져야 한다고 주장했다. 중공에서 받아들일 수 없는 무리한 주장으로 인해 협상은 더 이상 전개될 수 없었다. 6월 중순, 장제스는 음흉한 속셈으로 중공 군대는 차하얼, 러허, 옌타이, 웨이하이웨이, 쑤베이와 둥베이의 대부분 지방에서 철수해야 하고, 관내에서는 산베이, 상당, 다밍, 린이 등 몇몇 지역에만 주둔할 수 있다고 했다. 6월 20일,

저우언라이는 마셜을 만나 이렇게 설명했다. 장제스는 중공 군대를 몇 개 지역에 나뉘어 주둔시키라고 주장하는데, 이는 우리를 도시와 철도선에서 몰아내 쉽게 섬멸하고자 하는 목적이다. 따라서 우리는 이를 받아들일 수 없다. 현재 상황은 매우 긴박한바 내전이 일어나기만 하면 수습할 수 없는 위험한 상황에 처해 있다. 그러므로 둥베이에서 전쟁과 관내에서의 충돌을 멈춰야 한다. 6월 21일, 중공 대표단은 국민당정부 대표와 장제스에게 재차 서한을 보냈다. 서한에서 군사3인 소조가 즉각 둥베이에서의 장기 정전을 선포하고, 전국적인 정전명령을 다시 천명하는 등 네 가지 건의를 제안했지만 장제스는 거부했다.

국민당 당국은 내전을 적극 준비하는 한편 인민애국민주운동을 무력으로 진압했다. 1946년 4~5월 사이에 국민당 당국은 시안(西安), 베이핑, 난퉁(南通) 등지에서 민주인사와 애국학생들을 납치하고 암살하는 등의 참사를 수차례 일으켰다. 6월 23일, 중국민주촉진회 등이 조직한 상하이인민단체연합회의 대표들은 난징에 가서 집단으로 평화청원을 제기하기로 했는데, 상하이의 5만 대중이 집회를 열고 그들을 전송했다. 또 대중들은 내전을 반대하고 미국의 내정 간섭을 반대하는 시위행진을 벌였다. 그러나 대표단 성원들인 마쉬룬(馬敍倫), 옌바오항(閻寶航), 레이제충(雷潔瓊) 등은 난징 샤관(下關)역에서 국민당 특무에게 체포돼 구타를 당했다.

이와 같이 장제스가 독재와 내전 방침을 고수함에 따라 대규모 내전은 이미 불가피해 졌다.

해방구의 군사 훈련, 소작료 인하와 생산운동

중공중앙은 국민당 통치 집단이 전면적인 내전 개시를 위해 취한 여러 가지 조치에 맞서 적극적으로 정전협의를 수호했다. 그리고 협상을 통해 도리를 따지며 그들의 음모를 폭로했다. 한편 중공중앙은 각 해방구 군민들에게 침범해 오는 적들을 자위 원칙에 따라 근거가 있게, 승산이 있게, 신중하게 그리고 단호히 타격하여 해방구를 보위할 것을 요구했다. 중공중앙은 각 해방구에서 "소작료 인하와 생산은 해방구를 보위하는 두 가지 대사"라고 주장하며, "1946년 해방구에서의 사업방침" 등 지시를 제대로 수행할 것을 강조했다. 또 이를 기반으로 또 1946년 3월과 5월에 "현 시국에 따른 대책마련에 대한 중앙의 지시"와 "군사훈련에 대한 중앙의 지시"를 발부하는 등, 적절한 조치를 취해 인민군대와 해방구의 건설을 강화했다.

인민군대의 건설을 강화하는 측면에서 우선 인원과 기구를 간소화하고, 인민들의 부담을 줄이기 위해 부대를 간소화하고 조직을 개편했다. 1946년 6월에 이르러 전군의 총수는 127만여 명에 달했는데 그중 야전군이 61만여 명, 지방군이 66만여 명을 차지했다. 뒤이어 각 해방구의 야전군, 지방군과 민병들을 상대로 "장관이 병사를 가르치고, 병사가 장관을 가르치며, 병사가 병사를 가르치는 군사 훈련 운동"을 폭넓게 전개했다. 또 부대의 정치 사업과 후방 근무 사업을 개선하고 강화했다. 그래서 부대의 정치 자질과 군사 자질을 효과적으로 높이는 한편 전투력을 강화했다. 그리고 싸우기 싫어하는 국민당 군대의 보편적 성향을 이용해, 각급 국군 사업 부문에 "가오수쉰 운동"을 포함했다. 한단전투 중 봉기를 일으킨 국민당 군대 소속 장령 가오수쉰(高樹勳)을 본보기로 한 이 운동을 널리 전개하고, 국민당 군대에 대한 모반 사업을 강화했다. 이를 통해 많은 장교와 병사들이 반내전의 깃발을 내걸고 내전에서 물러나 평화, 민주, 독립을 위해 투쟁하도록 했다.

각 중앙국과 해방구의 각급 정부에서는 해방구의 건설을 강화하기 위해 1945년 늦가을부터 중공중앙의 지시를 수행했다. 즉 새 해방구에서 먼저 변절자와 간첩을 잡아내고 토비와 악질 토호들을 숙청하며, 민족반역자와 간첩을 공소하고 청산하는 등의 투쟁을 벌였다. 낡은 정권을 무너뜨리고 민주정권과 농회, 공회 등 대중 단체를 설립했으며, 이어서 대규모 감조감식운동을 벌였다. 기존의 해방구에서는 감조감식법령의 실시 현황을 재검사하는 사업까지 진행했다. 감조감식을 통해 농촌 봉건세력은 약화되는 반면 농민들은 경제적·정치적 이익을 얻게 되었다. 공산당과 국민당의 근본적인 차이를 체현하게 되자, 해방구를 보위하고 건설하는 농민들의 참여가 크게 높아졌다.

감조감식운동을 기반으로 각 해방구에서는 생산운동을 벌였다. 각급 정부에서는 농민들을 인도하여 농촌변공대(變工隊), 호조조 등 조직을 발전시켰고, 농업신용대부금과 공업대부금을 제때 발급했다. 자위반격작전에 필요한 민력을 동원할 때면, 될수록 농번기를 피하고 일이 지체되지 않게 함으로써 인력, 물력을 아꼈다. 부대, 기관, 학교는 작전이나 사업, 학습에 영향을 주지 않는 선에서 농업 생산에 참가하여 인민들의 부담을 경감시켰다. 생산 운동의 효과로 해방구의 농업과 공업 생산이 회복되고 발전됐으며, 국민당의 군사적 공격을 물리치기 위한 물질적 기초를 탄탄히 하게 됐다.

민족반역자와 악질 토호들이 청산되고 감조감식 운동이 심도 있게 발전함에 따라, 토지 문제를 해결하려는 농민들의 요구가 갈수록 높아졌다. 산시, 허베이, 산둥, 쑤완변구 등 해방구의 일부 농민들은 이미 강점당한 토지 및 불합리한 부담을 청산하는 식으로 지주의 토지를 직접 얻어내기 시작했다. 중공중앙은 이런 현상을 대다수 농민들이 1,100년 동안 갈구해온 정당한 요구라고 여겼다. 해방구의 유리한 조건들을 적절히 이용하여 농민들의 욕구를 채워줄 수 있다면, 농촌의 봉건적 생산성을 개선해 생산력의 발전을 촉진시킬 수 있다고 판단했다. 또 해방구를 더욱 공고히 하고, 인민군대에 지원하는 농민들의 열의를 불러일으킬 수 있다고 보았다. 이는 장기적인 전쟁에 도움이 될 것이며, 국민당 반동파를 제압할 수 있는 대중 기초와 물질 기초를 다짐에 있어서도 중요한 의미가 있었다. 그리하여 중공중앙은 1946년 5월 4일에 '토지문제에 대한 지시'(〈5·4지시〉를 말함)를 발부하여, 항일전쟁 후 실시하던 감조감식 정책을 '밭갈이 하는 자에게 밭이 있게 하는 정책'으로 바꾸기로 결정했다.

〈5·4지시〉의 기본 내용은 다음과 같다. 지주계급이 농민들을 착취하여 빼앗은 토지를 농민들이 돌려받도록 다방면에서 협조하고 인도한다. 그뿐만 아니라 온 힘을 다해 중농을 받아들여 운동에 참여시킨다. 절대로 중농의 토지를 침범하지 않고, 일반적으로 부농의 토지를 변경시키지 않으며 부농과 지주를 구별되게 대한다. 또 농촌에서 봉건지주계급을 반대하는 원칙을 도시의 공상업 자산계급을 반대하는 투쟁에 적용해서도 안 된다.

또 〈5·4지시〉는 전국의 통일전선을 공고히 하고 쟁취할 수 있는 모든 사회 세력을 결집시켰다. 그러고는 농촌에서의 토지개혁을 수월히 하기 위한 여러 가지 구체적인 정책들을 만들었다. 그 주요 내용은 다음과 같다. 토지 문제를 해결함에 있어서 무조건 모든 지주의 토지를 몰수하는 방식을 취할 것이 아니라 극소수 대지주의 토지만 몰수하여 분배한다. 그 밖에는 주로 청산, 감조, 감식과 땅을 내놓는 등 방법으로 농민들이 지주의 수중에서 땅을 얻게 한다. 또 토호열신, 지주 출신의 항일군인이나 항일간부의 가족 및 항일 기간에 해방구나 국민당구역에서 아군에 협력하고 반공을 하지 않은 개명한 신사, 그 밖에 기타 사람들은 신중히 처리하고 적당히 보살펴 준다. 따라서 그들에게 땅을 좀 더 남겨 주며, 중소 지주에 대해서도 생활상 상응한 보살핌을 준다. 민족반역자, 토호열신, 악질 토호들에게는 생활을 유지할 땅을 남겨 주어야 한다. 이러한 정책 규정은 대다수 사람들과 단결하고 토지 개혁 운동의 건전한 발전을 보장하는 데 매우 중요한 의의가 있었다.

〈5·4지시〉의 제기는 해방구가 농민의 토지문제에 대해 항일전쟁 시기의 봉건 착취를 약화시키는 제도에서, 봉건 토지 관계를 개선하고 봉건착취 제도를 폐지시키는 제도로 넘어가고 있음을 보여준다. 이것은 중국공산당의 토지정책의 중요한 변혁이었다.

〈5·4지시〉가 하달된 이후, 해방구의 각급 당조직과 정부에서는 더욱 많은 인민을 선동하여 토지 제도에 대한 개혁운동을 점점 더 깊이 있게 전개했다. 이 운동은 많은 농민대중의 정치에 대한 열정과 생산 열의를 불러일으켰다. 그래서 자위전쟁이 광범위한 대중 기초를 가진 인민전쟁으로 변화하는 데 기여하는 한편, 전쟁의 승리에 한걸음 더 나아갔다.

항일전쟁에서 승리한 후부터 전면적인 내전이 폭발하기까지, 중국공산당은 평화적인 방법과 무장하는 방법 등 여러 가지 형식을 혼합한 투쟁을 벌여 왔다. 마오쩌둥을 대표로 한 중공중앙은 복잡다단한 투쟁 속에서, 형세의 발전에 알맞은 방침과 책략을 취했다. 이 단계의 전기에 국내 형세가 평화적으로 발전할 가능성이 보이자, 당은 전국 인민을 이끌고 중국이 평화적, 민주적 발전의 길로 나아가도록 꾸준한 투쟁을 벌였다. 동시에 자위전쟁의 준비도 소홀히 하지 않아, 해방구로 침범해 오는 국민당 군대에 단호히 반격했다. 그러나 이 단계의 후기에, 국민당 통치 집단은 정치협상회의 협의와 정전협정을 깨뜨리고 반혁명적인 내전을 개시하려 했다. 그러자 당은 내전을 제지하고 평화를 쟁취하기 위해 꾸준히 노력하는 한편, 정전 협상을 통하여 평화를 파괴하고 내전을 발동하려는 장제스 집단의 음모를 폭로했다. 또 해방구의 군민들을 지도하여 전면적 내전에 대처하기 위한 여러 가지 준비를 철저히 함으로써, 정세의 격동기에도 당의 주도적인 지위를 지켰다.

전국 인민들은 정전협정과 정치협상회의 협의가 이루어진 후 짧은 기간 동안 내전이 중지되고 중국이 평화적 민주주의 발전의 길로 나아갈 수 있기를 간절히 기원했다. 그러나 국민당 통치 집단은 평화와 민주에 대한 인민들의 요구에 무관심했고, 평화적 민주주의 발전에 대한 희망은 금방 물거품이 되고 말았다. 일찍이 당은 중국이 곧 "평화적 민주주의 건설의 새로운 단계"에 들어설 것이라고 낙관하고, 적극적으로 정부에 참여하여 군대를 개편하고 제대시킬 준비를 했다. 그러나 평화와 민주의 환상에 빠져들지 않았고, 인민 무장을 장악하고 해방구를 보존하는 이 두 가지 기본적인 문제에서는 특히 단호한 입장을 고수했다. 1946년 3월 중하순 이후 정치협상회의 협의와 정전협정을 무시하는 국민당의 행위가 끊임없이 이어졌다. 따라서 중공중앙은 평화적 민주주의 건설의 새로운 단계가 이미 다가왔다는 생각을 바꾸고 교훈을 되새기며. 전(全)당의 주의력을 전면적 내전으로 돌렸다. 3월 18일, 중공중앙은 전(全)당에 다음과 같이 명확히 지적했다. "최근에 발생한 모든 사실이 증명하듯 장제스의 반소, 반공, 반민주주의에 대한 반동적 방침은 바뀔 수 없다. 심도 있는 투쟁을 거쳐 그들이 그 어려움을 알고 물러설 때, 민주주의에 유리한 타협이 이루어질 것이다" 4월 18일, 중공중앙은 각 중앙국에 내린 지시에서 다음과 같이 지적했다. "장제스는 겉으로는 타협하는 체하면서 국민들을 기만하고 암암리에는 군사를 배치하고 있는데, 그 음모가 자못 거대하다. 모든 조건들을 갖추어 그 어떤 사태에도 대처할 준비를 해야 한다" 5월 1일, 중공중앙은 다시 전당에 다음과 같은 주의를 주었다. "국민당 반동파들은 둥베이에서 내전을 확대하고 있다. 그뿐만 아니라 다시 전면적 내전을 준비하고 있다. 그러므로 우리 당은 반드시 충분한 준비를 갖춰 내전이 발발하면 단호하고 철저히 국민당을 쳐부수어야 한다"

중국공산당의 거듭되는 노력에도 불구하고 내전의 발발을 제지하지 못했지만, 전국 인민들은 유의미한 교훈을 얻었다. 충칭협상, 정치협상회의와 정전협상을 통하여 당은 자신의 주장을 마음껏 펼쳤고, 평화와 민주를 위해 투쟁하려는 성의까지 보여 주었다. 그 밖에도 국민당이 약속을 지키지 않고 정치협상회의 협의와 정전협정을 파기한 사실을 폭로했다. 또 미국정부가 국공의 분쟁을 중재하는 체하면서 장제스를 적극 지원하여 내전을 부추긴 사실도 폭로했다. 이는 혁명전쟁으로 국민당의 반동정권을 뒤엎는 데 중요한 정치적, 사상적 기반을 마련했다.

제19장
국민당군대의 전략적 공격을 분쇄하다

1. 자위전쟁부터 해방전쟁까지

내전 발발 당시의 형세와 자위전쟁의 조치

1946년 6월 26일, 국민당은 전국 인민의 거센 반대에도 불구하고 후베이성과 허난성 접경지대에 있는 쉬안화뎬(宣化店)을 중심으로 중원해방구에 대한 포위공격을 개시했다. 이를 시작으로 산시성 남부, 장시성과 안후이성 접경지대, 산둥성 서남부, 교제철도 및 그 양측, 허베이성 동부, 쑤이위안성 동부, 차하얼성 남부, 러허, 랴우닝성 남부 등지에서 해방구를 향해 대규모 공격을 시작했다. 결국 전면적 내전이 발발했다. 국민당이 해방구를 공격하는 데 들인 총병력은 193개 여(사), 160만 명으로서 국민당의 정규군인 86개 정비개편사(군) 248개 여(사) 병력의 80%를 차지했다. 장제스는 3개월에서 6개월이면 전쟁에서 승리할 수 있다고 큰소리쳤다. 또 국민당 군대 총참모장 천청(陳誠)도 중국공산당 군대를 "3개월이나 길게 잡아 5개월이면 모두 해결 가능하다"[94]고 장담했다.

> ### 86개 정비개편 역사
>
> 항일전쟁에서 승리한 후 국민당정부는 군대를 재편성할 계획을 세웠는바 3개 시기로 나누어 연속 86개 군을 정비개편사로 축소 편성하고(매 사는 2개 내지 3개 여를 관할했다.) 사를 여로 축소 편성했다.(절대 대부분 여는 2개 퇀을 관할했다.) 전면적 내전이 폭발할 당시에는 이미 농해철도(隴海路) 이남에 있는 부대의 재편성을 완성했다.

전면적 내전이 시작됐을 때 국민당은 인원, 장비, 예비 자원 및 외래 지원 등 모든 측면에서 중국공산당보다 우위에 있었다. 1946년 7월,

---

94 천청이 1946년 10월 17일에 기자에게 한 담화 내용이다. 〈중앙일보〉, 1946년 10월 18일.

국민당 군대의 총병력은 430만여 명이었는데 정규군은 200만여 명에 달했다. 그러나 인민해방군의 총병력은 127만 명에 불과했고, 그중 야전군은 61만 명이었다. 양측 총병력의 비례는 3.4 대 1이었다. 국민당 군대는 일본침략군의 장비 대부분을 접수한 데다 미국정부의 방대한 군사 지원도 받았으므로 비교적 훌륭한 장비를 갖춘 육·해·공군을 보유하고 있었다. 인민해방군은 해군과 공군이 없었다. 그뿐만 아니라 육군의 장비도 거의가 일본군, 괴뢰군으로부터 노획한 형편없는 것들이었다. 인력, 물력의 보충은 기본적으로 전리품이나 해방구 군민의 공급에 의존할 수밖에 없었다. 이에 비해 국민당정부는 전국의 약 76%의 면적에 3억 3,900만 인구가 있는 지역을 통치하고 있었다. 또 거의 모든 대도시와 철로, 수송선을 통제하고 있었으며, 전국의 근대공업과 인력, 물력 자원 대부분을 보유하고 있었다. 해방구는 전국의 약 24%밖에 안 되는 토지와 1억 3,600만 명의 인구가 전부였다. 근대공업의 비율도 매우 적었고, 전통적인 농업경제에 의존했다. 국민당은 미국의 지지를 받고 있었다. 강대한 경제력, 군사력을 갖추고 핵무기까지 독점하고 있는 미국은 이길 수 없는 존재였다. 반면 중국공산당은 국제적으로 아무런 지지 세력도 얻지 못하고 있었다. 당내 일부 사람들은 열세에 처해 있는 중국공산당과 중국공산당이 지도하는 인민혁명세력이 국민당의 공격을 막아낼 수 있을지에 대해 의심하고 걱정했다. 많은 제3세력 인사들도 국내 평화를 도모하기 위해서는 당연히 중국공산당이 국민당보다 더 많은 양보정책을 취해야 한다고 보았다.

이 시기, 국제정세에도 중요한 변화가 발생했다. 바로 미국, 영국 등 국가와 소련 간의 냉전이 시작된 것이다. 1946년 2월 9일, 스탈린이 '모스크바 유권자대회'에서 "현대 자본주의세계 경제체계는 필연적으로 위기와 전화를 거치기 마련이므로, 소련 인민은 이에 대한 준비가 있어야 한다"고 연설했다. 2월 22일, 소련 주재 미국 대사관 대리 대사 조지 케넌은 미국 정부에 8,000자에 달하는 전보문을 보냈다. 전보에서는 대외 확장에 대한 소련의 야심을 전면적으로 논증하고, 소련을 저지할 방법을 소개했다. 3월 5일, 전 영국 수상 처칠은 미국의 풀턴에서 반소, 반공 연설을 발표하여 "동유럽 각국은 현재 공산주의의 '철의 장막' 속에 갇혀 있으며, 날로 강해지는 소련의 압력을 받고 있다"고 말했다. 따라서 영국, 미국은 군사동맹을 맺고 이른바 '철의 장막' 배후의 국가를 반대해야 한다고 주장했다. 아시아와 유럽의 일부 지역에서는 미국과 소련 군대가 직접 대치하는 일촉즉발의 상황이 벌어졌다. 그리하여 "미국과 소련의 싸움은 불가피하며, 제3차 세계대전은 오래지 않아 곧 발발할 것이다"라는 여론이 자자했다. 이런 상황에서 소련은 중국에서 혁명이 일어날 때 미국이 대규모 파병을 할 것이고, 소련도 휘말려 들어가 새로운 세계대전이 일어날까봐 두려워했다. 따라서 중국 혁명에 대해 소극적인 태도를 취했다.

이런 정세에서 혁명전쟁으로 반혁명전쟁을 반대할 용기가 있는가 없는가, 국민당 반동파를 물리칠 수 있는가 없는가 하는 것은 곧 중국공산당이 신속히 답하고 해결해야 할 두 가지 근본적인 문제로 대두됐다.

중공중앙은 전면적 내전이 발발할 즈음에 국내외 정세를 정확히 파악하고, 자위전쟁으로 국민당 군대의 공격을 적시에 분쇄함으로써 국내 평화를 되찾기 위한 방침을 확정했다. 1946년 6월 19일, 중공중앙은 각 전략구[95] 책임자들에게 전보를 보내 다음과 같이 지적했다.

---

95 전면적 내전이 폭발할 당시 인민군대는 7개 전략구로 나뉘었는데 각기 산간닝진쑤이연방군, 진쑤이군구, 진차지군구, 진지루위군구, 신사군 겸 산동군구, 중원군구, 둥베이민주연군이다.

"최근 정세를 살펴보면 장제스가 크게 싸울 준비를 하고 있는데 이를 되돌리기는 어려울 것 같다. 만일 6개월 안에 아군이 이긴다면 필시 평화협상을 하자고 할 것이고, 승부가 비슷하다고 해도 역시 평화협상을 할 가능성이 있다. 그러나 장제스 군대가 이긴다면 평화협상을 할 수 없을 것이다. 그러므로 우리 군은 반드시 장제스 군대의 공격을 막아내고 평화로운 미래를 쟁취해야 한다" 이에 덧붙여 "우리는 반드시 장제스가 싸움을 일으킨 후에 맞서 싸워야 한다. 그래야 상대방이 먼저 도발했음을 알릴 수 있다"고 강조했다. 7월 20일, 중공중앙은 당내에 '자위전으로 장제스의 공격을 분쇄하자'는 지시를 선포하고, "자위전쟁으로 장제스의 공격을 철저히 분쇄해야만 중국 인민은 평화를 회복할 수 있다"고 지적했다. 중공중앙은 전(全)당에 다음과 같이 인식을 공유할 것을 요구했다. "우리는 반드시 장제스와 싸워 이겨야 하며 또한 싸워 이길 수 있다. 장제스는 미제국주의의 비호 아래 중국의 민족독립과 인민해방을 반대한 반혁명전쟁을 발동했다. 그러므로 우리는 반드시 장제스를 패배시켜야 한다. 만약 중국 인민의 혁명 세력을 섬멸하려는 그의 반혁명계획이 실현된다면, 전 중국은 장제스 집단의 완전한 독재통치를 받게 될 것이다. 그뿐만 아니라 미국의 속국이 될 것이며 우리 민족은 미래를 잃게 된다. 우리가 장제스와 싸워 이길 수 있는 이유는 바로 장제스의 군사적 우세와 미국의 원조는 일시적이지만, 전쟁의 정의성과 비정의성, 민심의 향배는 장기적이기 때문이다. 이러한 면에서 인민해방군은 확실한 우세를 점하고 있다. 장제스는 반인민적, 반혁명적 전쟁을 발동했다. 그래서 필연코 국민당 통치구역을 포함한 전 중국 인민의 반대를 받게 될 것이다. 하지만 중국공산당은 정의롭고 애국적인 혁명전쟁을 이끌고 있기에 전국 인민의 지지를 받게 될 것이다. 이는 적은 패하고 우리는 반드시 승리하게 될 것이라는 논리의 가장 근본적인 근거다. 따라서 전 당은 넘치는 자신감을 가져야 한다"

마오쩌둥은 일부가 국제 정세에 대해 비관적이며 혁명을 일으켜 국내 반동분자들의 공격에 반격하지 못하는 점에 비추어, 전면적 내전이 일어나기 전야인 1946년 4월에 '현 국제정세에 대한 약간의 평가'라는 글을 써 다음과 같이 지적했다. "새로운 세계대전의 발발은 확실히 존재하지만 극복할 수 있다. 주요 제국주의 국가인 미·영·프·소가 조만간 모종의 타협을 할 듯싶다. 그렇지만 이런 행위는 오직 전 세계모든 민주세력이 제국주의와 단호하고도 효과적인 투쟁을 전개한 뒤에 달성될 수 있는 것이다. 이런 타협은 결코 자본주의 세계 각국의 인민이 자국 내에서 타협할 것을 요구하지 않는다. 오히려 그들이 상이한 정황에 따라 상이한 투쟁을 전개할 것을 요구한다. 다시 말하면 중국 인민이 혁명전쟁을 일으켜 장제스의 반혁명전쟁을 즉각 반대한다고 해도 제3차 세계대전은 일어나지 않을 것이다. 오히려 중국 인민이 자력갱생의 원칙으로 자신의 세력을 발전시켜 혁명전쟁의 승리를 이룩하는 것은 제국주의가 새로운 세계대전을 발동하는 것을 저지시키는 커다란 요소가 될 것이다"

1946년 8월, 마오쩌둥은 미국기자 안나 루이스 스트롱과의 대담에서 상술한 사상을 구체적으로 발전시켰다. 그는 다음과 같이 지적했다. "미국의 반소 전쟁 구호는 미국 인민을 억압하여 자기의 침략 세력을 자본주의세계로 확장하려는 데 그 현실적 의의가 있다" 왜냐하면 미국이 본국 인민과 광활한 중간지대의 나라들을 굴복시키기 전에는 도저히 소련을 공격할 수 없기 때문이다. 그러므로 "미국 인민과 미국의 침략위협을 받고 있는 모든 나라 인민들은 굳게 뭉쳐 미국 반동파와 각국에 있는 추종자들의 공격을 반대해야 할 것이라고 나는 생각한다. 이 투쟁에서 승리해야 제3차 세계대전을 피할 수 있다. 승리하지 않고서는 제3차 세계대전을 피할 수 없다" 이번 담화에서 마오쩌둥은 제국주의와 일체 반동파는 모두 종이호랑이라는 저명한 논단을 제기했다. 그는 다음과 같이 주장했다. "모든 반동파는 모두 종이호랑이다. 반동파는 보기에는 무서운 것 같지만 사실은 그리 대단한 힘이 없다. 진정으로 강력한 힘은 반동파에게 있는 것이 아니라 인민에게 있다. 장제스와 그의 지지자인 미국 반동파도 종이호랑이다", "중국의 전쟁을 놓고 봤을 때 우리가 의존하고 있는 것은 좁쌀에 보총(步銃·보병이 사용하는 총)일 따름이지만, 역사는 결국 이러한 작은 것이 장제스의 비행기와 탱크보다도 더 강력하다는 것을 증명하게 될 것이다. 그 이유는 바로 반동파는 반동을 대표하고 우리는 진보를 대표하고 있기 때문이다" 여기서 마오쩌둥은 혁명적 인민이 전략상 반드시 적들에게 맞서 그들과 투쟁을 진행할 용기가 있어야 하며, 승리를 쟁취할 용기가 있어야 한다는 사상을 천명했다. 국내외 정세, 반동파의 본질, 중국 혁명의 전망에 대한 마오쩌둥의 과학적인 분석은 중국 공산주의자들과 중국 인민을 이론적으로 무장시킴으로써, 제국주의의 비호 아래 있는 국민당 반동파와 투쟁할 수 있는 그들의 용기와 믿음을 크게 북돋아 주었다.

전면적 내전이 발발한 후 처음 몇 개월 동안 중공중앙이 제기한 구호는 '무장자위'였다. 이 구호가 표명하듯 국민당은 중국 인민을 압박하여 이번 전쟁을 일으켰고, 중국공산당은 이 전쟁에 부득이하게 참가했는데 그 목적은 여전히 전쟁을 저지하고 평화를 되찾는 데 있었다. 1946년 10월 19일, 저우언라이가 상하이에서 루쉰(魯迅) 서거 10주년 기념식에 참석하여 연설할 때까지도 여전히 다음과 같이 선언했다. "평화의 희망이 있다면 우리는 평화 협상을 포기하지 않을 것이다. 설령 부득이하게 전면적 자위를 위해 저항한다고 할지라도 이는 여전히 독립과 평화, 민주와 통일을 쟁취하기 위한 것이다"

루쉰(魯迅, 노신)

중국을 사랑한 중국인으로 불리는 루쉰은 1881년 9월 25일 중국 절강성 소흥부 성내에서 태어났다. 본명은 주수인(周樹人)이고, 루쉰은 필명. 유복한 어린 시절을 보냈으나 12세 되던 해에 조부가 투옥되고, 그로 인해 아버지가 중병으로 앓아누우면서부터 가세가 급속도로 기울었다. 그는 부친의 병을 치료하기 위해 날마다 전당포와 약방을 드나들었다. 하지만 당시 우매한 중국의 한의술로 인해 부친이 세상을 떠나게 된 것에 충격을 받은 소년 루쉰은 서양 의학을 공부하기로 결심한다. 집안의 몰락으로 정상적인 입신의 길이 막혀 버린 루쉰은 새로운 세계를 찾아 17세(1898년) 때 난징으로 가서 강남수사학당(江南水師學堂)에 입학한다.

하지만 이에 만족하지 못하고 얼마 후 광무철로학당(務鐵路學堂)으로 옮겨 근대 과학의 기초를 배우며 서양과학의 우월성을 접하게 된다. 광로학당을 졸업하던 1901년 말 바로 1902년 21세 때 일본 유학길에 올라 도쿄의 홍문학원(弘文學院) 일본어과에 입학한다. 그 후 1904년 가을 도쿄를 떠나 센다이의학전문학교(仙臺醫學專門學校)에서 의학을 공부한다. 그는 수업 도중 저 유명한 '환등 사건'을 통해 중국처럼 낙후한 나라 국민에게는 강한 국민정신이 더 필요하다는 것을 크게 깨닫고 의학에서 문학으로 인생항로를 바꾼다. 이후 루쉰은 국민정신을 개조하는 데는 문학이 최고라고 생각하고 작품 활동을 시작한다.

이후 1918년 「신청년」지에 발표한 소설 『광인일기』는 중국 현대문학의 기원이 되었다. 이어 발표한 『아Q정전』은 중국의 전형적인 국민성을 풍자한 소설로 중국이 역사적으로 계승해 온 중국 국민의 아둔함과 우매성, 단점 등을 냉혹하게 묘사했다.

1927년 4월 국공분열 후 또다시 국민당의 탄압이 시작되자 불안한 사회 정세를 피해 상해 조계지에 숨어서 문예운동을 이어간 루쉰은 중국 작가 동맹 좌익계의 중심인물로 활동한다. 그러다 중일전쟁이 일어나기 바로 전해인 1936년, 폐결핵 등 지병으로 향년 56세를 일기로 세상을 떠났다. 그의 유해는 상하이 홍자이만국공묘에 안장됐으며, 묘비에는 〈민족혼〉이라는 글자가 새겨져 있다. 반봉건·반제의 기치 아래 전개된 5·4운동의 기수가 된 이래 중국 혁명의 서막인 문화운동을 주도하며 중국 민중을 길고 긴 잠을 깨운 루쉰은 마오쩌둥을 위해 사상적 기반을 마련한 인물이기도 하다. 중국 공산당이 국민적 영웅으로 찬양하는 그는 중국혁명의 지적 원천으로 추앙받고 있다.

중공중앙은 열세에 처한 병력으로 국민당 군대의 공격을 물리치고 자위전쟁의 승리를 이룩하며 국내의 평화를 실현하기 위해 군사적, 정치적, 경제적으로 정확한 방침과 정책을 확정했다.

　군사 측면에서 중공중앙 인민해방군의 목표는 적군의 유생 세력을 섬멸하는 것이지, 지방을 고수하거나 탈취하는 것이 아니다. 또 "병력을 집중하여 이동전을 주로 하고, 병력을 분산시켜 유격전을 하는 것을 보충으로 하는 작전"[96]을 실시할 것을 요구했다. 중공중앙은 다음과 같이 강조했다. 인민해방군은 국민당 군대의 무기가 우세한 상황에서 전역의 전투를 치를 때 반드시 "절대적으로 우세한 병력을 집중하여, 즉 적의 6배, 5배, 4배나 되는, 적어도 3배는 되는 병력을 집중하여" 적들을 각개 격파해야 한다. 적군이 강하고 아군이 약한 형세임을 고려하여 가장 효과적으로 적들을 타격하고, 적군의 유생 세력을 점진적으로 약화시키는 한편 끊임없이 자신의 힘을 보강해야 한다. 그리하여 국민당 군대는 싸우면 싸울수록 약해지고 인민무장은 싸우면 싸울수록 강해져, 최후의 승리를 거둘 수 있도록 해야 한다.

　정치 측면에서 중공중앙은 담대하게 대중을 선동하고 단결할 수 있는 모든 세력을 단결하여, 가장 광범위한 민족민주통일전선을 구축하는 것으로 국민당반동집단을 철저하게 고립시키는 작전을 세웠다. 중공중앙은 다음과 같이 명확히 지적했다. 농촌에서 빈농과 부농을 긴밀히 돕고 중농과 단결하여, 토지문제를 확실하게 해결해야 한다. 일반 부농, 중소 지주에 대해서는 민족반역자, 횡포를 부린 지방 유력자, 악질 토호와 구별하여 대함으로써 적대 분자를 줄여 해방구를 공고히 해야 한다. 도시에서는 노동계급에 의존하고 소자산계급, 민족자산계급

---

96 마오쩌둥, '우세한 병력을 집중하여 적을 각개 섬멸하자'(1946년 9월 16일), 〈마오쩌둥 선집〉 제4권, 인민출판사 한문판, 1991년, 1199쪽.

및 모든 진보 인사들과 단결하며 중간분자를 결집시키는 데 힘쓰고, 반동분자들을 고립시켜야 한다. 국민당 군대 내에서 내전을 반대할 수 있는 모든 이들을 결집시키고, 호전적인 자들은 고립시켜야 한다.

경제 측면에서 중공중앙은 다음과 같이 지적했다. 반드시 자급자족해서 지구전을 치를 준비를 해야 한다. 해방구에서는 장기적인 전쟁에 대비하여 계획적으로 생산하고 재정을 확충하며, 경제를 발전시키고 공급을 보장해야 한다. 또 통일된 지도를 강화하고 경영을 분산시키며, 군민을 고루 돌보고 공과 사를 엄정히 지키는 등 방침을 철저히 실행해야 한다. 그 밖에도 재정공급 측면에서 자위전쟁의 물질적 수요를 만족시켜야 함은 물론 인민의 생활이 개선될 수 있도록 해야 한다. 또 절약정신을 생활화 하고 절대 낭비하지 말아야 한다.

이러한 방침과 정책의 지도 아래 해방구 군민들은 국민당의 거센 공격을 물리칠 수 있었으며, 자위작전에서 끊임없는 승리를 거뒀다.

전쟁 초기의 작전

전면적 내전이 발발하자 국민당은 군인 수와 무기장비 측면에서의 우세를 믿고 속전속결로 인민무장 세력을 모두 섬멸하려고 했다. 그들은 해방구를 전면적으로 공격하는 작전을 세우고 다음과 같이 병력을 배치했다. 8개 정비개편사, 2개 여의 약 22만 명을 동원해 중원해방구를 포위 공격했다. 그리고 나서 일부 병력을 이동시켜 농해철도와 허난 북부의 국민당 군대와 합치고 진지루위의 루시난과 위베이 해방구를 공격했다. 후쭝난 부대의 6개 여는 옌시산부대와 연합해 진지루위의 진난해방구로 진격했다. 그리고 31개 여의 약 27만 명이 쑤완해방구를, 27개 여의 약 19만여 명이 산둥해방구를, 38개 사(여)의 약 26만 명이 진차지, 진쑤이 해방구를 공격했다. 또 7개 군 23개 사(

여)의 약 25만 명이 둥베이의 인민군대를 감시하고, 19개 여의 약 15만 5,000명이 산간닝해방구를 줄곧 포위하고 공격할 준비를 마쳤다. 9개 여의 7만 5,000명은 광둥 각 유격구 및 하이난도의 해방구를 공격했다. 국민당의 전략적 의도는 신속히 관내 인민군대 주력을 섬멸하고 진포, 평한의 교통을 회복하는 것이었다. 그러고는 강남(江南)을 안정시키고 화베이를 확보한 후, 다시 병력을 돌려 둥베이 문제를 해결하는 것이었다.

1946년 6월 하순, 중공중앙 군사위원회는 약 반년 간의 싸움 끝에 자위전쟁에서 승리하고 국내 평화를 회복하기 위해 중원군구 부대가 즉각 포위망을 돌파하도록 조치했다. 또 각 전략구 책임자들과 여러 차례 교섭하여 다음과 같이 결정했다. 즉 남쪽 선에서 몇 차례 승전을 거둔 후 진지루위, 산둥, 화중 3갈래 야전군이 진포철도의 쉬저우, 푸커우 구간 및 그 양측의 광대한 지역을 공격하여 국민당 군대의 유생세력을 섬멸한다. 북쪽 선에서는 진차지, 진쑤이 두 개 군구 부대가 약 반 년을 들여 3로[둥포철도, 평한철도 북쪽 구역과 정태철도]의 4개 도시[바오딩, 스자좡, 타이위안, 다퉁]를 탈취하도록 했다.

강남(江南)

강남은 중국 창장(長江, 양쯔강)의 이남 지역으로 상하이, 난징, 쑤저우, 항저우 일대를 아우르는 이름이다. 창장 북안(北岸)의 양저우도 강남에 포함된다. 예부터 강남을 어미지향, 물고기와 쌀이 풍부하여 살기 좋은 고장으로 불렀다. 물이 좋고 들이 좋아 먹을 것이 풍족해서다. 이 지역은 지형적으로 우평야와 양쯔강 삼각주 등이 크게 발달했고 중국 경제의 70%를 차지할 만큼 경제의 중심지이다. 회하(淮河)를 기준으로 할 때는 장쑤성(江蘇省) 거의가 강남에 포함되고 절강성과 안후이성도 마찬가지다. 광둥성, 푸젠성 등도 포함된다. 그래서 예부터 중국의 광서제 등 황제들은 남방 순유를 좋아했고, 덩샤오핑도 남방을 자주 찾아 개혁개방의 중심지로 강남을 선택하여 이곳 사람들의 사업가 기질을 자극하기도 했다.

전쟁은 우선 남부전선의 중원해방구에서 전개됐다. 중원해방구는 우한(武漢), 주장(九江) 이북의 후베이, 허난, 안후이 3개 성이 인접된 지역에 위치하고 있었다. 인민군대는 일본이 무조건 항복하기 전에 근거지를 적극 발전시키고 점령지역을 수복하여 중원해방구를 60여 개 현으로 확장함으로써, 전략적 요충지인 우한에 대한 포위 태세를 형성했다. 항일 전쟁에서 승리한 후 우한은 국민당의 화둥, 화베이, 둥베이 진출의 관건인 전략적 요충지가 됐다. 국민당은 20여 개 사(여)를 집결시켜 중원해방구를 포위했다. 그러고는 어중, 샹시, 샹난, 어둥, 어난, 위중, 위시 등 지역을 점령함으로써 중원해방구를 소멸시키고 화둥, 화베이, 둥베이로 향하는 통로를 없애려고 했다. 국민당 군대는 국공 양측이 중원지역에서의 무장충돌을 중지하기로 했으나 1946년 5월 10일에 체결한 〈한커우협의〉를 지키지 않았다. 연이어서 중원해방구를 포위 공격했으며, 잠식해 나갔다. 6월 사이에 중원해방구는 뤄산(羅山), 광산(光山), 상청(商城), 징푸[經扶, 오늘의 신현(新縣)], 리산(禮山) 사이의 쉬안화뎬(宣化店)을 중심으로 한 좁은 구역으로 축소됐다. 면적은 기존의 10분의 1도 안 됐다. 장제스는 중원의 해방군을 철저히 섬멸하기 위해 정저우의 쑤이징 공서에 "강력한 한 개 부대로 가오청(高城), 자오양(棗陽) 등 요충지를 지키고, 주력군으로 공산당 군대의 주력을 추격하여 퉁바이(桐柏), 다훙산(大洪山) 지역에서 그들을 포위하고 섬멸하라"[97]고 명령했다. 국민당 군대는 6월 26일 새벽녘부터 황안 이서, 징푸 이동, 샤오간 이북의 중원해방군 진지를 대거 공격했으며 덩뎬, 후완 등지를 점령했다.

중원해방군은 "즉시 포위망을 돌파해야 한다. 빠르면 빠를수록 좋다.

---

97 타이완 '국방부사정국' 편인, 〈감란간사〉 제1책, 타이완 '국방부사정국', 1973년, 72쪽.

주저할 필요가 없다. 생존이 우선이고 승리가 우선이다"[98]는 중공중앙의 지시대로, 일부 지방부대만 남겨 투쟁을 계속하게 했다. 동시에 한 개 여를 주력으로 위장시켜 동쪽으로 이동하면서 국민당 군대를 유인하고, 주력을 남북 두 갈래로 나누어 6월 26일에 서쪽으로 이동시켰다. 북로는 약 1만 5,000명이었는데 리셴녠, 정웨이싼(鄭位三)의 인솔 아래 국민당 군대의 거듭되는 차단공격과 포위를 뚫고 산난(陝南)에 도착하여 당지 유격대와 회합했다. 8월 초에는 어위산군구를 설립했고 유격근거지를 창설하는 임무를 집행했다. 그중 제359여는 중앙군사위원회의 지시에 따라 계속 북진하여 8월 말에 산간닝해방구에 들어섰다. 남로는 1만여 명이 왕수성(王樹聲)의 인솔 아래 국민당 군대의 포위추격과 차단을 뚫고 우당산(武當山)구역에 들어섰다. 8월 하순에 어시베이(鄂西北)군구를 구성했고 유격근거지를 창설했다. 국민당 군대를 유인하고 견제하는 임무를 맡고 동쪽으로 이동한 한 개 여는 피딩쥔(皮定均)의 지휘 아래 20여 일간 전전하면서 천신만고 끝에 쑤완해방구에 들어섰다. 화중야전군 서열에 편입됐다. 중원해방군은 용맹하게 포위를 뚫고 전략적 이동 임무를 완수하여, 주력을 보존하고 두 개의 근거지를 창설하는 데 성공했다. 또 병력 일부를 원지에 남겨 투쟁을 계속하도록 함으로써, 국민당 군대의 30개 여 병력을 견제할 수 있었다. 그들은 전략상 기타 전장의 작전과 유력하게 연합하여, 중공중앙과 중앙군사위원회의 높은 평가를 받았다.

국민당 군대는 화둥해방구에 대해 남쪽에서 북쪽으로, 서쪽에서 동쪽으로 점차 범위를 줄이는 전술을 구사했다. 그리하여 먼저 쑤완해방구를 점령하고 화중해방군을 섬멸하려고 했다. 그러고는 그들로 하

---

98 마오쩌둥, '중원군구 부대가 즉시 포위망을 돌파하는 데 동의한다'(1946년 6월 23일), 〈마오쩌둥 군사 문집〉 제3권, 군사과학출판사, 중앙문헌출판사 한문판, 1993년, 288쪽.

여금 북쪽으로 철수하도록 한 후, 산둥지역에서 화중, 산둥의 해방군과 결전하여 산둥 반도 전반을 점령하려 시도했다. 화중야전군 주력 3만여 명은 쑤위, 탄전린의 지휘 아래 쑤중 해방구에서 12만 명 국민당 군대의 공격을 막아냈다. 이들은 7월 중순부터 8월 하순까지 쉬안타이[쉬안자바오(宣家堡)와 타이싱(泰興)], 루난[루가오난(如皋南)], 하이안, 리바오, 딩린[딩옌(丁堰)과 린쯔(林梓)], 사오보(邵伯), 루황[루가오(如皋)와 황차오(黃橋)]로 등지에서 연달아 7차례 작전을 벌였다. 그리하여 국민당 군대 한 개 정비개편사, 6개 여, 5개 교통경찰대대의 총 5만여 명을 섬멸했다. 이는 쑤중(蘇中)을 공격한 국민당 군대 전체 병력의 40% 이상을 차지했다. 쑤중에서 거둔 7전7승의 막강한 승리는 국민당 군대의 사기를 여지없이 꺾어놓았다. 그뿐만 아니라 쑤완과 루난 해방구에 대한 공격을 지연시킴으로써 전략상 산둥과 진지루위 양군의 작전에 효과적으로 협력했다. 이어 인민해방군의 지속적인 내선작전에 소중한 경험을 제공할 수 있었다.

쑤중전역 기간에 천이는 산둥야전군 주력을 지휘하여 화베이전장에서 국민당 군대를 공격했다. 야전군의 부분적 병력과 산둥군구의 무장은 교제철도 방향에서 작전하여 각기 국민당 군대의 일부 유생 세력을 섬멸했다. 9월 초부터 시작하여 국민당 군대는 화이베이 전장의 병력을 강화했으며 쑤첸, 쑤이닝에서 남진하여 9월 19일에 쑤완해방구 정부 소재지인 화이인을 점령했다. 화중야전군은 신속히 쑤중에서 북으로 철수하고 산둥야전군과 합류하여 새로운 작전에 투입할 준비를 했다.

10월 초까지 화중과 산둥의 인민해방군은 국민당 군대 7개 여와 기타 부대 도합 8만 명을 섬멸했다. 류보청과 덩샤오핑이 지휘하는 진지루위해방군은 쑤완해방군의 작전에 협력하고 중원해방군을 추격하는 국민당군을 유인하였다. 그러고는 국민당 군대를 유인하기 위해 8월 중순에 농해철도의 쉬저우에서부터 카이펑에 이르는 구간의 남북 지역으로 출격했고 이어 국민당 군대 1만 6,000여 명을 섬멸했다. 그들은 내선으로 이동한 후 적을 깊이 유인하는 전술을 취해 쉬저우, 정저우에서부터 산둥 서남으로 협공해 오는 국민당 군대를 공격했다. 9월 상순에는 딩타오(定陶)에서 정저우로 침범해 오는 국민당 군대 4개 여의 약 1만 7,000명을 섬멸했다. 딩타오 전투는 중원해방군이 포위망을 무사히 뚫고 나와 화중해방군이 장쑤 중부에서 대첩을 거둔 후에 치른 또 하나의 중요한 전투였다. 이 전투는 "우세한 병력을 집중하여 적들을 각개 섬멸"하는 작전원칙을 연이어 실시하고, 내선작전을 견지만 한다면 다수의 적들을 섬멸할 수 있음을 보여주었다. 더나아가 중앙군사위원회가 내선작전의 방침을 확립하는 데 또 하나의 중요한 근거를 제공했다. 이 무렵에 진지루위야전군의 천경부대는 진난에서 원샤[원시(聞喜)와 샤현(夏縣)], 퉁푸, 린푸[린펀(臨汾)과 푸산(浮山)] 등 크고 작은 전투에서 승리를 거두었다. 그리고 린푸전역에서는 후쭝난부대의 '천하 제1여'라고 불리는 정비개편 제1사 제1여를 섬멸했다. 9월 말에 이르러 진지루위해방군은 국민당 군대 총 5만여명을 무찔렀다.

북부전선에서 허룽, 리징취안이 지휘한 진쑤이부대와 녜룽전이 지휘한 진차지부대는 7월부터 9월 중순 사이에 진베이전역과 다퉁, 지닝 전투를 거쳐 쉬현, 닝우, 판스 등지를 빼앗았다. 그러고는 동포철도의 신현[(忻縣), 오늘의 신저우(忻州)] 이북, 다퉁 이남의 일부 지역을 통제했고 총 2만 명의 적을 섬멸하여 국민당 군대에 커다란 타격을 가했다. 그러나 다퉁은 오랫동안 공격했지만 결국 점령하지는 못했다. 푸줘이부대가 구이쑤이에서부터 동쪽으로 침범하여 지닝을 점령한 후, 다퉁에 대한 포위공격을 해 오자 이를 포기해 버렸다. 9월 하순에 지닝을 점령한 푸줴이부대와 베이핑의 순롄중부대는 평수철도를 따라 동서로 진격하여 진차지해방구 인민정부 소재지인 장자커우를 협공했다. 10월 상순, 진차지군구는 주력을 집중하여 평수철도 동쪽 구역의 화이라이 지역에서 베이핑으로부터 서진해오는 국민당 군대에 반격을 가해 적 1만여 명을 섬멸했다. 동시에 평한철도 바오딩의 남북구역 간에서 공세를 발동하여 국민당 군대 8,000여 명을 섬멸하고 10월 11일에 장자커우에서 철수했다.

국민당 군대는 다퉁, 장자커우 지역에서 작전함과 동시에 베이핑, 진저우 지역의 러난, 지둥 해방구를 공격했다. 진차지군구의 일부 부대는 적들에게 타격을 가한 후 주동적으로 청더와 러허, 지둥해방구의 대부분 도시와 마을에서 철수하여 유격전에 들어갔다.

둥베이민주연군은 1946년 6월 휴전 직후 4개월 동안, 둥베이 전장에서 비적토벌투쟁과 근거지 창설 사업에 박차를 가하고 부대의 정비 및 보충 훈련을 통해 실력을 쌓았다. 7월 7일, 중국공산당 둥베이중앙국 확대회의에서는 '둥베이의 형세와 과업'이라는 결의를 통과시켰다. 중공중앙은 개정을 거친 7월 11일에 이 결의를 통과시켰다. 결의는 둥베이에 진군한 후의 9개월간의 사업을 종결지었다. 그러고는 둥베이에서의 현재 사업 방침은 농민대중을 적극 발동하고 중소도시와 주요한 철도선을 포함한 지역에서 공고한 농촌근거지를 창설하는 것임을 확정했다. 또 둥베이민주연군의 작전 원칙은 도시와 중요 거점의 일시적인 득실에 있는 것이 아니라, 적을 소멸하는 데 주력하는 것이라고 규정했다. 결의는 둥베이지역에서 전당과 전군의 사상을 통일시키는 데 매우 중요한 역할을 했다.

1946년 7월부터 10월까지는 전면적 내전이 발발한지 4개월이 지난 때였다. 군사용어로는 이 시기를 "전쟁 초기"라고 부른다. 이는 전쟁의 지휘자가 전쟁의 상황과 추세를 판단하고 어떻게 이 전쟁을 계속 지도할 것인가를 판단하는 매우 중요한 시기이다.

4개월 동안 인민해방군은 국민당 정규군 총 32개 여를 섬멸했는데 비정규군까지 포함하면 약 30만 명을 섬멸한 셈이었다. 인민해방군도 약 12만여 명에 달하는 병력을 손실 보았지만 포로로 병력을 보충할 수 있었다. 그리고 상처가 치유된 병사들을 다시 조직하여 합류시켰다. 또 해방구의 농민들을 동원하여 참군시키는 방법으로 137만 명에 달하는 병력을 보유하게 됐다. 이 4개월 동안, 국민당 군대는 해방구의 현 범위 이상 도시를 153개 점령했는데 그중에는 장자커우, 화이인, 허쩌, 지닝, 청더, 안둥[(安東)·오늘의 단둥(丹東)]과 같은 일부 해방구의 중심도시들도 포함됐다. 해방군은 48개 현성을 되찾고 점령했는데 득실을 비교하면 해방구가 105개 도시를 손해 본 셈이다. 한편으론 땅을 얻은 대신 사람을 잃었고 다른 한편으론 땅을 잃은 대신 사람을 얻었는데 전쟁의 정세는 인민해방군에 유리한 방향으로 바뀌고 있었다.

중공중앙은 전쟁 초기 군사정세의 변화를 진지하게 연구하고 나서 1946년 10월 1일에 마오쩌둥이 작성한 당내 지시를 발표했다. 그러고는 전면적 내전이 발발한 후의 작전에 대해 설명했다. 지시에서는 다음과 같이 언급했다. 우리는 반드시 승리하고 장제스는 패배하게 될 것이다. 그 직접적 원인은 장제스가 정치적으로나 경제적으로 극복할 수 없는 기본적인 모순을 안고 있기 때문이다. 그 밖에 "군사적으로도 장제스 군대는 전선이 연장된 것과 그 병력 사이에서 첨예한 모순이 나타났다. 이러한 모순은 필연코 우리가 승리하고 장제스가 패배하게 되는 직접적 원인이 될 것이다" 지시에서는 계속하여 다음과 같이 지적했다. 장제스 군대와 아군의 정세를 바꾸고 전쟁의 승리를 쟁취하는 관건은 다수로 국민당 군대의 유생 세력을 섬멸하여 군사 세력에 중요한 변화를 일으키는 것이다. 또한 우세한 병력을 집중하여 적들을 각개 섬멸하는 것은 유일하고도 정확한 작전방식이다. 이 지시는 전당, 전군의 사상을 통일시키고 전쟁 국면을 근본적으로 변화시키는 데 매우 중요한 역할을 했다.

미군의 폭행에 대한 항의운동과 제2전선의 초보적인 발흥

전면적 내전이 폭발한 후 국민당이 내전매국 정책을 실시하자 미국은 경제적으로 중국을 대거 침략했다. 주중 미군은 '점령자'의 모습으로 중국 전역에서 안하무인격 행패를 부리고 중국 인민을 압박하며 수많은 범죄를 저질렀다. 불완전한 통계에 따르면 1945년 8월부터 1946년 11월까지 상하이, 난징, 베이핑, 톈진, 칭다오 등 5개 도시에서 발생한 미군 폭행 사건은 적어도 3,800건에 달했으며 피해를 입은 중국인 사상자는 3,300명 이상에 달했다. 1945년 8월부터 1946년 7월까지 미군군용차 사고사건은 1,500차례에 달했으며 미군이 겁간한 중국 부녀자는 300여 명에 달했다. 미국의 역사학자 페어뱅크스(J.K.Fairbanks)는 미군이 상하이에서 감행한 여러 가지 행위에 대해 "그 정경이 항구를 개방하지 않았던 시대와는 비교도 못할 정도였는데 이는 중국의 새로운 대국의 지위와 전혀 어울리지 않는다"[99]고 했다.

국민당정부의 내전매국 정책과 미군의 폭행은 중국 인민을 크게 분노하게 했다. 평화를 쟁취하고 평화를 보위하며, 내전을 반대하고 독

---

99 [미국]페어뱅크스 저, 장리징(張理京) 역, 〈미국과 중국〉(제4판), 상무인서관 한문판, 1989년, 244쪽.

재를 반대한 투쟁과정에서 그들은 분연히 일어났다. 그리하여 미국의 장제스에 대한 원조는 물론 장제스의 매국행위와 독재를 반대했다. 그들은 전면적 내전을 일으키는 것을 반대하는 투쟁에 과감히 뛰어들었다. 이처럼 미국과 장제스를 반대하는 인민운동은 국민당 통치구역에서 신속하고 빠르게 전파됐다.

중국공산당은 국민당 통치구역에서의 애국민주운동에 대해 깊은 관심을 가졌다. 그리고 이를 인민해방군과 협력하여 국민당의 군사적 공격을 분쇄하는 다른 한 갈래의 중요한 전선으로 받아들였다. 국민당의 내전정책과 미국정부의 장제스에 대한 지원정책을 반대하는 국민당 통치구역 인민들의 투쟁을 성원하고 추진하기 위해 마오쩌둥은 1946년 6월 22일 성명을 발표하여 다음과 같이 지적했다. 일본이 항복한 후 미국의 장제스에 대한 지원 정책과 행동이 "중국의 대규모 내전의 폭발과 그 확대의 근본 원인이 되고 있다는 것은 이미 증명됐다" 그리고 "이들은 이미 중국의 평화와 안정, 중국 인민의 생존과 자유에 중차대한 위협을 가하고 있다" 성명은 또 미국정부가 "중국에 대한 소위 군사 원조를 즉각 중지하고 회수하며 중국에 주둔한 미국 군대를 철수할 것"[100]을 요구했다. 이어 중공중앙은 또 다른 훈령을 발표했다. 각지 당 조직은 각 대중단체 및 민주당파를 조직하고 동원하여 반전평화운동을 힘써 확대한다. 그리고 이 운동을 통하여 "중미 양국의 광범위한 여론을 불러일으켜 미국의 군사적 간섭이 중국의 내전과 장제스의 매국 정책을 조장하는 것을 반대할 것"[101]을 요구했다. 7월

---

100 '장제스에 대한 미국의 군사적 원조를 반대할 것에 대한 마오쩌둥의 성명'(1946년 6월 22일), 중앙당안관 편, 〈중공중앙 문건 선집〉 제16책, 중공중앙당학교출판사 한문판, 1992년, 208쪽, 209쪽.

101 '미국이 장제스에 대한 원조정책을 개변할 것을 요구하도록 대중을 동원할 것에 대한 중앙의 각지에 보내는 지시'(1946년 6월, 24일), 중앙당안관 편, 〈중공중앙문건선집〉제16책, 중공중앙당학교출판사 한문판, 1992년, 216쪽.

7일, 중공중앙은 '7·7'사변 9주년을 기념하여 선언을 발표하고 전국 동포들에게 더욱 굳세게 단결하고 용감하게 행동하여 "내전을 반대하고 평화를 견지하자! 독재를 반대하고 민주를 견지하자! 매국을 반대하고 독립을 견지하자!" "외국의 무장 간섭을 반대하고 외국침략자를 반대하자!"고 호소했다.

1946년 6월부터 각지 중국공산당조직의 지도 아래 국민당 통치구역에서는 미국과 장제스를 반대하는 투쟁이 경제투쟁을 시작으로 점차 전개됐다. 6월 하순, 창사(長沙)시의 3,000여 명 인력거꾼들이 절망적인 생활고로 인해 파업을 단행했다. 7월에는 상하이 200여 개 제사공장 노동자들이 생존을 갈구하고 평화를 요구한다는 구호로 2개월이 넘게 파업을 단행했다. 그리하여 물가가 폭등하는 상황에서도 생활가격지수에 따라 임금을 계산하는 승리를 거뒀다. 9월, 상하이의 한 삼륜차 차부가 당연히 지급받아야 할 찻삯을 요구하다가 미국 수병에게 맞아 죽었는데 이는 전시 인민들의 분노를 불러일으켰다. 상하이 인민단체연합회, 민주촉진회, 민주건국회, 9·3학사 등 14개 단체의 대표들은 집회를 가졌다. 그리고 미국의 35개 도시의 진보적 단체가 발기한 '미군의 중국 퇴출'운동에 호응하여 '미군의 중국 퇴출'운동을 거행하기로 결정했다. 이와 동시에 서명운동을 벌이고 유엔 및 미국 정부에 전보를 보내 미군이 중국에서 물러가고 중국 내정을 간섭하지 말 것을 요구했다. 이 운동은 베이핑(北平), 청두(成都), 충칭(重慶) 등 대도시에서 강렬한 호응을 얻었다. 11월 말부터 12월 초까지 상하이 노점상 수천 명은 국민당정부가 영업을 금지하게 한 것을 반대하는 청원시위를 감행했다. 국민당 당국은 이를 엄중하게 진압했다. 이들은 노점상 7명을 때려 죽였으며 많은 부상자를 낳았다. 상하이시의 절대다수 상점들은 영업을 중지함으로써 노점상들을 성원하고 지지했다.

미국과 장제스를 반대하는 수많은 인민대중의 투쟁은 큰 물결을 일게 해 국민당 통치구역의 인민혁명운동이 신속히 전개되도록 추진했다.

1946년 12월 2일, 중공중앙은 서기처 회의를 소집하여 전문적으로 국민당 통치구역의 사업을 연구하고 중공중앙 도시사업부를 개편하기로 결정했다. 이에 저우언라이가 부장을 겸임하고 리웨이한(李維漢)이 부부장을 맡도록 결정했다. 도시사업부의 주요 과업은 중앙의 지도 아래 당이 국민당 통치구역에서의 사업, 즉 노동자, 농민, 청년, 부녀 사업을 포함한 모든 사업을 관리하고 이 방면의 간부들에 대한 훈련을 책임지는 것이라고 확정했다. 동시에 각 중앙국, 중앙 분국과 각 관련 구 당위원회는 모두 도시사업부를 설립하기로 했다. 그뿐만 아니라 상하이국에서 창장유역 및 서남 각 성과 핑진(平津·원래 중공중앙 남방국의 영도를 받았고 쿤밍 등지에서 이전해 왔으며, 여전히 첸잉(錢瑛)이 직접 연계하는 당조직을 가리킨다), 칭도우, 타이완 지역의 당 사업을 전부 지도하고 홍콩 분국에서 화난지역의 당 사업을 모두 영도한다고 규정했다. 당은 이렇듯 국민당 통치구역에서 조직을 조정하고 강화함으로써 제2전선의 발흥을 위한 준비를 해나갔다.

1946년 12월 24일, 베이핑에서 주중미군이 베이징대학교 여학생을 겁간한 사건이 발생했는데 이는 미군의 폭행에 항의하는 전국적인 운동(항폭운동)의 도화선이 됐다. 사건 발생 후 중국공산당 상하이중앙국의 첸잉이 직접 영도한 베이핑학생위원회(남계)와 중국공산당 진차지중앙국의 류런이 영도하는 베이핑학생위원회(북계)는 긴밀히 협조하고 함께 투쟁했다. 그리하여 미국의 폭행에 항의하는 기세 드높은 운동을 조직하고 일으켰다. 12월 30일, 베이징대학교, 칭화대학교 등 학교의 재학생 5,000여 명이 미군의 폭행에 항의하는 대규모 시위를 감행했다. 분노한 학생들은 "미군은 물러가라" "미군은 중국에서 물러가라" "주권의 독립을 수호하자" 등 구호를 높이 외치며 폭도를 엄벌하고 손실을 배상할 것을 요구했다. 이어서 공개적으로 사죄하고 중국에 주둔한 미군에게 철수할 것을 요구했다. 학생들의 행동은 많은 시민들의 지지를 얻었고, 그들도 잇달아 폭행 항의 투쟁의 행렬에 가담했다.

베이핑학생운동이 일어난 후 중공중앙은 연속 지시를 내려 각 대도시 지하당조직들에 대중을 적극 동원하여 시위행진을 실시하고, 적극적 공세를 취하라고 했다. 이 밖에도 국민당이 나라를 팔아먹고 내전을 발동하는 전모를 철저히 고발하고, 장제스를 부추겨 공산당을 분쇄하는 미국의 정책을 반대한다고 밝혔다. 덧붙여 베이핑 학생들의 투쟁에 호응하고 이를 지원할 것을 요구했다. 중공중앙은 명확한 투쟁 정책과 책략을 제기하여 미군이 중국에서 완전 철수하고 미국이 중국의 내정을 간섭하고 내전을 조장하는 것을 반대한다고 소리 높여 외쳤다. 그 밖에도 중미통상조약을 폐지하고 미국 상품을 배척하는 애국 투쟁을 격화시킬 것을 부르짖었다.

당 조직의 지도 아래 전국 각지 학생들도 베이핑 학생들의 반미애국 투쟁에 적극 호응했다. 이로써 전국에서 주중 미군의 폭행을 반대하고 "먹을 것을, 평화를, 자유를 요구"하는 대규모 대중운동을 형성했다. 1946년 12월 말부터 1947년 1월 초까지 톈진, 상하이, 난징, 카이펑, 충칭, 쿤밍, 우한, 광저우, 항저우, 쑤저우, 타이베이 등 수십 개 도시의 50만 명 학생들도 지속적으로 시위를 벌였다. 그들은 미국의 폭행에 항의하고 미군이 중국에서 물러날 것을 요구했으며 국민당에게 학생들에 대한 탄압을 중지할 것을 외쳤다.

그뿐만 아니라 학생들과 인민의 생활을 개선하며 인심을 얻지 못하는 내전을 중지할 것을 거듭 요구했다. 베이핑, 상하이 등지의 수많은 교수, 학자와 문화계 저명인사들도 담화를 발표하여 학생들의 정의로운 요구를 지지했다. 민주동맹, 민주건국회, 민주촉진회, 9·3학사 등 민주당파 및 중국인민세계평화촉진회, 중국국제인권보장회, 중화전국문예협회, 중화전국공상협회 등 단체의 애국민주인사들도 성명을 발표하여 학생들에 대한 지지를 표명했다.

해외애국화교들도 폭행항의서명운동과 집회를 발기하여 주중 미군이 철수할 것을 요구했다. 이렇게 미군의 폭행을 반대하는 것을 위주로 한 애국학생운동은 급속도로 발전했다. 그리하여 노동자, 농민, 도시소자산계급, 민족자산계급, 개명한 지방 유지와 기타 애국분자, 소수민족, 해외 화교를 포함한 극히 광범위한 인민혁명운동이 형성됐다. 수많은 인민대중의 강렬한 항의로 미국정부는 하는 수 없이 베이핑, 톈진, 칭다오 등지에 주둔하고 있던 미군을 철수시킨다고 발표했다. 그리고 국민당정부에 대한 군사 원조를 줄였으며 실제 한동안은 이를 중단하기도 했다. 이렇게 해서 미군의 폭행에 대한 항의운동은 커다란 승리를 거두었다.

미군의 폭행에 항의하는 이 기세 드높은 인민운동은 해방구 전장에서 인민해방군의 작전을 도왔다. 이를 토대로 학생과 대중을 선봉으로 한 애국민주세력과 국민당정부 간의 투쟁은 점차 인민해방군의 작전에 협력하는 제2전선을 형성했다. 이 전선의 발전으로 국민당 통치 집단은 혁명 세력이 양면으로 협공해 오는 불리한 경지에 깊이 빠져들게 되었다. 1947년 2월 1일에 열린 중앙정치국회의에서 마오쩌둥은 해방구에서 인민해방군의 승리와 장제스 통치 구역에서 인민운동의 발전은 중국에 새로운 반제반봉건투쟁의 인민대혁명이 다가오는 것을 예시하는 것이라고 했다. 그러면서 이 혁명은 반드시 승리를 쟁취할 것이라고 예언했다.

국공 관계의 완전한 파열

국민당 통치 집단은 군사력을 집중시켜 해방구에 대한 전면적 진격을 발동했다. 이와 동시에 빠른 속도로 평화협상을 무효화하고 국공 관계를 파열시켰다. 그뿐만 아니라 국민당은 정전협정과 정치협상회의 협의도 파기하고 전면적 내전을 발동했다.

그러고 나서 중국공산당 대표와의 협상을 중지한다고 선포하지 않고 협상 자체를 이용하려 했다. 그리하여 군사적 진격을 엄호하고 여러 가지 지나친 조건을 제시하기만 했다. 그렇게 되면 중국공산당은 하는 수 없이 협상을 중지할 것이고 국민당은 이를 통해 분열과 내전의 책임을 중국공산당 쪽에 떠넘기겠다는 술책이었다. 이 기간에 중국공산당 대표단은 계속 난징과 상하이에 남아 국민당과 협상하면서 정치협상회의 협의를 수호하는 투쟁을 진행했다. 그러나 사실상 국민당이 음모를 드러냄으로써 광범위한 인민들에게 내전 발생한 진위를 알도록 했다.

정치협상회의 협의에 따르면 반드시 먼저 정부를 개편하고, 국민당의 일당독재를 폐지한 후 각 당파의 연합정부는 국민대회를 소집해야 했다. 그러나 정부가 개편되지도 않고 각 당파의 연합정부가 설립되지도 않은 상황에서 1946년 7월 3일에 국민당정부 국방최고위원회 제197차 회의는 일방적으로 "올해 11월 12일에 국민대회를 소집한다"고 선언했다. 중국공산당 대표인 저우언라이, 둥비우 등은 국민당 대표와의 회담에서 정치협상회의 협의를 파괴하는 이런 행태에 대해 크게 항의했다. 그리고 정치협상회의 종합소조를 소집하여 이 사건에 대해 토의할 것을 요구했지만 국민당 측은 이를 거부했다. 중국공산당 대표는 이에 따라 국민당정부에 서면으로 항의하고 국민당이 단독으로 소집한 '국민대회'의 그 어떤 제안도 받아들이지 않겠다는 성명을 발표했다. 8월 6일, 미국의 신임 주중대사 존 레이턴 스튜어트는 저우언라이에게 장제스가 제기한 5가지 조건을 전달했다. 그러면서 중국공산당이 이를 수용해야만 정치협상을 할 수 있다고 했다. 이 5가지 조건은 다음과 같다.

(1) 쑤베이(蘇北)의 중국공산당 군대는 농해철도 이북으로 철수해야 한다.

(2) 중국공산당 군대는 교제철도에서 철수해야 한다.

(3) 중국공산당 군대는 청더 및 러허성 청더 이남 지역에서 철수해야 한다.

(4) 중국공산당 군대는 둥베이의 2개 반 성[신헤이룽장(新黑龍江), 넌장(嫩江), 싱안성(興安省)] 내로 철수해야 한다.

(5) 중국공산당 군대는 6월 7일 이후 산시(山西)와 산둥 두 성 내에서 점령한 지역에서 철수해야 한다.

이뿐만 아니라 5가지 조건을 1개월 내지 6주 안에 실시해야 하며 그렇지 않을 경우 정전과 정부 개편에 대한 협상에는 여지가 없다고 했다. 이는 사실상 중국공산당에게 무릎을 꿇고 항복할 것을 요구하는 조건이었다. 중국공산당 대표단은 즉각 거절했다. 이런 상황에서 8월 10일에 미국 대통령 특사 마셜과 주중대사 스튜어트는 공동성명을 발표했다. 그들은 국공 양당이 논쟁하는 근본 문제는 "해결 방법을 얻기 어려울 것 같다"고 했다. 이 성명은 당시 외국 기자들이 비평한 바와 같이 그들이 진행한 '조정' 역할은 이미 '실제로 실패'했음을 승인한 것과 다름이 없었다. 그들은 현재 주요한 문제는 전장에서 승부를 가르는 거라고 보았다. 8월 13일, 장제스는 루산(廬山)에서 공문서를 발표하여 국민당정부는 끝까지 '예정대로 국민대회'를 소집한다고 공표했다.

싱안성(興安省, 흥안성)

국민정부가 중국을 통치할 때 있었던 성으로 중국 동북부에 위치해 있었다. 북쪽은 소련, 서쪽은 몽골 지방, 남쪽은 랴오베이성 동쪽은 헤이룽장성에 접하고 있었다. 1945년에 일본이 항복한 후, 국민당정부는 둥베이의 랴오닝(遼寧), 지린(吉林), 헤이룽장(黑龍江) 등 3개 성을 랴오닝, 랴오베이(遼北), 안둥(安東), 지린, 쑹베이(松北), 허장(合江), 헤이룽장, 넌장(嫩江), 싱안(興安) 9개 성으로 구분했는데, 1949년 싱안성이 폐지되고 내몽골 자치구에 편입되었다.

중국의 내전이 점차 깊어지고 있을 때 미국정부는 여전히 국민당정부를 원조하는 기본 정책을 바꾸지 않았다. 8월 31일, 미국정부는 중국공산당의 강력한 반대에도 불구하고 국민당정부와 〈중미 잉여 전시재산 판매협정〉을 체결했다. 그리하여 원래 가치가 8억여 달러에 달하는 서태평양 전시잉여물자를 1억 7,500만 달러라는 헐값으로 국민당정부에 양도했는데 이 물자는 모두 내전에서 사용됐다. 장제스를 부추겨 공산당을 반대하는 미국정부의 정책에 비추어 9월 14일 이후 중국공산당 대표 저우언라이는 여러 차례 미국특사 마셜에게 비망록을 제출했다. 그래서 미국정부가 재정, 무기, 물자 측면에서 국민당정부를 원조하여 내전을 벌이고 있음에 대해 질책하고 나서, 국민당의 평화협상은 "마음 놓고 크게 싸우기 위한 허울"에 불과하다고 폭로했다. 그리고는 "즉시 3인 소조 회의를 소집하여 정전문제를 토의"할 것을 강력하게 요구했다. 국민당 군대가 공공연히 진차지변구 정부 소재지인 장자커우를 진격함으로써 국공 관계는 최후의 파열 단계에 이르렀다. 이 엄중한 상황에서 중국공산당 대표단은 9월 30일에 장제스에게 보낸 서한에서 다음과 같이 성명했다. "만약 정부가 장자커우 및 그 주변에 대한 일체의 군사적 행동을 즉각 중지하지 않는다면, 중국공산당은 정부 측이 이미 전면적 파열을 공공연하게 선고한 것으로 알겠다.

또 정치적 해결의 방침을 종국적으로 포기한 것이라고 받아들이지 않을 수 없다. 이로 인해 벌어진 모든 결과는 정부 측이 책임져야 한다" 이에 대해 장제스와 미국 쌍방은 중공이 10일 안에 장제스가 제기한 5가지 요구를 접수하라는 마지막 통첩을 내리는 것으로 회답했다. 10월 9일, 저우언라이는 마셜에게 보낸 비망록에서 다시 상술한 입장을 거듭 설명했다. 그리고 동시에 "국민당정부가 장자커우에 대한 진격을 즉각 중지하기만 한다면 우리는 3인 회의와 비공식 5인 소조 또는 정치협상회의 종합소조에 참가할 것이다. 또한 정전문제와 정치협상회의 결의를 실시하는 두 가지 문제도 함께 토론할 것"이라는 입장을 표명했다. 그러나 국민당은 이 제안 역시 거절했다.

1946년 10월 11일, 국민당 군대는 중국공산당의 거듭되는 경고와 각계 인사들의 강력한 반대에도 불구하고 장자커우를 점령해 버렸다. '승리'에 도취된 장제스는 그날 오후에 즉시 명령을 내려 11월 12일에 '국민대회'를 소집하기로 결정했다.

중국공산당과 민주동맹은 국민당이 독단적으로 '국민대회'를 소집하는 것을 강력히 반대했다. 민주동맹 주석 장란(張瀾·1872~1955년)은 10월 14일에 담화를 발표하여 다음과 같이 지적했다. "국민당은 '승리자'의 모습으로 국민대회를 소집하는데 이는 위협인가, 아니면 이익을 내세운 유혹인가? 우리 민주동맹은 우리 측의 의견과 입장을 포기하지 않을 것이고 모든 위협과 유혹을 두려워하지 않으며 절대로 참석하지 않을 것이다" 일부 민주당파와 민주인사들도 평화와 민주를 쟁취하기 위해 동분서주하면서 장제스가 주장을 바꾸도록 설득했지만 아무런 효과를 보지 못했다.

장제스의 고집은 민주당파와 민주인사와 수많은 인민들로 하여금 독재와 내전을 이어가려는 국민당 정부의 진면목을 더 확실히 인식하게 했다. 11월 2일, 중국공산당 대표단 대변인은 다음과 같이 성명을 발표했다.

"현재 국민당정부는 일방적으로 국민대회를 소집하기로 결정했는데 그 대표는 10년 전 국민당 일당이 독단적으로 선출한 사람들이다. 그뿐만 아니라 준비와 사무도 일당이 독단적으로 진행하고 있다. 이는 국민대회의 결의에 대한 규정에 위배되므로 불법(정치협상회의 법에 부합되지 않는다)적인 집단결의로 인정하며 우리는 이를 강력히 반대한다"

11월 4일, 중공대표단 대변인은 다시 다음과 같이 말했다. '국민대회'를 소집하는 것은 국민당정부가 정치협상회의 협의 및 그 절차를 위배한 "일당의 일방적 행위"이며 "법을 파괴하는 행위"이다. 이에 대해 "중국공산당은 이것을 끝까지 반대하며 일절 참가를 거부한다"

11월 10일, 충칭평화촉진회, 민주건국회 충칭분회 등 21개 단체도 공동 성명서를 발표하여 국민당이 독단적으로 소집하는 '국민대회' 개최를 반대했다. 11월 14일, 장란은 재차 담화를 발표하여 "절대로 일당의 '국민대회'에 참가하지 않는다"고 표명했다.

11월 15일부터 12월 25일까지 국민당이 단독으로 소집한 국민대회가 난징에서 개최됐다. 대회에 출석한 대표 중에는 국민당 대표가 85%를 차지했고 국민당 의용당인 청년당, 민주사회당[102]과 '사회현달' 서너 명이 있었다. 회의는 '중화민국 헌법'을 통과시켰다. 이 헌법은 구미 자본주의국가의 헌법 시스템 중 국회의원제도, 의원내각제 등 인민의 자유·평등 권리를 보장할 것에 대한 일련의 조항을 수용했다. 이 조항은 10년 전의 '5·5 헌법 초안'보다 조금 더 진보적이었다.

---

102 중국민주사회당(민사당이라고 약칭함)은 1946년 8월에 원래의 국가사회당과 민주헌정당을 합병한 것이다.

인민의 자유와 권리 측면에서는 원래 '5·5 헌법 초안'에서 인민의 매개 권리에 부가된 것은 "법에 의거한 것이 아닌 이상 그것을 제한하지 못한다"라는 조항을 삭제했다. 그리고 인민이 누리는 각종 자유와 권리에서 "타인의 자유를 구속하는 것을 막기 위한 것, 긴급하고 위험한 상황에서 사회질서를 유지하기 위한 것, 공공이익을 증진시키기 위한 것 등 경우 외에는 법률로 이를 제한하지 못한다"고 규정했다. 행정과 입법의 관계에서는 대통령 제도나 완전한 의원내각제가 아니라 입법과 행정, 대통령과 행정원의 권한을 서로 절충했다. 더불어 입법의 통제적 지위를 기본적으로 보장하고 대통령의 권력에 대해서도 비교적 많은 제한을 가했다. 예를 들면, 대통령이 법에 의해 법률을 반포하거나 명령을 내리려면 반드시 입법원의 추인과 통과를 거쳐야 하고, 대통령이 법에 해해 계엄을 선포하려면 반드시 입법원의 추인과 통과를 거쳐야 한다. 그리고 입법원은 필요하다고 인정할 경우 합의하여 계엄을 선포한다고 결정했다.

'중화민국 헌법'은 비록 조항 측면에서 몇몇 민주원칙을 제시했지만 근본적으로는 대지주와 대자산계급의 이익을 대표하고 수호했다. 따라서 이는 국민당의 일당 독재와 장제스 개인 독재의 장식품이 될 수밖에 없었다. 또한 이 헌법은 국내 주요 민주 세력인 중국공산당과 민주동맹이 '국민대회'에 출석하지 않은 상태에서 제정됐으므로 유명무실할 수밖에 없었다.

11월 16일, 저우언라이는 난징에서 기자간담회를 열었다. 그는 국민당 당국이 일방적으로 '국민대회'를 소집하고 정치협상회의 협의를 파괴했음을 언급했다. 때문에 평화협상의 문은 이미 닫혀져 버렸으며 중국공산당 대표단은 곧 옌안으로 철수할 것이라고 했다. 저우언라이는 또 다음과 같이 말했다. "우리는 다시 난징으로 돌아올 것이다. 다음과 같은 두 가지 가능성이 있다. 한 가지는 국민당이 싸움을 계속 할수 없어 다시 정치협상회의 협의로 돌아와 우리에게 도움을 요청할 것이기 때문이다. 다른 한 가지는 국민당이 싸울수록 붕괴되어 인민들이 다시 난징까지 밀고 들어올 경우다. 내가 보기에 후자가 될 가능성이 매우 크고 또 이른 시일 안에 이루어질 것이다" 11월 19일, 저우언라이는 중공 대표단의 덩잉차오, 리웨이한 등 15명을 대동하고 난징을 떠나 옌안으로 돌아갔다. 그리고 둥비우, 우위장과 일부 기관의 직원들만 계속 난징, 상하이와 충칭에 남아 사업을 이어갔다.

민주당파, 광범위한 인민들과 많은 화교들은 국민당이 독단적으로 소집하고 제정한 '국민대회'와 "헌법 제정"을 강력 반대했다. 11월 22일, 태국화교건국구향연합총회, 직공총회, 청년회, 교육협회 등 71개 화교단체 대표들은 통전을 발표하여 불법적인 '국민대회'를 해산할 것을 강력히 요구했다. 그리고는 국민당이 독단적으로 소집한 '국민대회'의 그 어떤 결의도 승인하지 않을 것임을 밝혔고, 국내 동포들과 일치단결하여 진정한 평화와 민주를 위해 끝까지 투쟁할 것을 결의했다. 민주동맹 중앙상무위원회는, 민주사회당이 정치협상회의 협의를 위반하고 '국민대회'에 참가한 것에 비추어 "이미 본 동맹 내에서 지속해서 합작하기 어려운"바 "무릇 민주사회당 당적을 갖고 있으면서 '국민대회'에 참가한 자는 동맹에서 퇴출시켜야 한다"고 결의했다.

국민당 당국이 협상의 문을 닫고 국공 관계가 완전히 파열된 상황에서 중국공산당은 시국을 만회하고 협상을 재개하기 위해 끝까지 노력했다. 12월 4일, 저우언라이는 옌안에서 마셜에게 서한을 보냈다. 그는 일당 독재 '국민대회'의 소집으로 정치협상회의 협의가 여지없이 파괴되었고 국공 양당은 이미 협상의 기초를 잃었다는 말로 서두를 시작했다. 그러고는 국민당이 불법적 '국민대회'를 즉각 해산하고 1946

년 1월 13일의 정전명령 시 상황대로 군대를 원래 수비지역에로 되돌려 보낸다면 양당은 여전히 협상을 재개할 수 있다는 입장을 밝혔다. 12월 28일, 저우언라이는 신화사 기자와의 대담에서 국공협상을 재개할 것에 대한 중공의 입장을 다시 표명했다. 그러나 국민당은 이를 핑계로 국공협상 재개를 회피해 버렸다. 1947년 1월 7일, 마셜은 중국을 떠나기 전 마지막 성명을 발표하고 워싱턴으로 돌아갔다. 1월 29일, 중국 주재 미국 대사관에서는 미국 측 군사 3인 소조 및 베이핑 군사 조정 집행부에서 철수한다는 성명서를 발표했다. 1월 30일, 국민당정부는 군사 3인 소조 및 베이핑 군사 조정 집행부를 해산한다고 발표했다. 2월 21일, 국민당정부는 베이핑 군사 조정 집행부의 중공 대표 예젠잉과 직원들 모두 베이핑에서 철수하라고 강권했다. 이어 국민당 당국은 충칭, 난징, 상하이에 있는 중국공산당원들에게 3월 5일 전까지 모두 철수하도록 명령했으며 충칭의 신화일보를 압류했다. 3월 7일과 8일에 난징, 상하이, 충칭에 주재하고 있던 중국공산당원들은 죄다 옌안으로 철수했다. 이로써 국공 관계는 완전히 파열되고 말았다. 둥비우는 난징에서 비행기에 오르면서 송별하러 나온 국민당 통치구역 인사들에게 "다시 만날 날이 그리 머지않았다"고 말했다.

인민해방전쟁을 통해 '장제스를 타도'하는 결책

국민당이 일방적으로 '국민대회'를 소집한 이유는 장제스의 국민당 통치 집단이 끝까지 내전을 일으킬 경우의 명분을 보여주고, 국내 평화의 길이 완전히 물 건너갔음을 보여준 일대 사건이었다. 그래서 전쟁 초기의 경험이 보여주듯 인민해방군이 정확한 전략과 작전을 이어가 국민당군대의 유생 세력을 섬멸하기만 한다면, 이번 전쟁에서 최후의 승리를 거머쥘 수 있을 거라는 확신이 있었다.

새로운 정세에 직면하여 중국공산당은 혁명전쟁의 방식으로 국내 문제를 해결하기로 마지막 결단을 내렸다. 1946년 11월 18일, 중공 중앙은 각 중앙국과 중앙 분국에 전보를 보내 다음과 같이 지적했다. "장제스가 막바지에 이르러 '국민대회'를 열고 옌안을 공격하는 두 가지 방법으로 우리 당을 타격할 것이다.

이를 통해 자기 세력을 강화하려고 하지만 이는 결국 그의 생각과 상반되는 결과를 초래하게 될 것이다. 중국 인민은 장제스가 독단적으로 분열된 '국민대회'를 소집하는 것을 강력히 반대한다. 그리고 이 회의가 개막되는 날은 바로 장제스 집단이 멸망자초의 길로 나아가는 때이다" 장제스가 "자신의 공격 능력이 고갈될 때 즈음 기습의 방법으로 옌안을 강점한다 하더라도 인민해방전쟁은 승리를 거둘 것이다. 이러한 상황은 누구도 돌려세우지 못할 것이며 장제스의 멸망은 그 누구도 구해내지 못할 것이다"

전보에서 중국공산당 중앙은 처음으로 "인민해방전쟁"이라는 개념을 도입했다. 이로서 줄곧 사용해 오던 '자위전쟁'의 개념을 대체했으며 이를 '민주주의적인 중국을 창건'하는 것과 장제스가 '멸망을 자초'하는 행위와 연결시켰다.

11월 21일, 중공중앙은 긴급회의를 소집했는데 회의에서는 저우언라이가 국공협상과 국민당 통치구역에 대한 정황을 보고했다. 그는 다음과 같이 지적했다. 1년남짓한 협상을 통하여 당의 평화, 민주, 통일, 독립에 대한 투쟁은 인민들의 신임을 얻게 되었다. 반면 장제스의 독재적인 내전 정책은 인민들에게 폭로됐으며 미국이 중국을 집어삼키려는 음모도 분명해졌다. 이런 상황에서 평화, 민주, 통일, 독립에 대한 당의 방침을 실현하기 위해서는 무장투쟁을 아니할 수 없었다. 마오쩌둥은 전국의 군사 정세를 분석하고 나서 다음과 같이 지적했다. "지금까지 국민당군대 38개 여를 섬멸했는바, 우리 인민해방군은 장제스의 어떤 공세도 극복할 수 있다. 우리는 반년 내지 1년의 시간을 들여 장제스의 70~80개 여를 섬멸하기 위한 공격을 제기할 것이다. 그리고 반격을 시작하여 그가 미국의 원조 아래 7~8년간 축적한 세력을 1년 안에 타파하게 되면 국공 양당의 세력이 엇비슷하게 될 것이다. 이렇게 되면 우리는 쉽사리 그를 넘어설 수 있다. 그 시기를 위해 우리는 진격해야 한다. 우선 안후이(安徽), 허난(河南), 후베이, 간쑤(甘肅)를 공격하고 나서 다시 창장 이남, 즉 강남으로 진출할 수 있다"

또 마오쩌둥은 다음과 같이 말을 이었다. "현재 장제스를 타도하자는 구호를 제기할 것인가? 우리는 관련 사업을 하고는 있지만 이 구호는 아직 제기하지 않아도 된다. 우리는 1월 13일에 정전협정이 효력을 발생했을 당시의 쌍방의 위치를 회복하고, 정치협상회의 결의를 실현하는 것을 구호로 내걸어야 한다"[103] 회의에서는 마오쩌둥의 제안에 따라 '장제스를 타도'하는 것으로 국내 문제를 최종 해결하기로 결정했다. '자위전쟁'에서 '해방전쟁'으로, '내전을 중지하고 국내평화를 회복'하는 것에서 '장제스를 타도하는' 것으로의 전환은 중국 혁명 발전 과정에서 일어난 근본적인 변화였다.

혁명 정세를 추진하여 전국적 범위 내에서 신속히 새로운 고조를 형성하도록 하기 위해 중국공산당 중앙은 1947년 2월 1일, 옌안에서 정치국회의를 소집했다. 회의에서 펑더화이가 군사 정세에 대한 보고를 하고 저우언라이가 국민당 통치구역의 인민운동 상황에 대한 보고를 했다. 그리고 마오쩌둥은 중국 혁명의 고조를 맞이할 것에 대한 중요 사안을 직접 챙겼다. 회의에서는 마오쩌둥이 중공중앙을 대표하여 기

---

103 마오쩌둥, '승리를 이룩하려면 통일전선을 잘 틀어쥐어야 한다'(1946년 11월 21일), 〈마오쩌둥 문집〉 제4권, 인민출판사 한문판, 1996년, 제198~199쪽.

초한 '중국 혁명의 새로운 고조를 맞이하자'라는 당내 지시문을 중점적으로 토론했다. 그러고 나서 해방구 군사 투쟁의 승리와 국민당 통치구역 인민운동의 발전은 중국 혁명이 필연코 새로운 활력을 맞이하게 될 것이라고 했다.

마오쩌둥은 강화에서 다음과 같이 지적했다. 전국적인 혁명 분위기는 중국에서 거의 반 세기 동안 몇 차례 있었다. 이를테면 신해혁명, 북벌전쟁 그리고 항일전쟁이다. 이번에 곧 맞이하게 될 새로운 혁명의 분위기는 지난 몇 차례와 좀 다르다. 이는 중국공산당이 단독으로 지도하는 것이다.

앞의 몇 차례 혁명은 모두 제국주의를 반대하는 민족혁명의 성격을 띠었다. 이번에는 미제국주의를 반대하는 것이다. 이번 혁명의 동력은 "두 갈래 전선, 즉 해방구와 장제스 통치구역에서의 인민 운동이며 우리는 해방구를 위주로 활동할 것이다. 해방구가 승리할수록 이번 혁명 고조는 더 빨리 찾아올 것이다"[104] 우리는 적과 싸워 이길 수 있다. 그러나 이 말은 우리 앞에 난관이 없다는 것이 아니다. 어떤 지역을 잃을 수도 있다. 그러나 일부 지역을 잃어버린 후 우리는 또 다른 지역에서 새로운 승리를 가져올 수 있다. 당과 인민은 반드시 최후의 승리를 거둘 것이다. 이는 추호도 의심할 나위가 없는 것이다.

회의에서 토론을 거쳐 채택한 '중국 혁명의 새로운 분위기를 맞이하자'라는 당내 지시문은 전 당에 다음과 같이 배포했다.

"현재 각 방면의 징조는 중국의 시국이 곧 새로운 단계로 발전되리라는 것을 분명히 보여주고 있다. 이 새로운 단계란 전국적 범위의 반제국, 반봉건적 투쟁이 새로운 인민대혁명으로 발전되는 단계이다. 지

---

104 마오쩌둥, '중국 혁명의 새로운 고조에 대해'(1947년 2월 1일), 〈마오쩌둥 문집〉 제4권, 인민출판사 한문판, 1996년, 220쪽.

금은 바로 그 전야다. 우리 당의 과업은 이 분위기의 도래와 그 승리를 가져오기 위해 투쟁하는 것이다"

또 지시는 다음과 같이 설명했다. 미제국주의와 국민당 반동세력은 중국을 미국의 식민지로 전락시키려는 정책, 내전을 도발하려는 정책과 파시즘 독재 통치를 강화하는 정책을 실시하고 있다. 이러한 정책들은 "중국의 각 계층 인민이 단결하여 자기 세력을 보호하게 만들었다. 여기에는 노동자, 농민, 도시소자산계급, 민족자산계급, 개명신사, 기타의 애국자, 소수민족 및 해외 화교들까지 총망라되어 있다. 이것은 대단히 큰 민족적 통일전선이다. 이것은 항일 시기의 통일전선과 비교하면 그 규모가 매우 광범위할 뿐만 아니라 보다 더 큰 의미를 가지고 있다. 전당의 동지들은 이 통일전선의 공고화와 발전을 위해 투쟁해야 한다"

더불어 지시에서는 새로운 인민대혁명의 고조가 도래하기 위한 관건은 연이어 적들의 유생 세력을 섬멸하고 "반드시 몇 달 사이에 장제스 군대 40~50개 여를 섬멸하는 것이라고 했다. 그러면서 이는 전부를 결정짓는 관건이다"[105]고 명확히 제기했다.

2. 전략적 방어 작전의 중요한 승리

국민당군대의 전면적 공격을 타파하다

중공중앙은 '장제스를 타도'함으로써 국내 문제를 해결하기로 최종 결정했다. 그 후 인민해방군은 전국의 각 전장에서 중앙군사위원회의 지시에 따라 계속 해방구에 의지하여 내선작전을 벌였다. 그리고 점

| 105 마오쩌둥, '중국 혁명의 새 고조를 맞이하자'(1947년 2월 1일), 〈마오쩌둥 선집〉제4권, 인민
출판사 한문판, 1991년, 1211쪽, 1213쪽, 1215쪽.

차적으로 전역의 규모를 확대하며 국민당군대의 유생 세력을 다수 섬
멸하는 것으로 혁명 분위기의 도래를 맞이하려 했다.

내선작전(內線作戰)

외부에서 포위, 협공 따위의 형태로 공격하는 둘 이상의 적에 대하여 중앙에 위치하
여 상대하는 작전.

화중야전군과 산둥야전군 주력은 화둥전장에서 서로 연대했다. 그러
고는 후 1946년 12월 중순에 쑤첸(宿遷), 수양(沭陽), 신안진(新安鎭)
사이에서 쑤베이(宿北)전역을 일으켜 국민당군대 3.5개 여의 2만여 명
을 한꺼번에 전멸시켰다. 또 이들은 1947년 1월 2일부터 20일 사이에
루난전역(魯南戰役)을 일으켰다. 그리하여 국민당군대의 정비개편사 제
2사와 정비개편사 제51사, "국민당군의 정수"라고 불리는 제1쾌속종대
의 총 5만 3,000여 명을 섬멸했다. 그 후 중공중앙과 중앙군사위원회의
명령에 따라 산둥야전군과 화중야전군을 재편성하여 화둥야전군을 구
성했다. 이에 천이(陳毅)가 사령원 겸 정치위원을 맡고 쑤위(粟裕)가 부
사령원, 탄전린(譚震林)이 부정치위원을 맡았다. 동시에 중공중앙 화중
분국을 화둥국에 편입시켰으며 신사군군부 겸 산둥군구를 화둥군구로
고쳤다. 여기에는 천이가 군구사령원, 장윈이(張雲逸)가 부사령원, 라오
수스(饒漱石), 리위펀(黎玉分)이 군구정치위원과 부정치위원을 각각 맡
았다. 이어 전군은 북으로 이동하여 루중산구에 이르렀다. 그 후 2월 20
일부터 23일에 거쳐 라이우(萊蕪)전역을 벌였다. 이들은 한꺼번에 국민
당군 제2쑤이징구(綏靖區) 소속 7개 사(여)를 섬멸했고 국민당 제2쑤이
징구 부사령장관 리셴저우(李仙洲) 등 고급 장령들을 체포했다. 또 다
른 작전을 포함한 라이우 전역에서는 국민당군대 총 7만여 명을 섬멸했
다. 그리하여 적의 집단군을 섬멸한 선례를 만들었다. 일찍부터 공산당

과 연계를 맺고 있었던 제46군 군장 한롄청(韓練成)은 실전지휘를 포기하여 부대의 혼란을 조성했다. 그래서 해방군이 라이우 전투에서 승리할 수 있도록 협력했다.

진지루위 전장에서 류보청, 덩샤오핑이 지휘한 진지루위 야전군 주력은 황허 강 남북의 산둥 서남쪽, 허난 북쪽 2개 구역에서 남하하거나 북상하는 과정에서 대대적인 공격을 감행했다. 그뿐만 아니라 후퇴하면서 쥐안청(鄄城)전투, 화현(滑縣)전역, 쥐진위[쥐예(巨野), 진샹(金鄕), 위타이(魚台)]전투와 위완변 전투를 치렀다. 천경(陳賡), 셰푸즈(謝富治)가 지휘한 다른 주력부대는 산시(山西)의 서남에서 뤼량(呂梁)전투, 펀샤오[펀양(汾陽), 샤오이(孝義)]전투를 치렀다. 1946년 11월부터 1947년 2월까지 이 두 전장에서 인민해방군은 도합 6만여 명의 적들을 섬멸할 수 있었다. 그리고 국민당군대가 평한철도를 관통시키고 옌안을 기습하려던 계획을 분쇄함으로써 화둥야전군과 시베이 야전군의 작전에 협력했다.

진차지 전장에서 녜룽전이 지휘한 진차지 군구부대는 평한 철도의 스자좡(石家莊)에서부터 바오딩까지의 구역, 정태철도의 스자좡에서부터 타이위안까지의 구역을 주요 작전 구역으로 정했다. 이 부대는 이만[이현, 만청]전투와 바오난[바오딩난(保定南)]전투를 치러 적 1만 6,000명을 섬멸함으로써 국민당군대가 진차지 해방구를 분할하려던 음모를 분쇄해 버렸다. 또 화베이 전쟁에서 국면을 돌려세우는 기초를 다져 놓았다.

둥베이 전장에서 린뱌오, 뤄룽환이 지휘한 둥베이 민주연합군은 1946년 7월부터 10월까지 휴식과 정비시간을 가졌다. 그리고 대규모의 토비 숙청을 거쳤다. 그 후 1946년 10월 말부터 11월 초까지 적들을 유인하여 깊이 끌어들이는 계책으로 남만해방구 내에서 신카이링(新開嶺)전투를 치러 국민당 제25사의 8,000여 명을 완전히 섬멸했다. 국민당군대가 다시 남만해방구를 대거 공격한 상황에서 남만분국의 서기 겸 남만군구의 정치위원인 천윈과 남만군구 사령원 샤오진광(蕭勁光) 등이 지휘한 남만군구 부대는 북만지역에 자리 잡은 둥베이민주연군의 3개 주력종대와 협력했다. 이들은 "남쪽에서 싸울 때 북쪽을 교란하고 북쪽에서 싸울 때 남쪽을 교란(南打北拉 北打南拉)"하는 전술을 취하면서 남북협동 작전을 벌였다. 또 이들은 1946년 12월 17일부터 1947년 4월 3일 사이에 쑹화장을 세 차례나 건너 린장을 보위하는 네 차례 전투에서 약 5만 명의 적들을 섬멸했다. 그리하여 남만해방구에 대한 국민당군대의 공격을 분쇄할 수 있었다. 이는 둥베이의 국민당군대로 하여금 전면적인 방어 태세를 갖추도록 했다.

1946년 11월부터 1947년 2월까지 4개월간의 작전기간에 인민해방군은 국민당군대 41만여 명을 궤멸시켰다. 국민당군대는 해방구의 도시 87개를 차지했고 인민해방군도 되찾거나 새로 해방한 도시가 87개에 달했다. 4개월 사이에 국민당군대는 전쟁 초기 땅을 얻은 대신 군사를 잃었던 때에서부터 점차 진보했다. 그리하여 땅은 더 이상 얻지 못했지만 40만여 명의 군사를 잃게 됐다. 인민해방군은 중앙군사위원회의 적극적인 방어책을 관철함으로써 중요한 승리를 거뒀다.

국민당군대의 중점적 공격을 격퇴하다

1947년 3월, 장제스는 공격할 병력이 부족한 탓에 전면적인 공격 계획을 취소할 수밖에 없었다. 그 대신 산베이와 산둥 해방구를 중점으로 하는 '쌍봉공세(雙矛攻勢)'라고 불리는 중점적 공격을 실시하고 기타 각 전장에서는 방어태세를 취했다. 장제스는 중국공산당 관내에 3개 중요한 근거지가 있다고 여겼다. 그는 정치적 근거지는 옌안이고 군사적 근거지는 이멍산(沂蒙山)이며 교통공급 근거지는 자오둥(膠東)이라고 판단했다. 그리하여 이 3개 지역에 대해 "철저히 소멸하고 확실히 공격하여 점령"[106]해야 한다고 여겼다. 장제스는 다음과 같이 계획했다. 우선 옌안을 공격하고 점령하여 중국공산당의 당 및 정부 군대의 지휘중심을 쳐부순다. 그래서 "군대의 사기를 저하시키고 의지를 와해시키며 국제적 지위를 약화시킨다"[107] 다음으로는 자오둥을 공격하고 점령하여 관외에서부터 관내로 이르는 해륙보급선을 끊어버린다. 그다음 세력을 집중하여 이멍산 구역을 점령하고 이어서 북쪽으로 황허를 건너 화베이의 인민해방군을 '숙청'한다. 그리고 나중에 다시 병력을 집중하여 둥베이로 방향을 바꾼다.

국민당군대가 중점적으로 공격한 주요 방향 가운데 한 곳은 산베이 해방구였다. 1947년 2월 하순, 장제스는 비행기로 시안에 도착하여 옌안을 공격할 부대를 배치했다. 후쭝난부대의 15개 여가 이촨(宜川), 뤄촨(洛川) 일선에서 북으로 주공격하고 다른 5개 여가 제2선 병력 바로 뒤를 따르기로 했다. 그리고 마훙쿠이, 마부팡 부대 3개 정비개편사가 동쪽에서, 위린의 덩바오산 부대 한 개 군이 남쪽에서 협력하기로 결정했다. 총병력은 34개 여의 약 25만 명에 달했다. 이 지역에서는 펑더화이, 시중쉰이 거느린 시베이 인민해방군 6개 여의 2만 6,000여 병사와 3개의 지방 여 그리고 한 개 기병사의 1만 6,000여 명이 국민당군대를 공격했다. 그러나 이들은 병력 측면에서 절대적인 열세에 처해 있었다.

106 장제스, '비적 상황에 대한 분석과 비적토벌 작전 개요'(1947년 5월 15일), 친샤오이(秦孝儀) 주필, 〈전 대통령 장공의 사상언론 총집〉 제22권, 중국국민당 중앙위원회 당사위원회 1984년, 114쪽.
107 타이완 '국방부 사정국' 편집출판, 〈반란진압간사〉 제2권, 타이완 '국방부 사정국' 1973년, 96쪽.

적군과 아군이 병력 수에서 너무 차이가 큰 상황을 고려하여 중공중앙은 잠시 옌안을 포기하고 산베이의 우월한 대중조건과 유리한 지형에 의지하여 '피로전술'로 적들과 공방전을 벌이기로 했다. 그러다가 기회를 틈타 적들을 섬멸하기로 했다. 3월 13일, 후쭝난 부대는 대규모 공격을 가했다.

> **피로전술**
>
> 유리한 지형과 대중조건을 이용하여 부단히 적들을 이동시켜 그들로 하여금 중공중앙과 인민군대 주력의 정확한 위치를 파악하지 못하고 헛걸음만 치게 해 공급이 달리며 사기가 저하되도록 하는 것을 가리킨다. 반면 인민군대는 유리한 시기와 지형을 선택하여 적들에게 타격을 가할 수 있다.

3월 19일 시베이 인민해방군은 주동적으로 옌안에서 철수했다. 3월 29일, 중공중앙은 칭젠현(清澗縣) 자오린거우촌(棗林溝村)에서 정치국회의를 열고 마오쩌둥, 저우언라이, 런비스가 중공중앙과 인민해방군 총사령부기관을 인솔하기로 했다. 그래서 산베이에 남아 전국 각 해방구 인민해방군의 작전을 지휘하고 류사오치, 주더, 둥비우 등이 일부 중앙기관 직원들을 인솔하여 화베이로 이동하기로 했다. 그 후 중앙사업위원회를 구성하고 류사오치가 서기를 맡아 "중앙에서 위탁한 사업을 진행"하기로 했다.

4월 11일, 중공중앙은 중앙과 군사위원회는 산시(山西) 서북쪽의 린현(臨縣)지역에서 주둔할 당시 예젠잉을 서기로, 양상쿤을 후방지대 사령원으로 한 중앙후방위원회를 조직했다. 그리하여 후방사업을 총괄하기로 결정지었다.

시베이 인민해방군은 옌안에서 철수한 이후 중앙군사위원회와 마오쩌둥이 확정한 '버섯전술'에 따라 후쭝난 부대와 산베이고원에서 공방전을 전개했다. 이들은 3월 25일, 4월 14일 그리고 4월 말 5월 초 3차례에 걸쳐 칭화볜(靑化砭), 양마허(羊馬河), 판룽(蟠龍)에서 섬멸 전을 벌였는데 후쭝난부대 총 1만 4,000여 명을 섬멸함으로써 산베이의 전쟁국면을 안정시켰다.

1947년 3월에 옌안에서 철수하면서부터 마오쩌둥을 중심으로 한 중공중앙과 중앙군사위원회는 계속 산베이에서 전전하면서 각 전장의 작전을 차분하게 지휘했다. 이들은 물자공급이 극히 어렵고 적들과 공방전을 전개하기가 쉽지 않은 환경 속에서도 의지를 잃지 않았다. 중공중앙의 이런 방침과 결정 그리고 전략은 전국 각 해방구 군민의 전투의지와 승리에 대한 믿음을 한껏 북돋아 주었다.

국민당군대가 중점적으로 공격한 다른 한 곳은 산둥해방구였다. 국민당군 통일지휘부는 쉬저우(徐州), 정저우(鄭州) 두 개 쑤이징 공서에서 24개 정비개편사와 60개 여의 약 45만 명 병력을 이동시켜 이 지역에 집결시켰다. 그리하여 화둥해방군이 이멍산 구역에서 자신들과 결전하도록 압력을 가했다. 그 밖에도 화둥해방군이 이멍산 구역을 포기하고 북으로 황허를 건너도록 압력을 가함으로써 산둥해방구를 점령하려고 시도했다. 화둥야전군은 천이, 쑤위, 탄전린의 지휘 아래 계속 내선작전방침을 집행하고 1947년 4월 하순에 타이안(泰安)에서 국민당군 정비개편사 제72사 사 본부와 2개 여의 약 2만 명을 궤멸했다. 이어 5월 중순에는 린이(臨沂) 이북 산간지대의 멍량구(孟良崮)지역에서 격전을 치렀다. 이들은 단번에 국민당군대 '5대 주력' 중 하나로 불리는 정비개편사 제74사 등 부대의 3만여 명을 포위 섬멸했으며, 중장 사장 장링푸(張靈甫)를 사살하여 국민당군대에 막대한 타격을 입혔다.

황허(黃河, 황하)

중국 북부를 서에서 동으로 가로 흐르는 중국 제2의 강. 칭하이성(靑海省) 쿤룬산맥에서 발원하여 쓰촨성(四川省), 간쑤성, 닝샤후이족자치구, 네이멍구자치구, 산시성(陝西省, 섬서성), 산시성(山西省), 허난성(河南省) 등을 지나 산둥성(山東省)에서 보하이만(渤海湾, 발해만)으로 유입되는 길이 5,464㎞의 강으로 창강(長江, 양쯔강) 다음으로 긴 세계 5위의 강이다. 황허 유역은 세계 4대 인류문명의 발상지이며 과거에 역대 중국 왕조의 수도가 있었다. 황허는 상류, 중류에서 황토 고원을 통해, 많은 지류가 유입하기 때문에 대량의 황토를 포함한다. 황허가 흘려보내는 토사는 연간 16억 톤에 달하며 이는 세계 최대 운반량이다. 그 토사의 퇴적에 의해, 하구 부근에는 광대한 삼각주 지대를 형성하고 있다. 상류는 비교적 물이 맑으나 중류의 황토 고원을 지나면서 물의 색이 황색을 띠어 황허라는 명칭이 붙었다. 물의 속도가 완만하고 퇴적물이 쌓여 강바닥이 평지보다 높은 천정천(天井川)을 이뤄서 홍수의 피해가 크고 유로가 자주 변경된다. 중국의 역사는 이 황허를 다스리는 역사라고 할 만큼 중국인의 생활과 밀접한 관련이 있다.

멍량구 전역의 승리는 당시 신화사 논평에서 말한 바와 같이, 장제스가 가장 공을 들이는 곳에서 장제스의 가장 정예한 부대를 타격한 것에 그 의의가 있었다. 이는 특히 해방구에서의 전면적인 반공격 전야에 이루어졌기에 엄청난 영향을 끼쳤다. 정비개편사 제74사가 궤멸된 후 장제스는 "아군이 적군을 토벌한 이래 가장 가슴 아프고 가장 아쉬운 한 가지 사건"[108]이라며 경악을 금치 못했다. 그는 즉각 산둥해방구에 대한 공격을 잠시 중지하라는 명령을 하달했다. 그러고는 산둥과 위베이 해방구의 공격을 책임진 주요 장령들을 난징으로 불러 이멍산 전투의 경험과 교훈을 검토하고 전략과 전술을 다시 결정했다.

국민당군대가 산베이, 산둥에 대해 실시한 중점적 타격에 대해 기타 해방구의 군민들은, 병력을 축소하고 방어태세로 전환한 국민당군대

---

108 장제스, '적군 전술에 대한 연구 및 군대 작전의 요령'(1947년 5월 19일), 장치윈(張其昀) 주필, 〈전 대통령장공전집〉 제2책, 타이완중국문화대학출판부 한문판, 1984년, 1876쪽.

에 대해 전략적인 반격을 가했다. 진지루위 야전군은 1947년 3월부터 5월까지 허난 북부와 산시(山西) 남부지역에서 공세에 나섰다. 이들은 제2쾌속종대를 포함한 국민당군대 총 5만여 명을 궤멸하고 허난 북부와 산시 남부의 많은 지역을 해방시켰다. 진차지 야전군은 4월부터 6월까지 정타이전투(正太戰役), 칭창[칭현(靑縣), 창현(滄縣)]전투와 바오딩(保定) 북부 전투를 치러 국민당군대 총 5만여 명을 섬멸하고 진차지와 진지루위 두 해방구를 연결시켰다. 둥베이 민주연군은 1947년 5월 중순부터 7월 1일까지 국민당군대에 하계 공세를 가해 8만여 명의 적을 살상하고 36개 도시를 되찾았다. 그리고 해방구 면적을 16만 제곱킬로미터로 확대하고 철로선 1,250여 킬로미터를 통제했으며 동만, 남만, 서만, 북만 근거지와 연계를 맺었다. 그뿐만 아니라 둥베이의 국민당군대를 중장철도 및 북녕철도 연선의 좁은 지대에 몰아넣었다. 그럼으로써 둥베이 민주연군이 남북 두 개 작전 구역으로 분할됐던 국면을 바꿔놓았다.

해방구 군민이 국민당군대의 공격을 분쇄하고 있을 때 인민해방군은 수많은 민병의 협력 덕택으로 유격전쟁을 폭넓게 전개했다. 그리고 다수의 적군을 견제함으로써 인민의 생명과 재산 그리고 안전을 지킬 수 있었다. 이 밖에도 국민당 통치구역인 화난, 시난의 일부 지역 당조직들은 중공중앙의 지시 아래 농촌에서의 유격전을 위한 많은 준비 작업에 돌입했다.

인민해방군은 긴장 속에서 작전을 하면서도 군대를 창설하는 사업에 적극적이었다. 그리고 한편 군대에 대한 당의 절대적인 지도력을 강화했다. 중국공산당 제7차 대표대회에서는 점차 당위원회 제도를 회복할 것에 대한 결정을 내렸다. 진지루위 군구는 항일전쟁에서 승리한 후 7차 당대회 결정에 따라 가장 먼저 종대와 여급 당위원회를 회복했다. 연이어서 퇀급 당위원회를 회복함으로써 원래의 군정위원회를 대체했다. 1947년 2월 27일, 중공중앙은 지시를 내려 진지루위군구의 이 요청을 받아들였다. 그리고 각 중앙국과 분국은 중앙에서 작성한, 당의 조직조례가 공포되기 전에 먼저 "진지루위의 경험 및 그 문건에 근거하여 개편을 실시"할 것을 요구했다. 그러고 나서 "작전, 사업, 정책 및 간부 등에 대한 모든 문제는 상황이 긴급할 경우 수장이 책임져야 한다고 했다. 이 밖에도 각급 당위원회의 민주 토론과 결정을 거친 다음 수장이 정책을 집행하는 것이 일반적인 분위기였다. 그래서 이렇게 하면 소수 수장들이 의논하여 해결하는 것보다 더욱 합리적일 거라고 입장을 표명했다. 그럼으로써 군대에 대한 당의 지도력을 강화하여 각종 사업이 더욱 잘 진행되게 해야 한다"고 지적했다. 중공중앙의 이 지시에 따라 각 군구, 각 야전군의 퇀급 이상 단위에서는 군정위원회를 당위원회로 재편성했다. 그리하여 군대에 대한 당의 절대적 지도력을 효과적으로 강화해 나갔다.

1946년 7월부터 1947년 6월까지 인민해방군은 국민당 정규군 97.5개 여 총 78만 명을 섬멸했는데 이는 달마다 평균 8개 여를 섬멸한 셈이었다. 그리고 비정규군까지 합치면 도합 112만 명의 적을 궤멸한 것이다. 인민해방군은 35만 8,000명을 손실 보았는데 그중 부상자가 26만 7,000명, 희생자가 6만 9,000명, 기타 손실이 2만 2,000명에 달했다. 국민당군대는 섬멸된 인원수가 많고 또 새로 점령한 지역에 다수의 병력을 주둔시켜야 했다. 거기에다 '토벌'까지 진행해야 했으므로, 1947년 6월 말에 이르러 국민당군대 최전선의 돌격 병력은 처음 해방구를 공격할 당시의 34퍼센트밖에 되지 않았다. 국민당군대는 산베이와 산둥 전장에서 많은 군사를 잃었다. 또 전쟁태세가 점점 기울어진 상태였으므로 중점적 공격세력은 이미 힘이 다 빠진 상태였다. 국민당은 기타 전장에서도 병사와 진지를 잃었으며 주요 거점들도 확보하기 어렵게 됐다. 반면 인민해방군은 전투 가운데서도 급속도로 발전했다. 그리하여 대병력을 동원하여 작전하는 경험까지 축적하게 됐다.

해방구 군민은 국민당 통치구역 인민들의 협력 아래 첫 해부터 큼지막한 승리를 거둘 수 있었다. 이는 해방전쟁을 전략적 방어단계에서 전략적 공격단계로 전환시켰고 나아가 중국 혁명을 새로운 분위기로 이끌어 나가는 데 유리한 조건을 마련해 주었다.

3. 해방구 건설을 강화하다

해방구의 기본 상황과 각항 건설

해방전쟁 첫 해에 인민해방군이 낙후된 장비로 우수한 장비를 갖춘 국민당군대를 이길 수 있었던 이유는 중공중앙과 중앙군사위원회의 뛰어난 지도력이 있었기 때문이다. 그리고 수많은 장병들이 피 흘려 싸운 것 외에도 전투 환경 속에서 각 해방구의 건설을 강화한 것도 큰 이유 중 하나였다. 또 해방구의 인민대중을 조직하고 인민대중이 인력, 물력, 재력 등 측면에서 전선을 지원했기 때문에 승리를 거둘 수 있었다. 이렇듯 해방전쟁은 수많은 인민대중이 참여한 인민전쟁으로 전환됐던 것이다.

내전이 폭발할 당시의 해방구는 항일전쟁 당시와 비교해 볼 때 비교적 큰 변화가 있었다. 항일전쟁에서 승리한 후 팔로군과 신사군은 일본군과 괴뢰군이 점령했던 구역들을 하루빨리 되찾고 해방구를 신속히 확대할 것에 대해 중공중앙의 지시를 따랐다. 그리하여 진차지, 진쑤이, 진지루위, 산둥, 화중에서 거의 모든 도시와 농촌을 되찾았다.

그뿐만 아니라 둥베이 해방구도 개척함으로써 해방구의 면적을 늘리고 전장 참여 인원도 늘릴 수 있었다. 1945년 9월부터 1946년 6월까지 해방구의 면적은 원래 104.8만 제곱킬로미터에서 228.5만 제곱킬로미터로 증가하였다. 이는 전국 총면적의 24퍼센트를 차지했으며 도시는 285개에서 464개로 늘어났는데 이는 전국 현 이상 도시 총수의 23퍼센트를 차지했다. 해방구의 인구는 원래 1억 2,500만에서 1억 3,600만으로 증가했는데 이는 전국 총인구의 28.6%를 차지했다. 중원의 해방군도 포위망을 돌파한 후 어위산(鄂豫陝), 어시베이(鄂西北) 지역에 새로운 해방구를 건립했다. 각 해방구는 일본이 투항한 뒤거의 1년 동안 중공중앙과 각 중앙국, 각급 인민정부의 지도 아래 여러 가지 조치를 취해 항일 전쟁이 남긴 상처를 치유했다. 그리하여 공농업 생산의 회복과 발전을 가져왔고 인민생활을 다소 개선시킴으로써 해방구가 점차 공고해지게 만들었다.

농업 측면에서 각 해방구는 농토수리시설을 건설하고 농업대부금을 방출하며 품앗이호조를 조직하는 등 여러 가지 방법으로 농업생산을 회복하고 발전시켰다. 이를테면 산둥해방구에서는 1946년에 식량 62억 5,000만 킬로그램을 생산했는데 이는 1인당 222만 5,000킬로그램씩 생산한 셈이었다. 진지루위 해방구에서는 1946년에 목화 1억 2,500만 킬로그램을 수확했다. 각급 인민정부의 지지 아래 도시의 상공업도 비교적 회복되고 발전을 이루었다. 둥베이 해방구 여러 도시의 공업은 신속히 일제 점령 때의 불황을 이겨내고 회복되기 시작했다. 치치하얼시는 일제점령 시기 공장이 378개였는데 1946년 9월에는 932개로 늘었으며, 군수산업도 비교적 빠르게 발전했다. 진지루위 해방구는 1946년 6월까지 경공업과 중공업의 생산량이 이미 전쟁 전 생산수준의 80% 이상으로 회복됐다. 산둥해방구 자오둥지역의 제사공장, 비단공장은 항일 전쟁에서 승리할 당시 110여 개였다. 그러나 1946년 8월에는 200여 개로 발전했고 방직노동자는 4만 명에서 10만 명으로 늘었다. 이런 정황은 해방구의 확대와 공농업 생산의 회복과 발전이 인민해방군이 방어 작전을 진행하는 데 물질적 토대를 제공했음을 보여준다. 이는 해방전쟁의 첫 해에 중요한 승리를 거둔 것에서 기인한다.

한편 전면적 내전이 폭발할 당시, 해방구 역시 일부 난관에 직면했다. 중공중앙의 '5·4지시'에 따라 진행한 토지개혁은 아직 발동단계에 머물러 있었다. 대부분의 농촌에는 여전히 봉건세력이 잔존해 있었던 탓에 해방구는 완전히 공고화되지 못했던 것이다. 그래서 농민의 생산 적극성을 충분히 불러일으키지 못하고 있었다. 전면적 내전을 맞이할 준비 작업 역시 아직 불충분했다. 일부 새로운 해방구, 특히 일부 국경 지역에는 인민정권이 갓 수립되었고 사회질서가 안정되지 못했으며 대중이 충분히 발동되거나 조직되지 못했다. 게다가 토비들이 수시로 폭동을 일으키곤 했기 때문이다. 만약 상술한 상황을 변화시키지 못한다면, 해방구가 장기적인 대규모 전쟁을 지지하기 어려운 상황이었다. 이에 비추어 중공중앙은 "장기적으로 전쟁을 이어갈 준비를 해야 한다" "일체를 자력갱생에 의지하며 실패 없는 지반에 서야 한다"[109]는 기존 방침에 따라 해방구 군민을 지도하여 자위전쟁을 지휘했다. 이어 국민당군대의 공격을 분쇄하는 동시에 해방구 건설을 힘써 강화했다.

이 시기 해방구 건설은 주로 정권 건설, 재정 사업과 민병 건설을 중심으로 하여 진행됐다.

새로운 해방구는 인민해방군의 도움으로 재빨리 인민정권을 수립했

---

109 마오쩌둥, '자위전쟁으로 장제스의 공격을 분쇄하자'(1946년 7월 20일), 〈마오쩌둥 선집〉 제4권, 인민출판사 한문판, 1991년, 1188쪽.

으며 투쟁에서 용솟음쳐 나온 적극분자들에 의지하여 공회, 농회, 부녀회 등 대중단체를 건립했다. 일부 노해방구에서는 기층 정권과 각종 대중조직 건설을 더 강화하고 간부 배치를 조정했으며, 영도기구를 공고화했다. 산간닝 해방구는 변구, 현, 향을 망라한 3개 급별 정권에 대해 '33제 원칙'을 견지했다. 그래서 다시 민주선거를 진행하고 수많은 대중의 염원에 따라 대중이 신뢰하는 새로운 지도간부들을 선출했다.

전쟁의 수요에 적응하기 위해 해방구 각급 인민정부는 "경제를 발전시키고 공급을 보장하며, 통일적으로 지도하고 경영을 분산시키며, 군민을 고루 돌보고 공과 사를 고루 돌보자"는 중공중앙의 재정사업 방침에 근거하여 재정사업을 평화 건설체제에서 전시경제체제로 전환시켰다. 각급 인민정부는 이런 방식으로 전쟁의 물자 수요를 만족시켰다. 그뿐만 아니라 인민의 부담을 덜어줌으로써 인민생활이 점차 개선될 수 있게 했다.

또 각 해방구는 민병사업을 근거지 건설의 중요한 내용으로 간주했다. 지방 각급 당위원회는 모든 위원에게 동급 인민정부의 무장부 부장을 겸하게 했으며 현을 단위로 해서 민병대를 결성했다. 그리고 구 단위로 민병대대를 결성하며 향 또는 자연촌 단위로 민병 중대나 분대를 조직했다. 그리하여 농사를 망치지 않는다는 전제 아래 사회치안을 수호하는 임무를 부담하게 했다. 그 밖에도 군정훈련을 강화하여 수시로 군대에 입대하고 전쟁에 참여하며 전선을 지원할 준비를 하게 했다.

해방구 건설의 강화와 특히 토지개혁 운동의 전개는 수많은 농민들의 정치적 각오를 높여 주었으며, 생산을 발전시키고 혁명전쟁을 지원하는 그들의 열정을 불러일으켰다. 진지루위, 둥베이 등 해방구에서는 10여 년 만에 대풍작을 거뒀으며 일부 빈곤한 산간지대에서도 생산량이 증가하기 시작했다. 이에 따라 농민의 생활도 다소 개선됐다. 해방된 농민들은 "가난한 자들이 배고픔과 추위에 시달린 것은 바로 토지가 없었기 때문이다. 땅이 있어도 보호해 주는 사람이 없으면 여전히 든든하지 않다"면서 너도나도 군대에 입대했다. 1946년 8월부터 10월까지 3개월 동안, 각 해방구에서는 30만 명의 해방된 농민들이 토지개혁의 과실을 보위하고 고향을 보위하기 위해 참군했다. 그리하여 많은 지방에서는 부모가 자식을 군대에 보내고 아내가 남편을 군대에 보내며, 형제들이 다투어 군대에 가려고 했다. 그리고 촌간부들이 앞장서 용약 참군하거나 참전하는 감동적인 모습이 곳곳에서 나타났다. 동시에 민병사업도 매우 큰 발전을 이뤘는데 각 해방구에는 300만 내지 400만에 달하는 농민들이 민병에 참가했다. 쑤완변(蘇皖邊)해방구에서 있었던 쉬안타이[쉬안자바오(宣家堡), 타이싱(泰興)]전투만 보더라도 참가한 농민이 1만 2,000여 명에 달했다. 이는 당지의 거의 모든 청장년 농민들이 전장의 비전투업무에 참가한 셈이다. 근거지 건설 사업이 전개됨에 따라 인민해방군은 공고한 후방을 얻게 되었다. 그뿐만 아니라 끊임없이 인력, 물력 지지를 받게 됐으며 나아가 국민당반동파를 이길 수 있는 동력을 얻게 됐다.

'5·4지시'를 관철 집행

해방구 건설을 강화함에 있어 중심 문제는 당의 '5·4지시'를 관철하는 것이었다. 즉 수많은 농민대중의 토지를 얻으려는 강렬한 염원에 따라, 농민들을 영도하여 농촌의 생산력 발전을 방해하는 봉건토지제도를 폐지시키고자 했다. 그래서 토지 개혁을 실시하여 지주가 점유한 다수의 토지를 땅이 없거나 소유한 땅이 적은 농민들에게 분배했다. 그럼으로써 정치·경제적으로 몇 천 년 동안 이어진 봉건적 압박과 착취에서 농민들을 벗어나게 하고자 했다.

내전이 폭발한 후 각 중앙국과 중앙 분국, 해방구 각급 정부는 '5·4지시'를 확실히 관철하고 집행하기 위해 많은 간부들을 뽑았다. 이들을 농촌에 내려 보내 농민대중을 널리 동원하여 토지제도개혁운동(토지개혁운동이라고 약칭함)을 진행하게 했다. 이번 토지개혁운동의 중심 내용은 광범위한 농민대중을 동원하고 그들에게 의지하여 민족반역자를 처단하고 청산하는 작업이었다. 그밖에도 소작료와 이자를 인하하는 등 방식으로 지주의 수중에서 토지를 몰수하고 "밭갈이하는 자에게 밭이 있도록 하는 것"이었다. 그 구체적인 방법은 각 해방구의 당 및 정부 조직에서 '5·4지시'의 지시를 따르기로 하고, 각 지역의 실제적인 상황에 따라 방식을 달리하는 유연성을 발휘하기로 했다.

당 간부들은 일본과 위만주국이 점유했던 토지와 악질지주, 토비들이 점했던 토지를 모두 몰수하여 농민들에게 나눠 주었다. 이런 방식으로 분배하는 현상은 둥베이 해방구에서 가장 명백하게 나타났다. 중공중앙 둥베이국은 둥베이의 토지가 일본과 위만주국, 악질지주 등의 수중에 많이 집중된 특징을 알아차렸다. 그래서 우선 농민들을 동원하여 민족반역자를 청산하는 운동을 전개한 후 개착지(일본인이 약탈한 토지), 만탁지('위만주국' 각급 군정 조직이 약탈한 토지) 및 대민족반역자, 대악질지주의 토지를 대대적으로 몰수하여 분배했다. 토비들과 결탁하여 재물을 나눠먹은 지주와, 인민정부의 감조법령을 집행하지 않는 지주에 대해서는 대중을 동원하여 그들의 재산을 청산하고 그 토지를 분배했다. 소량의 토지만 갖고 있는 소지주에 대해서는 토지를 몰수해 분배하는 일을 하지 않았다.

농민들의 토지문제를 해결하는 데 기본적인 방법은 다음과 같았다. 즉 민족반역자와 악질지주의 토지는 문서화하여 몰수하고 일반지주의 토지는 청산하는 방식을 통해 농민들에게 나눠준다. 즉 소작료와 이자를 청산하고 과도한 착취를 청산하며, 대가 없이 일하는 노역을 청산한다. 그리고 부담을 전가한 것을 청산하며 강제로 토지를 점유했거나 횡령한 것을 청산하는 등의 방식을 취한다. 그리하여 묵은 빚을 갚고 벌금을 납부하며 횡령한 재산을 돌려주고 손실을 배상하는 등의 명목 아래 지주의 토지를 이전, 환산, 매매하여 농민들의 소유로 돌린다. 이런 방법은 형식적으로는 유상 교환이었지만 실제로는 봉건지주의 행태를 폭로하고 규탄하여 농민이 지주의 토지를 몰수하게 하는 것이었다. 청산할 때는 보통 중농의 이익을 침해하지 않도록 했다. 중공중앙 화중분국은 쑤완변 해방구의 토지개혁을 지도하는 과정에서 "중간은 그대로 두고 양쪽을 공평하게 한다" "토지개혁에서 토지를 내놓은 인구가 전 향 총인구의 10%를 초과하지 않도록 해야 한다"[110]고 지적했다.

토지개혁운동은 지주의 일부 토지를 사들이는 방식으로 토지를 걷어 들인 다음 다시 농민들에게 나눠 주었다. 1946년 7월, 중공중앙은 민주인사, 중간인사들이 모두 쉽게 받아들일 수 있는 정책을 제정해야 한다고 주장했다. 즉 토지를 사들이는 방식에서 그들이 더 많이 차지한 토지를 다시 분배하는 정책으로 제정할 필요가 있음을 인정했다. 산간닝 해방구는 노근거지였기에 절반정도의 지역은 지주와 부농이 거의 사라진 상태였다. 나머지 절반 지역도 소작료와 이자를 인하하는 운동을 여러 차례에 걸쳐 해왔으므로 지주와 부농 세력은 이미 미약해진 상태였다. 이 중에는 적지 않은 개명 인사들이 있었다. 산간닝변구 정부는 이런 특징을 충분히 고려한 후 1946년 12월에 '지주

---

110 덩쯔후이(鄧子恢), '천웨이향(陳圩鄉)에서 토지 관계를 조정하는 과정에 어떻게 중농과 빈농의 단결을 공고히 하였는가' 라는 글에 대한 평어, 1946년 7월 20일.

의 토지를 인수할 것에 대한 조례 초안'을 반포했다. 조례에서는 다음과 같이 규정했다. 지주에게는 자작 토지를 남겨주는 것 외에 정부가 공채를 발행하는 방식으로 토지를 인수한다.

인수한 토지는 땅이 없거나 땅이 적은 농민에게 분배해주며 공채는 땅값에 해당되는데 10년을 기한으로 지주에게 원금을 갚도록 한다. 중국공산당 시베이 중앙국과 산간닝변구 정부는 농민들의 정치 참여를 고취하고자 했다. 그래서 토지를 인수하기 전에 우선 농민들을 동원하여 지주와 얼굴을 맞대고 고충을 하소연하게 했다. 그런 다음 다시 인수하는 과정에서 나타난 여러 가지 문제점, 이를테면 '만약 청산을 한다면 얼마를 반환하고 얼마를 남기며 얼마에 인수하고 땅값은 얼마로 하는가' 등의 문제를 토론하게 했다.

이런 방법을 통해 대부분 토지를 무상으로 농민들에게 반환했으며 일부분 토지는 공채 형식으로 바꿔 농민들의 소유로 돌렸다. 1947년 2월 8일, 중공중앙은 산간닝 해방구의 이런 인수방식을 충분히 수용하고 각 해방구에 통보했다.

중공 중앙은 밭과 땅을 헌납하는 방식을 통하여 농민들의 토지문제를 해결했다. 밭과 땅을 헌납하는 방식이란 지주가 무상으로 토지를 농민에게 헌납하는 것을 말한다. 이는 토지개혁 초기에 각 해방구에서 지주 출신의 간부 가정과 개명 신사들에게 취한 방식이다. 각 해방구 당 조직의 지시와 지방정부의 호소로 일부 개명 신사들은 토지를 헌납했다. 그리고 당 및 정부, 군대간부들 중 지주 출신들도 가족들을 설득하여 토지를 내놓게 했다. 그리하여 1946년 8월까지 각 해방구에 헌납한 토지는 무려 3만 3,000여 무에 달했다.

이 밖에도 각 해방구에서는 소수민족 상층 인사, 사원, 천주교 성당 및 청정부가 남겨 놓은 러허(熱河)의 '미해결 토지' 등 특수한 토지

문제에 대해 극히 신중한 태도를 취했다. 그래서 실제적인 상황을 고려하여 일반적인 토지문제와는 구별하며 적당한 방법으로 처리했다.

각 중앙국, 중앙분국에서는 토지개혁을 통해 획득한 토지 외의 성과물에 대한 분배문제에 대해서도 큰 관심을 가졌다. 그러고는 수요에 따라 합리적으로 분배하는 원칙을 제시하고 확정했다. 그 가운데서 빈농, 부농, 상이군인, 군인가족과 열사 유가족 등에게는 농경에 쓰이는 가축 등 생산수단을 더 많이 나눠 주었다. 옷, 가구 등 생활물자는 이 부부을 극대화하는 데 관심을 돌려 중농에게 나눠 주기도 했다. 당은 이를 토대로 더욱 많은 농민대중과 단결할 수 있었다.

내전이 폭발할 때부터 1947년 2월까지 각 해방구의 약 3분의 2에 달하는 지역에서 토지문제를 해결함으로써 "밭갈이 하는 자에게 밭이 있도록" 했다. 그러나 3분의 1의 지역에서는 전쟁 후유증으로 말미암아 토지개혁을 시작하지 못했다.

불완전한 통계에 따르면 진지루위 해방구에서는 1946년 10월까지 2,000만에 달하는 농민들이 토지를 얻게 되었다. 진차지 해방구의 지중(冀中)지역에서는 1946년 말까지 7,012개 마을이 토지개혁을 마쳤는데 이는 마을 총수의 83%를 차지했다. 쑤완해방구에서는 1946년 11월까지 1,500만 농민들이 토지를 얻었고 둥베이해방구에서는 1946년 10월 말까지 500만 농민들이 토지를 얻게 됐다.

산둥해방구에서는 1946년 말까지 1,900만 농민들이 토지를 얻었고 진쑤이해방구에서는 1946년 말까지 100만 명의 농민들이 300만 무의 토지를 분배받았다. 산간닝해방구에서는 1947년 1월까지 토지개혁을 새로 진행한 370여 개 향의 농민들이 120만여 무의 토지를 분배받았다.

토지개혁운동 중에는 일부 문제점들도 나타났다. 이를테면 일부 지역에서는 중농의 이익이 침해되었고 일부 지역에서는 대중을 충분히 동원하지 못해 토지개혁이 철저히 진행되지 못했다. 또 일부 농촌에서는 촌간부들이 땅을 많이 나눠 갖고 좋은 땅을 차지함으로써 간부와 대중 사이의 관계에 영향을 주었다.

이에 비추어 중공중앙은 1947년 2월 1일에 '중국 혁명의 새로운 분위기를 맞이하자'는 훈령을 내렸다. 그래서 토지개혁이 철저히 진행되지 못한 지방에서는 "반드시 진지하게 검사하고 부족한 부분을 보완"하여 "중농의 이익을 침범하는 일이 있다면 반드시 배상하고 사과해야 한다"고 지시했다. 각 해방구에서는 이 훈령에 따라 1947년 상반기에 토지개혁 재검사사업을 전개했는데 상술한 문제들을 비교적 원만히 해결됐다.

해방구에서의 토지개혁운동은 '5·4지시'에서 규정한 기본 정책을 기본적으로 관철하고 실행했다. 이는 토지에 대한 농민들의 요구를 확실하게 수용한 정책이었다. 그뿐만 아니라 객관적인 역사 조건에 근거한 책략이었다. 이렇듯 '5·4지시'에서 규정한 정책은 합리적이고 정확한 것이었다.

해방구에서의 민족사업

중국은 다민족 국가로서 해방구마다 소수민족들이 분포하고 있었다. 소수민족사업을 잘해 나가는 것은 해방구 건설을 강화하는 데 매우 중요한 과업 중 하나였다. 전국적인 해방전쟁 시기에 들어선 후 중공중앙은 민족구역자치정책을 명확히 제기했다. 1945년 10월 23일, 중공중앙은 네이멍구에 대한 사업 방침과 관련해 진차지 중앙국과 진쑤이 분국에 다음과 같이 지시했다. "현재 네이멍구에 대한 기본 방침은 구역자치를 실시하는 것이다. 우선 각 기(旗)부터 시작하여 시간을 들이고 몽골족의 지방자치 운동을 담대하게 발동하며 이를 조직함으로써 자치정부를 세워야 한다"

당의 민족구역자치 정책은 민족문제에 대한 마르크스-레닌주의 학설을 운용하여 중국의 민족문제를 해결하는 기본 정책이다. 이 정책은 중국의 여러 민족 관계 상황에 부합되며 여러 민족의 일률적인 평등을 실현하고 민족 단결을 촉진하는 데 큰 영향을 끼쳤다.

일본이 항복한 후 국민당은 네이멍구 지역에서 봉건 귀족 통치를 회복하려 시도했다. 특히 네이멍구 동부지역의 일부 관료와 왕공귀족들은 이른바 '네이멍구를 독립'시키고 동네이멍구의 쑤니터유치(蘇尼特右旗)에 '네이멍구공화국 임시정부'를 설립하려고 했다. 이런 상황을 고려하여 중공중앙은 네이멍구 자치운동에 대한 지도를 강화하기로 결정했다. 1945년 8월, 중공중앙은 후보중앙위원인 우란푸(烏蘭夫·몽골족)를 쑤이멍성(綏蒙省) 정부 주석으로 임명하여 진차지중앙국의 영도 아래 네이멍구지역을 책임지고 사업을 전개하도록 했다. 10월 23일, 중공중앙은 진차지중앙국과 진쑤이분국에 다음과 같이 지시했다.

"네이멍구는 전략상 극히 중요한 위치를 차지하고 있다. 네이멍구의 민족 문제를 해결하는 것은 네이멍구에 있는 몽골족의 해방에 큰 관련이 있다. 그뿐만 아니라 우리 당과 군대가 견고한 후방을 건립하고 소련군, 몽골군과 직접적인 연계를 맺는 데 유리한 지위를 마련해 준다" "네이멍구 자치 준비위원회를 설립할 준비를 하고 각 맹, 기의 자치운동에 대한 영도를 통일하며" "우멍(烏蒙), 시멍(錫盟) 등 순수한 몽골구역에는 자치정부를 설립할 수 있다. 그리고 쑤이둥(綏東), 차난(察南) 등 몽골족과 한족의 잡거 지역에는 몽·한·연 연합정권을 세우도록 한다"

쑤이밍성 정부는 이 기본 방침에 근거하여 1945년 11월 26일, 장자커우에서 네이멍구 자치운동 연합회를 설립했다. 그리고 자치운동 연합회를 통일 지도 기구로 하는 것에 대해 동의했으며 우란푸를 연합회 집행위원회 주석 겸 군사부 부장으로 선출했다. 동몽골과 서몽골의 통일 문제를 해결하기 위해 네이멍구 자치 운동 연합회는 1946년 4월 3일에 네이멍구 자치 운동 연합회 대표와 동몽골 자치 정부대표가 참가한 네이멍구 자치 운동 통일회의를 소집했다. 충분한 토론과 일치된 의견을 나눈 뒤 회의는 '네이멍구 자치 운동 통일회의의 주요 결의'를 통과시켰다. 결의는 다음과 같았다.

네이멍구는 중국공산당의 지도 아래 통일된 민족자치방침을 실현해야 한다. 여기서 자치운동은 평등한 자치를 말하는 것이지 '독립적인 자치'를 말하는 것이 아니다. 네이멍구 자치 운동 연합회는 자치운동의 통일적인 지도 기구이다. 동몽골 자치정부를 철회하며 자치 운동 연합회가 네이멍구 무장부대를 통일적으로 지도한다. 이번 회의에서는 네이멍구 자치 운동에 대한 방침을 확립하고 관철했다. 그리하여 네이멍구 지역이 장기적으로 분열돼 있던 국면을 마무리 지었다. 회의 후 자치운동은 당이 지도하는 인민무장을 기반으로 하여, 농목민을 동원해 참군시키고 기타 지방의 무장을 받아들여서 재편성했다. 이런 방식 등으로 동년 6월에 네이멍구 자위군을 구성했다. 우란푸가 사령원 겸 정치위원을 맡고 아래에 5개 기병사와 1개 종대를 두었는데 장병의 90% 이상이 몽골족이었다. 소수민족으로 구성된 이 군대는 처음부터 인민군대의 건군 원칙에 따라 건설하였으므로 신속히 인민해방군의 구성부분이 됐다.

혁명정세의 발전 요구에 부응하기 위해 1947년 4월, 중공중앙은 네이멍구지역의 사업을 중국공산당 둥베이 중앙국이 지도하도록 개정했다. 그리고 네이멍구 자위군을 둥베이 민주연군의 편제에 소속시키기로 결정했다.

그 후 네이멍구 민족 자치 운동은 둥베이 인민해방군이 끊임없이 승리를 이룩하는 정세에 힘입어 더욱 빠르게 발전했다. 4월 23일부터 5월 3일까지 네이멍구 인민대표회의가 왕예묘[王爺廟·우란하오터(烏蘭浩特)]에서 소집되었는데 '네이멍구 자치정부 시정강령' '네이멍구 자치정부 잠행 조직대강' 등 중요한 문건들을 채택했다. 시정강령에서는, 자치정부의 과업이 자치구 내의 몽골족, 한족, 회족 등 여러 민족의 인민을 단결시켜 미제국주의의 침략을 단호히 분쇄하는 것이라고 했다.

그뿐만 아니라 국민당의 봉건, 매판, 대한족주의의 통치를 뒤엎음으로써 네이멍구 지역의 여러 민족 인민의 철저한 해방을 위해 투쟁하는 것이라고 규정했다. 회의에서는 임시 참의회를 선출하고 참의회를 통해 네이멍구 자치정부를 선출했는데 우란푸가 주석을 맡게 됐다. 5월 1일 네이멍구 자치정부는 정식으로 설립을 신고했다. 5월 26일, 중공중앙 둥베이국에서는 중국공산당 네이멍구 사업위원회를 설립하며 우란푸에게 서기직을 맡기기로 결정했다. 6월 14일, 중공중앙은 둥베이국의 이러한 결정을 통과시켰다. 이때부터 네이멍구 자치정부와 네이멍구 자위군(후에 네이멍구인민해방군으로 개칭)은 네이멍구 사업위원회의 통일적인 지도 아래 민족자치운동을 힘차게 전개했다.

네이멍구 자치정부는 중국공산당이 지도하는 첫 번 째 소수민족자치정부이다. 자치정부의 설립은 당의 민족자치정책이 올바르다는 것을 입증했다. 이는 각 소수민족이 구역자치를 실시하는 데 선례가 되었고 당 또한 이로 인해 좋은 경험을 쌓게 됐다.

4. 국민당통치의 위기와 제2전선의 발전

국민당 통치구역의 정치위기와 경제위기의 심화

국민당정부는 미국의 지원 아래 전면적 내전을 서슴지 않고 일으켰다. 그 결과 군사적으로 연달아 패배했을 뿐만 아니라 통치구역의 경제상황마저도 급격히 악화되어 위기가 날로 심해졌다.

국민당 통치 집단은 자기의 전제통치를 수호하고 후방을 안정시키기 위해 통치구역 내에서 특무활동을 강화했다. 그와 동시에 애국민주세력을 가차 없이 박해하고 탄압했다. 1946년 7월 11일과 15일에 국민당특무는 쿤밍(昆明)에서 저명한 민주인사이자 중국민주 동맹 중앙위원인 리궁푸(李公樸)와 원이둬(聞一多)를 차례로 암살했다. 8월 18일에 국민당특무는, 청두(成都)의 각계 인사들이 모여 추모하는 리궁푸와 원이둬의 추도회장을 무참하게 파괴해 버렸다. 그뿐만 아니라 추도회가 끝난 뒤에는 민주동맹 주석 장란을 구타하여 부상을 입혔다. 또 9월 4일에 상하이 국민당 군경은 중공이 지도하는 주간지 〈군중〉 사무실을 불법으로 수색하는 바람에 잡지는 폐간되고 말았다. 1946년 가을에 국민당정부는 차례로 시안, 베이핑, 톈진, 광저우, 쿤밍 등지에서 265개의 진보적 신문·잡지사를 수색하고 압류했다. 국민당특무는 수많은 도시에서 무단으로 '공산당혐의분자'를 수색하고 체포했다. 국민당 통치구역은 특무가 활개 치는 세상이 되었고 이는 많은 인민들의 강한 불만을 야기했다.

항일전쟁에서 승리한 후, 중국 관료자본이 점차 사회의 경제명맥을 통제하게 되자 민족상공업은 날로 부진해졌다. 금융업 측면에서 볼 때, 관료자본이 직접·간접적으로 통제하는 '관영 은행'의 숫자와 예금액은 각각 국민당 통치구역 전체 은행 3분의 2 이상과 90%를 차지했다. 상업 측면에서 볼 때 관료자본이 통제하는 '관방식 상업 기구'와 이런 기구들이 직접 경영하는 각종 무역회사가 광산원료, 토산품, 수공예품에 대한 대외 수출과 공업품, 일용품 등에 대한 대내 수입을 독점해 버렸다. 그리고 식염, 사탕, 무명실, 무명 등 생활필수품의 구입과 판매까지 독점했다. 공업 면에서 1947년에 이르러 관료자본은 이미 중국의 전체 공업자본의 3분의 2 이상을 점유하고 있었고 전국의 공장, 광산, 교통운수업 고정자산의 80%를 점유했다. 그리하여 국민경제 명맥을 조종했다. 관료자본의 급격한 팽창 때문에 민족공업과 민족상업, 민족금융업은 심각한 손상을 입었고 전반적인 국민경제는 극심하게 위축됐다.

내전 규모를 확대하는 수요에 적응하기 위해 국민당정부는 군비지출을 급증시켰다. 그러나 전반적인 재정은 수입이 지출을 따라가지 못해 위기에 빠졌다. 전면적 내전이 폭발한 이후, 국민당정부의 군비지출액은 재정 지출의 절반 이상을 차지했다. 1947년, 국민당정부 재정 총수입은 약 14만억 위안(프랑스 화폐, 이하 같음)이었으나 총지출은 43만억 위안에 달했다. 결국 재정적자가 총지출의 약 70%를 점하게 되어 화폐를 발행하는 것으로 거액의 적자를 메울 수밖에 없었다. 국민당정부가 1947년에 발행한 프랑스 화폐의 양은 30조여 위안에 달했다. 이는 1946년의 프랑스 화폐 발행량의 10배로서 1945년 항일전쟁이 끝날 때보다 25배나 늘어났다. 상하이 등지의 조폐공장에서는 전력으로 인쇄를 서둘렀다. 그렇지만 공급을 따라가지 못해 미국, 영국까지 가서 지폐를 인쇄하기에 이르렀다. 이는 결과적으로 악성 인플레이션을 초래하여 물가가 하늘 높은 줄 모르고 뛰어올랐고 인민들의 생활수준은 급격히 하락했다. 항일전쟁 전야의 물가를 기준으로 하면 1947년 7월에 이르러서는 전 보다 6만 배나 뛰어오른 셈이었다. 상하이의 쌀값은 1947년 6월에 1월보다 8.3배, 베이핑의 물가는 반년 동안 약 10배나 올랐다. 1947년 7월 24일에 미국 연합통신사(AP)는 아래와 같은 자료를 발표하여 프랑스화폐 100위안으로 구입할 수 있는 물품을 비교해 설명했다. 1937년에는 소 두 마리, 1938년에는 소 한 마리, 1941년에는 돼지 한 마리, 1943년에는 닭 한 마리, 1945년에는 물고기 한 마리, 1946년에는 달걀 한 알, 1947년에는 성냥 3분의 1갑을 살 수 있었다. 이런 악성 인플레이션은 실제로는 수많은 인민들에 대한 약탈과 같은 것이었다.

이런 상황에서 민족상공업은 대량 도산하고 농업생산은 대폭 하락했다. 1946년 10월부터 1947년 2월까지의 기간에 상하이, 우한, 광저우 등 20여 개 도시에서 도산한 공장과 상점은 무려 2만 7,000개소나 됐다. 1947년 국민당 통치구역의 공업생산량은 1936년보다 30% 이상 줄었다. 실업자 수도 순식간에 늘어났다. 광범위한 노동자와 시민, 심지어 중하층 소자산계급도 생존할 수 없는 지경에 이르렀다. 공무원 및 교직원과 학생들의 생활도 극도의 곤경에 빠졌다. 농촌경제는 급속히 쇠퇴하여 1946년의 농업생산량은 1936년에 비해 8~12%, 1947년에는 33~40%나 줄어들었다. 농촌마다 굶주린 백성들이 도처에 널렸고 아사한 사람들이 길에 흘러 넘쳤다. 그 당시 사람들은 "일본에도 망하지 않던 중국이 오늘날 경제적 붕괴로 멸망하는구나!"[111] 라며 울부짖었다. 장제스도 "경제 형편이 나날이 심각해지는 시기에" 반드시 "국민경제 위기를 구해야" 한다고 주장했다.[112] 국민당정부는 각 계층 인민에 대한 수탈을 강화했다. 소털 같이 많은 가렴잡세는 그 수를 헤아릴 수 없을 정도였다. 농업에서 양곡 징수와 양곡 차용, 양

111 〈상무일보〉, 1946년 7월 8일.
112 경제 긴급 조치에 대한 장제스(蔣介石)의 연설, 1947년 2월 16일

곡 수매, 지방공출미 등 항목 등만 보아도 농민들에게 부가되는 실제 금전적 부담은 1936년의 4배 내지 5배를 초과했다. 일부 지방에서는 심지어 20배를 초과하기도 했다. 가렴잡세 외에도 국민당 각급 정부 관리와 군대는 강제로 군인과 인부를 징발하는 등 여러 가지 방식으로 인민들에게 가렴주구를 진행하고, 무거운 부역을 강제로 부담시켰다. 국민당 통치 집단이 갖은 방법으로 인민에게 진행한 강제적 약탈은 국민당 통치구역의 공농업 생산과 상업 유통에 심각한 파괴를 초래했다.

심각한 경제위기에 직면하여 국민당정부는 경제에 대한 통제를 강화할 수밖에 없었다. 1947년 2월 16일, 국민당정부는 '경제긴급조치' 법령을 반포하고 쌀, 밀가루, 무명실, 포목, 연료, 소금, 설탕, 식용유 등 주요 생활필수품에 대해 이른바 '가격한도'를 제정하여 황금과 외화의 매매 유통을 금지했다. 그리고 임금제한 정책을 실시하여 공무원과 교직원, 종업원의 임금을 1947년 1월의 생활지수 기준에 동결시켜 놓았다.

그 밖에도 새로운 지폐를 대량 발행하여 소득세와 직접세 등의 징수에 박차를 가했다. 그러나 이 "긴급조치"를 실시한 후, 일부 관료 독점 자본 기업들이 기회를 틈타 물자를 사재기하고 앞 다투어 황금을 사들였다. 투기 상인들도 대대적으로 암시장 거래를 벌이는 바람에 물가는 덩달아 폭등했다. 달러 비율도 대폭 상승했으며 황금 가격이 더욱 높은 폭으로 인상됐다. 그 결과 인민의 부담이 가중되었을 뿐만 아니라 국민당정부도 황금과 외화 손실을 크게 보았다. 이 때문에 국민당 통치구역에 사회적 폭동 분위기가 형성됐다.

미국의 지지를 얻기 위해 국민당 정부는 일련의 매국적 정책을 실시했다. 전면적 내전이 폭발한 이후, 국민당정부는 미국과 많은 조약과 협정을 체결했다. 1946년 10월, 국민당정부와 미국은 중미상무중재회를 설립하고 미국인이 중국에서 범죄를 행할 경우 '미국 당국이 재판'을 한다고 규정했다. 이와 동시에 베이징 국민당당국은 중국 주재 미군과 〈중미 경찰 및 헌병 연합근무 협정서〉를 체결했다. 그래서 미군이 사고를 일으킬 경우 반드시 미국의 경찰 및 헌병이 이를 처리해야 하며 베이징 경찰국은 방청할 권리만 갖는다고 규정했다.

1946년 11월 4일, 국민당 정부는 미국 정부와 〈중미우호통상항해조약〉('중미통상조약'으로 약칭함)을 체결했다. 이 조약에 따르면 미국인은 중국 '영토의 전 지역'에서 상무, 제작, 가공, 금융, 과학, 교육, 종교 및 자선 사업 등에 종사할 권리를 가지며 미국 상품은 징세, 판매에 있어서 중국 상품과 동등한 대우를 받을 수 있다. 미국 선박들은 중국의 "개방된 그 어떤 항구, 지방 또는 수역"에서든지 자유롭게 항행할 수 있다. 만약 "위험과 재난"에 봉착할 경우 군함을 포함하여 중국이 개방하지 않은 어떤 "항구, 지방 또는 수역"에도 입항할 수 있다고 했다. 조약은 표면상으로는 중미 쌍방이 평등·호혜적인 것처럼 규정하였다.

그러나 중미 양국 간의 경제 실력에 뚜렷한 차이가 있었으므로 실제로는 미국이 중국에서 여러 가지 특권을 향유하도록 보장해 주는 셈이었다. 조약이 체결된 지 얼마 지나지 않아 미국 기자 이스라엘 엡스타인은 "세상에서 가장 선진적인 공업국과 중국처럼 발달하지 못한 국가 사이에 맺어진 이런 조약은 당연히 완전 불평등한 것이다"[113]라고 평가했다. 12월 20일, 〈중미공중운수협정〉이 난징에서 정식 체결되어 효력을 발생시켰다. 국민당정부는 미국 항공기가 중국 영공에

| 113 이스라엘 엡스타인 저, 천요화(陳遙華), 셰녠페이(謝念非), 위얼천(於爾辰), 천량(陳亮) 역, 〈중국에서 완성하지 못한 혁명(The Unfinished Revolution in China) 〉, 신화출판사 한문판, 1987년, 418쪽.

서 마음대로 비행하도록 허용했고 "상하이와 이후에 수시로 동의하는 지점"에서 화물을 싣고 부리거나 여객을 실어 나를 수 있다고 규정했다. 또 "비교통성 정거" 즉, 군사적 성격을 띤 착륙 권한을 가질 수 있도록 허용했다.

미국이 중국에서 여러 가지 특권을 얻는 바람에 미국 상품이 밀물처럼 중국 시장으로 흘러들었다. 1946년, 중국 해관의 통계에 따르면 중국의 대외무역 총액 중 대미국 무역은 53.19퍼센트를 차지했다. 1946년 4월, 국민당 정부는 새 〈회사법(公司法)〉을 반포하여 중국 주재 외국회사가 중국 회사와 동등한 권리를 갖는다는 특혜대우를 허가했다.

그 후 미국은 중국에서 자본액을 신고할 필요 없이 모든 경·중공업 부문에 투자할 수 있게 됐다. 새 〈회사법〉이 실시되자 3개월 동안 미국이 중국에 설립한 기업은 100여 개로 늘어났다. 중국에 대한 외국 투자 자본 총액에서 차지하는 미국의 투자액 비율은 매년 급속도로 높아졌다. 1936년에 미국의 중국에 대한 투자는 각국 투자 총액의 8%를 차지했는데 1947년에 이르러서는 70%가량(얼마 뒤에 80%에 이름)을 점유하게 됐다. 미국 상품과 미국 자본의 대량 유입은 가뜩이나 위태로운 상황에 놓여 있던 중국 민족자본주의에 파괴적인 타격을 주었다.

국민당 통치 집단의 내전 매국 정책이 초래한 심각한 결과와 이 집단 자체의 부패와 타락 그리고 인민에 대한 가렴주구는 수많은 인민에게 혹심한 재난을 안겨줬다. 그뿐만 아니라 국민당 통치 집단 자체마저 심각한 정치위기와 경제위기에 빠졌다. 날로 심해지는 위기는 각계층 인민의 불만과 반항을 야기하게 마련이다. 국민당 통치구역에서는 민원이 들끓었고 바야흐로 인민혁명의 고조가 일어나고 있었다.

'5·20'운동

인민해방전쟁이 끊임없는 승리를 거두면서 국민당 반동통치의 경제 위기와 정치위기는 날이 갈수록 심각해졌다. 국민당은 자신의 통치를 수호하기 위해 인민운동을 더욱 탄압했다. 이러한 상황에 직면하여 중공중앙에서는 저우언라이가 초안한 국민당 통치구역에서의 사업 방침과 투쟁전술에 대한 지시를 발표했다. 그리하여 국민당 통치구역의 당 조직에 "선전을 확대하고 무모하게 맞서지 말며 중간분자를 받아들여야 한다. 그리고 합법적 형식으로 생존을 위해 투쟁하고, 매국행위를 반대하며 내전을 반대해야 한다. 또한 독재를 반대하고 특무의 테러와 폭압을 반대하는 광범위한 전선을 결성해야 한다"고 요구했다. 지시에서는 또 "투쟁을 경제투쟁과도 연계시켜야 하며 어떤 경우에는 경제투쟁으로 넘어가야 한다. 그래야만 보다 더 많은 대중을 투쟁에 끌어들일 수 있으며 합법적 형식을 취하기도 쉽다. 경제투쟁의 넓은 기초를 마련하게 되면, 이 투쟁을 특무를 반대하고 내전을 반대하는 투쟁과도 연관시키기 쉽다"[114]고 했다.

류샤오(劉曉)를 서기로 하는 중국공산당 상하이중앙국에서는 중앙의 지시에 따라 국민당 통치구역 내 인민운동의 형세에 대해 깊이 분석한 후 다음과 같이 언급했다. 미군 폭행에 항의하는 대규모적인 투쟁을 겪은 뒤 중간 대중의 정치적 각오와 적극성이 급속도로 높아졌다. 상층민주인사는 사상적으로 새로운 전환기를 맞게 되었으며 애국민주통일전선은 날로 공고해지고 확대되고 있다. 이를 토대로 대중이 절박하게 해결할 것을 요구하는 생활문제에서부터 시작하여 정세에 따라 투쟁을 유리하게 이끌어 가야 한다. 그래서 점차 경제투쟁

---

114 저우언라이, '장제스통치구역에서의 사업 방침과 투쟁 전술에 대한 두 문헌'(1947년 2월 28일, 5월 5일), 〈저우언라이 선집〉 상권, 민족출판사, 1981년, 349~350쪽.

과 정치투쟁을 결부시킨다면 기필코 분산된 대중투쟁을 미국에 반대하고 장제스를 반대하는 투쟁에 합류해 거세찬 흐름으로 만들 수 있을 것이다.

당은 또 상하이중앙국이 남방에서 어떻게 투쟁을 전개할 것인가를 두고 구체적인 조치를 취했다. 류런(劉仁·?~1947년)을 부장으로 하는 중공 진차지중앙국 도시사업부는 북방의 대중운동 발전 형세에 대해서도 분석을 진행했다. 그리하여 지도자는 대중의 정서에 주의를 돌리고 객관적 조건과 투쟁 전술에 주의를 돌려 운동이 계속 깊이 침투되도록 해야 한다는 입장을 표명했다. 상하이국 지도 아래 있는 베이핑 학생위원회는 진차지 도시사업부가 지도하는 베이핑 학생위원회와 함께 베이핑과 톈진의 학생운동에 대해 구체적인 조치를 취했다.

중공 상하이중앙국과 중공 진차지 중앙국 도시사업부의 지도와 조치 아래, 상하이, 난징, 베이핑, 톈진 등 도시의 인민혁명운동은 계속 깊이 있게 발전했다. 국민당정부가 대량의 교육경비를 내전에다 돌려 쓴 탓에 국민당 통치구역의 교육위기는 날로 심각해졌다. 월급에 의존하는 교사들은 아침에 저녁 일을 담보할 수 없을 만큼 위급한 형편에 놓이게 되었다. 장학금과 대부금에 의존하여 생활을 유지하던 학생들은 실학, 실업의 심각한 위협과 맞닥뜨려 기아와 죽음의 선상에서 발버둥 쳤다. 1947년 4월부터 5월까지 기간에 상하이, 난징 등 수많은 도시의 학생들은 "교육을 위기로부터 구해내자" "포문에서 밥을 얻어먹자"는 구호를 외쳤다. 5월 4일, 상하이 학생들이 거리에 나서서 내전을 반대하는 선전을 진행하다가 국민당 특무와 경찰들로부터 구타와 체포를 당했다. 이에 각 학교에서는 동맹휴학을 하는 것으로 항의를 표시했다. 5월 15일, 난징 중앙대학교 등 학교의 3,000명의 학생들은 교육 경비를 늘려 달라고 요구하기 위해 국민당정부 행정원과 교육부를 찾아가 청원했으나 만족스러운 답변을 들을 수 없었다. 그래서 5월 20일에 대규모적인 시위를 진행하기로 결정했다. 이와 동시에 상하이교통대학교와 상하이의학원 등에서도 학생 대표를 난징에 파견하여 청원했다. 5월 18일에 베이징대학교와 칭화대학교 등 학교의 학생들도 잇따라 베이핑 거리에 나가 기아를 반대하고 내전을 반대하는 시위를 벌였다. 화베이(華北)의 학생들은 기아를 반대하고 내전을 반대하는 연합회까지 설립했고 투쟁의 기세는 나날이 확대됐다.

국민당정부는 날로 고조되는 인민운동을 탄압하기 위해 1947년 5월 18일에 〈사회질서의 유지를 위한 임시 조치〉를 발표하여 10명 이상의 청원과 모든 파업, 동맹휴학, 시위행진을 엄금했다. 장제스는 연설을 발표하여 학생들에 대해 "단호한 조치를 취할" 것이라고 밝혔다. 그러나 애국학생들은 이에 굴복하지 않았다. 학생운동은 점차 각지, 각 학교의 분산된 투쟁에서 시작하여 전국적인 투쟁으로 확산됐다.

5월 20일, 난징, 상하이, 쑤저우, 항저우의 16개소 전문학교 이상 학교의 5,000여 명 되는 학생들이 난징중앙대학교에 모였다. 이들은 헌병과 경찰의 저지를 뚫고 "교육의 위기를 돌파하기 위한 연합 대시위"를 거행했다. 주장루(珠江路) 어귀에서 시위대는 헌병과 경찰의 물대포를 맞고 몽둥이와 가죽채찍에 구타를 당했다. 이에 중상자 19명, 경상자 90여 명이 발생했고 20여 명이 체포됐다. 이것이 바로 '5·20 유혈사건'이다. 궈푸루(國府路) 어귀에서 학생들은 비를 맞으면서도 국민당 정부의 기병순찰대와 6시간 동안 대치했다. 그날 국민당이 조종한 제4기 제3차 국민 참정회가 개막되었는데 장제스는 여기에서 연설했다. 그는 중국공산당을 함부로 공격하는 것으로 자기가 반혁명내전을 일으킨 사실을 덮어 감춰 버렸다. 학생 시위대는 국민 참정회에 청원하여 "기아를 반대하고 내전을 반대한다"는 구호를 높이 외쳤다. 같은 날, 베이핑의 여러 대학교와 중·고등학교의 7,000여 명 되는 학생들이 베이징대학교에서 출발하여 베이징대학교 선전 트럭을 앞세우고 시위를 단행했다. 이들은 "화베이 학생 베이핑 구역 반기아·반내전 대형시위"라는 대형 플래카드를 높이 들고 5시간 넘게 기세 드높은 시위행진을 진행했다. 시위대열은 "기아를 반대하고 내전을 반대한다" "정치협상의 노선을 회복하라" "교육 경비를 늘려라"는 등의 구호를 높이 외쳤다. 이와 함께 톈진의 대학생과 중·고등학생들도 기아를 반대하고 내전을 반대하는 시위를 벌였다.

'5·20유혈사건' 이후, 중공조직의 지도, 추진 아래에 학생 투쟁은 "기아를 반대하고 내전을 반대하며 박해를 반대하는" 운동으로 발전했다. 이 운동은 우한(武漢), 충칭(重慶), 광저우(廣州), 항저우(杭州), 창사(長沙), 쿤밍(昆明), 푸저우(福州), 난창(南昌), 구이린(桂林), 지난(濟南), 카이펑(開封), 선양(沈陽) 등 60여 개의 대·중도시를 휩쓸었다. 사회 각계 구성원과 상층 애국민주인사들은 여러 가지 방식으로 학생운동을 지지하고 원조했다. 교통대학교, 푸단(複旦)대학교, 베이징대학교, 칭화대학교, 옌징(燕京)대학교, 난카이(南開)대학교 등 학교의 교수들은 잇따라 동맹파업을 하거나 성명을 발표하여 학생들의 정의로운 투쟁을 지지했다. 그러면서 국민당 정부를 규탄하고 체포한 학생들을 석방할 것을 요구했다. 궈모뤄, 류야쯔, 마인추, 펑위샹 등 사회의 유명 인사들은 각각 위문편지, 제사, 연설과 전국 동포에게 알리는 글을 발표했다. 그래서 학생운동을 탄압하는 국민당 정부의 만행을 폭로하고 학생들의 애국민주 정신을 찬양했다. 민주동맹, 민주촉진회, 삼민주의동지연합회 난징분회 등 민주당파와 인민단체들은 각각 편지를 보내고 돈을 기부하는 등 방식으로 학생들을 위문했다. 사회여론의 압력 아래 국민당 정부는 체포했던 전체 학생들을 석방할 수밖에 없었다.

학생운동은 국민당 통치구역의 노동자, 농민, 시민 투쟁의 발전을 이끌었다. 1947년 상하이, 톈진, 광저우, 우한 등 주요 공업도시들에서 120만 명에 달하는 노동자들이 내전을 반대하고 미제국주의 폭거에 반대하는 파업과 시위행진에 참가했다. 그들의 파업 횟수는 3,000차례에 달했다. 국민당정부는 광범위한 농민들에게 가렴주구의 횡포를 안겼다. 그뿐만 아니라 장정을 징발하고 양곡을 징수했다. 이에 수많은 지역의 농민들이 농업세, 소작료, 장정징발을 거부하는 저항운동과 농민봉기를 일으켰고 그 예봉을 국민당정부의 기층정권에 겨누었다. 1947년 1월에 이르러 국민당 정부의 폭정에 반대하는 농민무장이 쓰촨, 산시, 윈난, 구이저우, 광둥, 광시, 푸젠, 후난, 후베이, 장쑤, 저장, 안후이 등 성으로 널리 퍼졌으며 이에 수십만 명의 대중이 참가했다. 도시 빈민들도 대규모의 쌀 빼앗기 운동을 일으켰다. 불완전한 통계에 따르면 1947년 3월부터 7월까지 기간에 상하이, 난징과 장쑤, 안후이, 쓰촨 등 9개의 성과 38개의 도시에서 쌀 빼앗기 운동이 일어났고 참가한 도시 빈민 수는 17만 명에 달했다고 한다.

전면적 내전이 폭발된 후, 바다를 사이 두고 대륙과 마주한 타이완(台灣)성 그리고 소수민족이 집거한 신장(新疆)지역에서도 국민당통치에 반대하는 대중운동이 새로운 발전을 보였다.

1947년 2월 28일, 타이베이(台北)시 인민은 국민당정부의 폭정에 반대하고, 군경이 시민을 총살하는 것에 항의하기 위해 대규모 시위행진을 거행했다. 3월 초, 타이완 각지 인민들은 호응하여 떨쳐 일어나 무기를 탈취하고 타이중(台中), 자이(嘉義) 등 많은 도시들을 공략했다. 국민당정부는 대륙에서 원군을 급파하여 봉기를 일으킨 대중을 상대로 피비린내 나는 탄압을 가했다. 20여 일 동안 3만여 명을 학살했다. 타이완 인민의 이번 무장투쟁은 국민당정부의 탄압을 받아 실패했지만 타이완 인민의 용감한 혁명정신을 보여 주었다. 이렇듯 전국 인민의 투쟁은 한걸음 가까워졌다.

신장의 이리, 타청, 아러타이 등 세 지역에서는 일찍 1945년 가을에 이미 삼구(三區)혁명정권을 수립했다. 국민당정부는 국내외 정세와 혁명운동의 압력에 못 이겨 어쩔 수 없이 대표를 파견하여 삼구혁명정부의 대표와 평화협상을 진행했고 1946년 1월 초에 11가지 평화조항을 체결했다. 이에 1946년 6월 신장성 정부를 개편하여 장즈중(張治中)이 성 정부 주석을 겸임하고 삼구혁명정부에서 아허마이티장(阿合買提江)을 파견하여 부주석 및 기타 직무를 맡게 했다. 이후 신장 인민은 잠시 동안 민주권리를 얻었다. 그러나 국민당정부가 1947년 5월에 반동적인 범돌궐주의와 범이슬람주의분자 마이스우더(麥斯武德)를 신장성 정부 주석으로 임명하는 탓에 신장성 내 각종 갈등이 더욱 격화되었고 개편된 성정부의 파탄을 초래하고 말았다. 이에 따라 신장 인민은 국민당 반동파와의 불요불굴의 투쟁을 계속 전개했고 삼구혁명정권을 끝까지 유지했다.

이렇듯 인민해방군의 군사투쟁과 국민당 통치구역에서의 인민운동은 서로 결부되어 중국 혁명이 새로운 고조로 나아가도록 밀어주고 있었다. 중국공산당이 지도하는 인민민주 통일전선은 이미 이전의 어떤 시기보다도 더욱 넓어지고 공고해졌다. 반면 국민당반동파는 완전히 고립되어 곤경에 빠지고 말았다. 이는 마오쩌둥이 1947년 5월 30일에 신화사를 위해 쓴 평론에서 지적한 바 있다. "중국 경내에는 이미 두 갈래 전선이 형성됐다. 장제스 침략군과 인민해방군과의 전쟁, 이것이 제1전선이다. 지금 또 제2전선이 나타났는데 그것은 즉 위대한 정의의 학생운동과 장제스 반동정부 간의 첨예한 투쟁이다" "중국에서 사변의 발전 속도는 사람들의 예상보다 훨씬 더 빠를 것이다. 한쪽에서는 인민해방군의 승리가, 다른 한쪽에서는 장제스 통치구역 인민 투쟁의 진척이 모두 매우 빠른 속도로 나아가고 있다. 평화롭고 민주주의적이고 독립적인 신중국을 창건하기 위해 중국 인민은 하루속히 모든 필요한 조건들을 준비해야 할 것이다"[115]

---

115 마오쩌둥, '장제스 정부는 전체 인민의 포위 속에 처해 있다'(1947년 5월 30일), 〈마오쩌둥 선집〉 제4권, 민족출판사, 1992년, 1547쪽, 1550쪽.

제20장
중국 혁명전쟁의 역사적 전환

1. 인민해방군이 전략적 공격으로 넘어가다

"전쟁을 국민당 통치구역으로 끌어가는" 방침의 확립

해방전쟁이 진행되고 1년 후, 혁명 세력에게 유리한 변화가 일어났다. 국민당군대의 총병력은 전쟁이 시작될 당시 430만 명에서 373만 명으로 줄어들었고 그 가운데 정규군은 200만 명에서 150만 명으로 줄어들었다. 대군이 산둥, 산베이 북부 전장에 깊숙이 빠져 있었기에 국민당군대는 이 두 개 전장 사이 즉, 산둥 서남, 허난·안후이·장쑤에서 다볘산구(大別山區)에 이르기까지 병력이 텅 비어 있었다. 그래서 양쪽이 강하고 중간이 약한 아령형의 구도를 이루고 있었다. 국민당 쪽 상황과는 반대로 인민해방군의 총병력은 이미 127만 명에서 195만 명으로 늘어났고 그중 야전군은 61만 명에서 100만 명 이상으로 늘어났다. 인만해방군은 국민당군대의 전면적인 공격을 분쇄한 후, 산둥(山東), 산베이(陝北)의 중점적 공격을 좌절시켰다. 그뿐만 아니라 진지루위, 진차지, 둥베이 등 전장에서 국부적인 반공으로 들어갔다.

그러나 전쟁이 폭발한 두 번째 해 초, 인민해방군은 여전히 어려운 정세에 놓여 있었다. 전쟁이 해방구 내로 들어오는 바람에 많은 지역의 생산력이 파괴되고 인민들은 곤궁한 생활을 해야만 했다. 이 때문에 해방군은 인력과 물력의 보충에 있어서 크나큰 어려운 상황에 놓였다. 국민당군대와 비교하면 공산당의 그것은 수량과 장비에서 여전히 열세에 놓여 있었기 때문이다.

국민당 통치 집단은 더욱 잔혹한 수단으로 애국민주운동을 탄압하고 인력, 물력, 재력을 착취했다. 연이어 산둥과 산베이(陝北) 북부 해방구를 중점적으로 공격했다. 그리하여 이 두 지역의 전쟁을 신속히 끝낸 후 다른 전장으로 병력을 이동하려고 했다.

국민당의 전략, 전술을 교란하기 위해 1947년 1월 중순에 중공중앙에서는 진지루위야전군이 중원(中原)으로 출동하고 포위선 밖으로 이동하여 작전할 것에 대한 문제를 검토하기 시작했다. 5월부터 8월까지, 중공중앙과 중앙군사위원회는 전쟁을 해방구로 끌어들여 해방구를 한층 더 파괴하고 소모시키려는 장제스의 전략적 의도를 타파하고자 했다. 이들은 남부전선에서 국민당군대의 전략적 조치를 두고, 세 갈래의 야전군이 중앙돌파전술을 취하도록 했다.

그리하여 전략적 공격으로 넘어가는 아래와 같은 새로운 조치를 내렸다. 류보청과 덩샤오핑은 진지루위야전군 주력 4개 종대(류덩 대군·劉鄧大軍)를 지휘하여 6월 말에 허난 북부 지역에서 황허(黃河) 를 도하한다. 그 후 우선 산둥 서남에서 적을 찾아 섬멸한 뒤 점차 허난·안후이·장쑤 지역과 다볘산(大別山) 지역을 공격한다. 그러고는 창장(長江) 이북의 후베이, 허난, 안후이 변계 지역에 전략적으로 진전시킨다. 천경(陳賡), 셰푸즈(謝富治)는 진지루위 야전군 제4종대와 제38군 그리고 새로 구성된 제9종대(천셰대군·陳謝大軍)를 통일, 지휘하여 산시(山西) 남쪽에서부터 황허를 강행 도하한다. 그리고 허난 서쪽으로 빠져나오며 허난, 산시, 후베이 변계 지역에서 전략적 전개를 실시한다. 그 다음 시베이(西北)야전군과 협동작전하여 후쭝난집단을 격파함과 동시에 류덩 대군이 중원을 도모하는 것을 협조한다.

천이와 쑤위(粟裕)는 화둥(華東)야전군 6개 종대 및 특별종대로 구성된 화둥야전군 서부전선 병단(천쑤 대군·陳粟大軍)을 지휘하고 진지루위 야전군 제11종대를 함께 지휘한다. 그래서 허난, 안후이, 장쑤 변계 지역에서 전략적 전개를 실시하여 류덩 대군이 남쪽으로 진군하도록 협력한다. 세 갈래 대군의 임무는 중원으로 들어가 '품(品)'자형 작전배치로 전개하고 새로운 중원해방구를 창건하는 것이다. 때문에 적이 주력을 되돌려 우군을 지원하도록 만들어 내선 작전에 호응하는 것이다.

또 중공중앙은 다음과 같은 결정을 내렸다. 화둥야전군 4개 종대는 동부전선병단을 구성하되 쉬스유(許世友), 탄전린(譚震林)이, 시베이 야전군은 펑더화이가 지휘한다. 이 두 부대는 각각 좌우 양쪽 즉, 산둥과 산베이 전장에서 적을 견제하는 것으로 세 갈래의 대군이 남하하여 중앙을 관통하는 작전에 호응한다. 아울러 적의 주력이 중원지역에 지원하러 되돌아가면 이 두 전장에 남아 있는 적군들을 차례로 섬멸한다. 그리하여 잃었던 땅을 되찾고 해방구를 확대할 준비를 하는 것이다. 이렇게 남부전선에서는 점차 "3군이 협력하고 양쪽에서 견제하며 내외 전선에서 밀접히 협력하는 전략적 공격 태세"가 형성됐다.

북부전선을 사이로 중앙군사위원회는 둥베이 민주연군, 진차지군구와 진지루위군구의 부대는 계속 내선에서 적을 섬멸하여 잃었던 땅을 되찾을 수 있었다. 그리고 해방구를 확대하여 외선작전과 호응했다. 그러고는 훗날 내선의 적을 모조리 멸망시키는 책략을 마련하기로 결정했다. 1947년 7월 21일부터 23일까지의 기간에 중공중앙은 산시(陝西) 북부 징벤현(靖邊縣) 샤오허촌(小河村)에서 확대회의를 소집했다. 회의에서는 1년 동안의 전쟁 상황과 각 전장의 정세에 근거하여 전략적 공격의 조치를 세웠다, 그 밖에도 해방구의 토지개혁과 재정금융사업 등에 대해 중점으로 토론했다.

회의에서 마오쩌둥은 5년이라는 기간(1946년 7월부터 계산하여)에 장제스와 투쟁하는 문제를 해결할 것을 제안했다. 그러고는 "지금 공개적으로 말하지는 않겠지만 장기적 투쟁을 준비해야 하는데 5년에서 10년 심지어 15년이 걸릴 수도 있다"고 그 뜻을 밝혔다.

중공중앙의 전략적 의도는 국민당군대의 공격을 완전히 격파하는 것이었다. 이들은 인민해방군의 총병력이 적보다 많아지는 것을 기다리지 않으며, "주력으로 싸워서 외선까지 나가 전쟁을 국민당구역으로 끌어감으로써" 적이 병력을 돌려 후방을 지원하도록 만들려고 했다. 그리고 적으로 하여금 전략적 방어로 넘어갈 수밖에 없도록 하여 국면을 반전시켜 중국 혁명을 새롭게 추진하는 것이었다.

전략적 공격의 전개

인민해방군의 여러 대군은 중공중앙의 조치에 따라 1947년 7월부터 9월까지 내선에서부터 외선으로 나아갔으며 전략적 방어에서 전략적 공격으로 넘어갔다. 전략적 공격의 주요 방향은 중원지역, 특히 중원 남부의 다볘산지역이었다. 중원은 장쑤, 안후이, 허난, 후베이, 산시 등 5개 성에 걸쳐 있는데 남쪽으로는 창장에 접해 있고 북쪽으로는 황허와 농해철도(隴海路)에 접해 있었다. 동쪽으로는 운하가 시작되고 서쪽으로는 푸뉴산(伏牛山)과 한수이(漢水)와 잇닿아 있었다. 인구는 4,500만여 명이고 전략적 지위가 매우 중요했다. 인민해방군이 중원으로 출격하여 근거지를 창설하면 남쪽으로는 창장을 막을 수 있고 동쪽으로는 난징을 위협할 수 있었다. 서쪽으로는 우한에 바싹 접근할 수 있어 강남을 크게 위협할 수 있었다. 중공중앙은 여러 방면의 세력을 통일적으로 지도하기 위해 1947년 5월 16일에 덩샤오핑을 서기로 하는 새로운 중원중앙국을 조직하기로 했다. 이때는 진지루위 야전군이 전략적 공격으로 전환하려는 단계였다.

6월 30일 밤, 류덩대군(劉鄧大軍)의 4개 종대 12만여 명은 150킬로미터나 되는 산둥성의 린푸(臨濮)에서부터 장추진(張秋鎭)에 이르는 구역에 모여 천연요새인 황허를 단숨에 도강했다. 그리고 산둥 서남쪽으로 진격하여 루시난(魯西南)전역을 새롭게 일으켰다. 류덩대군은 약 1개월 동안 4개 군의 정비개편사 사(師)부, 9개 반 여(旅)의 6만여 명 되는 적을 소멸함으로써 인민해방군의 전략적 공격의 서막을 열었다. 이 전투는 국민당으로 하여금 시베이와 산둥, 중원 등지에서부터 7개의 정비개편사와 17개 반의 여(旅)를 산둥 서남으로 이동할 수밖에 없게 했다. 그 밖에도 적의 전략적 배치를 교란시켜 다볘산으로 진격하는 길을 열어놓음과 동시에 시베이와 산둥 야전군이 적의 중점적 공격을 분쇄하는 작전을 크게 도왔다.

루시난 전역이 승리한 후 류덩대군은 휴식과 정비를 거칠 틈도 없이 아군을 향해 포위해 오는 국민당군대를 신속하게 물리쳤다. 그리고 산둥 서남에 진입한 화둥야전군 5개 종대 및 새로 설립된 진지루위 야전군 제11종대의 엄호 아래 8월 7일부터 3갈래로 나뉘어 남쪽으로 진군했다. 그리하여 다볘산을 향한 천리매진의 대사를 앞당겨 버렸다. 류덩대군은 파죽지세로 농해철도(隴海路), 황판취(黃泛區), 사허(沙河), 와허(渦河), 훙허(洪河), 루허(汝河), 화이허(淮河) 등 첩첩 장애물을 뛰어넘었다. 20여 일간의 고난의 행군과 치열한 전투를 걸쳐 8월 말, 이들은 드디어 다볘산 지역으로 들어가 후방에 의지하지 않고 그대로 직진하여 일거에 적들을 섬멸했다. 그리하여 류덩대군은 적들의 전략적 중심지로 쳐들어가는 것을 특징으로 한 특수한 공격을 완수했다. 뒤이어 류덩대군은 극도의 피로와 전염병, 심각한 인원 감축, 식량·탄약·보급품의 부족 등 극한 어려움을 극복하고 국민당 대군의 연합공격을 물리치면서 적의 빈틈을 노렸다. 이들은 안후이성 서부 지역과 후베이성 동부 지역에도 출격했다. 그래서 안후이 류안(六安) 동남의 장자뎬(張家店)과 후베이 광지(廣濟) 서북의 가오산푸(高山鋪) 전투에서 적의 한 개 정비개 편사 사부 및 3개 반 여(旅)를 모두 섬멸하는 개가를 거뒀다. 중원중앙국의 지도 아래 류덩대군은 고난의 투쟁을 거쳐 11월 하순에 이르기까지 3만여 명의 적을 섬멸할 수 있었다. 그뿐만 아니라 대중을 동원하여 33개 현에 민주정권을 수립함으로써 다볘산 지역에서의 전략적 임무를 완수해 버렸다.

8월 22일 밤, 천세대군(陳謝大軍)은 시베이 야전군의 협동작전으로 산시 남부, 허난 북부 변계에서 남으로 황허를 건너 허난 서부로 나아갔다. 황허를 건넌 후, 중원을 가로지르는 농해철도를 차단하여 동쪽으로는 뤄양, 정저우로, 서쪽으로는 퉁관에 이르렀다가 푸뉴산 양쪽을 따라 진격했다. 아울러 군대를 지휘하여 남하하면서 한 부대는 산시(陝西) 남쪽으로, 주력은 허난 서쪽으로 평한철도 양쪽을 따라 진격했다. 11월 말까지 천세대군은 적 5만여 명을 섬멸하고 39개 현의 민주정권을 수립하여 허난·산시·후베이 변계지역에서의 전략적 임무를 완수했다. 그리하여 류덩대군과 시베이야전군의 작전에 효과적으로 연합했다.

9월 9일, 천쑤(陳粟) 대군은 허쩌(菏澤) 이동의 사투지(沙土集)에서 국민당 정비개편사 1개를 전멸시켰다. 9월 26일, 천쑤 대군은 2개 종대가 잔류해 산둥 서남에서 적군을 견제한 것 외에 주력은 다섯 갈래로 나뉘어 농해철도를 넘어 남하했다. 그리고는 위완쑤평원에 들어가서 분산작전을 실시했다. 잇따라 농해철도의 란펑(蘭封)-하오자이(郝砦) 구간과 진포철도의 쉬저우(徐州)-구전(固鎭) 구간을 습격하여 국민당군대 1만여 명을 살상하고 쉬저우 국민당 수비군에게 두려움을 주었다. 이들은 11월 중순에 이르러 25개 현에 민주정권을 수립하고 위완쑤 해방구를 확대했으며 이 지역에서의 전략적 임무를 완수했다.

류덩, 천세, 천쑤등 3갈래 대군의 중원지역에서의 임무 수행은 인민해방군이 전국적 승리를 쟁취하는 모범사례가 되었고 국민당 통치 집단을 크게 놀라게 했다. 중원을 쟁탈하고 인민해방군의 공세를 저지하기 위해 국민당정부는 11월 하순에 '국방부 주장(九江)지휘부'를 설치하고 국방부장 바이충시가 주임을 겸임했다. 그는 허난, 안후이, 후베이, 후난, 장시 등 5개 성의 군정대권을 직접 관할했다. 그리고 33개 여(旅)를 소집하여 "총력전" 전략으로 다볘산(大別山)지역의 인민해방군에 대란 포위 공격을 시도했다. 류덩대군의 3개 종대는 덩샤오핑의 지휘 아래 다볘산 지역에 남아 투쟁을 견지하기로 했다. 그 밖에 1개 종대는 류보청의 인솔 아래 화이허(淮河)를 건너 북상하여 화이서(淮西)지역으로 이동했다. 진지루위 지역에서 남으로 이동한 지 얼마 되지 않아 2개 종대는 평한철도를 넘어 서진하여 퉁바이(桐柏), 장한(江漢) 지역에서 신해방구를 창설하고 적을 후퇴시켰다. 한편 천쑤, 천셰 2갈래 대군은 평한철도와 농해철도에 대한 습격파괴전투를 벌임으로써 다볘산을 포위 공격하고 있던 적군의 배후로 되돌아가 지원하게 했다. 12월 30일, 3갈래 대군의 각 1부가 허난 췌산(碓山)지역에서 성공적으로 합류했다. 그리하여 어위완(鄂豫皖), 위완쑤(豫皖蘇), 위산어(豫陝鄂), 퉁바이, 장한 등 5개 신해방구가 서로 연결되었고 3,000만 인구를 가진 새로운 중원해방구가 서로 연결됐다.

바이충시(白崇禧, 백숭희·1893~1966)

중화민국의 군인, 군벌, 정치가이다. 광시파 군벌의 지도자로서 북벌(北伐) 후 장제스와 대립했으며 만주 사변 후 타협했다. 그는 국민혁명군 내의 가장 유능한 장군으로 '작은 제갈량'이라는 별칭으로 불렸고 일급상장까지 올랐다. 회족 출신으로 무슬림이다.

중원지역을 탈취하기 위해 인민해방군은 창장 강, 화이허, 황허 강, 한수이 사이를 종횡무진 누비면서 4개월간 작전한 끝에 국민당군대 19만 5,000명을 섬멸할 수 있었다. 그뿐만 아니라 100개 가까이 되는 현과 성을 해방했다. 남부전선에 있는 적군 병력 160여 개 여(旅)

중 90개 여를 주위로 유인해 왔다. 그리하여 이들은 전반 전쟁의 판세에 "결정적인 전략적 역할을 수행했다"[116] 국민당 당국은 중원전장에서의 패배로 인해 "전반적인 전략적 정세가 이때부터 수세에 빠지게됐"다고 인정할 수밖에 없었다.[117]

류덩, 천쑤, 천셰 등 3갈래 대군이 중원으로 돌진하자 내선(內線)의 여러 전장에 있던 인민해방군도 점차 반격하기 시작했다.

시베이(西北)야전군은 8천셰 집단이 황허를 건너 남하하는 것에 호응하기 위해 8월 6일부터 위린(榆林)을 포위하고 공격하기 시작했다. 그러다가 11일에 전투에서 물러나면서 후쭝난 부대의 주력을 북으로 이동시켜 증원하게 했다. 8월 20일에 시베이 야전군은 남북 적군이 아직 합류하지 않은 기회를 틈타 사자뎬(沙家店)지역에서, 위린에서부터 남하한 국민당군대 정비개편사 제36사의 주력을 일거에 격파해 버렸다. 이들은 이로써 시베이 전세를 근본적으로 역전시켰다. 사자뎬전역 이후 천셰 집단이 허난 서부에 출격하여 시안(西安)을 위협하는 바람에 후쭝난 부대 주력은 부득이 남쪽으로 철수할 수밖에 없었다. 이렇듯 유리한 상황에서 시베이 야전군은 승세를 몰아 내선 반격으로 넘어갔다. 그러고는 황룽, 옌칭[옌창(延長)·옌촨(延川)-칭젠(清澗)] 전투를 일으키고 옌안 동북의 광대한 지역을 해방시켰으며 황룽산 신해방구를 개척했다.

화둥야전군 서부전선 병단이 외선으로 이동한 후, 국민당군대는 산둥 전쟁을 마무리 짓고 병력을 기타 전장으로 이동시키려고 했다. 그래서 병력을 규합한 후 갈래를 나눠 조둥(膠東)반도를 대거 공격했다.

116 마오쩌둥, '시베이의 대승리에 대해서와 해방군의 신식정풍운동에 대해'(1948년 3월 7일), 〈마오쩌둥 선집〉 제4권, 민족출판사, 1992년, 1628쪽.
117 타이완 "국방부사정국" 편집인쇄, 〈감란간사(戡亂簡史)〉 제2책, 타이완 "국방부사정국" 1973년, 124쪽.

화둥야전군 동부전선병단은 국민당군대를 유인하여 외부전선의 주력이 중원(中原)으로 들어가는 것에 호응하기 위해 조둥(膠東)보위전을 벌였고 10월 초에 내선반격으로 넘어갔다. 이들은 12월에 이르기까지 6만 3,000명의 적을 섬멸하고 조둥의 광활한 지역를 되찾았다. 그리하여 결국 국민당군대의 공격을 분쇄하고 산둥 전장의 판세를 근본적으로 바꿨으며 서부전선병단의 작전에 최선을 다해 협력했다.

북부전선의 둥베이민주연합군은 남부전선 작전에 호응하기 위해 9월 14일에 추계 공격을 개시했다. 우선 남만부대가 북녕철도 및 양측 지대에서 공격을 시작하여 수비가 취약한 적을 섬멸하고, 선양지역의 국민당군대 주력을 남쪽으로 유인했다. 그다음에는 북만부대가 중장철도 선양 이북 구간에서 공세를 발동하여 적이 서로를 돌볼 겨를이 없도록 했다.

2개월 가까이 되는 추계 공격에서 둥베이 민주연군은 약 6만 9,000명의 국민당군대를 섬멸했다. 그리하여 그들은 부득이 진저우, 선양, 쓰핑, 창춘, 지린등 둥베이 총면적의 14%밖에 안 되는 34개 도시와 그 부근으로 물러날 수밖에 없었다. 적들은 점점 수세에 몰렸다. 또 추계 공세는 화베이 국민당군대의 5개 사(師)를 동북으로 이동시켜 증원하게 함으로써 진차지야전군의 작전에 적극 연합했다.

진차지 야전군은 베이핑, 톈진, 바오딩 등 삼각지대에서의 대치상태를 처리하기 위해, 전투에 유리한 시기를 적극 포착했다. 그리하여 9월 상순에 다칭허베이(大淸河北)전투를 일으켰다. 그 뒤로 국민당군대가 병력을 뽑아 둥베이로 이동시켜 증원하는 기회를 엿보았다. 진차지 야전군은 스자좡(石家莊)에서 북쪽으로 이동하여 증원하러 가는 고립무원의적 제3군 주력을 10월 19일부터 22일 사이에 칭펑뎬(淸風店)지역에서 전멸시켰다. 칭펑뎬 전역에서의 승리는 진차지 지역의 전세를 전환시킴에 있어 매우 중요한 역할을 했다. 진차지야전 군과 지방무장은 진차지 지역에 갓 진입한 인민해방군 총사령 주더의 지시에 따라 진격을 준비했다. 이들은 11월 6일부터 12일까지 승세를 몰아 국민당군대가 튼튼하게 방어하고 있던 허베이의 요충지인 스자좡을 일거에 점령하고 적의 수비병 2만여 명을 전멸시켰다. 스자좡 전역은 인민해방군이 전략적 공격을 퍼부은 이후로, 국민당군대가 지키고 있던 비교적 큰 도시의 적진 공격전에서 처음으로 이룩한 승리였다. 이 전역의 승리는 진차지와 진지루위 2개 큰 해방구를 연결시켜 놓았다. 또 이 승리는 인민해방군은 이미 적들이 견고하게 방어하고 있는 비교적 큰 도시를 탈취할 수 있는 능력을 갖췄음을 보여주었다. 스자좡을 공략한 뒤, 중공 진차지 중앙국에서는 도시 인수 관리 사업을 조직했다. 그리하여 새로 해방된 도시를 관리하는 데 유익한 경험을 얻을 수 있었다.

각 전장에서 인민해방군이 내선과 외선에서 협동작전을 벌여 인민해방전쟁은 전국 규모에서 전략 공격의 정세를 보였다. 반 년 동안의 작전을 통해 인민해방군은 적군 75만여 명을 전멸시켰다. 1947년 말에 이르러 주요한 전쟁은 해방구 내에서가 아니라 국민당 통치구역 내에서 이루어졌다.

국민당군대는 전략적 공격에서 전면적 방어로 넘어갈 수밖에 없었고, 이로써 인민군대는 혁명전쟁 중 오랫동안 유지했던 전략적 방어 단계에서 벗어났다. 이 위대한 승리는 전쟁 정세가 근본적으로 바뀌었음을 보여주며 중국 혁명이 새로운 단계에 이르렀음을 증명한다. 더불어 중국 혁명전쟁이 이미 새로운 역사적 전환점에 이르렀음을 보여주는 것이다. 마오쩌둥은 다음과 같이 지적했다. "이것은 역사의 전환점이다. 이것은 장제스의 20년 동안 이어진 반혁명적 통치가 발전에서 소멸로 나아가는 전환점이다. 이것은 100여 년에 걸친 중국에서 제국주의 통치가 발전에서 소멸로 나아가는 전환기다" "이 사변이 일어난 이상 그것은 필연적으로 전국적 승리로 나아가게 될 것이기 때문이다"[118]

2. 토지제도개혁운동의 발전과 당 정돈 운동

〈중국토지법대강〉의 제정과 실시

인민해방군이 전략적 공격을 시도하게 되면서 맞이한 새로운 정세에서는 해방구에서 보다 보편적이고 심도 있게 토지제도를 개혁하는 운동을 필요로 했다. 그래서 광범위한 농민들의 혁명과 생산 적극성을 남김없이 동원해야 했다. 그런 연유로 해방전쟁에 아낌없는 인적, 물적 자원을 지원할 것을 요구했다.

중국공산당 중앙이 〈5·4지시〉를 발표한 뒤, 전략적 공격을 시도한 뒤부터 개척한 신해방구 외에 노해방구(항일 전쟁에서 승리하기 전에 해방된 지역)와 반노해방구(항일 전쟁이 승리할 때 수복한 구역과 전략적 공격전에서 해방된 지역)에서는 거의가 1년 남짓한 투쟁기간을 거쳤다. 그 결과 농민들의 토지 문제를 해결할 수 있었고 성과마저 좋았다. 하지만 아직도 3분의 1이나 되는 해방구에서는 토지개혁을 진행할 수 없었다. 토지개혁을 이미 진행한 곳이라도 개혁운동이 철저하게 진행되지는 않았다.

앞선 단계의 토지개혁 사업의 경험을 총결하고 해방구에서의 토지개혁 운동을 더욱 발전시키기 위해 중공중앙 사업위원회는 1947년 7

---

118 마오쩌둥, '현 정세와 우리의 과업'(1947년 12월 25일), 〈마오쩌둥 선집〉 제4권, 민족출판사, 1992년, 1571쪽.

월부터 9월까지 허베이성(河北省) 젠핑현[建屛縣·지금의 핑산현(平山縣)에 속함] 시바이포촌(西柏坡村)에서 전국 토지 회의를 소집했다. 회의는 중앙사업위원회의 서기 류사오치가 주재했고 각 해방구의 해당 책임자와 대표 등 도합 107명이 참가했다. 회의에서는 토지개혁과 당의 정돈이라는 두 가지 큰 문제를 중점으로 토론했고 〈중국토지법대강(초안)〉(10월 10일 정식 반포)을 통과시켰다.

〈중국토지법대강〉 초안에서는 "봉건적 및 반봉건적인 토지제도를 폐지하고 밭갈이하는 자에게 밭이 있게 하는 토지제도를 실시"하며 "지주의 모든 토지소유권을 폐지"하고 "사당, 사찰, 사원, 학교, 기관 및 단체의 토지소유권도 폐지"하며 "토지제도 개혁 이전에 발생한 농촌에서의 모든 채무를 폐지"한다고 명확히 규정했다. 〈중국토지법대강〉에서는 토지를 철저히 평균 분배하는 기본 원칙을 규정했다. 즉 "농촌의 모든 지주의 토지 및 공동소유지는 농협에서 인수하며, 농촌의 기타 토지까지 합하여 남녀노소를 가리지 않고 농촌의 총인구에 따라 통일적으로 평균 분배한다. 단 양이 많은 곳에서 떼어 적은 곳을 보충하고 질적으로는 비옥한 곳에서 떼어 척박한 곳을 보충한다. 그리하여 전체 농촌의 인민들이 골고루 토지를 분배받게 하는 동시에 이를 각자의 소유로 돌린다"고 규정했다. 〈대강〉에서는 또 "농촌 농민대회 및 그곳에서 선출된 위원회, 농촌에서 토지가 없거나 토지가 적은 농민들이 조직한 빈농단대회 및 그곳에서 선출된 위원회, 구, 현, 성 등급의 농민대표대회 및 그곳에서 선출된 위원회는 토지제도를 개혁하는 합법적인 집행기관이다"고 규정했다.

〈중국토지법대강〉은 항일전쟁 승리 후, 중국공산당이 공개적으로 반포한 토지제도 개혁에 대한 첫 강령이자 문건이다. 〈중국토지법대강〉은 중국공산당이 반봉건의 전투 기치를 높이 들고 전국에서 봉건적·착취적 토지제도를 소멸하기 위해 기본적인 강령을 제공했다는 사실을 전 중국과 전 세계 인민들에게 알리는 계기가 됐다. 이 문건은 신로해방구의 토지개혁운동을 추진하는데 있어 매우 중요한 역할을 담당했다. 그뿐만 아니라 국민당 통치구역에서의 정치적 파급효과가 상당히 컸다. 하지만 대강에서 규정한 모든 토지에 대한 평균 분배 방법은 중농의 이익을 침해하는 결과를 초래했다. 그래서 신해방구와 전국적 범위에서 토지개혁을 진행할 때는 이를 바꾸었다.

각 해방구는 전국토지회의 정신을 전파하기 위해 각급 당 및 정부, 군대 기관에서 다수의 지원자를 뽑아 사업 소조를 조직한 뒤, 농촌에 깊이 들어가 사업을 전개했다. 1947년 11월부터 12월까지는 토지개혁을 중심으로 한, 기세 드높은 대중운동이 삽시에 퍼졌다. 이는 산간닝, 진쑤이, 진차지, 진지루위, 화둥 등 노해방구, 둥베이 등 반노해방구, 그리고 어위완, 위완쑤, 위산어, 장한, 퉁바이 등 신해방구에서 폭넓게 펼쳐졌다. 진차지, 진지루위와 화둥 해방구에서는 과거의 봉건 토지제도가 완전히 폐지된 상태였다. 그뿐만 아니라 토지개혁이 적극 실현 된 지역에서는 토지를 모두 떼어내 보충하거나 적당하게 조절하는 정책을 실시했다. 예를 들면 "많은 곳에서 떼어내 적은 곳을 보충하고 비옥한 곳에서 떼어내 척박한 곳에 보충하며 가까운 곳에서 떼어내 먼 곳을 보충하는 방법"으로 빈농, 부농의 토지부족 문제점을 해결했다. 토지개혁사업이 취약한 지역에서는 지주, 구식부농의 여유 부분의 토지, 가옥, 역축, 농기구 등을 몰수하여 인구에 따라 공평하게 분배했다. 산간닝, 진쑤이와 둥베이 해방구에서는 "낡은 울타리를 타파하고" "토지를 다시 측량하며" "분량을 균등하게 하고" "철저히 평균 분배"하는 방식을 채택했다. 그래서 자연촌을 단위로 토지를 뒤섞은 다음 인구에 따라 다시 공평하게 분배했다. 새로 개척한 어위완, 장한, 퉁바이, 위산어, 산난, 위완쑤 등 해방구들에서도 노해방구와 반노해방구에서 토지를 공평하게 분배하는 방법을 따라했다. 그리하여 창고를 열어 빈곤을 구제하고 토지를 나누며 동산(動産)을 나누는 운동을 신속히 벌였다.

기세 드높은 토지개혁운동은 엄청난 속도로 수천 년 동안 내려오던 봉건토지제도에 큰 충격을 가했다. 특히 1억 인구를 가진 노해방구와 반노해방구에서는 봉건토지제도를 폐기해 버렸고 수천 년 동안 내려온 농민들의 멍에를 분쇄해 버렸다. 농촌의 낡은 생산관계를 개선함으로써, 농촌 각 계급이 점유하고 있던 토지를 대체적으로 공평하게 분배할 수 있었다. 더불어 빈농과 부농이 평균 수준에 해당하는 토지와 기타 생산재료 및 생활재료를 얻도록 했다. 이 천지개벽과 같은 변화로 인해 억만 농민들은 정치경제적으로 해방을 얻었고 그들의 지대한 혁명열정을 불러일으켰다. 그들은 앞 다투어 참군하거나 참전하여 수많은 전지 근무를 담당했으며 군량과 마초, 이불과 옷 등의 물자를 인민해방군에게 아낌없이 지원했다. 3년 사이, 진지루위해방구는 참군한 농민이 148만 명에 달했고 산둥(山東)해방구는 전후로 59만 명의 청년들이 참군했다. 그 밖에도 700만 명의 청장년 농민들이 종군하고 출정했다. 이렇듯 토지개혁운동은 전국적 승리의 쟁취를 위해 끊임없이 인력·물력을 제공해 주었다.

그러나 폭풍우와 같은 대중운동 가운데서 '좌'적인 경향이 나타나기도 했는데 주로 다음과 같은 곳에서 표출됐다. 어떤 곳에서는 계급 성분을 구분함에 있어 통일적인 기준과 명확한 정책적 계선이 없어 노동계급(주요하게는 중농)을 지주나 부농으로 잘못 규정지었다. 일부 노해방구, 반노해방구에서는 이미 토지개혁을 일찍 완수한 곳이 있었고 중농이 다수를 차지하는 지역에서는 또다시 토지를 공평하게 분배했다. 그러나 이는 중농과 자기의 노동에 의하여 새롭게 상승한 부농의 이익을 침해했다. 일부 신해방구에서는 대중을 발동하고 대중의 정치적 각오를 향상시키는 것부터 착수하지 않았다. 그래서 토지개혁운동이 형식적으로 흘러 거짓 토지를 분배한 셈이 되기도 했다. 일부 지역에서는 지주와 부농이 짜고(경영하고 있던 상공업을 갈취하기도 했음) 민족상공업자들에게 과중한 세금을 안기는 등 현상이 발생하기도 했다. 이는 민족상공업자들의 이익을 크게 감소시켰다. 일부 지역에서는 지주와 부농, 그리고 지주 가운데서 악질지주와 비악질지주를 구분하지 않는 착오를 범했다. 그리하여 똑같은 방식으로 투쟁하거나 모두에게 살 길을 주지 않고 심지어 "재산을 몰수하고 쫓아내"며 함부로 구타하고 살해하는 현상까지 발생했다. 이런 편향은 토지개혁운동의 건전한 발전을 크게 방해했고 농업생산의 정상적인 진행과 사회질서의 안정에 악영향을 끼쳤다.

이런 '좌'적인 편향은 당의 정책이 완벽하지 못한 탓도 있었지만 더 깊이 따져보면 사회·역사적 원인 또한 있었다. 소농경제를 기초로 형성된 농민의 평균주의 사상은 중국에서 유구한 역사를 갖고 있었으며 구시대 농민들이 반봉건투쟁을 일으키는 중요한 정신적 무기였다. 농민들이 봉건지주한테서 토지와 재산을 빼앗을 때는 흔히 이 범위에서만 국한하여 운동하려고 했다. 그러나 정부는 사회의 기타 모든 계급과 농민들에게 토지와 재산을 공평하게 분배하고 모든 상공업 역시 공평하게 분배할 것을 요구했다. 몹시 어려운 전쟁환경 속에서 농민들을 토지개혁운동에 동원시켰을 때 이런 요구는 일파만파의 반향을 일으킬 수 있었다. 당의 토지개혁 정책에 중요한 영향을 줄 수 있었다. 이때 많은 간부들은 대규모 토지개혁을 진행한 경험이 없는 데다 당 정돈 중 반우경이라는 비판을 받은 터라 당의 지도를 감히 견지하지 못했다. 그래서 농민들의 요구를 방임하거나 순응하였다. 이는 결국 '좌'적인 편향을 조성하는 계기가 됐다.

중공중앙은 운동의 발전을 면밀히 주시하다가 상술한 '좌'적 편향을 발견하고는 즉각 조사, 연구를 진행하고 조치를 취해 시정했다. 1947년, 12월 회의에서 중공중앙은 지도자의 연설과 문건 발포를 통하여 토지개혁의 정책과 전술에 대해 한층 더 보완된 설명을 했다. 1947년 12월, 중공중앙은 토지혁명전쟁 시기의 당의 두 가지 문건, 즉 "어떻게 계급을 분석할 것인가"와 "토지투쟁 중의 일부 문제에 대한 결정"을 새롭게 공표했다. 1948년 1월, 런비스는 시베이야전군 전선위원회 확대회의에서 "토지개혁 중의 몇 가지 문제"라는 연설을 했고 중앙에서는 즉각 이 연설을 공개했다. 시베이국 서기 시중쉰이 "토지개혁 가운데 일부 문제에 대한 보고서"를 작성하고 중원국 서기 덩샤오핑은 "신구 해방구 사업문제에 대한 보고서"를 썼다. 마오쩌둥은 이 두 보고서를 각 지역에 전달하라고 지시했다. 이 모든 과정은 '좌'적 편향을 시정하고 토지개혁운동을 정상적인 궤도에 오르게 하는 데 매우 중요한 역할을 했다.

당의 대열을 정돈하다

각 해방구 당 조직은 토지개혁을 전개하는 한편 당 정돈 사업에 대한 전국 토지회의의 조치에 따라 당 정돈 사업을 전개했다.

항일 전쟁에서 승리한 이후 당의 조직은 매우 빠르게 발전했는데 1947년에 이르러 당원은 이미 270만 명으로 늘어났다. 혁명전쟁에서 혹독한 단련을 거쳤기에 당의 대열 상황은 전체적으로 좋은 편이었다. 그러나 전쟁과 토지개혁이 격렬해 지면서 일부 당 조직, 특히 일부 농촌 기층 당 조직에서는 사상, 기풍, 조직의 불순한 문제가 뚜렷하게 노출되기도 했다. 예를 들면 일부 당원들은 계급 관점이 모호하여 당의 토지정책을 강력히 집행하지 못했다. 심지어 이들은 지주와 부농분자를 감싸거나 두둔했고, 일부 당원들은 직권을 이용하여 대중의 이익을 침해하기도 했다. 그리고 제 멋대로 토지를 더 많이 분배하거나 점유했으며, 일부 간부들은 심한 관료주의 사상에 입각하여 강제적으로 명령을 내리기도 했다. 한편 일부 지주, 부농과 건달 분자들이 당내에 끼어들어 왔을 뿐만 아니라 심지어 기층 당과 정부의 지도권까지 장악하려고 했다. 이들은 권세를 부리고 공중의 이익을 해치며 자기 잇속만 챙기는 등 대중을 압박했다. 전국토지회의에서는 이런 상황을 보면서 문제의 원인이 앞선 토지개혁이 철저하지 못한 탓이라고 여겼다. 그리하여 토지개혁과 결부하여 당 정돈을 진행할 것을 결정했다.

당 정돈의 기본방침은 비평과 자아비평을 전개하고 설득과 교육을 위주로 하며, 결함을 알게 하고 교훈을 찾도록 하여 사람들의 병집을 고쳐주자는 데 있다. 당 정돈의 기본 내용은 3가지 검사(三査·계급성분을 검사하고, 사상을 검사하고, 작풍을 검사하는 것)와 3가지 정돈(三整·조직을 정돈하고, 사상을 정돈하고, 작풍을 정돈하는 것) 사업을 전개하여, 당내의 비무산 계급사상의 영향과 관료주의 기풍을 극복하고 전심으로 인민을 위해 복무하는 사상을 확고히 수립하는 것이었다. 또 과오가 엄중하고 몇 번이나 타일러도 고치지 않는 당원에게는 조직적 규율처분을 부가하도록 했다. 그리고 당내에 끼어들어 온 극소수의 지주, 부농과 건달 분자들을 당에서 철저히 제명하고 추방하기로 했다. 당 정돈의 기본 방침은 당의 지부를 공개하고 비당원 대중을 흡수하여 당의 지부대회에 참가시키는 것이었다. 이로써 3가지 검사와 3가지 정돈 사업은 대중의 감독을 받게 했다. 그뿐만 아니라 지주, 부농과 건달 분자들의 조종을 받는 소수의 당지부에 한해서는 상급 조직에서 사업소조를 파견하여 당 지부를 새로 조직하게 했다. 그 밖에도 당 지부에 협조를 요청하여 당 정돈 사업을 전개하도록 했다.

당 정돈 사업이 시작된 뒤 처음 며칠 동안에는 토지개혁사업과 마찬가지로 '좌'적 편향이 나타났다. 일부 상급 당 조직에서 파견한 사업소조는 현지에 있던 원래의 당 조직과 당원을 신임하지 않았다. 사업소조는 그들을 발목 잡는 '걸림돌'로 간주하여 제거했으며 오로지 빈농단(貧農團)에 의거하여 토지개혁을 진행할 것을 강조했다. 어떤 지방에서는 이를 농민대중의 자발적인 참여에 맡겨 버렸다. 그리하여 대중이 들고일어나 제멋대로 당원과 간부에 대해 대항하는 현상이 일어났다. 어떤 지방에서는 수많은 지주와 부농 출신 당원의 당적을 성급하게 정지시키기도 했다. 일부 당적의 경우 잘못된 구분으로 나뉜 것이었기에 문제가 생겼다. 이러한 작법은 당지 당원과 간부들의 감정을 상하게 했다. 그리고 당원과 사업소조, 빈농단과의 대립을 조성함으로써 토지개혁사업에 악영향을 미쳤다. 당 정돈 사업에서의 이런 '좌'적 편향은 전국토지회의에서 당내의 불순문제에 대해 너무 엄중하게 추측한 것이 그 원인이 됐다. 또한 농촌기층에서 당 정돈 경험이 부족했던 것과도 관련이 있었다.

중국공산당 중앙은 이 같은 '좌'적 편향을 신속히 발견하고 즉각 시정했다. 1947년 12월 25일부터 28일까지 중공중앙에서는 확대회의를 소집하여 당내의 경향 문제 및 토지개혁과 대중운동의 몇 가지 구체적 정책 문제에 대해 상세하게 토론했다. 그러고는 역사적으로 범했던 '좌'적 오류를 절대 또다시 해서는 안 된다고 강조했다. 1948년 초 마오쩌둥은 각 중앙국, 분국, 성당위원회, 구당위원회에 회의를 소집하여 토지개혁과 당 정돈 사업을 검사하게 했다. 그럼으로써 토지개혁과 당 정돈 사업의 '좌'적 편향이 신속히 시정될 수 있었다.

1948년 2월 22일, 중공중앙은 저우언라이가 기초한 "노해방구와 반노해방구에서의 토지개혁과 당 정돈사업에 대해"라는 지시를 발표하여 서로 다른 지역에서 각기 다른 방침을 취할 것을 요구했다. 지시에서는 핑산현(平山縣)의 당 정돈 경험, 즉 "당지부가 대중을 당 회의에 초청하여 함께 당원과 간부를 심사하는 방법"을 추천했다. 지시에서는 당 지부를 공개할 것을 결정했고, 아직 공고하지 못한 신해방구를 제외하고는 모든 당 지부를 공개해야 한다고 했다. 당 지부 회의는 당의 비판검토회의를 포함한 모든 회의에 대중을 참가시키기로 했다. 당 정돈을 지도하기 위해 같은 해 3월 12일, 마오쩌둥은 '산시(山西)성 궈현(崞縣)에서 토지개혁을 어떻게 진행하였는가'라는 글에서 진차지(晉察冀) 핑산현(平山縣)의 당 정돈 경험(류사오치가 총결함)을 전당에 널리 보급할 것을 지시했다. 더불어 당 지부를 공개하고 폐쇄적으로 진행하던 당 정돈을 개방적인 당 정돈으로 고칠 것을 요구했다. 개방적으로 당 정돈을 진행한다는 것은 당과 인민의 이익을 일치시킨다는 것을 의미한다. 또한 당이 스스로를 대중의 감독 아래에 놓겠다는 결심과 태도를 표명하는 것이었다. 그리고 이는 실제로 대중에게 중국공산당은 대중의 이익을 대표하는 당이라는 것을 선전하고 증명하는 것이었다.

1948년 5월 25일, 중공중앙에서는 마오쩌둥이 기초한 '1948년의 토지개혁사업과 당 정돈사업'이라는 지시를 발표하여 당 정돈의 방침과 정책을 규정했다. 그리고 1948년 9월부터 1949년 3월까지 각 중앙국과 분국이 정한 지역에서 "정확한 정책에 의해 당 정돈을 기초적으로 실시"하고 "당 지부 조직의 정돈사업을 완수할 것"을 제기했다. 1948년 9월, 토지개혁사업에 종사하는 간부들은 농촌으로 대거 내려가 토지개혁과 당 정돈 사업을 지도했다. 그뿐만 아니라 토지개혁을 당 정돈과 봄갈이 준비와 연계시켰다.

1948년 말과 1949년 초에 이르기까지 대부분의 노해방구, 반노해방구 당 정돈사업은 마무리됐다. 당 정돈을 통해 농촌의 기층 당 조직은 사상, 정치와 조직적으로 모두 큰 발전을 가져올 수 있었다. 당과 대중의 연계도 더욱 밀접해졌다. 이는 토지개혁의 실현과 전쟁에서 승리를 얻는 데 중요한 담보가 되었다.

각 해방구에서 당 정돈사업을 전개하고 있던 1947년 겨울부터 1948년 가을까지 인민해방군도 전투하는 중간 중간에 계급교육을 실시했다. 이를 시작으로 고통을 호소하고(訴苦·구사회와 반동파가 근로인민에게 가한 고통을 공소하는 것) "세 가지를 검사"(三査·계급성분을 검사하고, 사업을 검사하고, 투지를 검사하는 것) 하고, "세 가지를 정돈"(三整·조직을 정돈하고, 사상을 정돈하고, 작풍을 정돈하는 것)하는 등 방법을 찾아 전군 속에서 신식 정군운동을 널리 전개했다. 이 운동을 통하여 수많은 간부와 전사들의 계급적 각오를 향상시켰고 그들의 혁명적 투지를 불러일으켰다. 그 밖에도 국민당군대에서 포로로 잡혀온 약 80만 명 되는 병사들을 교육하고 전향시켰다. 이 운동은 인민군대의 정치·경제·군사에서의 삼대 민주를 충분히 발양(發揚·인재를 찾아서 키움)함으로써 장교와 사병 관계를 더욱 밀접하게 했다. 또한 부대의 전투력을 향상시켜 정치·사상·조직 면에서부터 해방전쟁이 승리를 쟁취할 수 있도록 준비시켰다. 마오쩌둥은 "인민해방군은 고통을 호소하고 세 가지를 검사하는 방법으로 신식 정군운동을 진행했으므로 천하무적이 될 것"이라고 말했다. 이렇듯 계급교육을 중심으로 한 신식 정군운동은 인민해방군 정치 사업에 있어 엄청난 발전이었다.

3. 전국적 승리를 탈취할 것에 대한 강령의 제정과 실시

12월 회의

1947년 7월 7일, 중공 중앙에서는 항일전쟁 10주년 기념구호에서 전국인민을 향해 모든 장제스 침략군을 단호히, 철저히, 깨끗이, 모조리 섬멸할 것을 제기했다. 그리고 장제스의 내전, 독재, 매국정책을 반대할 것, 민주연합정부를 세울 것, 관료자본을 몰수할 것, 토지제도개혁을 실시할 것, 민족상공업을 보호할 것 등 주장을 공개적으로 선포했다. 9월에는 "전국적으로 대반격하고 장제스를 타도하자"는 구호를 외쳤다. 10월 10일에 중국 인민해방군 총부에서는 선언을 발표하여 "장제스를 타도하고 전 중국을 해방하자"는 구호를 제기했다. 그 밖에도 중국 인민해방군의 것이자 중국공산당의 것이기도 한 8개 조항의 기본 정책을 선포했다. 그중에는 장제스의 독재정부를 타도하고 민주연합정부를 수립한다, 관료자본을 몰수하고 민족상공업을 발전시킨다, 봉건적 착취제도를 철폐하고 밭갈이하는 자에게 밭이 있게 하는 제도를 실시한다, 각 소수민족은 평등, 자치의 권리가 있다, 모든 매국조약을 폐기하며 외국과 평등호혜의 통상우호조약을 체결한다는 등의 내용이 포함되어 있었다. 이로써 중국공산당은 전국 인민에게 전 중국을 철저히 해방시킬 수 있는 총체적 목표를 명백히 일깨워 주었다.

10월 27일, 중공중앙에서는 혁명을 반드시 끝까지 이어가야 한다는 지시를 발표했다. 그리하여 미국과 장제스가 조직한 중간파벌 입장으로 드러나는 '평화음모'를 철저히 고발할 것을 요구했다. 또 각 민주당파를 쟁취하고 단결시키는 사업을 잘 이뤄낼 것 역시 요구했다. 지시에서는 또 "반드시 신민주주의 사상과 정치 강령을 철저히 선전하고, 철저하지 못한 자산계급 타협사상과 개량주의 정치 강령을 반대해야 한다. 전 중국 인민을 동원하여 우리 해방군의 '쌍10 선언'의 주장에 동조하도록 하고 그것을 철저히 선전해야 한다. 그래야만 진정으로 대지주·대자본계급의 반동통치를 분쇄하고 제국주의 침략을 분쇄할 수 있다"고 강조했다.

당의 행동강령을 전면적으로 제정하고 전국적 승리를 이룩하기 위해 12월 25일부터 28일까지 중공 중앙에서는 산시 북부(陝北) 미즈현(米脂縣) 양자거우(楊家溝)에서 확대회의, 즉 12월 회의를 소집했다. 회의는 마오쩌둥, 저우언라이, 런비스가 주재했다. 그리고 회의에 참가할 수 있는 중앙위원과 후보중앙위원, 산간닝(陝甘寧)변구와 진쑤이(晉綏)변구의 주요 책임자 그리고 중앙의 몇 개 부, 국의 책임자들이 참석했다. 이들은 회의를 개최하기에 앞서 18일 동안 예비회의를 소집했다. 회의 참가자들은 정치·군사·토지 소조 문제를 나누고 해당 문제점에 대해 충분한 준비와 토론을 했다.

회의에서는 주로 마오쩌둥의 '현 정세와 우리의 과업'이라는 서면보고를 토론하고 통과시켰다. 마오쩌둥은 보고에서 국내외 정세를 깊이 있게 분석했다. 더불어 그는 장제스를 철저히 물리치고 전국 승리를 탈취할 것에 대한 군사, 경제, 정치 등 측면에서의 방책과 정책을 명확히 밝혔다.

군사 측면에서 마오쩌둥은 인민혁명전쟁, 특히 18개월 동안의 해방전쟁의 경험을 정리하고 10대 군사원칙을 제기했다. 10대 군사원칙은 인민전쟁의 전략·전술 사상과 관련한 중요한 문제점들을 분명히 밝혔다. 그 핵심은 섬멸전을 진행하여 적의 유생 세력을 끊임없이 전멸시키는 것이었다. 10대 군사원칙은 인민전쟁을 기초로 하여 발표한 것이었기에, 그 어떤 반인민적인 군대도 이를 이용할 수도, 대처할 수도 없었다. 10대 군사원칙의 제기로 인해 인민해방군의 작전과 지도사상은 보다 체계화·이론화되었다. 그리고 전략적 공격으로 넘어간 후의 작전에 더욱 잘 적응하게 됐다. 이는 마오쩌둥 군사사상이 전국적 승리를 탈취하려는 새로운 시기에서 중요한 발전이었고 마르크스주의 군사과학에 대한 걸출한 공헌이었다.

경제 측면에서 마오쩌둥은 봉건계급의 토지를 몰수하여 농민의 소유로 돌리며 독점자본을 몰수해야 한다고 했다. 그리고 이를 신민주주의국가의 소유로 돌리며 민족상공업을 보호해야 한다는 신민주주의혁명의 3대 경제 강령을 명확히 선포했다. 그뿐만 아니라 이 3대 경제 강령을 실시하기 위한 구체적인 정책들을 상세히 설명했다.

마오쩌둥은 토지개혁의 중요성을 강조하면서 "빈농에 의거하고 중농과 튼튼히 연합하여, 지주계급과 구식부농의 봉건적 착취제도와 반봉건적 착취제도를 청산하는" 토지개혁의 총 노선을 제기했다.

마오쩌둥은 관료자본의 발생과 발전 및 그 성격과 특점에 대해 철저하게 분석했다. 그는 다음과 같이 지적했다.

"이 독점자본은 국가정권과 결합되어 국가독점자본주의가 됐다. 또한 이 독점자본주의는 외국제국주의, 자국의 지주계급 및 구식부농과 밀접히 결탁하여 매판적이고 봉건적인 국가독점자본주의가 됐다. 이것이 바로 장제스 반동정권의 경제적 토대이다"

이렇듯 관료자본을 몰수하여 인민국가의 소유로 돌리는 것은 신민주주의혁명의 임무 중 하나이다. 이 보고에서의 논술은 당의 신민주주의혁명을 시행하는 데 큰 밑거름이 됐다.

마오쩌둥은 민족자산계급과 관료자산계급이 반식민지 반봉건적 중국에서 차지하는 지위를 분석했다. 그리고 양자의 성격을 심도 있게 구별하고 분석하여 다음과 같이 지적했다. 민족자본주의경제는 혁명이 승리를 달성한 후에도 국민경제에서 여전히 없어서는 안 될 부분이며 반드시 그 존재를 수용해야 한다. 더불어 국민경제의 일부를 맡고 그중에서 국민경제에 유익한 부분은 모두 발전하도록 해야 한다. 그러므로 중국공산당은 민족자산계급과 민족자산계급이 경영하는 상공업에 대해 반드시 강력히, 망설임 없이 보호해야 한다.

마오쩌둥은 신중국의 경제구성과 경제 사업에 대한 당의 지도방침에 대해서도 명백히 논술하며 다음과 같이 지적했다.

(1) 국영경제, 이것은 지도의 요소이다.

(2) 개인경제에서 점차 집단경제의 방향으로 발전하는 농업경제이다.

(3) 자영소상공업자의 경제 및 작은 사자본경제와 중등의 사자본경제이다. 이러한 것들이 곧 신민주주의 국민경제의 전부이다. 그리고 신민주주의 국민경제의 지도방침은 반드시 생산을 발전시키고 경제를 번영시키며 공과 사를 고루 돌봐야 한다. 노동자와 자본가 모두를 이롭게 하는 총체적 목표에 잘 부합돼야 한다"

정치 측면에 있어 마오쩌둥은 〈중국 인민해방군 선언〉에서 제기했던, "노동자, 농민, 병사, 지식인, 상공업자 등 모든 피압박계급, 모든 인민단체, 모든 민주당파, 모든 소수민족, 각지 화교 및 기타 애국자들을 끌어들여 민족통일전선을 결성하며 장제스의 독재정부를 타도하고 민주주의 연합정부를 수립한다"는 당의 가장 기본적인 정치 강령을 재차 설명했다. 그러면서 전 민족 즉, 절대다수 인구를 포괄한 가장 광범위한 통일전선이 없다면 혁명의 승리는 기대할 수 없다고 했다. 마오쩌둥의 이 지적은 장제스 반동 통치 집단을 타도하고 신중국을 건립하는 전반기에 정치, 군사, 경제 등 모든 측면에서의 강령적 문건이었다. 이 보고서는 신민주주의 이론을 더욱더 풍부히 하고 발전시켰다.

12월 회의에서는 토지개혁과 당 정돈 중에 나타난 해방구의 "좌"적 편향과 시정 방침에 대해 토론했다. 회의에서는 각기 다른 정세에서 나타나는 "좌" 우경적 오류의 역사적 근원을 되새기면서 다음과 같이 지적했다. 당내의 "좌"적 경향 및 우적 경향을 반대하려면 반드시 구체적인 상황에 비추어 방침을 결정해야 한다. 혁명승리가 발전하고 있는 현 시기에 "좌"적 편향은 이미 중요한 문제가 됐다. 회의에서는 토지개혁과 대중운동 중의 "좌"적 편향을 시정하는 몇 가지 구체적인 정책을 연구하고 제정했다. 이런 정책은 후에 마오쩌둥이 중공중앙을 위해 기초한 지시와 연설보고에서 상세하게 논술했다.

당의 강령과 모든 방침 및 정책의 관철 집행을 보장하기 위해 마오쩌둥은 전당에 다음과 같이 반복해서 경고했다. "반드시 당의 총 노선을 장악"해야 한다. "무산계급이 영도하는, 인민대중의, 제국주의와 봉건주의, 관료자본주의를 반대하는 혁명", 이것이 바로 신민주주의 혁명의 총노선과 총정책이다. 당의 총노선과 총정책을 망각하면, 맹목적이고 불완전하며 각성하지 못한 혁명가가 될 것이다. 그렇게 되면 구체적인 사업노선과 정책 집행 시에도 방향성을 잃고 사업을 그르치게 된다.

12월 회의는 중국 혁명전쟁의 역사적 전환기에 소집된 의의가 매우 큰 회의이다. 마오쩌둥은 회의 결론에서 다음과 같이 지적했다. 이번 회의는 매우 성공적인 한 차례의 회의이다. 투쟁 속에서 혁명 세력의 우세 문제가 20년 동안 해결되지 못했다. 그런데 오늘에서야 비로소 해결이 되어 국면이 바뀌었다. 우리는 이제 승리를 기대할 만하다. 승리를 향해 다가가고 있는 현 정세에서 우리의 사업에는 여전히 커다란 결점이 있고 어려움도 많다. 하지만 모두 해결할 수 있는 것이다. 이번 회의에서 제정한 정치·경제 강령은 '신민주주의론'과 '연합정부에 대해'에서 제출했던 강령에 비해 더욱 발전한 것이다.

얼마 후, 마오쩌둥의 이 보고는 공개적으로 발표되어 국내외에서 매우 큰 반향을 불러일으켰다. 국민당 통치구역 내 여러 계층의 적극분자와 진보인사들은 여러 경로를 통해 이 보고서를 열독하고 전파했다. 사람들은 이 보고서로 중국공산당의 정치적 주장을 한층 더 이해하고 혁명이 승리로 나아가는 전망을 똑똑히 인식했다. 더불어 중국공산당에 더 큰 희망을 걸게 됐다.

신민주주의 여러 가지 정책의 완비

1948년 1월부터 몇 달 동안 중공중앙에서는 전력을 다해 토지개혁, 당 정돈, 상공업, 통일전선, 신해방구 사업 등에서 구체적인 정책을 토의하고 전술적 문제를 해결했다. 그리고 당의 오류적 편향, 특히 "좌"적 편향을 시정하는 데 주의를 돌렸다.

중공중앙은 토지개혁운동의 건전한 발전에 대해 매우 큰 관심을 기울였다. 1948년 4월, 마오쩌둥은 진쑤이(晉綏)간부회의에서 연설을 했다. 그곳에서 그는 토지개혁의 총노선에 대해 "빈농에 의거하고 중농과 단결하여 절차 있고 사리 있게 봉건 착취제도를 소멸하며 농업생산을 발전시키는 것이다"고 보다 완전하게 개괄했다.

이 총 노선이 제기되기 전후해 중공중앙은, 각기 다른 지역에서 토지법을 실시함에 있어 각기 다른 책략을 제정해야 함을 지시했다. 즉 이 말의 의미는 다음과 같다. 일본 항복 이전의 노해방구는 이미 토지를 분배했으니 토지 일부분을 조절하기만 하면 된다. 일본이 항복한 때부터 1947년 전략적 공격으로 넘어가기 전에 해방된 반노해방구는 특히 "토지법을 완전히 적용시키기 위해 토지를 철저히 분배해야 한다" 전략적 공격으로 넘어간 후 해방된 지역은 상당한 기간 "소작료와 이자를 인하하며 종자와 양식을 적당히 조절하는 사회정책을 실시해야 한다. 그리고 부담을 합리적으로 덜게 하는 재정정책을 실시"해야 하고 동산 및 토지 분배를 서두르면 안 된다. 중공 중앙은, 신해방구는 상당한 기간을 거쳐 조건을 구비한 후 다시 토지분배사업을 해야 한다고 명확히 규정했다.

그 조건은 다음과 같다.

첫째, 불안정한 유격지역이 아닌, 적의 무장 세력이 모두 소멸되고 안정된 지역이어야 한다.

둘째, 당지의 소수인들뿐만 아니라 절대다수의 대중(부농, 빈농, 중농)이 토지분배를 요구해야 한다.

셋째, 당일꾼들은 대중의 자연발생적인 활동을 방임하지 말고, 양적으로나 질적으로나 확실히 당지의 토지개혁사업을 장악할 수 있어야 한다.

중공중앙은 토지개혁 정책에 관련한 지시에서 토지분배를 실시한 "최후 결과는 모든 계층이 공정하고 사리에 맞는다고 판단 할 수 있어야 하며, 지주계급 역시 생활하는 데 출로가 있고 보장이 있음을 느끼게 해야 한다"고 특별히 강조했다.

중공중앙에서는 이런 지시를 하달하고 〈중국토지법대강〉의 일부 조문에 대해 수정했다. "농촌에서 토지개혁 이전에 생긴 일체의 채무를 철폐한다"는 조항에 "본 조항에서 철폐해야 할 채무는 토지개혁 이전에 지주·부농·고리대금업자에게 진 고리대 채무를 말한다"고 주를 달았다. 그래서 농민들 사이의 정상적인 경제적 거래와 상업 채무와의 혼동을 피했다. 토지를 공평하게 분배한다는 조항에서는 "토지를 공평하게 분배할 때에는 중농의 의견에 주의를 기울이되, 중농이 동의하지 않으면 중농에게 양보해야 한다. 그리고 중농들이 일반 빈농에게 돌아가는 토지의 평균 수준보다 많은 토지를 가지는 것을 허용하지 않으면 안 된다"고 주를 달았다.

중공중앙의 이런 정책적 규정과 조치는 토지개혁 사업 중의 "좌"적인 편향을 시정하고 토지개혁의 정확한 실시를 보장하는 데 매우 중요한 역할을 했다. 1948년 가을까지 노해방구와 반노해방구는 약 1억 인구가 거주하는 지역에서 토지 문제를 철저히 해결했다. 신해방구는 사회질서가 차츰 안정되어 가고 생산이 점점 회복되어 갔다.

중공중앙에서는 농촌 토지개혁정책에 관심을 두고 아울러 도시정책에 대해서도 깊은 관심을 가졌다. 항일전쟁에서 승리한 후 2년 동안, 당은 장자커우(張家口), 화이인(淮陰), 린이(臨沂), 창즈(長治), 옌타이(煙台), 웨이하이웨이(威海衛), 더저우(德州), 청더(承德), 한단(邯鄲), 츠펑(赤峰), 안둥(安東), 하얼빈(哈爾濱), 치치하얼(齊齊哈爾), 자무쓰(佳木斯) 등 도시들을 점령하고 관리했다. 그 시기 당의 시각은 전쟁과 농촌사업에 집중되어 있어 도시사업에 대해서는 체계적인 총화와 시의적절한 보급을 미처 진행하지 못했다. 전략적 공격으로 넘어간 후, 인민해방군은 끊임없이 유명한 도시들을 공략했는데 그중 일부는 확고히 점령할 수 있었다. 그러나 주로 농민 출신인 인민군대와 지방간부 중 일부 사람들은 도시를 유격전쟁의 근거지로 보거나 소생산자의 안목으로만 보았다. 그래서 농촌사업의 경험을 도시에 그대로 옮겨갔다. 이러한 상황은 당의 도시정책과 상공업정책에 위배되는 일부 현상들을 야기했다. 이 같은 문제들은 둥베이의 타이안(台安), 판산(盤山), 중원의 쉬창(許昌), 뤄허(漯河), 시베이의 가오자보(高家堡), 화베이(華北)의 징싱(井陘), 양취안(陽泉), 산둥의 양자오거우(羊角溝) 등지에서 나타났는데 각각의 정도는 모두 달랐다.

진차지군구 부대가 허베이의 요충지 스자좡을 공략한 뒤, 중공중앙

사업위원회는 스자좡을 접수했다. 그리하여 관할한 사업경험을 제때에 정리하고 1948년 2월 29일에 '스자좡의 수복에 관련한 도시사업 경험'이란 글을 발포했다. 2월 25일, 중공중앙은 '도시사업 경험 총화에 주의를 돌릴 것에 관해'라는 지시를 발표했다. 그리고는 전당에서 도시사업에 주의를 돌리고 이를 착실하게 할 것을 요구했다. 또한 각지, 각 부대에서는 도시를 공략한 후 인수사업과 관할 사업에 있어 모두 스자좡의 경험을 학습해야 한다고 규정했다. 중공중앙에서는 여러 중앙국, 분국, 야전군 전선위원회에 일임하여 이미 점령한 도시(인구 5만 명 이상 되는 도시)에 대해 간단명료하고 요점이 뚜렷한 사업 총화를 하도록 했다. 그래서 많은 경험을 널리 보급하고 여러 가지 오류를 거듭 범하는 것을 회피했다.

당은 도시정책을 제정할 때 상공업 문제를 어떻게 정확히 처리할 것인지를 주안점으로 삼고 이를 해결했다. 2월 27일, 중공중앙에서는 '상공업정책에 대해'라는 지시를 발표하여 다음과 같이 명확히 지적했다. 당은 농촌에서 지주와 부농에 대해 투쟁하며 봉건세력을 소멸시키려는 방법을 도시에 잘못 적용하는 것을 미연에 방지해야 한다. 그리고 도시에서 지주, 부농이 경영하는 상공업을 보호해야 한다. 그 밖에도 생산을 발전시키고 경제를 번영시키며 공과 사를 고루 돌봐야 한다. 더불어 노동자와 자본가 모두를 이롭게 하는 경제사업 방침을 강력히 추진해야 한다. 한편 이 정확한 방침과 인민혁명 사업에 폐해를 끼치는, 소위 노동자의 복리를 옹호한다는 구제방침은 엄격히 구별해야 한다.

인민해방군이 전략적 공격을 성공적으로 추진하는 과정은 당이 신해방구 도시정책을 끊임없이 보완시키는 과정이기도 하다. 1947년 10월 10일에 중공중앙에서 발표한 인민해방군선언에서는 본군은 이르는 곳마다 "이재민과 빈민을 구제한다"고 제기한 적이 있었다. 이러한 방법은 어느 정도 당의 정치적 영향을 확대하였지만 사회 재산을 분산시키고 빈민 중에서 정부의 구제에 의존하려는 심리를 조장하기도 했다. 결국 이로운 점보다 폐단이 많았다. 이로 인해 중공중앙은 1948년 4월 8일에 뤄양(洛陽)전선지휘부에 보낸 전보에서 앞으로는 "'창고를 열어 빈민을 구제하자'는 구호는 제기하지 말아야 한다"고 명확히 규정했다. 이 전보에서 중앙은 각 지역, 각 부대에서 신해방구 도시에 대한 당의 정책을 집행함에 있어 주의를 돌려야 할 사항들을 전면적으로 제기했다. 즉, 국민당의 통치기구를 신중하게 청산해야 하고, 관료자본을 몰수함에 있어 명확한 계선이 있어야 하며, 농민단체가 도시에 들어가 지주를 붙잡아 가는 행위 등을 금지해야 한다. 또한 인금을 인상하라, 노동 시간을 단축하라는 등 구호를 경솔하게 제기하지 말아야 한다. 그리고 도시 인민을 조직하여 민주개혁 및 생활개선을 위한 투쟁을 진행하는 것에 급급해하지 말아야 한다. 식량과 연료 문제를 계획적으로 처리해야 하며 국민당원과 삼민주의청년단원은 적절한 방법으로 차출하고 등록해야 한다. 일체 공적 및 사적 생산수단에 대한 파괴와 생활 자료에 대한 낭비를 엄금해야 하며, 시당위원회 서기와 시장 직에는 정책을 알고 능력이 있는 사람에게 위임해야 한다는 등이었다.

당의 도시정책은 집행 과정에서 아주 큰 위력을 드러냈다. 이를테면 1948년 6월, 해방군이 카이펑을 공략할 때 당의 도시정책을 강력히 집행해서 여러 계층 인민의 열렬한 지지를 얻었다. 인민들은 부대와 서로 협력하여 적들의 폭격, 방화, 도시훼손 등 파괴 행동에 적극 참여했다. 둥베이에서 중공중앙의 도시정책은 신해방구의 도시뿐 아니라 비교적 일찍 해방된 도시의 사업에서도 지도적 역할을 발휘했다. 상업 문제, 시민 문제, 직원 생활 문제, 노동자 투쟁 문제, 농민의 도시진출 문제 등에 대한 중앙의 정책은 명확하고 구체적으로 규정돼 있었다. 그러므로 하얼빈과 기타 도시의 당과 정부 지도기관들에서는 도시사업 중 생긴 일부 구체적 난제들을 순조롭게 해결할 수 있었다. 6월 10일, 중공중앙에서는 동북국의 '새로 수복한 도시를 보호할 것에 대한 지시'를 발부하면서 다음과 같이 강조했다. 새로운 정세에서 도시의 중요한 역할을 충분히 인식해야 하며 도시를 탈취하는 것을, 인민혁명전쟁이 최후의 승리를 달성하는 구체적인 목표로 보아야 한다. 대병단(大兵團)작전을 진행하려면 농촌뿐만 아니라 도시에서도 의존해야 한다는 것을 알아야 한다. 그리고 도시에서 더욱 많은 군수품과 일용품을 생산하게 하여 전쟁을 지원하고 해방구의 경제를 번영시키도록 하는 의미를 알아야 한다. 지시에서는 신해방구의 도시에 단기적인 군사 통제를 실시해야 하며, 공성 및 입성한 부대는 반드시 도시를 아끼고 상공업을 보호해야 한다고 했다. 또 도시 진입 규율을 준수해야 하며, 각 지역 당위원회, 정부, 농회는 도시에 진입하여 스스로 범인을 체포하고 물자를 몰수해서는 안 된다는 등 규정을 지시했다. 중공중앙의 지시에 근거하여 다른 해방구에서도 상술한 규정과 같은 정책적 문건을 반포하고 이를 확실하게 집행했다.

이 시기에 중공중앙은 정책 문제에 관련한 여러 가지 지시에서, 당의 정책과 전략을 정확히 집행해야 할 중요성을 반복적으로 강조했다. 그러면서 "오직 당의 정책과 전술이 모두 바른 궤도에 올라서야만 중국 혁명이 승리할 수 있다. 정책과 전술은 당의 생명이다. 각급 지도자들은 이를 절대 소홀히 하지 말고 주의해야 한다"고 지적했다. 중공중앙에서는 각급 간부들이 각기 다른 지역과 각기 다른 조건에서도 실제적 상황과 결부시켜 사업 방침을 결정하고 정책을 집행하는 데 능해야 한다고 했다. 그리고 정책을 인민에게 맡기며, 어떤 행동을 하기 전에는 당원과 대중에게 정책을 상세히 설명해 줘야 한다고 했다. 중공중앙의 이런 지시는 전당 동지들의 자각성을 높여 주었고 도시 및 농촌에서 당 사업이 순조롭게 전개되도록 했다. 그리하여 전국적인 승리를 쟁취하는 데 중요한 준비과정이 될 수 있었다.

전국 정세와 시베이 전장의 전세가 크게 개선된 후 마오쩌둥, 저우언라이, 런비스는 해방전쟁의 승리와 발전의 정세에 부응하고자 했다. 이를 위해 중공중앙 기관 및 인민해방군 총부의 일부 인원들을 인솔하여 길을 떠났다. 이 그룹은 1948년 3월 21일에 산시 북부(陝北) 미즈현 양자거우에서 출발하여 동으로 황허를 건넜다. 그리고는 예젠잉, 양상쿤이 인솔한 중앙후방사업위원회와 합류했다. 뒤이어 계속 동진하여 4월 13일에 진차지해방구 푸핑현 청난좡 진차지군구 사령부 주둔지에 이르렀다. 저우언라이, 런비스 등은 4월 23일에 시바이포(西柏坡)에 가서 류사오치, 주더가 인솔하는 중앙사업위원회와 합류했다.

이어서 중앙사업위원회와 중앙후방사업위원회는 즉각 철수했다. 마오쩌둥은 청난좡에 잠시 머물렀다. 4월 30일부터 5월 7일까지 중공중앙 서기처는 청난좡에서 확대회의를 소집했다. 회의의 중심 의제는 중국 혁명이 전면적 승리로 나아가는 데 박차를 가할 수 있는 방법과, 이 승리를 어떻게 맞이할 것인가 하는 두 가지였다. 마오쩌둥은 다음과 같은 3가지 전략적 의견을 제기했다.

첫째, 전쟁을 계속 국민당구역으로 이끌어가야 한다. 이 항목이 없다면 승리할 수 없다.

둘째, 승리는 사람들을 기쁘게 하지만 현재 민력(民力) 부담이 매우 크다. 후방의 농업과 공업 생산을 더 발전시켜야만 전쟁의 수요에 부응할 수 있다. 토지개혁, 당 개혁, 인민대표회의를 하는 최종 목적은 생산을 발전시키기 위한 것에 있다.

셋째, 무정부·무규율 상태를 반대하고 지방의 권력을 적당히 줄여야 한다. 이 3가지 의견은 후에 "군대가 전진하고, 생산이 한 걸음 진보하고, 규율이 강화되면 혁명은 반드시 승리한다(軍隊向前進, 生產長一寸, 加強紀律性, 革命無不勝)"는 20개의 한자로 귀납됐다. 그리고 상당히 오랫동안 당의 행동방침으로 존재했다. 회의 후 마오쩌둥은 시바이포로 옮겨갔다.

당의 집권통일 영도를 강화

해방전쟁이 끊임없는 승리로 나아가면서 중국공산당은 날이 갈수록 강대해졌다. 1948년에 이르러 공산당은 이미 300만 명의 당원을 보유하고 있었고 정치적으로 더욱 성숙됐으며 위상은 더욱 높아졌다. 지난날 적들에 의해 분할됐던 전쟁 환경에서 당은 각지에서 지방 자주권을 보유하도록 허용한 적이 있었는데 이는 전적으로 필요한 것이었다. 그러나 이와 더불어 일련의 무규율·무정부 상태와 지방주의·유격주의 경향이 나타났다. 이러한 것들은 모두 혁명이 앞으로 나아가는데 장애가 되었으며 머지않아 새로운 국가를 영도하게 될 정권에게 안 좋은 영향을 미치게 될 것이었다. 그러므로 반드시 당의 건설을 강화하여 위부터 아래에 이르기까지 사상·정치·조직상의 고도의 일치를 이뤄야 했다. 그리고 반드시 중앙에서 각지의 집행 상황을 제때에 알 수 있도록 해야 하며, 대중 실천과 관련한 새로운 경험과 새로운 창조를 제때에 총화할 수 있어야 한다. 또 전당의 지혜를 모아 당의 지도와 결책의 정확성을 담보하도록 해야 하며, 당원과 간부의 사상·정치 자질을 신속히 향상시켜 그들이 신중국 건설의 수요에 부응할 수 있도록 해야 한다. 이러한 것들은 모두 전당 앞에 놓인 매우 중요한 과업이었다.

1948년 이후 중공중앙은 연속 지시를 발표하여 전당 각급 조직에서 지시요청과 보고 제도를 확립할 것을 요구했다. 동시에 "각 중앙국과 분국에서는 서기가 책임지고(비서를 시키지 말고 본인이 직접 작성할 것) 두 달에 한 번씩 중앙과 중앙 주석에게 종합보고서를 제출해야 한다. 보고서의 내용에는 그 지역의 군사, 정치, 토지개혁, 당 개혁, 경제, 선전 및 문화 등 제반 활동의 동태와 활동 중에 생긴 문제와 경향을 담아야 한다. 그 밖에도 이런 문제와 경향들에 대한 해결책까지 포함해야 한다"고 구체적으로 규정했다.

조직 규율성을 강화하기 위해 중공중앙은 전당 간부들에게 레닌의 〈공산주의 운동 중의 '좌파' 유치병〉 제2장을 학습할 것을 호소했다. 1948년 6월 1일에 중앙선전부는 이 책 제2장의 출판을 위해 머리말을 썼다. 머리말에서는 다음과 같이 지적했다. 당의 강철 같은 규율을 견지하고 당과 대중의 연계를 공고히 하는 것은 마오쩌둥의 일관된 사상원칙이자 조직원칙이다. 전당은 무규율·무정부 상태 그리고 지역주의·경험주의를 신속히 극복하여 당의 정책과 규율이 완전한 통일을 이루도록 해야 한다. 그럼으로써 전국 혁명의 승리를 맞이해야 한다. 6월 5일에 중공중앙은 선전사업 과정에서 지시요청·보고제도를 실시할 것을 규정했다. 그리고 무릇 여러 가지 정책, 구호, 호소, 적군과 적점령지역 인민을 향한 전단지·포고문 등과 같이 전당성 문제를 띤 언론은 중앙의 현행 정책 및 지시와 내용이 다를 경우, 모두 사전에 중앙의 지시를 받아야 한다고 했다. 8월 14일에 중앙은 '보고제도를 엄격히 집행할 것에 대한 지시서'를 발표했다. 그 후, 중공중앙에서는 또 여러 차례 검사하여 지시요청·보고제도의 집행 상황을 통보하고 일부 단위와 부대에 여전히 존재하고 있는 제멋대로식 집행방식을 비판했다. 제멋대로식 집행방식이란, 사전에 지시를 요청하지 않고 사후에 보고하지 않으며 각자 자유롭게 일하면서 자기 스스로 독립왕국을 형성하는 현상을 말한다. 중공중앙은 모든 병단과 군구 책임자들이 엄격하게 지시요청·보고제도를 집행할 것을 요구했다. 9월에 중공중앙은 전문적으로 '모든 중앙국, 분국, 군구, 군사위원회 분회 및 전선위원회에서 중앙의 지시를 요청하고 중앙에 보고하는 제도에 대한 결의'를 내렸다. 결의는 제반 사업 과정에서의 결정권과 지시요청 등록 등 제도에 대해 모두 상세하게 규정했다. 결의는 또 각 중앙국, 분국, 군구, 군사위원회 분회 및 전선위원회에서 구당위원회, 성당위원회, 군당위원회에서부터 현당위원회와 사[여(旅)]단에 이르기까지 상급에 지시를 요청하고 보고하는 제도를 구체적으로 규정할 것을 요구했다.

지시요청·보고제도의 확립은 당의 집권통일영도를 강화하고 당의 규율을 더욱더 통일시키며 당내 민주생활을 활성화했다. 더불어 당의 노선·방침·정책 집행을 보장함에 있어 커다란 역할을 했다. 또한 당이 전국 정권을 탈취하고 장악할 수 있도록 중요한 정치적·사상적·조직적 준비를 했다.

전국의 정권을 탈취할 수 있는 긴박한 과업은 군사사업, 정치사업, 경제사업, 당 사업, 문화교육사업 등을 관리할 수 있는 수많은 간부를 양성시킬 것을 제기했다. 또한 현재 간부의 이론 수준을 향상시킬 것도 요구했다. 1948년 7월에 중공중앙과 화베이국의 지도 아래 마르크스레닌학원과 화베이군정대학교, 화베이대학교가 개학했다. 그리하여 각지에서 해방구에 온 학생과 각 해방구의 간부들이 선발되고 입학하여 공부할 수 있게 됐다. 이런 학교들은 당 간부들을 양성하는 데 중요한 역할을 했다. 1947년 하반기에 중공중앙에서는 간부를 선발하여 남하시키는 문제를 생각하기 시작했다. 1947년 10월 중앙에서는 다음 단계의 전략적 행동을 착안했다. 중앙은 이를 위해 화베이, 시베이의 각 해방구에서는 될수록 창장 이남의 각 성(省) 출신 간부들을 모아 뽑으라고 했다. 그래서 올 겨울에는 류덩(劉鄧), 천쑤(陳粟), 천셰(陳謝) 등 세 부대에 신임 간부들을 파견하고 시기가 성숙되면 군대를 따라 강을 건너게 해야 한다고 했다. 12월에 중공중앙 사업위원회에서는 진차지, 진쑤이 해방구에서 2,800명의 간부를 선발하여 새로운 중원(中原)해방구로 파견할 것을 결정했다. 1948년 10월 28일에 중공중앙에서는 여러 노해방구에서 5만 3,000명 되는 다양한 분야의 간부들을 선발했다. 중앙은 이들을 곧 진군하게 될 후베이, 후난, 장시, 장쑤, 안후이, 저장, 푸젠, 산시, 간쑤 등 성(500개의 현과 대·중 도시를 포함한 1.6억 인구를 가진 신해방구)에 파견하여 사업을 전개시키기로 했다. 이 간부들은 각각 지정된 곳에 배치됐다. 이들은 신해방구의 성, 지구, 현, 구 행정구획제도대로 사상교육과 정책교육을 받으면서 제반 사상문제와 실제 문제들을 구체적으로 해결했다. 어느 한 지역이 해방되면 행정구획제도대로 미리 배치된 이런 간부들이 군대를 따라 그 지역에 들어갔다. 이 정책으로 인수 관리 사업은 질서 있게 진행됐다.

정권 건설 사업과 재정경제 통일 사업을 강화하다

낡은 정권을 철저히 분쇄하는 과정에서 중국공산당은 전국적인 정권 수립 사업과 재정경제 통일 사업에 착수했다. 1946년에 당은 둥베이 근거지에 각 성 연합사무소 행정위원회를 세우고 둥베이 해방구에 통일적인 지도를 강화했다. 인민해방군이 전략적 공격으로 넘어간 후 시베이(西北), 둥베이(東北), 화둥(華東) 해방구는 신속히 확대됐다. 화베이에서는 일부 도시를 제외하고는 국민당군대의 거점이 대체로 숙청된 상태였고 화베이해방구는 하나로 연결됐다. 화베이해방구의 사업을 분산 상태에서 집중 상태로 신속히 전환시키고 당, 정부, 군대, 재정의 통일 영도를 실시하기 위해 1948년 5월에 중공중앙은 다음과 같이 결정했다. 진차지와 진지루위 두 해방구를 화베이해방구로 합병한다. 진차지와 진지루위 2개 중앙국을 화베이중앙국으로 합병하고 류사오치가 제1서기를 겸임하며 보이보가 제2서기를, 녜룽전이 제3서기를 맡는다. 진차지와 진지루위 2개 군구를 화베이군구로 합병하고 녜룽전이 사령원을, 보이보가 정치위원을, 쉬샹첸이 제1 부사령원을 맡는다. 화베이 연합행정위원회를 설립하고 둥비우가 주석을 맡는다. 중앙의 조치에 따라 화베이해방구에서는 각급 정권 건설을 힘껏 강화하고 전체 해방구의 인력과 물력을 조직했다. 그리하여 전국해방전쟁을 지원했다. 또 정권 건설과 경제 건설의 경험을 모색하고 축적하여 신중국의 중앙정권을 세우기 위한 준비를 했다.

중공중앙에서는 중국에서 새로 탄생한 정권 조직은 소련의 소비에트정권 형식을 모방하거나 서방 국가의 의회제 형식을 답습해서는 안된다고 판단했다. 중앙은 보통선거를 통한 인민대표 대회제를 실시함과 아울러 대표대회를 통해 정부 지도자를 선출하고 제반 시정 조례들을 제정해야 한다고 보았다. 그런데 금방 인수하여 관리하게 된 신해방구 도시들에서는 대중을 아직 충분히 동원하지 못했고 사업에서도 아직 기초가 없었다. 따라서 명실상부한 인민대표대회를 소집할 수 없고 협상성격을 띤, 주로 대중에게 연계 역할을 하는 각계 대표회의만 열 수 있었다. 이를 고려하여 중앙은 나중에 시기가 성숙되면 보통선거를 실시하고 인민대표 대회제도를 실시하겠다고 했다. 화베이해방구에서는 우선 이런 구상에 따라 정권을 건설했다.

1948년 8월, 화베이 임시 인민대표대회가 스자좡(石家莊)에서 열렸다. 대회에서는 〈화베이해방구 시정 방침〉, 〈화베이인민정부 조직 대강〉, 〈촌 및 현(시) 인민정부 조직 조례〉를 통과시키고 민주선거를 통하여 둥비우 등 27명을 화베이인민정부위원회 위원으로 선출했다. 이를 전후로 화베이 각지 3만 명 이상의 인구를 가진 도시들에서 잇따라 각계 대표회의를 열었다. 9월에 화베이인민정부가 정식으로 설립되고 둥비우가 정부 주석으로, 보이보, 란궁우, 양슈펑이 부주석으로 선출됐다. 화베이인민정부는 설립된 후 다수의 사업을 전개하고 사업을 적극적으로 모색하면서 풍부한 정권 건설 경험을 쌓았다. 그리고 중앙인민정부의 설립을 위해 조직적인 준비를 했다. 나중에 중앙인민정부의 많은 기구들은 화베이인민정부 소속 해당 각 기관을 기초로 하여 설립됐다.

각계 대표회의는 도시 해방 후 군사통제 시기에 설립된 임시적인 협의기관이었다. 그래서 중공중앙에서는 다음과 같이 명확하게 규정했다. 도시 해방 후 군사 통제 실시 초기에는 각계 대표회의를, 당과 정권 영도기관이 대중과 연계하는 가장 훌륭한 조직형식으로 삼아야 한다. 당에서 영도하는 인민대표회의는 우리의 조직적 무기이며 각계 대표회의는 인민대표회의의 최초 형태로 볼 수 있다. "우리 당의 결의와 주장은 모두 그들의 협조를 거치고 광범위한 인민의 지지를 얻었다"[119] 중앙의 조치에 따라 기타 모든 해방구와 후에 해방된 베이핑, 상하이, 난징, 타이위안 등지에서는 연이어 각계각층 인민대표회의를 소집했다. 각계각층 인민대표회의의 소집은 인민대표대회제가 신중국의 정치체제로 확립되는 데 훌륭한 기초가 되었다.

중공중앙에서는 진쑤이, 진차지, 진지루위, 둥베이 및 산둥 해방구

---

119 '새로 해방된 도시에서 각계 대표회를 조직할 것에 대한 중앙의 지시'(1948년 11월 30일), 중앙당안관 편, 〈중공중앙 문건 선집〉 제17책, 중공중앙당교출판사 한문판, 1992년, 532쪽.

의 점차적 확대와 더불어 재정경제를 통일하는 사업에도 박차를 가했다. 1947년 봄과 여름 사이, 화베이해방구는 재정 경제사업 회의를 열었다. 그러고는 점차적으로 모든 해방구 재정경제사업의 통일을 더 확실하게 이룩해야 한다고 제기했으며, 화베이에 재정경제사무소를 설립할 것을 결정했다. 화베이 재정경제사무소는 통일적인 지도와 분산 경영 방침에 따라 모든 해방구의 재정을 순서 있게 통일했다. 그뿐만 아니라 심도 있게 조사연구를 전개하고 화폐 통일 사업을 적극적으로 준비했다. 그러면서 재정 관리의 모든 규칙과 제도를 하나씩 세워 재정 통일을 위한 기초를 다졌다. 1948년 7월 초에는 중앙재정경제부를 설립하고 둥비우를 부장으로 임명하여 재정 경제 사업에 대한 영도를 강화했다. 9월에 화베이인민정부가 창립된 후에는 잇따라 화베이재정위원회를 설립했다. 그리고 화베이 공상회의, 금융무역회의를 연이어 소집하여 화베이 각구의 화폐와 물자교류를 통일하는 등 문제를 연구하고 해결했다. 또한 금융, 무역, 상업 세수 등 정책을 제정했을 뿐만 아니라 '화베이 재정 사업을 통일할 것에 대한 결정'을 발표하고 신농업 세납규칙의 실시를 반포했다. 간고하고도 세밀한 수많은 사업을 거쳐 화베이해방구의 재정경제는 점차 통일을 향한 발걸음을 내딛게 되었다. 그 밖에도 화베이를 위주로 하여 기타 각 해방구의 재정경제를 통일하는 사업도 계획되기 시작했다.

해방구의 금융을 통일하기 위해 일찍 1947년 10월 8일에 중공중앙은 화베이 재정 경제 위원회에 지시하여 통일적인 중국 인민은행을 설립하도록 했다. 준비를 거쳐 1948년 12월 1일에 원 화베이(華北)은행, 베이하이(北海)은행, 시베이(西北)농민은행의 합병으로 생겨난 중국 인민은행이 스자좡에서 설립을 선고하고 당일부터 즉각 인민폐를 발행했다. 이로써 모든 해방구의 화폐가 통일되고 인민폐는 신중국의 본위화폐가 됐다. 해방구의 신속한 확대와 더불어 여러 해방구에서는 대중을 조직하고 동원하여 국민당 정권이 발행했던 화폐를 없앰으로 써 인민폐가 점차 화폐 시장을 점유하도록 했다.

4. 인민민주통일전선의 공고와 확대

반기아·반박해 운동의 급속한 발전

1947년 여름과 가을에 인민해방군이 전략적 방어에서 전략적 공격으로 넘어가면서 전쟁을 국민당 통치구역으로 끌어갔다. 그리고 나서 국민당 정부는 통치구역 인민에 대해 미친 듯이 약탈을 감행하고 피비린내 나는 탄압을 가했다. 7월 4일에 국민당 정부는 〈국가총동원안〉을 반포하고 "공산비적의 반란을 평정하기 위한 총동원령"을 하달했다. 7월 19일에는 명령을 내려 〈총동원하여 반란을 평정하고 헌정을 실시할 것에 대한 강요〉를 공포했다. 그리하여 병역 징용과 잡부 징용을 피하거나 식량, 피복, 약품 및 군용물자의 수매·수용을 피하는 자는 '모두 법에 의하여 처벌한다'고 규정했다. 이와 동시에 국민의 기본 정치 권리도 제한했는데 파업과 이른바 '반란을 선동'하는 집회 및 언론과 행동에 대해서는 엄중하게 '처리'한다고 규정했다. 뒤이어 국민당 정부는 〈소비절약을 엄격히 실시할 것에 대한 강요〉, 〈후방 공산당에 대한 처리 방법〉, 〈특별 형사법정 조직조례〉, 〈계엄법〉 등 일련의 반동 법령들을 반포했다. 1947년 10월에만 하더라도 상하이, 항저우, 베이핑 등 8개 대도시에서 2,100여 명이 참혹하게 살해당했고 블랙리스트에 오른 사람이 6만 명이나 됐다. 국민당 통치구역 전체가 백색테러 속에 휩싸여 있었다.

1948년 3월 28일부터 5월 1일까지 국민당은 난징에서 이른바 '헌법에 의한 국민대회'를 소집했다. 이에 국민당 중앙에서 확정한 '대표'들이 장제스를 '총통'으로 선출하고 광시(光西)계열 우두머리 리쭝런(李宗仁)을 '부총통'으로 선출했다. '헌법에 의한 국민대회'는 국민당이 독단한 국민대회로서 국민당은 전제적 독재를 견지하려는 면모를 가감 없이 드러냈다.

리쭝런(李宗人, 이종인·1890~1969)

중국의 군인, 정치가. 광시성(廣西省) 구이린(桂林) 출생. 국민혁명군 제7군 군장이되어 광시파(廣西派)의 중심인물이 됐다. 1923~1924년에 황사오훙과 바이충시와같이 군벌들을 축출하고 쑨원(孫文)의 지지로 국민당에 가입했다. 중일전쟁에는 제5전구 총사령관으로서 타이얼장 전투에서 크게 이겨 용명을 떨쳤다. 전쟁 후에는 장제스의 내전정책에 협력했으며, 1949년 장제스를 대신하여 총통 대리까지 역임하며 중국 공산당과 여러 번 협상을 추진했으나, 장제스와의 갈등으로 협상이 좌절된후에 미국에 망명해 〈리쭝런 회고록〉을 썼다. 1965년에 베이징으로 가서 마오쩌둥으로부터 열렬한 환영을 받았다. 장제스는 "변절자"라며 크게 비난했다. 1969년 베이징에서 사망했다.

구역에서의 당의 사업방침을 제기했다. 즉, 장기적으로 타산할 것, 세력을 축적하며 투쟁을 발동할 것, 고조로 밀고 나가며 반공격 정세에 협력할 것, 제2전장을 발동할 것, 안팎에서 서로 호응하여 전국적인 승리를 달성하는 것 등의 내용이었다. 중앙은 국민당 통치구역에서의 사업은 전체적으로 매우 긴 계획이 있어야 할 뿐만 아니라 각기다른 지점과 시간, 조건에 따라 각지의 구체적인 실정에 맞게 적절한대책을 세워야 한다고 했다. 그러면서 이를 착실하게 진행하여 국민당통치구역의 당 조직으로 하여금 효과적으로 혁명세력을 보존하고 발전시켜야 한다고 했다. 광범위한 대중은 갈수록 희망을 인민혁명전쟁의 승리에 걸었다. 이에 따라 중앙의 지시에 따라 국민당 통치구역의당 조직은 더 이상 "내전을 반대하자"는 구호를 제기하지 않고 "기아

를 반대하자" "박해를 반대하자"는 기치 아래 계속 투쟁을 전개했다.

1947년 10월 26일에 저장(浙江)대학교 학생자치회 주석 위쯔싼(於子三)이 저장성 보안사령부에 불법적으로 체포되었다가 29일에 감옥에서 참혹하게 죽었다. 학살 사건이 발생한 후 11월 5일, 저장대학교 총장이자 저명한 과학자인 주커전(竺可楨·1890~1974)은 기자에게 진상을 고하면서 위쯔싼의 죽음을 '천고에 보기 드문 억울한 사건'이라고 설명했다. 이에 항저우, 베이핑, 톈진, 난징, 상하이, 쿤밍, 샤먼, 시안, 충칭, 광저우, 창사, 우한 등 12개 도시의 10만 명 이상의 대학생과 중·고등학생들은 동맹휴학을 하고 시위를 거행하여 반동당국의 폭거에 항의했다. 1948년 1월에 상하이 퉁지(同濟)대학교에서는 민주선거로 학생자치회를 세울 것에 대한 투쟁을 벌였는데 국민당 정부 상하이 당국은 이를 피비린내 나는 탄압으로 대응했다. 이른바 '퉁지 유혈 사건'이다. 각지 학생들과 각계 인사들은 잇따라 국민당 당국의 폭행에 항의하고 상하이 학생들을 성원하는 투쟁을 벌였다. 3월에 국민당 정부 베이핑(北平) 당국은 공공연히 "학생 연합회는 공산비적이 책동하는 조직이다"며 화베이(華北)학생연합회를 취소한다고 선포했다. 4월 베이징(北京)대학교, 칭화(清華)대학교 등 10개 대학교 학생들이 이에 항의하여 총동맹휴학을 단행했다. 여러 학교들에서는 각기 '화베이학생연합회를 보위'하는 기구를 설립하여 '박해를 반대하고 학생연합회를 보위'하는 투쟁을 벌였다. 한편, 베이핑의 여러 대학교 교직원들과 베이핑 연구원의 연구원들 그리고 베이징대학교 의학원 부속병원의 의료진도 대우를 조절하고 교육을 위기에서 건져내고자 했다. 그리하여 수업 중지, 연구 중지, 의료 중지, 파업, 파직을 단행했다. 이렇게 학생들의 동맹휴학과 투쟁이 합세하여 '6파 합일'의 '4월 폭풍'을 이루었다.

위 같은 투쟁의 전개와 함께 반기아 투쟁도 계속하여 발전했다. 1947년 가을, 학업 중단의 위기에 놓인 수천 수만의 대학생, 중·고등학생들도 당의 영도와 전국학생연합회의 조직 아래 학우들의 실제적 곤란을 해결할 것을 호소했다. 그리고는 한 차례의 기세 드높은 '학업보조운동(助學運動)'을 벌였다. 화베이학생연합회는 1947년 여름방학에 베이핑에서 '학업보조운동'을 전개했다. 수천 명의 대학생, 중·고등학생들은 기부를 권장하고 자선 시 낭독회를 열었다. 그리고 음악, 희곡, 영화 등의 자선공연과 체육 자선 시합을 진행하는 등 방식으로 의연금을 모았는데 이는 사회 각계 인사들의 큰 지지를 받았다. 이 활동은 두 달 동안이나 지속됐다. 톈진, 상하이, 난징, 항저우, 우한 등지의 '학업보조운동'도 점차 고조됐다. 가정형편이 어려워 학업 중단의 위기에 놓였던 수많은 대학생, 중·고등학생 들은 사회 각계의 폭넓은 지원으로 계속 공부할 수 있는 기회를 얻었다.

학생운동에 호응하여 국민당 통치구역의 노동운동도 신속하게 퍼져 갔다. 1947년 9월에 국민당정부 상하이당국이 상하이공장에서 장정을 징발하고 노동자들한테서 소득세를 징수하려는 바람에 6개의 큰 시정(市政)기업 노동자들이 대파업을 단행했다. 대파업은 수많은 상하이 시민들의 동정과 지지 아래 승리를 거두었다. 또, 상하이에서는 전력 노동자, 법상(法商)전차전등회사 노동자, 대륙철공장 노동자 등이 파업투쟁을 일으켰다. 1947년 파업투쟁에 참가한 노동자는 320만 명 이상에 달했는데 이들은 상하이, 톈진, 베이핑, 우한, 항저우, 닝보, 칭다오, 지난, 탕산, 광저우, 산터우 등 20여 개 대도시 및 중등도시에 파급되었다. 이들은 각자 수리전력, 우편사무, 해관, 교통, 철도, 기계, 방직, 화학, 견직, 궐련 등 50여 개 분야에서 파업을 단행해 이번 투쟁에 참여했다.

닝보(寧波, 영파)

중국 동남해안에 있는 유서 깊은 무역항으로, 중국 저장성 동부에 위치한다. 명·청대에는 영파부로 불렸다. 1522년 포르투갈에서 제일 먼저 이곳에 와서 통상을 시작했고, 아편전쟁을 계기로 1840년 영국에 점령당했다. 그 후 1842년 난징 조약에 의해 국제항이 되었다. 이 고장 출신의 상인들이 상하이로 진출하여 저장[浙江] 재벌의 주류를 이루는 등 재계의 중진이 많다.

1948년 5~6월에 학생들이 선도하고 여러 계층 인민이 참가한, 미국이 일본 침략세력을 부활시키는 것을 반대하는 운동이 급속도로 일어났다. 5월 4일 상하이 여러 대학의 학생들과 중·고등학교 학생 1만 5,000여 명이 교통대학교에 모였다. 이 학생운동은 미국에서 일본군국주의를 부활시키는 것을 강력히 반대했다. 이에 수많은 대도시·중등 도시의 학생, 교수, 유명인사, 상공업자들이 차례로 투쟁에 참가했다. 원래 보수적인 쪽으로 기울어 있던 많은 여론기관과 정치인들도 미국의 공공연한 일본을 부식(扶植·도와서 서게 함)하는 정책에 이의를 표시했다. 홍콩의 일부 중국 주민단체들은 일본상품 덤핑을 배척했다. 이 투쟁은 미국이 장제스를 부추겨 내전을 일으키는 것을 반대하는 투쟁과 함께 결합하여 대중적이고도 기세 드높은 애국운동이 됐다.

여러 민주당파와의 협력을 더욱 강화하다

혁명 정세의 발전과 더불어 여러 민주당파와 수많은 무당파 민주인사들은 점차 공산당의 지도를 따르고 인민혁명에 참가하는 길에 들어서게 됐다. 중국 여러 민주당파의 사회적 토대는 주로 민족자산계급, 도시소자산계급, 해외화교상인과 그들 중의 지식분자, 그리고 기타 애국민주분자들이었다. 여러 민주당파는 이런 계급과 계층 사람들이, 반제애국과 민주쟁취를 공동 목표로 삼아 형성된 연합조직이었다. 이런 당파들은 "비록 중간적 입장에 서 있었지만 그 조직의 구성요소를 살펴보면 흔히 지배계급 내부의 반대파에서부터 진보인 사들에 이르기까지 여러 계층 사람들이 망라"되어 있었다.

그리고 "그들의 정치적 경향을 보면 입헌군주제를 주장하는 사람 에서부터 신민주주의혁명을 주장하는 사람까지 다양한 사람들이 있 었다"[120] 비록 다양한 사상을 가진 무리라도, 애국민주를 견지하는 그들의 기본 정치주장과 중국공산당의 정치주장은 많은 공통점을 띠 고 있었다. 그러므로 그들은 훨씬 일찍부터 저마다 중국공산당과 협 력관계를 맺고 공통의 혁명투쟁 속에서 이런 관계를 발전시켜 왔다. 항일전쟁 승리 이후 이런 민주당파들은 내전을 반대하고 평화를 요 구하며 국민당 전제독재를 반대했다. 그 밖에도 민주정치의 실시를 요구하며 관료자본이 국가경제와 국민생활을 조종하는 것을 반대했 다. 또 민족상공업을 보호할 것을 요구하는 등의 측면에서 중국공산 당과 정치적 협력을 실행했다. 이들은 공산당과 공동으로 유력한 투 쟁을 진행하여 국민당 반동통치를 타격하는 제2 전선의 중요한 구 성부분이 되었다. 더불어 인민혁명전쟁이 승리로 나아가는 데 강력 한 지지 역할을 했다.

이때 민주당파의 일부 지도인물과 몇몇 무당파 민주인사들은 민족 자산계급의 의견을 대표하여 중국에서 '중간노선'을 실시하고 국공 양 당의 길 외에 '제3의 길'로 갈 것을 주장했다. 이는 당시 중국에서 전 혀 실행할 수 없는 것으로 환상에 불과했다. 이런 까닭에 당은 그들과 단결하고 그들을 쟁취하는 동시에 그들의 이런 잘못된 경향에 대해 비 평했다. 그리하여 중국공산당과 협력하여 투쟁하는 혁명 실천 속에서

---

120 저우언라이, '당면 민주당파 사업에 대한 의견'(1948년 1월), 〈저우언라이 선집〉 상권, 민족 출판사, 1981년, 372쪽.

그들을 단련시키고 교육하여 진보할 수 있도록 했다.

국민당 당국은 여러 민주당파와 민주인사들에게 적의를 가득 품고 있었다. 민주동맹 등에서 "민주의 방식으로 민주주의를 쟁취하고 합법적인 행동으로 합법적인 지위를 쟁취한다"고 주장했음에도 불구하고 국민당 당국은 여전히 그들에게 잔혹한 박해를 가했다. 국민당은 많은 유명한 지도자들과 적극적으로 활동하던 구성원들을 구타하거나 감시했다. 심지어 체포하고 살해하기까지 했다. 유명한 애국민주인사 리궁푸(李公樸)·원이둬(聞一多)의 뒤를 이어 중국민주동맹 중앙상무위원이자 시베이 총지부 주임위원 두빈청(杜斌丞)이 1947년 10월 7일에 시안(西安)에서 국민당 반동파에게 참혹하게 살해당했다. 10월 27일에 중국민주동맹은 국민당 당국으로부터 불법단체로 지목 당했고 중국민주동맹 총부는 강압에 못 이겨 해체를 지시했다.

중국공산당은 갖은 노력을 다해 여러 민주당파와 민주인사들과 소통하고 단결했다. 마오쩌둥, 저우언라이 등 중공 지도자들과 당의 조직은 여러 민주당파의 지도자들과 밀접한 연계를 유지하면서 그들이 국민당 독재통치를 반대하는 투쟁을 견지하도록 지지했다. 연이어서 여러 민주당파 내의 좌파들을 효과적으로 도왔으며 그들의 정치상의 지위를 강화했다.

중국민주동맹이 불법단체로 선포된 후 일부 조직과 수많은 조직원들은 지하로 들어가 투쟁을 이어가면서 더욱 적극적으로 사업을 전개해 나갔다. 중국민주동맹 중앙지도자 선쥔루(沈鈞儒), 장보쥔(章伯鈞), 저우신민(周新民) 등은 비밀리에 홍콩으로 건너갔다. 1948년 1월에 홍콩에서 중국민주동맹은 제1기 제3차 전원회의를 소집하고 장제스의 탄압행위를 강력히 규탄하면서 강압적 해산의 어떤 결정도 접수하지 않겠다고 선언했다. 그리고 중국민주동맹 총부를 회복했다. 회의에서는 "시비곡직(是非曲直·옳고 그르고 굽고 곧음)에서 절대 중립적인 태도를 취할 수 없다"고 명확히 표명했다. 그러면서 독립적인 '중간노선'은 중국의 현실적 환경에 부합하지 않고 '실행할 수 없는' 것이며 중국민주동맹은 반드시 인민·민주·혁명의 입장에 서서 국민당 통치집단을 철저히 뒤엎어야 한다고 했다. 또 봉건토지소유제를 없애며 미제국주의를 중국에서 몰아내고 인민의 민주를 실현하기 위해 투쟁해야 한다고 지적했다. 아울러 중국공산당과 '손잡고 협력'할 것을 적극 표명했다.

이때 국민당 내의 민주파도 혁명적 입장에서 연합을 실시했다. 1947년 11월 12일부터 1948년 1월 1일까지의 기간 동안 중국국민당 민주파 제1차 연합대표대회가 홍콩에서 열렸다. 대회에는 삼민주의동지연합회, 중국국민당 민주촉진회, 민주혁명동맹 및 기타 국민당 애국민주인사 대표들이 참가했다. 회의에서는 중국국민당 혁명위원회(민혁으로 약칭함) 중앙집행위원회가 선거를 통해 선출되었고 쑹칭링을 명예주석으로, 리지선을 주석으로, 허샹닝·펑위샹(馮玉祥)·탄핑산(譚平山)·차이팅카이(蔡廷鍇) 등을 중앙상무위원회 위원으로 추천했다. 중국국민당 혁명위원회는 창립선언에서 "장제스의 탄압 아래 있는 반동중앙을 이탈하고 총리에게 충성하고, 혁명에 충성하는 당내의 동지들을 집중하여 혁명적 삼민주의를 실현하기 위해 투쟁한다"고 선언했다. 그 행동 강령에서는 "장제스의 매국독재정권을 뒤엎고 중국의 독립과 민주, 평화를 실현"하며 공산당과의 협력을 견지한다고 했다. 그리고 전국 여러 민주당파, 민주인사들과 손을 맞잡고 함께 나아가며 연합정부를 창립하는 주장에 찬성하고, 신민주주의 강령의 기본원칙에 동의한다고 규정했다.

기타 민주당파들도 이 시기에 신민주주의혁명에 참가할 것임을 명확히 표현했다. 그들 중 일부 지도자들은 비밀리에 상하이에서 홍콩에 도착하여 장제스를 반대하는 투쟁을 계속 진행했다. 또 다른 일부 지도자들은 국민당 통치구역에서 지속적 투쟁을 견지하면서 민주운동에 적극 참가했다.

여러 민주당파들은 자신의 경험에 의지하여 중국공산당의 도움과 추진 아래 역사적인 개혁을 실시했는데 이는 중국 혁명이 바야흐로 승리를 거두는 데 중요한 지표였다. 수많은 민주당파의 조직과 구성원들은 국민당의 반동 통치를 제거하기 위해 많은 사업을 했다. 이를테면 국민당 독재통치를 반대하는 정치 선전을 적극 진행했고, 국민당과의 역사적인 관계를 이용하여 중공 적군사업부문과 협력했다. 그래서 국민당 군정요원들의 투항을 책동했으며, 중공 지하조직과 협력하여 대중투쟁을 전개할 수 있었다. 그리고 장제스를 반대하는 군사 활동에 가담했으며 화교들 사이에서 애국통일전선 사업을 전개했다. 또한 공장과 학교 등 시설을 보호하는 투쟁에 참가하여 해방군의 도시 인수 관리에 협력하는 등 수많은 일을 했다. 일부 민주당파 구성원들은 이를 위해 목숨마저 바쳤다.

1948년 4월 30일에 중공중앙은 '5·1 노동절' 기념 구호를 선언하고, 제국주의, 봉건주의, 관료자본주의를 반대하는 통일전선을 공고히 하고 확대했다. 그러고는 장제스를 타도하고 신중국을 창건하기 위해 함께 투쟁할 것을 호소했다. 중앙은 모든 민주당파, 모든 인민단체, 모든 사회 유지들과 단결하고 반동분자가 참가하지 않은 신정치협상회의를 신속하게 소집하여 인민대표대회의 소집과 민주연합정부의 수립을 토론할 것을 호소했다. 5월 5일부터 시작하여 중국국민당 혁명위원회, 중국민주동맹, 중국민주촉진회, 중국치공당, 중국농공민주당, 중국 인민구국회, 중국국민당민주촉진회, 삼민주의동지연합회,

구삼학사, 타이완민주자치동맹 등에서는 연이어 성명과 선언, 통전을 발표하여 중국공산당의 '5·1' 호소에 열렬히 호응했다. 이후 중국국민당혁명위원회, 중국민주동맹은 기타 민주당파, 민주인사들과 같이 홍콩 등지에서 신정치협상회의를 소집할 것에 대해 토론했다. 이들은 깊이 있고 열띤 토론을 진행하며 적극적인 의견들을 많이 내놓았다. 1948년 8월부터 시작하여 각 민주당파와 각 민주계층의 대표 인사들은 잇따라 해방구에 들어가 중국공산당의 지도 아래에서 새로운 정치협상회의 준비사업을 함께 진행했다.

인민해방전쟁이 최후 승리로 다가갈 무렵에 국민당 통치구역의 많은 인민들은 공산당의 편에 섰다. 노농기본 대중뿐만 아니라 상층 소자산계급, 중등 자산계급, 개명신사 및 기타 애국민주인사 거의가 중국공산당 주위에 뭉쳤다. 정치적으로 완전히 고립된 국민당 통치 집단은 철저한 실패의 운명에서 벗어날 수 없었다.

5. 인민해방군의 전략적 공격의 전개 강화

중원(中原)의 새로운 국면을 열어놓다

인민해방군은 전략적 공격의 승리 성과를 공고히 하고 발전시키기 위해 1948년 상반기에 중공중앙과 중앙군사위원회의 조치에 따라, 전쟁을 국민당 통치구역으로 끌어가는 방침을 계속 집행했다. 그리고는 여러 전장에서 강력한 공세를 연이어 전개했다. 국민당 통치 집단은 차지한 구역을 지키고 해방군이 창장 이남으로 내려가는 것을 저지하기 위해 둥베이 및 화베이를 최대한 굳게 지켰다. 그리고 중원(中原)을 쟁취하며 화난(華南)과 시난(西南), 타이완(台灣)을 견고히 하는 방침을 취하기로 했다. 이어서 이른바 "3할 군사, 7할 정치"라는 총력전과 분구(分區) 방어를 실시하여 계속 인민에 맞섰다.

1947년 가을에 류덩, 천쑤, 천셰 3갈래 대군은 중원지역에서 연이어 작전을 펼쳐 전선을 황허 강 남북에서 창장북안으로 밀고 나감으로써 국민당 군대의 전략적 후방을 크게 위협했다. 국민당 통치 집단은 해방군이 중원에서 발을 붙이고 뿌리내리는 것을 몹시 두려워했다. 그뿐만 아니라 해방군이 도강하여 남진하거나 다바산(大巴山)을 넘어 쓰촨(四川)으로 진입하는 것은 더 더욱 두려워했다. 그래서 중원을 중점 전장으로 삼고 다수의 병력을 집중시켜 해방군과 싸웠다. 이때 국민당 군대는 여러 전장에서 이미 전략상의 주도적 지위를 잃었지만 중원전장에서는 아직 우세를 점하고 있었다. 국민당 군대는 작전 중점을 다볘산(大別山)지역에 두고 해방군이 여기에 근거지를 세우는 것을 저지했다. 그리하여 창장방어선을 공고히 하고 이로써 강남통치구의 안전을 확보하려고 했다.

이때까지만 해도 중원의 3갈래 해방군은 상황이 썩 좋지 않았다. 특히 다볘산 지역에 진입한 류덩대군은 그들을 포위공격하고 있는 국민당 군대와 몹시 어려운 환경에서 싸웠다. 이런 국면을 타개하기 위해 중공중앙에서는 1948년 1월 하순에 중원의 부대 일부를 창장 이남으로 파견하기로 했다. 그래서 중원에서 우위를 보이던 국민당 군대를 이동시키거나 분산시킨 다음 중원전장에 남아 있는 인민해방군으로 적들을 섬멸하기로 결정했다. 구체적으로는 쑤위(粟裕)가 화둥야전군 3개 종대를 인솔하여 강을 건너 남진할 준비를 함으로써 20개 내지 30개 여(旅)의 국민당 군대를 유인하고 강남으로 돌아가 방어하도록 했다. 이렇게 하면 중원전장의 전력을 줄일 수 있었다. 2월에 중공중앙은 류덩(劉鄧) 대군 주력이 다볘산(大別山)지역에서부터 이동해 오고, 류보청과 덩샤오핑이 천셰(陳謝) 부대 및 천스쥐(陳士榘)·탕량(唐

亮) 병단을 연합, 지휘하여 화이허(淮河), 한수이(漢水), 농해철도, 진포철도 사이에서 기동작전을 펼칠 것을 결의했다. 그런 다음 중급 규모의 섬멸전을 벌이기로 했다. 3월에 천스쥐·탕량 병단 주력과 천셰부대는 허난의 후쭝난 부대가 병력을 급히 시베이 전장으로 이동해 적들이 증원하는 틈을 놓치지 않았다. 그러고는 뤄양(洛陽)을 공략하여 수비하고 있던 적 1만 9,000여 명을 궤멸시켰다. 5월 2일부터 17일까지 천셰부대와 화둥야전군 제10종대는 완(宛·지금의 난양)시(西) 전투를 벌여 완시 각 현에서 꽤 실력 있는 국민당 지방단체와 일부 국민당 정규군 2만 1,000여 명을 섬멸했다. 뤄양, 완시 전투에서의 승리는 중원전장의 정세를 바꿔버렸고 평한철도 이서의 근거지를 확대하는 계기가 됐다.

5월 9일에 중공중앙은 1947년 5월에 설립된 중원국(中原局)을 강화하기로 결정하고 덩샤오핑을 제1서기로, 천이를 제2서기로, 덩쯔후이(鄧子恢)를 제3서기로 임명했다. 이와 동시에 중원(中原)군구를 설립하고 류덩 대군 및 천셰부대를 통폐합해서 중원야전군으로 명명하기로 했다. 그리고 류보청을 중원군구 및 중원야전군 사령원으로, 덩샤오핑을 정치위원으로, 천이를 중원군구 제1 부사령원(화둥야전군 사령원 및 정치위원을 여전히 겸임시켰다가 얼마 뒤 쑤위를 화둥야전군 사령원 대리 및 정치위원 대리를 시키기로 결정했다)으로 임명했다. 1916년 일본에 유학하고 귀국 후 황푸군관학교를 졸업하였다. 1925년 국민당에 입당하였다가 1926년 공산당에 입당하여 1930년 민시[閩西]소비에트 주석, 1931년 중화소비에트정부 재정인민위원에 선출되었다. 1934년 취추바이(瞿秋白)와 함께 체포되었으나 탈주하였고, 중일전쟁 중에는 신사군(新四軍) 제4사(第四師)정치위원으로 있었다.

덩쯔후이(鄧子恢, 등자회)

중국의 정치가이자 혁명가. 1896년생. 1916년 일본에 유학하다 귀국하여 황푸군관학교를 졸업했다. 1925년 국민당에 입당했다가 1926년 공산당에 입당하여 1930년 민시(閩西)소비에트 주석, 1931년 중화소비에트정부 정무원 재정경제위원회 위원 겸 중남 군정위원회 부주석을 지냈고 농촌공작부장, 당중앙위원회 위원, 국무원 국가 계획위원회 부주임 등을 역임했다. 1934년 취추바이와 함께 장제스군대에 체포됐으나 탈주하였고, 중일전쟁 중에는 신4군(新四軍) 제4사(第四師)정치위원으로 있었다.

류보청(劉伯承, 유백승)

"군신"이라는 별명을 들을 정도로 특출한 지도자로 1892년쓰촨성에서 태어났다. 그는 쑨원의 영향을 받아, 1911년에 보이스카우트에 가입했고 이어 충칭군사학교에 들어가 1913년 위안스카이의 제제선포에 반대하는 혁명군에 가담했다. 1916년 전장에서 한쪽 눈을 실명하여 '애꾸눈'으로 알려진 그는 덩샤오핑과 함께 항일전쟁 당시 인민해방군에서 가장 우수했던 129사단을 이끌고 일본과의 배후에서 게릴라전을 펼쳤다. 129사단이 제2 야전군으로 확대 재편된 후 사령관으로서 국민당정부군과 수없이 많은 싸움을 벌였다. 신중국 수립 후 국방 위원회 부주석, 당중앙 정치국원 등을 지냈다. 1986년 사망.

이런 일이 있기 전인 4월 중순, 부대를 인솔하여 푸양(濮陽)지역에서 휴식을 취하며 정비하고 있던 쑤위(粟裕)는 중원전장의 정세를 주도면밀하게 분석했다. 그는 강을 건너 남진할 경우의 장단점을 가늠해 보고 다음과 같이 생각했다. 3개 종대가 도강한다고 해서 국민당 군대의 몇 갈래 정예부대가 꼭 강남으로 돌아가 방어한다고 장담할 수는 없다. 도리어 자기의 병력을 분산시킬 수 있다. 또 중원전장의 정세를 보면 이미 큰 규모의 섬멸전을 벌일 가능성이 있으므로 계속 중원에 남아 중원 각 부대와 함께 작전하는 것이 더 낫다. 쑤위는 즉각 중앙에 이런 생각을 건의했다. 중앙에서는 심도 있는 연구와 토론을 거쳐 도강을 잠시 늦출 것에 대한 쑤위의 건의를 받아들였다.

6월 중순부터 7월 초까지 쑤위는 화둥야전군 주력을 인솔하여 중원야전군 주력과 협력해 위둥(豫東) 전투[카이펑(開封)·쑤이치(睢杞) 전투라고도 함]를 치렀다. 6월 17일부터 22일까지 그들은 먼저 허난성 소재지인 카이펑을 공략했다. 이는 해방군이 산하이관 이내에서 제일 먼저 공략한 성소재지로 국민당 내부에 매우 큰 충격을 주었다. '총통'으로 갓 취임한 장제스는 불리한 국면을 타개하기 위해 카이펑 상공에 직접 나가 전투를 지휘했고, 3개 병단을 소집하여 부대를 급히 지원하게 했다. 해방군은 적을 대거 섬멸하기 위해 6월 26일에 카이펑에서 자발적으로 철수했다. 6월 27일부터 7월 2일까지 해방군은 우세한 병력을 쑤이현(睢縣)과 치현(杞縣) 지역에 집중시켰다. 그런 다음 취서우녠(區壽年) 병단부대 및 정비개편사 제75사 등 부대를 섬멸했다. 뒤이어 7월 3일부터 6일까지 쉬저우(徐州)를 거쳐 지원하러 오는 황바이타오(黃百韜) 병단을 동으로 나가 공격하여 병단 일부분을 궤멸시켰다. 중원야전군은 평한철도에서 북상하여 증원하러 가는 국민당 군대 3개 병단을 강력히 저지해서 화둥야전군의 작전에 협력했다. 해방군은 위둥전역에서 적 도합 9만여 명을 섬멸하고 적 병단 사령관 취서우녠(區壽年)을 사로잡았다. 이는 해방군이 도시형 공격전과 기동전을 포함하여 외선에서 진행한 전투 가운데 규모가 가장 크고 오랜 시간 공을 들인 한 차례의 대병단 작전이었다. 이 전투에서의 승리는 중원전장의 전략적 형세를 바꾸고 국민당 군대의 방어 체계를 교란하여 훗날 전개될 지난(濟南)전투와 화이하이(淮海) 결전을 위한 유리한 조건이 됐다.

7월 2일부터 16일까지 해방군은 위둥 전투에서 승리를 거뒀다. 동시에 중원야전군의 한 갈래 부대가 승세를 타고 후베이, 허난, 산시, 쓰촨(鄂豫陝川)의 요충지인 샹양(襄陽)과 판청(樊城)을 공략했다. 그리하여 국민당 군대 2만 1,000여 명을 섬멸하고 제15 쑤이징구사령관 캉쩌(康澤)를 사로잡았다. 이 전투에서의 승리는 국민당 군대의 창장 강 방어선과 다바산 방어선을 강하게 위협했다.

내선 각 전장의 공세 작전

인민해방군은 외선의 중원전장에서 작전을 진행함과 동시에 내선의 여러 전장에서도 강력한 공세를 펼쳤다.

산둥에서는 1948년 3월에 화둥(華東)야전군 산둥병단(원 동선병단)이 교제 철도 서쪽 구간 전역을 벌여 국민당 군대 3만 8,000여 명을 섬멸했다. 그럼으로써 산둥성 중부(魯中)와 버하이 2개 지역을 연결시켰다. 4월에는 교제철도 중간 구역에서 전역을 벌여 국민당 군대 4만 6,000여 명을 섬멸했으며 웨이현(濰縣·지금의 濰坊)을 공략하고 그 주변의 드넓은 지역을 해방시켰다. 5월 29일에는 진포철도 중간 구역 전역을 개시하여 차례로 타이안, 다원커우, 취푸, 쩌우현, 옌저우, 지닝 등 도시를 공격하고 국민당 군대 6만 3,000여 명을 섬멸했다. 이 때에 이르러 산둥지역은 지난, 칭다오 등 소수의 도시를 제외하고 모두 해방됐다. 동시에 화둥야전군 제11종대, 제12종대 그리고 산둥에서 남하한 제2종대로 구성된 쑤베이병단(蘇北兵團)은 3월 중순부터 7월 중순까지 장쑤성 북부 지역에서 이린(益林), 옌(청)난, 농해철도 동쪽구간과 렌수이(漣水) 등 전투를 연이어서 진행했다. 그래서 국민당 군대 2만여 명을 섬멸하고 중원전장과 산둥전장의 작전에 협조했다.

둥베이에서는 1947년 12월 15일부터 1948년 3월 15일까지 둥베이민주연군 10개 종대와 12개 독립사가 추위를 무릅쓰고 공격을 시작했다. 이들은 쓰핑(四平)에서 다스차오(大石橋)까지의 중장철도 연선과 산하이관에서부터 선양(沈陽)까지의 북녕철도 연선에서 전례 없는 규모의 동계 공격을 펼쳤다. 3개월간의 연속 작전을 거쳐 쓰핑(四平), 랴오양(遼陽), 안산(鞍山), 잉커우(營口), 헤이산(黑山) 등 도시들을 공략하고 국민당 군대를 도합 15만 6,000여 명 섬멸했다. 그러고는 서로 고립되어 있는, 둥베이[러허(熱河)포함] 총면적의 3%밖에 되지 않는 선양, 창춘, 진저우 등 3개의 좁은 지역으로 적군을 몰아넣었다. 이로써 둥베이 국민당 군대의 "지점을 고정하고 전선을 연결하며 면을 확대"하는 방침을 철저히 파괴했다. 그 밖에도 해방군이 이후에 둥베이에서 완전히 승리를 거둘 수 있도록 튼튼한 기초를 닦아 놓았다. 1948년 1월 1일, 둥베이 민주연군(東北民主聯軍)은 중공중앙의 결정에 따라 둥베이 야전군으로 개칭했다.

진차지야전군은 둥베이 야전군의 겨울철 공격 작전에 연합하여 베이핑(北平), 톈진(天津), 바오딩(保定)삼각지역에서의 국민당 군대의 방어를 격파하려고 했다. 이를 위해 1947년 12월부터 1948년 1월까지 라이수이(淶水)전역을 일으켜 푸쭤이(傅作義) 부대 정예 제35군의 1개 사의 8,000여 명을 섬멸했다. 뒤이어 1948년 3월에 차하얼성 남부(察南)·쑤이위안성 동부(綏東) 전투를 개시하여 국민당 군대 1만 8,000여 명을 섬멸하고 차하얼성 남부의 드넓은 지역을 되찾았다. 5월 13일부터 6월 25일까지 화베이 제2병단 1부는 둥베이 야전군과 연합해 베이핑 북부, 허베이성 동부로 진군했다. 그리하여 (베이)핑·청(더)철도와 탕산(唐山)에서 창리(昌黎)까지, 북녕철도에서 한 달여 동안 분투하며 국민당 군대 2만 4,000여 명을 섬멸했다.

산시성 남부에서는 진지루위군구 2개 종대 및 타이웨군구 부대가 쉬샹첸(徐向前)의 지휘 아래 72일간의 작전을 수행했다. 이들은 5월 17일에 린펀(臨汾)을 공략하고 국민당 군대 2만 5,000여 명을 섬멸했다. 이로 인해 산시(山西)성 남부가 모두 해방되고 진지루위와 진쑤이

(晉綏) 2개 해방구가 연결됐다. 6월 11일부터 7월 21일까지 화베이 제1병단과 베이웨(北嶽)군구, 뤼량(呂梁)군구 부대의 도합 6만여 명이 쉬샹첸의 지도 아래 진중(晉中) 전투를 치렀다. 여러 차례의 치열한 전투를 거쳐 옌시산(閻錫山)의 1개 집단군 총부, 4개 군부, 9개 사, 2개 총대 등 도합 10만여 명을 섬멸하고 14개 현과 성을 해방시켰다. 이로써 대병단작전에서 적은 병력으로 많은 적을 이기고 연전연승하는 사례를 만들었다. 그뿐만 아니라 타이위안(太原) 구청(孤城)을 제외한 산시성 중부지역 전체를 해방시켰다.

산시성 북부에서는 시베이 야전군이 외선에 전입하여 산시성 중부로 남하했다. 이들은 1948년 2월에 이촨(宜川) 전투를 벌여 성을 공격했다. 그리고 적의 증원 부대를 공격하는 작전을 성공적으로 진행함으로써 국민당 군대 1개 정비개편군 군부, 2개 정비개편사, 도합 5개 여(旅)의 2만 9,000여 명을 섬멸하는 기염을 토했다. 한편 옌안에 있던 적의 수비병들은 시베이 야전군이 시푸[西府·시안(西安) 서쪽의 징수이(涇水) 강과 웨이수이(渭水) 강 사이] 지역으로 진군하는 기세에 놀라서 줄행랑을 쳤다. 이렇게 하여 4월 21일에 인민해방군이 옌안을 수복했다. 이때부터 시베이 지역의 주요 전장도 산베이해방구에서 국민당 통치구역으로 넘어가게 됐다.

인민해방군은 전략적 공격으로 넘어가는 1년 동안 국민당 군대 도합 152만 명을 섬멸하고 3,700만 명 인구를 가진 15.6제곱킬로미터의 토지와 164개의 중·소 도시를 되찾고 해방시켰다. 그리하여 전략적 결전을 진행하는 데 유리한 조건을 마련했다.

제21장
중국 신민주주의혁명의 위대한 승리

1. 역사적 의의를 띤 전략적 결전

전략적 결전을 앞둔 정세와 9월회의

1948년 가을, 전국해방전쟁이 세 번째 해에 접어들면서 중국의 군사와 정치, 경제 상황은 대중에게 유리해 진 반면 국민당 통치 집단에게는 점점 더 안 좋은 정세 변화가 일어났다.

전쟁이 발발한 두 번째 해에 정규군과 비정규군 도합 152만 명의 병력을 잃은 국민당군은 대대적인 병력 보충에 나서 총병력을 365만 명가량으로 확충했다. 그중 정규군 285개 여(사)의 병력이 198만 명에 달했다. 그 병력은 패잔병을 모아 재편성했거나 심한 타격을 받은 부대여서 사기가 저하돼 있었고 전투력마저 약했다. 최전방에 포진한 국민당 정규군 249개 여(사)의 170만 명 병력은 둥베이(東北), 화베이(華北), 시베이(西北), 중원(中原), 화둥(華東) 5개 전장에서 인민해방군의 견제를 받고 있었다. 그 대부분은 전략적 거점과 주요 교통로를 수비하거나 부근 지역에서 전역(戰役) 성격의 기동을 할 뿐, 전략을 행할 수 있는 병력은 거의 없었다. 창장(長江) 중하류와 다바(大巴)산맥 일선(一線) 남쪽, 란저우(蘭州)와 허란(賀蘭)산맥 일선 서쪽의 넓은 후방 지역에 남긴 병력은 정규군 36개 여(사)의 23만 명에 불과했다. 그뿐만 아니라 거의가 새로 편성한 부대여서 전투력이 약하고 또 인민유격대의 견제를 받아 기동작전을 펼 수 없는 상황이었다.

군사 정세가 갈수록 불리해지면서 국민당정부는 심각한 정치 위기에 빠지게 됐다. 국민당 통치구역의 중간층이 빠르게 의식을 각성하면서 국민당 통치 집단 내부의 모순도 한층 더 격화됐다. 그 틈을 타'부총통' 리쭝런(李宗仁)이 장제스의 '총통'자리를 탈취하려고 했다. 그리고 일부 지방의 실력파들은 공산당과 연계하려고 서두르거나 이미 연계를 하면서 인민 편으로 돌아설 준비를 하고 있었다. 그리하여 장제스 집단은 고립무원에 처하게 됐다.

> ### 다바산맥(大巴山脈, 대파산맥)
> 중국 쓰촨성, 산시성, 후베이성 경계에 걸쳐 있는 산맥으로 해발고도는 2,000m 안팎이다. 예부터 한중분지와 촉(蜀·四川)을 잇는 교통로가 있었으며 '촉(蜀)의 잔도(棧道)'라고 하는 곳은 매우 험난한 지대로 유명하다.

> ### 허란산맥 (賀蘭山脈, 하란산맥)
> 중국 북서지구 닝샤후이족(寧夏回族)자치구에 있는 험준한 산맥으로 해발고도 1,500~1,800m, 길이는 약 270km. 주봉은 허란산(약 3,230m). 자치구의 서부를 동쪽의 은천 평야와 서쪽의 아라산 사막으로 가르면서 남북으로 뻗는다.

때마침 국민당 통치구역의 경제가 급격하게 붕괴되기 시작했다. 1948년 6월, 국민당정부의 재정 적자는 법폐로 434만 5,656억 위안에 달했다. 그리고 당월 재정수입이 지출의 5%밖에 안 돼 조폐공장에서 당일 필요한 지폐를 미처 찍어낼 수 없는 지경이었다. 1948년 8월 21일에 이르러 법폐 발행액은 1937년 6월의 14억 1000만 위안에서 663만 6,946억 위안으로 껑충 뛰어올랐다.

위기를 만회하기 위해 국민당정부는 1948년 8월 20일부터 화폐개혁을 실시한다고 선포하고 1935년부터 발행한 법폐를 폐지했다. 대신 금원권(金圓券)을 발행하여 1위안 대 300억 위안의 비율로 법폐를 사들였다. 그러면서 대중이 금, 은, 외화를 금위안권으로 바꾸도록 강요하고 물가를 8월 19일의 수준으로 동결시켰다. 그럼에도 상기 조치들은 아무런 효과를 보지 못했다. 국민당정부가 폭력적 물가제한 정책을 엄하게 시행한 경제중심 상하이의 경우 1948년 8월 말부터 1949년 4월 말까지 물가지수가 13만 5742배 인상됐다. 금위안권의 발행액도 원래 20억 위안으로 한정했는데 1949년 5월에 이르러서는 67만 9,458억 위안에 달했다. 불과 몇 달도 지나지 않아 금위안권도 법폐와 마찬가지로 파지 신세를 면하지 못했다. 정치적 수단으로 강행한 화폐제도 개혁이 실패하면서 국민당정부의 최종 몰락은 앞당겨 질 수밖에 없었다.

　군사력이 점차 약화되는 국민당군과 달리 인민해방군은 2년간의 작전을 거쳐 총병력이 기존의 127만 명에서 280만 명으로 늘어났는데 그중 정규군(야전군)이 149만 명에 달했다. 따라서 국민당군의 총병력과 정규군 숫자를 비교해 보면 그 차이가 1대 1.3으로 줄어들었다. 후방이 튼튼해지면서 인민해방군은 병력을 전방에 집중시킬 수 있었다. 또 최전방에 배치한 기동병력은 이미 국민당군대를 앞질렀다. 무기장비도 크게 개선되었는데 중형 대포만 1,100여 문을 보유했다. 인민군은 2년간의 전쟁을 거쳐 대규모 기동전의 경험을 꾸준히 쌓아 왔고 또 스자좡(石家莊), 쓰핑(四平), 뤄양(洛陽), 카이펑(開封) 등 도시를 공략하는 작전 가운데서 도시공격전의 경험도 쌓을 수 있었다. 중국 공산당이 지도하는 남방 각 유격대도 급속히 강대해져 1948년 가을에 와서는 그 숫자가 4만여 명에 달했다. 이들은 푸젠과 광둥, 장시 접경지역, 광둥과 장시, 후난 접경지역, 하이난다오, 광둥과 광시 접경지역, 광둥과 광시, 후난 접경지역, 광둥 중부지역, 광시와 윈난, 구이저우 접경지역, 푸젠과 저장, 장시 접경지역, 저장 동부와 남부 지역, 안후이와 저장, 장시 접경지역, 장쑤 남부지역에서 유격근거지를 창설하고 늘려감으로써 국민당 통치구역의 후방을 직접 위협했다. 해방구는 면적이 235만 제곱킬로미터로 늘어나고 인구가 1억 6,800만 명에 달했다. 그리고 약 1억 인구를 포괄한 노(老)해방구에서 토지개혁을 수행하면서 지위가 향상된 수많은 농민들의 혁명정신과 생산 적극성이 전례 없이 고조됐다. 인민군대가 포위작전 단계에 들어선 후 해방구는 1년간의 회복기를 거치면서 생산을 복구시키고 발전하여 전쟁자원을 보충할 수 있었다.

국민당 통치 집단은 쇠락을 만회하기 위해 1948년 8월 3일부터 7일까지 난징에서 군사검토회를 소집했다. 개회사에서 장제스는 이렇게 말했다.

"전체 정세를 놓고 볼 때 도처에서 견제를 받고 패배를 거듭했다는 사실을 부인할 수 없다" 또 장제스는 국민당군의 대다수 고급 장령들이 "정신적, 생활적으로 타락하고 혁명 의지가 근본적으로 퇴보했으며 책임의식이라곤 찾아볼 수 없다"고 질책했다. 그러면서 "군대의 투지를 되살리고 사기를 북돋으며" 이어 "정신적 무장"을 강화하여 "위험한 고비를 넘기고 역전승을 이루어 낼 것"을 명령했다.[121] 그리고 회의에서는 작전 중심을 황허(黃河) 이남, 창장(長江) 이북 지역에 두기로 결정했다. 이 지역 범위에서 "쑤이징구의 여러 국군은 지방 무장과 연대하여 적의 차단과 토벌을 병행했다. 국군 주력은 강력한 토벌병단을 편성하여" "거센 추격섬멸전을 벌이며" 둥베이, 화베이 지구에서는 "모든 병력을 집중하여 랴오둥(遼東), 러허(熱河)를 확보하고 화베이를 튼튼히 지켜냄으로써" 둥베이와 화베이에 있는 인민해방군을 견제하고자 했다. 그뿐만 아니라 황허 이남을 둘러싸는 작전 목적을 달성하려고 시도했다. 상기 전략 방침을 이루기 위해 회의에서는 주요 도시를 전략 요충지로 한 수비 병력과 방어 공사를 강화하기로 결정했다. 동시에 정예 주력 기간에 약 10만 명 이상 규모의 기동작전병단을 편성하여 응원 세력을 강화하도록 했다. 이렇게 해서 저들

---

121 장제스, '장병들의 심리를 개조하고 정신 무장을 강화하자', 장치윈(張其昀) 주필, 〈선총통 장공 전집(先總統蔣公全集)〉 제2권, 타이완 중국문화대학교 출판부, 1984년, 1912쪽.

의 전략적 요충지를 지켜내고 증원병단을 확보하려고 했다. 또 회의에서는 병력을 시급히 확충하여 "전군의 총병력을 반드시 500만 명으로 확보하며"창장 이남과 시난(西南)지역에서 땅이 넓고 인구가 많은 조건을 활용하라고 지시했다. 그리하여 150만 명 규모의 제2 방어선 부대를 편성해 훈련시키되 우선 보병사단 50개, 기병사단 10개를 편성하기로 확정했다. 이로써 국민당 통치 집단은 최후의 저항을 위한 계획을 세웠다.

국민당이 패전 분위기를 전환하기 위해 기를 쓰고 있을 무렵 중공중앙은 1948년 9월 8일부터 13일까지 시바이포(西柏坡)에서 정치국확대회의를 소집했다. 이에 정치국 위원 7명, 중앙 위원과 후보 위원 14명, 기타 중요 인사 10명이 회의에 참석했는데 화베이, 화동, 중원, 시베이의 당 및 군대의 주요 책임자들(교통 여건의 제한으로 둥베이 책임자가 참석하지 못했음)도 참석했다. 이번 회의는 1947년 3월, 중공중앙이 옌안에서 철수한 이후 소집된 첫 정치국확대회의였다. 그뿐만 아니라 항일 전쟁 종전 후 참가자 수가 가장 많은 중앙회의였다.

회의에서는 전당의 전략적 과업을 다음과 같이 제기했다. 500만 명 규모의 인민해방군을 건설한다. 그리고 1946년 7월부터 5년 정도 시간을 들여 국민당 정규군 약 500개 여(사)를 섬멸하여 국민당의 반동 통치를 근본적으로 뒤엎는다. 회의는 계속해서 다음과 같이 지적했다. 현재 전쟁은 세 번째 해에 접어들었다. 이는 5년 내 승리를 쟁취하는 데 있어 매우 중요한 해이다. 향후 정세에는 두 가지 발전 가능성이 있다. 하나는 세 번째, 네 번째 해에 우리가 적에게 깊은 타격을 주고 적 내부의 정치, 경제 위기가 이에 더해진다면 장제스는 더 빨리 무너지고 승리가 앞당겨질 것이다. 다른 하나는 미국이 참전하여 전쟁이 길어지는 것이다. 우리는 승리가 앞당겨진다고 준비를 게을리 하거나 승리가 늦춰진다고 인내심을 잃지 말아야 한다. 회의에서는 5년 내 승리를 쟁취하는 주지(主旨·주장이 되는 요지)를 좇아 전쟁 세 번째 해의 사업에 대해 다음과 같이 조치했다.

첫째, 군사적인 면에서 인민해방군은 병력을 전부 창장 이북과 둥베이, 화베이에 계속 투입한다. 그리고 몇 차례의 결정적인 대규모 전투를 벌여 가능한 더 많은 국민당군대를 섬멸할 준비를 해야 한다. 전국적으로 볼 때 대결의 중심은 중원에 있으며 북선(北線)의 중심은 북녕철도에 있다. 유례가 없는 큰 전투를 치를 용기, 막강한 적들과 대결할 용기, 대군이 배치되고 견고한 방어진을 친 대도시를 공격할 용기를 가지고 전국적인 승리를 쟁취해야 한다.

둘째, 정치적인 면에서, 전쟁 정세의 변화와 함께 중앙정부 수립 관련 사항을 의사일정에 올린다. 새 정치협상회의 소집에 대한 중공중앙의 호소는 여러 민주당파와 인민단체, 무소속 민주인사들의 지지를 받았다. 이에 비추어 회의에서는 그 대표 인물들을 해방구로 불러들여 공화국 창건 대사를 함께 논의하기로 결정했다. 그리고 1949년 내로 새 정치협상회의를 소집하여 신중국 임시 중앙정부를 수립함으로써 국민당 반동정부를 대체하기로 했다.

셋째, 경제적인 면에서, 해방구의 생산을 복구시키고 발전시키는 것은 전쟁을 지원하고 국민당 반동파와 싸워 이기는 데 중요한 요소이다. 혁명이 빠르게 진척되는 상황에서 해방구가 봉착한 경제적 어려움과 재정적 어려움을 극복하기 위해서는 전투를 통해 전쟁에 필요한 다수의 인력과 물력이 있어야 한다. 아니면 이를 국민당 통치구역 내에서 보충할 수 있도록 대책을 마련해야 한다. 그러면서 전당을 동원하여 공업생산과 농업생산, 상업무역 관리를 배우게 한다. 아울러 생산을 늘리고 절약 역시 엄격하게 시행하여 낭비를 줄이는 데 최선을 다해야 한다. 당의 사업 중심을 농촌에서 도시로 옮기기 위해서는 반드시 도시와 공업 관리 사업을 강화해야 한다.

회의는 계속해서 당 건설과 관련한 토론을 벌였다. 회의에서는 지난 몇 년간 당 정돈 사업에서 거둔 성과를 충분히 긍정했다. 그러면서 당내에는 아직도 혁명정세 변화의 수요에 맞지 않는 문제점이 상당부분 존재했다. 주로 "일부 무규율, 무정부 상태와 지방주의, 유격주의"의 경향이라고 지적했다. 이에 비추어 회의에서는 지시요청 보고제도 및 당의 각급 대표회의를 소집할 것에 대한 결의와 당의 각급위원회제도를 건전히 할 것에 대한 결정을 채택했다. 그럼으로써 당의 규율을 강화하고 당내 민주생활을 정상화하기 위한 제도까지 마련했다.

전국적으로 정권을 탈취할 긴박한 과업을 달성하기 위해 회의는 군사, 정치, 경제, 당무, 문화교육 등 분야를 관리할 수 있는 간부를 빠르고도 계획적으로 훈련시킬 것을 요구했다. 회의에서는 전쟁의 세 번째 해에 간부의 대다수는 여전히 노(老)해방구가 책임지고 필요한 것들을 공급한다고 했다. 그렇지만 이와 동시에 국민당 통치구역의 도시 노동자와 지식인 속에서 간부를 물색하는 사업에도 관심을 돌려야 한다고 했다. 또한 반드시 3만 명 내지 4만 명의 간부를 미리 물색해 놓고, 전쟁의 네 번째 해에 부대와 함께 해방된 넓은 지역을 질서 있게 관리하도록 해야 한다고 지적했다.

이번 회의에서 마오쩌둥은 전쟁 정세의 변화에 맞춰 인민해방군이 "계획성 있게 정규화의 길로 나아갈"것을 요구했다. 회의가 폐막된 후인 1948년 11월 1일, 중공중앙의 동의를 거쳐 중앙군사위원회는 전군에 '전군의 조직 및 부대 번호를 통일할 것에 대한 규정'을 공식 발부했다. 그러면서 각 야전군 소속 종대 편제를 군으로 고치고 군 위에 병단을 두기로 했다. 또한 전군을 4개 야전군으로 나누어 총 20개

병단에 70개 군을 두었다. 전국은 5개 대군구(大軍區)로 나누었는데 이런 대군구는 중앙국과 급이 같았지만 중앙국의 지도를 받게 됐다. 1949년 1월 15일, 중앙군사위원회는 각 야전군의 번호를 서열에 따라 일률적으로 배열할 것을 결정했다. 그리고 시베이야전군을 제1야 전군으로, 중원야전군을 제2야전군으로, 화둥야전군을 제3야전군으로, 둥베이야전군을 제4야전군으로 개칭했다.

9월 회의는 인민해방군과 국민당군대 간의 전략적 결전을 위한 태세에 돌입했다. 장제스를 타도하고, 계획에 따라 절도 있게 신민주주의 혁명의 승리를 달성하기 위해 사상적, 정치적, 조직적으로 준비한 것이다.

9월 회의 정신과 중앙군사위원회의 지시에 따라 인민해방군은 장마철 기간에 휴식과 정비를 거쳤다. 그러고는 1948년 9월부터 둥베이, 화둥, 중원, 화베이와 시베이 전장에서 전에 없는 규모의 추계 공세를 펼쳤다.

추계 공세의 제일 중요한 전투는 지난(濟南)을 탈취하는 것이었다. 지난은 지포철도와 교제철도의 교차점이자 화둥, 화베이를 잇는 중추지역이다. 특히 도시 방어가 대단해서 국민당군이 '금성철벽'이라 자처하는 곳이었다. 인민해방군이 쯔촨[淄川·현재 쯔보(淄博)시에 속함], 저우춘(周村·현재 쯔보시에 속함), 웨이현(濰縣), 타이안(泰安), 옌저우(兗州)를 공략한 후 지난은 이미 해방군의 물 샐 틈 없는 포위망에 들었다. 장제스는 쉬저우(徐州)를 지키기 위한 보호벽을 쌓고 화둥, 화베이 해방구 사이의 연결을 차단하고 화둥야전군이 남진하지 못하도록 견제해야 한다고 보았다. 그래서 "지난에서 물러나 부대를 쉬저우에 철수시키라"는 미국 군사고문단의 건의를 거절했다. 장제스는 지난 수비에 10만 명이 넘는 병력을 배치함과 아울러 쉬저우에 주둔한 3개 병단의 17만 명 병력을 북상 지원에 대기시키기로 결정하고는 지난을 지켜내려고 안간힘을 썼다. 중앙군사위원회가 지시한 작전 계획에 따라 도시 공격에 14만 명, 적 증원부대 차단과 섬멸에 18만 명이 더 투입됐다. 화둥야전군은 9월 16일에 지난에 대한 전면적인 공격을 개시했다. 이들은 밤낮 8일 동안 치열한 공방전을 펼쳤다. 9월 24일, 지난을 공격하자 우화원(吳化文)부대 2만여 명이 인민해방군에 투항했다. 화둥야전군은 적 수비군 총 10만 4,000여 명을 섬멸했으며 국민당군 제2쑤이징 사령관 왕야오우(王耀武)를 생포했다. 전투가 시작된 후 쉬저우에서 북상하여 지원하기로 한 국민당군 쉬저우'비적 토벌총사령부(剿總)' 류즈(劉峙)부대의 3개 주력 병단은 해방군한테 섬멸당할 것을 두려워해서 아예 북상하지 못했다. 지난이 공략된 후 허쩌(荷澤), 린이(臨沂), 옌타이(煙臺) 등의 국민당군은 도시를 버리고 뿔뿔이 도망쳤다. 이로써 칭다오와 기타 소수 거점 지를 제외한 산둥지역은 모두 해방되고 화베이와 화둥 2대 해방구가 하나로 연결됐다. 이는 인민해방군이 남하하여 쉬저우지역의 국민당군을 섬멸하는 데 유리한 조건을 마련했다. 지난 전쟁은 인민해방군이 적들이 중점적으로 방어진을 친 대도시를 공략하는 첫 시작의 의미를 지닌다. 또한 대도시를 위주로 한 장제스의 '중점방어'체계가 전면적으로 와해되기 시작했음을 보여준다. 지난 전투는 이렇듯 전략적 결전의 서막을 열어 놓았다. 지난 전투에서 승리를 거두면서 중앙군사위원회는 정세에 발맞추어 가을철 공세를 국민당군의 대병단을 섬멸하는 전략적 결전으로 이끌었다. 그러고는 차례로 전략적 의의를 가진 랴오선(遼瀋), 화이하이(淮海), 핑진(平津) 3대 전투와 기타 중요한 전투를 벌였다. 위의 세 전투들은 서로 맞물렸고 승리에 승리를 거듭하면서 중국 혁명 전쟁사에 화려한 그림을 그렸다.

랴오선전역

1948년 가을, 둥베이전장에서 적과 아군 간 세력 대비에 근본적인 변화가 나타났다. 둥베이해방구는 이미 둥베이 전역에서 97% 이상의 토지와 86%의 인구를 지니고 있었고, 95%가 넘는 철도를 통제하고 있었다. 그 밖에도 둥베이야전군은 휴식과 정비를 거쳐 1948년 8월에는 그 병력이 70만 명에 달했다. 또한 지방부대 33만 명과 강력한 전투력을 갖춘 포병부대까지 보유하고 있었다. 이 시기 둥베이에 주둔한 국민당 병력은 55만 명이었는데 창춘(長春), 선양, 진저우(錦州) 등 지역에 서로 떨어져 있는 상황이었다. 북녕철도의 여러 구간과 잉커우가 해방군에 장악되면서 창춘과 선양에 주둔한 국민당군은 관내로 이어지는 수송선을 잃어버리게 됐다. 그리하여 공중으로 물자를 수송해야 했는데 물자 공급이 심히 부족하여 처지가 매우 어려웠다. 둥베이전장의 정세는 전국적으로 보아도 인민해방군에 제일 유리하게 돌아가고 있었다. 그리하여 이미 전략적 결전을 개시할 기본 조건을 갖추게 됐다.

1948년 봄, 둥베이야전군의 동계 공세가 끝날 무렵 장제스는 선양을 포기하고 북녕철도를 관통시켰다. 그럼으로써 주력 부대를 진저우로 철수시킨 후 기회를 엿보아 화베이와 화중에 투입할 생각을 했다. 그러나 정치적, 군사적으로 초래할 수 있는 심각한 결과 때문에 결단을 내리지 못하고 있었다. 결국 장제스는 화베이의 안전을 고려해 둥베이를 고수하기로 결정했다. 그리고는 "병력을 집중하여 중점적으로 방어하며 선양, 진저우, 창춘을 확보하고 기회를 타 북녕철도를 뚫는 방침"을 하달했다. 구체적인 조치를 보면 아래와 같다. 둥베이 '비적토벌총사령부' 부총사령관 겸 제1병단 사령관 정둥궈(鄭洞國)가 2개 군, 6개 사의 총 10만 명 병력으로 창춘을 수비하면서 둥베이야전군의 부분 주력을 견제한다. 둥베이 '비적토벌총사령부' 부총사령관 겸 진저우지휘소 주임 판한제(範漢傑)는 4개 군, 14개 사의 15만 병력으로 진저우, 진시(錦西) 지역을 중점으로 이현(義縣)부터 산하이관에 이르는 일선을 수비한다. 그러면서 관내 육군, 해군과의 연계를 확보한다. 둥베이 '비적토벌총사령부' 총사령관 웨이리황(衛立煌)은 8개 군 24개 사의 총 30만 명 병력으로 선양과 그 부근 지역을 방어중추로 삼아 수비하면서 선양을 확보하고 창춘과 진저우를 지원한다.

중공중앙 군사위원회는 국민당 부대가 둥베이에서 철수할 수 있는 가능성에 대비해야 했다. 그래서 1948년 2월 7일, 둥베이 야전군에 보낸 전보에서 다음 단계 작전에서는 주력군을 북녕철도로 이동시켰다. 이렇듯 적군의 육상 퇴로를 차단시킴으로써 적군을 둥베이 범위 내에서 각개 섬멸할 전략을 구상했다. 9월 7일, 중앙군사위원회는 남하 후 둥베이야전군은 공격 중점을 북녕철도 부근의 전략요충지인 진저우에 맞추라고 지시했다. 그리고 "창춘, 선양 두 곳의 적은 그냥 내버려두고 진저우를 공격할 때 창춘, 선양에 있는 적이 진저우를 구하러 올 수 있으니 구원군을 섬멸할 준비를 해야 한다"고 지적했다. 그런 다음 "예전에는 해보지 못한 대섬멸전을 치를 결심"[122]을 했다. 중앙군사위원회는 진저우를 탈취하는 것은 둥베이지역 "전반 전세의 관건"이라고 거듭 지적했다. 한편 이때를 전후하여 둥베이야전군 사령관 린뱌오는 거의 반년 동안 북녕철도로 남하해 작전할 경우의 어려움을 호소했다. 그리고 진저우냐, 창춘이냐 하는 결단을 내리지 않았다. 랴오선전역이 시작된 지 20일째, 부대가 진저우 성 아래 이른 중요한 시점에도 그는 계속 진저우를 치든가 아니면 회군하여 창춘을 치

---

122 마오쩌둥, '랴오선전역의 작전 방침에 대해'(1948년 9월, 10월), <마오쩌둥 선집> 제4권, 민족출판사 1992년, 1679쪽.

자는 건의를 했다. 10월 3일에 이르러 린뱌오는 중앙군사위원회에 전보를 보내 창춘을 공격할 계획을 버렸다. 그러고는 최종적으로 "원래대로 진저우를 공격"할 속내를 드러냈다. 그리고 이에 따라 병력 배치를 조정하여 주력을 진저우 쪽에 배치했다. 10월 4일, 중앙군사위원회는 린뱌오를 비롯한 둥베이야전군 지도자들에게 보낸 답전에서 "진저우를 칠 결심을 잘 내렸다. 안심된다"며 "이제 우리 사이에는 의견 차이가 없다. 3일 9시에 보내온 전보의 조치대로 대담하게 끝까지 밀고 나가기 바란다"[123]고 지적했다. 이로써 랴오선전역은 드디어 전략적 결전의 성격을 띤 대섬멸전을 형성했다.

랴오선전역은 9월 12일에 북녕철도에서 시작됐다. 정세의 위급함을 깊이 간파한 장제스는 9월 30일과 10월 2일에 비행기로 베이핑(北平)과 선양에 도착해 푸쭤이(傅作義), 웨이리황(衛立煌)과 각기 대책을 논의했다. 이들은 해상 운송으로 화베이 및 산둥에 주둔한 7개 사를 후루다오(葫蘆島)에 긴급 이동시키기로 했다. 그리고 진시와 후루다오에 주둔한 4개 사까지 합해 총 11개 사로 '동진(東進)병단'을 조직한 후 진시로부터 진저우를 증원하기로 했다. 그러고는 선양에서 5개 군 11개 사의 병력을 빼내 '서진(西進)병단'을 조직하고 선양에서부터 진저우를 증원하는 구체적인 계획을 세웠다. 둥베이야전군이 진저우를 들이칠 결심을 내린 후 산하 5개 종대와 포병종대의 주력 25만 여 명은 사령원 린뱌오, 정치위원 뤄룽환(羅榮桓)의 지휘 아래 10월 9일에 진저우에 대한 외곽 전투를 벌였다.

10월 10일, 증원에 나선 국민당군 '동진병단'은 진시에서 진저우

---

123 '병력을 분산시킨 교훈을 접수하고 조속히 진저우를 공격할 것과 관련하여 중앙군사위원회가 린뱌오 등에게 보낸 지시'(1948년 10월 4일), 중앙당안관 편, <중공중앙 문건 선집> 제17권, 중공중앙당교출판사 한문판, 1991년, 373~374쪽.

로 통하는 요충지인 타산(塔山)을 맹공격했다. 둥베이야전군이 타산 지역에 미리 대기시킨 2개 종대는 밤낮 엿새 동안 필사적인 총격전을 벌여 수십 차례에 이르는 적들의 돌격을 물리쳤다. 그리하여 국민당군대의 동진을 성공적으로 막아냈다. 같은 때 출병한 국민당군 '서진병단'은 인민해방군 3개 종대의 공격을 당한 후 장우(彰武), 신리툰(新立屯) 일대에 계속 머물렀다. 이들 모두는 남진할 엄두를 내지 못하고 있었다. 이 때문에 진저우 공격에 나선 해방군부대는 소중한 시간을 벌 수 있었다. 둥베이야전군은 10월 13일에 진저우 외곽 수비군을 정돈한 후 14일부터 도시 공격전을 개시했다. 31시간의 치열한 전투를 거쳐 15일에 진저우를 공략했다. 이번 전투에서 적 수비군 10만여 명을 궤멸하고 둥베이 '비적토벌총사령부' 부총사령관 판한제(範漢傑)를 생포했다.

진저우가 함락된 당일, 비행기로 선양에 도착한 장제스는 창춘에 주둔한 국민당 수비군에게 선양 쪽으로 포위망을 뚫으라는 엄명을 내렸다. 그러나 중국공산당이 오랜 시간 쟁취해 온 국민당수비군 제60군 군장 쩡쩌성(曾澤生)이 10월 17일에 부대를 거느리고 공산당 편으로 돌아섰다. 이어 10월 19일에는 신7군이 항복했다. 10월 21일, 둥베이 '비적토벌총사령부' 부총사령관 정둥궈가 패잔병을 거느리고 무기를 내려놓았다. 이로써 창춘은 평화적으로 해방됐다.

10월 18일, 장제스는 전멸을 앞둔 둥베이 주둔 국민당군의 운명을 만회해 보려고 쉬저우의 '비적토벌총사령부' 부총사령관 두위밍(杜聿明)과 함께 세 번째로 선양으로 날아갔다. 장제스는 진시의 '동진병단'은 계속 북진하고 장우와 신리툰 지역에 머물고 있는 '서진병단'은 즉각 남진하라고 지시했다. 그래서 남북협공의 태세를 취함으로써 "진저우를 되찾고" 선양의 국민당군대가 북녕철도를 통해 관내로 철수하도록 엄호할 것을 지시했다. 그리고 다른 한 개 군은 남하하여 잉커우를 선점하여 해상 철수 통로를 장악할 것을 요구했다. 장제스는 두위밍을 둥베이 '비적토벌총사령부' 부총사령관 겸 지러랴오변구 사령관으로 임명하여 상기 총퇴각 작전을 지휘하도록 했다. 위 정보를 입수한 중공중앙 군사위원회는 즉시 린뱌오, 뤄룽환, 류야러우(劉亞樓)의 건의를 승인하여 진시, 후루다오를 들이치려던 계획을 포기해 버렸다. 그리고 랴오야오샹(廖耀湘)의 '서진병단'을 신리툰과 헤이산(黑山) 일대로 유인하여 포위하고 섬멸할 것을 결정했다. 이에 둥베이야전군은 헤이산, 다후산(大虎山) 일대에서 랴오야오샹의 병단을 단호히 공격했다. 그리하여 남진을 늦추는 한편, 진시를 공격하려는 주력부대에게 즉시 회군하여 신리툰과 헤이산 방향으로 은밀하게 이동할 것을 명령했다. 이렇게 하여 적들을 양면으로 포위했다. 닷새 동안의 피나는 전투를 거쳐 야전군 부대는 마침내 헤이산, 다후산 일대에서 랴오야오샹의 병단을 성공적으로 막아냄으로써 그들의 전진을 멈춰 세웠다. 한편 명령을 받은 둥베이야전군 주력부대는 진저우에서 부대를 되돌려 야간행군을 시작했다. 그리고 10월 26일에 랴오야오샹 병단을 포위하고 갈라놓았다. 이들은 이틀간의 맹공격을 거쳐 국민당군 '5대 주력'으로 불리는 신1군과 신6군을 망라한 서진병단의 10만 명을 전멸하고 병단 사령관 랴오야오샹을 생포했다.

랴오야오샹 병단이 전멸당한 뒤 웨이리황은 명령에 따라 선양에서 비행기를 타고 달아났다. 승리의 기세를 탄 둥베이야전군은 즉각 여러 갈래로 나뉘어 선양과 잉커우 방향으로 적을 추격하여 11월 2일에 선양과 잉커우를 공략했다. 이로써 랴오선 전투는 성공적으로 마무리됐다. 11월 9일, 진시와 후루다오의 국민당군이 두위밍을 따라 상하이로 퇴각하면서 둥베이 전역이 해방됐다.

랴오선 전역에서 인민해방군은 국민당 정예부대 도합 47만 2000여 명을 섬멸했다. 같은 시기 다른 전장에서도 승리를 거뒀는데 이것까지 합치면 1948년 7월부터 11월까지 인민해방군은 국민당군 총 100만 명을 궤멸한 셈이었다. 그리하여 국민당군의 총병력이 290만 명으로 줄어든 대신 해방군 병력은 310만 명으로 늘어나 인민해방군은 질적·양적인 면에서 모두 우위를 점하게 됐다. 장기간의 전장을 걸쳐 아군이 열세에 처했던 기본 구도가 바뀌었고, 중국의 군사 정세는 새로운 전환기를 맞이했다. 랴오선 전역이 승리하면서 100만 명에 가까운 둥베이야전군은 전국적 범위의 전세에서 막강한 전략적 예비군으로 발돋움했다. 둥베이야전군이 관내 기타 전쟁에 투입되면서 혁명전쟁은 보다 빠른 승리를 예고했다. 11월 14일, 마오쩌둥은 '중국 군사 형세의 중요한 변화'라는 글에서 "이제 1년 정도 시간을 더 들이면 국민당 반동정부를 완전히 타도할 수 있을 것으로 예상된다"고 말했다.

화이하이 전역

화이하이 전역은 쉬저우를 중심으로 하여 동쪽의 하이저우(海州)에서 서쪽의 상추(商丘)까지, 북쪽의 린청[臨城·지금의 쉐청(薛城)]에서 남쪽의 화이허(淮河)에 이르는 넓은 지역을 뜻한다. 이 전역에는 화둥과 중원 두 갈래 야전군과, 화둥과 중원 두 군구 및 진지루위군구의 일부 부대를 망라한 총 60만 명이 참여했다. 지난 전역 이후 쉬저우 주변에 병력을 대거 집결시킨 국민당군은 쉬저우에서 교차하는 진포(津浦), 농해(隴海) 두 철도선으로, 병력을 기동하고 증원할 수 있는 조건을 이용했다. 그리하여 많은 병력으로 해방군의 남하를 차단함으로써 장화이(江淮)를 튼튼히 방어하고 난징을 지키려 시도했다. 쉬저우 '비적토벌사령부' 총사령관 류즈와 부총사령관 두위밍(두위밍은 둥베이에서 달아난 후 11월 초에 쉬저우 '비적토벌사령부' 부총사령관 겸 전진지휘부 주임으로 임명됨)은 황바이타오(黃百韜), 추칭취안(邱淸泉), 리미(李彌), 쑨위안량(孫元良) 4개 병단을 지휘했다. 그리고 펑즈안(馮治安), 리옌녠(李延年), 류루밍(劉汝明), 저우옌(周嵒) 4개 쑤이징구 부대와 화중에서 증원하러 온 황웨이(黃維) 병단, 그리고 전역을 치르는 동안 둥베이에서 벙부로 철수한 2개 군과 창장중류에서 푸커우(浦口)로 증원하러 온 2개 군까지 합하면 국민당군은 총 80만 명에 달했다. 그 대다수가 국민당군의 주력과 정예군이었다.

이 지역의 병력은 국민당군이 여전히 우위에 있었다. 따라서 쉬저우를 공략하고 현지에서 적을 섬멸하는 계획을 어떻게 달성할 것인가 하는 사안은 중앙군사위원회와 전방 지휘관들이 모두 주목하는 관심사였다. 지난 전투가 거의 끝날 무렵 화둥야전군 대리 사령관 쑤위(粟裕)는 곧바로 중앙군사위원회에 화이하이전역을 벌일 건의를 제기했다. 그리고 화이인(淮陰), 화이안(淮安), 하이저우(海州), 렌윈강(連雲港) 지역을 공격하여 그곳에 주둔한 국민당군대를 섬멸함으로써 쉬저우를 탈취하기 위한 기반을 닦을 것을 주장했다. 중앙군사위원회는 이 건의를 받아들여 10월 11일에 '화이하이 전역의 작전방침에 대해'라는 지시문을 발표했다. 지시에서는, 전역의 첫 단계에는 화력을 집중하여 국민당군 류즈집단의 우익인 황바이타오의 정예병단을 섬멸하는 것이 중요하다고 했다. 지시에서는 또 병력이 밀집되고 기동성이 강한 적군의 특징에 비춰 절반 이상 병력을 견제와 저격에 투입하라고 지적했다. 그리고 동쪽과 북쪽에서부터 쉬저우를 위협함으로써 추칭취안, 리미 두 병단이 동부 증원에 최선을 다할 수 없게 해야 한다고 했다. 10월 22일, 중앙군사위원회는 중원야전군이 정저우를 공략한 후 곧바로 동진할 것과 화둥야전군과 긴밀히 협동하여 쉬저우를 고립시킬 것을 지시했다. 11월 상순, 중앙군사위원회는 랴오선 전투의 승리와 중원전장의 변화에 비추어 화둥과 중원 야전군 지휘관들의 건의를 받아들였다. 그러고는 화이하이 전역의 규모를 확대하기로 결정했다. 구체적 지시 사항은 아래와 같다. 화둥야전군 주력은 계속 황바이타오병단을 공격하다가 다시 주력을 돌려 진포철도를 공격한다. 중원야전군 주력은 쉬저우 이남의 전략적 요충지인 쑤현(宿縣)을 신속히 공략하여 쉬저우와 벙부를 잇는 철도를 통제한다. 두 야전군은 합세하여 가능한 한 화이하이 이북에서 류즈집단의 주력을 섬멸한 후 다시 창장이북에서 그 잔여 부대를 섬멸한다. 중앙군사위원회는 11월 16일에 화이하이 전투는 남부 지역에서 개시된 전례가 없는 큰 전쟁이었다고 발표했다. 그러면서 "이 전투에서 승리하면 창장 이북의 국면을 안정시킬 수 있을 뿐만 아니라 전국의 정세도 기본적으로 장악할 수 있다"고 했다. 이번 작전과 지방의 전방 지원 사업을 통일적으로 조율하기 위해 중앙군사위원회는 류보청, 천이, 덩샤오핑, 쑤위, 탄전린으로 구성된 총전선위원회를 조직했다. 그리고 류보청, 천이, 덩샤오핑을 상무위원회 위원으로 임명하여 상황에 따라 모든 사무를 처리하도록 했다. 총전선위원회 서기 직은 덩샤오핑이 맡았다.

화이하이전역의 첫 단계는 전역이 시작된 11월 6일부터 22일까지였다. 이 단계에 화둥야전군은 녠좡웨이(碾莊圩)지역에서 황바이타오 병단 산하 10만 명을 섬멸하고 사령관 황바이타오를 격살했다. 11월 8일, 제3쑤이징구 부사령관 허지펑(何基灃·중공 지하당원), 장커샤(張克俠·중공 지하당원)는 화둥야전군의 계획에 맞추어 3.5개 사의 2만 3,000명을 거느리고 의거했다. 그래서 전투를 순조롭게 진행하도록 만들었다. 중원야전군은 11월 15일에 쑤현을 공략한 후 화둥야전군 소속의 한 부대와 함께 서방철도를 차단함으로써 쉬저우에 대한 포위작전을 끝냈다.

화이하이전역의 두 번째 단계는 11월 23일부터 12월 15일까지였다. 이 단계에 중원야전군은 화동야전군의 일부 부대와 함께 췌산(碓山)에서 동쪽으로 증원을 온 황웨이 병단 약 12만 명을 쑤현 이남의 쐉두이지(雙堆集) 지역에서 포위하고 섬멸했다. 그리고 병단 사령관 황웨이를 사로잡았다. 황웨이 병단 소속의 한 개 사는 중공 지하당원 랴오윈저우(廖運周)의 인솔로 의거를 했다. 이 시기 두위밍이 지휘하는 쉬저우의 국민당군 3개 병단의 30만 명은 서쪽으로 포위를 뚫고 있었다. 이에 화동야전군 주력은 융청(永城) 동북쪽의 천관좡(陳官莊) 지역에서 적들을 포위한 후 쑨위안량(孫元良) 병단의 2개 군 약 4만 명을 섬멸했다.

화이하이 전투의 세 번째 단계는 1948년 12월 16일부터 1949년 1월 10일까지였다. 이 단계에서 화이하이 전방에 포진한 해방군은 중앙군사위원회의 지시에 따라 뒤위밍집단에 대한 공격을 잠시 멈추었다. 그 목적은 베이핑과 톈진의 국민당군이 시급히 남하 결정을 내리지 않도록 붙잡아 두기 위해서였다. 그중 화동야전군은 전지로 들어가 휴식과 정비를 하는 한편 국민당군에 강력한 정치 공세를 하면서 두위밍이 부대를 거느리고 투항할 것을 독촉했다. 중원야전군은 쑤현, 멍청(蒙城), 워양(渦陽)에 집결하여 정비를 하고 휴식을 취하면서 명령을 기다렸다. 때마침 작전지에는 연일 폭설이 내려 보급이 확 줄어들었다. 군량이 끊기자 기아와 추위에 시달린 두위밍 부대에서는 군심이 동요하기 시작했고 패, 연, 영 단위 전원이 인민해방군에 투항하기에 이르렀다. 하지만 두위밍을 망라한 고급 장령들은 여전히 투항을 거부했다. 1949년 1월 6일, 화동야전군은 두위밍 부대에 대한 총공격을 개시했다. 나흘간의 치열한 전투 끝에 10일에는 추칭취안, 리미 두 병단의 약 20만 명을 전멸시켰다. 두위밍이 생포되고, 추칭취안은 맞아죽었으며 리미 등 소수자는 달아났다. 이로써 화이하이전역은 전면적 승리를 달성했다.

화이하이 전투는 해방전쟁 가운데 전략적 결전의 의미를 가진 3대 전투 중 앞뒤를 이어주는 두 번째 큰 전투였다. 또한 병력상 적이 상대적 우위를 점한 상황에서 치른 전투라는 데 그 의미가 있었다. 이번 전투에서 인민해방군은 66일간의 긴박하고 어려운 전투를 거쳐 국민당군대의 '5대 주력'이라고 자처하는 제5군과 제18군을 망라해 총 55만 5,000명을 섬멸했다. 이 전투의 승리를 통해 창장 이북의 화둥, 중원지구가 해방됐고 국민당 반동통치의 중심 지대인 난징, 상하이가 인민해방군의 막강한 무력 앞에 직접 노출되었다. 그리하여 해방군이 도강 작전을 하는 데 매우 유리한 조건을 마련할 수 있었다.

핑진전역

랴오선전역 이후 동쪽의 북녕철도 산하이관에서 서쪽의 평수철도 장자커우(張家口)에 이르는 500여 킬로미터의 비좁은 지대에 자리한 국민당군 화베이 '비적토벌총사령부' 푸쭤이집단의 50만여 명은 둥베이와 화베이 해방군의 연합 공세에 직면하게 됐다. 1948년 10월 23일, 푸쭤이는 장제스의 명령에 따라 허베이 중부에 해방군 병력이 부족한 틈을 타서 보병사 3개, 기병사 2개를 투입했다.

그리고는 스자좡과 시바이포에 있는 중공중앙 기관을 기습함으로써 파국을 돌파하려 시도했다. 중공 지하조직의 훌륭한 정보사업 덕분에 상기 기습 계획은 발 빠르게 중공중앙에 전달됐다. 저우언라이는 즉각 반기습 작전을 지휘하고 조치했다. 마오쩌둥은 연속 신화사(新華社)에 소식을 실어 장제스와 푸쭤이의 획책을 고발했다. 결국 11월 2

일에 이르러 장제스와 푸쭤이가 조직한 기습부대는 해방군에 섬멸당할지 모른다는 두려움 때문에 중도에서 철수했다.

11월 4일, 장제스는 푸쭤이를 난징으로 불러들여 대책을 상의했다. 창장방어선을 강화하기 위해 장제스는 베이핑과 톈진을 포기할 것을 고려했다. 그리고 푸쭤이에게 부대를 거느리고 남으로 철수하라고 요구했다. 그러나 반대파를 제거하고 배척하는 데 이골이 난 장제스를 불신한 푸쭤이는 자기의 직계부대를 남으로 철수시키는 것을 원치 않았다.

그는 부득이한 경우에 차라리 서쪽의 쑤이위안(綏遠)으로 이동할 생각을 했다. 서로 다른 마음을 품은 상황에서 이들은 랴오선 전투를 치른 둥베이야전군이 석 달 내지 반 년간의 휴식과 정비를 거친 후에야 관내 작전에 투입될 수 있을 것이라고 예측했다. 그리고 그 전까지는 화베이의 국민당군이 능히 스스로를 보호할 수 있을 것이라고 보았다. 따라서 당분간 베이핑, 톈진, 장자커우 지역을 고수하는 한편 탕구(塘沽) 항구를 확보하면서 전세의 변화를 살펴보려고 했다. 장제스는 이 정도 조치라면 둥베이와 화베이의 해방군을 한동안 견제하여 창장방어선을 고수 할 수 있고, 신병을 조직하고 훈련할 시간을 쟁취할 수 있을 거라 여겼다. 이에 따라 병력을 줄이고 그 배치를 조정하기로 결정한 푸쭤이는 11월 중순 전후로 청더, 바오딩, 산하이관, 친황다오 등 지역을 포기했다. 그럼으로써 장자커우, 베이핑, 톈진, 탕구의 방위를 강화하고 서행, 남행 철수 통로를 확보하려 했다.

베이핑과 톈진에 주둔한 국민당군의 동향에 비추어 현지에서 푸쭤이 집단을 섬멸하려면 반드시 푸쭤이 집단이 달아나지 않도록 붙잡아 둬야 했다. 그러는 한편 둥베이야전군이 관내로 진격하는 시일을 앞당겨 적들을 불시에 분할시키고 포위함으로써 그 퇴로를 차단해야 했다. 따라서 10월 말, 중공중앙 군사위원회는 선견 병단을 꾸려 먼저 관내에 들어갈 것을 둥베이 야전군에 지시했다. 그리고 이어 11월 18일에 또 둥베이야전군에 전보를 보내 즉각 휴식과 정비를 마무리하라고 했다. 그러면서 21일이나 22일쯤에 지름길을 택해 최대한 신속하고 은밀하게 관내로 들어가 탕산(唐山), 탕구, 톈진의 국민당군대를 포위할 것을 명령했다. 또한 푸쥐이 집단을 미혹시키고 붙잡아두기 위해 구이쑤이(歸綏)에 대한 포위를 풀고 타이위안(太原)에 대한 공격을 늦출 것 역시 명령했다. 중앙은 12월 중순에 이미 포위된 두위밍 부대에 대한 마지막 섬멸전을 잠시 늦출 것을 화이하이전장의 화둥야전군에 명령했다.

핑진전역에는 둥베이야전군 약 80만 명, 화베이군구 제2, 제3 병단 약 13만 명, 둥베이와 화베이 군구 지방부대까지 총 100만 명이 동원됐다. 화베이 부대와 둥베이 선견병단은 린뱌오, 뤄룽환, 류야러우(劉亞樓)가 관내에 들어오기 전까지는 중앙군사위원회의 직접적인 지휘를 받았다. 그러다가 후에 관내에 들어온 린뱌오, 뤄룽환, 류야러우의 일관된 지휘를 받았다.

뤄룽환(羅榮桓, 나영환)

홍군 창설 초기부터 주로 군 정치 계통에 일했다. 제2차 대전 이후 국공내전이 본격화할 당시 린뱌오가 지휘하는 동북인민해방군(후에 인민해방군 제4야전군으로 개칭)의 정치위원이었다. 잘 알려지지 않았지만, 1948년 가을에서 겨울까지 만주에서 거둔 린뱌오의 승리에는 뤄의 공헌이 지대했다. 린뱌오의 군사적 승리로 인해 뤄의 업적이 가렸지만, 그가 실시한 작전으로 공산당군은 지역주민의 지지를 획득하여 승리의 큰 밑거름이 된 것이다. 이 승리는 중공 측의 최초 승리였고, 이를 기점으로 전세는 역전되기 시작했다. 이로부터 1년 만에 장제스의 국민당은 타이완으로 도주하기에 이르렀다. 연이어 중화인민공화국이 수립될 수 있었다. 1955년 인민해방군에 계급제도가 도입되자 원수 계급을 부여받았다. 1963년에 위암으로 베이징에서 사망했다.

12월 13일, 중공중앙은 녜룽전을 핑진위수 사령으로, 보이보를 정치위원에 임명했다. 그리고 펑전을 베이핑시 당위원회 서기, 예젠잉을 베이핑시 당위원회 부서기, 베이핑군사관제위원회 주임 겸 베이핑시 정부 시장으로 임명했다. 또, 황커청(黃克誠)을 톈진시 당위원회 서기 겸 군사관제위원회 주임으로, 황징(黃敬)을 톈진시 정부 시장에 임명했다. 1949년 1월 10일, 중공중앙은 린뱌오를 서기로 하고 린뱌오, 뤄룽환, 녜룽전 3명으로 구성된 총전선위원회를 앞세워 베이핑, 톈진, 장자커우, 탕산 지역의 작전과 접수, 관리를 비롯한 모든 사업을 일괄적으로 지도하도록 했다.

중앙군사위원회의 지시에 따라 둥베이와 화베이의 인민해방군은 1948년 11월 29일에 핑진 전투를 개시했다. 화베이군구 제2, 제3 병단과 둥베이야전군 선견병단은 평수철도 핑장(平張)구간과 장자커우 외곽에 주둔한 국민당 수비군을 연이어 공격했다. 12월 상순에는 평수철도 동쪽 구간에 주둔한 푸줘이부대의 5개 사단을 섬멸하고 장자커우, 신바오안(新保安) 지역에서 그 주력을 포위함으로써 푸줘이집단이 서쪽의 쑤이위안으로 철수하는 통로를 차단했다. 12월 12일, 핑진 전방에 도착한 둥베이야전군은 21일에 베이핑, 톈진, 탕구의 국민당군대에 대한 전략적 포위와 전투적 분할을 완수했다. 그리고 적들이 탕구를 지나 해로를 통해 남쪽으로 도주하지 못하도록 통로를 차단함으로써 적을 각개 섬멸하는 데 유리한 조건을 마련했다.

12월 21일부터 인민해방군은 두 끝을 먼저 치고 나중에 가운데를 공략한다는 중앙군사위원회의 원칙에 따라 우선 서부 전선의 신바오안, 장자커우를 공략했다. 그리하여 푸줘이부대의 부분 주력을 섬멸했다. 동부 전선에서는 지리적으로 부대의 기동과 산개에 불리한 점을 감안해 먼저 탕구를 공략하려던 계획을 포기하고 집중적으로 톈진을 공격하기로 결정했다. 톈진 경비사령 천창제(陳長捷)가 투항을 거절하자 치밀한 준비와 조치를 거친 인민해방군은 보병, 포병, 공병, 기갑병이 연합 작전하는 방식으로 1949년 1월 14일에 톈진에 대한 총공격을 감행했다. 1월 15일에는 국민당수비군 13만여 명을 섬멸하고 톈진경비사령관 천창제를 생포했으며, 화베이에서 두 번째로 큰 도시인 톈진을 해방했다. 1월 17일, 탕구의 국민당수비군은 배를 타고 남쪽으로 도망쳤다.

톈진이 해방되자 고립무원으로 베이핑을 수비하던 푸쭤이부대 25만 명은 궁지에 몰리게 됐다. 세계적으로 이름난 옛 문화도시가 전쟁의 파괴를 입지 않도록 보호하기 위해 중공중앙과 중앙군사위원회는, 베이핑의 평화적 해방을 추구하기로 결정했다. 화베이국(局) 도시사업부는 여러 경로로 푸쭤이를 설득할 것을 톈진과 베이핑의 당조직에 지시했다. 푸쭤이는 1948년 11월부터 여러 차례 사람을 파견하여 평화적으로 해결하는 사안에 동의한다고 표시했다. 하지만 여전히 '평화'와 '교전'을 놓고 우왕좌왕했다. 톈진이 해방된 후 인민해방군의 90만 대군이 베이핑 외곽에서 대기하고 있었다. 해방군과 중공중앙 베이핑지하당조직의 인내심 깊은 설득과 베이핑의 진보 인사들의 독촉에 의해 푸쭤이는 마침내 해방군이 내놓은 평화 관련 조건을 받아들였다. 1949년 1월 21일, 쌍방은 '베이핑을 평화적으로 해결할 문제에 대한 협약'을 체결했다. 1월 31일, 베이핑을 수비하던 국민당군이 시구역에서 철수하고 인민해방군이 도시에 주둔하면서 베이핑은 평화적으로 해방됐다. 이로써 핑진 전투는 성공적으로 마무리됐다.

인민해방군은 64일간에 걸친 핑진 전투를 통해 국민당군 52만여 명을 섬멸했다. 그리하여 구이쑤이, 타이위안, 다퉁(大同), 안양(安陽), 신샹(新鄕) 등 소수 거점지를 제외한 화베이지역이 모두 해방되었으며 화베이와 둥베이 두 해방구는 완전히 하나로 연결됐다.

1948년 9월 12일부터 1949년 1월 31일까지 142일간에 걸친 랴오선, 화이하이, 핑진 3대 전투를 통해 해방군은 국민당 정규군 144개 사, 비정규군 29개 사를 망라해 총 154만 명을 섬멸했다. 그리하여 국민당의 반동통치를 유지하는 수단이었던 주요 군사 세력을 소멸시켰다. 3대 전투의 승리는 전국적인 최후 승리를 위한 튼튼한 기반을 닦아 놓았다. 전략적 결전에서 나타난 "톈진 방식"이나 "베이핑 방식"과 그 후 쑤이위안 서부 지역을 평화적으로 해방할 때 나타난 "쑤이위안 방식"은 국민당 잔여 세력을 해결하는 주요 방식으로 자리 잡게 됐다.

3대 전역에서 마오쩌둥을 위수로 한 중공중앙과 중앙군사위원회는 전략적 결전의 시기를 적절한 때 포착했다. 그리고 결전의 첫 전장으로 둥베이를 선정함으로써 정확한 판단을 내렸음을 입증했다. 이와 동시에 둥베이, 화둥, 화베이 3개 전장의 각기 다른 특징에 비추어 서로 다른 작전 방침을 제정했다. 그리고 "10대 군사 원칙"을 활용하여 적의 유생 세력을 섬멸하는 것을 도시와 지방을 탈취하는 것과 긴밀히 결부시켰다. 또한 우세한 병력을 집중하여 적을 각개 섬멸하는 것을 적군의 대부대를 완전히 소멸하는 것과 긴밀히 결부시켰다. 대규모 기동전·진지전과 도시공격전을 긴밀히 결부시키고 군사적 타격과 정치적 쟁취를 긴밀히 결부시켰다. 이는 마오쩌둥 군사사상의 커다란 발전이었다.

3대 전투에서 인민해방군은 군대를 새롭게 정비한 기초 위에서 정치사상사업을 효과적으로 벌였다. 그뿐만 아니라 군사, 정치, 경제 측면에서 3대 민주를 제기했으며 공을 세울 수 있는 운동을 지시했다. 연이어 정책을 교육하였다. 그리하여 자신이 가담한 전쟁의 정의성을 제대로 인식한 많은 장병들은 신중국의 탄생을 위해 기꺼이 몸을 던졌다. 이들은 드높은 혁명에 대한 능동적 열성을 보여 주었다. 게다가 놀라운 의지와 지혜, 자기희생 정신으로 모든 작전 임무에 투신하면서 영웅적 업적을 이뤄냈다.

3대 전투에서 중국공산당은, 인민대중의 동원 사업과 조직 사업을 강도 높게 벌이고 각계 세력을 동원하여 전례 없는 대결전에 참여하도록 했다. 이 시기 인민해방군은 교통운수 여건이 매우 어려웠다. 부분 철도를 통제한 둥베이를 제외하고는 여전히 인력과 기술적으로 상당히 뒤떨어진 도구에 의존하며 이동해야만 했다. 그들은 짐을 어깨에 짊어지거나 리어카에 실어서 밀고 갔다. 또 가축에도 짐을 지우고 배로 나르는 등 방법으로 천 리 밖에서 양식과 탄약을 비롯한 많은 군수품을 끊임없이 전방에 보내왔고 부상자와 병자를 후송했다. 집계에 따르면 3대 전역 가운데 동원된 사람이 연 880만여 명, 인민대중이 전선 지원에 출동시킨 크고 작은 차량이 141만 대, 들것이 36만여 개, 가축이 260만여 마리, 양식이 4억 2,500만 킬로그램에 달했다. 화둥 야전군 사령관 천이는 "화이하이 전투의 승리는 인민대중이 리어카로 밀어서 이룩한 것이다"고 감명 깊게 말한 바 있다. 인민대중의 폭넓은 지원은 전략적 결전의 승리를 힘 있게 담보하면서 인민전쟁의 크나큰 위력을 만천하에 과시했다.

중국공산당 및 당이 영도하는 인민해방군이 전략적 결전에서 이룩한 위대한 승리는 전 세계를 놀라게 했다. 1948년 12월에 소집된 불가리아공산당 제5차 전국대표대회에서 불가리아공산당 총서기 게오르규 디미트로프는 "중국 인민해방군은 세상 사람들을 놀라게 하는 일련의 승리를 거뒀다"고 극찬했다. 그러면서 이 승리는 세계 세력 대비를 바꾸는 데 '지극히 중요하다'고 인정했다. 또한 전략적 결전의 승리는 소련공산당의 높은 관심을 불러일으켰다. 1949년 1월 31일, 즉

핑진 전투가 마무리된 당일에 스탈린의 위임 파견을 받은 소련공산당 중앙정치국 위원 미코얀이 스자좡을 거쳐 중공중앙의 소재지 시바이포에 도착했다. 2월 상순에 마오쩌둥, 류사오치, 주더, 저우언라이, 런비스는 차례로 미코얀을 만나 중국 국내의 군사 형세와 정치 상황을 알렸다. 그뿐만 아니라 전국적 승리를 탈취하고 신중국을 창건할 계획 등에 대해 소개했다. 이번 회담은 소련공산당이 중국공산당과 중국 국내 정세를 더욱 자세히 알아보는 데 매우 중요한 역할을 했다. 그 밖에 일본, 이탈리아, 영국, 프랑스, 독일, 미국의 노동 지도자와 진보 신문들도 중국 인민이 결정적 승리를 이룩한 것을 일제히 찬양하고 진심으로 축하했다. 미국, 영국을 비롯한 서방 국가의 신문은 뉴스와 논평을 통해 중국의 전세를 잇달아 보도했다. 그러면서 이번 전쟁으로 유발된 세계 정치 구도의 변화에 놀라움을 금치 못했다.

2. 전국적 승리를 쟁취

'창장을 사이에 두고 각기 다스리려는' 국민당 통치집단의 책동을 분쇄

3대 전투에서부터 전투가 끝난 후에도 줄곧 국민당 통치 집단은 중국 주재 미국 대사 스튜어트의 지지와 책동 아래 이른바 '평화공세'를 지속했다. 그들은 평화협상을 이용하여 '창장을 사이에 두고 각기 다스리는' 목적을 달성함으로써, 숨 돌릴 시간을 얻고 반혁명 잔여 세력을 보존하여 다음의 기회를 봐 다시 손을 쓰려고 획책했다.

국민당정부의 몰락을 눈앞에 둔 미국 당국자들은 부득이 자국의 대중국 정책을 재검토해야 했다. 미국 정부의 몇몇 관리들은 중국 혁명의 발생과 발전에는 그 자체의 심각한 내적 원인이 있기에 미국의 힘으로 좌우지할 수 없다는 것을 파악했다. 그리고 설사 미국이 직접 출병하여 간섭한다고 해도 국민당정권을 파멸에서 구해낼 수 없음을 깨달았다. 1948년 9월, 미국 국무원은 한 공문에서 계속 장제스에게만 집중하는 것은 훌륭한 외교가 아니라고 지적했다. 10월, 스튜어트는 미국 국무원에 보낸 보고서에서 국민당정부, 특히 장제스는 "예전보다도 그 위상이 크게 실추했으며 갈수록 인민들에게 버림받고 있다"고 피력했다. 또 스튜어트는 국무부 장관 마셜에게 "장 위원장이 리쭝런이나 국민당 내 전망이 있는 기타 정치 지도자에게 자리를 내주고 은퇴하도록 권고하여, 공산당을 배제한 공화정부를 조직하게 해야 한다"[124]고 제안했다. 그러나 마셜은 미국정부가 이로 인해 "형성된 새 국면에 책임"질까 우려하여 상기 제안을 받아들이지 않았다. 11월 중순, 스튜어트는 리쭝런과 긴 담화를 나누었다. 리쭝런은 미국정부가 장제스에게 "군사적으로 완전히 패하지 않은 지금 자리를 내놓도록" 권고해야 한다고 발언했다. 아울러 새 지도자가 미국 정부의 "아낌없는 지원"을 받는다면 "그는 중국 시난지역의 유력한 지지를 얻게 되어 창장 이북의 공산당부대를 견제할 수 있을 것"[125]이라고 밝혔다. 이에 대해 스튜어트는 새로운 비공산당 정권을 지지하는 정책을 발표할 것을 마셜에게 제안했다. 이와 동시에 미국의 여론은 서둘러 국공〈평화협상〉과 〈장제스 하야〉국면을 조성했다.

장제스를 우두머리로 한 국민당 통치 집단은 자신들의 실패를 받아들이지 않았다. 그들은 화폐제도 개혁이 성공하고 화이하이 결전으로 전세를 뒤집을 수 있을 것이며, 미국이 더 많은 군사 지원을 해줄 거라는 기대를 하고 있었다. 11월 9일, 장제스는 미국 대통령 트루먼에

---

124 '미국과 중국의 관계(백서)', 〈중미관계 자료집〉 제1집, 세계지식출판사 한문판, 1957년, 325쪽, 327쪽.
125 〈미국 외교 문서〉, 1948년 제7권, 569쪽. 중국어 역문은 〈전후(戰後) 세계 역사 초고본(長編)〉(1949), 상하이인민출판사 한문판, 1980년, 225쪽 참조.

게 보낸 친서에서 미국이 지원을 늘리고 국민당정부를 지지하는 공식 성명을 발표할 것을 요구했다. 그리고 "미국 군사고문이 직접 작전 지휘에 참여하는 것을 포함해 군사 지원과 관련한 구체적인 계획을 함께 상의"하도록 고위급 군관을 중국에 파견해 줄 것을 요청했다. 그러나 트루먼은 회신에서 이를 완곡하게 거절했다. 그해 11월 말, 장제스의 부인 쑹메이링(宋美齡)이 미국에 가서 원조 요청에 나섰으나 가는 곳마다 퇴짜를 맞았다.

12월 중순, 장제스는 할 수 없이 리쭝런을 찾아 '자진하여 물러나는' 방법으로 '평화협상'을 성사시키는 방안을 상의했다. 이때 계계(桂系) 군벌 수령 가운데 한 사람이자 화중(華中) '비적토벌총사령부' 총사령관이던 바이충시(白崇禧)는 '평화협상'의 기치부터 먼저 내걸었다. 그리고 장제스가 물러나는 것을 촉구하기 위해 12월 24일과 30일에 잇따라 장제스에게 전보를 보냈다.

바이충시는 "아군이 난징, 상하이, 베이핑, 톈진을 장악하고 있을 때 평화협상과 관련한 대내외 조치를 서둘러 시간을 아낄 것"을 요구했다. 그의 의사에 따라 국민당 후베이성 참의회와 허난(河南)성 정부 주석 장전(張軫), 창사(長沙) 쑤이징공서(綏靖公署) 주임 겸 후난성 정부 주석 청첸(程潛) 등은 잇따라 장제스에게 전보를 띄웠다. 그들은 방침을 바꾸고 중국공산당과 '평화협상을 회복'할 것을 요구함과 동시에 장제스가 "물러나겠다는 결단을 내림으로써" 평화협상의 진행에 일조할 것을 요구했다. 1949년 새해 첫날에 장제스는 마침내 평화협상을 구걸하는 "신년사"를 발표했다. 장제스는 "신년사"에서 "군사행동을 멈추고 평화를 회복하는 구체적 방법"을 공산당과 상의할 것이라고 언급했다. 그러면서 평화가 과연 실현될 수 있다면 "개인의 거취 같은 것은 절대로 염두에 두지 않고 오로지 인민의 뜻에 따르겠다"고 말했다. 그러나 장제스는 또 허위적인 헌법과 법통 및 반동 군대를 보존하는 것을 협상의 조건으로 내걸어 평화를 구걸하는 성명의 위선적인 일면을 또다시 드러냈다.

각각의 세력들이 일으킨 이번의 새 평화운동에 대해 일부 중등 자산계급과 상층 소자산계급은 한때 기대감을 숨기지 않았다. 일부 자산계급 우익들은 공산당이 인민혁명전쟁을 '즉각 멈출' 것을 적극 주장하기도 했다. 일부 지방의 실력파와 민주당파의 우익들은 이미 파탄 난 '중간노선'의 주장을 다시 거론했다. 그러고는 평화협상을 통해 국민당, 공산당과 함께 3자 정립의 국면을 조성하거나 구역 성격을 띤 지방정부를 앞세워 세력 범위를 확정하고 스스로를 보호하려고 했다.

정세의 발전은 혁명을 끝까지 진행하든가 아니면 중도에서 그만두든가 하는 심각한 문제를 제기했다. 1948년 12월 30일, 마오쩌둥은 신화사에 기고한 '혁명을 끝까지 진행하자'라는 신년사에서 다음과 같이 분명히 지적했다. 반드시 "혁명의 방법으로 모든 반동 세력을 강력히, 철저히, 깨끗이, 전부 소멸하며" "전국적 범위에서 국민당의 반동통치를 뒤엎고 전국적 범위에서 무산계급이 지도하는, 노농동맹을 주체로 하는, 인민민주주의 독재 공화국을 창건해야 한다" 마오쩌둥은 전국 인민, 여러 민주당파, 여러 인민단체가 진심으로 협력하고 일치단결하여 미제국주의와 국민당 반동파의 정치적 음모를 분쇄할 것을 호소했다.

더불어 혁명을 끝까지 이어갈 것도 요청했다. 상기 중요한 문제에 있어 몇몇 사람들은 이를 분명하게 인식하지 못하고 흔들리고 있었다. 이런 정황에 비추어 마오쩌둥은 "여기에서는 그 어떤 "반대파"를 수립하거나 그 어떤 "중간노선"을 걸어 갈 것을 요구하지 않는다. 오직 일치와 합작을 요구한다"고 강조했다. 1949년 1월 6일부터 8일까지 중공중앙 정치국은 회의를 소집했다.

회의에서는 마오쩌둥이 작성한 초안의 결의를 토의하고 채택하며 "반드시 혁명을 끝까지 진행하며 중도에 그만두지 않을"것이라는 당의 확고한 입장을 또다시 밝혔다. 그밖에도 당 내부, 군 내부와 인민대중 속에서 강력한 교양 사업과 해석 사업을 벌여 국민당의 '평화협상' 음모를 계속 밝혀낼 것을 요구했다. 결의에서 전당은 항상 경각심을 늦추지 말고 "미국이 직접 파병하여 중국 연해의 몇몇 도시를 점령하고, 우리와 싸울 수 있다는 가능성을 작전계획 속에 망라시킬"[126] 것을 요구했다. 결의는 또 인민 혁명 세력이 더 강대할수록, 그 의지가 확고할수록 미국이 직접 군사간섭에 나설 가능성은 더 낮아질 것이라고 지적했다.

장제스의 "평화협상" 음모를 철저히 적발하기 위해, 마오쩌둥은 1월 14일에 중공중앙 주석의 명의로 "시국에 대한 성명"을 발표했다. 마오는 "성명"에서 "평화" 제의는 허위적인 것이며 장제스가 내세운 조건은 전쟁을 계속하려는 조건이고 평화를 위한 조건은 아니라고 지적했다. 성명은 다음과 같이 발표했다. 중국 인민해방군은 단시간 내에 국민당 반동정부의 잔존 군사력을 전부 소멸해버릴 충분한 힘을 가지고 있다. 하지만 우리는 "전쟁을 조속히 종말 짓고 진정한 평화를 실현하며 인민의 고통을 덜고자 한다. 이를 위해 중국공산당은 난징국민당 반동정부와 기타 어떠한 국민당 지방정부 및 군사 집단과도 아래와 같은 조건에 기초하여 평화협상을 진행할 용의가 있다. 그 조건은 (1) 전쟁범죄자를 징벌할 것 (2) 가짜 헌법을 폐지할 것 (3) 가짜 법통을 폐지할 것 (4) 민주주의 원칙에 의하여 모든 반동 군대를 개편할

---

126 마오쩌둥, '현 정세와 1949년도 당의 과업'(1949년 1월 8일), 〈마오쩌둥 군사 문집〉 제5권, 군사과학출판사, 중앙문헌출판사 한문판, 1993년, 473쪽.

것 (5) 관료자본을 몰수할 것 (6) 토지제도를 개혁할 것 (7) 매국조약을 폐기할 것 (8) 반동분자가 참가하지 않은 정치협상회의를 소집하여 민주주의연합정부를 수립하고, 난징국민당 반동정부 및 그 소속 각급 정부의 모든 권력을 인수할 것 등이다"

전국 인민의 염원을 담은 이 성명은 전국 인민과 여러 민주당파의 뜨거운 지지를 받았다. 해방구에 도착한 여러 민주당파 지도자들과 저명한 민주인사 리지선(李濟深), 선쥔루(沈鈞儒), 궈모뤄(郭沫若), 탄핑산(譚平山) 등 55명은 1월 22일에 연명으로 "시국에 대한 의견"을 발표하여 마오쩌둥의 성명을 적극 지지했다. 그들은 또 "인민민주주의 진영에는 반대파들이 발붙일 한 치의 여지도 없으며 중간노선의 존재도 절대 허용하지 않는다"고 선명하게 지적했다. 그러고는 "중국공산당의 지도 아래" 중국혁명을 밀고 나가며 신중국을 건설하기 위해 모든 힘을 다 바칠 것이라고 명확히 표시했다.

리지선(李濟深, 이제심·1885 ~ 1959)

광시성(廣西省) 우저우(梧州) 태생으로 베이징육군대학 졸업. 북벌 때 국민혁명군 총참모장 겸 광둥유수사령이었다. 1929년 리쭝런 등과 반장제스 운동을 일으켰고, 1933년 푸젠사변에 참가하여 한때 푸젠인민정부 주석에 취임했으나 실패하여 홍콩으로 망명하기도 했다. 1937년 중일 전쟁 당시 장제스와 연대하여 일본관동군과 맞서 싸웠다. 1947년 반장(反蔣)이라 하여 중국국민당에서 축출당하고, 1948년 홍콩에서 국민당 혁명위원회를 조직한 뒤 주석에 취임했다. 1949년 중국공산당 정권 성립에 참가한 뒤 1954년까지 중앙인민정부 부주석 등을 지냈다.

선쥔루(沈鈞儒, 심균유·1885~1963)

자는 헝산(衡山). 저장성 자싱현 사람이다. 31세에 진사가 됐지만 일본으로 유학하여 호세이대학(法政大學)을 졸업했다. 34세에 귀국한 후에는 자의국 부의장이 되었고 5·4운동 때에는 신도덕·신문화를 제창했다. 광둥성 호법정부에서 총검찰청 검찰장을 지내던 중 1922년 호법정부가 해산되자 베이징으로 올라가 참의원 비서청 비서장을 지냈다. 1926년 차오쿤 부정선거를 목격하고는 귀향하여 저장 임시정부의 정무위원이 됐다. 아어 변호사를 겸업하고, 1932년 쑹칭링과 루쉰 등이 조직한 중국민권보장동맹에 참가했다. 신중국 건국 후에는 최고인민법원 원장, 인민대표대회 상무위원회 부위원장, 민주동맹 주석 등을 역임했다.

마오쩌둥의 성명은 장제스의 허위적인 평화 구걸 성명을 유력하게 고발했다. 국민당정부는 1월 8일에 중국 내전을 조정해줄 것을 미국, 영국, 프랑스, 소련 정부에 요청했지만 잇따라 거절당했다. 이런 정세에서 장제스는 하는 수 없이 1월 21일에 "사정이 있어 정무를 수행할 수 없다"는 이유로 '사직'을 선언했으며 부총통 리쭝런이 '총통'직무를 대행했다.

1월 22일, 정권을 잡은 이튿날 리쭝런은 즉시 '대리 총통'의 신분으로 중국공산당이 제기한 8개 조건을 기초로 평화협상을 진행할 뜻을 밝혔다. 이어서 "국내에서 평화적인 분위기를 조성"하는 일부 조치를 단행했다. 리쭝런은 리지선, 장보쥔(章伯鈞), 장둥쑨(張東蓀) 등에게 서한을 보내 "함께 평화운동을 촉진할" 것을 요청했으며 쑹칭링(宋慶齡), 황옌페이(黃炎培), 장란 등에게도 평화협상에 협조할 것을 요청했다. 리쭝런은 전국 계엄령을 취소하고 정치범을 석방하며 신문사와 잡지사에 붙인 봉인을 뜯고 특수 형사법정을 철폐한다고 선언했다. 그러고는 "비적토벌총사령부"를 군사행정장관공서로 개명한다고 선포했다. 2월 상순과 중순에 리쭝런은 난징과 상하이에서 초청한 저명한 인사들로 "인민평화대표단"을 꾸려 두 차례 베이핑을 방문하게 함으로써 평화협상을 추진했다.

그러나 리쭝런이 취한 여러 조치는 국민당 측의 '평화' 허상에 불과했다. 이 시기 국민당정부의 실권은 여전히 장제스와 그 측근 수중에 장악되어 있었다. 장제스는 사직하기 전에 이미 반혁명전쟁을 계속 진행하기 위한 조치를 마련해 두었다. 장제스는 천청(陳誠)과 장징궈(蔣經國)를 각각 국민당 타이완성 정부 주석과 성 당부(黨部) 주임위원으로 임명했다. 그러고 나서 국민당 중앙은행이 약 5억 달러어치의 황금, 은화, 외화를 전부 타이완으로 옮겨 마지막 보루인 타이완 지역을 지킬 준비를 할 것을 지시했다.

장제스는 또 탕언보(湯恩伯)를 징후항(京滬杭) 경비 총사령관으로, 주사오량(朱紹良), 위한머우(餘漢謀), 장췬(張群)을 각기 푸저우, 광저우, 충칭 쑤이징공서 주임으로 임명했다. 그리하여 창장과 친링(秦嶺) 산맥을 고수하고 창장 이남 지역과 시난(西南)지역에서 인민해방군의 전진에 대항하려고 준비했다. 그 밖에도 장제스는 국민당 중앙상무위원회를 광저우로 이전시키고 3개월 내지 6개월의 시간을 벌어 창장 이남에서 200만 명의 신병을 편성하고 훈련시켜 재기할 것을 획책했다.

국민당총통직에서 물러난 후 장제스는 쩌장 평화(奉化) 시커우(溪口)에 무선 통신기지 7개를 앉혔다. 국민당 총재의 신분 아래 여전히 '당의 명의로 정권을 장악'한 장제스는 군대와 특무 계통을 지휘하면서 당, 행정, 군사 대권을 멋대로 휘둘렀다. 리쭝런은 비록 중국공산당이 제기한 8가지 조건이 협상의 기초임을 수긍했지만, 평화협상을 진행하려는 진짜 목적은 따로 있었다.

그는 미국을 등에 업고 인민해방군의 도강을 저지함으로써 창장 이남의 각 성과 시베이의 일부 지역을 확보하려고 했다. 그리하여 '창장을 사이에 두고 지역을 각기 다스리려고' 했으며 이로써 자기 지반을 다져서 장제스를 대체하려고 했다.

비록 베이핑, 톈진, 쉬저우를 잃었지만 국민당은 여전히 상당한 병력과 창장 이남 및 시난 각 성을 보유하고 있었다. 따라서 일부 자유주의자들을 끌어들여 '민주주의 개혁'을 시행함으로써 사기를 되살리고 다시금 민중의 지지를 얻고자 했다. 그뿐만 아니라 창장 강의 천연 요새를 제대로 이용한다면 창장 이남과 기타 지역을 보전할 가능성이 있다는 것이 리쭝런의 생각이었다. 리쭝런은 "이 심각한 고비에 미국의 지원은 그야말로 기사회생의 유일한 희망"[127)이라고 보았다. 그리하여 리쭝런은 미국 정부가 10억 달러, 아니면 적어도 5억 달러의 차관을 제공해 인플레이션의 억제에 일조해 줄 것을 요청했다. 동시에 리쭝런은 협상에서 수세에 몰리지 않기 위해 미국, 영국, 프랑스 3국 정부에 인민해방군의 도강을 저지한다는 성명을 발표해 줄 것을 부탁했다. 리쭝런 정부가 내놓은 협상의 기본 지도 원칙은 "평화협상 양측은 반드시 대등한 관계여야 하며", "정부는 중공이 내놓은 8가지 조건을 그대로 접수해서는 절대로 안 되며 두 정부가 공존하는 원칙 아래 그것을 협상의 기초로 삼아야 한다"[128)는 것이었다. 요컨대 창장(長江)을 지키면서 이른바 평화를 도모하고 창장을 사이에 두고 각자 다스리는 것이었다. 리쭝런은 '평화협상' 운운하면서도 '군대 정비를 앞세워야 한다'는 장제스의 취지를 이어받아 전쟁 준비에 급급한 모습을 보였다. 그리고 인민해방군의 도강을 저지하기 위한 준비를 서둘렀다.

그럼에도 불구하고 중국공산당은 장제스를 대하던 것과는 달리 리쭝런을 선의로 대하고 도와주었다. 당은 그가 장제스를 벗어나 인민의 편에 서서 하루빨리 전쟁을 종결짓고 진정한 평화를 실현할 것을 희망했다. 이를 위해 중공중앙은 저우언라이, 린보취(林伯渠), 린뱌오, 예젠잉, 리웨이한(李維漢)(후에 녜룽전을 추가 파견했음)을 평화협상 대표로 파견했는데 저우언라이가 수석대표를 맡았다.

127 〈리쭝런 회고록〉, 광시인민출판사 한문판, 1988년, 668쪽.
128 〈리쭝런 회고록〉, 광시인민출판사 한문판, 1988년, 663쪽.

국민당 측은 장즈중(張治中), 사오리쯔(邵力子), 황사오훙(黃紹竑), 장스자오(章士釗), 리정(李蒸)[후에 류페이(劉斐)를 추가 파견했음]으로 구성된 난징정부 평화협상 대표단을 파견했는데 수석대표는 장즈중이었다. 양측 대표단은 4월 1일부터 베이핑에서 평화협상을 진행했다. 양측은 전쟁범과 해방군의 도강 사항을 두고 중점적으로 의견을 나누면서 대화의 범위를 넓혀 갔다. 중국공산당 대표는 평화협상의 결과와는 관계없이 해방군은 반드시 도강할 것이며 "역사적으로 보아도 창장을 사이에 두고 중국이 분할된 적이 없다"고 지적했다. 반면 전쟁범 처리, 국민당 정부와 군부 성원을 대하는 문제와 연합정부를 구성하는 문제에서는 국민당 측의 입장을 고려해 관대하게 처리하고 적절하게 해결할 수 있다는 입장을 표명했다. 반 달간의 협상을 거쳐 4월 15일, 중국공산당 대표단은 난징정부 대표단이 제기한 의견을 받아들였다. 그러고는 8조 24항에 달하는'국내평화협정'(최종 수정안)을 내놓고 4월 20일을 최종 조인 일자로 선포했다.

상기 평화협정을 접수할 수 있다고 의견을 모은 난징정부 대표단은 4월 16일에 황사오훙을 파견하여 협정 초안을 난징에 전달하게 했다. 리쭝런은 바로 장제스에게 지시를 요청했다. 난징정부와 광저우의 국민당 중앙상무위원회, 중앙정치회의는 긴급 토의를 진행했다. 4월 20일, 난징정부는 협정 체결을 거부한다는 최종 결정을 내렸다. 그리하여 중국인민해방군은 곧바로 도강 전역을 개시했다. 이들은 창장을 성공적으로 강행 도하하여 창장 이남을 해방하고 산시(陝西), 간쑤(甘肅), 칭하이(靑海), 닝샤(寧夏), 신장(新疆)의 드넓은 지역으로 진군하기 시작했다. "창장을 경계로 한 분할 통치"로 중국 혁명의 앞길을 막아보려던 국민당과 미국정부의 책동은 끝내 분쇄되고 말았다.

장징궈(蔣經國, 장경국)

타이완의 정치가. 장제스의 장남이며 후계자로서 타이완 총통을 역임했다. 1975년 부친 장제스가 사망하자 1978년 3월 21일까지 총통 대리로 있다가 그해 국회에서 정식으로 6년 임기의 총통으로 선출됐다. 1984년에 재선에 성공했다. 1910년 저장성 펑화원에서 태어났다.

장즈중(張治中, 장치중)

1916년 바오딩(保定)군관학교를 졸업하고, 1935년 제5기 국민당 중앙집행위원, 1937년 후난성(湖南省) 주석을 지냈다. 1946년 1월 국민정부의 대표자격으로 국공정군협정을 체결하였다. 1949년 4월 국민정부 측 수석대표로서 국공평화회의에 참석했으나 회의가 결렬되자 베이징에 남아서 공산당의 신장성(新疆省) 평정에 협력했다. 그 후 정치협상회의 전국위원회 위원, 중앙인민정부위원회 위원, 인민군사위원회 위원을 거쳐 1954~1959년 국방위원회 부주석 등을 역임했다. 그는 후난성 주석으로 재임 당시 창사 임시정부의 든든한 후원자였다. 임시정부 김구 주석은 백범일지를 통해 장즈중 장군으로부터 많은 도움을 받았다고 밝힌 바 있다.

　　장즈중을 수반으로 한 난징정부의 평화협상 대표단 성원들은 중국 공산당의 진심어린 만류에 남하를 포기했다. 그리고 얼마 후 베이핑에서 소집된 중국 인민정치협상회의에 참석했다. 국민당 중앙통신사가 "장즈중이 베이핑에 억류되었다"는 유언비어를 조작한 데 비추어 6월 26일, 장즈중은 "시국에 대한 성명"을 발표하여 다음과 같이 솔직하게 발언했다. "집권한 지 20여 년이 되는 우리 국민당이 오늘의 지경에 이르게 된 것은 우연한 일이 아니다" "지금에 와서 우리는 진심으로 착오를 인정하고 용기 있게 실패를 받아들여야 한다" 그는 국민당 중앙과 각 지방 책임자들이 "현실을 직시하고 반성과 자책의 마음가짐으로써 기로에서 돌아설 준비를 하며" "군민의 희생을 줄이고 나라가 더 이상 사기를 잃지 않도록 하기 위해" "아무런 희망도 없는 전쟁을 계속 하지 말 것"을 권고했다.

도강 전투

화이하이 전투가 끝날 무렵, 장제스는 이미 화이허 방어선을 포기하고 창장 이북의 잔여 부대를 창장 이남으로 철수시키기로 결정했다. 뒤이어 "평화협상"이라는 미명 아래 창장 방어선을 구축하는 데 열을 올렸다. 이때 국민당군은 후베이 이창(宜昌)에서 상하이에 이르는 1,800여 킬로미터의 창장 연선에 약 70만 명의 병력을 배치했다. 그중 징후항경비 총사령 탕언보부대의 45만 명이 장시(江西) 후커우(湖口)에서 상하이에 이르는 창장 연선에다 방어진을 쳤다. 그리고 화중군사행정장관공서 바이충시부대의 약 25만 명은 후커우에서 이창에 이르는 창장 연선에서 방어진을 쳤다. 그 밖에 해군 함정 120여 척, 공군 전투기 280여 대가 작전 지원에 나섰다. 그들은 창장의 천연 요새와 해군, 공군의 우세를 믿고 인민해방군의 도강을 막으려 했다.

국민당군이 창장 이남에 구축한 방어체계에 비추어 중공중앙 군사위원회는 제2, 제3 야전군과 지방부대까지 총 100만 명이 창장 하류에서 도강할 것을 지시했다. 그리고 탕언보집단을 섬멸하는 동시에 제4야전군 소속의 12만 명으로 선견병단을 꾸리고 핑진 전투가 끝나는 대로 남하시켜, 도강 작전에 투입시키기로 결정했다. 도강 작전에 대한 통일적 지도를 강화하기 위해 1949년 2월 11일, 중공중앙 군사위원회는 화이하이 전투 기간 류보청, 천이, 덩샤오핑, 쑤위, 탄전린으로 구성된 총전선위원회가 도강작전에서 "종전대로 군사 및 작전 지도권을 행사한다"고 결정했다. 당중앙위원회 제7기 제2차 전원회의는 군사 문제를 따로 토의하지 않았지만 전쟁 형세의 변화에 예의주시하고 있었다. 당중앙위원회 제7기 제2차 전원회의가 끝난 후인 3월 하순, 총전선위원회는 중앙군사위원회의 의도에 따라 '징후항 전투 실시 요강'을 제정하고 다음과 같이 결정했다. 쑤위, 탄전린, 류보청이 각기

동(東), 중(中), 서(西) 3갈래 돌격단체를 지휘한다. 그리하여 장인(江陰)부터 후커우에 이르는 500여 킬로미터의 구간에서 여러 갈래로 국민당군의 창장방어선을 집중·돌파한다. 그 밖에 제4야전군 선견병단은 서부 돌격단체의 지휘 아래 우한에서 바이충시 집단을 정면으로 견제함으로써 제2, 제3 야전군의 도강 작전에 호응한다.

난징국민당정부가 "국내평화협정"(최종 수정안)의 체결을 거부한 후 중국 인민혁명군사위원회 주석 마오쩌둥, 중국 인민해방군 총사령 주더는 "용감히 전진하여 국민당반동파를 강력히, 철저히, 깨끗이, 전부 소멸하고 전국 인민을 해방하며, 중국의 영토와 주권의 독립 및 안정을 보위할 것"을 인민해방군에 명령했다. 한편 무릇 전쟁을 중지하고 평화적 방법으로 문제를 해결하려는 국민당 지방정부와 지방의 군사집단에 대해서는 "국내평화협정"(최종 수정안)의 대의에 의해 그들과 평화 협정을 체결할 수 있다고 밝혔다.

4월 20일 저녁 8시, 인민해방군 중부 돌격단체는 최초로 도강하고 안칭(安慶)과 우후(蕪湖) 사이 구간을 신속히 돌파했다. 4월 21일 밤 동, 서 두 돌격단체도 각기 전장(鎭江)과 장인 사이, 구이츠(貴池)와 후커우 사이에서 도강에 성공했다. 도강 도구로 나무돛배를 이용한 인민해방군 장병들은 임전무퇴의 정신을 발휘했다. 결국 국민당 육해공군의 연합 방어와 거듭되는 반격에도 불구하고 일제히 돛을 올렸다. 4월 22일, 인민해방군은 국민당군의 천리 방어공사를 돌파하고 남쪽 연안에 올랐다. 동시에 장인 요새 수비군을 제압함으로써 장인 포대를 통제하고 창장을 봉쇄했다.

도강 작전이 시작될 무렵인 4월 20일 오전 9시경, 영국의 군함 '애미시스트'호는 동서 방향에서 갑자기 인민해방군의 창장방어선으로 침입했다. '애미시스트'호가 인민해방군의 경고를 무시한 채 계속 강을 거슬러 항진하면서부터 양측은 치열한 포격전을 벌였다. 나중에 이 군함은 해방군에 의해 격파된 후 전장 부근에서 좌초됐다. 4월 20일 오후 1시, 난징에 정박해 있다가 '애미시스트'호를 지원하러 나온 영국 군함 '컨소트'호는 격파당한 후 황급히 동쪽으로 도주했다. 4월 21일 오전, 영국 극동함대 부총사령관 매든 중장이 통솔한 기함 '런던'호와 프리깃함인 '블랙 스완호'는 강을 거슬러 서쪽으로 항진하다가 해방군의 포화에 놀라 동쪽으로 도망쳤다. 해방군은 3차례 포격전에서 함장과 부함장 4명(1명이 사살되고 3명이 부상을 입었음)을 비롯해 영국군 111명을 살상했다. 창장에서의 포격전은 전 세계를 들썩이게 했다. 영국 의회 야당 지도자이며 훗날 노동당 내각 총리를 지낸 맥밀런은 의회에서 위 사건을 두고 영국 정부의 "포함 방식"은 "완전히 때가 지난" 것임을 수긍했다. 보수당 지도자 처칠은 항공모함을 중국 해상에 파견해 "무력 보복을 실시"할 것을 주장했다. 인민해방군 총부 대변인은 4월 30일에 발표한 성명에서 "중국 인민은 중국의 영토와 주권을 반드시 보위할 것이며 절대로 외국 정부의 침입을 허용하지 않겠다"고 지적했다. 그러고는 영국 측이 사과하고 손실을 배상하며 아울러 영국, 미국, 프랑스 등 각국 무장 세력이 "하루빨리 중국의 영해, 영토, 영공에서 철수"할 것을 요구했다. 또 성명은, 인민정부는 정당한 직업에 종사하는 외국 거류민을 보호하며 국민당정부와의 관계를 단절할 용의가 있는 각 외국정부와 외교 관계를 수립할 용의가 있다고 선언했다. 그뿐만 아니라 평등과 호혜 그리고 주권과 영토의 완정에 대한 상호 존중의 기초 위에 외교 관계를 수립하겠다고 밝혔다. 성명은 위협에 굴하지 않고 제국주의의 침략을 단호히 반대하는 중국 인민의 입장을 꼿꼿이 보여 주었다. 이로써 아편전쟁 이후 제국주의자들이 대포와 군함을 앞세우고 중국에서 제멋대로 날뛰던 시대에 종지부를 찍었다. 창장방어선이 전면 붕괴된 후 국민당정부는 4월 22일 오후 황급히 총퇴각을 조치함과 아울러 절감철도(浙贛路)와 상하이에서 새 방어체계를 구축하려고 시도했다. 난징에 남아있던 국민당정부의 허다한 기구들도 광저우로 이전했고 '대리 총통' 리쭝런은 구이린(桂林)으로 도피했다. 인민해방군은 도강작전을 성공적으로 마친 후 4월 23일에 국민당 반동통치의 중심지인 난징을 해방시켰다.

난징이 해방되면서 22년에 걸친 국민당의 반동 통치는 종말을 고했다. 4월 25일, 난징시 군사관제위원회가 설립되고 류보청, 쑹런충(宋任窮)이 각기 주임과 부주임으로 임명됐으며 류보청은 난징시 시장을 겸임했다. 이로써 도강 전투의 첫 단계인 창장방어선 돌파 작전이 성공적으로 마무리됐다.

난징이 해방된 후 인민해방군의 중(中), 동(東) 두 갈래 돌격단체는 쑤위의 통일적인 지휘 아래 동쪽과 서쪽에서 서로 함께 진군했다. 이 두 단체는 안후이(安徽) 남부의 랑시(郎溪), 광더(廣德) 지역에서 난징, 전장(鎭江)에서 도주한 적 5개 군을 섬멸했다. 5월 3일에는 항저우를 해방하고 상하이에 바짝 접근했다. 길을 나누어 절감철도를 향해 나란히 진군하던 서부 돌격단체는 5월 7일에 절감철도 일선에 위치한 상라오(上饒), 헝펑(橫峰), 구이시(貴溪)를 잇따라 공략했다. 그리고 진화(金華), 취현(衢縣) 등 도시를 해방함으로써 절감철도를 예정된 날보다 앞당겨 차단했다. 이와 동시에 제4야전군 선견병단과 중원군구 부대는 후베이의 샤오간(孝感), 황피(黃陂)를 공략하고 우한에 접근했다. 위에서 언급한 추격 작전이 승리하면서 절감철도에서 집요하게 저항하려던 국민당군의 시도는 무산되고 말았으며 탕언보와 바이충시 두 집단의 연계 역시 차단됐다. 이로써 도강 전투의 두 번째 단계가 마무리될 수 있었다.

랑시와 광더 지역에서 일부 부대를 잃은 탕언보 집단의 주력 약 20만 명은 상하이와 그 주변 지역으로 후퇴하여 방어태세를 취했다. 그들은 장제스의 직접적인 조치에 따라 비축해 둔 대량의 작전 물자와 4,000여 개에 달하는 철근콘크리트공사에 의지하여 반격의 기회를 노렸다. 아울러 영국과 미국의 무력을 동원할 음모를 꾸몄다.

상하이는 중국에서 가장 큰 상공업 중심지이자 제국주의가 장기간 중국을 침략했을 당시의 가장 중요한 기지였다. 중앙군사위원회는 상하이를 해방하는 과정에서 적을 철저히 섬멸했다. 한편 상하이 시민들의 생명, 재산과 각종 시정시설, 공장, 학교를 최대한으로 보호하며, 제국주의의 무력간섭이 발생할 가능성에 대비할 것을 인민해방군에 강하게 요구했다. 5월 12일, 제3야전군 주력부대는 상하이 외곽에 대한 공격을 개시했다. 전쟁의 불길이 도시 주요 구역에 미치는 것을 막기 위해 공격부대는 집게형 공세를 취했다. 부대는 각기 푸둥(浦東), 푸시(浦西)에서부터 우쑹커우(吳淞口)방면으로 접근했다. 그리하여 적들을 도시 주요 구역에서 쑤저우허(蘇州河) 이북으로 내몬 후 집중, 섬멸했다. 제2야전군 주력은 절감철도의 진화에서 둥샹(東鄉)에 이르는 구간에서 휴식과 정비를 취하면서 혹시 모를 제국주의의 도발에 대비했다.

5월 23일 저녁, 상하이에 대한 총공격을 시작한 해방군은 여러 갈래로 나뉘어 용맹한 기세로 시구역에 즉각 쳐들어갔다. 그리고 국민당군을 추격해 섬멸했다. 5월 27일, 탕언보가 5만 명을 끌고 바닷길로 도주한 것 외에 15만여 명의 적군은 투항하거나 섬멸 당했다. 이로써 상하이가 해방됐다. 그날 상하이시 군사관제위원회와 상하이시 인민정부가 설립됐다. 천이가 상하이시 군사관제위원회 주임 겸 상하이 시장으로, 쑤위가 군사관제위원회 부주임으로 임명됐다. 상하이를 공략하는 과정에서 당의 도시정책을 모범적으로 집행한 인민해방군 장병들은 각자의 집에 들어가지 않았다. 그들은 길거리에 노숙하며 외국 거류민을 보호하는 등 3대 규율, 8항 주의를 엄하게 준수하여 상하이 시민들의 뜨거운 환영과 사랑을 받았다.

제3야전군이 탕언보집단을 포위 섬멸하는 동안, 우한지역의 바이충시는 중난(中南)지역의 문제를 평화적으로 해결하자는 중국공산당의 제안을 거부했다. 그러고는 남쪽의 후난, 장시, 광둥, 광시 지역으로 철수하여 계속 저항할 준비를 했다. 5월 14일, 후베이의 퇀펑(團風)에서부터 우쒜(武穴)에 이르는 구간에서 창장을 건넌 제4야전군 선견병단은 16일에 한커우를, 17일에는 우창과 한양을 해방시켰다. 국민당군 제19병단 사령관 장전(張軫)은 2만여 명을 이끌고 와 인민해방군에 가담했다. 이와 동시에 제4야전군 선견병단의 도강을 돕기 위해 제2야전군 소속 일부 부대는 5월 17일에 주장(九江)을, 22일에는 난창(南昌)을 해방시켰다. 제3야전군 소속 일부 부대는 6월 2일에 충밍다오(崇明島)를 무너뜨렸다. 이로써 도강 전투는 성공적으로 끝났다.

도강 전투와 시기를 같이하여 인민해방군 화베이군구 부대와 제4야전군 소속의 1부는 4월 하순부터 5월 상순까지 타이위안(太原), 다퉁, 안양, 신샹 등 화베이에 남아 있는 국민당군의 거점을 연이어서 해방시켰다. 이로써 쑤이위안 서부를 제외한 화베이 전역을 해방시켰다. 5월 20일, 제1야전군은 시안과 산시(陝西) 중부 일부 현과 성을 해방시켜 간쑤, 칭하이, 닝샤, 신장의 진격을 위한 좋은 조건을 마련했다.

도시사업과 비밀사업을 강화
전국해방전쟁이 전략적 결전 단계에 들어선 후 국민당군은 군사상 실패를 거듭했다. 위기에 처한 당의 통치를 유지하기 위해 국민당 통치 집단은 인민에 대한 파시즘 독재의 수위를 높였다. 이런 정세에서 중공중앙은 국민당 통치구역의 지하당조직에 분산하여 숨고 세력을 쌓으며, 시기를 기다리는 방침을 동요 없이 실시할 것을 요구했다. 상하이국(局), 화난분국, 화베이국 도시사업부는 중앙의 지시에 따라 다음과 같이 조치했다. 각 도시의 당조직과 비밀외곽조직은 전략을 잘 세워 자체 세력을 잘 은폐하고 키운다. 더불어 대중에 대한 조직사업과 교양사업을 실속 있게 해야 한다. 인민해방군이 각 도시에 진입할 때는 무장봉기를 준비할 것이 아니라 공장과 학교를 보호하고 조사와 연구를 해야 한다. 그리고 정보를 제공하고, 적의 모반을 선동하는 등 사업을 하여 인민해방군의 진격에 호응하고 협조해야 한다.

국민당정부가 대규모 탄압을 감행하는 데 비추어 각 도시의 당조직은 긴급 조치를 취했다. 그리하여 체포당할 위험성이 있는 당원과 진보인사들을 신속히 농촌으로 피신시켰다. 이 시기 상하이, 베이핑, 톈진, 난징, 구이린, 쿤밍, 우한 등 도시에서는 학생과 각계 인사 1만 5,000명을 해방구와 농촌유격근거지로 내려 보냈다. 그래서 당조직과 혁명세력을 성공적으로 보존했을 뿐만 아니라 국민당 통치구역에서의 무장투쟁에 유리한 조건을 마련했다. 이와 동시에 국민당 통치구역의 당조직에서는 각급 조직을 한층 더 바로잡고 튼튼히 했으며 조직규율을 빈틈없이 장악하고 사상교육을 강화했다. 그러고는 비밀 외곽조직을 세우고 사업거점을 늘렸으며 진보 세력을 발전시키고 갈수록 많은 대중을 당의 주위에 끌어 모으는 것으로 혁명 세력을 키웠다.

인민해방전쟁이 바야흐로 승리를 이룩하려는 정세에서 국민당 통치집단은 통치구 내의 공장, 기업, 학교와 같은 중요한 시설들을 "절대로 공산당에 남겨주지 않겠다"는 방침을 고수했다. 그러면서 옮길 수 있는 것은 옮기고 옮길 수 없는 것은 해방군이 당도하기 전에 철저히 파괴할 준비를 했다. 이런 상황에서 국민당 통치구역의 당 조직은 대중을 동원하고 여러 계층 인사들을 단합했다. 그 밖에도 각종 형식의 자위대, 규찰대, 공장학교보호위원회를 비롯한 대중조직을 결성하여 시설에 대한 국민당의 이전과 파괴를 반대하는 투쟁을 폭넓게 벌였다. 그리하여 인민의 재산을 효과적으로 보호할 수 있었다.

해방군은 도시를 해방시키고 나서 도시를 접수하고 관리하는 사업에 협력하기 위해 국민당 통치구역의 당 조직들은 정보사업과 조사연구사업을 폭넓게 벌였다. 예컨대 화둥국은 상하이의 기층 당 조직으로 하여금 중요한 군사행정기구, 중요한 기업의 현황 및 주변 주둔군의 인원과 장비 등 상황을 조사했다. 그리고 이를 한데 모아 책으로 엮었다. 또한 국민당군이 상하이에 설치한 방어지대의 병력 배치 정보를 얻어내 해방군에 넘겨주었다. 화중사업위원회 산하의 지방 당 조직들에서는 난징과 상하이 등 지역 국민당조직기구와 관련된 자료들을 한데 묶어 해방군에 건네주었다. 톈진의 지하당조직은 적들의 엄밀한 방어체계 속에서 두 번이나 국민당군의 도시방어 정보를 얻어냈다. 이를 해방군 도시공격부대에 제공했으며 베이핑의 지하당조직은 적 군사 거점의 분포 정보를 해방군에 넘겨주었다. 이러한 일들은 인민해방군의 군사 행동을 크게 도왔다.

국민당 통치구역의 당 조직은 인민해방군 적군사업부문(敵工部門)과 함께 여러 경로와 여러 방식으로, 국민당 군사요원과 행정요원들의 투항을 이끄는 모반선동사업을 벌였다. 그래서 수많은 국민당 장병들의 마음을 돌려세웠다. 예컨대 장제스 측근이자 난징 경위(警衛)사 사장은 일부 장병들을 이끌고 공산당으로 돌아섰다.

그리고 난징 다샤오창(大校場) 비행장의 무선통신연락소와 지휘탑의 근무자들과 국민당 공군본부 낙하산병 제3퇀, 국민당 해군 제2함대 사령관 린쭌(林遵)이 각각 공산당으로 돌아섰다. "충칭호" 함장 덩자오샹(鄧兆祥)은 각기 제2함대의 부분 함정과 국민당군의 최대 순양함인 "충칭호"를 이끌고 공산당의 편에 섰다. 그 밖에도 각지의 당 조직은 중공중앙의 통일적인 배치에 따라 적극 사업을 벌였다. 그리하여 국민당 화베이 '비적토벌총사령부' 총사령관 푸쭤이, 허난성 정부 주석 겸 제19병단 사령관 장전, 후난성 정부 주석 겸 창사 쑤이징공서 주임 청첸(程潛), 제1병단 사령관 천밍런(陳明仁), 윈난성 정부 주석 겸 윈난 쑤이징공서 주임 루한(盧漢), 시캉(西康)성 정부 주석 류원후이(劉文輝), 시난 군사행정장관공서 차관 덩시허우(鄧錫侯), 판원화(潘文華) 등의 투항을 이끌어냈다.

집계에 따르면 1949년 2월부터 1950년 5월까지 총 126만 명에 달하는 국민당군 장병들이 투항하고 의거하여 인민해방군에 재편성됐다. 이 모든 투항은 정세의 발전과 중국공산당 정책에서 감동을 받은 것이 그 이유이다. 그렇지만 지하당조직과 해방군 적군사업 일꾼들의 모반 선동 사업에서 비롯된 것이기도 하다.

도시를 해방하는 과정에서 지하당조직은 아주 큰 역할을 했다. 그들은 대중을 동원하고 조직하여 인민해방군의 길잡이가 되게 했다. 그리고 해방군을 도와 부상자를 치료하고 양식을 나르며 잔존한 적병을 수색하고 사회 질서를 유지하도록 했다. 이런 사업은 인민해방군이 승리의 기세로 진격하고 완정된 도시를 접수하고 관리하는 데 커다란 기여를 했다.

전국으로 진군

상하이가 해방될 무렵, 중국공산당 중앙과 중앙군사위원회는 승리로 나아가는 전국의 정세에 근거하여 전쟁의 진척에 박차를 가하기로 했다. 그래서 가능한 한 1949년 안에 전국 대륙지역을 해방시키기로 결정했다. 중앙군사위원회는 5월 23일에 내린 지시에서 다음과 같이 결의했다. 제1야전군은 서북으로 진군하여 마부팡(馬步芳), 마훙쿠이(馬鴻逵) 부대와 후쭝난집단 소속 부대를 섬멸한다. 그리하여 연내에 산시(陝西), 간쑤, 닝샤, 칭하이, 신장 5개 성을 해방하도록 한다. 그중 일부 부대는 쓰촨으로 진군할 준비를 한다. 제2야전군 주력은 안후이 남부, 장시 동부, 저장 서부 지대에 집결했다가 제국주의가 무력간섭을 도발할 가능성이 낮으면 서남쪽으로 진군하여 제1야전군과 협력한다. 그리고 나서 친링에서 쓰촨으로 퇴각한 후쭝난집단의 주력 및 시난(西南) 지역 국민당군대를 섬멸하여 쓰촨, 구이저우, 시캉 3개 성(후에 윈난을 추가해 총 4개 성)을 해방시킨다. 제3야전군은 푸젠과 저장 남부와 동부로 진군하며 동시에 타이완을 해방시킬 준비를 한다. 제4야전군 및 제2야전군 제4병단은 장시 남부와 후난, 광둥, 광시로 진군하여 바이충시 집단과 위한머우(餘漢謀)부대를 섬멸한 후 제4병단은 윈난으로 진군한다. 이 밖에도 중앙군사위원회는 중난, 시난 지역의 적정과 지형에 근거하여 제4, 제2 야전군은 대우회, 대포위의 방침에 따라 전략적 중심지대로 나아갈 것을 지시했다. 더 나아가 미얀마와 베트남 등과 접경한 국경선까지 즉각 밀고 들어갈 것을 지시했다. 또한 국민당 잔여 부대가 국외로 도주하여 우환거리가 되는 것을 피하기 위해 먼저 포위했다가 다시 되돌아와서 공격할 것을 지시했다.

남방 각 성에서 힘들고 탁월한 투쟁을 견지해 온 인민유격무장은 1949년 1월에 이르러 그 수가 5만여 명으로 늘어났다. 이들의 활동구역은 장쑤, 안후이, 저장, 푸젠, 장시, 후난, 광둥, 광시, 구이저우, 윈난 등 성의 200여 개 현을 망라했다. 인민해방군이 도강작전을 시작하기 전, 오래전에 창설된 충야(瓊崖·하이난도를 가리킴)종대를 제외한 기타 유격무장들은 중앙군사위원회의 명령을 받들고 연이어서 정규병단 성격을 띤 인민해방군 유격종대를 결성했다. 이를테면 민웨간볜(閩粵贛邊)종대, 웨간샹볜(粵贛湘邊)종대, 구이뎬첸볜(桂滇黔邊)종대[후에 이름을 뎬구이첸볜(滇桂黔邊)종대로 고쳤음], 민저간볜(閩浙贛邊)종대 및 그 후에 공식 창설된 웨구이볜(粵桂邊)종대, 웨구이샹볜(粵桂湘邊)종대, 웨중(粵中)종대, 저둥(浙東)종대 등이 국민당 통치구역에서 무장투쟁을 크게 벌였다. 상기 유격무장은 인민해방군이 도강하여 남진할 때, 해방군 주력과의 협동작전에서 중요한 세력이 됐다.

5월에 제3야전군 소속 일부 부대는 중앙군사위원회의 조치에 따라 여러 갈래로 나뉘어 저장 동부와 남부로 진격했는데 7월 상순에 이르러 저우산제도(舟山群島)를 제외한 저장성 전 지역을 해방시켰다.

저우산제도(舟山群島, 주산군도)

중국 저장성 동북부 항저우 만 바깥쪽의 1390개 섬과 3306개의 암초로 이뤄진 군도이다. 그 가운데 103개의 섬에만 사람이 살고 있으며 인구는 1만 명이 넘는다. 큰 섬들은 대개 군도의 남쪽 부분에 모여 있다. 난하이 제도를 제외하고는 중국에서 제일 큰 군도로 수산자원이 풍부하다.

제3야전군의 다른 한 부대는 짧은 기간의 휴식과 정비를 거친 후 민저간볜종대와 협력하여 7월의 무더위를 무릅쓰고 푸젠으로 진군했다. 이들은 8월 17일에 푸저우를 해방시킨 후 푸젠 남부로 진격할 준비에 전념했다. 7월, 화베이군구 제18병단과 제19 병단 산하의 약 20만 명 병력을 보충 받은 제1야전군은 시베이 각 성을 해방시키는 작전을 개시했다. 이들은 7월 14일부터 16일까지 먼저 푸펑(扶風), 메이현(眉縣) 지역에서 후쭝난부대의 4개 군을 섬멸했다. 그리고 8월 26일에는 란저우를, 9월 5일에는 시닝을, 9월 23일에는 인촨(銀川)을 해방시키고 마부팡과 마홍쿠이 집단을 섬멸했다. 이때 국민당 시베이 군사 행정장관공서 차관 마홍빈(馬鴻賓)이 1개 군을 이끌고 공산당에 투항했다. 시베이로 진군한 해방군이 승리를 거듭하자 시베이 변경에서 의지할 곳을 잃은 국민당 신장군사행정당국은 흔들리기 시작했다. 동시에 신장 이리(伊犁), 타청(塔城), 아러타이(阿勒泰) 세 구역의 혁명정부와 민족군도 이리를 중심으로 하여 혁명근거지를 창설했다. 신장을 평화적으로 해방시키기 위해 중공중앙은 국민당 신장경비총사령관 타오즈웨(陶峙嶽)와 성정부 주석 바오얼한(包爾漢)을 포섭하는 작전을 벌였다. 9월 25일과 26일 타오즈웨, 바오얼한이 공개적으로 투항하면서 신장은 평화적으로 해방됐다. 이로써 시베이의 5개 성이 전부 해방됐다. 이에 앞서 쑤이위안을 평화적으로 해결할 것을 받아들인 국민당 쑤이위안성 정부 주석 둥치우(董其武)가 9월 19일에 공개적으로 투항하면서 쑤이위안도 평화롭게 해방됐다.

7월, 제4야전군과 잠시 제4야전군의 지휘를 받게 된 제2야전군 제4병단은 화난(華南) 각 유격대의 협조 아래 중난의 각 성을 해방시키고 바이충시 집단을 소멸하는 작전을 일으켰다. 7월 초부터 8월 상순까지 진행된 이사[이창(宜昌), 사스(沙市)] 전투와 샹간(湘赣) 전투를 거쳐 후베이 서부와 후난 북부 및 장시서북 지역이 해방되자 바이충시부대는 할 수 없이 황급히 남쪽으로 철수했다. 8월 4일, 국민당 후난성 정부 주석 겸 창사 쑤이징공서 주임 청첸, 제1병단 사령관 천밍런이 투항을 선언하면서 창사가 평화적으로 해방됐다. 이어 제4야전군은 잠시 휴식을 취하고 정비를 하면서 후난 남부와 광둥, 광시로 진군할 채비에 나섰다.

9월에 우한과 창더(常德)를 거쳐 후베이 서부와 후난 서부에 집결한 제2야전군은 쓰촨과 구이저우로 신속하게 진격했다. 그리고 산시(陝

西) 남부에 진격한 제18병단과 협동하여 시난을 해방하고 후쫑난집단을 섬멸하는 다시난 해방 전투를 벌일 준비에 나섰다.

이 기간에는 '사퇴'를 선언한 장제스와 '대리 총통' 리쭝런 사이의 권력 투쟁이 계속됐다. 리쭝런은 구이린에서 광저우로 온 뒤 바이충시와 허잉친(何應欽·당시 국민당정부 행정원 원장 겸 국방부 부장)과 상의해 100만 명 남짓한 국민당 잔여군을 재정비하기로 했다. 그리하여 광둥, 광시와 시난 지역에 병력을 집중시킨 후 인민해방군과 장기전을 치를 계산을 했다. 리쭝런은 장제스에게 배후 조종을 멈추고 군사력 배치와 관련한 모든 권력을 자신에게 넘길 것을 요구했다. 그러나 장제스는 그 요구를 받아들이지 않았다.

그뿐만 아니라 배후에서 조종하던 것에서 공개적으로 나서기 시작했다. 7월에 타이베이(臺北)에서 비행기로 광저우에 온 장제스는 국민당 총재 신분으로 국민당 중앙상무위원회의를 소집했다. 회의에서는 장제스를 주석으로, 리쭝런을 부주석으로 하는 중앙비상위원회가 조직됐다. 그리고 이를 최고 권력기구로 삼으며 정부의 모든 조치는 반드시 먼저 비상위원회를 거쳐야만 효력을 발생할 수 있다고 결정했다. 그리하여 리쭝런은 모든 권력을 잃은 셈이 됐다. 이에 리쭝런과 몇몇 집단은 불만을 품었지만 별다른 방법이 없었다. 그 후 얼마 안 되어 리쭝런은 병치료를 핑계로 미국으로 가 칩거했다. 그리하여 국민당 중앙비상위원회 주석과 총재 신분으로 다시 군사와 정무대권을 장악하게 된 장제스는 타이완에 둥지를 틀고 광둥, 광시와 시난 지역을 통제하면서 저항을 계속했다.

1949년 9월 말, 인민해방군 각 부대는 서남부의 윈난, 구이저우, 쓰촨, 시캉, 시짱 및 중남부의 광둥, 광시를 제외한 전국 대부분 대륙 지역을 해방시켰다.

1950년, 전국해방전쟁에서의 대규모 작전 마무리

둥난으로 진군한 제3야전군 제10병단은 푸젠에서 국민당군 총 8만여 명을 섬멸하고 진먼(金門), 마주(馬祖)를 비롯한 도서 이외의 푸젠 전역을 해방시켰다. 시베이로 진군한 제1야전군 제1병단은 신장이 평화적 해방을 선포한 후 1949년 10월 10일에 신장으로 들어갔는데 이듬해 3월까지 신장 전역에 주둔하는 임무를 완수했다. 중난으로 진군한 제4야전군은 창사가 평화적으로 해방된 후 제2야전군 소속 부대의 협조 아래 대우회, 대포위의 방침을 취해 광둥, 광시로 진격하여 위한머우부대와 바이충시 집단을 섬멸함으로써 광둥의 대부분 지역과 광시 전역을 해방시켰다. 제4야전군 소속 부대의 협조 아래 11월 초에 다시난(大西南)을 해방하는 전투를 개시한 제2야전군은 쓰촨, 구이저우로 진격하여 구이양(貴陽), 충칭을 해방시켰다. 12월 9일 윈난, 시캉 두 성이 평화적으로 해방됐다. 제2야전군과 쓰촨 북부에 진입한 제1야전군 제18병단은 12월 27일에 청두(成都)를 해방시키고 국민당군의 마지막 주력부대인 후쭝난집단을 섬멸했다. 1950년 4월 16일, 레이저우(雷州)반도에서 충저우(瓊州)해협을 건넌 후 하이난다오 전투를 일으킨 제4야전군은 충야종대의 협조 아래 5월 1일에 하이난다오를 해방시켰다. 제3야전군 소속 부대는 5월 19일에 저우산제도를 해방시켰다. 전면 내전이 발발한 1946년 6월부터 1950년 6월까지 인민해방군은 국민당군 807만 명을 섬멸했는데 그중 458만여 명이 생포되고 171만 명이 사상되었으며 63만 명이 투항하고 113만여 명이 의거 또는 개편을 접수했다. 그리하여 시장, 타이완과 소수의 몇몇 도서를 제외한 중국 영토의 전부가 해방됐다. 홍콩, 마카오는 역사적으로 내려온 문제 때문에 진군 가운데서 공략하지 않았다. 이번 전쟁에서 인민해방군 장병 26만 명이 희생되고 104만 명이 부상을 입었으며 또한 혁명전쟁을 위해 몸을 바친 인민대중은 헤아릴 수 없이 많았다.

신중국이 창건된 후 국민당 잔여 부대를 조속히 숙청하기 위해 인민해방군은 예정된 전략적 조치에 따라 해방되지 않은 지역으로 진군을 이어갔다. 1950년 6월에 이르러 전국해방전쟁에서의 대규모 작전이 마무리됐다.

3. 신중국을 창건하기 위한 준비

당중앙위원회 제7기 제2차 전원회의에서 내린 중요한 결책

1949년 1월 6일부터 8일까지 시바이포(西栢坡·중국 허베이성 스자좡에 있는 유적지)에서 열린 정치국회의에서 중공중앙은 베이핑을 해방시킨 후 제7기 중앙위원회 제2차 전원회의를 소집했다. 회의에서는 신중국 창건과 관련한 사항을 확정할 것을 결의했다. 중국공산당은 충분한 준비기간을 거쳐 3월 5일부터 13일까지 시바이포에서 당중앙위원회 제7기 제2차 전원회의를 소집했다.

이번 중앙전원회의에는 중앙위원 34명(중앙위원 4명이 결석하고 후보중앙위원 3명이 보충 출석했음), 후보중앙위원 19명이 출석했고 11명이 열석했다. 전원회의 주석단은 마오쩌둥, 류사오치, 저우언라이, 주더, 런비스로 구성됐다. 전원회의에서는 마오쩌둥의 보고를 청취하고 토론했으며 1945년 6월에 열린 당중앙위원회 제7기 제1차 전원회의 이후의 중앙정치국 사업을 승인했다. 또 중국공산당이 발기한 새로운 정치협상회의를 소집하고 민주주의연합정부를 수립할 것에 대한 건의를 통과시켰다. 그리고 난징정부와의 평화협상에서 기초가 되는 8가지 조건과 관련된 마오쩌둥의 성명을 통과시키고 마오쩌둥의 보고에 근거하여 상응한 결의를 채택했다.

전원회의에서는 전략적으로 당의 사업 중심을 옮길 것에 대해, 예를 들면 당의 사업 중심을 농촌에서 도시로 옮기는 것에 대해 중점적으로 토론했다. 그러면서 다음과 같이 지적했다. 당이 농촌에서 세력을 축적하고 농촌에서 도시를 포위하던 시기는 이미 끝났다. 이제 도시에서부터 농촌을 지도할 시기가 시작됐다. 물론 도시와 농촌을 고루 돌보아야 하며 농촌을 신경 쓰지 않고 도시만 돌봐서는 절대로 안 된다. 그러나 사업 중심은 반드시 도시에 두어야 하며 큰 힘을 들여서라도 도시 관리와 도시 건설에 대해 배워야 한다. 도시 사업을 지도할 때 당은 반드시 성심성의껏 노동계급에 의지하고 노동자를 많이 받아들여 입당시킬 것을 지시했다. 그리고 기타 근로대중과 단결하고 지식인을 쟁취하며 우리와 연대할 수 있는 민족자산계급 및 그 대표인물을 가능한 한 많이 포섭해야 한다. 그리하여 제국주의자, 국민당 통치 집단, 관료자산계급과 정치투쟁, 경제투쟁, 문화투쟁을 벌이고 제국주의자와 외교투쟁을 벌이도록 해야 한다. 이와 동시에 당은 즉각 건설 사업에 착수하고 도시 관리를 차차 배우며, 아울러 도시의 생산을 복구하고 발전시키는 것을 중심과업으로 내세워야 한다. 도시에서의 기타 사업은 모두 다 생산 건설이라는 중점과업을 둘러싸고 진행돼야 하며 또 그것을 위해 이바지해야 한다.

전원회의는 경제정책에 대해 충분히 연구하고 나서 다음과 같이 지적했다. 지금 전국 공농업 총생산에서 현대적 공업이 약 10%, 농업과 수공업이 90%를 차지하고 있다. 이 지표는 혁명이 승리한 후 당이 짊어져야 할 기본 출발점이 된다. 전국의 현대적 공업은 공농업 총생산의 10%가량밖에 되지 않으며 그중에서 가장 크고 가장 중요한 부분은 관료자산계급의 손에 집중되어 있다. 이런 자본을 몰수하여 인민공화국의 소유로 돌리면 사회주의 성격의 국영경제가 국민경제의 주요한 요소가 될 것이다. 공농업 총생산의 90%가량을 차지하는 분산적이고 개인적인 농업과 수공업에 대해서는 향후 상당히 오랜 기간 그 기본 성격을 돌려놓아서는 안 된다. 그러나 이를 현대화 및 집단화의 방향으로 발전하도록 신중하게 인도할 수 있으며 또 인도해야 한다. 사자본주의경제는 무시할 수 없는 힘을 가지고 있다. 혁명이 승리한 후에도 상당히 긴 시기에 도시와 농촌의 사자본주의의 장점을 이용함으로써 국민경제 발전에 유익하게 해야 한다. 반면 국가경제와 인민의 생계에 영향을 끼치는 사본주의의 소극적인 요소는 제한해야 한다. 제한과 반제한은 신민주주의 국가 내 계급투쟁의 주요 형태가 될 것이다.

전원회의는 다음과 같이 지적했다. 혁명이 승리하고 토지 문제를 해결한 다음에도 중국에는 두 가지 모순이 여전히 존재하게 된다. 국내에서는 노동계급과 자산계급 간의 모순이 존재한다. 대외적으로는 중국과 제국주의 나라 간의 모순이 존재한다.

그렇기 때문에 노동계급이 지도하는 국가정권을 약화시켜서는 안되며 오히려 강화시켜야 한다. 또 전원회의는 당의 사상건설을 강화하여 당의 대열이 자산계급 사상의 침식을 받지 않도록 방지해야 한다는 점을 강조했다. 전원회의가 소집되기에 앞서 중국공산당은 당을 건설하는 방침에 따라 발 빠르게 당의 대열을 적극 확대하고, 산업노동자 속에서 당원을 애써 발전시켰다.[129] 혁명 정세가 빠르게 발전하는 상황에서 전원회의는 중국의 민주주의 혁명의 위대성을 강조했다. 하지만 혁명 이후의 노정은 더욱 길며 그 사업은 더욱 힘든 것이라고 했다. 전원회의는 전당이 자만하는 경향과 공신으로 자처하는 경향을 경계해야 할 것도 언급했다. 또한 자산계급의 사탕발림식 공격을 경계하며 전당 동지들은 모름지기 겸손하고 신중하고 교만하지 않아야 한다고 했다. 그 밖에도 조급해 하지 않는 태도를 계속 유지하고 수고하며 분투하는 태도를 계속 유지할 것에 대해 주의

---

129 도시에서 공개적으로 당을 건설함에 있어 한낱 중요한 내용은 공개적으로 당원을 발전시키는 것이었고 그 중점이 산업노동자 속에서 당원을 발전시키는 것이었다. 당중앙위원회 제7기 제2차 전원회의가 소집될 당시 노동자 신분의 당원은 그 비중이 비교적 작았다. 노동자 중 당원의 수가 비교적 많은 편인 둥베이를 보더라도 1949년 3월의 집계에 따르면 당원이 산업노동자 총수인 90만 명의 1.8%에 그친 1만 6,508명에 지나지 않았다. 당중앙위원회 제7기 제2차 전원회의 이후 노동자 당원의 수가 늘어나기 시작했는데 1949년 8월에 이르러 둥베이지역 산업노동자 중 당원의 수는 노동자 총수의 3.3%인 3만 명에 달했다.

를 환기시켰다. 전원회의는 마오쩌둥의 제안에 따라 당지도자의 생일을 축하하거나 당지도자의 이름으로 지명을 짓는 것 등을 금지하는 규정을 내렸다.

중국 혁명의 전환기에서 소집된 당중앙위원회 제7기 제2차 전원회의는 중요한 역사적 의의를 가진다. 이번 회의의 주요 사안이 보여주듯이 당이 확립한 것은 혁명 승리 이후 신민주주의 사회를 건설하는 청사진이었다. 물론 중국공산당은 이미 예전에 중국이 "신민주주의 사회에서 미래의 사회주의 사회로 발전"하는 문제를 고민한 바 있다. 상기 사안에 따라 회의가 내놓은 제반 정책과 규정은 중국 혁명의 전국적 승리를 맞이함에 있어, 또 신중국을 건설함에 있어 커다란 지도 역할을 했다.

당중앙위원회 제7기 제2차 전원회가 끝난 후인 3월 25일, 중공중앙과 그 소속 기구는 소재지를 시바이포에서 베이핑으로 옮겼다.

중국 인민정치협상회의 소집과 신중국의 탄생

중국 혁명전쟁이 신속하게 승리를 달성하게 되면서 신정치협상회의를 소집하고 민주주의연합정부를 수립할 모든 조건이 성숙됐다. 그리하여 중국공산당은 신정치협상회의를 소집하기 위한 조직 사업과 준비 사업을 벌여나갔다.

1948년 11월 25일 국민당 통치구역과, 홍콩에서 각각 하얼빈으로 도착한 중공중앙 대표들은 민주당파 인사와 무소속 민주인사들과 협상을 진행했다. 이들은 신정치협상회의 준비위원회를 발족할 문제, 신정치협상회의의 성격과 임무 등에 대해 논의하며 공감대를 형성했다. 베이핑이 평화적으로 해방된 후, 하얼빈 등지에서 베이핑에 도착한 각 민주당파 인사와 무소속 민주인사의 대표 인물들은 신정치협상회의의 준비사업에 참가했다. 중국공산당과 각 민주당파가 손을 맞잡고 함께 신중국을 세운 것은 지난날 양측이 함께 해온 혁명투쟁의 연속선이었다. 또 이는 신중국 창건 이후 중국공산당이 지도하는 다당합작과 정치협상의 제도를 실시하는 데 토대를 닦았으며 신중국의 기본 정치제도로 자리 잡았다.

　1948년 가을부터 1949년 상반기에 걸쳐 중국공산당의 지도 아래 각 인민단체들이 연이어 결성되고 확대되었다. 한때 해방구와 국민당 통치구역에 의해 분할됐던 단체들도 신속히 통폐합됐다. 1948년 8월에 하얼빈에서 열린 전국 제6차 노동대회에는 각 해방구의 종업원 대표들이 참석했다. 그뿐만 아니라 원 국민당 통치구역에 있던, 주쉐판(朱學範)을 이사장으로 하는 중국노동협회의 대표들도 참석했다. 회의에서는 중국 노동계급의 통일 조직인 중화전국총공회를 부활시키기로 결정했다. 그리고 천윈을 주석으로 주쉐판, 류닝이(劉寧一), 리리싼을 부주석으로 한 제6기 집행위원회를 선출했다. 1949년 7월부터 8월까지, 중화전국총공회는 베이핑에서 전국공회사업회의를 소집했다.

　그 후 1년가량 시간을 들여 산업노동자를 선두로 하여 전국의 노동계급을 조직하기로 결정했다. 1949년 3월 초, 베이핑에서 열린 중화전국학생 제14기 대표대회에서는 중화전국학생연합회가 공식 결성되었다. 또 3월부터 4월까지 베이핑에서 열린 전국부녀대표대회 제1차 대회에서는 중화전국민주부녀연합회가 결성되고 차이창(蔡暢)이 주석으로 당선됐다. 4월, 중공중앙의 결의에 따라 중국신민주주의청년단 제1기 전국대표대회가 베이핑에서 소집됐다. 대회에서는 신민주주의청년단의 사업 강령과 단규약을 채택했다. 그리고 런비스를 명예주석으로 추천했으며 펑원빈(馮文彬)을 서기로 하는 청년단 중앙위원회를 선출했다. 5월에 베이핑에서 소집된 전국청년대표대회 제1차 회의에서는 중화전국민주청년연합총회가, 7월에 베이핑에서 소집된 중국문학예술종사자 제1차 대표대회에서는 중화전국문학예술계연합회가 결성됐다. 그 밖에도 전국 자연과학종사자, 사회과학종사자, 교육종사자, 언론종사자 대표들도 회의를 열고 각기 전국적인 조직을 결성할 준비위원회를 발족했다. 전국적인 대중단체의 결성과 전국회의의 소집은 인민민주주의 통일전선이 확대되고 튼실해졌다는 징표였다. 이는 신정치협상회의의 소집을 위한 준비 사업을 해놓았다는 데 그 의미가 있다.

1949년 6월 15일부터 19일까지 있었던 신정치협상회의 준비위원회는 베이핑에서 제1차 전원회의를 소집하고 마오쩌둥, 주더, 리지선 등 21명으로 구성된 준비위원회 상무위원회를 구성했다. 상무위원회는 마오쩌둥을 주임으로 하고 저우언라이, 리지선, 선쥔루, 궈모뤄, 천수퉁을 부주임으로, 리웨이한을 비서장(건강상의 이유로 나중에는 린보취가 대신 맡았음)으로 추천했다. 회의에서는 상무위원회의 지도 아래 6개 소조를 조직해 각각 아래의 각항 임무를 맡기로 결정했다.

(1) 신정치협상회의에 참가할 단위와 그 대표 정원을 작성한다.

(2) 신정치협상회의 조직조례 초안을 작성한다.

(3) 공동강령 초안을 작성한다.

(4) 중화인민민주공화국 정부 방안을 작성한다.

(5) 선언 초안을 작성한다.

(6) 국기, 국가와 국장 방안을 작성한다.

상기 소조들의 사업을 통해 신정치협상회의를 소집하고 민주주의연합정부를 수립하기 위한 준비 사업을 재빨리 완수했다.

중화인민민주공화국

중국 인민정치협상회의 제1기 전원회의에서는 나라 이름을 중화인민공화국으로 결정했다. 1949년 9월 7일, 저우언라이는 '인민정협의 몇 가지 문제에 대해'라는 보고에서 "중앙인민정부 조직법 초안에서는 중화인민민주공화국 중의 '민주' 두 글자를 삭제해버렸다. 그 원인은 '민주'와 '공화'는 같은 의미를 가졌기에 중복할 필요가 없으며 나라 이름으로는 '공화'라는 두 글자가 더 적절하기 때문이다"고 밝혔다.

마오쩌둥은 신중국 창건 전야에 인민공화국의 성격과 각 계급의 지위와 상호 관계 그리고 나라의 전도 등 근본 문제를 해결하기 위해 1949년 6월 30일 '인민민주주의독재에 대해'라는 글을 발표했다. 이 글에서 마오쩌둥은 거의 백년에 걸친 중국 혁명의 역사 경험을 정리했다. 그러면서 자산계급 민주주의가 노동계급이 지도하는 인민민주주의에 자리를 내주고, 자산계급공화국이 인민공화국에 자리를 내주게 되는 역사의 필연성을 강조했다.

아울러 인민민주주의독재라는 과학적 개념을 제기했다. 그는 다음과 같이 지적했다. 현재 중국에서 인민이란 노동계급, 농민계급, 도시 소자산계급과 민족자산계급을 일컫는다. 노동계급이 지도적 힘이라면 노농동맹은 기초적 힘이다. 중국은 경제 수준이 뒤떨어져 있기 때문에 민족자산계급이 큰 중요성을 가지게 된다.

그러나 민족자산계급은 국가권력에서 주요한 지위를 차지해서는 안 된다. "상술한 계급들은 노동계급과 공산당의 지도 아래 단결하여 자기들의 국가를 구성하고 자기들의 정부를 뽑아야 한다. 그리하여 제국주의의 주구, 즉 지주계급과 관료자산계급 및 이 계급들을 대표하는 국민당 반동파와 그 추종자들에 대해 독재를 실시한다" "인민 내부에 대한 민주주의와 반동파에 대한 독재가 서로 결합된 것이 곧 인민민주주의독재이다"

마오쩌둥은 다음과 같이 지적했다. 인민은 자기 나라를 세운 후 인민의 국가기구를 강화하여 국방을 튼튼히 하고 인민의 이익을 보호해야 한다. 그리고 국가공업화 문제를 절차에 따라 해결해야 한다. 그럼으로써 중국이 "온당한 보조로 농업국에서 공업국으로 넘어가며, 신민주주의사회에서 사회주의사회와 공산주의사회로 들어가며, 계급을 소멸하고 대동을 실현"하도록 해야 한다. 이는 중국 사회가 앞으로 나아갈 방향이다.

마오쩌둥은 또 인민민주주의독재 국가는 반드시 반제국주의의 전선에 속해야 한다고 강조했다. 그뿐만 아니라 반드시 우리를 평등하게 대하는 세계의 각 민족과 각 나라 인민과 연대하여 분투해야 한다고 했다.

인민민주주의독재에 대한 마오쩌둥의 이론은 국가와 관련한 마르크스-레닌주의의 학설을 풍부하게 발전시켰다. 이는 또 신중국의 창건에 이론적 토대와 정책적 토대를 다져 놓았다.

중국 인민의 혁명이 전국적 승리를 쟁취하기 직전인 1949년 8월 5일, 중국 주재 미국 대사 스튜어트가 중국을 떠나 미국으로 돌아갈 무렵, 미국 정부는 '미국과 중국의 관계'라는 백서를 발표했다. 이와 더불어 국무장관 애치슨이 7월 30일에 대통령 트루먼에 보낸 편지도 서언으로 삼아 함께 발표했다.

귀임하는 스튜어트 대사

난징이 해방된 후 스튜어트는 광저우로 가지 않고 난징에 남아 있었다. 그는 관망과 대기의 태도를 취하면서 중국에서의 인맥을 이용해 중국공산당의 정책에 영향을 가할 계산을 했다. 이를 위해 스튜어트는 한때 베이핑을 방문할 계획을 세웠으나 미국 국무원에서 부결됐다. 1949년 6월 말, 미국정부가 스튜어트를 본토로 소환하기로 결정했고 그는 8월 2일에 중국을 떠났다.

미국의 대중국 정책의 실패를 기록하고 또 그 실패를 변호한 백서는 약간의 사실자료로서 미국의 대중국 침략과 국민당의 부패를 밝혔다. 그리고 그는, 중국 혁명은 "중국 내부 세력의 결과물로서 미국도 한때 이 세력에 영향을 가할 시도를 해보았으나 효과를 보지 못했다"[130]고 시인했다. 한편 그는 다른 한 면으로는 중국 혁명의 발생과 승리의 원인을 왜곡하고 미국의 대중국 침략 정책의 본질을 덮어 감췄다. 동시에 중국 인민을 적대시하는 정책을 고집하면서 미국은 "중국의 민주주의자들이 재기"하여 "외래 속박"을 받은 것으로 알려진 신중국 정권을 전복하는 것을 지지한다고 공개적으로 발표했다.

백서의 발표는 중국 인민의 극심한 분노를 샀다. 신화사는 8월 12일, "막다른 골목에 이른 자의 자백서"란 제목으로 사설을 발표했다. 이어 마오쩌둥은 신화사에 "환상을 버리고 투쟁을 준비하자" "우의인가 침략인가?" "유심론적 역사관의 파탄" 등 5편의 사설을 발표했다. 그리하여 미국정부의 대중국 정책의 침략적 본질과 중국혁명에 대한 기시를 적발했다. 또한 일부 사람들 속에 존재하는 제국주의에 대한 비현실적인 환상을 비판하면서 중국 근대혁명의 발생과 승리의 원인을 이론적으로 설명했다. 8월부터 9월까지 이미 해방된 각 대도시의 정부 사업일꾼, 노동자, 지식인, 각 민주당파들 속에서는 백서에 대해 토의하고 규탄하는 데모가 일어났다. 학생들은 시위행진을 단행하여 항의했고 각 민주당파, 민주인사, 인민단체들도 성명, 연설, 글을 발표하여 미국의 침략정책을 성토했다. 이런 활동들은 제국주의의 본질과 중국 혁명에 대한 중국 인민의 인식을 높여 주었다. 그리고 중국공산당을 핵심으로 한 각 혁명계급, 각 민주당파의 단합을 강화하는 데

---

130 '애치슨이 트루먼 대통령에게 보낸 편지'(1949년 7월 30일), 〈중미관계 자료집〉 제1집, 세계지식출판사 한문판, 1957년, 41쪽.

주도적인 역할을 했다.

1949년 9월 17일, 신정치협상회의 준비위원회는 제2차 전원회의를 소집하였다. 그러고는 소조별로 작성한 정치협상회의 조직법 초안, 공동강령 초안, 정부조직법 초안 등을 기본적으로 채택했다. 회의는 신정치협상회의를 중국 인민정치협상회의로 개칭할 것을 만장일치로 통과시켰다.

9월 21일부터 30일까지, 중국 인민정치협상회의 제1기 전원회의가 베이핑에서 소집됐다. 회의에서는 '중국 인민정치협상회의 공동강령' '중화인민공화국 중앙인민정부 조직법' '중국 인민정치협상회의 조직법'을 토론하고 채택했다. 회의에서는 다음과 같이 결정했다. 베이핑을 중화인민공화국의 수도로 정하고 그 이름을 베이징(北京)으로 고친다. 또한 서력기원을 채용하고 '의용군행진곡'을 임시 국가(國歌)로, 오성붉은기를 국기로 정한다. 회의에서는 마오쩌둥을 주석으로 정하고 주더, 류사오치, 쑹칭링, 리지선, 장란, 가오강(高崗)을 부주석으로 선출했다. 그리고 저우언라이 등 56명을 위원으로 한 중앙인민정부위원회를 구성했다. 동시에 마오쩌둥을 주석으로 하고, 180명으로 구성된 중국 인민정치협상회의 제1기 전국위원회를 선출했다.

10월 1일은 신중국이 창건된 날이다. 이날 소집된 중앙인민정부위원회 제1차 회의에서는 중화인민공화국 중앙인민정부의 창립과 〈중국 인민정치협상회의 공동강령〉을 중앙인민정부의 시정 방침으로 선포할 것을 만장일치로 찬성했다. 톈안먼광장에서 성황리에 열린 중화인민공화국 중앙인민정부 창립 경축대전에서 마오쩌둥은 중앙인민공화국 중앙인민정부의 창립을 장엄하게 선포했다.

중화인민공화국의 창건은 중국이 신민주주의혁명에서 위대한 승리를 이룩했고, 중국 인민이 예속과 압박을 받던 반식민지와 반봉건 시대는 이미 지나갔으며, 중국이 새로운 민주주의 나라로 일어섰음을 의미한다. 중국은 이때부터 인민대중이 나라의 주인이 된 새로운 역사적 시대에 들어섰다. 그리고 중화민족의 발전 역시 이때부터 새로운 역사의 한 페이지를 열게 됐다.

전국해방전쟁 시기는 중국 신민주주의혁명이 전국적 승리를 이룩하는 데 중요한 역사 단계였다. 1946년 6월, 자위(自衛)전쟁이 시작되면서부터 중국공산당은 단 3년 남짓한 기간에 중국 인민을 인솔하여 썩은 나무를 단숨에 꺾어버리는 세찬 기세를 보였다. 공산당은 국민당 장제스를 대표로 한 제국주의와 봉건주의, 관료자본주의의 반동통치를 무너뜨렸다. 그리고 7차 당대회에서 확정한 "전국 인민을 해방하고 신민주주의의 중국을 창건"하는 분투 목표를 달성했다. 기세 드높은 인민해방전쟁은 그 진척이 빠르고, 그 영향이 넓어 후에도 이를 뛰어넘는 유례를 찾을 수 없었다.

당의 올바른 지도는 전국해방전쟁이 신속하게 승리할 수 있는 근본 조건이다. 이 시기 중국공산당은 이미 사상적, 정치적, 조직적으로 성숙된 마르크스-레닌주의 정당으로 거듭 태어났다. 당은 혁명 발전의 진척에 근거하여 신중국을 세우기 위해 투쟁하는 기본 정치 강령과, 발전 단계별 동원 구호를 시기적절하게 제기했다. 그리하여 중국 인민이 단합하여 분투해야 할 방향을 가리켜 주었다. '평화, 민주, 단결'에서 '무력적 자위'로 '장제스를 타도하고 전 중국을 해방하자'는 것에서 '혁명을 끝까지 진행하자'는 것으로, 당의 이런 구호는 중국 인민을 단합시키고 결집시켰다. 그리고 이는 그들로 하여금 그 무엇으로도 막을 수 없이 승승장구로 나아가는 강력한 힘을 끌어올렸다. 우리 당은 농촌사업과 도시사업을 하는 데 정확한 방침과 정책을 실시했으며, 국민당 통치구역과 국민당 군대 속에서도 일련의 정확한 방침과 정책을 구현했다. 그뿐만 아니라 이를 대중의 행동으로 능란하게 승화시켰으며 각 혁명 계급, 계층의 이익을 고루 돌보았다. 그럼으로써 인민대중, 특히 농민대중의 힘을 폭넓게 동원하고 조직하여 가장 넓은 인민민주주의 통일전선을 결성했다. 당은 정세의 변화와 양측 세력의 변화에 따라 전쟁의 진척을 제대로 파악하고 제때에 전략적 전환을 이루어냈다. 전략적 방어에서 전략적 공격으로, 전략적 결전에서 전략적 추격으로의 전환은 혁명전쟁을 지도하는 데 당의 탁월한 능력과 뛰어난 군사 지휘력을 남김없이 보여 주었다. 이 시기 중공중앙과 중앙군사위원회는 전쟁의 방향을 파악하고 전쟁 발전의 추세를 예측함에 있어서, 군사전략 방침을 제기했다. 그뿐만 아니라 작전 원칙과 방법을 사용하는 데 극히 능란한 솜씨로 중국 혁명전쟁의 법칙을 파악하고 활용했다.

인민대중은 전국해방전쟁이 승리로 나아갈 수 있게 하는 힘의 원천이었다. 항일전쟁에서 승리한 후, 국민당 통치 집단은 독재정치와 내전정책을 실시하면서 수많은 인민대중을 굶주림과 죽음의 변두리에 몰아넣었다. 반면 공산당은 평화, 민주, 단결을 앞세웠다. 부득이하게 자위전쟁을 벌인 후에는 인민의 이익을 보호하는 제반 방침과 정책을 시행했다. 특히 광범위한 해방구에서 토지제도 개혁을 폭넓고 깊이 있게 진행함으로써 수많은 농민들이 정치적, 경제적 신세를 변화시켰다. 국공 양당의 정책은 인민들에게 판이한 두 가지 운명을 맞이하게 했다. 또 광범위한 인민들이 직접적인 경험을 통해 내린 선택은 국공 양당의 정반대되는 두 가지 전도를 결정했다. 국민당정권은 날이 갈수록 정치적, 경제적, 군사적 위기에 빠져들면서 그 파멸의 발걸음을 걸었다. 이와 반대로 중국공산당은 해방구의 수많은 대중으로부터 전적인 믿음을 얻었을 뿐만 아니라 국민당 통치구역에서도 많은 인민대중의 진심어린 옹호를 받았다. 중국 인민은 혁명의 급류 속에 뛰어들어 인민해방전쟁에 대대적인 인적지원과 물적 지원을 해주었다. 그리고 국민당 통치구역에서 개척한 제2전선의 애국민주운동에 적극 가담하여 중국 혁명의 승리를 위해 엄청난 힘을 보태 주었다. 인민대중과 인민해방군의 간부와 전사들은 희생을 마다하고 거세게 싸우면서 감격적이고 빛나는 업적을 이뤄냈다. 이 과정에 둥춘루이(董存瑞), 류후란(劉胡蘭)과 같은 수많은 영웅들이 나왔다. 중국 인민은 중국공산당의 영도 아래 막대한 희생을 치르면서 신중국의 탄생을 맞이했다.

당의 자체 건설은 전국해방전쟁이 종국적 승리를 이룩할 수 있는 중요한 담보였다. 인민해방전쟁이 승승장구하면서 당 대열은 전례 없이 성장하고 강화됐다. 이에 따라 중공중앙은 당 건설 역시 대대적으로 강화했다. 그리고 당 정돈, 군대정비 운동을 잇달아 벌임으로써 당 조직을 한층 더 튼튼히 했다. 그 밖에도 많은 당원들의 자각성을 향상시켰으며 당의 각급 조직과 당원들이 시종 인민해방전쟁의 앞장에 서서 인민을 단합하고 승리를 쟁취할 수 있는 핵심이 되도록 만들었다. 중공중앙은 새로운 정세를 맞이하여 당의 지도와 조직성, 규율성을 강화했다. 또한 민주집중제를 집행하고 정기적인 지시요청 보고제도를 세우며 당위원회제도를 건전히 할 것을 제때에 강조했다. 이로써 당의 단결과 통일이 연안정풍운동 이후의 역사적인 새로운 단계에 이르게 했다. 그뿐만 아니라 당의 강령, 노선과 제반 방침 정책이 올바르게 관철되고 집행되도록 확실하게 했다. 중국 혁명이 전국적 승리를 이룩할 무렵, 중공중앙은 전당 동지들에게 자산계급 '사탕발림 포탄'의 공격을 막아내고 모름지기 겸손하고 신중하고 교만하지 말아야 한다고 강조했다. 또 조급해하지 않는 태도와 힘들게 분투하는 작풍을 계속 유지해야 한다고 주의를 환기시켰다. 그리하여 새로운 역사조건에서 당이 인민대중과 계속 긴밀한 혈연적 연계를 유지하도록 했다. 중공중앙은 당의 사상이론 건설에도 높은 관심을 보였는데 마르크스-레닌주의를 중국의 실제에 결부시킨 마오쩌둥 사상 역시 이 시기에 널리 전개되고 끊임없이 풍부해졌다. 전당은 마오쩌둥을 핵심으로 한 중앙 지도집단의 확고한 지도 아래 사상과 행동을 하나로 통일했다. 그리하여 당이 전국적 범위에서 집권당으로 성장하는 데 정치적, 사상적, 조직적 토대를 닦아 놓았다.

객관적인 시각에서 볼 때, 시대의 흐름에 역행하고 부패하여 몰락한 국민당이 중국 혁명의 고조를 앞당겼고 인민해방전쟁의 승리를 부추겼다. 항일전쟁에서 승리한 후 대지주, 대자산계급과 중국에서의 제국주의세력의 이익을 대표한 국민당 통치 집단은 평화와 민주를 요구하는 인민들의 염원을 무시했다. 그들은 독재정치와 내전정책을 고집하면서 수많은 인민을 적대시했다. 그리하여 중국 인민은 힘을 합쳐 일어나 저항했으며 이로써 국민당정권은 멸망을 자초하게 됐다. 게다가 항일전쟁에서 승리한 후 국민당은 '수복구(收復區)'에서의 거리낌 없는 수탈을 시작으로 그 타락 정도가 갈수록 극심해졌다. 이 역시 국민당정부의 조직력, 군대의 전투력과 정치강령의 감화력을 크게 실추시켰다. 또한 그 반동통치의 토대를 심하게 동요시켰으며 이로써 국민당은 민심을 잃고 결국 인민들의 버림을 받게 됐다.

전국해방전쟁의 승리는 중국공산당이 지도하는 인민혁명 세력이 장기간 투쟁해 온 결과이다. 이 승리로 말미암아 당은 민족의 독립과 인민의 해방을 쟁취하는 역사적 사명을 완수하게 되었고, 신중국의 창건을 위한 튼튼한 정치적, 경제적 토대를 마련하게 된 것이다.

맺음말

중국 신민주주의 혁명이 승리를 이룩한 기본 경험과 그 위대한 의의

(1) 1840년의 아편전쟁을 시작으로 근대 중국은 세계 거의 모든 자본—제국주의 나라들로부터 침략을 받아왔다. 이런 나라들은 경제, 정치, 군사, 문화적인 각종 수단을 이용해 강제적으로 중국과 일련의 불평등조약을 체결했다. 그리하여 중국을 독립과 주권을 잃은 반식민지 국가로 전락시켰다. 제국주의 세력의 침입은 객관적으로 보아 자본주의의 발전을 어느 정도 부추겼지만 다른 한 면으로는 중국의 봉건세력과 결탁하여 봉건착취제도와 그 상부구조를 극력 지탱하려고 하였기에 민족자본주의의 발전을 방해했다. 그뿐만 아니라 이미 일정한 자본주의 요소를 갖춘 중국에서 봉건주의 제도가 여전히 주도적 지위를 차지하게 했다. 그리하여 중국은 반봉건국가로 전락됐다. 또 제국주의 나라들은 장기간에 걸친 대중국 침략 과정에 자기들을 위해 봉사하는 관료매판자산계급을 만들었다. 관료매판자산계급은 기존의 봉건지주계급과 함께 제국주의가 중국을 지배하는 중요한 사회적 토대가 됐다. 상기 두 계급의 이익을 대표한 각 군벌, 관료 세력들은 중국에서의 제국주의 대리인이었다.

신해혁명 이후 중국에서 제국주의와 봉건매판세력의 이익을 대표한 집단으로는 1927년을 분수령으로 그 전에는 북양(北洋)군벌, 그 후에는 국민당 통치 집단이었다. 여러 제국주의 나라에 빌붙은 이런 반동 통치세력들은 각기 다른 제국주의의 이익을 대표해 중국에서 쟁탈전을 벌였기에 중국은 진정한 통일을 실현할 수 없었다. 인민들의 염원에 따라 중국의 민주화와 현대화를 추진하려는 모든 개선 방안은 이들의 반대를 받았다. 그 때문에 중국의 사회정치는 그 어떤 진전도 가져올 수 없었다. 장제스를 우두머리로 한 국민당 통치 집단은 명목상 중국을 통일했다고 하지만 그 내부를 볼 때 어디까지나 사분오열과 암투가 끊이지 않는 상태였다. 국민당은 비록 한 시기 특정한 조건에서 일본 제국주의의 침략을 반대하는 전쟁을 벌여왔지만 여전히 미국, 영국 등 제국주의의 사주를 많이 받았다. 항일 전쟁에서 승리한 후 장제스 집단은 독립, 자유, 민주, 통일, 부강의 신중국을 일으켜 세우려는 중국 인민의 간절한 염원을 무시했다. 그리고 독재통치와 내전정책을 고집하면서 전국 여러 민족 인민들을 굶주림, 전란과 죽음의 심연으로 몰아넣었다.

중국의 사회 발전과 정치 진보를 심하게 방해한 제국주의와 봉건매판 세력의 연합 통치는, 근대 이후 중국이 장기간 빈곤에서 허덕이고 후진국으로서 갖은 수모를 당하게 했다. 또한 민족이 수난당하고 인민이 고초를 겪게 된 근원이기도 하다. 그리하여 중화민족은 근대에 들어선 이후 줄곧 두 가지 큰 역사적 과업을 떠안고 있었다. 즉 민족의 독립, 인민의 해방을 이루어내는 것과 나라의 번영부강, 인민의 공동한 부유를 실현하는 것이었다. 이 두 가지 큰 과업 가운데서 전자는 후자를 실현하는 데 장애물을 제거해주고 필요한 조건을 마련해 주었다. 제국주의와 봉건매판 세력의 가혹한 압박과 착취를 받아 온 중국 인민은 부득이 한데 뭉쳐 스스로 자신을 구원해야만 했다. 압박이 있는 곳에 반항이 있듯이 중국 인민의 앞에 놓인 것은 오로지 투쟁의 길밖에 없었다. 중국 인민이 제국주의, 봉건주의와 관료자본주의를 반대하는 혁명의 길에 들어섬으로써 중국 신민주주의 혁명은 움이 트고 발전하게 되었다. 이는 심각한 사회적 근원과 두터운 대중기초가 있었기 때문에 가능했다.

(2) 중국 인민의 반항투쟁은 영웅적이었다. 근대 역사상 첫 80년간,

전례를 찾아 볼 수 없는 혹심한 민족위기와 사회위기를 만회하기 위해 중국 인민은 여러 차례 굴함 없는 투쟁을 진행해 왔다. 더불어 수많은 지사들이 나라를 구하고 대중을 구하는 길을 어렵게 모색해 왔다. 이런 투쟁과 모색은 매번 중국 사회의 진보에 어느 정도 영향을 끼쳤지만 직접적인 실패로 끝나곤 했다. 자강운동과 개량주의는 봉건적인 기반을 건드리지 않았기에 당의 과업을 완성할 수 없었다. 게다가 구식 농민전쟁 및 자산계급혁명파가 영도하는 민주혁명과 서방자본주의를 그대로 옮겨 온 모든 방안은 결코 나라를 멸망의 위기에서 구해내는 민족적 사명과 반제반봉건의 역사적 과업을 완수할 수 없음을 증명했다. 중국은 선진이론을 모색하여 혁명의 길을 개척할 새로운 사회세력을 기다리고 있었다.

반제국주의 반봉건의 혁명투쟁을 지도하여 민족의 독립과 인민의 해방을 쟁취하고 중화의 진흥을 실현하는 이 위대한 역사적 사명을 중국공산당이 짊어지게 됐다. 중국공산당은 노동계급의 선봉대로서 중국의 정치무대에 오르게 되었는데, 이때부터 중국 혁명은 신민주주의 혁명의 역사적 단계에 들어서게 됐다. 중국공산당은 장기적인 투쟁의 실천 속에서 자신의 정치적 우세와 조직적 우세를 발휘하여 '흩어진 모래알'처럼 산산이 분산됐던 중국 인민을 한마음으로 일치 단결시켰고 무적의 세력으로 뭉쳐 세웠다. 중국 인민은 28년간의 간고하고 탁월하며 용감무쌍한 투쟁을 거쳐, 특히 북벌전쟁, 토지혁명전쟁, 항일전쟁과 전국해방전쟁을 거쳐 제국주의와 봉건주의, 관료자본주의의 반동통치를 뒤엎었다. 그리하여 결국 신민민주주의 혁명의 위대한 승리를 이룩해냈다. 독립, 자유, 민주, 통일, 부강의 신중국을 세우는 것은 중국 인민이 기나긴 세월 오매불망 그려오던 염원이었다. 그런데 이 염원이 마침내 실현됐다. 바로 중국공산당이 있었기에 중국은 더

없이 암담했던 과거를 버리고 눈부신 앞날을 향해 나아가는 위대한 역사적 전환을 실현할 수 있었던 것이다. "공산당이 없으면 신중국도 없다"는 말은 중국 인민이 근대 이후 중국 혁명의 역사적 경험을 통해 얻어낸 가장 기본적이고 가장 중요한 결론이다. 그리고 중국 인민이 스스로의 체험을 기초로 하여 확인한 위대한 진리이다.

(3) 중국공산당의 영도적 지위는 그 어떤 개인의 염원이나 의지에 의해서 결정되는 것이 아니다. 20세기 전반기에 일어난 신해혁명에 의하여 중국은 봉건군주제를 뒤엎었다. 그 후 장기간 중국에서는 어떤 나라를 세울 것인가를 두고 몇 가지 선택에 대해 고민했고 여러 세력들은 이를 위해 치열한 투쟁을 벌여왔다. 하나는 대지주, 대자산계급이 독재를 실시하여 중국으로 하여금 계속 반식민지 반봉건의 길을 걷게 하는 것이었는데 그 대표가 처음에는 북양군벌이었다가 후에는 국민당 통치집단으로 바뀌었다. 다른 하나는 자산계급공화국을 세워 중국 사회로 하여금 독립되고 선진 자본주의 길로 나아가게 하는 것이었는데 그 대표로는 일부 중간파 또는 중간인사들이었다. 또 다른 하나는 노동계급이 영도하는 노농동맹을 기초로 하는 인민공화국을 세워 신민주주의 혁명을 거쳐 사회주의 길로 나아가는 것이었는데 그 대표가 중국공산당이었다. 상기 세 갈래 길, 즉 세 가지 방안은 중국 사회의 역사적 발전 속에서 거듭되는 검증을 받았다.

그 결과, 첫 방안은 중국 인민의 버림을 받았고 대표인 반동통치세력도 전복됐다. 두 번째 방안도 중국 인민의 찬성을 얻지 못했으며 나중에 그 대표 세력 가운데 많은 사람도 해당 방안이 중국에서 실현될 수 없음을 인정했다. 오직 세 번째 방안만이 최종적으로 민족자산계급 및 그 정치적 대표자들을 망라한 중국의 가장 광범위한 인민대중의 지지를 받았다. 중국 인민이 중국공산당의 지도를 받아들이고 신민주주의에서 사회주의로의 전환을 받아들인 것은 정중한 역사적 선택이었다.

중국 인민이 중국공산당의 영도를 받아들인 것은 어디까지나 중국공산당의 선진성에 의해 결정된 것이다. 중국공산당은 탄생한 그날부터 중국의 선진적인 생산력의 대표자로서 역사무대에 올라섰다. 당이 지도한 신민주주의 혁명의 목표는 중국에 대한 제국주의의 약탈을 반대하고 지주계급과 관료자산계급의 착취와 압박을 소멸하는 것이다. 또한 봉건적이고 매판적인 생산관계를 바꾸고 그러한 경제토대 위에 구축된 썩어빠진 정치적 상부구조를 개선하여 인민민주주의 독재를 핵심으로 한 새로운 정치적 상부구조를 수립하는 것이다. 그리하여 생산력을 속박의 굴레에서 근본적으로 해방시키는 것이었다. 중국공산당은 탄생한 그날부터 줄곧 마르크스-레닌주의라는 가장 선진적이고 가장 과학적인 사상무기를 지침으로 삼았다.

그리고 이를 중국 혁명의 실제와 결부시킴으로써 중국 인민을 최대한 동원할 수 있고 격려할 수 있으며 인도할 수 있는 선진 이론과 선진 문화를 제기하고 발전시켰다. 중국공산당은 중국의 가장 선진적인 계급 정당으로서 노동계급의 이익을 대표할 뿐만 아니라 중국 인민과 중화민족의 이익을 대표한다. 신민주주의혁명의 전반 시기에 걸쳐 당이 진행해 온 모든 투쟁은 어디까지나 가장 많은 인민의 근본적 이익을 위한 것이었다. 당은 반제국, 반봉건이라는 민주주의 혁명 강령을 제기했다. 그뿐만 아니라 혁명 발전의 단계마다 명확한 투쟁 목표와 정치구호를 제기함으로써 전국 인민을 다함께 투쟁하도록 단합시키는 데 필요한 정치적 토대를 닦아 놓았다. 당은 전체 당원들에게 희생을 마다하지 않고 앞사람이 쓰러지면 뒷사람이 이어 나아가는 정신으로 혁명의 승리를 위해 용감하게 투쟁할 것을 호소했다. 수많은 당원들은 인민에 대한 충성과 자기희생 정신으로 헤아릴 수 없이 많은 감동적인 업적을 쌓았다. 더불어 성심성의껏 인민을 위해 이익을 도모하는 빛나는 본보기를 보여줌으로써 중국 인민의 믿음과 사랑을 받게 됐다. 신민주주의 혁명 시기 당이 제정한 모든 이론, 강령, 노선, 방침, 정책과 그들이 진행한 모든 사업은 다음과 같은 점을 말해주고 있다. 중국공산당은 시대를 앞장서서 중국의 선진 생산력의 발전 요구, 선진 문화의 발전 방향과 가장 광범위한 인민대중의 근본적인 이익을 대표했다. 그리고 중화민족의 위대한 부흥을 위해 꾸준히 투쟁하여 그 어떤 희생도 마다하지 않는 당으로 불리기에 손색이 없었다. 당이 보여준 이런 선진성 때문에 중국 인민은 중국공산당이야말로 자기들의 이익과 의지의 참된 대표라는 것을 깊이 있게 인식했다. 그래서 당의 지도를 자발적으로 선택하고 받아들였다. 게다가 당의 영도 아래 신민주주의 혁명의 승리를 쟁취하기 위해 투쟁해왔다. 이로부터 우리는 중국 인민의 혁명사업 가운데서 중국공산당의 핵심적 지위와 지도적 역할은 튼튼한 기반을 갖고 있으며 그 어떤 힘으로도 동요시키거나 바꿀 수 없다는 것을 알 수 있다.

(4) 중국공산당이 영도한 중국 혁명은 지극히 굴곡적이고 어려운 길을 걸어 왔으며 중국 인민은 혁명의 승리와 사회의 진보를 이룩하기 위해 커다란 대가를 치렀다. 이 과정에서 중국공산당은 아주 풍부한 경험을 쌓았다. 마오쩌둥은 신민주주의 혁명의 역사적 경험을 총결할 때 다음과 같이 지적했다. "규율이 있고 마르크스-레닌주의 이론으로 무장하며 자기비판의 방법을 취하고 인민대중과 연계를 맺고 있는 당, 이러한 당이 영도하는 군대, 이러한 당이 영도하는 혁명적 계급들과 혁명적 당파들의 통일전선, 이 세 가지는 우리가 적을 무찌르는 주요한 무기이다" "이 세 가지에 의지했기 때문에 우리는 승리를

달성할 수 있었다"[131]

(5) 마르크스-레닌주의는 중국공산당의 지도사상으로서 객관적 실제를 올바로 인식하는 과학적인 이론과 방법이며 시대와 같이 나아가는 이론적 품격을 구비했다. 마르크스-레닌주의는 사회 실천과 긴밀히 결부되어 사람들이 진리를 인식하도록 방향을 밝혀 주고 나아갈 길을 열어줌으로써 그 생명력을 과시했다. 장기적이고 복잡한 혁명투쟁 속에서 마오쩌둥을 주요 대표자로 한 중국공산주의자들은 한때 당내에서 난무하던, 마르크스-레닌주의 서책과 타국의 경험을 그대로 옮겨오던 그릇된 경향을 극복했다. 그리고 어려운 모색을 거쳐 독창적이면서도 풍부한 혁명 실천 경험을 총결했다. 이로써 마르크스-레닌주의 기본 원리를 중국의 혁명 실제에 결부시킨 첫 역사적 비약을 실현했으며 마오쩌둥 사상을 창시했다. 이 이론 성과는 마르크스-레닌주의의 기본 원리를 구현한 것이다. 여기에는 중화민족의 우수한 사상과 전당이 혁명실천을 통해 얻어낸 경험도 내포됐다. 당은 민족혁명의 과업과 민주주의혁명의 과업을 긴밀히 결부시켜 신민주주의 혁명의 이론과 노선을 정립했다. 또한 농촌에서부터 도시를 포위하고 무장으로 정권을 탈취하는 중국 특유의 혁명의 길을 개척했다. 마오쩌둥 사상이 형성되고 발전함에 따라 마르크스-레닌주의는 중국 대지에 깊이 뿌리를 내리게 되었다. 중국화된 마르크스-레닌주의가 중국 인민에게 접수되고 장악되자 그것은 중국 사회를 혁명적으로 개조하는 위대한 물질적 힘으로 전환됐다. 중국공산당은 마르크스-레닌주의의 기본 원리를 중국 혁명의 실제에 결부시키는 이 올바른 방향을 이어가고 객관적인 변화를 잘 파악했다. 그리고 인민대중의 실천경험을 잘 총결하

---

131 마오쩌둥, '인민민주주의독재에 대해', 〈마오쩌둥 선집〉 제4권, 인민출판사 한문판, 1991년, 1480쪽.

고 사상해방과 실사구시의 사상노선을 견지했다. 그리하여 자기의 길을 따라 확고부동하게 나아갔기 때문에 중국 혁명을 승리로 이끌 수 있었다. 이는 당의 역사를 총화하여 얻어낸 가장 기본적인 경험이다.

중국공산당은 중국의 가장 많은 인민대중의 근본이익을 대표한다. 성심성의껏 인민을 위해 봉사하는 근본 취지를 견지하고 인민대중과 시종 혈연적 연계를 유지하는 것은, 중국공산당이 온갖 어려움과 시련을 이겨내고 신민주주의 혁명의 승리를 이룩함에 있어서 근본 조건이다. 민족의 독립과 인민의 해방을 쟁취하는 투쟁 속에서 당은 시종 인민대중에게 긴밀히 의존하고 성심성의껏 인민의 이익을 도모해 왔다. 당은 모든 활동 가운데서 인민대중과 함께 호흡하고 운명을 같이했다. 더불어 인민대중의 의사와 이익을 구현하는 것을 모든 사업의 시발점과 귀착점으로 삼았다. 당은 시종 인민대중의 지혜와 의지로부터 혁명사업을 밀고 나아갈 수 있는 힘의 원천을 찾음으로써, 대중을 믿고 대중에 의거하며 대중 속에서 나와 대중 속으로 들어가는 체계화된 대중노선을 점차적으로 형성했다. 우리 당이 대중노선 가운데 이런 지도 방법과 사업 방법을 실시하였기에 당의 강령, 노선, 방침, 정책의 제정과 집행은 대중의 요구에 최대한 부합할 수 있었다. 따라서 그들의 지지를 받았으며 대중의 혁명 적극성, 창조성이 끊임없이 발휘되고 향상될 수 있었다. 이는 당이 승리에서 승리로 나아갈 수 있는 중요한 담보가 됐다.

중국공산당이 무산계급정당의 선진적 역할을 발휘하면서 당은 인민대중을 인솔하여 중국 혁명의 승리를 쟁취하고자 했다. 이를 위해서는 반드시 당의 정치노선을 긴밀히 둘러싸고 자체 건설을 강화하며 당의 창조력, 응집력과 전투력을 끊임없이 증강해야 했다. 중국공산당은 마르크스-레닌주의와 중국 노동운동이 결부된 산물로서 노동계급의 성장과 장성은 당 창건의 근본 조건이 됐다.

그러나 당시 중국의 사회 조건에서 당원의 구조를 보면 농민과 기타 노동자가 다수이고 지식인도 적지 않았다. 또 그 밖에 노동계층에 속하지 않는 혁명자도 있었다. 게다가 당은 장기간 농촌혁명근거지라는 이 환경 속에 처해 있었다. 이런 특징에 근거하여 당은 자체 건설을 위대한 공정으로 내세워 사상 건설, 조직 건설과 작풍 건설에 깊은 관심을 두었다. 그럼으로써 노동계급 선봉대로서의 성격을 유지하고 마르크스-레닌주의 정당을 건설하는 이 근본적인 문제를 성공적으로 해결했다. 일상적인 마르크스-레닌주의 사상교양, 비판과 자기비판, 경험 총결 및 당 정돈과 정풍 운동을 통해 당은 주관주의와 종파주의 및 정치상의 '좌'경, 우경 과오를 극복할 수 있었다. 그리하여 과오와 실패에서 교훈을 섭취하고 진보를 이룩하면서 점차 성숙해 갔다. 당은 장기적인 분투 속에서 이론을 현실에 결부시키고 인민대중과 긴밀히 연계하며 자기비판을 하는 훌륭한 작풍을 양성했다. 당은 또 이 3대 태도를 기타 모든 정당과 구별되는 뚜렷한 징표로 삼으면서 당의 훌륭한 태도를 견지하고 살리는 것이 당의 정치임무를 실현하는 데 중요한 역할을 한다고 강조했다. 장기간의 혁명 속에서 온갖 시련을 다 겪은 당의 조직은 끊임없이 발전하고 성장했다. 초창기 당원이 50여 명밖에 안 되던 우리 당은 1949년 9월에 이르러 448만여 명의 당원을 보유한 전국적이고 대중적인 마르크스-레닌주의 정당으로 발돋움했다.

(6) 무력에 의한 혁명으로 반혁명을 반대한 것은 중국공산당이 영도한 신민주주의 혁명의 특징이자 장점이다. 이는 바로 민주주의 제도가 수립되지 않은 반식민지, 반봉건 제도 아래의 중국에서 반동통치세력이 줄곧 강력한 무력을 믿고 인민에게 독재적인 테러통치를 시행해왔기 때문이다. 이런 환경으로 말미암아 중국 혁명은 장기적인 무장

투쟁이라는 형식을 취하게 됐다. "중국에서 무장투쟁을 떠나서는 무산계급의 지위, 인민의 지위가 있을 수 없고 공산당의 지위가 있을 수 없으며 혁명의 승리가 이룩될 수 없다"[132] 이와 동시에 농업경제를 위주로 하는 중국은 정치, 경제 발전이 균형적이지 못했고 제국주의 세력 간의 쟁탈은 중국 반동통치집단 간의 분열과 전쟁을 초래했다. 이런 특징으로 인해 무장혁명은 반동통치가 박약한 농촌에서 자체 세력을 꾸준히 누적하고 발전시키면서 투쟁의 진지를 점차적으로 확장할 수 있었다. 그러므로 중국의 혁명무장투쟁은 반드시 무산계급이 영도하고 농민을 주체로 해야 하며 중국 혁명은 우선 농민을 지도하여 토지혁명을 진행해야 했다.

당은 단독적으로 중국의 혁명전쟁을 지도하면서부터 무장투쟁을 통해 농촌에서 혁명근거지를 개척했다. 그리고 토지혁명과 무장투쟁을 진행하며 근거지를 창설하는 이 세 가지를 결부시켰다. 그리하여 백색정권의 포위 속에서 약간의 작은 홍색정권을 세우고 노농무장이 다투는 국면을 형성했다. 도시에서의 투쟁을 중심으로 삼아 쾌속전을 하려는 '좌'적 오류를 점차 극복한 당은 사업 중심을 농촌으로 옮겼다. 그리하여 장기간 농촌근거지에 의지하여 무장투쟁을 벌여왔다. 당은 농민이 주체인 형태에서 무산계급건군사상을 활용했다. 이로 드높은 정치적 자각과 엄격한 규율을 갖추고 대중과 긴밀히 연계하는 신형의 인민군대를 건설하는 문제를 성공적으로 해결했다. 그러므로 인민군대는 반동통치세력에게 장악되어 인민을 해치는 기타 모든 군대와는 근본적으로 구별됐다. 또 정치, 군사, 조직 면에서 역사상의 구식 농민봉기 무장에 비해 월등한 우세를 갖추었다.

132 마오쩌둥, '〈공산당인〉 발간사'(1939년 10월 4일), 〈마오쩌둥 선집〉 제2권, 인민출판사 한문판, 1991년, 610쪽.

당이 영도하는 인민군대는 인민전쟁과 관련한 일련의 전략전술을 시행했다. 적이 강하고 아군이 약한 정세에서 "일체 반동파는 모두 종이호랑이"라는 전략 사상을 수립하고 "전략상 적을 멸시하고 전술상 적을 중시"하는 전략을 실시했다. 인민군대는 작전에서 '일당십(一當十)'의 전략과 '십당일(十當一)'의 전술로써 우세한 병력을 집중하여 적들을 각개 섬멸했다. 이것은 당이 인민군대를 인솔하여 적을 물리치고 승리를 거둔 근본적인 방법이었다. 적들의 '포위토벌'과 '소탕'에 대항하는 거듭되는 전투 과정에서 인민군대는 원래의 유격전을 운동전과 진지전으로 바꾸었다. 그리고 대규모 전투를 치르는 과정에서 약하던 것에서 강하게, 작던 것에서 크게 장대해졌다. 전세의 변화에 따라 당은 인민전쟁을 통해 낙후한 농촌을 정치, 경제, 문화적으로 앞선 혁명 진지로 개조했다. 동시에 이 진지에 의탁하고 이 진지를 발전시켰다. 또한 농촌에서부터 도시를 포위하고 마지막에 도시를 탈취하는 혁명의 길에서 우리 당은 22년 동안 힘들고 탁월한 무장투쟁을 거쳤다. 그러고는 마침내 훌륭한 장비를 갖춘 잔인무도한 국내외 적들을 무찔렀다. 우리 당은 종국적으로 전국의 정권을 쟁취함으로써 위대한 승리를 이룩했다.

(7) 중국의 역사 조건을 돌이켜 볼 때 중국 혁명은 가장 넓은 혁명통일 전선을 결성할 필요가 있으며 또 결성할 수 있었다. 중국의 계급상황을 분석하면 양끝이 뾰족하고 가운데가 불룩한 방추형으로 볼 수 있다. 즉 농민, 소자산계급과 민족자산계급의 대열이 가장 방대하고 무산계급은 작은 부분을 차지한다. 지주계급, 관료자산계급과 제국주의 세력은 서로 결탁하여 강대한 반혁명 세력을 이루었다. 만약 무산계급이 인구의 다수를 점하는 다른 계급을 쟁취하지 않고 그들과 연합하지 않으며 노농동맹을 튼튼히 다지지 않는다면 중국 혁명은 승리를 거

둘 수 없었을 것이다. 또 반동적인 지주계급과 관료자산계급을 제외한 여러 민족, 여러 계급, 여러 계층의 인민들과 가장 광범위한 혁명통일전선을 결성하고 발전시키지 않는다면 앞과 마찬가지로 중국 혁명은 승리를 거둘 수 없었을 것이다. 중국의 민족 혁명과 민주주의 혁명은 가장 많은 인민의 이익에 부합되었고 그들의 지지를 받았다. 국외의 제국주의 세력이 중국에 있는 대리인을 통해 중국 인민을 억압함으로써 중국은 심각한 민족 위기에 빠지게 됐다. 더욱이 일본 제국주의가 중국에 대해 직접적인 무장 침략을 감행하던 시기에 전국 여러 민족, 여러 계급과 여러 계층의 인민들은 망국의 사지에 몰렸다. 그리하여 혁명통일전선을 결성할 가능성을 보이게 했다. 그러나 반혁명 세력이 막강하고 또 농민, 소자산계급과 민족자산계급을 두고 관료자산계급이 무산계급과 쟁탈을 벌이면서, 혁명통일전선의 결성은 장기적이고 어려운 투쟁 과정을 거쳐야 했다. 이 과정에 당은 시종일관 농민을 지도하고 수많은 농민들에게 긴밀히 의지했다. 그리고 그들을 단합시킴으로써 통일전선에서의 무산계급의 영도를 견지하는 데 근본적인 담보를 마련했다. 한편 농민을 영도하려면 반드시 철저한 토지혁명을 일으켜야 했다. 그렇게 해야만 광범위한 농민들의 적극성을 동원하여 그들로 하여금 혁명전쟁에 적극 뛰어들게 할 수 있었다. 당은 농민들을 무장시켜 혁명전쟁을 진행하는 중에 이루어진 확고한 노농연맹을 통일전선의 토대로 삼았을 때, 이것만이 기타 혁명 세력과의 연합을 실현할 수 있다고 여겼다. 당의 이런 방침으로 혁명통일전선을 더욱 튼튼히 확대할 수 있었다.

통일전선을 결성하는 데 자산계급과의 관계를 잘 처리하는 것은 아주 중요한 문제가 됐다. 당은 나라의 정세를 깊이 있게 분석하고 나서 중국의 자산계급을 두 부분으로 나누었다. 즉 제국주의를 등에 업은 반동적 관료자산계급과, 혁명성을 구비하였지만 쉽게 동요될 수 있는 민족자산계급이다. 민족자산계급, 심지어 부분적 관료자산계급도 특정된 시기와 상황에서는 혁명적 진영에 발을 들여 놓을 가능성이 있었다. 이때 우리 당은 그들이 통일전선에 가담하도록 애써 쟁취했다. 아울러 무산계급의 독립성을 유지하는 데 관심을 돌리면서 그들과 단합하는 한편, 투쟁을 통해 단합을 이루어내는 혁명 정책을 취했다. 어쩔 수 없이 자산계급이나 관료자산계급과 분열해야 할 경우에는 그들과 단호한 투쟁을 벌였는데 무장투쟁도 서슴지 않았다. 당은 계속하여 민족자산계급의 동정과 지지를 받았고 중립을 쟁취했다.

당은 통일전선 가운데서 여러 사회 세력의 각기 다른 특성 및 각기 다른 정형에 근거하여 진보적 세력을 발전시켰다. 그리고 중간 세력을 쟁취하며 보수적 세력을 고립시키는 정책을 규정하고 이를 시행했다. 당은 이렇게 주요한 적을 최대한 타격하고, 단합할 수 있는 모든 동맹자들을 단합시킴으로써 혁명이 전국적 범위에서 역사적 승리를 달성하도록 담보했다. 아울러 중국 사회가 신민주주의를 거쳐 사회주의로 나아가도록 했다.

(8) 중국 신민주주의혁명의 승리는 중대하고도 심원한 역사적 의의를 가진다.

중국의 신민주주의혁명이 승리하면서 중화민족의 역사에는 천지개벽과 같은 거대한 변화가 일어났다.

- 이 승리로 말미암아 드넓은 중국 대지에서 극소수 착취자들이 수많은 근로인민을 지배하던 역사가 종말을 고하게 됐다. 또한 제국주의, 식민주의 세력들이 중국 여러 민족 인민들을 노예로 취급하던 역사에 종지부를 찍게 됐다.

- 이 승리로 인해 흩어진 모래알과 같았던 구중국의 정세는 종말을

고하게 되었으며 중국은 통일을 이룩하게 됐다. 땅을 차지하고 지키는 봉건적인 현상은 영원한 역사로 남게 됐다. 이때부터 중국 여러 민족 인민들은 단합했으며 우호적으로 다함께 발전할 수 있는 화목한 대가 정 속에서 생활할 수 있게 됐다.

- 이 승리로 말미암아 근대 이후 수많은 지사들이 그렇게도 지향해 오던 민족 독립과 인민해방이라는 역사적 과업이 실현됐다. 중화민족 은 지난 백년간 받아 왔던 크나큰 치욕을 씻어 버리고 세계 여러 민 족들과 어깨를 나란히 할 수 있게 됐다. 중국 인민은 노예와도 같았 던 지난날의 비참한 생활에서 벗어나 눈부시고 행복한 미래를 맞이 하게 됐다.

- 이 승리로 말미암아 중국 사회는 발전 방향의 근본적인 변화를 실 현함으로써 신민주주의에서 사회주의로의 전환을 맞이하고 사회주의 제도를 수립하게 됐다. 이 승리로 말미암아 중국은 가난하고 뒤떨어 진 모습에서 벗어나 나라의 번영 부강과 인민의 공동부유를 실현하는 장애를 제거했고 이를 위한 필요한 전제를 마련했다.

중국 신민주주의 혁명의 승리는 러시아 10월 사회주의 혁명과 파 시즘에 반대하며 일어난 제2차 세계대전의 뒤를 이어 나타났다. 이는 20세기 세계 역사상 가장 중요한 정치 사건이다. 중국 신민주주의 혁 명이 승리하면서 제국주의의 동방전선이 무너졌다. 이 승리로 인해 인 구가 전 세계 인구의 4분의 1을 차지하는 대국에서 제국주의 및 그 대 변인들의 세력을 철저히 제거하게 되었다. 이로써 세계 정치 세력의 대비는 큰 변화를 맞이하게 됐다. 이는 해방을 쟁취하려는 세계 피압 박 민족과 피압박 인민들의 투쟁을 강력하게 추진하였을 뿐만 아니라 그들에게 제국주의를 반대하는 투쟁에서 꼭 승리할 수 있다는 확신을 심어 주었다. 또한 국제평화를 수호하는 투쟁을 유력하게 추진함으로써 세계의 평화적인 세력을 크게 강화했다.

중국 신민주주의 혁명의 승리는 중국에서의 마르크스-레닌주의의 승리이며 마오쩌둥 사상의 승리이다. 중국 혁명의 역사는 마르크스-레닌주의는 교조가 아니며 타국의 혁명경험 역시 고정불변의 공식이 아니라는 것을 분명히 밝혀 주었다. 서로 다른 나라의 무산계급 및 그 정당은 자기 나라의 인민 해방투쟁을 승리로 이끌어 가는 데 있어서 마르크스-레닌주의 저작 중 특정한 역사적 조건이나 구체적 정형을 고려하여 제정한 개별적 논단이나 행동강령에 얽매여서는 안 된다. 반드시 자국의 역사 조건과 실정에 비추어 시대와 발 맞춰 가야 한다. 그뿐만 아니라 구체적 정황에 따라 변화를 꾀하고 마르크스-레닌주의 기본 원리를 자국 혁명의 구체적 실천에 올바로 결부시키는 것을 배워야 한다. 이 결부는 역사적인 과정으로서 단번에 성사될 수 없다.

(9) 1949년, 중국공산당 창건 28주년을 경축할 때 마오쩌둥은 다음과 같이 지적한 바 있다. 28년간이라는 이 오랜 기간에 "우리는 겨우 한 가지 일을 해 놓았을 뿐이다. 혁명전쟁에서 기본적인 승리를 달성한 것이다. 이것은 경축할 만한 것이다. 왜냐하면 이것은 인민의 승리이기 때문이며 중국과 같은 큰 나라에서의 승리이기 때문이다. 그러나 우리가 해야 할 일은 아직도 매우 많다. 길을 걷는 데 비유한다면 이전의 사업은 만리장정의 첫 걸음을 내디딘 데 지나지 않는다"[133] 중국공산당은 신민주주의 혁명이 승리한 후 중국 노동계급의 선봉대, 중국 인민과 중화민족의 선봉대로서 계속 중국 인민을 이끌고 사회주의 제도를 건설해야 한다. 이 과정에서는 계속해서 마르크스-레닌주의 기본 원리를 중국의 구체적으로 실제에 적용해야 하는데 갈 길이

---

133 마오쩌둥, '인민민주주의독재에 대해'(1949년 6월 30일), 〈마오쩌둥 선집〉 제4권, 인민출판사 한문판, 1991년, 1480쪽.

멀고 험난하다. 나라의 번영과 부강, 인민의 공동한 부유를 실현하는 이 위대하고도 어려운 역사적 과업을 완수하기 위해 우리는 계속하여 용감하고 꾸준하게 투쟁해야 한다.

후기

세기를 뛰어넘는 때에 열리게 될 중국공산당 제16차 전국대표대회를 맞이하며 우리는 〈중국공산당역사〉 제1권(1921~1949년)을 새 세기 우리 당의 첫 성회와 광범위한 독자들에게 삼가 드린다.

이 책은 지난 1991년에 출판된 〈중국공산당역사〉 상권을 토대로 수정하고 완수한 것이다. 1991년 판 〈중국공산당역사〉 상권은 20세기 80년대에 장악한 당사 사료 정황과 학술 연구 수준을 대체적으로 보여 주었다. 그 후 10여 년간, 한편으로는 덩샤오핑, 장쩌민 동지의 저작과 연설에서 민주주의혁명 시기의 당의 역사에 대한 새로운 중요한 논술들이 많이 반영됐다. 다른 한편으로는 국내외적으로 역사 관련 보관 서류와 자료들이 많이 공개되면서 당사 학계에서는 많은 문제를 두고 인식을 새롭게 했으며 우리 연구실 역시 중요한 연구 성과를 많이 거두었다. 이 모든 것은 시대와 병진하는 개정판을 통해 반영돼야 했다. 이에 비추어 1996년, 우리 연구실에서는 원 상권을 수정하기로 결정하는 동시에 이 과제를 중대 프로젝트로 삼아 우리 연구실 1996~2000년 사업계획과 2001~2005년 사업계획에 포함시키기로 결정했다.

기존의 상권을 수정하면서 다음의 지도 원칙을 따르도록 노력했다.

(1) 마르크스-레닌주의, 마오쩌둥 사상, 덩샤오핑 이론, '세 가지 대표'에 대한 장쩌민의 중요 사상을 지침으로 삼고 중공중앙의 '약간의 역사 문제에 대한 결의'와 '건국 이래 당의 약간의 역사 문제에 대한 결의'의 정신을 남김없이 구현하도록 했다. 중국공산당 창건 80주년 경축대회에서 한 장쩌민 동지의 중요한 연설 정신을 남김없이 구현했으며 실사구시의 원칙과 시대와 병진하는 원칙을 견지했다.

(2) 중국공산당 역사의 내포를 전면적으로 천명하고 그 본질과 주류를 두드러지게 내세웠다. 그러면서 당이 민족 독립과 인민 해방을

위해 영웅적으로 투쟁해 온 빛나는 노정과 광범위한 인민대중의 위대한 역사적 작용을 남김없이 반영하도록 했다. 당이 마르크스-레닌주의 기본 원리를 중국 혁명의 실제에 결부시켜 온 개척의 역사, 혁신의 역사를 남김없이 반영함으로써 당의 역사를 마오쩌둥 사상, 덩샤오핑 이론, 장쩌민의 '세 가지 대표' 중요 사상을 생동하게 구현한 교과서로 묶기 위해 노력했다. 그뿐만 아니라 당의 대열이 발전하고 장성해 온 역사, 당이 자체 건설을 게으름 없이 강화해 온 역사를 남김없이 반영하도록 했다.

(3) 새로운 정세에서 당이 자체 건설을 강화하고 당 역사가 '국정운영에 이바지하고 인민을 교양하는' 역할을 발휘해야 하는 필요에 비추어 이번 수정 과정에서는 역사를 정확히 기술하는 한편 중차대한 문제에 대한 이론적 사고를 중시했다. 그리고 민주주의혁명 시기 당이 중국 혁명을 영도하고 당 건설을 진행해 온 역사적 경험을 과학적으로 총화했다. 또한 중국 혁명의 발전 법칙과 당 자체의 발전 법칙에 대한 인식을 반영하도록 했다.

(4) 원 상권의 기본 내용과 장점을 살리는 한편 이를 기초로 20세기 80년대 후기 이후에 발표된 민주주의혁명 시기의 역사 자료와 새로운 연구 성과들을 가감 없이 받아들였다. 그리고 이를 활용하여 원 상권에 대해 보충, 조정과 수정을 진행했다.

원 상권은 후차오무(胡喬木), 후성(胡繩)의 직접적인 지도 아래 10년간의 노력을 거쳐 집필한 영향력이 큰 저작이다. 1996년 9월부터 시작한 수정작업은 당사 연구실 제1연구부가 주축이 돼 진행했으며 내외 전문가들을 결부시키는 '개방식'의 수정 방식을 취했다. 특히 2001년 7월 이후, 중국공산당 창건 80주년 경축대회에서 한 장쩌민 동지의 중요한 연설 정신에 근거하여, 수정 원고의 구도와 내용 보충 측면에서 다시 한 번 비교적 큰 조정을 했다. 수정과정에서 우리는 여러 유형의 좌담회, 원고 심사회의를 20여 차례 소집했는데 회의에 참가한 실내외 전문가는 연인원으로 350여 명에 달했다.

주로 다음과 같은 내용들을 수정했다.

첫째, 구조를 조정했다. 원서에서 장과 절 두 레벨의 표제를 배치했는데 이번에는 이를 토대로 레벨 3 표제를 신설했으며 또 한개 장과 여러 개 절을 보충하고 부분적 장과 절의 제목을 고쳤다.

둘째, 내용상 중요한 수정과 보충을 많이 했다. 이를테면 '아편전쟁과 근대 중국 사회의 변천'이란 절을 보충하여 원래 신해혁명을 첫 시작으로 하던 것을 1840년의 아편전쟁으로 앞당김으로써 당 창건의 역사적 필연성에 대해 한층 더 설명을 보충했다. '쭌이(遵義)회의와 홍군의 장정에서의 승리'란 장을 새로 구성해 쭌이회의 및 그의 중요한 역사적 지위를 보다 전면적이고 깊이 있게 천명했다. 대혁명 시기 천두슈(陳獨秀)의 과오, 토지혁명전쟁 시기 3차례의 '좌'적 오류, 항일전쟁 초기, 왕밍(王明)의 과오에 대해 모두 실사구시 시각에서 구체적으로 분석하는 동시에 새로운 서술을 가했다. 최근에 발표된 국제공산당 보관서류와 문헌에 근거하여 국제공산당과 볼셰비키 및 중국에 주재한 그들의 대표가 중국의 대혁명에 대한 지도(정확한 점과 그릇된 점)를 비교적 충분하게 서술했다. 당의 이론문제에 대한 논술에 품을 넣어 옌안(延安)정풍운동 가운데의 마르크스-레닌주의 학풍에 대한 토론을 두드러지게 각인했다. 그리고 신민주주의 이론에 대한 논술을 보강했는데 전문 표제를 구성해 마오쩌둥 사상의 형성 과정, 과학적 형태, 이론 체계와 역사적 지위를 논술했다. 편마다 당 건설에 대한 내용을 보충했으며 그 경험교훈을 총화했다. 원서에서 마지막 절에 '중국 인민혁명이 승리를 이룩한 기본경험과 그 위대한 의의'란 내용을 배치했는데 이번 수정 가운데서 이를 단독으로 열거해 이 책의 맺음말로 삼음으로써 당의 선진성과 중국혁명이 승리를 이룩한 기본 경험을 논술했으며 중국공산당이 영도한 신민주주의 혁명이 승리를 달성하게 된 역사적 필연성을 천명했다.

셋째, 역사 사실에 대한 고증을 통하여 일부 내용을 수정했으며 또 문자서술, 주석의 규범화 등 측면에서도 많은 작업을 진행했다. 수정을 거쳐 자수가 기존의 56만 자에서 근 74만 자로 늘어났다.

〈중국공산당역사〉 제1권(192~1949년)은 당사 연구실 내부와 외부 전문가들이 6년간 심혈을 기울여 이룩한 소중한 성과이다. 이 책에는 당 역사 분야에 종사하는 수많은 분들의 지혜와 심혈이 깃들어 있다.

수정작업은 중앙당사 연구실 실무위원회(이하 실무위원회로 약칭)의 직접적인 지도 아래 진행되었고 수정방안은 실무위원회의 거듭되는 토론을 거쳐 확정됐다. 실무위원회는 수정 가이드에 근거하여 새로운 요구를 꾸준히 제기했다. 중앙당사연구실 주임 쑨잉(孫英)이 전반 원고를 교열, 심사하고 많은 수정건의를 했으며 부주임 왕웨이화(王偉華), 구안린(穀安林)과 원 부주임 천웨이(陳威) 및 실무위원회의 장바이자(章百家), 황샤오퉁(黃小同)이 전체 원고를 교열했다.

수정작업은 중앙당사연구실 부주임 스중취안(石仲泉)이 직접 주도했고 실무위원회 위원이며 제1연구부 주임인 황슈룽(黃修榮)과 제1연구부 부주임인 류이타오(劉益濤)가 구체적으로 책임졌다. 제1연구부 전체 동지들과 일부 전문가들이 이 작업에 참여했다. 편(編)별 수정작업에 참가한 이들로는 제1편에 사오웨이정(邵維正), 류쑹빈(劉宋斌), 친이(覃藝), 셰인밍(謝蔭明), 제2편에 샤오선(肖甡), 야오진궈(姚金果), 리잉(李穎), 양시만(楊熙曼), 자오춘양(趙春暘), 제3편에 한타이화(韓泰華), 장수쥔(張樹軍), 왕신성(王新生), 양칭(楊靑), 가이쥔(蓋軍), 류

징팡(劉晶芳), 예신위(葉心瑜), 뉴구이원(牛桂雲), 제4편에 허리(何理),
리룽(李蓉), 황이빙(黃一兵), 양성칭(楊聖清), 왕슈신(王秀鑫), 제5편에
야오제(姚傑), 위안딩(袁丁), 왕즈강(王志剛), 탕이루(唐義路), 저우빙
친(周炳欽), 우자린(吳家林)이다.

이 책의 마지막 통일 수정 작업은 스중취안, 황슈룽, 류이타오, 왕수
쥔이 맡았다. 베이징대학교 장주홍(張注洪) 교수를 특별 초빙하여 책
전반의 인용문과 역사 사실을 고증했으며 실무위원회가 전체 원고를
집단적으로 토론하고 심사했다.

중앙당사연구실 원 상무부주임 궁위즈(龔育之), 원 부주임 리촨화
(李傳華), 정후이(鄭惠), 리쥔루(李君如), 주자무(朱佳木)와 원 실무위
원회 위원 겸 비서장인 웨이주밍(魏久明), 원 실무위원회 위원인 양셴
차이(楊先材) 등 동지들이 당사 연구실에서 사업하는 기간에 수정작
업에 많은 관심을 보였으며 좋은 의견과 건의를 많이 했다.

당사 연구실 각 부서의 동지들도 이 책에 아낌없는 지원과 도움을
주었다.

수정작업에 소중한 건의를 준 외부 전문가(성씨의 한자 획수 순위에
따라 배열했음)들로는 딩룽자(丁龍嘉), 딩쩌친(丁則勤), 리핑(力平), 마
쥐(馬句), 마롄루(馬連儒), 마쩡푸(馬增浦), 팡청(方城), 왕위(王漁), 왕
중칭, 왕룽셴(王榮先), 왕후이린(王檜林), 류즈창(劉志強), 류쉐민(劉學
民), 류젠예(劉建業), 류구이성(劉桂生), 쑨유싼(孫友三), 주청자(朱成
甲), 비젠중(筆建忠), 탕중난(湯重南), 치더핑(齊德平), 허중산(何仲山),
쑹이쥔(宋毅軍), 장헝(張衡), 장쉐쥔(張學軍), 장주홍, 장싱싱(張星星),
장페이린(張培林), 장웨이민(張維民), 장징루(張靜如), 리이빈(李義彬),
리둥랑(李東朗), 리안바오(李安葆), 리량즈(李良志), 리링위(李玲玉), 리
지준(李繼準), 양톈스(楊天石), 양쿠이쑹(楊奎松), 양수셴(楊樹先), 양루

이광(楊瑞廣), 왕차오광(汪朝光), 천취안(陳全), 천훠청(陳夥成), 천사오처우(陳紹疇), 천톄젠(陣鐵健), 저우훙옌(周洪雁), 저우수전(周淑眞), 린창(林强), 뤄환장(羅煥章), 정더룽(鄭德榮), 진충지(金沖及), 허우체안(侯且岸), 야오원치(姚文琦), 장화쉬안(薑華宣), 후칭윈(胡慶雲), 룽웨이무(榮維木), 자오쥔중(趙俊忠), 탕바오린(唐寶林), 구이위린(桂玉麟), 웡중얼(翁仲二), 위안쉬(袁旭), 후루이롄(扈瑞蓮), 창하오리(常好禮), 차오옌싱(曹雁行), 량주(梁柱), 샤오차오란(蕭超然), 황윈성(黃允昇), 펑밍(彭明), 쩡칭류(曾慶榴), 쩡청구이(曾成貴), 쩡징중(曾景忠), 청중위안(程中原), 둥즈카이(董志凱), 루전샹(魯振祥), 탄솽취안(譚雙泉) 등이다.

수정작업에 값진 건의를 준 당사 연구실 내부 전문가(성씨의 한자 획수 순위에 따라 배열했음)들로는 왕페이(王沛), 왕치(王淇), 왕더징(王德京), 류징위(劉經宇), 류전치(劉振起), 쑨루이위안(孫瑞鳶), 퉁잉밍(佟英明), 장페이린(張培林), 리웨(李樾), 커우칭핑(寇淸平), 다이루밍(戴鹿鳴) 등이다.

허베이, 산둥, 광둥 등 성의 당위원회 당사연구실, 산시(山西)성 사지(史志)연구원과 유관 단위들이 이 책과 관련한 사업에 많은 도움을 주었다.

이 책에 많은 관심을 기울여 주고 또 여러 면의 도움과 지지를 준 동지들과 단위들에 진심으로 감사를 드린다.

앞서 원서 관련 사업에 참여했던 당사연구실 여러 동지들과 그 외 여러 동지들에게도 진심으로 경의와 감사를 드린다.

중공중앙당사연구실
2002년 8월

◆ 찾아보기 ◆

팔로군 창건화북항일근거지 세부도
(1937년8월-1940년)

신사군 창건 화중 항일근거지 세부도
(1938년5월~1940년12월)

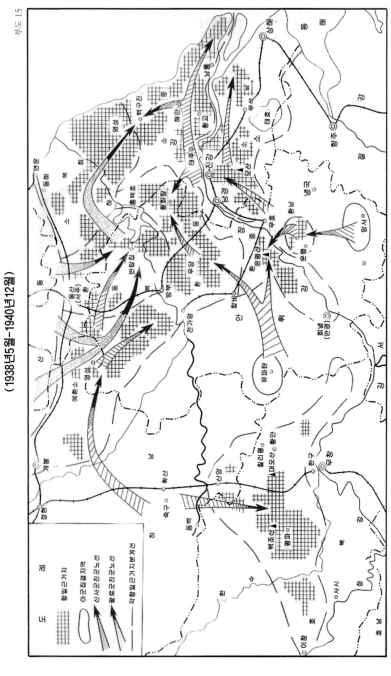

화남항일 유격대투쟁 형세도
(1944년)

부도 16

괴뢰군 최후의 진출선 1940년 (8월~12월)

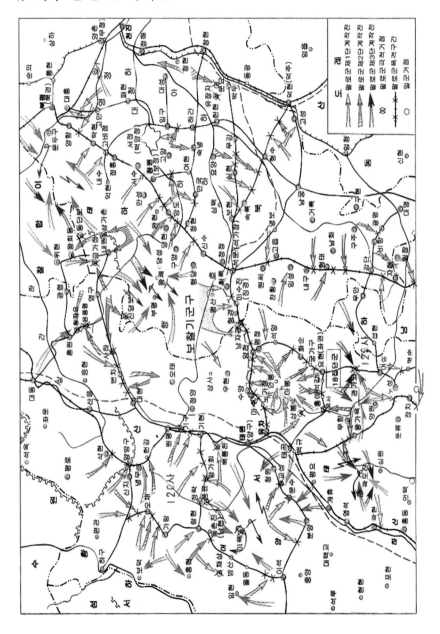

팔로군과 신사군 화남유격대전략반공 설명도
(1945년 8월~9월)

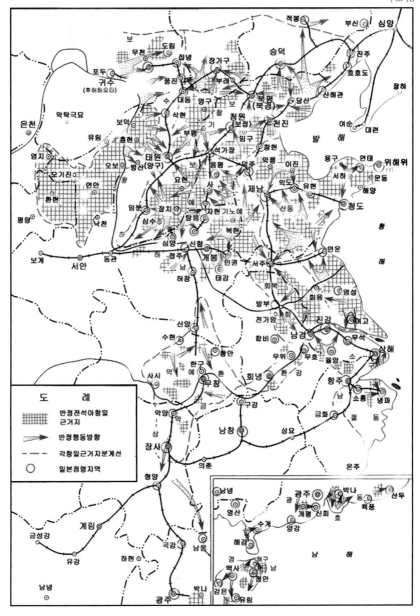

항일전쟁 승리 당시의 전국 군사 형세도
(1945년 9월)

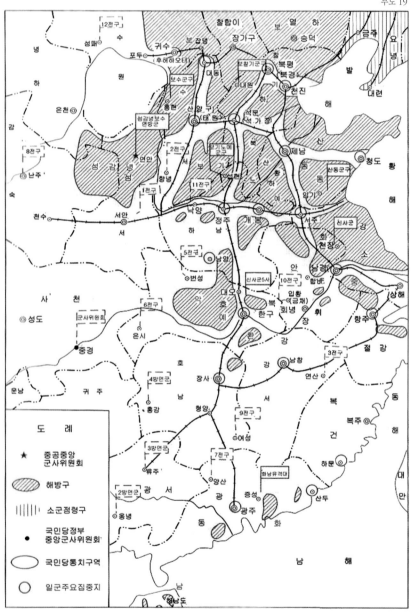

도 례

★ 　중공중앙
　　군사위원회

 　해방구

|||| 　소군점령구

● 　국민당정부
　　중앙군사위원회

 　국민당통치구역

○ 　일군주요집중지

전전섬북노선설명도
(1947년3월~1948년3월)

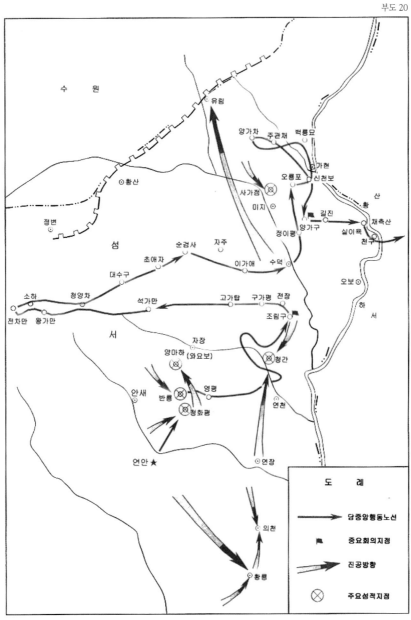

도 례

→ 당중앙행동노선

▪ 중요회의지점

➤ 진공방향

⊗ 주요섬적지점

적을 제부시고 산동중점으로 진공하는 설명도
(1947년 3월~12월)

부도 21

중원으로 전진하는 설명도
(1947년 7월~12월)

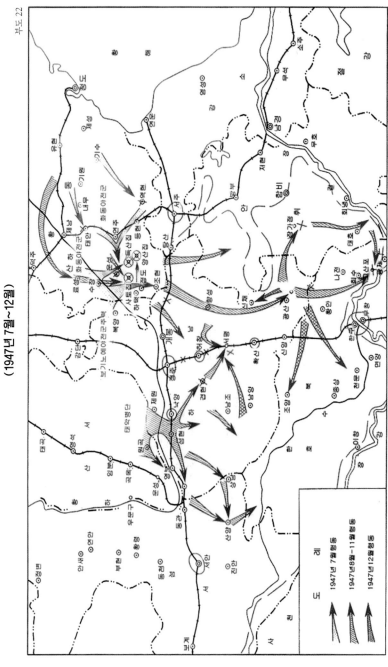

요심전역설명도
(1948년9월~11월)

회해전역설명도

(1948년11월~1949년1월)

부도 24

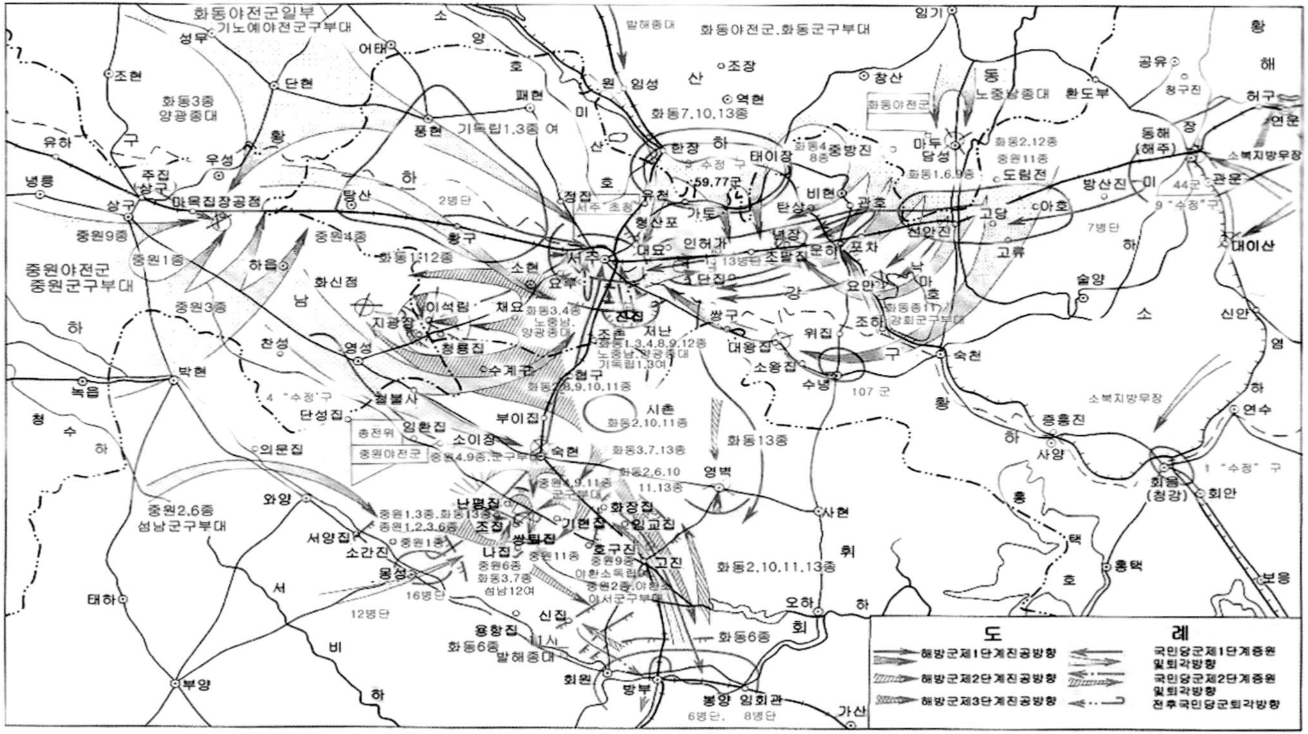

평진전역설명도
(1948년11월~1949년1월)

도강전역설명도
(1949년4월~5월)